Ullstein Sachbuch

Ullstein Sachbuch
Ullstein Buch Nr. 34234
im Verlag Ullstein GmbH,
Frankfurt/M – Berlin – Wien
Englischer Originaltitel:
The Psychological Society
Übersetzt von Wolfgang Rhiel

Deutsche Erstausgabe

Umschlagentwurf:
Theodor Bayer-Eynck

Printed in Germany 1984
Gesamtherstellung: Clausen & Bosse, Leck

ISBN 3 548 34234 5

August 1984

CIP-Kurztitelaufnahme der Deutschen Bibliothek

Gross, Martin L.:
Die psychologische Gesellschaft: krit. Analyse d.
Psychiatrie, Psychotherapie, Psychoanalyse
u. d. psycholog. Revolution / Martin L. Gross.
[Übers. von Wolfgang Rhiel]. – Dt. Erstausg. –
Frankfurt/M; Berlin; Wien: Ullstein, 1984.
(Ullstein-Buch; Nr. 34234: Ullstein-Sachbuch)
Einheitssacht.: The psychological society ⟨dt.⟩
ISBN 3-548-34234-5

NE: GT

Martin L. Gross

DIE PSYCHOLOGISCHE GESELLSCHAFT

Kritische Analyse der Psychiatrie, Psychotherapie, Psychoanalyse und der psychologischen Revolution

Ullstein Sachbuch

Meiner Frau Anita, damals und heute

In dankbarer Anerkennung den Psychiatern und Psychologen gewidmet, die ihre Zeit und ihr Wissen dem Autor bei der Arbeit an diesem Buch zur Verfügung stellten.

Inhalt

I

DIE PSYCHOLOGISCHE GESELLSCHAFT

Dieses Buch befaßt sich mit der Bevölkerung, die wie bisher keine in der Geschichte des Menschen besorgt und gefühlsmäßig verunsichert ist und analysiert wurde, mit den Bürgern der heutigen *psychologischen Gesellschaft.* Es beschäftigt sich außerdem mit den praktizierenden Medizinern dieser Gesellschaft – den Psychiatern und Psychologen, die zur Befriedigung unserer emotionalen Bedürfnisse eine dichtgestaffelte Berufsorganisation errichtet haben.

Über den erschreckenden *äußeren* Wandel in der modernen Welt ist schon viel gesagt worden. Diese Veränderungen sind offenkundig. Aber die *inneren* Umschichtungen der menschlichen Psyche haben sowohl unser Handeln wie auch die Erwartungen nachhaltiger als alle technologischen Kräfte verändert. Dieser Wandel des Inneren des Menschen hat sich im stillen vollzogen, aber er hat das Wesen unserer Kultur stärker geformt, als uns bewußt ist.

Verursacht wurde der Wandel im wesentlichen durch die moderne Psychologie. Im Jahr 1909, als Sigmund Freud die Clark University im amerikanischen Bundesstaat Massachusetts besuchte, war die Psychologie eine Disziplin, die noch in den Kinderschuhen steckte. Heute ist sie Kunst, Wissenschaft, Therapie, Religion, Sittengesetz, Lebensstil, Philosophie und Kult. Sie hat sich mitten in der Gesellschaft von heute eingenistet als ein internationaler Koloß, dessen verhätschelte Lieblinge in die Hunderttausende gehen.

In den Reihen der Psychologie findet man Psychiater, Psychoanalytiker, klinische Psychologen, Psychotherapeuten, Sozialarbeiter, in der Psychiatrie arbeitende Krankenschwestern, Schulpsychologen, Führungsberater, Ehe- und Familienberater, pädagogische Psychologen, die Leiter von T-Gruppen und verschiedene Laientherapeuten. Seit neuestem gehören auch einige Berufsmitglieder mit Doppelausbildung wie Psycholinguisten, Bio-Psychologen und Psychobiographen dazu.

Die Versuchstiere der Psychologie sind eine bereitwillige, ja dankbare menschliche Rasse. Wir leben in einer Kultur, in der der Mensch wie noch nie zuvor mit dem *Selbst* beschäftigt ist. Wir haben uns von unserer Überspanntheit, den Motivationen und der endlosen, manchmal mühsamen Suche nach der Normalität faszinieren lassen. Die moderne Psychologie und Psychiatrie bemühen sich, dieser Faszination gerecht zu werden und bieten uns, vom ernsthaften bis zum ausgefallenen, ein ganzes Sortiment an Systemen, mittels derer wir unsere verwirrte Seele erforschen und dann zu heilen versuchen können.

Die gegenwärtige *psychologische Gesellschaft* ist die anfälligste Kultur in der Geschichte. Ihr Bürger ist ein neuer Menschentyp westlicher Prägung, jemand, der der Führung anderer bedarf, um zu erkennen, was richtig oder falsch ist. Angesichts seiner unsicheren Bewußtseinslage zweifelt er sogar an der Echtheit seiner eigenen Gefühle. Da sich die protestantische Ethik in der westlichen Gesellschaft abgeschwächt hat, wandte sich der irritierte Bürger der einzigen, ihm bekannten Alternative zu, dem Psychologieexperten, der behauptet, es gäbe *einen neuen wissenschaftlichen Verhaltensstandard,* der die dahinschwindenden Traditionen ersetzt.

In den 50er Jahren unseres Jahrhunderts sprach der Soziologe David Riesman vom »von anderen gelenkten« Menschen, der die Hinweise zur Gestaltung seines Lebens von außen bezieht. Heute können wir einen *von der Psychologie gelenkten* Menschen erleben. Seine Fühler sind ständig nach Ratschlägen von Fachleuten ausgestreckt, die sich nicht schlecht dafür bezahlen lassen, daß sie ihm sagen, was er aus sich und anderen machen soll, wie er am besten lebt, ja sogar empfindet.

Man hat dem Bürger-Patienten erklärt, und gewöhnlich glaubt er auch daran, daß die ihn quälenden Zweifel an Liebe, Sex, Arbeit, zwischenmenschlichen Beziehungen, Heirat und Scheidung, Erziehung der Kinder, Glück, Einsamkeit und sogar am Tod einer neuen Technologie des Geistes weichen werden. Pathetisch führt der Psychologieexperte den hehren Namen der *Wissenschaft* im Munde und behauptet, alles zu wissen.

Diese neue Wahrheit wird uns ohne Unterlaß eingeflößt, von der Wiege bis ans Grab. Die Kindheit, einst eine aufregende Zeit der Abenteuer, gilt heute als eine Periode äußerster psychologischer Gefährdung. Ein Unterausschuß des amerikanischen Senats hat warnend darauf hingewiesen, daß jedes zehnte Kind frühen, emotionalen Störungen ausgesetzt ist. In Amerika hat sich die Zahl der Erziehungsberatungsstellen in den letzten 20 Jahren verdreifacht. Und der Arzt Dr. Arnold Hutschnecker hat sogar den großangelegten Plan angeregt, alle amerikanischen Kinder zu untersuchen, um diejenigen herauszufinden, die einer vorbeugenden psychotherapeutischen Behandlung bedürfen.

Die Schule ist zu einem turbulenten psychologischen Zentrum geworden, das nicht nur über Lehrer verfügt, die in »pädagogischer Psychologie« ausgebildet sind, sondern auch über 60000 Berater und 7000 Schulpsychologen, deren »Beratung« bereits an eine Therapie grenzt. In einem Fall ist eine ganze erste Klasse der *Public School* 198 in New York City kostenlos im nahegelegenen Mount Sinai Hospital psychotherapeutisch behandelt worden.

Der Bedarf an psychologischer Sachkenntnis verfolgt uns hartnäkkig das ganze Leben. Erik Eriksons Begriff der *Identitätskrise* ist für Millionen Jugendlicher zu einem Symbol geworden, eine Altersgruppe, die sich in steigendem Maß Sorgen um ihre Psyche macht. In einer Sendung der amerikanischen Fernsehgesellschaft CBS wurde berichtet, die Befragten hätten vor allem bohrende Ungewißheit hinsichtlich der geistigen Gesundheit geäußert. Auch der Personenkreis um die 20 tut sich schwer mit dem Seelenleben, und die Zahl der von den »Schnellberatungszentren« behandelten psychisch leidenden jungen Menschen nimmt ständig zu. Die Columbia University berichtet von einem Anstieg um das Dreifache in einem Jahrzehnt bei den Studenten, die psychologische Hilfe in Anspruch genommen haben.

Die Hauptstütze dieser neuen Gesellschaft sind natürlich die Erwachsenen, denn ihre Ängste sind schier endlos. Das Ausmaß dieser Not wird in einer Studie der George Washington University nur angedeutet, die zeigt, daß die Amerikaner bei ihrer ununterbrochenen Suche nach Ruhe tonnenweise Psychopharmaka, vor allem leichte Beruhigungsmittel, zu sich nehmen.

Dieses verbissene Streben ist Teil der Suche des Menschen von heute nach dem schwer faßbaren Ziel Normalität. Sie ist ein Zustand, den Freud einmal eine Idealfiktion nannte und den die Gesellschaft immer wieder mit Glück und Seelenfrieden verwechselt. »Das Streben nach Seelenfrieden oder guter geistiger Gesundheit, wie man es auch nennen kann, ist weltweit«, teilt die National Association of Mental Health einer begierig lauschenden Öffentlichkeit mit.

Die heutige Neigung zur Psychologie hat viele Ursachen. Eine davon ist die Aufhebung der Trennung zwischen Gesundheit und Krankheit, sobald der Geist betroffen ist. Geschichtlich gesehen war Geisteskrankheit ein Leiden, das immer nur einige wenige traf. Alle übrigen fühlten sich verschont. Vielleicht waren sie bösartig oder unglücklich oder auch ausgefallen, doch wurden sie als geistig normal angesehen.

Mittlerweile haben Psychologie und Psychiatrie diese Grenze zwischen gesund und krank verwischt. Eine Gemütserkrankung wird heute als unangenehme aber natürliche Erscheinung betrachtet, die jeden von uns unterschiedlich stark trifft. »Jeder normale Mensch ist eben nur durchschnittlich normal«, rief Freud uns kurz vor seinem Tod ins Gedächtnis. »Sein Ich nähert sich dem des Psychotikers in dem oder jenem Stück.« In die Sprache von heute übertragen heißt das, wir sind alle in einem gewissen Umfang krank.

Leicht zu beeindruckende Bürger dieser Gesellschaft haben fälschlicherweise sogar geistige Gesundheit mit dem gewöhnlich unerreichbaren *Ideal*zustand gleichgesetzt, in dem Erfolg, Liebe und Angstfreiheit vereint sind. Die *psychologische Gesellschaft* schafft sich somit ihre eigene, sich selbst verwirklichende Prophezeiung. *Wir alle sind krank, denn Normalität ist etwas beinahe Unerreichbares.*

Man könnte das die *Theorie des universellen Wahnsinns* nennen. In zunehmendem Maß argwöhnen wir geistige Labilität bei unseren Freunden, der Familie und letztlich auch bei uns selbst. In einer in New York City durchgeführten, einen Zeitraum von zehn Jahren umfassenden Studie – *Mental Health in the Metropolis* – wird behauptet, daß etwa 80 Prozent aller Erwachsenen Anzeichen einer Geisteskrankheit aufwiesen und jeder vierte definitiv beeinträchtigt war.

1977 bestätigte ein vom amerikanischen Präsidenten eingesetzter Ausschuß zur Untersuchung der Psychohygiene diese düstere Prognose. Er kam zu dem Schluß, daß unser psychischer Zustand schlechter ist, als wir glauben, und daß ein Viertel aller Amerikaner unter ernsthafter emotionaler Anspannung leidet. Es wird warnend darauf hingewiesen, daß bis zu 32 Millionen Amerikaner sachkundiger psychiatrischer Hilfe bedürfen.

Ein Psychologe des National Institute of Mental Health (NIMH) bezeichnet weltweit anzutreffende psychische Störungen sogar als statistisch gesichert. »Kaum eine Familie im Land ist völlig frei von Geistesstörungen«, stellte er vor kurzem in einer Bundesuntersuchung fest. Der NIMH-Psychologe schätzt, daß es neben den 500 000 Schizophrenen in den Krankenhäusern 1,75 Millionen Psychosekranke außerhalb der Krankenhäuser und bis zu *60 Millionen Amerikaner* gibt, *die ein vom Durchschnitt abweichendes Geistesverhalten zeigen, das mit der Schizophrenie verwandt ist.* Er spricht von den »psychologischen Wirren, die sich in einer amerikanischen Gesellschaft breitmachen, die wegen ihrer Zukunft verwirrt, zerrissen und beunruhigt ist.«

Trotz dieser Warnungen haben die Geisteskrankheiten seit 1955, als die ersten vollständigen Unterlagen erstellt wurden, nicht eindeutig zugenommen. Die jährliche Rate der Einweisungen in psychiatrische Kliniken ist mit 8,5 pro 1000 der Bevölkerung in weiten Teilen der entwickelten Welt bemerkenswert konstant und gleich. Die *psychologische Gesellschaft* hat lediglich den Begriff der *Normalität* neu formuliert. Sie hat die schmerzlichen Reaktionen auf das normale Auf und Ab des Lebens – Verzweiflung, Ärger, Frustrationen – genommen und sie als Fehlanpassungen deklariert.

Der semantische Trick besteht darin, Glück mit Normalität gleichzusetzen. Und indem wir das zugelassen haben, haben wir unser einfaches Recht preisgegeben, gleichzeitig *normal und leidend* zu sein. Statt dessen haben wir uns mit Nachdruck als *neurotisch* bezeichnet, selbst als psychischer Fall im Anfangsstadium, vor allem wenn das Leben uns übel mitspielte. Es ist eine Tendenz, die dem heutigen Amerika und zunehmend auch einem Großteil der übrigen westlichen Welt den Anstrich einer riesigen psychiatrischen Klinik verleiht.

Dies ist nur eines der Vermächtnisse der modernen Psychologie. Sie hat unser kulturelles System beinahe völlig durchdrungen und verleibt sich jedes Jahr neue Disziplinen ein. Gewappnet mit den, wie sie behauptet, verborgenen Wahrheiten über das menschliche Verhalten, hat sie praktisch allen Bereichen des gegenwärtigen Lebens ihren gelehrten Stempel aufgedrückt, der Gesundheit und Krankheit des Geistes, der Kunst, Ausbildung, Religion, Medizin, Familie, Kindeserziehung, Arbeit, den Gesellschaftswissenschaften, der Geschichte, Regierung, Sprache, Werbung, dem Gesetz, dem Verbrechen und seiner Verfolgung, ja sogar der Architektur und der Wirtschaft.

Am offensichtlichsten ist ihr Einfluß auf die *helfenden Berufe,* wie sie jetzt gemeinsam genannt werden, ein sich um das Wohlergehen des Geistes kümmerndes Team aus vielleicht einem Dutzend Fachleuten, an deren Spitze der Psychiater steht. Weitgehend wie jahrelang die Pfarrer haben inzwischen die Superprofis aus Psychologie und Psychiatrie die Rolle des obersten Wächters übernommen. Wir haben ihnen nicht nur die Sorge um die Neurotiker und die geistig Kranken anvertraut; auch Straffällige, Drogensüchtige, Schüler mit schwachen Leistungen, Stotterer, hilflose Collegestudenten, Selbstmordgefährdete, Homosexuelle, Verbrecher, Alkoholiker, sogar die Armen und Alten betrachten wir als ihre natürlichen Patienten.

In der *psychologischen Gesellschaft* werden die Probleme des Menschen nicht mehr als normale Abweichungen oder unschöne Schicksalswendungen betrachtet. Wir sehen in ihnen heute das Ergebnis innerer psychologischer Fehlanpassungen. Wir gehen sogar so weit zu glauben, daß es weder Mißerfolge noch Verbrechen, Böswilligkeit oder Unglück gäbe, wenn der Mensch seine Seele nur begriffe und sie dann in einen metaphysischen, *Anpassung* genannten Zustand versetzen würde. Und während immer mehr von uns feststellen, daß die Zwänge des Lebens diesen Idealzustand vereiteln, bietet uns die Psychologie ihr entscheidendes Mittel, die *Psychotherapie.*

»Der Bedarf an Psychotherapie ist ungebrochen. Es ist nicht zu glauben«, bemerkt Dr. Donald M. Kaplan, ein in New York lehrender und praktizierender Psychologe und Analytiker. »Individuelle Psychotherapie war einst das Privileg einiger Bevorrechtigter, doch jetzt ist sie für alle da. Die breite Masse glaubt heute, einen Anspruch auf sie zu haben und verfolgt sie mit größtem Interesse. Früher kümmerte sich jeder bei gewöhnlichen Lebenskrisen selbst um sich oder nahm die Hilfe der Familie in Anspruch. Heute verlangt jeder nach Psychotherapie.«

Jedes Jahr werden Millionen Menschen mit einer Fülle von Methoden psychotherapeutisch behandelt, von der Psychoanalyse bis zur einfachen, hilfreichen Therapie, in Gruppen oder einzeln. Andere suchen das Nirwana in den neu aufgekommenen *humanistischen* Therapien, unter denen es zahlreiche phantasievolle Vorstellungen von der Gestalttherapie bis zum Nacktmarathon gibt. Fast 100 verschiedene Psychotherapien für den Geschmack jedes Heilungsuchenden werden angeboten. Und jede verfolgt eine etwas andere Methode, auf die man natürlich als die überlegene schwört.

Die ambulant behandelnden psychiatrischen Kliniken sind die Tummelplätze für diesen neuen Therapieboom. 1955 wurden dort insgesamt 233 000 Personen behandelt. Seitdem ist diese Zahl drastisch auf jährlich 2,4 Millionen gestiegen, wobei noch nicht jene 1,5 Millionen Patienten mitgezählt sind, die pro Jahr in den von der amerikanischen Bundesregierung unterstützten Mental Health Centers der Kommunen behandelt werden.

Die tragenden Säulen der Psychotherapie sind die Psychiater, von denen die meisten ihre Patienten in ihren Privatpraxen empfangen, die klinischen Psychologen und die psychiatrischen Sozialarbeiter (mit dem Titel *master of social work* – MSW), die sich mächtig ausbreitende dritte Stufe der helfenden Berufe. Nach einer Untersuchung der American Psychiatric Association über die Privatbehandlung aus dem Jahr 1973 und einem neueren Bericht der American Psychological Association über die Gesundheitsdienste läßt sich abschätzen, daß sich eineinhalb Millionen Amerikaner in den Privatpraxen dieser Spezialisten psychisch haben wiederherstellen lassen.

Alles in allem werden jedes Jahr etwa sechs Millionen Amerikaner von Privattherapeuten in Universitätskliniken und Krankenhäusern psychotherapeutisch behandelt. Um aber auf die Gesamtzahl der sich einer Therapie unterziehenden Personen zu kommen, müssen wir auch die wachsenden Scharen der *Laientherapeuten* berücksichtigen, die ein psychologisches Programm von der est-Therapie über grundlegende Workshops bis zum Encounter anbieten. Mindestens eine weitere Million Amerikaner bezieht ihre Therapie aus diesen Quellen, womit wir bei insgesamt sieben Millionen sind, die jährlich einen psychologischen Eingriff erleben.

Dieser Trost wird aber nicht gleichmäßig vermittelt, denn die Therapeuten haben ihre geographischen Vorurteile. So praktiziert beispielsweise beinahe die Hälfte der amerikanischen Psychiater in den Bundesstaaten New York, Kalifornien, Illinois, Pennsylvania und Massachusetts. Allein in New York und Kalifornien sitzt fast ein Drittel. Doch drängen die Psychiater mit Macht in die übrigen Gebiete des Landes. Das einst psychologisch isolierte Nebraska weist inzwischen stolz mehr als 100 Psychiater auf.

Die Psychologie ist heute eine internationale Bewegung über Länder- und Klassengrenzen hinweg. Mit dem Niedergang des Glaubens an die Unsterblichkeit und dem Ende der absoluten moralischen Grundsätze wird sie zum allgemein meistanerkannten Ersatz. Ihr Einfluß in den einzelnen Ländern schwankt, je nachdem wieweit der Inhalt ihrer magischen Verbesserungen für die Menschen vereinbar mit der Ethik der jeweiligen Region ist.

Im südlichen Europa hat sie noch nicht besonders gut Fuß gefaßt, doch wächst ihre Macht, je weiter man nordwärts nach Frankreich, Deutschland, die Niederlande, Skandinavien und Großbritannien kommt. Selbst die Sowjetunion, die den Erkenntnissen der westlichen Psychologie logischerweise kritisch gegenübersteht, rückt allmählich von ihrer alten Position ab. Im *Kommunist,* der offiziellen ideologischen Zeitschrift, haben sowjetische Psychologen jüngst nach einer umfassenderen Erforschung der Anwendungsmöglichkeiten des noch von niemandem erblickten *Unbewußten* verlangt.

Amerika aber war für die moderne Psychologie wie selbstverständlich ein liebenswerter Gastgeber. Von den ersten Anfängen bis ins jetzige Stadium der Reife hat es den jungen Koloß genährt. Vielleicht gibt Amerika mit der Förderung der Psychologie der Welt ein ebenso überzeugendes Vorbild wie mit seiner früheren Führerrolle in der industriellen Technologie.

In der protestantischen Welt hat die Psychologie vor allem deshalb Fuß gefaßt, weil sowohl die psychologische wie die protestantische Ethik fordert, eine Methode zur Vervollkommnung des Menschen zu suchen. Diese Vervollkommnung suchte man früher durch die Einschaltung Gottes zu erreichen, aber heute erlangt man sie durch die vermeintliche wissenschaftliche Anpassung der Psyche. Im 19. Jahrhundert, lange vor der *psychologischen Gesellschaft,* erkannte der Sozialhistoriker Alexis de Tocqueville im amerikanischen Volkscharakter dieses drängende Verlangen nach der Fähigkeit, Vollkommenheit zu erreichen. »Aristokratische Nationen neigen dazu, den Bereich der menschlichen Vervollkommnung einzuengen, demokratische Nationen dazu, ihn über Gebühr auszuweiten», stellte er fest.

Diese demokratische Hoffnung hat unser verzweifeltes Streben nach geistigem Verständnis und geistiger Stärkung beflügelt. Doch anstatt unsere Festigkeit als Kultur zu steigern, hat dieses Suchen die Neigung des Menschen zu Angst und Unsicherheit paradoxerweise gefördert und gerade die Stützen der westlichen Zivilisation erschüttert. Es zeigt sich jetzt, daß die jüdisch-christliche Gesellschaft, in der die Vorherrschaft der Psychologie ihren Anfang nahm, unter dem massiven Druck verschiedener Kräfte verkümmert, vor allem unter dem der modernen Psychologie. An ihrer Stelle steht die neue Zivilisation einer besorgten und irritierten Bürgerschaft, die *psychologische Gesellschaft.*

Für viele besitzt diese Gesellschaft alle Merkmale einer starken, neuen Religion. Als der gebildete Bürger den Glauben an die formale Religion verlor, verlangte er nach einem Ersatzglauben, der in der zweiten Hälfte des 20. Jahrhunderts ebenso angesehen sein würde, wie es das Christentum in der ersten war. Die Psychologie und Psychiatrie haben diese Sonderrolle inzwischen übernommen. Sie bieten einen Glauben für die Massen, die Aussicht auf eine bessere Zukunft, Gelegenheit zum Bekenntnis, ein noch nie erlebtes mystisches Geschehen und eine ausgebildete Priesterschaft helfender Spezialisten, die gewillt sind, den stundenweise zahlenden Kommunikanten zu Diensten zu sein.

Die neue Gesellschaft versucht nicht nur, die vom Christentum hinterlassenen Lücken zu schließen, sie hat auch Bilder geschaffen, die älteren, kirchlichen entsprechen. Die herkömmliche religiöse Vorstellung der *Sünde* ist veraltet. Aber der medizinisch-psychologische Begriff *krank* hat sie fast problemlos ersetzt. Wir sprechen heute von Mördern, Süchtigen, sogar denjenigen mit gestörter Persönlichkeit ebenso leichthin als »Kranken« oder »Neurotikern«, wie Nachbarn einst über die Sündhaftigkeit des Trinkers im Ort klatschten.

Obwohl sich die Psychologie und Psychiatrie direkt im Kern dieser neuen Gesellschaft befinden, gehörten sie erstaunlicherweise zu den zuletzt analysierten Disziplinen. Während sich die ganze Aufmerksamkeit auf ihre Klienten konzentrierte, sind die Psychologie und Psychiatrie selbst einer genaueren Erforschung von außen entgangen, wodurch ihre außergewöhnlichen Eingriffe in unser Leben weitestgehend unverstanden blieben.

Dieses Buch hofft, diese Nachlässigkeit zu korrigieren und die Psychologisierung unserer Zivilisation zu erklären. Es wird die *psychologische Gesellschaft,* ihre Handlungen, Ursprünge, Behauptungen, Feststellungen, Sitten und Gebräuche, Verfehlungen, ihre Gültigkeit, Bestrebungen und eigentliche Bedeutung untersuchen. *Diese Beurteilung ist notwendig geworden, denn es gibt keine Vorstellung, keine Art und keine persönliche oder kulturelle Beziehung, die nicht nachhaltig von der neuen Überlegenheit der psychologischen Gesellschaft beeinflußt worden ist.*

Die geistige Wurzel eines guten Teils dieser enormen Aktivität ist die angenommene Existenz des *Unbewußten,* des antiklerikalen Gegenstücks des Menschen zur *Seele.* In dieser Dimension des menschlichen Geistes liegt scheinbar das Geheimnis des menschlichen Verhaltens verborgen, das Sigmund Freud »für die Wissenschaft gewann«, wie sein britischer Schüler Ernest Jones einmal mit Stolz erklärte.

In seinen »Vorlesungen zur Einführung in die Psychoanalyse«, die Freud an der Universität Wien hielt, ging er dem Gedanken nach, daß die Eigenliebe der menschlichen Spezies drei entscheidende Kränkungen durch die Wissenschaft erdulden mußte.

Die erste bestand in der Kopernikanischen Revolution, die die Vorstellung des Menschen zunichte machte, daß die Erde der Mittelpunkt des Weltalls sei. Die zweite war die Theorie Darwins, die den Glauben des Menschen an sein angebliches Schöpfungsvorrecht ins Wanken brachte. Die »dritte und empfindlichste Kränkung« des menschlichen Vertrauens auf seinen erklärten Willen war nach Freud die psychologische Forschung. Sie, so behauptet er, (»will) dem Ich nachweisen, daß es nicht einmal Herr ist im eigenen Hause, sondern auf kärgliche Nachrichten angewiesen bleibt von dem, was unbewußt in seinem Seelenleben vorgeht.«

Die quälende Herausforderung des Unbewußten hat das heutige Denken und Handeln über weite Strecken beherrscht, vor allem im letzten Vierteljahrhundert. Dadurch, daß die Psychologie und Psychiatrie das Unbewußte wie einen Sturmbock benutzten, haben sie allen Seiten des westlichen Lebens vom Geschäft bis zur Kunst ihren Stempel aufgedrückt. In der Kunst haben sie die herkömmlichen, schöpferischen Strukturen praktisch vernichtet und den Roman, das Drama, den Film, die Malerei und sogar die Lyrik in ein eigenes dunkles, angstvolles Bild verwandelt.

Der irische Schriftsteller James Joyce war einer der ersten, der die Psychologie in die Kunst einführte. »Im *Ulysses* habe ich gleichzeitig festgehalten, was ein Mensch sagt, sieht, denkt und was dieses Sehen, Denken, Sagen für das bedeutet, was Ihr Freudianer das Unbewußte nennt«, rief er uns ins Gedächtnis. Seit der Veröffentlichung des *Ulysses* 1922 hat sich die erzählerische Funktion dieses schwierigen Romans praktisch verschlissen. Sie wurde durch einen psychologischen Schub ersetzt, bei dem die Handlung oftmals mehr unbewußt als offen erfolgt. Der abstrakte deutsche Maler Paul Klee sah in der modernen Kunst mehr ein psychologisches Portrait des inneren Raums des Menschen als eine Nachbildung der Natur. »Ich bin nicht dazu da, die Oberfläche wiederzugeben«, erklärte er, »ich muß in das Innere eindringen.«

Wann immer die heutige Gesellschaft versucht, eine Erscheinung eingehender zu untersuchen, indem sie die Frage »Warum?« oder »Wie?« stellt, hebt der allgegenwärtige psychologische Koloß jugendlich übermächtig die Hand und verkündet, er könne die Antwort liefern. Seine angebliche Einsicht in das menschliche Verhalten hat zu einer Revolution der Beziehungen geführt, die zum Teil offenbar mehr analysiert als gelebt werden.

Das psychologische Bewußtsein hat die Freuden und Konflikte der Ehe, des Sex und des Verliebtseins neu definiert. Es hat die sozialen Vereinbarungen zwischen Eltern und Kindern, Bruder und Schwester, Freund und Freund, sogar die zwischen Geschäftspartnern verändert. Vielleicht ist dieser Wandel nicht zu unserem Guten, denn die gegenwärtige Verkrampfung der Gesellschaft ist möglicherweise in vielem ein Nebenprodukt dieser psychologisch gedeuteten Befangenheit in den *zwischenmenschlichen Beziehungen*.

Eine der bezeichnendsten Veränderungen hat zwischen Eltern und Kindern stattgefunden, ein 30 Jahre dauerndes psychologisches Abenteuer, das Gegenanklagen in Massen hervorgebracht hat, aber kaum Verständnis. Diese Generation junger Erwachsener war die erste, die als die »Kindheitspatienten« wissenschaftlicher Bemutterung aufwuchs. Sie hat eine Epidemie elternbezogenen Psychologisierens und ein sich daran anschließendes Wehklagen über die Schuld ausgelöst.

»Tausende von Eltern quälen sich unnötig dadurch, daß sie die Bedeutung unwichtiger Fälle ziemlich ausgefallenen und anscheinend unerklärlichen Verhaltens hochspielen, die alle Teil der Kindheit sind«, bemerkt Dr. Donald J. Holmes, ein ehemaliger Psychiater der University of Michigan. Er ist besorgt darüber, daß seine Berufskollegen die Ehrfurcht der modernen Eltern vor Freud und der Psychiatrie ausgenutzt haben. Die Folge, so sagt er, »ist der Fehler, Geisteskrankheiten zu sehen, wo es gar keine gibt, was Eltern, Lehrer und uns allen schon viel zu oft passiert ist.«

Die Psychologie war auch schnell zur Stelle, um das Machtvakuum in einem so stark zurückgehenden Bereich wie dem des Geistlichen auszufüllen. Die atheistischen Vorstellungen Freuds wurden paradoxerweise dazu benutzt, den schwindenden Glauben an einen Gott in Menschengestalt zu festigen. Pfarrer, Priester und Rabbis strömen inzwischen zu Kursen in *pastoraler Beratung,* was viele Talarträger mehr wie Freudianer denn Christen erscheinen läßt. Das Union Theological Seminary hat zusammen mit einem New Yorker Therapiezentrum (G.R.O.W.) einen durch Abschlußzertifikat bescheinigten Kursus über zwischenmenschliche Beziehungen angeboten, eine verwässerte Vermittlung psychotherapeutischer Kenntnisse.

Auch das Verbrechen und seine Ahndung sind zu unterwürfigen Dienern einer psychologischen Technologie geworden. Vor Gericht fragte der Staat bisher »Was?«. In den heutigen Gerichtsverfahren wird auch »Warum?« gefragt, und Psychiater, Psychologen und sogar Bewährungshelfer werden um ein Gutachten ersucht. Von Jahr zu Jahr erhebt sich das psychologische *Warum* immer drohender und ermöglicht es dem Verbrecher nicht nur, einen Prozeß von der Länge einer Haftstrafe durchzustehen oder eine bedingte Haftentlassung oder Bewährung zu erreichen, sondern sogar seine Unschuld bescheinigt zu bekommen.

Bei den nichtkriminellen Geisteskranken haben sich die Psychologie und Psychiatrie sogar noch mehr gerichtliche Macht angeeignet. Es ist eine Verantwortung, die, wie Kritiker fürchten, manchmal mißbraucht wird. Der offen für die individuelle Freiheit eintretende Dr. Thomas S. Szasz beteuert beharrlich, daß die erzwungene Unterbringung in einem Krankenhaus aufgrund eines psychiatrischen Gutachtens sich kaum von der Haft unterscheidet. Auch der Psychologe Russell P. Norman beklagt: »... man sieht Menschen, die ihrer Freiheit, ihrer bürgerlichen Freiheitsrechte und ihres Rechts beraubt sind, vor einem Gericht gehört zu werden, weil sie, wie man annimmt, wegen ihres Geisteszustands eine ›Behandlung‹ brauchen und nicht imstande sind, die wirkliche Natur ihrer Lage zu begreifen.«

Akademisch der Soziologie und Anthropologie gleichgestellt, hat sich die Psychologie zur *Verhaltenswissenschaft* erweitert und wird manchmal auch *Humanwissenschaft* genannt. Ihre Schmeicheleien für alles und jeden hat die gebildeten Schichten ähnlich entzückt, wie die Theologie den Geist des Menschen der vorindustriellen Zeit beherrschte.

Die Anwendungsmöglichkeiten scheinen unbegrenzt. An der City University von New York wird ein Doktorgrad für Umweltpsychologie verliehen. Die Planer sprechen mittlerweile von »psychologischer Wohnungsforschung«. An der University of California wird selbst der verhaltenswissenschaftliche Aspekt der Architektur mit einem Hochschuldiplom geadelt. Ein vierjähriger Doktorandenkurses in »Human Relations« an der New York University verheißt den in Politik, Wirtschaft und Administration Tätigen Sachkunde.

Die Filmbewertung Mitte der 70er Jahre beruhte auf einem Kodex, der von einem Psychiater zusammengestellt wurde. Das amerikanische Außenministerium finanziert psychologische Untersuchungen über internationale Probleme, und das Claremont College in Kalifornien bietet einen Kurses mit Hochschulabschluß über die Psychologie öffentlicher Angelegenheiten.

Die Wirtschaft ist ein sehr eifriger Benutzer der Psychologie, denn es war unausweichlich, daß sich das moderne Management jede Wissenschaft »kaufen« würde, die behauptete, außergewöhnliche Einsichten in den Menschen zu haben. Bell and Howell ist eines der vielen Unternehmen, das Sensitivity-Training eingesetzt hat, um bei den Angestellten unerwartete emotionale Überraschungen auszulösen. Erwähnenswert ist diese Gesellschaft nur deshalb, weil ihr Programm zum Aufspüren von Vertrautheiten das »Zehenlutschen« aussonderte, als in Beschwerden auf Ähnlichkeiten zur Fellatio hingewiesen wurde. Der früher an der Harvard Graduate School of Business tätige klinische Psychologe Harry Levinson hat die Freudianische Theorie auf Probleme des Managements angewandt und bietet eine »Organisationsdiagnose« der Neurosen eines Unternehmens an.

Die amerikanische Bundesregierung ist ganz eindeutig ein Teil der *psychologischen Gesellschaft.* Die Bundesluftfahrtbehörde Federal Aviation Administration hat ein geheimgehaltenes »psychologisches Profil« von Flugzeugentführern erstellt, mit dessen Hilfe die zivilen Fluggesellschaften mögliche Luftpiraten aussondern. Nicht nur *Head Start, Peace Corps,* verschiedene Armenprogramme und das Unterrichtsministerium wenden die psychologischen Kunstgriffe ausgiebig an, sondern auch das unpersönlichere Pentagon und die CIA.

Obwohl der Einsatz der Psychologie mannigfaltig ist, arbeitet die Gesellschaft mit nur einem grundlegenden, universellen Mechanismus, der es erlaubt, ohne Schwierigkeiten von der Behandlung emotionaler Störungen zur Analyse eines Romans überzugehen. Es ist die *psychologische Vorstellung*.

Wie alle historischen Systeme ist diese Vorstellung trügerisch einfach. Ein gut Teil ihrer Macht liegt in ihrer Widerlegung traditioneller philosophischer Lehrmeinungen. Sie lehnt die organische Sicht des Geistes als einer biochemischen Einrichtung mit einer relativ unbeweglichen, Gen-gesteuerten, vererbten Art ab, die wir im allgemeinen als das *Wesen* oder *Temperament* eines Menschen bezeichnen. Bei dieser biologischen Deutung kann die Umwelt lediglich die Neigungen des einzelnen beeinflussen. Der Mensch entfaltet sich am besten, wenn die Umwelt und sein Wesen glücklich nebeneinander existieren.

Überheblich hat die *psychologische Vorstellung* auch die religiöse Auffassung ersetzt, die den Menschen als ein Produkt der Schöpfung sieht. Bei dieser Sicht wurde das Verhalten des Menschen gemäß einer Vereinbarung mit Gott als rechtschaffen oder schlecht beurteilt. Als Gegenleistung für Treue und Gehorsam bot Gott seine heilsame Kraft, die der Behauptung nach größer als die des Menschen war. Die *psychologische Vorstellung* diente bei der Auflösung dieses religiösen Konzepts als Werkzeug, was Freud in *Die Zukunft einer Illusion* als »ein infantiles Vorbild« bezeichnete.

Die dritte Ablehnung bezieht die Sicht des gesunden Menschenverstands mit ein, die sich viele tausend Jahre gehalten hat. Bei diesem alten, pragmatischen System sehen die Menschen den anderen so, wie er sich gibt: voller Haß, gütig, freundlich, stark, schwach, schlecht, reif, kindisch oder in jeder beliebigen Kombination dieser Eigenschaften. Man beurteilte sich selbst und die anderen danach, was man *tat.* Jeder war für sein eigenes Handeln verantwortlich, das mehr aussagte als unterstellte Motive. Hier gab es wenig Spielraum für Experten, denn das Verhalten war offenkundig, für alle sichtbar und einzuschätzen.

Die *psychologische Vorstellung,* die sehr schnell zur heute allgemein vorherrschenden Meinung wird, lehnt alle drei Anschauungen als oberflächlich oder falsch ab. Der Mensch, so behauptet sie, weiß wenig über sich und andere. Die Dinge sind normalerweise nicht so, wie sie zu sein scheinen. (Der selbstsichere Geschäftsmann ist vielleicht ein verängstigter Erwachsener, der in einer ungelösten, kindheitsbezogenen Wettbewerbssituation mit seinem Vater lebt.) Ein biologisches Temperament kann zwar vorhanden sein, doch grundsätzlich ist der Mensch ein umweltbezogenes Tier, dessen Persönlichkeit sich in der Kindheit herausgebildet hat. »... der Mensch«, sagt Freud, »(ist) mit den mannigfaltigsten Triebanlagen ausgestattet ..., denen die frühen Kindheitserlebnisse die endgültige Richtung anweisen.«

Vielleicht ist der Mensch von seinen bewußten Gedanken und Handlungen beeindruckt. Aber in der *psychologischen Vorstellung* erscheinen sie häufig als unbedeutende *sekundäre Reaktionen.* Dem, was wir sehen, denken und fühlen, können wir nicht trauen. Es sind nur Schleier aus Unwissenheit, die die sorgsam in unserem Unbewußten verborgene psychologische Wahrheit verhüllen.

Nur die Psychologie, so sagt man uns, kann unsere geheimen Motivationen erahnen und das schwer faßbare »Warum« des eigenartigen menschlichen Tiers offenbaren. Die Regeln, das zu entdecken, verlangen eine sachkundige Deutung. So wie der Geistliche einst zwischen dem Menschen und seiner Seele vermittelte, müssen der psychiatrische und der psychologische Spezialist heute dem Menschen den Geist erklären.

Die Beliebtheit der *psychologischen Vorstellung* ist verständlich. Nie zuvor hat sich ein allgemeines, philosophisches System so mit dem *Selbst* befaßt. Nie haben wir die Hemmungslosigkeit so sehr verehrt. Die Vorstellung konzentriert sich unmittelbar auf die verwundbare Psyche und die neu erworbenen emotionalen Rechte des Menschen. Die Verlockung ist unwiderstehlich. Für den egozentrischen Menschen von heute ist die Aussicht, daß das *Selbst* anstelle von *Gott* im Mittelpunkt eines philosophischen Weltsystems thront, über alle Maßen anziehend.

Die Universitäten waren für die Verkündigung des neuen Evangeliums an Millionen Studenten von unschätzbarem Wert. Um aber die breite Öffentlichkeit zu erreichen, erforderte die *Vorstellung* die Zusammenarbeit der die Massen ansprechenden Kommunikationsindustrie, wozu sich die Medien begeistert bereit fanden. Wer wäre nicht fasziniert von einem System, das behauptet, einem zu erklären, wie man besser mit seinem Sohn auskommt, sein Liebesleben steigert oder die inneren Beweggründe eines Massenmörders erkennt?

Die Folge war, daß sich Millionen psychologischer Botschaften täglich in die Gehirne Hunderter Millionen von Menschen fraßen. In Massen werden in den Buchhandlungen psychologische Ratgeber von Leuten gekauft, die ängstlich bemüht nach dem sichersten wissenschaftlichen Weg zu eigenem Glück, sexueller Befriedigung oder einer Ehe suchen, wie sie nur im Himmel geschlossen wird. Dr. Joyce Brothers, die die neuesten psychologischen Gemeinplätze an ein Millionenheer vermittelt, ist zu »einer der zehn einflußreichsten Frauen der Welt« gewählt worden.

In einer solchen Umgebung war es zwangsläufig so, daß das Fachchinesisch der Psychologen zum Allgemeingut einer ganzen Zivilisation wurde; die *Psychosprache* überholte die *Fortschrittssprache* George Orwells. Der Psychologenjargon reizt Millionen Menschen aller Altersstufen und unterschiedlichster gesellschaftlicher Herkunft und ergänzt halbvollendete Sätze in Klassenzimmern, auf Cocktailparties und in Schlafzimmern mit seinen neuen Kürzeln.

Der Begriff »psychologisch« hat selbst einige symbolische Untertöne angenommen. Der ehemalige amerikanische Präsident Nixon gebrauchte den Ausdruck mehrere Male in seinem Bericht zur Lage der Nation im Jahr 1972. Politische Berichterstatter spielen bei einer knappen Niederlage immer auf einen psychologischen Sieg an. Und ein Mitarbeiter einer Börsenfirma erklärte, daß »der Markt nicht aus wirtschaftlichen Gründen in Schwierigkeiten geraten ist. Das hat rein psychologische Ursachen.«

Einige psychologische Fachausdrücke haben sich schon vor 40 Jahren in die Sprache eingeschlichen, andere stehen gegenwärtig auf dem Gipfel modischer Aktualität. *Identitätskrise, Projektion, Libido, Abwehrmechanismus, Selbstverwirklichung, Ödipuskomplex, Erleben des Höhepunktes, Penisneid, zwischenmenschliche Beziehungen, Minderwertigkeitskomplex, Geschwisterprobleme, Gefühl der Unzulänglichkeit, zwanghafte Persönlichkeit, paranoid, extrovertiert, Trauma, phallisches Symbol, bedeutungshaltige Beziehung, kindliche Sexualität, aufarbeiten, Humanökologie, latente Homosexualität, introvertiert, acting out, Person mit erwartungswidriger Schulleistung, Kastrationskomplex, Übertragung, Sublimierung, Freudsche Fehllei-*

stung, Lustprinzip, Bisexualität, Todessehnsucht, Haßliebe und die Freudschen Termini *Es, Ich, Über-Ich, bewußt, vorbewußt* und *unbewußt* sind nur eine Auswahl aus dem psychologischen Wortschatz.

Sogar das *Mach deine Sachen selbst* aus der Sprache der Gegenkultur stammte von dem Gestaltpsychologen Fritz Perls. Das neuere »seine Gedanken zusammenhalten« oder »es geht mir (nicht) in den Kopf« sind von der gleichen psychologischen Fachsprache abgeleitet.

Die *psychologische Vorstellung* beharrt außerdem darauf, daß all unsere Gedanken und Handlungen »niemals das Ergebnis des Zufalls« sind, wie Freud meinte, sondern in unserem Unbewußten Gestalt annehmen. Dieser Gedanke hat die Phantasie weltweit gefesselt. Namen und Gesichter zu vergessen, im Stoßverkehr zu spät zur Arbeit zu kommen oder dem Gastgeber den Inhalt eines Glases über die neue Couch zu schütten wird in der *psychologischen Gesellschaft* als ein *bedeutungshaltiges,* nicht als zufälliges Ereignis betrachtet.

Dieses neuzeitliche Spiel hat seinen Ursprung in Freuds 1901 veröffentlichtem Werk *Zur Psychopathologie des Alltagslebens.* Wenn er bei einem Patienten einen Hausbesuch machte, so berichtete er, zog er manchmal seinen eigenen Schlüssel aus der Tasche. Es war keine Geistesabwesenheit, erklärte Freud. Es war »äquivalent dem Gedanken: ›Hier bin ich wie zu Hause.‹« Ein Fehler beim Lesen oder Schreiben offenbart eine »Verdrängung« oder »Verfälschung«, während die Melodien, die wir summen, einen Bezug zu dem »Gegenstand (haben), der uns beschäftigt«.

Selbst körperliche Unfälle werden nicht als zufällig angesehen. Viele von uns, so heißt es, sind *unfallveranlagt.* Im Zusammenhang mit Unglücksfällen von Privatflugzeugen ist Dr. Stanley Mohler von der amerikanischen Bundesluftfahrtbehörde der Meinung, daß »die meisten dieser Abstürze auf einer unbewußten Ebene beabsichtigt sind«, ein Phänomen, das man als *psychosomatischen Tod* bezeichnet hat.

Durch derartige symptomatische Handlungen einschließlich der klassischen Freudschen Fehlleistung enthüllen wir unser wahres Selbst. Vielleicht sieht uns die *psychologische Gesellschaft* unkonventionelles soziales Verhalten eher nach als die protestantische, an deren Stelle sie getreten ist. Doch ist sie die schärfste, wenn es darum geht, die Erklärungen und Taten jedes einzelnen zu untersuchen. *In dieser neuen Zivilisation wird alles psychologisch festgehalten.*

Diese Spekulationen der modernen Psychologie versprechen Einblick in das interessanteste aller Tiere, in sich selbst. Doch reichte das nicht, ihr Macht zu verschaffen. Sie brauchte noch etwas anderes – *das Ansehen der Wissenschaft.* Ohne die Wissenschaft hätte man die psychologischen Lehrsätze vielleicht für geheimnisvolle Vermutungen ähnlich dem Mystizismus der Kabbala gehalten. Die Psychiater und Psychologen sind ständig bemüht, uns an ihre Verbindungen zur Wissenschaft zu erinnern. So erklärte Dr. Franz G. Alexander stolz: »... die Tatsache, daß die Psychologie – die Lehre von der Persönlichkeit – die gleichen sich steigernden und operativen Eigenschaften wie die Naturwissenschaften haben kann, war belegt.«

Das *Selbst* und die *Wissenschaft* sind eine mächtige psychologische Partnerschaft eingegangen. Ihr Hauptartikel sind ihre Behauptungen: Wahrheit und Heilung. Die Wahrheit der Psychologie liegt in den Tausenden von *Entdeckungen* über Sex, Ehe, psychische Gesundheit, persönliche Verhaltensweisen, Kindererziehung, Lernen und Aggressionen, die von einem Spezialisten gemacht wurden. In Scharen brechen sie in Journalen, Zeitungen, Zeitschriften und dem Fernsehen über uns herein, alle mit dem Etikett »wissenschaftlich bewiesen« versehen.

Die Behauptung der Heilung wird mit gleichem Nachdruck aufgestellt. Zu einer von einer Lebensversicherungsgruppe veranlaßten Untersuchung von 923 Patienten erklärten die Psychiater, 75 Prozent seien geheilt worden oder hätten eine Besserung verspürt. Die Erfassungsstelle Central Fact-Gathering Committee der American Psychoanalytic Association berichtet, daß von den Personen, die ihre Behandlung »abschlossen«, über 96 Prozent an einen »Nutzen glaubten«.

Ein großer Teil der Öffentlichkeit und die meisten Angehörigen der entsprechenden Berufsgruppe pflichten dieser Behauptung bei. Aber immer offener äußern Psychiater und Psychologen ihre Bedenken hinsichtlich einiger der grundlegenden Dogmen der *psychologischen Gesellschaft.* Dr. Alfred M. Freedman, der frühere Präsident der American Psychiatric Association, spricht einen beunruhigenden Punkt an. »Es ist möglich, daß sich die Freudsche Theorie als nicht wissenschaftlicher erweist als die Astrologie oder Phrenologie«, sagte er bei einem Interview im New Yorker Medical College, wo er der psychiatrischen Abteilung vorsteht.

Andere befürchten, daß unser maßloses Psychologisieren selbst ein *neurotischer Reiz* ist. Wenn wir die Aufmerksamkeit auf unvermeidliche Ängste und Enttäuschungen des Menschen lenken, über die man in einer weniger befangenen Kultur hinwegginge, regen wir möglicherweise die persönliche Unsicherheit an.

Der bekannte Psychiater Dr. Jerome D. Frank, emeritierter Professor der Johns Hopkins University School of Medicine in Baltimore, meint sogar, daß sich die mit den psychisch Kranken befassende Industrie selbst ihre Klienten schafft. »Je größer die Zahl der Behandlungsstätten ist und je mehr man von ihnen weiß, desto größer ist die Anzahl derer, die ihre Dienste anstreben«, erklärt er. »Die Psychotherapie ist, zumindest bis zu einem gewissen Grad, die einzige Behandlungsform, die offenbar die Krankheit hervorruft, die sie behandelt.«

Diese Befürchtungen geben kaum die allgemeine Meinung in der *psychologischen Gesellschaft* wieder. Die breite Masse ist von Ehrfurcht erfüllt. Sie ist nicht nur voller Hochachtung, sondern weiß auch meistens nichts von den Streitigkeiten im Innern des professoralen Riesenapparats. Auch wenn die Öffentlichkeit vielleicht ein bestimmtes »Zurückschrecken« als eigenartig erachtet, gilt doch die Therapeutenpraxis heute als der anerkannte und sogar erleuchtete Ort, an dem man seine Psyche wiederherstellen oder Trost finden kann.

All das gehört zu dem, was der Psychiater Dr. John D. Vanderpool die »Suche nach sofortiger geistiger Gesundheit« nennt. Es ist eine Amerikanisierung der Psyche, die glaubt, daß die Ausschaltung der Angst und sowohl normal als auch glücklich zu sein nicht nur Rechte, sondern Waren sind, die man dank amerikanischer Technologie kaufen kann.

Die neue *psychologische Gesellschaft* ist nicht individualistisch. Sie ist eine konformistische Gesellschaft, in der wir nicht nur darüber belehrt werden, was wir von uns selbst und anderen zu denken haben, sondern auch darüber, *wie man empfindet.* Natürliche Gefühle wie Wut, Verzweiflung, Trauer, Eifersucht, Argwohn, Enttäuschung und vorübergehende Depressionen werden nicht nur als unerwünscht, sondern als anomal hingestellt.

II

DER TRUGSCHLUSS DER PSYCHOTHERAPIE

Die psychiatrische Klinik des Kaiser Foundation Hospitals in Oakland im amerikanischen Bundesstaat Kalifornien konnte nicht alle Personen unterbringen, die sich wegen einer psychotherapeutischen Behandlung gemeldet hatten. Von 150 Patienten, die Hilfe suchten, wurden die meisten therapiert, aber 23 Personen mußten sechs Monate warten, bis sich einige Therapeuten ihrer annehmen konnten.

Nach sechs Monaten beschlossen die Ärzte, die Patienten zu überprüfen, um festzustellen, welche Fortschritte die Behandelten im Vergleich zu den auf der Warteliste Stehenden gemacht hatten. Als die beiden Gruppen erneut psychiatrisch beurteilt wurden, entdeckten die überraschten Psychiater, daß die 23 Patienten auf der Warteliste nicht nur eine Besserung erkennen ließen, sondern im wesentlichen genauso gut dastanden wie die Behandelten. »Die behandelten Patienten zeigten keine eindeutig größeren Fortschritte als die Kontrollgruppe auf der Warteliste«, berichtete der Verfasser der Studie.

Dieses verblüffende Experiment wirft zwei Fragen auf, die immer häufiger von Kritikern innerhalb und außerhalb des psychiatrischen und psychologischen Berufsstandes gestellt werden: Können Neurosen und emotionale Störungen wirklich auf dem Wege der Therapie behandelt werden? Oder ist die Behauptung, daß die Psychologie heile, ein Trugschluß?

Derart unverschämte Fragen scheinen 75 Jahre nach Freud und angesichts eines Therapieregisters von jährlich etwa sieben Millionen Patienten unangebracht, zumal nach dem Urteil der Patienten die Psychotherapie tatsächlich hilft. Es ist auch ein Urteil, das sich in mehr als vier Milliarden DM niederschlägt, die die Bürger der *psychologischen Gesellschaft* jedes Jahr auf der Suche nach dem heiligen Gral psychischer Vollkommenheit, oder zumindest nach Befreiung von der Qual zu leben, ausgeben.

Doch trotz dieser öffentlichen Anerkennung wütet ein bedrückender, manchmal sogar bitterer Gedanke in den Reihen dieses Berufsstandes. Es geht vor allem darum, ob die Psychotherapie eine Wissenschaft oder lediglich ein zu einer wissenschaftlichen Disziplin veredelter Aberglaube ist. Sind die emotional Geplagten die Empfänger der

Früchte einer echten psychologischen Revolution oder die Opfer eines billigen psychischen Allerweltsmittels?

Zwei grundverschiedene Krankengeschichten geben in drastischer Form die gegensätzlichen Ansichten über diese seit langem propagierte Heilkunst wieder. Ein 31 Jahre alter leitender Angestellter einer Werbeagentur mit einem Wirtschaftsdiplom und einem Jahresgehalt von 18000 Dollar nahm die Dienste eines Spezialisten der neofreudianischen Richtung in New York in Anspruch. Es fiel ihm schwer, eine feste Beziehung zu Frauen herzustellen, und er war seines Liebeslebens überdrüssig, weil die Partner häufig wechselten und die Erfüllung ausblieb. Hinzu kam, daß er beruflich seit fast zwei Jahren auf der Stelle trat. Er litt häufig unter Depressionen, schlief schlecht und aß nicht richtig. Er fürchtete, auch sein noch vor ihm liegendes Leben in einer ähnlich nichtssagenden Tretmühle zuzubringen.

Er begann eine psychotherapeutische Behandlung bei einem Psychiater, und nach acht Monaten bekam sein Leben neuen Schwung. An seinem Arbeitsplatz lernte er ein hübsches, aufgeschlossenes Mädchen kennen, das er heiratete. Kurz darauf stellte ihn eine Konkurrenzagentur als Leiter der Kundenwerbung für 25000 Dollar im Jahr ein, und nicht lange danach beendete er seine Behandlung, dankbar, einen Therapeuten gefunden zu haben, der ihm dazu verholfen hatte, die Dinge neu zu sehen, was seine festgefahrene Existenz auf fast wunderbare Weise verändert zu haben schien.

Der Erfolg in vielen derartigen Fällen und seine Verbreitung durch Mundpropaganda und die Medien haben den Ruf der Psychotherapie als das moderne Heil für die gequälte und verwirrte Seele gefestigt.

Doch diese Medaille hat zwei Seiten. Dr. Melitta Schmideberg, eine bekannte Psychiaterin, schildert die weniger glanzvolle Seite in einer Fallstudie. Sie berichtet von der Patientin eines Kollegen, einem Fräulein R., einer alleinstehenden Frau in den 30ern, die bei ihrer Schwester wohnte und seit zehn Jahren die gleiche Bürotätigkeit ausübte. Die Patientin war sexuell gehemmt und hatte eine passive Persönlichkeit. Fräulein R. begab sich in Behandlung, weil sie sich davon Hilfe bei der Suche nach einem Ehepartner erhoffte. Bei einem Versuch, ihre Hemmungen abzubauen, bemühte sich der Therapeut, »ihre Aggressionen freizusetzen«, wie Dr. Schmideberg im *American Journal of Psychiatry* berichtet.

Eine der Folgen der Behandlung war, daß die Patientin Schwierigkeiten mit ihrer Schwester bekam, was auch heftigen häuslichen Streit mit einschloß. Gleichzeitig versuchte der Therapeut, Fräulein R.s sexuelle Hemmungen zu reduzieren, woraufhin sie »promiskuid wurde und jede Selbstachtung verlor«, wie Dr. Schmideberg schreibt. Aufgrund ihres neuerlich aggressiven Verhaltens verlor sie auch ihre Arbeit. Sie wurde depressiv und verstört, mußte schließlich sechs Monate in eine Klinik. Sie war nicht mehr imstande zu arbeiten und lebte von der Unterstützung durch ihren Bruder.

Die Debatte darüber, ob die Psychotherapie ein Erfolg oder Mißerfolg ist, eine Wissenschaft oder Schamanismus, ist verworren und wird äußerst hitzig geführt. Aber vor einer genaueren Untersuchung sollten wir uns mit der grundlegenden Frage beschäftigen *Wer macht was mit wem?*, wie es die Berufsspezialisten zurückhaltend formulieren. Wer übt, um damit zu beginnen, überhaupt diese kostspielige, neuzeitliche Tätigkeit aus?

Drei Forscher – Henry, Sims und Spray – haben das Geschäft mit der Therapie in einer Studie durchleuchtet, die vom amerikanischen National Institute of Mental Health gefördert wurde. Sie setzten sich mit sämlichen 6629 zugelassenen Psychotherapeuten in den Großräumen New York, Chicago und Los Angeles in Verbindung, die sie ausfindig machen konnten. Die Untersuchung befaßte sich mit Psychiatern (ausgebildeten Ärzten), Psychoanalytikern (ebenfalls ausgebildete Ärzte), klinischen Psychologen (promovierte Philosophen) und psychiatrischen Sozialarbeitern (M.S.W.) – für die sie die Sammelbezeichnung *Fünfte Profession* wählten, die Tätigkeit des Psychotherapeuten.

Die Studie deckte einen ziemlich großen Teil dieser vier Gruppen ab, die das Berufsbild des Therapeuten bestimmen. Von den beispielsweise 30000 amerikanischen Psychiatern und Psychoanalytikern haben beinahe alle mit der Psychotherapie zu tun, sei es in der Privatpraxis oder in Krankenhäusern. Von den 26000 zugelassenen Psychologen sind etwa 17000 psychotherapeutisch tätig, wie aus einer Untersuchung hervorgeht, die die American Psychological Association durchgeführt hat. Die dritte große Gruppe, die klinischen Sozialarbeiter (die früher »psychiatrische Sozialarbeiter« genannt wurden), ist auch die zahlenmäßig stärkste Therapeutengruppe, die im letzten Jahrzehnt unbemerkt eine beachtliche Bedeutung erlangt hat.

Schätzungsweise 35000 Sozialarbeiter praktizieren Psychotherapie in Privatpraxen, psychiatrischen Kliniken und Gemeindezentren für Psychohygiene, in denen sie ungefähr die Hälfte der Beschäftigten stellen. Die M.S.W.-Therapeuten, die in ihrer psychologischen Ausrichtung im allgemeinen auf Freud festgelegt sind, ahmen das angesehene Modell der Psychiater nach.

Wer sind nun die Mitglieder der Fünften Profession? Sieben von zehn sind Männer, und die größte Gruppe bilden die 40- bis 49jährigen. Von den Psychiatern sind nur elf Prozent Frauen, die jedoch bei den Sozialarbeitern das größte Kontingent stellen (57 Prozent). Drei Viertel der Therapeuten kommen von der persönlichen Therapie her, von 64 Prozent bei den Sozialarbeitern bis fast 100 Prozent bei den Psychoanalytikern. Selbst mehrere Runden auf der berühmten Couch sind nichts Außergewöhnliches: Von den in der Therapie tätigen Therapeuten hat sich die Hälfte mindestens zweimal behandeln lassen. Über 20 Prozent der Analytiker sind inzwischen wieder bei der freudianischen Regel angelangt: *dreimal oder öfter.*

Ist der Wiener Meister auch nach 75 Jahren noch ein Vorbild für die moderne Psychotherapie? Offensichtlich ja. Eine Studie über 283 Psychotherapeuten ergab, daß sich 60 Prozent für »Freudianer« hielten. Der Gesellschaftswissenschaftler Arnold A. Rogow fand heraus, daß zwei von drei Psychiatern eine, wie sie selbst erklärten, »freudianische«, »neofreudianische« oder die in Berufskreisen gerade moderne *eklektische* Psychotherapie praktizierten.

Bei der Flut neuer Techniken, die von der Transaktionalen Analyse bis zum Urschrei reichen, verliert man leicht die Tatsache aus den Augen, daß die *psychodynamische Therapie,* ein Ableger Freuds und der Neofreudianer, noch immer als die finessenreiche, etablierte Therapie der *psychologischen Gesellschaft* das Feld beherrscht.

Ohne Frage bahnen sich immer mehr Patienten schreiend, tastend, fühlend, aufeinander losgehend, spielend, strippend und streichelnd ihren Weg zur emotionalen Vollkommenheit. Aber die herkömmliche *Einsichtstherapie,* bei der Therapeut und Patient für 40 bis 200 DM die Stunde versuchen, sich durch den Dschungel der Kindheitskomplexe und Abwehrmechanismen zu kämpfen, um dem »Warum« auf die Spur zu kommen, ist immer noch das, was die meisten Psychotherapie nennen.

Die Mehrheit der Therapeuten praktiziert eine Mischung aus verschiedenen freudianischen und neofreudianischen Methoden, was einen New Yorker Psychiater dazu veranlaßte, vom »Mischmasch der amerikanischen Therapieschule« zu sprechen. Sie ist ein metaphysisch verwässerter Sigmund Freud mit geringerer ödipaler Betonung und weniger kindlicher Sexualität, gewürzt mit dem neofreudianischen Kulturalismus von Harry Stack Sullivan oder Karen Horney, und wird ebensooft beim direkten Sichgegenübersitzen auf einem Stuhl wie auf der traditionellen Behandlungscouch angewandt. Heute umfaßt sie unter Umständen sogar die wohlwollende Hinnahme einer Therapie zur Verhaltensänderung, vor allem wenn man einem Patienten mit Phobien gegenübersteht. (In Großbritannien beispielsweise sind die meisten Psychologen anti-freudianisch und pro-behavioristisch eingestellt.)

Diese von Freud, Sullivan, Horney, Adler, Hartmann, Rank, Stekel, Wilhelm Reich, aber auch solchen Neulingen wie dem verstorbenen Eric Berne stammenden Zutaten werden von jedem praktizierenden Psychiater in geringfügig unterschiedlicher Zusammensetzung zu einer eigenen Behandlungsmethode vereint, wobei der größte Anteil aber immer auf Freud entfällt.

»Es gibt keinen Zweifel, daß die psychoanalytisch ausgerichtete Psychotherapie den Kern der meisten psychotherapeutischen Behandlungen ausmacht, zu der amerikanische Psychiater heute greifen«, erklärte Dr. Alfred Freedman, der ehemalige Präsident der American Psychiatric Association.

»Wenn ich schätzen müßte, würde ich sagen, daß der privat praktizierende Psychiater in den USA im Durchschnitt eine Mischung aus 60 Prozent psychologisch orientierter Psychotherapie und 40 Prozent anderer Praktiken anwendet, die u. a. die Psychochemotherapie, die Elektrokrampf-Therapie und die Verhaltenstherapie mit einschließt. Die Psychotherapie ist selbst eine Mischung aus wahrscheinlich 60 Prozent Freud oder denen, die ihm nahestehen, vielleicht 25 Prozent Sullivan, Fromm und der William Alanson White-Schule, 10 Prozent Karen Horney und kleineren Einsprengseln anderer.«

Wer macht was mit *wem?* Nach einem Bericht der American Psychiatric Association von 1973 ist der typische Patient weiblich (62 Prozent all dieser Patienten), entstammt der Mittelschicht und ist »neurotisch«.

Die wirklich Kranken kommen, wie wir noch sehen werden, selten in den Genuß des Segens der Psychotherapie. Mehr als zwei Drittel der psychiatrischen Patienten litten unter Neurotizismus, gestörter Persönlichkeit oder »vorübergehenden situationsbedingten Erregungszuständen«. Nicht einmal jeder vierte war ernsthaft psychisch krank. Im allgemeinen umfaßte die Behandlung durchschnittlich einen Besuch pro Woche. Von den Personen, die über eine Konsultation hinausgingen, erhielt über die Hälfte eine psychotherapeutische Behandlung. Die meisten waren in Einzelbehandlung, aber jeder vierte war in einer Gruppe. Die übliche Gebühr für die 50minütige Stunde, so erklärt die American Psychiatric Association, betrug 35 Dollar, ein Satz, der inzwischen aber näher bei 50 Dollar liegt.

Der gläubigen Öffentlichkeit erscheint diese Therapie oft als das einzige Mittel bei emotionalem Unbehagen – ein Glaube, der die gigantische psychotherapeutische Industrie moralisch und finanziell gefördert hat. Immer häufiger äußern Forscher aus der Berufsgruppe ernsthafte Zweifel daran, daß die Psychotherapie ebenso leistungsfähig ist wie diejenigen, die sie ausüben, oder wie ihre treuen Klienten glauben.

Der erste, der der selbstbewußten Therapie den Fehdehandschuh hinwarf, war Hans J. Eysenck, Doktor der Philosophie am Institut für Psychiatrie der University of London. In einer inzwischen historischen Untersuchung aus dem Jahr 1952 bewertete er die 30jährige Berichterstattung über die Wirksamkeit der Psychotherapie. Eysencks Methode bestand darin, die behaupteten Heilerfolge der Psychotherapeuten als bare Münze zu nehmen, sie aber mit ähnlichen Fällen neurotischer Patienten zu vergleichen, die kaum oder gar nicht behandelt worden waren.

Eysenck sammelte aus 19 verschiedenen Fachuntersuchungen Berichte über 7293 Patienten der eklektischen Psychotherapie. Auf den ersten Blick sahen die Ergebnisse vielversprechend für den selbstsicheren Berufsstand aus: Im Durchschnitt ließen 64 Prozent der psychotherapeutisch behandelten Patienten eine Besserung erkennen. Aber als Eysenck die Herausforderung einen Schritt weiter trieb, schwand der Optimismus. Er verglich diese Ergebnisse mit denen von Patienten, die kaum oder gar nicht behandelt worden waren und die auch keine Medikamente genommen hatten. Überraschenderweise zeigte eine Gruppe neurotischer Patienten *in 72 Prozent der Fälle im zweiten Jahr eine Besserung, trotz des Fehlens einer anderen Behandlung* als der durch den Hausarzt.

Bei den erstaunlich gesunden, nicht behandelten Patienten ging es um 500 lückenlos festgehaltene Fälle psychoneurotisch geschädigter Anspruchsberechtigter aus den Akten der Equitable Life Assurance Society, einer Versicherungsgesellschaft. Jeder war wegen einer psychischen Erkrankung drei Monate und länger arbeitslos gewesen. Sie wurden von ihren Ärzten mit Beruhigungsmitteln und den üblichen Beschwichtigungen behandelt, was zu der Zeit schon seit fünf Jahren und länger geschah. Am Ende des ersten Jahres lag die Besserungsrate bei 45 Prozent und stieg bei fünf Jahren bis auf 90 Prozent.

Eysencks Schlußfolgerungen waren revolutionär. Die Daten belegten, so erklärte er, daß *»rund zwei Drittel aus einer Gruppe neurotischer Patienten innerhalb von zwei Jahren nach Beginn ihrer Krankheit wieder gesund werden oder eine deutliche Besserung zeigen, ob sie psychotherapeutisch behandelt werden oder nicht«.*

Eysenck wurde wegen seiner Ansichten von seinen Berufskollegen ständig angegriffen. Einige Kritiker verurteilten seine Bewertung der Berichte aus dem Jahr 1952 als unfair und alles andere als korrekt. Aber nur wenige stritten ab, daß seine frühe Arbeit ein inzwischen historischer Stich ins Wespennest war, der seine Kollegen anregte, die Psychotherapie etwas eingehender zu betrachten.

1965 gab Eysenck dann eine noch umfassendere Aufnahme veröffentlichter Untersuchungen heraus, die noch verheerendere Ergebnisse für die Psychotherapie enthielt. Diesmal behauptete er, daß die Psychotherapie gerade aufgrund der Tatsache, für die Heilung der Patienten unerheblich zu sein, ein allgemeiner Trugschlug sei. »Wir haben festgestellt, daß neurotische Störungen dazu neigen, sich selbst zu begrenzen, daß die Psychoanalyse nicht erfolgreicher als irgendein anderes Verfahren ist und daß tatsächlich sämtliche psychotherapeutischen Methoden nicht imstande sind, die Heilungsquote zu verbessern, die durch die Erfahrungen im Alltagsleben und eine nicht spezifische Behandlung erreicht wird«, bemerkt Eysenck.

Die Hingabe der Psychotherapeuten wird nicht in Frage gestellt. Im Grunde hat der bloße Vorgang, die Wirksamkeit dieser Betätigung zu prüfen, innerhalb des Berufsstandes ein Zornesbeben ausgelöst. Eysenck warnt davor, ein »gefühlsbeladenes Aufbegehren von beträchtlicher Stärke« zu entfachen, wenn die Therapie herausgefordert wird. Ein Forscher wurde von seinen Kollegen wie ein Gotteslästerer behandelt, als er sich öffentlich für den Gedanken wissenschaftlicher Kontrollen aussprach. Es war, »als versuchten wir uns an einem statistischen Text über die Erfolgsquoten des Gebets«, berichtet Dr. Eysenck im von Gruppierungen unabhängigen *International Journal of Psychiatry.*

Diese Verteidigungsbereitschaft ist ein berufliches Markenzeichen in der *psychologischen Gesellschaft.* Vor einem Jahrzehnt war dieser Reflex weltweit anzutreffen. Heute plädieren verschiedene Berufsvertreter für geistige Integrität und stellen strenge Untersuchungen darüber an, ob die Therapie wirkt, und wenn nicht, warum nicht. Falls ihre Forschung unvermindert anhält, werden heute gültige psychologische Lehrsätze genauso unerwartet und plötzlich fallen wie jene, die die Freudianer vor einem halben Jahrhundert gestürzt haben.

Der Durchbruch bei der Bewertung der Psychotherapie kam durch den Einsatz eines einfachen, wissenschaftlichen Verfahrens, der *kontrollierten Untersuchung*. Der aufgeblasene Ruf der Therapie beruht auf *klinischen Behauptungen* und weitererzählten Geschichten über »Heilungen«, die eine verängstigte Gesellschaft wie die Erzählungen über frühe chiropraktische »Wunder« in ihren Bann zogen. Von lautstarker Werbung unterstützt, verwahrten sich die Psychotherapeuten dagegen, daß es irgendwelcher Studien bedürfe, um ihre Nützlichkeit zu beweisen.

Aber kontrollierte Untersuchungen sind unempfänglich für öffentliche Zustimmung. Wenn ein Forscher eine Gruppe halbiert und dann dem einen Teil eine Behandlung zukommen läßt, während er den anderen lediglich beobachtet, kann er feststellen, ob Behandlung besser ist als Nichtbehandlung und in welchem Grad. Wenn möglich, sollte ein Doppelblindversuch durchgeführt werden, da weder der beeinflußbare Arzt noch der Patient weiß, wer was bekommt. »Das Fehlen ernsthafter kontrollierter Untersuchungen über die Therapie«, erklärt Dr. Eysenck, »ist das vielleicht beredteste Zeugnis für das Versagen der klinischen Psychologen und Psychiater, sich ernstlich der Aufgabe anzunehmen, die Auswirkungen der Verfahren abzuschätzen, die sie anwenden.«

Einer der ersten und weitestreichenden Versuche, die Verfahrenstechnik zu erhärten oder zu widerlegen, wurde schon vor Jahrzehnten im amerikanischen Bundesstaat Massachusetts durchgeführt. Die Cambridge-Somerville Youth-Untersuchung unterzog die allgemein anerkannte Vorstellung einer Prüfung, daß psychologische Beratung gesetzwidriges Verhalten verhindern könne, eine unbewiesene Theorie, die noch immer weitverbreitet ist.

Das Rohmaterial bestand aus 650 Jungen der sozialen Unterschicht zwischen sechs und zehn Jahren, die man für potentielle Gesetzesbrecher hielt. Durch das Werfen einer Münze wurde die eine Hälfte einer B-(Behandlungs-)Gruppe zugewiesen, die andere einer K-(Kontroll- oder Nichtbehandlungs-)Gruppe. Die zu behandelnden Kinder wurden Beratern übergeben, die entweder freudianische Therapiemethoden oder die Techniken des Psychologen Carl Rogers anwandten, die ganz auf den Betroffenen eingestellte »clientcentered therapy«. Das Experiment lief acht Jahre, dann wurden die Jugendlichen beurteilt.

Das statistische Ergebnis entnervte alle, die zuversichtlich waren. Auf den ersten Blick besaß es sämtliche Eigenschaften eines zu Herzen gehenden psychologischen Dramas. Von 70 »wahrscheinlichen«

Übeltätern, die vorbeugend psychotherapeutisch behandelt worden waren, hatten sich nur 23 schwerwiegender Vergehen schuldig gemacht. Die Berater meldeten, zwei Drittel der Jungen hätten einen »deutlichen Nutzen« davongetragen.

Die Ergebnisse waren so lange beeindruckend, bis die nicht behandelte Kontrollgruppe untersucht wurde. Es stellte sich heraus, daß die psychologisch nicht behandelten und nicht beratenen Jungen weniger Straftaten begangen hatten als ihre behandelten Mitstreiter bei diesem Versuch. Die behandelten Jungen waren in 264 Vergehen verwickelt, die nicht behandelten nur in 218.

Die Cambridge-Studie war eine Pioniertat. Seither haben beherzte Forscher zahllose Untersuchungen durchgeführt, bei denen Kontrollgruppen als für die Genauigkeit sorgendes Barometer fungierten.

Rein zufällig entstand ein schnell zu verwirklichendes Laboratorium, in dem wir die Psychotherapie überprüfen können. Es ist die *Warteliste* der psychiatrischen Kliniken. Wie wir in der Studie des Kaiser Hospitals gesehen haben, setzt sie sich aus einer Gruppe von Patienten des gleichen Typs zusammen, die am gleichen Ort die gleiche psychologische Hilfe suchen. Warum, so fragten sich die Forscher, sollen wir nicht vergleichen, wie gut die *behandelten* und *wartenden* Personen mit ihren neurotischen Beschwerden fertig werden?

Dr. Louis A. Gottschalk von der University of California in Irvine ist einer der vielen Psychiater, der den wissenschaftlichen Möglichkeiten der Warteliste nachgegangen ist. Er untersuchte zwei Patientengruppen einer ambulant behandelnden psychiatrischen Klinik, insgesamt 68 Personen. Eine Gruppe wurde sofort mit Hilfe der *Krisenintervention* behandelt, einer augenblicklich sehr geschätzten Therapie. Die andere kam auf die Warteliste. Nach sechs Wochen untersuchte Gottschalks Stab beide Gruppen erneut. Beide ließen eine Besserung erkennen, wobei die am schwersten erkrankten Patienten jeweils die geringsten Fortschritte gemacht hatten. Aber diejenigen, die nur warteten, schnitten im wesentlichen genauso gut ab wie die psychotherapeutisch Behandelten.

Wie erklärt Dr. Gottschalk diese Ergebnisse? Seiner Meinung nach liegt es daran, daß sich die meisten neurotischen Beschwerden selbst begrenzen. Wie bei der normalen Erkältung ist die Zeit ein hervorragendes Heilmittel. »Die meisten Patienten, die in einer Lebenskrise stecken, erholen sich ungeachtet der Art von Pflege, die sie erhalten, spontan innerhalb von sechs Wochen«, bemerkt er.

Dr. Norman Q. Brill, Professor für Psychiatrie an der University of

California in Los Angeles, bietet eine andere Erklärung für die scheinbar magische *Kraft des Wartens* auf die Behandlung. Da der Betreffende sich nicht länger als Patient betrachtet, ist er gezwungen, andere Lebensquellen zu mobilisieren, vermutet er. »Er denkt nicht mehr über bestimmte Dinge nach, die ihn belastet haben, in seinem Leben kommt es unvermittelt zu Veränderungen, andere Interessengebiete treten an die Stelle dessen, was ihn bisher bedrückte und was ihn in die Behandlung brachte«, sagte Dr. Brill bei einem Interview. »Die Menschen folgen einer allgemeinen Regel: Beim neurotischen Patienten besteht eine Tendenz zur Besserung.«

Was wir hier erleben, ist wahrscheinlich das eigentliche Wunder der *psychologischen Gesellschaft.* Es ist die sogenannte spontane Remission, die Tendenz der meisten emotionalen, nicht psychotischen Beschwerden zur Besserung ohne Behandlung!

Da die menschliche Psyche ständig bestrebt ist, sich selbst zu heilen, hält sich der Therapeut oft sogar die Zeit zugute. Vielleicht wird die Psychotherapie sogar in Fällen gepriesen, wo es dem Patienten nur dank einer glücklichen Veränderung seiner Lebensumstände tatsächlich besser geht – eine erfolgreiche Liebesgeschichte, eine anspruchsvollere Stellung, ein guter Mittagsschlaf oder eine Besserung der körperlichen Verfassung. In einer Studie untersuchten Freiss und Nelson 45 Fälle erfolgreich abgeschlossener psychotherapeutischer Behandlungen und stellten bei 33 von ihnen fest, daß der Erfolg tatsächlich auf derartige äußere Umstände zurückzuführen war, nicht auf die Therapie.

Spontane Besserung ohne Therapie ergibt sogar rein rechnerisch einen Sinn, meint Dr. Jerome D. Frank, emeritierter Professor für Psychiatrie an der medizinischen Fakultät der Johns Hopkins University. Er erklärt, daß »statistisch gesehen die meisten Menschen zum Psychotherapeuten kommen, wenn die Krise auf dem Höhepunkt ist oder sie sich von ihr erholen«. Selbstverständlich, so sagt er, werden sie »angestrengter und weniger leistungsfähig sein, als sie noch vor einigen Monaten waren oder in einigen Monaten sein werden, unabhängig von irgendwelchen Eingriffen«. Da sie zu Beginn der Therapie am kranksten sind, tendieren sie zur Besserung, mit und ohne Hilfe.

Woran können wir zweifelsfrei erkennen, daß dieses angesehene Verfahren, die menschliche Psyche zu ergründen und zu heilen, gar nicht wissenschaftlich ist? Die beste Bestätigung dafür und das vielleicht vernichtendste Zeugnis gegen die Psychotherapie sind Tests, bei denen psychoneurotische Patienten Tabletten eingenommen haben, die keinen uns bekannten medizinischen Wirkstoff enthielten, und dennoch besserte sich der Zustand der Patienten. Diese neuere Forschungsarbeit über die scheinbar an Wunder grenzende Wirkung der *Placebos* gehört zu den wichtigsten in diesem Bereich.

Für die Therapeuten ist das Material beunruhigend. Ahnungslosen neurotischen Patienten verabreichte Placebos in Form von Zuckertabletten haben häufig die gleiche Wirkung wie eine psychotherapeutische Behandlung. Wie die Psychologen Allen E. Bergin und Sol Garfield, Mitherausgeber des *Handbook of Psychotherapy and Behavior Change,* feststellen, »liefern (Placebos) sehr oft Besserungsraten, die denen von Therapiegruppen sehr nahe kommen«. Zwischen 50 und 76 Prozent der Patienten, die nur Placebos (lateinisch: ich werde gefallen) nahmen, ließen eine Besserung erkennen, etwa der gleiche Prozentsatz, der bei der Psychotherapie positive Ergebnisse zeigte.

Dr. Frank hat die Zuckeroblate direkt gegen die Psychotherapie eingesetzt, mit mageren Ergebnissen für das geschwätzige Heilgewerbe. Psychiatrisch ambulant behandelte Patienten wurden befragt und verschiedenen Tests unterzogen, u. a. einem *Mean Discomfort Score* (MDS), einer Durchschnittsbewertung des Unbehagens. Man gab ihnen dann eine »neue Tablette, die noch nicht auf dem Markt ist«. Man teilte ihnen auch mit, daß die Pille als nichtgiftig bekannt sei, und man glaube, daß sie Personen mit Beschwerden helfe, die den ihren ähnelten.

Die Patienten kamen nach einer, dann nach zwei Wochen wieder und wurden regelmäßig beobachtet. *Diejenigen, die Placebos bekommen hatten, zeigten eine schnellere Besserung als die Patienten, die behandelt worden waren.* Sie begannen mit einem MDS-Wert von 35, der schnell auf 15 sank und am Ende der drei Jahre wieder auf 25 stieg. Die psychotherapeutisch behandelten Patienten, deren Therapie sechs Monate dauerte, hatten einen anfänglichen MDS-Wert von über 40, der nie unter 25 sank, eine Verbesserung, für die sie fünf Jahre brauchten. Eine sechsmonatige psychotherapeutische Behandlung konnte also keine besseren Ergebnisse als die schnelle Verabreichung der »Ich werde gefallen« erzielen. »Der Unterschied zwischen den beiden Gruppen war statistisch nicht signifikant«, erklärt Dr. Frank.

Dr. Arthur K. Shapiro, Klinikprofessor für Psychiatrie an der Mount Sinai School of Medicine in New York, ist einer der führenden Männer in der Placebo-Forschung, über die er bereits viel geschrieben hat. An einer Anstalt führte er eine Reihe von Experimenten über den therapeutischen Ablauf durch, der die mögliche Kraft des Placebos deutlich macht. Über einen Zeitraum von acht Jahren wurden 1440 Patienten zunächst aufgefordert, einen umfangreichen Fragebogen über ihre Symptome auszufüllen. Man verabreichte ihnen dann eine harmlose, psychologisch unwirksame Dosis Milchzucker und erklärte ihnen, daß »ihnen dieses psychotherapeutische Medikament helfen solle«.

Nachdem die Patienten ihre »Medizin« genommen hatten, bat man sie, sich eine Stunde ruhig hinzusetzen und dann zu berichten, ob sie sich besser, gleichgut oder schlechter als vor der Einnahme des Mittels fühlten. »55 Prozent der Patienten erklärten, daß sie sich im Verlauf der Stunde nach Einnahme des Placebos besser gefühlt hätten«, berichtete Dr. Shapiro bei einem Interview. »30 Prozent gaben an, es gäbe keine Veränderung, und 15 Prozent sagten, sie fühlten sich schlechter. Der Placebo-Effekt ist gut belegt. Wie wir aus Untersuchungen wissen, kann er vorübergehender Natur sein und ganz ausfallen, er kann jedoch auch sehr stark und beherrschend sein.«

Was geschieht, wenn der neurotische Patient weiß, daß er zum besten gehalten wird? Offenbar wirkt sich das nur geringfügig auf den Heilungsprozeß aus. Die Forscher L. C. Park und L. Covi erzählten ihren Patienten offen, daß sie »Zuckerpillen« bekämen, »die keinerlei medizinische Wirkstoffe enthielten«. Und für die Gutgläubigsten fügten sie noch einen kleinen Ansporn hinzu: »Ich glaube, diese Pille wird Ihnen helfen, wie sie schon so vielen anderen geholfen hat.« Die Patienten nahmen ihre Zuckerpillen dreimal täglich eine Woche lang, dann wurden sie erneut psychiatrisch beurteilt. Nur einer weigerte sich, an dieser offenkundigen Farce teilzunehmen. Von den 14 Personen, die die Pillen nahmen, zeigten 13 eine Besserung in allen Belangen.

An der psychiatrischen Klinik der University of California in Los Angeles testete Dr. Norman Q. Brill Placebos und Warteliste gegen die Psychotherapie und sogar gegen geringere Verabreichung von Medikamenten. Er führte eine kontrollierte Untersuchung an 299 ambulanten Patienten durch und gab seine Ergebnisse in den *Archives of General Psychiatry* bekannt.

Brill teilte seine Patienten in sechs Gruppen ein. Eine Gruppe wurde fünf Monate psychotherapeutisch behandelt. Eine andere kam auf die Warteliste. Eine dritte erhielt Placebos. Den drei anderen Gruppen gab man leichte Beruhigungsmittel und sedativhypnotische Präparate. Als die Ärzte die Patienten nach Abschluß des Versuchs untersuchten, hatten die meisten das Gefühl, ihnen sei »geholfen«

worden. Aber, so betont Dr. Brill, es gab »keine statistisch signifikanten Unterschiede zwischen den Behandlungsgruppen«. Sowohl Warteliste wie Placebos hatten den grundsätzlich gleichen Erfolg wie sechs Monate Psychotherapie.

»Diese Ergebnisse waren unerwartet«, stellt Dr. Brill fest. »Sie legen die Vermutung nahe, daß die weitverbreitete Bevorzugung der herkömmlichen ambulanten Psychotherapie ebenso stark auf einer Voreingenommenheit des Arztes wie auf ihrer erwiesenen größeren Wirksamkeit beruht.«

»Wie bitte?« wird man vielleicht ungläubig fragen. Was ist mit den vielverkündeten, positiven Ergebnissen der Psychotherapie im Alltagsleben? Was mit der Arbeit in der Kindertherapie und bei der Behandlung der Alkoholiker? Und: Hat sich die Beratung an den Universitäten nicht bewährt?

Die moderne Psychotherapie war stolz auf ihre Arbeit mit Kindern, die sie als vorbeugende medizinische Maßnahme gegen Geisteskrankheiten an der Quelle betrachtete. Ein Psychiater stellte es so dar: »Wir hatten begründete Hoffnung, daß die Erfassung der Jugend die endgültige Lösung für alle mit der Psychohygiene zusammenhängenden Probleme der Nation wäre.« Die Bewegung, die 1909 in einer Chicagoer Besserungsanstalt für Jugendliche ihren Anfang nahm, steht jetzt in voller Blüte. *The New York Times* überschrieb einen Artikel »Kinder-Psychotherapie nimmt rapide zu«.

Die Kinder-Psychotherapie breitet sich in der *psychologischen Gesellschaft* epidemieartig aus. Eine Übersicht des amerikanischen National Institute of Mental Health beispielsweise gab an, daß sich 772000 Jugendliche unter 18 Jahren in irgendwelchen klinischen Einrichtungen in psychologischer Betreuung befanden. Rechnet man die Privatpatienten hinzu, steigt die Zahl auf über eine Million. Eltern, die die Therapie für den Weg zur Glückseligkeit halten, schicken ihre Kinder routinemäßig zu einem Psychiater oder Erziehungsberatungszentrum, und das wegen solcher Beschwerden wie Schulängsten, Kopfschmerzen, Bettnässen, Schwänzerei, Verhaltensproblemen, Aggressivität, mangelnden Leistungen und selbst wegen der seit Generationen bekannten Angst vor Tieren. In einigen Kreisen der gehobenen Mittelschicht gehört man mit Kindern auf der Couch sofort zur *Psycho-Schickeria,* so wie einst, wenn man als Erwachsener zum Psychoanalytiker ging.

Aber inzwischen scheint es so, als habe die Kinder-Psychotherapie die gleichen wissenschaftlichen Mängel wie ihr Gegenstück bei den

Erwachsenen. Der Psychologe Eugene E. Levitt von der Indiana University School of Medicine ist der Eysenck auf dem Gebiet der Kinder-Psychotherapie. Seine Untersuchungen zeigen, daß es trotz der Nachfrage keinen Beweis dafür gibt, daß die Psychotherapie von besonderem Nutzen für gestörte Kinder ist. Levitt durchforschte im Lauf von 35 Jahren die Therapieberichte über mehr als 9300 Kinder. So wie Eysenck bei den Erwachsenen herausgefunden hatte, entdeckte auch Levitt, daß zwei Drittel der behandelten Kinder eine Besserung hatten erkennen lassen. Aber das allein genügt nicht, um die Kinder-Psychotherapie zu testen. Wie steht es mit den *unbehandelten* Kindern, die die gleichen Beschwerden haben? Bei wie vielen von ihnen zeigt sich eine Besserung ohne einen psychologischen Eingriff?

Levitt führte am Institut für Jugendforschung in Chicago eine sorgfältig kontrollierte Untersuchung über Kinder-Psychotherapie durch. Er teilte die Jugendlichen, die von ihren Eltern zur Behandlung gebracht worden waren, in zwei Gruppen ein. Eines war die reguläre Gruppe der Behandelten. Die andere setzte sich aus den Kindern zusammen, die die Diagnose durchlaufen hatten und als behandlungsbedürftig anerkannt worden waren, sich aber nicht behandeln ließen.

Es war ein weiterer verblüffender Fall spontaner Remission. *Die Besserungsrate der nicht behandelten Kinder war die gleiche wie die der behandelten.* »Zwei Drittel der Patienten, die während der Behandlung genauestens geprüft worden sind, und etwa drei Viertel bei der Folgeuntersuchung zeigten eine Besserung. Ungefähr der gleiche Prozentsatz an Besserungen gilt für die vergleichbaren Gruppen der nicht behandelten Kinder«, erklärt Levitt im *Journal of Consulting Psychology.*

Die Verwechslung der normalen Anzeichen des *Erwachsenwerdens* mit den echten Symptomen *emotionaler Störungen* scheint der eigentliche Kern der Auseinandersetzung zu sein. »Die vielen symptomatischen Erscheinungen bei Kindern, die im Grunde normal sind, verschwinden mit der Zeit meistens als eine Funktion der Entwicklung«, sagt Dr. Levitt. Als gängige Beispiele nennt er Temperamentsausbrüche, Schlafstörungen, Enurese (Bettnässen) und spezifische Kindheitsängste.

»Offensichtlich hat die allgemeine Vorstellung etwas für sich, daß die Kinder aus dem symptomatischen Verhalten ›herauswachsen‹«, bemerkt Dr. Levitt. »Aber eine aufgeschreckte Mutter bringt vielleicht ein symptomatisches Kind zur Erziehungsberatung, wo die entwicklungsbedingte Remission dann als Behandlungserfolg verbucht wird.«

Diese *aufgeschreckte Mutter* ist einer der Schlüsselkunden in der *psychologischen Gesellschaft.* In einer Untersuchung enthüllte Dr. M. Sheperd, daß die Kinder, die in die Kliniken gebracht werden, im Durchschnitt nicht gestörter sind als andere Kinder. Das emotionale Problem, so berichtet er, war viel häufiger die nervöse Reaktion der überpsychologisierten Mutter auf das Kind.

70 Jahre nach ihrem begeisterten Anfang ist die Bewegung der Kinder-Psychotherapie heute von Zweifeln umstellt. »Unsere Hoffnungen, den Geisteskrankheiten durch die Förderung der Psychohygiene und Erziehungsberatungskliniken vorzubeugen, sind enttäuscht worden, und es gibt keinen überzeugenden Beweis, daß jemals irgend jemand aufgrund dieser Maßnahmen vor den Anstalten des Staates bewahrt worden wäre«, stellt Dr. R. C. Hunt fest.

Beim Alkoholismus waren die Ergebnisse der psychotherapeutischen Behandlung besonders karg. Viele desillusionierte Alkoholiker haben die Couch wieder verlassen und sind zu Selbsthilfegruppen wie etwa den Anonymen Alkoholikern zurückgekehrt. Als Wissenschaftler 400 Alkoholiker in staatlich geförderten, ambulant behandelnden psychotherapeutischen Kliniken untersuchten, entdeckten sie, daß nur 18 Prozent derjenigen, die nachbehandelt worden waren, wirkliche Fortschritte zeigten: Sie waren seit wenigstens einem Jahr »trokken«. Jeder sechste war gestorben, jeder zehnte war in eine Anstalt eingeliefert worden, und bei den übrigen waren keine Veränderungen festzustellen. Aber von denen, denen es besserging, hatte die Hälfte auch die Anonymen Alkoholiker in Anspruch genommen oder ähnliche Methoden angewandt.

An den amerikanischen Universitäten z. B. macht der Ansturm auf die Psychotherapie schon den alten Studentenverbindungen Konkurrenz. Es gibt *Drop-in*-Beratungsstellen, rund um die Uhr besetzte Krisenzentren und kostenlose psychologische Hilfe. Werbeveranstaltungen auf dem Universitätsgelände locken die Studenten mit Versprechungen, daß Therapie für alles gut ist, von der Prüfungsangst bis zur gescheiterten Liebe. Die Beratungsbroschüren quellen über vor Lob für die Studentenberatung und behaupten sogar, daß schon eine kurze Beratung verängstigter Erstsemester deren Notendurchschnitte steigern könne.

Diese Werbeaussagen sind beeindruckend, bis man sie einer genaueren Prüfung unterzieht. So machten zwei Psychologen die Behauptung zunichte, daß die Beratung ein besseres Vorwärtskommen auf der Universität ermöglicht. L. D. Goodstein und J. O. Crites untersuchten 33 leistungsmäßig schwache Studenten, die Sommersemester-Kurse belegt hatten, und berichteten darüber im *Journal of Counseling Psychology.* Die Studenten wurden in drei Gruppen eingeteilt: die erste wurde psychologisch beraten, die zweite wurde zwar angesprochen, ließ sich aber nicht beraten, und die dritte wurde nicht einmal angesprochen. Und wieder waren die Ergebnisse für die Fachleute ernüchternd. *Die nicht angesprochene Gruppe erbrachte die besten Leistungen.*

Aber, so könnte man fragen, selbst wenn die Psychotherapie nicht das Allheilmittel ist, als das es in der Branche hingestellt wird, ist es nicht doch möglich, daß eine Therapie der anderen überlegen ist?

Das Ausposaunen der Vorzüge der eigenen Therapie und das Schlechtmachen der Wettbewerber sind leeres Wortgeklingel. Dazu erklärt Dr. Morris Parloff, Leiter der psychotherapeutischen Forschungsabteilung am National Institute of Mental Health der USA: »Keine Psychotherapie ist jemals ohne die Behauptung einzigartiger therapeutischer Vorzüge gestartet worden, und keine Psychotherapie ist jemals fallengelassen worden, wenn sie diesen Behauptungen nicht gerecht wurde.«

Ernstzunehmende Wissenschaftler beachten die Behauptungen der Werbung nicht. »Um sicherzugehen, berichten die Spezialisten jeder Methode von Erfolgen bei Patienten, die angeblich auf andere nicht angesprochen haben. Aber da das jeder machen kann, heben sich die Behauptungen gegenseitig auf«, erinnert Dr. Frank jene Patienten, die den Therapiemarkt unaufhörlich abgrasen.

In einem Vergleichstest verteilte der Forscher J. T. Barendregt die Patienten am Institut für Psychoanalyse in Amsterdam auf drei Behandlungsgruppen. Eine Gruppe wurde mit formaler Psychoanalyse am Institut behandelt. Die zweite Gruppe bekam an einem anderen Ort eine dynamische Psychotherapie. Die dritte, aus 74 Personen bestehende Gruppe wurde überhaupt nicht behandelt. Als nach zweieinhalb Jahren eine Nachuntersuchung durchgeführt wurde, erwies sich keine der Methoden als überlegen.

Zum Leidwesen der Spezialisten scheinen außerdem unterschiedliche Formen der gleichen Therapie die gleichen Ergebnisse zu liefern. Die Verfechter singen unermüdlich das Lob der *Gruppen-* gegenüber der *Einzel*therapie und preisen die Überlegenheit der *Kurz-* gegenüber der *Intensiv*therapie, und umgekehrt. Die psychiatrische Phipps-Klinik an der Johns Hopkins University überprüfte einige dieser Behauptungen, indem sie eine Patientengruppe eine Stunde pro Woche individuell psychotherapeutisch behandelte. Eine andere Gruppe wurde eineinhalb Stunden wöchentlich in der Gruppe behandelt. Die dritte Gruppe erhielt alle zwei Wochen eine halbe Stunde *auf ein Minimum beschränkte Kontakttherapie.* Die Behandlung dauerte sechs Monate, danach wurden die Patienten beurteilt und dann fünf Jahre lang nachuntersucht.

Und das Ergebnis? Alle drei Gruppen zeigten einen gleich starken Rückgang bei den Symptomen. Hinsichtlich der sozialen Wirksamkeit schnitten Einzel- und Gruppentherapie gleich gut ab, beide aber besser als die auf ein Minimum beschränkte Therapie. Letztere holte zum Schluß allerdings auf. *Aufmerksamkeit* hatte sich im wesentlichen als ein ebenso gutes Heilmittel wie psychologische Technik erwiesen.

Ein anderes Losungswert aus Berufskreisen, *»Je länger, desto besser«,* hat sich heilsam auf das Bankkonto der Therapeuten ausgewirkt. Freud, der mittellose Heiler, behauptete, Hysterie in Monaten, manchmal sogar in Wochen zu heilen. Seine wohlhabenderen Nachfolger haben die Psychotherapie zu einem fast endlosen Prozeß gedehnt, der, wie in Parkinsons Gesetz, die verfügbare Zeit ausfüllt. Im Beratungszentrum der University of Chicago umfaßte die Durchschnittstherapie je Student 1949 sechs Sitzungen. 1970 war sie auf 45 Sitzungen gestiegen.

Hilft es denn wenigstens unserer Psyche, wenn wir den Therapeuten öfter sehen? Erneut wird der eifrige Patient durch die Wissenschaft enttäuscht. Im *Journal of Abnormal and Social Psychology* berichteten Wissenschaftler über Untersuchungen von Veteranen, die in mehreren Kliniken intensiv psychotherapeutisch behandelt wurden. Einige Patienten erhielten zweimal wöchentlich eine Behandlung, andere einmal wöchentlich, und andere nur einmal alle zwei Wochen. Bei der Beurteilung fand man hinsichtlich der Fortschritte keine ins Gewicht fallenden Unterschiede.

Die meisten praktizierenden Psychotherapeuten glauben, daß *ihre* Therapie hilft. Aber unter der wachsenden Zahl derer, die die Psychotherapie erforschen, schwankt der Glaube an die Wirksamkeit der Methode praktisch zwischen Null und der Feststellung, daß die Therapie nur geringe oder bescheidene Heilkräfte besitzt. Zu den Skeptikern gehört auch Dr. O. Hobart Mowrer, der frühere Präsident der American Psychological Association. Wie viele seiner Kollegen war der heute emeritierte Professor für Psychologie an der University of Illinois nach dem Zweiten Weltkrieg therapeutisch tätig und setzte große Hoffnungen in die Möglichkeiten des neuen psychodynamischen Vorgehens.

»Aber im Laufe der Jahre wurde ich angesichts der Ergebnisse der Psychotherapie und auch wegen der Theorie selbst zunehmend ernüchtert«, erklärte er bei einem Interview. »Ich bin davon überzeugt, daß die Psychotherapie im allgemeinen nur wenig Gutes für die Patienten bringt. Vor seinem Tod hat sogar Freud selbst eingestanden, daß die therapeutische Wirksamkeit der Psychotherapie gering ist, und daß sie in erster Linie ein Werkzeug für die Forschung war.«

Dr. Eugene E. Levitt glaubt, daß die Psychotherapie in etwa jedem fünften Fall hilft. Dr. Paul E. Meehl, ebenfalls ehemaliger Präsident der American Psychological Association, ist der Ansicht, daß nur ein kleiner Prozentsatz der Patienten einen Nutzen aus der Therapie zieht und erklärt, daß »unsere Macht zu helfen gegenwärtig wirklich sehr begrenzt ist.« Dr. Sol Garfield, ein Psychologe der Washington University im amerikanischen Bundesstaat St. Louis, ist einer der erfahrenen Forscher, der *etwas* an die Psychotherapie glaubt, dessen Begeisterung durch die neueren Forschungsergebnisse aber gedämpft worden ist.

»Die durchschnittliche Wirkung der Psychotherapie ist nicht sehr groß, aber ich glaube, daß es einen positiven Gesamteffekt gibt, auch wenn er beträchtlich geringer ist als die meisten Patienten und Therapeuten annehmen«, bemerkte Dr. Garfield auf entsprechende Fragen. »In bestimmten Fällen kann die Therapie außergewöhnlich hilfreich sein, in anderen ist sie von bescheidenem oder gar keinem Wert, und in wieder anderen ist sie eher schädlich. Das hängt von der Art des Therapeuten und dem Patienten ab. So kann etwa ein aggressiver Therapeut, der einen Patienten mit einem schwachen Ich dazu drängt, sich seinen Fehlern zu stellen, eine äußerst schädigende Wirkung hervorrufen.

Ich glaube nicht, daß das Verhalten hauptsächlich vom Unbewußten gesteuert wird oder daß die meisten positiven Therapieergebnisse auf Einsicht oder psychodynamischem Verständnis beruhen. Sie sind für gewöhnlich nicht wichtig. Aber die Forschung zeigt in zunehmendem Maß, daß die Dinge, die man im allgemeinen für oberflächlich und unbedeutend hielt – etwa das Vertrauen zum Therapeuten, die Erwartung, Hilfe zu erfahren, Ermutigung, Suggestion –, zu den wichtigen Faktoren gehören, die zur Besserung führen. Die Umstände, die man einst als ›unterstützend‹ abgetan hat, sind vielleicht diejenigen, die in der Psychotherapie die eigentliche Wirkung erbringen.«

Die ausübenden Therapeuten sind offensichtlich zuversichtlicher als diese Wissenschaftler. Aber was würde ein genaues Durchsuchen der berufseigenen Literatur nach angemessenen kontrollierten Untersuchungen erbringen? Dr. Allen Bergin, der der Psychotherapie nicht ausschließlich mißtrauisch gegenübersteht, hat 52 dieser Untersuchungen analysiert. Der von ihm veröffentlichte tabellarische Bericht ist für die Branche alles andere als ermutigend. 22 der Untersuchungen gaben für die Therapie positive Ergebnisse an, 15 äußerten Zweifel und 15 waren negativ.

Den vielleicht umfassendsten Überblick haben der Psychologe Lester Luborsky und einige Kollegen von der University of Pennsylvania erstellt. Dr. Luborsky arbeitete die Literatur der vergangenen zwei Jahrzehnte durch und veröffentlichte die Ergebnisse von über 100 psychotherapeutischen Studien.

Die Arbeit ist aufschlußreich. Die Therapeuten stufen die Individualtherapie häufig höher als die billigeren Gruppenverfahren ein. Aber Luborsky belegt, daß die Individualtherapie bei 13 Untersuchungen nur in zwei Fällen besser abschnitt. Die Gruppentherapie war in zwei Fällen besser, und neunmal war das Ergebnis ausgeglichen. Bei Tests der *client-centered* Therapie von Rogers und der psychodynamischen Therapie waren die Ergebnisse in vier von fünf Fällen gleich, in einem Fall lag die traditionelle Therapie vorn. Die Verhaltenstherapie lag in zwölf von 18 Untersuchungen mit der Psychotherapie gleichauf, wurde aber in sechs Fällen als der Psychotherapie überlegen betrachtet. Bei einem Vergleich von Medikamenten mit der Psychotherapie erzielten die Medikamente in sieben Fällen ein besseres Ergebnis und waren in einer Untersuchung gleich.

In einem Schlüsseltest beurteilte Luborsky 33 Untersuchungen, die die Psychotherapie mit der Nichtanwendung von Psychotherapie verglichen, wozu auch Wartelisten-Fälle gehörten. Die Psychotherapie hatte in 20 Fällen die bessere Bewertung, aber bei 13 Untersuchungen lagen die nicht behandelten Patienten gleichauf.

Die Luborsky-Studie ist für die Befürworter der Therapie entmutigend. Aber der kleinere Sieg der Therapie über die Warteliste in 20 Fällen wird als das Vorhandensein wenigstens *einiger* Beweise dafür verkündet, daß die Psychotherapie anschlägt. Das trifft nicht unbedingt zu. Die Tatsache, daß die Warteliste bei 13 Untersuchungen ebensogut abschnitt wie die Psychotherapie, läßt praktisch Zweifel an den anderen 20 Fällen aufkommen. In der Welt der Wissenschaft geht es nicht an, daß eine Behandlungsmethode – etwa ein Antibiotikum gegen eine spezifische Infektion – in 60 Prozent aller Fälle besser abschneidet und in den übrigen 40 Prozent zum Teil total ausfällt. Eine solche Unbeständigkeit zwänge die biologischen Forscher zurück in die Laboratorien, um den Fehler in ihrer Theorie zu finden.

Wenngleich die gegenwärtigen Theorien nicht auf festem Boden stehen, wissen wir doch, daß die Therapie wie jeder Eingriff des Menschen *manchmal* wirken kann. Wenn sie es tut, welcher Mechanismus steckt dahinter? Wenn es nicht psychodynamische Einsicht ist, was bringt den ängstlichen Patienten dann auf seinem Weg zur Besserung voran?

Dr. Arthur Shapiro glaubt, daß es der *Placebo-Effekt* ist. »Die meisten Therapeuten sind davon überzeugt, daß ihre Methode und ihre Einsicht die Besserung beim Patienten bewirken, doch das trifft nicht zu«, behauptet Dr. Shapiro. »Wahrscheinlich ist jeder gesundheitliche Fortschritt eine Folge des Placebo-Effekts. Tatsächlich war das Placebo der grundlegende therapeutische Faktor in der Medizin, bis Pasteur die Basis für eine wirksame Behandlung schuf. Die moderne Psychotherapie behauptet, eine wissenschaftliche Behandlungsmethode zu sein, aber die kontrollierten Untersuchungen liefern dafür keine Beweise. Wahrscheinlicher ist, daß sich die Psychotherapie noch in einem vorpasteurschen Stadium befindet. Sie ist eine Behandlungsmethode, deren Wirkung im wesentlichen auf dem Placebo beruht.«

»Der Placebo-Effekt wirkt in der Psychotherapie auf verschiedene Art: durch die Begeisterung des Therapeuten, wenn er sich für den Patienten interessiert und auf ihn eingeht, ihm Ratschläge gibt, ihn in seinem Wunsch bestärkt, wieder gesund zu werden«, fährt Dr. Shapiro fort. »Die meisten psychologischen Erklärungen sind Unsinn, aber das ist eine andere Möglichkeit, den Placebo-Effekt zu nutzen. Wenn man dem Patienten etwas über seinen unbewußten Ödipuskomplex erzählt, kann das Verstehen wie ein Placebo wirken, selbst wenn die Theorie falsch wäre, was sie nicht ist.

In grauer Vorzeit führte der Therapeut einen bizarren Tanz auf, um eine Verbindung zu den bösen Mächten herzustellen, die seinen Patienten verhext hatten. Er sprach Beschwörungen aus und verspritzte das Blut eines Tieres. Er flehte die Geister um Linderung für den Kranken an, dessen Gesicht sich voller Hoffnung aufklärte. Die moderne Psychotherapie verfügt über magische Köder, die den heutigen Menschen stärker ansprechen, aber der Mechanismus, der beiden Verfahren zugrunde liegt, ist der gleiche – das Mobilisieren der Kräfte des Placebos.«

Die Forscher erklären, daß die Psychotherapie *keine* Wissenschaft ist, nicht einmal eine Technologie mit einem voraussagbaren Ergebnis. Sie ist eine persönliche Begegnung zwischen zwei Menschen, dem Heiler und dem Patienten. Wenn die Psychotherapie als *Disziplin* nicht beteiligt ist, was geschieht dann eigentlich tatsächlich im Behandlungszimmer des Therapeuten?

Die Antwort auf diese Frage wird die Stellung der Psychotherapie in unserer Gesellschaft für einige Zeit bestimmen. Kurz gefaßt scheint die Antwort jetzt auf der Hand zu liegen. *Die Psychotherapie ist ein Schlüsselritual der psychologischen Religion unseres 20. Jahrhunderts.* In diesem Ritual vereinen sich die Hoffnung und das Vertrauen des beeinflußbaren Patienten mit dem Glauben des Heilers an seine eigenen magischen Kräfte. Diese Verbindung schafft den überzeugenden Hintergrund für eine aufgehobene Wirklichkeit. Es ist die verfeinerte Nachahmung der primitiven Heilkunst des Medizinmanns durch die Industriegesellschaft.

Dr. Shashi K. Pande, ein aus dem Osten stammender und im Westen ausgebildeter Psychiater, ist sicher, daß die Therapie unser Gegenstück zum »religiösen und rituellen Heilen bei den sogenannten primitiven Stämmen« ist. Weil die Menschen im Westen den *Verstand* für den Zauberschlüssel zur Natur halten, übertragen sie dieses Bild in den Bereich des psychischen Heilens, sagt Pande. Für den Menschen im Osten verschmelzen Vergangenheit, Gegenwart und Zukunft beinahe zu einer Einheit, und magische Vorstellungen werden ganz offen als solche hingenommen. Aber im wissenschaftlichen, industrialisierten Westen muß alles durch die Vernunft erklärt werden, auch wenn sich später herausstellt, daß es gar nicht so vernünftig war.

In der psychotherapeutischen Religion zählt, wie in allen anderen auch, nicht die Gültigkeit. Es ist die *Glaubwürdigkeit,* die das Vertrauen des Betenden schafft. Dr. Pande erklärt, daß in der Einsichtstherapie die angeblich »richtigen Deutungen« den Grund für die geistige Gestörtheit des Patienten liefern.

In Wirklichkeit, meint Pande, sind diese Erklärungen ein »hervorragender Trick, eine lang anhaltende und innige Beziehung aufzubauen«, die die eigentliche Grundlage für die Heilung legt. Der Gedanke, daß die Krankheit des Patienten durch unbewußte Kindheitsstörungen verursacht worden ist, dient nur als Vorwand für eine emotionale Bindung zwischen Patient und Therapeut.

Einfache Gefühle werden im Westen nicht anerkannt, hält uns Pande vor. Sie müssen ein annehmbareres Etikett tragen, das der *wissenschaftlichen Psychotherapie.*

Es ist inzwischen offenkundig, daß die meisten Dogmen der *psychologischen Gesellschaft,* die Psychotherapie eingeschlossen, für die Menschen im Westen ein Vorwand für eine neue Geistigkeit sind. Sie bieten den Gebildeten die Gelegenheit, Religion unter dem Deckmantel der Wissenschaft zu praktizieren. Sie versetzen uns in die Lage, uns okkulten Heilskräften zuzuwenden und gleichzeitig unser westliches Bedürfnis nach einem rationalen Unterbau zu befriedigen. Es ist unerheblich, daß jede Psychotherapie einen anderen Glauben hat. *Der Glaube selbst, nicht die Lehre ist das Heilmittel.*

Das Christentum sprach sich für Glaube, Hoffnung und Liebe aus. Die Psychotherapie ist weniger offen, doch auch ihre verborgene Theologie beruht auf Glaube und Hoffnung. Die Bedeutung der Hoffnung in der Psychotherapie liegt auf der Hand. »Die Mobilisierung der Hoffnung des Patienten ist eine der Hauptstützen sämtlicher Heilsrituale in primitiven Gesellschaften und des Gesundbetens in der unseren, und ihre Bedeutung ist von den Psychotherapeuten längst erkannt worden«, sagt Dr. Jerome Frank.

Die Kraft des Placebos ist schon nachgewiesen worden, aber Dr. Frank ging in seiner Hoffnung noch einen Schritt weiter. In einem überwachten Experiment zeigte er, daß der Rückgang der Symptome zum größeren Teil bei den vorbereitenden psychologischen und physiologischen Tests des Patienten noch vor der Verabreichung des Placebos erfolgte. Allein die Aussicht auf Behandlung steigerte die Hoffnung des Patienten so stark, daß sich eine gewisse Besserung einstellte. Dr. Frank glaubt, daß viele Patienten die Tests selbst als eine Therapieform ansahen.

Die vielen »Warum« der Psychotherapie sind interessant. Dadurch, daß man erfährt, warum die Psychotherapie versagt und warum sie manchmal hilft, wird diese verwirrende Kunst sowohl für ihre Anhänger wie für die Kritiker verständlicher.

Eines dieser Fragezeichen steht offensichtlich hinter der uralten Wirkungsweise des Gesundbetens. Psychiater und Psychologen erklären leutselig den Unterschied zwischen der modernen Psychotherapie und dem primitiven Heilverfahren. Aber die Ähnlichkeiten sind weit verblüffender, meint der Psychologe Kenneth M. Calestro. Die moderne Psychotherapie, sagt er, ist »der uneheliche Abkömmling einer langen Tradition neoreligiöser und magischer Praktiken.«

Daß die Psychotherapie eine Art modernen Gesundbetens ist, wird zunehmend klar. Der einfache Gesundbeter erzeugt, genau wie der moderne Psychotherapeut, eine Aura der Heiligkeit und des Glaubens. Und wie der Psychotherapeut veranstaltet der Pseudo-Schamane ein Einführungsritual, das ihm den Status allmächtiger Kräfte und der Allwissenheit verleiht. Seine Patienten begegnen ihm mit Ehrfurcht und teilen seine Annahmen über ihr Leiden.

Um die »Heilung« zu ermöglichen, müssen der Patient und der Heiler gemeinsam an einem Mythos über das Wesen des Geistes und des Universums teilhaben. Im alten Judäa waren die priesterlichen Leviten gleichzeitig die ärztlichen Heiler, die die Krankheit durch die göttliche Eingabe entfernten. In den Anfängen des Christentums war das Kranksein noch eine religiöse Angelegenheit. Man mußte am christlichen Glauben teilhaben, um in den Genuß der heilenden Kräfte zu gelangen. Das Wunder von Lourdes, der Gesundbeter aus dem Evangelium, der Voodoo-Spiritist, sie alle gehen von der Voraussetzung aus, daß der Heiler und der Patient in einen bestimmten Vorstellungsbereich verstrickt sind.

Der erfolgreiche, moderne Therapeut, sagt Dr. Calestro, imitiert den Gesundbeter. Er nimmt den *Mythos des Therapeuten* in sich auf, den Glauben an eine bestimmte Psychotherapie. »Der Glaube des Therapeuten an seine Wirkung als heilende Kraft leitet sich davon ab, daß der Therapeut in einer bestimmten Psychotherapie ausgebildet ist und sie angenommen hat«, bemerkt Dr. Calestro.

Der Mythos muß nicht mit anderen übereinstimmen, noch muß er wissenschaftlich untermauert sein. Es ist lediglich notwendig, daß der Patient wie der Heiler an den gleichen Mythos glauben. Ein gläubiger Moslem, der bei einem katholischen Bischof religiösen Beistand sucht, wird durch mangelnden Glauben vertrieben, und das gleiche gilt für einen freudianischen Therapeuten, dessen Patient sich weigert zu glauben.

Wenn aber der Glaube heilt, sei es in der Psychotherapie oder im Voodoo-Kult, wie geht das tatsächlich vor sich? Die Antwort lautet, daß die Psychotherapie und das einfache Gesundbeten durch den gleichen geheimen Mechanismus wirken, die *Suggestion,* den Trick, einen Patienten oder Gläubigen zu lenken, ohne daß er es merkt.

Suggestion, nicht Wissenschaft ist die Methode der Psychotherapie. »Sämtliche Formen der Psychotherapie nutzen die Suggestion«, erklärt der Psychologieforscher Hans Strupp von der Vanderbilt Universität, und »die Eignung des Patienten für die Psychotherapie beruht auf seiner potentiellen Empfänglichkeit für die Suggestion.« Die Macht der Suggestion reicht sogar bis in die Zeit vor Freud zurück. Zur höchsten wissenschaftlichen Blüte führte sie einer der Mentoren

Freuds, der französische Arzt Dr. Hippolyte-Marie Bernheim. Freud studierte 1889 gemeinsam mit ihm in Nancy in Frankreich und übersetzte Bernheims Hauptwerk ins Deutsche *(Hypnose und Suggestion in der Psychotherapie)*.

Bernheim glaubte, die Hypnose beziehe ihre Kraft aus der Suggestion oder Autosuggestion und sei kein physiologischer Prozeß. Er war auch der Meinung, daß sich Suggestion im Wachzustand ohne Hypnose erreichen lasse. Freud wurde zu einem Fachmann in Sachen Suggestion, zuerst durch die Hypnose, später dann durch die Psychoanalyse. Er leugnete beharrlich, in der Schuld Bernheims zu stehen und behauptete fälschlicherweise, die Analyse umgehe die prosaische Macht der Suggestion.

Wesentlich für die Heilung ist, die Suggestion des Therapeuten zu bekräftigen. Bei den Patienten handelt es sich meistens um eine mit Sorgen beladene, beeinflußbare Person, die sich danach sehnt, von einer Autoritätsperson mit Diplomen an den Wänden geleitet zu werden. Der Therapeut seinerseits wird von einem *Therapeutenmythos* beherrscht, daß eine bestimmte Denkweise und ein bestimmtes systematisches Therapieverfahren heilsam für den Patienten sind. Durch seine Ausbildung ist der Therapeut zu einem Freudianer, Adlerianer, Jungianer, Sullivanianer oder zum Vertreter irgendeiner eklektischen Mischung aus mehreren psychologischen Schulen geworden. Diese Lehre stützt ihn bei seiner täglichen Arbeit und läßt ihn Neurosen auf eine bestimmte Weise und ohne berufliche Angst betrachten.

Ein Psychiater hat die Anpassung des Patienten an den Therapeuten als *doktrinäre Unterwürfigkeit* bezeichnet. Während sich die suggestive Wirkung des Doktors subtil entfaltet, fügt sich der Patient in der Hoffnung, daß es ihm bald wieder besser geht. Er benimmt sich so, als wäre der Therapeutenmythos echt und bringt angemessene Erinnerungen und sogar Empfindungen hervor, die in die psychologischen Theorien des Therapeuten passen.

Untersuchungen haben gezeigt, daß der heutige Patient bei einem freudianischen Analytiker freudianische Träume und Jungsche Träume bei einem Anhänger des schweizerischen Meisters produziert. »Der grundlegende Mechanismus beinhaltet offenbar einen Suggestionsprozeß, bei dem der Patient auf offene oder versteckte Suggestion des Therapeuten so reagiert, daß bestimmte Phänomene auftreten«, erklärt Dr. Calestro.

Und Dr. Jerome Frank erinnert uns daran, daß die Patienten meistens »der unbeabsichtigten Führung durch den Therapeuten folgen«.

Bei einem vom R. M. Whitman durchgeführten Experiment, über das in den *Archives of General Psychiatry* berichtet wurde, erzählten die Patienten einem Wissenschaftler ihre Träume, unmittelbar nachdem sie aufwachten. Später wiederholten sie den Traum bei einem professionellen Interview gegenüber einem Psychiater. Whitman stellte fest, daß sich die Träumenden nur die Träume ins Gedächtnis zurückriefen, von denen sie glaubten, der Psychiater würde sie gerne hören.

Selbst die Wertvorstellungen des beeinflußbaren Patienten nähern sich unbeabsichtigt denen des Therapeuten. Die Verhaltensweisen werden durch die Suggestion des Therapeuten erfolgreich auf den Patienten übertragen.

Wie steht es mit der angenommenen Objektivität des Therapeuten? Er ist selten objektiv, selbst wenn er sich nicht bewußt ist, daß er dem ahnungslosen Patienten seine Vorurteile anhängt. Dr. Robert Rosenthal von der Harvard Universitiy, einer der führenden Wissenschaftler, die den *Versuchsleiter-Erwartungseffekt* erforscht haben, hat Untersuchungen durchgeführt, die nachdrücklich die Vermutung nahelegen, daß ein einziges Wort, eine Nuance, ein veränderter Tonfall, eine Deutung und selbst eine Pause ein subtiles Signal des Versuchsleiters an die Testperson sein kann.

In einem Experiment demonstrierte Rosenthal die außergewöhnliche Macht versteckter Suggestion. Man gab mehreren Versuchsleitern je zehn Photographien mit Gesichtern. Die Tester sollten herausfinden, ob die Versuchspersonen in den Gesichtern »Erfolg« oder »Scheitern« sähen. Die Photographien waren so ausgewählt, daß eine Häufung von Vorurteilen zur einen oder anderen Seite ausgeschlossen war. Das wurde den Versuchsleitern allerdings nicht gesagt. Statt dessen gab man bei der einen Hälfte an, die Vorauswahl habe ergeben, daß die Bilder die Gesichter »erfolgreicher« Personen darstellten; der anderen Hälfte sagte man, es handele sich um die Gesichter von »Versagern«. Die Versuchsleiter forderten dann die Testpersonen auf, die Photographien einzustufen. Und das Ergebnis? *Zwei Drittel übertrugen das gleiche, falsche Vorurteil auf die Bilder, das man den Versuchsleitern vermittelt hatte.*

Der moderne Therapeut läßt eine beängstigende Verwandtschaft mit dem primitiven Schamanismus und dem Medizinmann erkennen. Das ist die Meinung Dr. E. Fuller Torreys, eines Psychiaters und Anthropologen, der mehrere primitive Kulturen erforscht hat. Er ist überzeugt, daß sich alle erfolgreichen Therapeuten der gleichen universellen Methoden bedienen.

Eine der geheimen Behandlungsmethoden, so berichtet er im *American Journal of Orthopsychiatry,* ist das »Rumpelstilzchen-Prinzip«, die Bedeutung, das richtige Wort zu kennen. Der *Babalawo* (»Vater der Geheimnisse«) bei den Yoruba verstreut Knochen auf dem Boden, um die bösen Geister zu erkennen – etwa die einer dahingeschiedenen Urgroßtante –, die den Geist des Kranken verwirrt haben. Der moderne Therapeut analysiert die Erklärungen und Erinnerungen des Patienten, um das unbewußte Problem in dessen Kindheit zu finden.

Beide spielen das Märchen Rumpelstilzchen, das Benennen des Unbekannten, ein Spiel, das den Patienten davon überzeugt, daß die Geheimnisse des Lebens vor seinen Augen enthüllt werden. Der Schaden von früher und der von heute suggerieren beide, daß das Problem zu lösen ist, sobald man es beim Namen nennen und verstehen kann.

Beide Systeme berufen sich auf unsichtbare Geister. Im einen Fall ist es ein Geist aus der Vergangenheit, im anderen sind es Geister aus einem unbewußten Leben in einem unbekannten Teil des menschlichen Geistes. In jeder Subkultur ist es das scheinbar Glaubwürdige, das den besorgten Menschen beruhigt.

In allen Kulturen wird dem Heiler ein Status eingeräumt, der die Macht seiner Suggestion noch erhöht. »Die Empfindungen eines Stammesangehörigen der Yoruba gegenüber einem *Babalawo«,* meint Dr. Torrey, »haben ihr genaues Gegenstück in den Empfindungen eines Partygastes gegenüber einem im Raum anwesenden Psychiater – Anziehung, Ehrfurcht, Meiden und Angst.«

Dr. Robert Bergman, ehemaliger leitender Psychiater einer für Indianer zuständigen Gesundheitsbehörde in Arizona, schildert, wie die Medizinmänner der Navajos durch einen neun Nächte dauernden Kriegstanz die Angst abbauen. Eine Indianerin, die mehrere Male als schizophren in einer Klinik behandelt worden war, erholte sich schlagartig, als sie nach Art der Eingeborenen behandelt wurde. Als Bergman und ein Sozialarbeiter sie besuchten, erklärte sie, daß sie nach mehreren vergeblichen psychiatrischen Therapieversuchen zum Medizinmann Tom Largewhiskers gegangen sei. Sie hatte ihn in seinem Lager aufgesucht, aber er bestand darauf, sie bei sich zu Hause zu behandeln, weil die Krankheit sie dort zum erstenmal befallen habe. Während der Zeremonie, so berichtete die Frau, »spürte ich, wie mein Geist zu mir zurückkehrte.«

In der Navajo-Kultur verschmelzen der Psychiater und der Priester zu einer Einheit. »Bei einer Zeremonie der Navajos läßt sich nicht feststellen, was der Heilung und was der Verehrung zuzurechnen ist«, sagt Dr. Bergman. »Alles dient beidem.«

In manchen geistigen Dingen dient uns die moderne Gesellschaft nicht so gut wie diese alten Kulturen. Infolge der Verneinung Gottes interessiert sich der Psychiater von heute nicht für die religiöse Natur des Heilens. Die Geistlichen in der religiösen Gemeinschaft sind durch die »wissenschaftliche« Psychotherapie so eingeschüchtert, daß sie ihre Hingabe an die Mysterien der Theologie verloren haben. Die Psychiatrie und Geistlichkeit haben einen gewaltigen Abgrund aufgetan, in den der nicht geistige, neurotische, moderne Mensch gestürzt zu sein scheint.

Dr. Torrey schätzt den Heilkundigen der Eingeborenen als ebenso leistungsfähig wie den westlichen Psychotherapeuten ein. Er kommt zu dem Schluß, daß »Medizinmänner die gleichen Therapieergebnisse erzielen wie Psychiater«. Der kanadische Psychiater Raymond Prince erforschte die Arbeit der Medizinmänner der afrikanischen Yoruba 17 Monate und berichtete, daß er zwar Quacksalber und geschickte Therapeuten erlebt habe, »aber die psychiatrischen Techniken im Westen meines Erachtens vielen Eingeborenenpraktiken der Yoruba nicht nachweisbar überlegen sind«.

In einem der Fälle von Dr. Prince sprach ein Angehöriger der Yoruba mit psychoseähnlichen Symptomen nicht auf eine Behandlung mit Chlorpromacin an. Der *Babalawo*-Doktor übernahm den Kranken und hielt mit ihm mehrere Opfersitzungen ab, an die sich eine Einführung in einen Verehrungskult anschloß. Der Patient wurde gesund und bekam keinen Rückfall.

Moderne Psychiatrie und Heilverfahren der Eingeborenen haben bei einem Forschungstest sogar in direktem Wettstreit gestanden. Im Westen ausgebildete Psychiater am All-India Institute of Mental Health in Bangalur führten eine fünfjährige Untersuchung durch, bei der sie die Ergebnisse der Behandlung von Schizophrenen durch Methoden der eingeborenen Ayurvedic und westlicher Psychiatrie verglichen. Die Erfolge der beiden Behandlungsmethoden glichen sich auf ganz erstaunliche Weise.

Der »psychiatrische« Patient blieb im Durchschnitt 65,8 Tage und zeigte in 85 Prozent aller Fälle eine Besserung, in fünf Prozent der Fälle eine teilweise Besserung. Die Ayurvedic-Patienten blieben durchschnittlich nur 59,6 Tage in Behandlung und ließen in 75 beziehungsweise 15 Prozent der Fälle eine Besserung oder teilweise Besserung erkennen. »Es darf uns nicht überraschen, daß Therapeuten anderer Kulturen ebenso erfolgreich sind wie diejenigen unserer eigenen«, erklärt Dr. Torrey. »Sie können genausogut wie wir die Krankheit des Patienten benennen und seine Erwartungen steigern.«

Bisher haben wir uns darauf beschränkt festzustellen, ob es dem heutigen Patienten dank der Psychotherapie besser geht oder nicht. Wir sollten noch eine andere mögliche, wenn auch weniger erfreuliche Folge betrachten. Wie steht es mit der Möglichkeit, daß derjenige, der psychische Hilfe sucht, *geschädigt* wird, wenn seine schwache Psyche auf die des Therapeuten trifft?

In der naiven, religiösen Gläubigkeit der *psychologischen Gesellschaft* macht sich der Patient selten klar, daß er ein *psychiatrogenes* Opfer dieses Standes werden kann. Allerdings wird diese beunruhigende Erkenntnis inzwischen auch in Berufskreisen immer ernster genommen. »Das jetzt zugängliche Material läßt vermuten, daß die Psychotherapie im Durchschnitt ebensooft schadet wie nützt, was statistisch gesehen darauf hinausliefe, daß niemandem geholfen wird«, äußern die Wissenschaftler Charles B. Truax und Robert R. Carkhuff.

Dieser *psychiatrogene* (vom Therapeuten verursachte) Schaden, der durch den ungeeigneten, wenn auch wohlmeinenden Therapeuten hervorgerufen wird, ist ein dunkles Kapitel in der modernen Psychotherapie. »Offensichtlich besitzt die Psychotherapie irgend etwas Einzigartiges, das die Kraft hat, eine weiterreichende Besserung als die bei den Kontrollgruppen auftretende hervorzubringen«, sagt Dr. Allen Bergin, »doch ebenso offenkundig ist eine entgegengesetzte, sich verschlimmernde Wirkung, die einige Fälle noch ernster als zu Beginn der Behandlung macht ... Allgemein kommen Verschlechterungen der verschiedensten Art viel zu häufig vor, als daß man sie übergehen könnte.«

Diese *sich verschlimmernde Wirkung* wurde eine Zeitlang nicht beachtet, weil der Berufsstand von seiner eigenen Bedeutung wie gebannt schien. »Das Gute an der Psychotherapie wurde wie das Evangelium hinausposaunt. Ihre möglichen Gefahren blieben unerwähnt«, kritisiert Dr. Arthur H. Chapman, ehemals Psychiater an der University of Kansas School of Medicine.

Aber die Literatur über die schädigende Wirkung der Psychotherapie nimmt zu. Dr. Christian Astrup, ein norwegischer Psychiater, berichtet, daß von 2500 am Gaustad Krankenhaus behandelten Fällen »eine stattliche Anzahl von Fällen funktioneller Psychose gesammelt wurde, in denen der psychotische Zusammenbruch offensichtlich durch die intensive, analytisch ausgerichtete Therapie heraufbeschworen wurde«.

Wie groß ist die statistische Wahrscheinlichkeit, daß jemand einen Schaden durch die Psychotherapie erleidet? Ist das der seltene Fall eines gleichgültigen oder unwissenden Therapeuten, oder kommt das häufiger vor? Dr. Allen Bergin hat sechs Jahre lang Berichte über Verschlechterungen im Verlauf einer Therapie geprüft und dann eine Schätzung dieser Wahrscheinlichkeit versucht. Er entdeckte, daß sie zwischen nur einem Prozent bei einigen Untersuchungen und verheerenden 36 Prozent schwankte. *Dr. Hans Strupp schätzt, daß jeder zehnte Patient ein Opfer der schädigenden Wirkung der Psychotherapie wird.*

Das sind betrübliche Zahlen. Dr. Chapman warnt sogar vor dem möglichen Ausbruch von Psychosen bei psychotherapeutisch behandelten Patienten mit einem schwachen Ich. Obwohl es eine bekannte Nebenwirkung der Psychotherapie ist, wissen wir, wie er sagt, nicht, »wie häufig diese ungünstigen Reaktionen sind«. Dr. Chapman weist darauf hin, daß Therapeuten, die versucht haben, diese beruflichen Tabus zu erörtern, beschimpft wurden. Ihnen wurden die psychiatrischen Diagnosen »nur so nachgeschmissen«, erinnert er sich.

Auch für die Ehe des Behandelten kann die Psychotherapie gefährlich sein, befürchtet Dr. Chapman. Das Familiengleichgewicht kann als Folge der Behandlung nur eines Ehepartners unwiderruflich zerstört werden, bemerkt er. Er erzählt von einem passiven Ehemann, der von seinem Therapeuten zu einem aggressiven Verhalten angeregt wurde, was die ausgeglichene Ehe durcheinanderbrachte, in der die Frau der aggressive Teil gewesen war. Aber auch das Gegenteil kann zutreffen. Die passive Frau wird in der Therapie heute aufgefordert, »sich zu erheben« und die Initative zu ergreifen. Das kann Wunder in bezug auf das Selbstvertrauen des Partners wirken, aber ebenso die Scheidungsquote erhöhen.

Eine andere abträgliche Auswirkung der Therapie kann die Abhängigkeit von ihr sein. Die Psychotherapie kann den immer häufiger anzutreffenden *Therapieabhängigen* hervorbringen. Harold D. Werner, ein psychiatrischer Sozialarbeiter aus New Jersey, erklärt, daß die psychodynamische Therapie erfordere, sich ungewöhnlich stark mit dem Therapeuten einzulassen. Das kann die Selbständigkeit des Patienten mindern. Nach seinen Worten besteht die Gefahr »einer Zucht von Individuen ..., die nicht mehr von der Behandlung loskommen«. Diese Therapieabhängigen streben nach immer mehr Betreuung und beharren darauf, sehr viel Zeit zum Aufarbeiten ihrer Probleme einzusetzen, stellt er fest.

Eine der beliebtesten neueren Techniken ist die Familientherapie, bei der mehrere Familienmitglieder gleichzeitig und meistens auch vom selben Therapeuten behandelt werden. Die Montrealer Psychiaterin und Familientherapeutin Dr. Herta A. Guttman weist warnend darauf hin, daß das Verfahren verheerende psychiatrogene Folgen mit sich bringen kann. »Im Verlauf von Familienbehandlungen vor, während und nach der Unterbringung eines Familienmitglieds im Krankenhaus – in allen Fällen handelte es sich um einen jüngeren Erwachsenen – haben mir mehrere Beispiele zu denken gegeben, bei denen die Familientherapie den psychotischen Zusammenbruch dieses Mitglieds offenbar ausgelöst oder verschärft hat«, stellt sie in den *Archives of General Psychiatry* fest.

1976 befragten Dr. Hans Strupp und Suzanne W. Hadley an der Vanderbilt University 150 erfahrene Therapeuten und Wissenschaftler über die schädlichen Auswirkungen der Psychotherapie. »Es herrschte praktisch Einmütigkeit, daß die negativen Auswirkungen tatsächlich ein Problem darstellen«, berichten die Verfasser der Studie. Die Antworten reichten vom Eingeständnis gelegentlicher Meinungsverschiedenheiten bis zu der Bemerkung Dr. Robert Spitzers vom New Yorker Psychiatrischen Institut, daß »negative Auswirkungen bei der langfristigen ambulanten Psychotherapie sehr oft vorkommen«.

Einige der Befragten sprachen von den allgemeinen abträglichen Folgen der Einsichtstherapie einschließlich der Schwächung des Willens des Patienten. Strupp und Hadley zeigten auch die möglichen Gefahren der tiefenpsychologischen Deutungen auf. »Als Mindestes kann der Mißbrauch der Deutungen ein schädliches Ungleichgewicht im Leben des Patienten hervorrufen ... Im schlimmsten Fall können sich der Mißbrauch der Deutungen und fehlgeleitete Bemühungen um ›Einsicht‹ offen zerstörerisch auf das psychische Wohlergehen des Patienten auswirken«, schließen sie.

Mehrere Therapeuten zeigten sich besorgt über eine Therapie, die die Symptome des Behandelten verschlimmert: Depressive Zusammenbrüche, destruktives acting out, zunehmende Angst und Feindseligkeit, geringeres Selbstvertrauen, sich steigernde Phobien – was ein Therapeut umschrieb mit »eine Staatsaffaire aus etwas machen, das ganz einfach behandelt wird«.

Der klinische Psychologe Anthony M. Graziano von der State University of New York vertritt die radikalste Theorie, was schädliche Auswirkungen der Psychotherapie anbelangt, daß nämlich *die Psychotherapie selbst ein starker neurotischer Anreiz sein kann.* Er ist besorgt, daß sich die für die psychische Gesundheit zuständige Industrie ihre Kunden selbst schafft. »Vielleicht stimmt es, daß das, was wir wirklich tun, darauf hinausläuft, eine immer größer werdende Zahl von Menschen davon zu überzeugen, daß selbst geringfügige Ängste Symptome für tiefere und ernstere Probleme sein könnten«, sagt er. »Mobilisieren wir nicht in Wirklichkeit vielleicht unsere soziale Kraft, um immer mehr Menschen ins Bewußtsein zu bringen, daß sie geisteskrank sind?«

Wer ist verantwortlich für den Schaden, der sich aus den nachteiligen Auswirkungen der Psychotherapie ergibt? Das kann jeder Therapeut sein, aber einige Forscher sind der Ansicht, daß das im wesentlichen zu Lasten der schlechten Therapeuten geht. Die Tatsache, daß Unfähigkeit in der Fünften Profession etwas Alltägliches ist, ist den Patienten klar, die ohne Erfolg von einem Therapeuten zum anderen laufen, und doch ist es ein Schock für viele, die der psychologischen Revolution entwöhnt werden.

Dr. Allen Bergin meint, daß das fachliche Können so starke Unterschiede aufweisen kann, daß wahrscheinlich »nur ein kleiner Prozentsatz der Therapeuten und Patienten« für die positiven Wirkungen der Psychotherapie verantwortlich zeichnen. Dr. Paul E. Meehl befürchtet, daß nur jeder vierte praktizierende Therapeut auch zu den wirklich Sachkundigen gehört. Er ist davon überzeugt, daß jeder, der ein Behandlungszimmer betritt, sein psychologisches Abenteuer gegen die stark verfälschten Statistiken begonnen hat.

Das Heer der Patienten kann nach den Worten Dr. Meehls in drei Gruppen unterteilt werden. Die erste besteht aus den nur leicht Kranken, die keine Behandlung brauchen, weil sich »ihr Zustand bessern wird, ob sie psychotherapeutisch behandelt werden oder nicht«. Zur zweiten Gruppe gehören die wirklich Kranken, die »Schizotypen mit unterschiedlich schwerer Dekompensation«, denen eine Therapie nichts nützt. Auch wenn sie vorübergehend einen »besseren Ausgleich« durch die Therapie haben, erklärt Dr. Meehl, ist ihre Krankheit im Grunde eine »konstitutionelle, neurologische Abweichung«, die überlagert wird von »einer weitgehend irreversiblen Neigung zu durch Ablehnung gekennzeichnetem sozialem Lernen.« Er glaubt, daß sich ihre Lage verschlechtert hat, wenn die Behandlung beendet ist. Die dritte Gruppe, die für die Psychotherapie »geeigneten Fälle«, umfaßt seiner Meinung nach nur jedes vierte Mitglied der gegenwärtigen Therapiegemeinde. Aufgrund seiner persönlichen Erfahrung schätzt er, daß nur jeder vierte Therapeut sachkundig ist, was ein mathematisch entmutigendes therapeutisches Mix von Therapeuten und Patienten ergibt. »In einem Zufallsmodell, das das Zusammentreffen eines Therapeuten mit einem Patienten darstellt, liegt die Gesamtwahrscheinlichkeit, daß ein geeigneter Patient einen geeigneten Therapeuten findet, bei etwa 0,6 (1:16), ein statistisch recht mageres Ergebnis«, wie Dr. Meehl seinen Kollegen vorhält.

Wenn die Wissenschaft und Statistik nicht auf der Seite der Psychotherapie stehen, und wenn Schamanismus und Medizinmänner genauso gut sind, was hält dann ihr übermäßiges Ansehen hoch? Wie auch bei anderen großen, unwissenschaftlichen Bewegungen ist die eigentliche Stützte eine *religiöse Idee,* die die Vorstellungskraft der Massen erfaßt hat.

Eine der zugkräftigsten religiösen Ideen der zweiten Hälfte des 20. Jahrhunderts ist das Große Unbewußte. Alle bisherigen Gesellschaften haben Ausschau nach sichtbaren Verhaltensvorbildern gehalten. Wir haben den ästhetischen Griechen, den pragmatischen Römer, den schuldhaften Christen und den suchenden wissenschaftlichen Menschen gehabt. Das Vorbild von heute ist der an das Unbewußte Glaubende, der unsichere psychologische Mensch.

Der Gläubige horcht beständig in sich hinein, in seine verborgene Psyche, seinen Führer zu Lebensart und Weltanschauung. Das System kreist um den Glauben, daß irgendwo in uns der *wahre Mensch* lebt und ein abgeschiedenes, eigenes Leben führt, das sich flüchtig dann und wann unseren neidvollen Blicken enthüllt. Unser Unbewußtes wird erst wirklich nach der Offenbarung durch einen Therapeutenpriester, der die Geheimnisse des unbekannten Wir enträtseln kann, ebenso verständlich, wie die Geistlichen einst die Geheimnisse des unsichtbaren Gottes erklärten.

In dieser Religion des Unbewußten ist unser Bewußtsein ein Wesen zweiter Klasse. Es ist eine bloße Marionette des unbekannten, wahren Selbst, das unerbittlich und eigensinnig unser Leben, unsere Wünsche und unsere Zukunft bestimmt, so wie es einst unsere Seele tat. Wir können, so wird uns erzählt, *nur* dann unsere Gegenwart und Zukunft beherrschen, wenn wir die Geheimnisse der Psychologie und Psychiatrie erkennen, die das Unbewußte entschlüsseln können. Wie der einfache Medizinmann verspricht der moderne Therapeut, das im Austausch gegen Macht und Geld zu tun.

Gibt es das Unbewußte wirklich? Auf diese Frage hört man von den meisten gebildeten Menschen heute ein überzeugtes Ja. Trotz dieser leichthin gegebenen Zustimmung rühren die Frage und die Antwort darauf an das bekannte »Gibt es einen Gott?«. Die moderne Psychiatrie stellt diese Parallele in Abrede und erklärt, daß wir den Beweis für das Unbewußte in den Träumen, einem entschlüpften Wort oder dem vergeblichen Bemühen erleben, uns selbst zu erkennen. Eine solche Beweisführung steht in einer Reihe mit der Argumentation der Theologen, die aufgrund der Herrlichkeit der Natur den Glauben an einen göttlichen Schöpfer fordern.

Mit der gleichen Logik gibt es kein Unbewußtes. In der *psychologischen Gesellschaft* wird das Unbewußte als ein zweiter Geist betrachtet, dessen Denken und Wirken hauptsächlich mit unerfreulichen Motivationen und unterdrückten Gedanken zusammenhängen, die das Unbewußte vorsätzlich verbirgt. Vom wissenschaftlichen Standpunkt betrachtet ist das ein theologischer Kunstgriff, der die Lücke in der Unwissenheit des Menschen auf biologischem Gebiet ausfüllt, wie die Genesis den Schöpfungsakt erklärt. Das wahre Selbst des Menschen könnte mit der gleichen Logik ein genetischer Kode sein, der während eines Lebens gegen den Druck der Gesellschaft ausgetragen wird.

Was wir das Unbewußte nennen, kann statt dessen ein komplizierter, Gen-gesteuerter, neurologisch-biochemischer Schaltkreis sein. Er reagiert auf die Reize und erzeugt Vorstellungen und Gefühle, die die DNS-verschlüsselten Bedürfnisse des betreffenden menschlichen Tieres befriedigen. Die Reaktionen auf Liebe, Wagnisse, Bedrohungen, Sexualität und Freundschaft können zum Teil erlernt werden, aber sie sind auch biologisch verborgen – nicht im verklärten Unbewußten, sondern in Tausenden proteinkodierter Gene, mit denen wir alle vom Augenblick der Empfängnis an ausgestattet sind. Das, nicht das mystische *Es, Ich* und *Über-Ich*, ist vielleicht das unbekannte Seelenleben des Menschen.

Wie wir sehen werden, kann sogar der Traum, der angeblich ein Beweis für das Unbewußte ist, eine andere Erscheinungsform der bioelektrischen Schaltkreise ohne eine bestimmte Bedeutung sein. Der *psychologische Mensch* huldigt einmal mehr dem, was er noch nicht begreift und wiederholt damit die Geschichte seiner primitiven Vorfahren.

Nicht alles davon ist beim Therapeuten, der etwas Durchblick besitzt, verloren. Seine Eingebung sagt ihm, daß seine Arbeit stärker das

Magische und Mystische berührt als die Wissenschaft. Er weiß auch um die Macht des Okkulten in allen Gesellschaften und um die göttliche Aura, die denjenigen umgibt, der sich in seine Geheimnisse vertieft.

Als Folge hat der moderne Therapeut die priesterliche Macht gesucht, die früher der Geistlichkeit gewährt wurde, die er ersetzt. Zahlreiche Psychiater und Therapeuten haben entwickelt, was von einigen »die Suche nach der Allmacht« genannt wurde, der Hang, vor sich selbst und der Öffentlichkeit als eine magische Gestalt dazustehen.

»In dem Maß, in dem die Psychiatrie an Ansehen und Einfluß gewonnen hat, ist das Interesse am Problem der unrealistischen Aufblähung der therapeutischen Macht des Psychiaters gestiegen«, stellen Myron R. Sharaf und Daniel Levinson fest, die eine Studie über Bostoner Psychiater anfertigten. Dr. Judd Marmor, ehemaliger Präsident der American Psychiatric Association, hat es einfach »das Gefühl der Überlegenheit« genannt, was viele praktizierende Psychiater beherrscht. Für den jungen Therapeuten sind seine Lehrer Vorbild, und er stellt sich vor, daß er wie sie eine magische, allmächtige Gestalt werden kann – ein moderner Medizinmann.

Wenn der Therapeut kein Wissenschaftler, sondern eine religiöse Gestalt ist, dann muß seine Persönlichkeit von alles entscheidender Bedeutung für sein Heilen sein. Was wissen wir von ihm als Mensch? Ist er das überlegene Wesen, das für diese Rolle gebraucht wird? Besitzt er genügend Klugheit und Reife, um Mentor für so viele Millionen sein zu können?

Der Therapeut ist da zuversichtlich. Eine Untersuchung der University of California über 421 Therapeuten enthüllte, daß sie sich auf der ganzen Linie überlegen fühlen. Sie zeichneten ein hinreißendes Bild von sich und hielten sich für zuverlässig, fähig, gewissenhaft, intelligent, liebenswert, offen, anpassungsfähig, verantwortungsvoll, vernünftig und umsichtig.

Andere fanden das Bild weniger anziehend. Eine Sorge, die man sich in eingeweihten Berufskreisen hinter vorgehaltener Hand zuflüstert, ist die, daß dieses Bild Menschen anlockt, die sehr ängstlich wegen ihrer emotionalen Stabilität sind.

Einer der Maßstäbe für Instabilität ist der Hang zum Selbstmord. Dr. Walter Freeman untersuchte die Lebensläufe seiner Kollegen und kam zu dem Ergebnis, daß die Psychiater in diese Richtung tendieren. »Ärzte neigen stärker zum Selbstmord als die Ausübende anderer Berufe. Die Psychiater scheinen die Liste anzuführen«, berichtet Dr. Freeman im *American Journal of Psychiatry*.

Dr. Freeman ging die Todesanzeigen des *Journal of the American Medical Association* seit 1895 durch und überprüfte auch die ausgestellten Totenscheine. Er stellte fest, daß wenigstens 203 Psychiater Selbstmord begangen hatten und daß sich der Trend verstärkt. In den letzten fünf Jahren haben nach seinen Worten 54 Psychiater Selbstmord verübt, mehr als je zuvor in einem vergleichbaren Zeitraum. Selbstmord ist oft die Folge einer Ernüchterung im hohen Alter. Im Fall der Psychiater schieden jedoch 81 vor Vollendung des 40. Lebensjahres freiwillig aus dem Leben. Die Selbstmordrate bei Psychiatern ist siebenmal höher als die der Durchschnittsbevölkerung.

Einige führen die hohe Selbstmordrate auf die emotionale Anspannung im Beruf zurück. Andere vermuten eine einfachere Ursache: die Instabilität derjenigen, die die Psychiatrie als Beruf wählen. »Unter den Fachbereichen vereinigt die Psychiatrie offenbar eine unverhältnismäßig hohe Zahl von Selbstmorden auf sich«, bemerkt das *British Medical Journal*. »Die Erklärung dafür liegt möglicherweise eher in der Wahl des Fachbereichs als in seinen Anforderungen, denn einige, die sich für die Psychiatrie entschließen, tun das wahrscheinlich aus pathologischen Gründen«, pflichtet Dr. Freeman bei. Einen Teil der Schuld gibt er der Individualtherapie, die notwendig für das berufliche Fortkommen ist. Nicht jeder eignet sich für derart eindringliche Untersuchungen, sagt er.

Therapie für den Therapeuten gehört in der *psychologischen Gesellschaft* zum Alltag. Fast zwei Drittel des Berufsstandes unterziehen sich ihr, denn man nimmt an, daß es einen zu einem selbstsichereren Menschen und einem besseren Therapeuten macht. Diese Annahme haben Sol Garfield und Allen E. Bergin untersucht, die berichten, daß die Theorie nicht zutrifft. Sie gingen den Fällen von 18 Therapeuten nach und fanden heraus, daß die Therapie für den Therapeuten sogar eine schlechte Therapie für deren Patienten sein kann. Die Patienten von vier Therapeuten, die keine derartige Therapie mitgemacht hatten, zeigten die deutlichste Besserung. Die Patienten von sieben Therapeuten, die sich in begrenztem Umfang einer Therapie unterzogen hatten (weniger als 175 Stunden), schnitten am zweitbesten ab. Die Patienten der Therapeuten, die am intensivsten behandelt worden waren, ließen die geringsten Fortschritte erkennen.

Auch die frühe Berührung mit Geisteskrankheiten im Leben des Therapeuten kann ein Beweggrund für die Psychiatrie sein. Dr. Walter

N. Stone vom allgemeinen Krankenhaus im amerikanischen Cincinnati untersuchte den Hintergrund von 55 psychiatrischen Fachkollegen und entdeckte nicht nur, daß sie einen Intelligenzquotienten von 128 hatten, sondern auch, daß über ein Drittel in der Kindheit oder Jugend Berührung mit Geisteskrankheiten gehabt hatte. In der Hälfte aller Fälle handelte es sich dabei um eine ihnen nahestehende Person. Diese Erfahrung, sagt Stone, ist »möglicherweise ein Umstand, der sie zur Psychiatrie führt«.

Das Bild vom emotional schwachen Therapeuten ist für die gebildete Öffentlichkeit abschreckend, deren Logik sie eine gefestigtere Gemeinschaft von Heilern erhoffen läßt. Dr. Arthur Shapiro gibt zwar die emotionale Schwäche einiger seiner Berufskollegen zu, vertritt aber im übrigen den entgegengesetzten Standpunkt, daß sie vielleicht ein für die Arbeit nützlicher Defekt ist.

»Der Therapeut, der wegen seiner eigenen emotionalen Mängel beunruhigt ist, ist vielleicht der einzige Typ, der sich stundenlang den Problemen anderer widmen kann. Ich glaube, der bedeutsamere Defekt bei vielen Psychotherapeuten ist das Fehlen eines guten Urteilsvermögens. Ohne dies wird der Therapeut Angst davor haben, seinen Patienten einen eindeutigen Rat zu geben und wird durch dieses Versäumnis zulassen, daß sie ihr Leben ruinieren. Der Therapeut mit einer guten Urteilsfähigkeit kann seinem bedrängten Patienten helfen, den vorübergehenden Schwierigkeiten auszuweichen, die sich sonst aufbauen und am Ende unlösbare Probleme schaffen.«

Aber trotz wissenschaftlicher und persönlicher Mängel im Berufsstand gehen viele Therapeuten in ihrer Arbeit auf, und *einige* Patienten erfahren allem Anschein nach tatsächlich eine Besserung. Welcher Umstand macht die eine Behandlung zum Fehlschlag oder sogar zur Gefahr und die andere zum Erfolg?

Neueres Material weist darauf hin, daß Erfolg in der Therapie möglicherweise von den gleichen Faktoren bestimmt wird, die für den Erfolg im Leben verantwortlich sind. Eine der Forschungsstudien belegt, daß eine wirksame Therapie vielleicht nur davon abhängt, ob der Therapeut und der Patient einander liebenswert und anziehend fanden.

Am Gemeindezentrum für psychisch Kranke in Westchester untersuchte ein Team unter der Leitung von Dr. Shapiro 13 Therapeuten und 113 Patienten, bei denen in 65 Prozent der Fälle eine Neurose diagnostiziert wurde. Nach bis zu einjähriger Behandlung wurden Dutzende von Faktoren zwischen Therapeut und Patient sowie Erfolg und Mißerfolg der Therapie verglichen. Man fand sehr wenig, das wissenschaftlich etwas hergab, bis auf einen Umstand. Wenn Patient und Therapeut sich mochten, den jeweils anderen für gutaussehend hielten oder ihn als guten Therapeuten beziehungsweise Patienten betrachteten, waren die Ergebnisse zufriedenstellend.

Die Bedeutung des Sichmögens kommt in der Statistik zum Ausdruck. »Wenn Patient und Therapeut sich sympathisch fanden, schwankte der Prozentsatz der Besserungen zwischen 77 und 96 Prozent«, berichtet Dr. Shapiro. »Mochte der Therapeut den Patienten dagegen nicht, sank die vom Therapeuten angegebene Besserungsquote auf Werte zwischen 52 und 62 Prozent.« Konnte der Patient den Therapeuten nicht leiden, glaubten weniger als 25 Prozent von ihnen an eine Besserung.

Wenn wir unterstellen, daß nur eine Minderheit unter den Therapeuten sachkundig ist, muß sich der enttäuschte Patient, der unverdrossen von Therapeut zu Therapeut läuft, schließlich fragen, was eigentlich einen guten Therapeuten ausmacht.

Es scheint fast gar keine Kriterien weder akademischer noch persönlicher Art zu geben, an die sich der Patient halten kann. Aber Dr. Allen Bergin glaubt, eine Antwort gefunden zu haben. *Er hält die Psychotherapie für eine Begabung, ähnlich wie die Musik oder das Malen.* Ausbildung kann eine vorhandene Begabung fördern, sie aber nicht schaffen.

»Unglücklicherweise hat nur ein kleiner Prozentsatz aus diesem Berufskreis diese Begabung, und das sind diejenigen, die die aufsehenerregenden Erfolge in der Therapie erzielen«, erklärte Dr. Bergin bei einem Interview. »Der nicht ausgebildete Durchschnittstherapeut ist so gut wie der ausgebildete – wenngleich ich eine Ausbildung als gut für diejenigen mit Talent erachte. Unser Problem ist, daß wir die Therapeuten aufgrund von Zeugnissen auswählen, anstatt auf ihre Persönlichkeit zu schauen. Die theoretische Arbeit ist beinahe belanglos. Der einzige Weg, jemanden für dieses Gebiet auszusuchen, ist der, ihn einer Situation aus dem wirklichen Leben gegenüberzustellen und zu sehen, wie er damit fertig wird. Entweder er schafft es oder nicht. Bei unseren Versuchen mit College-Studenten als Therapeuten stellten wir überrascht fest, daß diejenigen die besten Therapeuten abgaben, die Englisch als Hauptfach hatten.«

Dr. Bergin ist der Meinung, es sei ein radikales Umdenken bei der Auswahl der Psychotherapeuten notwendig. »Im allgemeinen sind diejenigen, die in die Psychologie und Psychiatrie gehen, ängstlicher und scheinen neurotischer zu sein«, meint er. »Einige Therapeuten benutzen ihre Karriere, um ihre eigenen Persönlichkeitskonflikte auszutragen. Da der Therapeut die ursächliche Kraft des Heilprozesses ist, wirkt sich das in einer Verringerung des Personenkreises aus, der wirklich erfolgreich arbeitet. Die Antwort lautet, mehr reife und gefestigte Personen anzusprechen und dann für diese Aufgabe auszusuchen.«

Und der Patient? Ist es möglich, daß einige Leute bessere Behandlungsfälle abgeben und eine größere Chance haben, geheilt zu werden? Die Antwort ist ein unmißverständliches Ja. Noch mehr als der Therapeut eignet sich ein bestimmter neurotischer Patiententyp für die moderne Psychotherapie.

Der ideale Patient ist *suggestibel*. Er sollte in der Lage sein, ohne Schwierigkeiten Grundsätze und Vorstellungen in der abstraktesten und selbst fremdartigsten Form aufzunehmen. Er sollte in seiner Denkweise anpassungsfähig und imstande sein, das Wertsystem und die Vorlieben des Therapeuten nachzuahmen. Je mehr er mit dem Therapeuten übereinstimmt, desto besser die Aussichten auf Hilfe. Dieser Konditionierungsprozeß ist der Kern jedes Gesundbetens, jeder Magie und jeder Religion.

Der Psychologe David Rosenthal untersuchte die Verbindung zwischen Besserung und Wertkonditionierung in der Psychotherapie. Er entdeckte, daß diejenigen, die als »gebessert« eingestuft wurden, ihre moralischen Wertvorstellungen hinsichtlich Sexualität, Aggression und Autorität in Richtung auf die Vorurteile des Therapeuten verändert hatten. Die als »nicht gebessert« klassifizierten Fälle hatten dazu geneigt, nicht einzulenken.

Dr. W. M. Mendel, Professor für Psychiatrie an der University of Southern California, führte eine Untersuchung durch, die zeigte, wie verbreitet und wichtig die Suggestibilität des Patienten sein kann. In einem geschickten Experiment demonstrierte er sowohl die allgemeine *Einfältigkeit* der Patienten der Psychotherapie wie auch die Tatsache, daß der *Glaube* wichtiger als der Inhalt einer psychologischen Deutung ist.

Dr. Mendel dachte sich eine Reihe falscher Darstellungen aus, die er dann einer Gruppe seiner Patienten als tatsächliche Aussagen über sie vorlegte. Die angeblichen Aussprüche waren in der klischeehaften Form gehalten, wie man sie in Horoskopen findet, etwa »Sie scheinen Ihr Leben so zu leben, als wollten Sie sich ständig entschuldigen«. 20 der 24 erfundenen Aussagen stimmten die Patienten zu, berichtete Dr. Mendel im *American Journal of Psychoanalysis*. Die Patienten erlebten nach dem Experiment sogar einen Rückgang ihrer Angst. »Das zeigt, daß der Vorgang der Deutung, weniger ihr Inhalt den Angstpegel des Patienten senkt«, gab er auf Befragen an.

Wie sieht der überdurchschnittliche Patient für den Therapeuten aus? Überraschenderweise ist er ein außergewöhnlicher Mensch und *nicht sehr krank.* Zwei Psychologen an der University of California in Berkeley baten 421 Psychotherapeuten, Eigenschaften zu nennen, die den von ihnen »bevorzugten Patienten« am besten kennzeichneten. Das Profil des »guten« Patienten ähnelte eher dem eines Kandidaten für den Friedensnobelpreis als dem eines verwirrten Neurotikers, der Hilfe sucht.

Die am häufigsten genannten Eigenschaften waren intelligent, offen, anpassungsfähig, lebhaft, kooperativ, aufrichtig, empfindsam und neugierig. Der einzige häufig gebrauchte negative Ausdruck war »ängstlich«. Die Eigenschaften, die einen Menschen kennzeichnen, der Hilfe braucht – verzagt, reizbar, feindselig, argwöhnisch, unausgeglichen –, wurden von weniger als einem Viertel der Therapeuten angekreuzt. »Hätte man ›ängstlich‹ von der Liste der 25 bezeichnendsten Eigenschaften gestrichen, wäre der bevorzugte Patient als ein ungewöhnlich produktiver und schöpferischer Mensch erschienen«, erklärt der Verfasser der Studie.

In *Psychotherapie* beschreibt Dr. Alvin R. Mahrer seinen idealen Patienten als psychologisch aufgeschlossen, einigermaßen intelligent, ängstlich, wortgewandt und wieder *nicht sehr krank.* Er hat das starke Bedürfnis, seine Empfindungen zu offenbaren und sich selbst zu erkennen. Er sollte imstande sein, eine echte, homophile Beziehung zum Therapeuten herzustellen. Der Durchschnittspatient, dessen Zustand sich nicht wesentlich bessert, ist weniger intelligent, schwerer gestört, beobachtet sich weniger selbst und ist stärker handlungsorientiert.

Das Vorurteil der Therapeuten gegen den kranken und phantasielosen Patienten ist so ausgeprägt, daß man in den Vereinigten Staaten ein Akronym für den idealen Patienten gebildet hat: YAVIS – Young, Attractive, Verbal, Intelligent, Successful (jung, gewinnend, wortgewandt, intelligent, erfolgreich). Aus diesem Grund, so argwöhnt man, ist die Psychotherapie vielleicht überhaupt nicht für die psychisch Kranken da. Sie ist statt dessen vielleicht ein kulturelles, symbolisches Ritual der neuintellektuellen Mittel- und Oberschicht, für die es eine mystische Bestätigung ist, daß man tatsächlich zu den YAVIS gehört.

Bildung ist der Katalysator, der die Patienten zur Psychotherapie treibt. Die Verhaltenswissenschaften haben die meisten gebildeten Menschen davon überzeugt, daß es »Experten« gibt, die vom menschlichen Verhalten mehr verstehen als sie selbst. Die verbissene Suche nach bezahlten psychologischen Gutachten ist das Produkt dieses Glaubens.

Je länger man in der Schule war, desto mehr neigt man dazu, die Therapie in Anspruch zu nehmen. Die Ärmeren und nicht so gut Ausgebildeten, die mit Problemen des Überlebens zu kämpfen haben, glauben seltener an die abstrakte Wirkungsweise der Psychologie und suchen den Therapeuten nicht so häufig auf. Das Paradoxe an der *psychologischen Gesellschaft* ist, daß sich ihre erfolgreichsten Bürger emotional am unvollständigsten vorkommen und sich am stärksten nach einer Erneuerung sehnen.

Die Psychotherapie heilt durch Bewahren. Der Patient wird daher zu seinem Therapeuten gezogen und umgekehrt. Untersuchungen belegen sogar, daß die Bildung des Patienten parallel zu der seines Therapeuten zu- oder abnimmt. In einer Studie, die 377 Patienten umfaßte, stellte Dr. William Schofield fest, daß die Hälfte der Patienten von Psychiatern einen Hochschulabschluß hatte. Auf der vom Ansehen her nächstniedrigeren Ebene, bei den klinischen Psychologen, sank die Zahl der Patienten mit Hochschulausbildung auf 35 Prozent. Von den Patienten der behandelnden Sozialarbeiter hatten nur fünf Prozent eine Hochschule besucht.

Die Tendenz des Therapeuten ist klar: Der gute Patient, dem mit einer Behandlung geholfen werden kann, hat einen Platz in der oberen Gesellschaftsschicht erreicht oder hat von Geburt an dazugehört. Tatsächlich sehen die Therapeuten in der Zugehörigkeit zu einer bestimmten Gesellschaftsschicht ein Merkmal psychischer Gesundheit. Das wurde geschickt von zwei Psychologen an der University of Oklahoma bewiesen. Sie ließen einen Schauspieler einen psychisch ungewöhnlich gesunden Mann spielen. Er liebte das Leben, war glücklich verheiratet, liebenswert, ausgeglichen und stolzer Vater einer glücklichen Kinderschar. Er gab an, nur unwesentliche Probleme zu haben: Er hatte bezüglich des Kirchgangs und einiger Erziehungsfragen eine andere Meinung als seine Frau. Die Wissenschaftler machten eine psychiatrische Befragung mit dem Mann, die sie auf Band aufnahmen und dann vier Gruppen mit je zehn ortsansässigen Psychiatern vorspielten.

Der ersten Gruppe erzählte man, der Patient arbeite in einem Großmarkt und verdiene 340 Dollar im Monat. Der zweiten Gruppe wurde er als Verkäufer für Büroeinrichtungen beschrieben, der 750 Dollar im Monat verdient und eine kleine Eigentumswohnung hat. Die dritte Gruppe hörte eine gediegene Geschichte vom Luxus: Der Betreffende besaß zwei Häuser. Er gehörte zur Geschäftsführung eines florierenden, familieneigenen Industriekonzerns, hatte eine Privatschule besucht und an der Stanford University sein Examen gemacht. Die vierte Gruppe erfuhr nichts über den Hintergrund des Mannes.

Leider urteilten die Psychiater so wie erwartet. Die Diagnose erfolgte nicht nach psychopathologischen Gesichtspunkten, sondern nach der Gesellschaftsschicht. Die Gruppe, die die Geschichte vom einfachen Arbeiter gehört hatte, stufte ihn als psychisch krank ein und stellte eine relativ schlechte Prognose. Die Psychiater, denen man das »Wohlstandsmärchen« erzählt hatte, beurteilten den Mann als völlig normal. Die beiden Gruppen, die die Geschichte vom Verkäufer aus der Mittelschicht bzw. gar nichts gehört hatten, stellten eine psychiatrische Diagnose, die in der Mitte lag. Als man den Psychiatern den Streich eingestand, reagierten sie ungläubig.

Snobismus mag ein Grund dafür sein, daß Therapeuten Patienten ihrer eigenen gesellschaftlichen Schicht auswählen. Doch es liegt auch daran, daß der hochtrabende Therapeut sich kühl abwägend gegen Verluste absichern will. Er weiß, daß der Patient ausreichend gebildet sein muß, um seine modernen Mythen teilen zu können.

Psychiater und Psychologen behaupten, die *Psychodynamik* sei eine universelle, kulturvergleichende Vorstellung. Das trifft nicht zu. Einem Therapeuten aus der Park Avenue würde es schwerfallen, einem asiatischen Dorfbewohner klarzumachen, daß ein junger amerikanischer Erwachsener, der relativ ängstliche Eltern hat, einen Farbfernseher besitzt und seine Ferien außer Landes verbringt, unter »mütterlicher Deprivation« gelitten hat und jetzt seine neurotische Ernte einholt. Wenn man die Psychotherapie wie ein Morsealphabet betrachtet, dann kann nur denen geholfen werden, die das Alphabet kennen.

Um nicht in eine kulturvergleichende Falle zu tappen, entmutigt der Therapeut den ärmeren, wortungewandten Patienten. Er hält so sorgfältig den apsychologisch Eingestellten davon ab, seine Waren auszuprobieren. In der *American Sociological Review* berichten Meyers und Schaffer, daß die Gesellschaftsschicht des Patienten selbst in der Klinik das Niveau des Therapeuten bestimmt, dem der Fall übertragen wird. Bei den Patienten mit der besten Ausbildung macht normalerweise ein Psychiater vom Stab die Visiten. Die Patienten aus der Mittelschicht werden von einem Psychiater behandelt, der auch im Hause wohnt, während die ärmeren und nicht so wortgewandten Patienten den Medizinstudenten zur Verfügung stehen.

Der privat praktizierende Therapeut, der sich stundenweise bezahlen läßt, sondert die Kranken und sozial Schwächeren noch genauer aus. Eine Untersuchung im *American Journal of Psychiatry* enthüllte, daß 20 bis 50 Prozent der privat praktizierenden Psychiater in Boston sich weigerten, an bestimmten Krankheiten leidende Personen zu behandeln, wozu Alkoholismus, Drogenabhängigkeit und sogar Verhaltensprobleme Heranwachsender gehörten.

Dr. Martin T. Orne von der University of Pennsylvania hat eine Theorie aufgestellt, warum Erfolg in der Psychotherapie so oft mit Erfolg im Leben zusammenhängt und nicht mit dem Gegenteil. Seiner Meinung nach liegt es daran, daß die Psychotherapie »ein sich selbst erhaltender Prozeß« ist, der den gesellschaftlichen Erfolg braucht, damit er weiterbestehen kann.

»Das hilft vielleicht bei der Erklärung, warum die Patienten, die mit dem größten Erfolg behandelt werden, diejenigen sind, die am wenigsten Hilfe zu benötigen scheinen; das heißt, sie haben die nötigen Mittel, so daß sie ihre Ziele fast ohne Unterstützung erreichen können«, sagt Dr. Orne. »Wenn jemand die Mittel nicht besorgen kann oder nicht hat, die es ihm im wirklichen Leben ermöglichen, es endlich ›zu schaffen‹, kann sich der hier beschriebene Mechanismus nicht selbst erhalten, und die Ergebnisse der psychotherapeutischen Hilfe sind, wenn sie sich überhaupt einstellen, meistens nur von kurzer Dauer.«

Diese problematische Verbindung zwischen Erfolg im Leben und Erfolg in der Psychotherapie ist zu einem Dilemma für diejenigen geworden, die die Last haben, die Armen behandeln zu müssen. Einige Klinikvertreter aus ärmeren Gebieten suchen nach einem Ersatz für die »Klasse«-Therapeuten. Wir und auch andere haben die Erfahrung gemacht, daß die meisten Spezialisten weder erfahrungs- noch einstellungsmäßig geeignet sind, wirksam den Teil der psychisch kranken Bevölkerung zu versorgen, der nicht die sprachlichen, intellektuellen und von der Motivation her nötigen Voraussetzungen für die dynamische und einsichtsorientierte Psychotherapie mitbringt«, erklärt der Sprecher am Gemeindezentrum für psychische Krankheiten der Temple University in Philadelphia. Das Zentrum entschloß sich, 18 ortsansässige Bürger, die zum Teil nicht einmal ein Hochschuldiplom besaßen, zu Therapeuten auszubilden. Diese *Peer-group*-Therapeuten, die mit über 250 Patienten gearbeitet haben, konnten die Fälle von Einweisung in eine Klinik um 50 Prozent senken.

Die Vorstellung, daß ein nicht ausgebildeter Laie genauso gute psychotherapeutische Ergebnisse erzielt wie ausgebildete Psychiater und Psychologen, hat die Branche in Aufregung versetzt. Welches Licht wirft das auf all die esoterischen Dinge und die dazugehörige Ausbildung, wenn Laien genauso sachkundig sind wie sie?

Mehrere Wissenschaftler sind dieser These nachgegangen, und die Ergebnisse haben ihre Kollegen schockiert. *Verschiedene Untersuchungen zeigen, daß nicht ausgebildete Laien genausogut arbeiten wie Psychiater oder klinische Psychologen.* Eine Nervenklinik, die für die ambulante Psychotherapie Hilfskräfte des Krankenhauses einsetzte, verglich die Leistung dieser Hilfskräfte mit der von Psychiatern aus dem Stab. »Die Behandlungsergebnisse des berufsfremden Personals konnten neben denen der Psychiater bestehen«, berichteten die Verfasser der Studie in den *Archives of Psychiatry.*

In einer anderen Untersuchung drängte E. G. Poser College-Studenten dazu, in einer Klinik für Geisteskranke Dienst als Leiter von Therapiegruppen zu tun, und verglich diese Ergebnisse mit denen der Psychiater und Sozialarbeiter, die ähnliche Gruppen im Hause betreuten. *Die College-Studenten erzielten bessere Ergebnisse als die Spezialisten.*

Eine der neuesten Arbeiten auf diesem Gebiet ist die noch unveröffentlichte Studie von Dr. Hans Strupp von der Vanderbilt University. Sie beschäftigte sich mit zwölf Therapeuten: mit fünf der erfahrensten Psychiater und Psychologen aus dem Stab von Universitätskliniken und sieben Mitgliedern der Fakultät, die keinerlei Ausbildung auf diesem Gebiet hatten. Die Professoren – die Englisch, Geschichte, Philosophie und Mathematik lasen – wurden ausgewählt, weil sie studentenbezogen lehrten und auf dem Campus sehr beliebt waren. Die Patienten waren ausschließlich unverheiratete Studenten, deren Verhalten Befangenheit, Scheu und Zurückgezogenheit zeigte, und die ängstlich oder deprimiert waren.

15 Studenten wurden von den Spezialisten, drei Psychiatern und zwei Psychologen, behandelt, die anderen 15 von den College-Professoren. Die Professoren wurden lediglich aufgefordert, sich mit den Studenten zu treffen und das zu tun, was ihnen natürlich erschien bei dem Bemühen, den Patienten zu helfen. »In beiden Gruppen gab es bis zu 25 Stunden Individualtherapie – zweimal die Woche drei oder vier Monate lang«, erklärt Dr. Strupp. »Die Patienten wurden zu Be-

ginn und am Ende der Behandlung begutachtet, und dann ein Jahr später.« Und die Ergebnisse? Insgesamt waren sie bei den ausgebildeten und nicht ausgebildeten Therapeuten gleich.

Was, so könnten wir fragen, ist das eigentliche wissenschaftliche Problem der Psychotherapie? Dr. Allen Bergin wagt eine Vermutung: »Die Psychologie ist noch immer eine primitive Disziplin im vor-galileischen Stadium und wartet auf den Durchbruch, der sie näher an die Wissenschaft heranbringt. Das Problem ist, glaube ich, daß die Psychologie ihre naturalistische, beschreibende Phase übersprungen hat. Sie hat sich sogleich ans Experimentieren gemacht, ohne sich vorher um das normale Beobachten zu kümmern. Bevor wir anfingen, zu theoretisieren und zu experimentieren, hätten wir vielleicht mit den Großmüttern und Müttern reden, die Kinder und Erwachsenen beobachten und sie einfach beschreiben sollen. Die Biologie hat das jahrhundertelang getan, hat den menschlichen Körper, die Tiere und Pflanzen aufgezeichnet, bevor sie sich entfaltete. Die Möglichkeit besteht noch immer, daß der Messias der Psychologie kommt. Einige behaupten, Freud sei unser Isaac Newton gewesen, aber das glaube ich nicht.«

Bis der Newton der Psychologie erscheint, wird der emotional bedrängte Patient vielleicht noch das Bedürfnis nach Hilfe oder Verständnis von einem anderen menschlichen Wesen verspüren. Die *psychologische Gesellschaft* hat den Psychiater, den klinischen Psychologen und den psychiatrischen Sozialarbeiter als diejenigen ernannt, die prüfen sollen, ob wir die Psychotherapie brauchen. Unter welchen Umständen wird jemand durch den Besuch bei diesen professionell ausgebildeten, modernen Gesundbetern eine Besserung erfahren?

Dr. Lester Luborsky von der University of Pennsylvania versuchte, dieses Rätsel zu lösen und untersuchte 166 Forschungsstudien über Psychotherapie. Neben vielen anderen kam er auch zu diesen Schlußfolgerungen:

– Die Art der Therapie ist ohne Bedeutung. Es gibt bei den Ergebnissen keine meßbaren Unterschiede.
– Je schwerer das Leiden ist, desto weniger Linderung kann man erwarten.
– Intelligentere Patienten schneiden besser ab.
– Ängstliche Patienten weisen die stärkste Besserung auf.
– Die Übereinstimmung zwischen Therapeut und Patient hinsicht-

lich der Wertvorstellungen und Gesellschaftsschicht ist wichtig für den Erfolg.

– Diejenigen, die sich um ihre körperliche Gesundheit sorgen (einschließlich der Kranken), haben es schwerer.

– Wer stark auf zwischenmenschliche Beziehungen ausgerichtet ist, hat eine bessere Prognose.

– Je größer die soziale Leistung des Patienten, desto besser seine Chance, in der Therapie psychisch Fortschritte zu machen.

Beim Zusammenfassen seiner Ergebnisse ist Dr. Luborsky noch immer skeptisch hinsichtlich der Heilmethode. »Es läßt sich nicht feststellen, ob der Einzeltyp, der am meisten Nutzen aus der Therapie zieht, auch von einer anderen Behandlungsform profitiert hätte oder von Änderungen auslösenden Erlebnissen, die normalerweise nicht zur Psychotherapie gerechnet werden – oder tatsächlich von nichts als den geheimnisvollen Veränderungen, die man dem Ablauf der Zeit zuschreibt«, bemerkt er.

Seit Freud sind mehr als drei Vierteljahrhunderte vergangen. In dieser Zeit wurde die Psychotherapie als Philosophie, Wissenschaft und Technologie gewürdigt. Ihre philosophischen Auswirkungen sind noch in unserer Zeit zu spüren. Die Forscher haben den Mut aufgebracht, sie zu zerlegen und sind zu dem Schluß gekommen, daß es ihr nicht gelungen ist, ihre ungewöhnlichen Versprechen einzulösen.

»Unser Berufsstand hat zu lange in dem Glauben gearbeitet, etwas Gutes für die Allgemeinheit zu tun«, sagt Dr. Shapiro. »Es ist an der Zeit, daß wir unsere überzogenen Behauptungen vergessen, die Theorien Sigmund Freuds und unsere mystischen Losungsworte vom Unbewußten, und daß wir mit der soliden Forschung beginnen, die für einen rechtschaffenen Beruf notwendig ist.«

Bis diese Zeit kommt, wenn sie kommt, wird die Psychotherapie eine der bedeutsamen Religionen der gebildeten Schichten in der zweiten Hälfte des 20. Jahrhunderts bleiben, eine moderne Nachbildung des Gesundbetens und des Schamanismus.

III

DIE NEUEN SEHER

Als *Der weiße Hai* in den USA und bei uns Schauer der Angst verbreitete, veranlaßte das einige Psychiater und Psychologen, ihre professionelle Ansicht darüber kundzutun, warum der Einspielerfolg dieses Films den des *Paten* noch übertroffen hatte.

Dr. Alfred A. Messer, ein Psychiater aus dem amerikanischen Atlanta, sah in dem Kampf zwischen Mensch und Hai eine Metapher für die »Hilflosigkeit und Ohnmacht«, die wir im täglichen Leben spüren. Doch einige seiner Kollegen vermuteten eher ein Schuldmotiv. Die Kinogänger identifizierten sich ihrer Meinung nach nicht mit den blutverschmierten Opfern, sondern mit der wilden Bestie des Meeres. Der Hai war zu einem symbolischen Ersatz für die eigenen zügellosen, aufgestauten Aggressionen der Zuschauer geworden.

Diese in der zweiten Hälfte des 20. Jahrhunderts aufgekommene Angewohnheit, das Verhalten von Einzelpersonen und Gruppen zu beurteilen, zu erklären, zu erforschen und zu erahnen, ist zur ausschließlichen Domäne einer Gruppe neuer Seher geworden, der Psychiater und Psychologen. Dadurch, daß sie uns die *verborgene Wahrheit* hinter praktisch jeder Handlung anbieten, die wir mit wachen Sinnen vornehmen, haben sie tatsächlich die Rolle übernommen, die die Gesellschaft einst zwischen der Geistlichkeit, den Philosophen und den Staatsmännern aufteilte – und in noch früheren Zeiten zwischen den Orakeln, Propheten und sogar den Magiern.

Wann immer der Mensch ein für sein Leben bedeutungsvolles Phänomen nicht begreifen konnte – ob Liebe, Krieg, Tod oder eine Natur- oder nationale Katastrophe –, hat er nach einem allmächtigen Experten gerufen, der Licht in das Dunkel bringen sollte. Heute haben sich der promovierte Psychiater und sein leiblicher Vetter, der promovierte Psychologe, zu den unbestrittenen Salomons unserer Zeit aufgeschwungen, den Weisen der *psychologischen Gesellschaft.* Ihr Sachverstand deckt eine unendliche Vielfalt von Themen ab, die den modernen Menschen berühren: Homosexualität, Verbrechen, sexuelle Gewohnheiten, Ehe und Scheidung, Psychosomatik, Ausbildung, internationale Beziehungen, Politik, Eltern-Kind-Beziehung und Psychographie.

Aggression und Gewalt gehören zu den Hauptthemen der neuen Seher. Nach der Versammlung der Demokratischen Partei 1968 in Chicago, als Radikalismus, politische Enttäuschung und schneller sozialer Wandel die Straße eroberten, behauptete eines der prominenten Mitglieder der American Psychiatric Association anmaßend, daß er und seine Berufskollegen die Erklärung längst wüßten. »Wenn wir gefragt worden wären, hätten wir der Polizei von Chicago ohne weiteres einige der Faktoren nennen können, die zu den gewalttätigen Ausschreitungen geführt haben, und wir hätten Maßnahmen vorschlagen können, mittels derer man all dem hätte vorbeugen können«, erklärte er.

Heute wendet sich die Öffentlichkeit nach jedem Mordanschlag, Massenmord oder Akt blindwütiger Zerstörung wegen der alles erklärenden Deutung an einen Psychiater. Die Antworten kommen so schnell, daß man versucht ist, die Meinungen für alles andere als überlegt zu halten. Unmittelbar nach dem Mord an Martin Luther King junior sagte ein Psychiater aus Oklahoma, der Attentäter habe *unbewußt* gefolgert: Nicht ich bin es, der meinen Vater umbringt, der die Frauen der Familie vergewaltigt, die Gemeinschaft zerstört und meine eigene Gesellschaft vernichtet, deren Tabus und frustrierende Beschränkungen mich so in Wut versetzt haben, als ich noch ein Kind war. Nicht ich bin es, es ist der Fremde. Ich muß sicher sein, daß er ein Fremder bleibt, damit ich die Wahrheit über mich nicht herausfinden kann.

Einige Psychiater und Psychologen neigen dazu, das Interesse der Öffentlichkeit an Gewaltverbrechen auszunutzen und bieten der Presse sensationell aufgemachte Erklärungen an. Dieser Hang war Anlaß zu einem verärgerten Leitartikel im *American Journal of Psychiatry,* der die Überschrift trug: »Der Psychiater als Kommentator von Gewaltakten.« In dem Beitrag wurde darauf aufmerksam gemacht, daß die Psychiater zu oft mit nicht fundierten Berichten in die Zeitung gehen. Dr. Dana L. Farnsworth, die Verfasserin, plädierte dafür, daß ihre Kollegen Zurückhaltung üben, wenn sie von der Presse angesprochen werden. »Die Weigerung, überhaupt etwas zu sagen, wird vielleicht so ausgelegt, als drücke man sich vor der beruflichen Verantwortung«, bemerkt sie. »Denn von wem sonst nimmt man letztlich an, daß er ein Fachmann für diese Fragen ist?« Aber, so rät sie: »Wenn Sie Zweifel haben, sagen Sie überhaupt nichts. Und wenn Sie sich zu einer Erklärung entschließen, tun Sie es bedacht.«

Die Weisheit der neuen Seher wird in vielen Formen verbreitet, von denen eine der psychologische Befund ist, eine angeblich wissenschaftliche Studie, die die Fachzeitschriften füllt und uns täglich durch die Medien, durch Selbsthilfe-Bücher, in den Schulklassen, bei der Therapie verabreicht wird. Einige dieser Gemeinplätze über das menschliche Verhalten sollen weltbewegend sein, andere sind nichtssagend, aber sie alle zeigen ganz eindeutig, daß das moderne Leben für uns durch die neuen Gutachter gedeutet werden muß.

Die meisten Befunde ziehen Nutzen aus der Originalität und bieten uns verwirrende Alternativen zu den Allerweltsgedanken des Laien. Wir würden doch annehmen, daß vor allem die innerlich gefestigteren der unverheirateten Frauen ihre Kinder bei sich behalten und aufziehen. »Nein«, sagt der Bostoner Psychologe David Haughey. Er glaubt, daß es die labilsten sind, die sich an ihre Kinder klammern. Das geschieht nicht aus Liebe, wie er erklärt, sondern aus Zorn über ihre mißliche Lage.

Die neuen Seher geben ihre Verlautbarungen mit dem Unfehlbarkeitsanspruch einer päpstlichen Bulle aus, eine Haltung, die selbst den standfestesten Laien beeindruckt. Kommt auch nur ein Hauch von Identifikation hinzu, kann das hypnotisierend wirken. So hat man uns beispielsweise lange Zeit erzählt, daß die späte Jugend und das Alter die problematischsten Zeitabschnitte im Leben seien. Jetzt erfahren wir von einem Psychologen aus New Jersey, daß die relativ unbeschwerten Dreißiger das traumatischste Jahrzehnt sind. Nach seinen Angaben hat eine Untersuchung von 1700 Personen in den Vereinigten Staaten und England ergeben, daß der Erwachsene in seinen 30er Jahren, wenn die Hälfte des Lebens vorüber ist, vor den bedrohlichen Fragen steht: »Wer bin ich?«, »Wohin gehe ich?«, »Was wird aus all dem?«. Das, so behauptet er, kann einen Menschen lähmen.

Der Befund ist ein vielseitiges Werkzeug, das sich auf jedes Phänomen anwenden läßt, denn an seinem Anfang muß keine durchdachte Vorstellung oder Hypothese stehen. Der Seher braucht nur die psychologische Bestandsaufnahme einer Handvoll Leute und kann sein Ergebnis als eine brauchbare Verallgemeinerung auf die Gesamtheit einer ahnungslosen und häufig gutgläubigen Menschheit extrapolieren.

Der Seher hat seine Techniken auf sämtliche Bereiche des Lebens angewandt, wozu auch der Sex gehört:

– Zwei kalifornische Psychologen untersuchten 100 Männer, die Frauen vergewaltigt hatten, und stellten fest, daß sie furchtsamer als andere Verbrecher waren und einen schwächeren Geschlechtstrieb hatten.

– Der der unteren Gesellschaftsschicht entstammende männliche Liebhaber, der seit den Tagen der Lady Chatterley literarisch gefeiert wird, ist von Psychologen, die die sexuelle Befriedigung untersucht haben, als eine Legende bloßgestellt worden. Ehepaare aus der Mittelschicht erleben eine größere sexuelle Befriedigung als Paare aus der Unterschicht, wie ein Forscher im *Journal of Social Issues* berichtete.

– Stripteasetänzerinnen, melden zwei Verhaltenswissenschaftler, sind in der Regel das erstgeborene Mädchen, das sich von seinem männlichen Publikum die Liebe erhofft, die sein Vater ihm nie gegeben hat.

– Die jungen Opfer sexueller Überfälle erleben durch die Vergewaltigung normalerweise kein Trauma, wie ein Psychologe behauptet. Das Problem sind die Eltern des Kindes, die, wenn sie von dem Verbrechen erfahren, sich in einer Art verhalten, die das junge, unschuldige Mädchen traumatisiert.

– Selbst der Stierkämpfer wird sexuell überprüft und als weniger sexstrotzend enttarnt, als die Legende wissen will. Der spanische Psychiater Enrique Guarner, der berühmte Stierkämpfer einer Psychoanalyse unterzog, glaubt, daß die Väter der Matadoren bei ihren Kindern ein Gefühl der Impotenz hinterlassen haben, weil sie sich von ihnen abgewandt oder sie nicht beachtet haben. In der Arena steht der Stier als Symbol für den Vater des Matadoren. Das Tier zu beherrschen bedeutet, die sexuelle Unfähigkeit in Allmacht zu verwandeln. Guarner weist auch darauf hin, daß die Bewegungen des Stierkämpfers eine verborgene sexuelle Bedeutung haben: Der Matador nimmt weibliche Stellungen ein, dringt zwischen die Hörner ein, bewegt sein Gesäß vor dem Stier hin und her und bringt das Tier sogar dazu, dicht an seinen Genitalien vorbeizustreifen.

Die Macht der psychologischen Deutung ruht auf zwei Stützen, dem Bedürfnis, der Öffentlichkeit zu glauben und dem Schein der Wissenschaft, der das Vorgehen umgibt. Der Bürger der *psychologischen Gesellschaft* ist verwundbarer und unsicherer in seinem Urteil als die Angehörigen aller anderen Kulturen. Er ist in dem Glauben erzogen worden, daß es eine Expertenmethodenlehre des Lebens gibt und daß er von diesen neuen Sehern lernen kann, was wahr, richtig und sogar nützlich ist. Der Gedanke ist erregend: Jene universellen Wahrheiten, die sich dem Menschen jahrtausendelang entzogen haben, werden jetzt von psychologischen Spezialisten in regelmäßiger Folge entdeckt.

Das Ansehen der Wissenschaft wird auch dazu benutzt, dürftige Vorstellungen in »Tatsachen« umzuwandeln. Regelmäßig werden wir daran erinnert, daß die von der Psychologie und Psychiatrie aufgedeckten Wahrheiten zu den Sozialwissenschaften, oder wie man seit neuerem sagt, zu den Humanwissenschaften gehören. Diese Wichtigtuerei ist von Millionen für bare Münze genommen worden und hat den psychologischen Befund als bewiesen und als eine ausgewogene chemische Formel erscheinen lassen.

Die Anwendungsmöglichkeiten der psychologischen Entdeckungen sind unbegrenzt und berühren alle Bereiche des menschlichen Lebens. Hier eine kurze Übersicht über Erkenntnisse, die deutlich machen, warum der neue Seher die Phantasie der Gesellschaft so gefangenhält.

– Kinder halten das männliche Lachen für freundlicher als das weibliche, wie drei Psychologen von der University of California festgestellt haben. Mütter aus der Mittelschicht, fügen sie hinzu, lächeln mehr als Mütter aus der Unterschicht, doch verkörpert ihr Lächeln die Unsicherheit der Mittelschicht über die Rolle der Mutterschaft.

– Die gängige Meinung, daß liebevolle Eltern die Kreativität eines Kindes fördern, ist ins Wanken geraten. Ein Ausbildungspsychologe am New Yorker City College, der 418 Studenten untersuchte, fand heraus, daß diejenigen mit den größten kreativen Möglichkeiten Eltern hatten, die eher abweisend als liebevoll und hilfreich waren.

– Ein Psychiater und ein Sozialwissenschaftler von der Columbia University haben die Motivation von Raucherinnen erforscht und sind zu ganz außergewöhnlichen Ergebnissen gekommen. 60 Prozent der Frauen, die sich mit der Person ihres Vaters identifizierten, rauchten, verglichen mit nur 48 Prozent, die sich zu ihrer Mutter hingezogen fühlten. Das, so lautete die Theorie, hebt die glühende Zigarette in die gleiche Kategorie wie den Penis, ein phallisches Symbol für den ödipalen Konflikt zwischen Vater und Tochter. Das beinhaltet »weit größere und weitreichendere Probleme, als bisher angegangen worden sind«, deuteten sie an.

– Frauen, die sich mit ihren Männern auseinandersetzen, laufen Gefahr, eine rheumatische Arthritis zu bekommen. Der Ehemann, der zu Hause Streit hat, neigt mehr zu Magengeschwüren, wie eine Studie des Instituts für Sozialforschung an der University of Michigan herausgefunden haben will.

– Nach weitverbreiteter Ansicht sind die Menschen in großen Städten unfreundlich und rücksichtslos. Das stimmt nicht, sagt ein New Yorker Doktorand der Psychologie. Er stellte fest, daß die New Yorker Fußgänger im allgemeinen ordentlich die Straßen überqueren. Ähnlich ermittelten Psychologen von der Columbia University mit Hilfe von Studenten, daß die New Yorker U-Bahn, eine vermeintliche Einöde menschlichen Miteinanders, in Wirklichkeit eine Oase der Menschlichkeit war, die von Samaritern des Untergrunds bevölkert wurde.

Ist all diese anscheinend tiefgründige Aktivität *wissenschaftlich?* Wohl kaum. Den Erkenntnissen des menschlichen Verhaltens ist nicht so leicht beizukommen. Kritiker sind vielmehr davon überzeugt, daß die psychologischen Entdeckungen mit wissenschaftlichen, statistischen und philosophischen Irrtümern durchsetzt sind. In den meisten Fällen haben wir es mit der ganz persönlichen Meinung des Sehers zu tun, die durch seine unangemessen angesehene Stellung in der *psychologischen Gesellschaft* zur Tatsache erhoben wird.

Der verstorbene Gordon W. Allport, ein berühmter Harvard-Psychologe, warnte seine Kollegen davor, Theorien über das menschliche Verhalten aufzustellen, die nur auf kleinen Stichproben beruhten. Allport bezeichnete diese unwissenschaftliche Gewohnheit als »galoppierende Empirie« und war überzeugt davon, daß es sich dabei um eine »Berufskrankheit« der Psychologen handelt.

In der strengen Physik und Chemie, die innerhalb der zwingenden Logik der Naturgesetze funktionieren, ist der Sprung von der kleinen Stichprobe zur großen Theorie oft möglich. Doch für das menschliche Verhalten gilt das nicht. Menschen und Laborbedingungen lassen sich nur selten wiederholen, und das menschliche Tier hat sich als ein äußerst schwer faßbares Versuchskaninchen erwiesen. »Zu oft verallgemeinern Forscher übermäßig aus einer spezifischen Untersuchung in einer Art, die nicht nur in die Irre führen, sondern auch die gewohnheitsmäßige Gedankenfolge beinträchtigen kann«, warnt Allport.

Dr. Allport nannte ein Beispiel für ein solches Scheitern. Er zitierte Untersuchungen, die »schlüssig beweisen, daß Kirchgänger im großen ganzen mehr heidnische Vorurteile haben als Nichtkirchgänger«. Er legt dar, daß auch das Gegenteil zutrifft: Viele aufopfernde Kämpfer für die Grundrechte des einzelnen, von Jesus bis Gandhi (und Martin Luther King junior), hatten einen religiösen Beweggrund. Wenn die Forscher mit Widersprüchen konfrontiert werden, die ihren Statistiken zuwiderlaufen, vergessen sie nach Meinung Dr. Allports die Statistiken und entwerfen eine neue Theorie.

Die Psychiater und Psychologen bieten der Allgemeinheit keineswegs nur falsche Prophezeiungen. Doch das moderne Sehertum enthält einen grundlegenden Trugschluß, nämlich den, daß seine Spekulationen im wesentlichen metaphysisch sind. Sie liefern uns ein anscheinend modernes, aber theoretisch ungültiges Bezugssystem, das uns wie die alten Religionen glauben macht, wir würden, im Gegensatz zu den Tieren, unser wahres Wesen begreifen.

Die Unbeständigkeit des menschlichen Verhaltens und die Unfähigkeit der neuen Seher, ihre Versuchstiere angemessen zu überwachen, zeigen die anderslautenden Befunde. Wie die Untersuchung am New Yorker City College zeigte, hatten »abweisende«, nicht »liebevolle« Eltern normalerweise kreative Kinder. Aber eine ähnliche Studie vom Amerikanischen National Institute of Mental Health sagt etwas völlig anderes.

Die Psychologen des Instituts teilten junge Westinghouse-Science-Stipendiaten in zwei Gruppen aus mehr und weniger kreativen Jungen, wobei man sich an der Originalität ihrer Projekte orientiert hatte. Die Wissenschaftler erfuhren, daß die kreativen Jungen anders als bei den City-College-Studenten der Meinung waren, ihre Mütter seien »weniger abweisend«. In dieser Untersuchung schien der Schlüssel bei der elterlichen *Akzeptanz* zu liegen. Sowohl die kreative wie die nichtkreative Gruppe hielt ihre Eltern für nicht abweisend.

Einander widersprechende psychologische Studien sind an der Tagesordnung, wenn sie auch nicht veröffentlicht werden. Bei zwei Untersuchungen über die Eigenschaften von Rauchern widerlegten sich zum Beispiel die Ergebnisse geradezu klassisch. Ein Verhaltenswissenschaftler der University of Wisconsin untersuchte Raucher und kam dabei zu einem entmutigenden Urteil über den Marlboro Mann. Raucher sind im allgemeinen nicht so männlich wie Nichtraucher, behauptet Dr. John Pflaum. Eine ähnliche Studie, die in Großbritannien durchgeführt wurde, belegte das genaue Gegenteil: Die Zigarette sei ein brennendes Symbol jugendlicher Männlichkeit. Die zentrale amerikanische Beratungsstelle für Gesundheit und Erziehung untersuchte 1900 heranwachsende Jugendliche und entdeckte, daß die Hälfte der Jungen, die stark rauchten, bereits über sexuelle Erfahrungen verfügte.

Die modernen Seher sind überzeugt, daß Rauchen mit emotionaler Labilität zusammenhängt, eine Ansicht, die in der psychologischen

Literatur ständig auftaucht. Eine englische Studie in der Zeitschrift *Lancet* widerlegt selbst diese einfache psychologische Feststellung. Im Südosten Londons wurden über 1400 Personen einem Gesundheits-Screening unterzogen, das eine psychiatrische Beurteilung und einen Bericht über Rauchgewohnheiten enthielt. Trotz »eines vorherigen Beweises vom Gegenteil«, so erklären die Verfasser der Studie, zeigte der Vergleich zwischen Rauchern und Nichtrauchern, daß herkömmliche psychiatrische Störungen nicht in Beziehung zum Rauchen stehen.

Anders als Gordon Allport waschen die meisten modernen Seher ihre psychologische schmutzige Wäsche nicht in der Öffentlichkeit. Die Folge ist, daß Untersuchungsergebnisse als Tatsachen vorgelegt werden, selbst wenn Kollegen schon gegenteilige Erkenntnisse gewonnen haben. Die Unterschiede verschwinden stillschweigend in vergilbenden Fachzeitschriften.

Zur Ehrenrettung einiger Psychologen muß gesagt werden, daß sie das ungeschriebene Gesetz brechen und Meinungsverschiedenheiten öffentlich austragen. Dr. David B. Vinson aus Houston ist einer derjenigen, der den Advocatus diaboli spielt. »Neben anderen haben viele Psychologen die Vorstellung vertreten, Rennfahrer hätten einen Todeswunsch«, erklärte er auf einer Konferenz. »Ich möchte das öffentlich in Frage stellen. Ich glaube vielmehr, daß sie sehr am Leben hängen.« Dr. Vinson untersuchte Rennfahrer vor, während und nach kurzen Rennen und kam zu dem Schluß, daß sie nicht neurotischer als irgend jemand sonst sind.

Großzügig angebotene psychiatrische Meinungen sind oft ebenso unzuverlässig und widersprüchlich wie die Entdeckung selbst. Ein Thema, das die psychiatrischen Propheten wie ein grauenvoller Magnet anzieht, ist der Massenmörder. Ein Psychiater der University of California äußerte sich zu dem Massenmord an 27 heranwachsenden Jungen durch einen Homosexuellen in Houston und meinte, daß sexuelle Perversion der unruhige Kern des Massenmords sei. »Massenmörder haben beinahe durchweg eine sexuelle Motivation«, gab er an. »Diese Menschen werden erregt, wenn sie anderen Schmerzen zufügen.«

Die Meinung, daß Sex ein Grundelement des Gewaltverbrechens ist, wird unter den neuen Sehern stark vertreten. Ein Psychiater aus Galveston in Texas behauptet, daß sich 25 Prozent der jungen Mörder, die er untersucht hat, (oft pervers) sexuell betätigten, unmittelbar nachdem sie den Mord begangen hatten.

Aber wie so viele psychologische »Tatsachen« regt sich auch hier

Widerspruch bei anderen Forschern. Dr. Harry Kozol, ein ehemaliger Mitarbeiter des Diagnose- und Behandlungszentrums für gefährliche Personen im amerikanischen Bundesstaat Massachusetts, erklärt, daß homosexuelle Massenmörder zwar viel Aufmerksamkeit auf sich ziehen, ihre Zahl aber dennoch klein ist. »Bei den meisten Massenmördern scheint Sex nicht der Beweggrund zu sein«, sagt er.

Dr. S. Frazier, ein Harvard-Psychiater, ist ein weiterer Andersdenkender, der glaubt, daß es kaum eine Verbindung zwischen Homosexualität und Massenmord gibt. Er beschäftigte sich mit dem Fall Charles Whitman, der 1966 im texanischen Austin 13 Menschen von einem Schlepper umbrachte. Aufgrund seiner Untersuchung kam Frazier zu dem Schluß, daß widernatürlicher Sex nie eine bestimmende Rolle bei derartigen Verbrechen gespielt hat. Frazier hat freimütig bekannt, daß er und seine Berufskollegen weder voraussagen können, wer einen Mord, wer einen einfachen oder wer einen Massenmord begehen wird.

Auf tragische Weise demonstriert wurde dieses Unvermögen der Psychiater 1975 im Norden des amerikanischen Bundesstaates New York. Daniel Jones, ein 21jähriger Geisteskranker, der als ein »harmloser Junge« bezeichnet wurde, bekam am psychiatrischen Zentrum Willard freien Ausgang über das Wochenende. Als er nach Hause kam, erschoß er seine Mutter und seine drei Schwestern und steckte das Haus in Brand.

Seit einiger Zeit bewegen sich der Psychiater und der Psychologe auf einem Gebiet, auf dem der Einsatz an Macht hoch ist – die Politik und internationale Angelegenheiten. Ihr Ziel ist, mit ihrer Sachkenntnis in diese glanzvolle Arena vorzudringen und zu beweisen, daß die psychiatrische Weisheit das Bewußtsein des Bürgers und traditionelle politische Rechte ersetzen kann und vielleicht auch ersetzen sollte.

Die psychiatrische Diagnose per Post, wie sie von Barry Goldwater erstellt wurde, ist eine auf die Spitze getriebene Karikierung. Der konservative Kandidat der Republikanischen Partei für die amerikanischen Präsidentschaftswahlen war 1964 Gegenstand einer Fragebogenaktion, die das Magazin *Fact* durchführte, das Fragebogen an Mitglieder der American Psychiatric Association verschickte. *Fact* fragte die Psychiater marktschreierisch nach ihrer beruflichen Meinung über Goldwaters geistige Zuverlässigkeit. Zahlreiche Psychiater schnappten eilfertig nach dem politischen Köder und lieferten eine psychiatrische Diagnose von Goldwater, ohne den Kandidaten je persönlich gesprochen zu haben.

Laut *Fact* schickten 1846 Psychiater brauchbare Antworten ein, von denen die Zeitschrift 150 abdruckte. In den meisten wurde Goldwater diffamiert. Das *American Journal of Psychiatry* brandmarkte das Vorgehen der Kollegen als »Diagnose per Post« und berichtete betrübt, daß einige Zeitungen die Frage gestellt hätten, ob die Psychiatrie ein reines Ratespiel sei.

1968 unternahm die Zeitschrift *Avant Garde* eine ähnliche Briefaktion mit Psychiatern. Diesmal war der frühere amerikanische Präsident Lyndon B. Johnson das Objekt. Das Magazin berichtete, blind medizinische Diagnosen wie »Der Betreffende ist gefährlich für die Zivilisation und ungeeignet« erhalten zu haben und Aussagen, daß Johnson »eine paranoide Persönlichkeit« sei. Ein Psychiater erklärte, Johnson lasse »eine fortgesetzte Verdrehung der Wirklichkeit (erkennen), um sie seinen illusionären Vorstellungen anzupassen.«

»Ist es wirklich möglich, daß diese Psychiater allen Ernstes glauben, daß ihre mit der Post geschickten diagnostischen Beurteilungen irgendeinen wissenschaftlichen Wert haben?« fragte Dr. Walter E. Barton ungläubig im *American Journal of Psychiatry*. »Wenn dem so ist, was wir bezweifeln, ist es an den Kollegen, irgendeine wirkungsvolle Methode zu finden, ihnen diesen Glauben auszutreiben.«

Der Glaube der Psychiater und Psychologen, daß sie das Allheilmittel gegen die politischen Übel der Menschheit besitzen, ist naiv. Sie sprechen einen Teil der Gesellschaft an, der von der Friedenssuche enttäuscht ist, und nehmen jede Möglichkeit wahr, das Versagen des Menschen in den internationalen Angelegenheiten zu erklären. Ein Psychiater der Mayo-Klinik machte sich diese Schwäche in einem Beitrag zunutze, den er »Psychiatrie und Außenpolitik« nannte, und in dem er nach einem psychiatrisch »verwegenen Kurs« verlangt, um die »kranke« Weltgesellschaft zu heilen.

Dr. George H. Stevenson, ehemals Präsident der American Psychiatric Association, hat den Krieg als ein *öffentliches Gesundheitsproblem* bezeichnet, das in »psychologischen und psychopathologischen Faktoren« wurzelt, die eine vorbeugende Psychiatrie erfordern. Ein anderer Psychiater, Dr. Bryant Wedge, hat sogar angeregt, Psychiater auf dem Gebiet der internationalen Beziehungen auszubilden, offenbar um freudianisch ausgerichtete Kissingers hervorzubringen, die im unbewußten Symbolismus genauso erfahren sind wie in der Diplomatie des Düsenzeitalters.

»Die Psychiatrie kann nicht alle Probleme der internationalen Beziehungen lösen«, meint Dr. Wedge bescheiden, fügt dann jedoch hinzu: »Aber sie kann dazu beitragen, die nichtrationalen, oft unbewußten und unerkannten Faktoren besser zu verstehen, die das internationale Geschehen beeinflussen ...«

Obwohl diese Empfehlung noch nicht getestet wurde und vielleicht sogar gefährlich falsch ist, hat ein bekannter Psychologe einen speziellen Plan für die Psychologisierung der Weltpolitik ausgearbeitet. Kenneth Clark, der Verfechter der Bürgerrechte und frühere Präsident der American Psychological Association, wich von seiner für gewöhnlich überlegten Art ab und rief nach dem Einsatz der *Psychotechnologie,* um den aggressiven Tendenzen des Menschen in den hohen Ämtern Einhalt zu gebieten. Nach seinem Plan würden beruflich geeignete Weise den Führern der Weltpolitik Psychopharmaka gegen Aggressionen verabreichen, um deren Ehrgeiz zu zügeln. Diese Superdroge würde die »animalischen, barbarischen und primitiven Neigungen im Menschen« blockieren und uns die »nur dem Menschen eigenen moralischen und ethischen Werte Liebe, Güte und Einführungsvermögen« bescheren, versicherte uns Dr. Clark.

Ein anderer Akteur in der Welt des psychologischen Lotteriespiels ist Abraham Zaleznik, Professor für sozialpsychologisches Management an der Harvard Business School, der seine einzigartige Theorie vor der American Psychoanalytic Association bekanntgab. Die Weltpolitik, so behauptet er, wäre verständlicher, wenn es unter den Politikern nur zwei Grundtypen gäbe, den Minimum-Mann und den Maximum-Mann. Ersterer ist ein Bürokrat, der das Bündnis und die Übereinstimmung sucht, wofür beispielsweise die amerikanischen Politiker Johnson, Eisenhower und Nixon stehen. Der Maximum-Mann, der sich stärker an Grundsätzen orientiert, wird durch Männer wie Charles de Gaulle verkörpert. Beide Typen haben ihren Ursprung offensichtlich in Erfahrungen der Kindheit. Der Minimum-Mann ist das Produkt einer starken Mutter, der Maximum-Mann ist die ideale Mischung aus dem Vorstellungsbild von Mutter und Vater.

Diese Art von Erkenntnis, die in der *psychologischen Gesellschaft* so freizügig herumgereicht wird, wird als das zeitgenössische Symbol enthüllter Wahrheit gefördert. Unglücklicherweise ruht es auf zwei schwachen Fundamenten. Das eine ist das Vorurteil des Forschers, der die wissenschaftliche Methode zur Schaffung einer Aura der Authentizität entstellt oder außer acht gelassen hat. Das andere ist nicht so unehrenhaft aber ebenso gefährlich. Es ist der arglose Umgang mit der Logik wie der Statistik, um die hypothetischen Feststellungen wie Tatsachen erscheinen zu lassen.

Statistische Korrelationen sind die Grundlage der meisten psychologischen Entdeckungen. Es ist das ziemlich simple Zueinander-in-Beziehung-Setzen von Umständen. So wurde etwa in einer Untersuchung festgestellt, daß Frauen mit Arthritis häufiger aus angesehenen Familien kommen, in denen sie einem ziemlich hohen Streß ausgesetzt sind. Hier wird eine Assoziation zwischen Arthritis und Streß der Oberschicht hergestellt. Und die statistische Korrelation zwischen den beiden Faktoren ist es, die die psychologische Entdeckung ausmacht.

Die Korrelation ist keine absolute Feststellung. Sie beruht auf dem semantischen und vagen *wahrscheinlich.* Das ist statistisch meistens weniger beeindruckend, als die Seher uns glauben machen wollen. Obwohl sie sich auf Zahlen bezieht, die die Psychologen als *statistisch signifikant* bezeichnen, geht es oft um Prozentsätze von Unterschieden, die ein Nichtfachmann durchaus weniger als signifikant nennen würde. Zum Teil liegen sie nur um wenige Prozentpunkte über der einfachen Wahrscheinlichkeit.

»Der Begriff ›signifikant‹ selbst ist irreführend, da seine nicht fachbezogene Bedeutung auch Inhalte wie ›bezeichnend‹, ›wichtig‹, ›vielsagend‹ oder ›bedeutungsvoll‹ mit abdeckt«, erinnern uns die Forscher Robert L. Spitzer und Jacob Cohen. »Keiner dieser Begriffsinhalte läßt sich auf die Bedeutung des Ausdrucks ›statistisch signifikant‹ anwenden.«

Eine der gebräuchlichen Korrelationen ist die *Reihenfolge der Geburt.* Hunderte von Aufsätzen sind über den Unterschied zwischen Erst-, Zweit- und Letztgeborenen geschrieben worden. Den Untersuchungen zufolge ist es wahrscheinlicher, daß das erstgeborene Kind intelligenter ist, die Universität besucht und Bedeutung erlangt.

Sir Francis Galton stellte diese Korrelation 1874 als erster auf. Er untersuchte die Geburtenfolge und den Erfolg im Leben, wobei er solche Kriterien wie die Mitgliedschaft in der Königlich Britischen Akademie der Naturwissenschaften verwandte. Er entdeckte, daß Erstgeborene oder Einzelkinder mit größerer Wahrscheinlichkeit Anerkennung gewannen. William Altus, Professor für Psychologie an der University of California in Santa Barbara, hat festgestellt, daß Erstgeborene und Einzelkinder in den Elitecolleges der Vereinigten Staaten überdurchschnittlich stark vertreten sind. Andere Untersuchungen einschließlich der Durchsicht des *Who's Who* scheinen dieses Ergebnis zu bestätigen. Das tat auch eine Überprüfung der *Mercury*-Astronauten, die alle sieben die erstgeborenen oder ältesten Kinder ihrer Familien waren.

Doch andere Untersuchungen zeigen bemerkenswerterweise ein anderes Ergebnis: Die Wahrscheinlichkeit ist größer, daß die gleichen Erstgeborenen psychologisch deformiert sind und weniger gute Leistungen erbringen. Robert Helmreich, Psychologe an der University of Texas, berichtet, daß die Erstgeborenen unter den *Sealab*-Aquanauten nicht so gute Arbeit leisteten wie ihre später geborenen Kollegen. Die gleiche Feststellung machte Stanley Schachter aus dem amerikanischen District of Columbia bei den Kampfpiloten des Koreakrieges. Unter den »Assen« waren häufiger Zweitkinder oder später geborene. Andere psychologische Studien einschließlich mehrerer von Dr. Helmreich belegen, daß Erstgeborene weniger Vertrauen in ihre Fähigkeiten als ihre jüngeren Geschwister haben.

Die Literatur über Erstgeborene ist umfangreich, aber nicht notwendigerweise überzeugend. Zwei Psychiater vom Michael Reese-Krankenhaus in Chicago berichten in den *Archives of General Psychiatry* über ihre Bedenken. »Doch diese Untersuchungen (über Erstgeborene) haben widersprüchliche Ergebnisse erbracht, und viele betrachten diese Korrelationen inzwischen sehr skeptisch«, stellen sie fest.

Einer dieser Skeptiker ist Dr. E. H. Hare vom berühmten Maudsley-Krankenhaus in Großbritannien. Im *International Journal of Psychiatry* erklärt er, daß derartige Wechselbeziehungen eher banal als bedeutungsvoll sind, auch wenn einige Verbindungen existieren mögen. Außerdem glaubt er, daß viele Experimente nicht sorgfältig durchgeführt worden sind. Der skeptische Dr. Hare warnt davor, zu viele Schlußfolgerungen im Zusammenhang mit Erstgeborenen zu ziehen, bevor nicht andere biologische Variable geprüft worden sind, wozu auch die Tatsache gehört, daß die Eltern relativ jung bei der Geburt der Kinder waren. »Solange nicht das Gegenteil bewiesen ist«, sagt er, »ist es nicht abwegig, das Übergewicht der Erstgeborenen den biologischen Vorzügen der Jugend der Mutter und vielleicht auch des Vaters zuzuschreiben.«

Ein nicht erwähnter Umstand in diesem Spiel der Seher ist die Leichtgläubigkeit sowohl der Öffentlichkeit wie der Wissenschaftler selbst. Sie wurde unter Beweis gestellt durch einen netten, sorgfältig aufgezogenen Streich des *Sciences*-Redakteurs Harry Atkins. Er verfaßte ein pseudowissenschaftliches Papier mit dem Titel *Freud Eggs*, das vollgestopft war mit all den Zutaten eines professionellen Artikels: Kontrollgruppen, statistischer Beweis, Zitate aus gelehrten Abhandlungen und verworrene klinische Termini wie etwa *Frustrationstoleranz*.

Mit dem Artikel sollte die These bewiesen werden, daß »eine Beziehung zwischen Eßgewohnheiten und Persönlichkeitsmerkmalen« besteht. Es war alles so dick aufgetragen, daß der Spaß schon zu durchsichtig schien. So zeichnete der Verfasser zum Beispiel das Bild eines neurotischen Spargelessers wie folgt: »Wer spontan die Spargelspitze angeht und zuerst ißt, ist höchstwahrscheinlich unreif, ängstlich und abhängig, und nicht in der Lage, ein Vergnügen auch nur kurze Zeit hinauszuschieben.« Aber viele der mit der heutigen Seherschaft aufgewachsenen Leser fielen darauf herein. Das Stückchen förderte Anrufe besonders eifriger Ärzte und Wissenschaftler zutage, die *Freud Eggs* für bare Münze nahmen und Genaueres wissen wollten. Es entlarvte schonungslos die Subjektivität, die in unserer *psychologischen Gesellschaft* als Wissenschaft durchgeht.

Die Seher kennen keine Grenzen. Die neuen Propheten glauben, daß ihr Sachverstand auf alle Bereiche des Lebens anwendbar ist, sei es vergangen oder gegenwärtig. Einer der neuesten und verblüffendsten Ausflüge geht in die *Psychohistorie* oder *Psychographie,* die psychologische Erforschung des Lebens berühmter Persönlichkeiten, verstorbener wie lebender. Anders als herkömmliche Biographien, die ihre Schlüsse aus Ereignissen im Leben des Betreffenden ziehen, werden bei diesem Verfahren psychologische Vermutungen aufgestellt, über denen der Verfasser einen Persönlichkeitsüberbau errichtet. Das unangenehme ist, daß diese historischen Luftschlösser zusammenfallen können, wenn sich die auf tönernen Füßen stehenden Annahmen als nicht richtig erweisen.

Es begann alles mit der Psychographie Sigmund Freuds über Leonardo da Vinci. Seither sind zahllose prominente Weltenbürger dieser modernen Erforschung ihrer unbewußten Motive unterzogen worden, die sie vermutlich auch dem letzten bekanntgemacht hat. Napoleon, Joseph Conrad, Trotzki, Lenin, Gandhi, van Gogh, Martin Luther, Whittaker Chambers, Alger Hiss und in letzter Zeit John F. Kennedy, Lyndon B. Johnson, Richard Nixon und selbst der weitgereiste Kissinger sind unfreiwillig zu psychiatrischen Patienten auf der Couch der Geschichte geworden, und jeden Monat kommen neue Analysen hinzu.

Bei dieser psychoanalytisch untermauerten Umschreibung der Geschichte erscheinen nicht Schlachten und Befehle oder die Helden und ihre Mätressen als die Gestalter der Weltgeschichte, sondern die Väter, Mütter und Geschwister.

Selbst Jimmy Carter hat bereits auf der Couch der Psychographen gelegen. 1977 analysierten fünf von ihnen den 39. Präsidenten der Vereinigten Staaten in dem Werk *Jimmy Carter and American Fantasy.* Lloyd deMause, Vorsitzender der International Psychohistory Association, ist davon überzeugt, daß der in der Kindheit des aus Georgia stammenden Carter angerichtete seelische Schaden in einer Katastrophe für die Welt enden wird. »Unsere Folgerung ist, daß Jimmy Carter uns höchstwahrscheinlich bis 1979 in einen neuen Krieg führen wird – aus Gründen, die ihre Wurzeln in seiner Persönlichkeit und den gewaltigen emotionalen Anforderungen des amerikanischen Trugbildes haben.«

Der Bösewicht ist, wie in vielen anderen psychologischen Deutungen auch, die Mutter Lillian Carter. Das Psychographenteam, in dem sich vier promovierte Philosophen befinden, ist einstimmig der Meinung, daß die junge Lillian eine »abweisende« und lieblose Mutter war, die die psychische Entwicklung ihres Sohnes hemmte. Die Mütter von Präsidenten, sagt deMause, müssen »so gut« sein, daß sie ihren Sprößlingen das Ego mitgeben, das diese brauchen, um dieses hohe Amt zu erreichen. Gleichzeitig aber vermittelt ihre Kälte den Kindern »das Gefühl, in der Magengrube ein tiefes Loch aus Einsamkeit zu haben, ein Loch, das sie unbedingt mit den Bedürfnissen und der Schmeichelei gewaltiger Menschenmassen ausfüllen wollen«. Nach den Worten deMauses arbeitete Lillian oft und war nicht der Ansicht, daß Kinder besonders viel Zeit zusammen mit ihrer Mutter verbringen sollten.

David R. Beisel, ein Mitglied dieses psychohistorischen Teams, behauptet, daß Jimmy Carter seine Mutter nicht realistisch sieht. Er hat statt dessen »seinen Zorn, den er seiner Mutter gegenüber verspürt, in ein Trugbild von der vollkommenen Mutter umgewandelt«. In Wirklichkeit aber, so sagt er, hegt Carter feindselige Gefühle gegen sie, weil sie während der für seine Entfaltung entscheidenden Kindheitsjahre als Krankenschwester gearbeitet hat. Um sich der Liebe seiner beschäftigten, gefühlsmäßig fernen Mutter zu versichern, hatte Jimmy keine andere Wahl, als *so wie sie* zu werden – hart arbeitend und erfolgsorientiert, erklärt Beisel.

Noch größeres analytisches Interesse erregt allerdings Richard Nixon, der ein dankbares Objekt für die Psychographie ist. Selbst der verstorbene Stewart Alsop, der sich normalerweise an die harten Tatsachen hielt, machte einen Abstecher in die inzwischen ausgelotete Welt der Nixonschen Freudiana. In einem *Newsweek*-Artikel aus dem Jahr 1968 erklärte er, daß Nixons Anziehungskraft auf die Psychohistoriker sowohl auf seine Widerwärtigkeit wie auch auf seinen Versuch zurückgehe, psychologische Distanz zwischen sich und andere zu bringen. »Nixon war schon immer ein bevorzugtes Objekt für Amateurpsychoanalytiker«, bemerkt Alsop. »Der Mann hat etwas Verstecktes und Geheimnisvolles an sich.« Und dann taucht Alsop in die unsicheren Gewässer der Psychographie. Nixon, erklärt er, ist mütterlicher- wie väterlicherseits irischer Abstammung. Sein dunkles Haar und der starke Bartwuchs zeigen, daß Nixon ein »schwarzer Ire« ist, also iberisches Blut in den Adern hat, denn die Spanier waren an der Westküste Irlands eingedrungen. Nixons Vater wird nach Alsops Feststellung als »mürrisch« und »streitsüchtig« dargestellt. In dieser geschichtlichen Mutter-Vater-Betrachtung war die andere Seite Nixons, die des sanften Moralisten, ein Erbe seiner Mutter, einer Quäkerin.

Eine andere Nixon-Psychographie mit dem Titel *In Search of Nixon* (Auf der Suche nach Nixon) stammt von Bruce Mazlish, einem Geschichtsprofessor am Massachusetts Institute of Technology. Mazlish schreibt in seiner Studie, daß Nixon von »Todesfurcht« beherrscht werde, hervorgerufen durch den frühen Tod zweier Brüder. Um diesen Ängsten zu begegnen, so Mazlish, sucht der Autor der *Six Crises* (Sechs Krisen) möglicherweise unbewußt nach Krisen, die er dann bewältigen kann.

Eine neuere Psychohistorie des Psychiaters Eli S. Chesen, *President Nixons Psychiatric Profile* (Präsident Nixons psychiatrisches Profil), bietet eine andere Version der emotionalen Schwäche des gescheiterten Präsidenten. Was sind nach Meinung Dr. Chesens die psychologischen Mängel, die in der Watergate-Affäre ihren Höhepunkt erfuhren? Chesen nennt zwei: erstens die psychische Prägung durch den von der beherrschenden Mutter Hannah Nixon praktizierten Fundamentalismus, und zweitens psychische Traumata, die Nixon als Junge erlebte. Chesen berichtet uns, daß Nixon im Alter von drei Jahren bei einem Autounfall beinahe ums Leben gekommen wäre. Mit vier Jahren wäre er fast an Lungenentzündung gestorben. »Traumata und Krankheit sind in jedem Alter schrecklich; für einen Drei- bzw. Vierjährigen erhalten sie eine beträchtlich größere Bedeutung«, stellt Chesen fest.

Die Mutter ist einer der wesentlichen Bestandteile der neuen Psychohistorie. In diesen psychologisch düsteren Prominentenbiographien ist es oft die freudianische Karikatur einer tyrannischen Mutter, die das Mann-Kind unbewußt zwingt, die Aufmerksamkeit der Welt auf sich zu lenken, wobei sie manchmal versucht, ihn zu beherrschen und zu verweichlichen.

Latente Homosexualität und die damit eng zusammenhängende

Furcht, ein »Mädchen« zu sein, tauchen in vielen Psychographien auf, auch in denen über Nixon. Chesen spricht davon, daß der junge Nixon Wert darauf legte, »als Mann zu gelten«. Obwohl Nixon seiner Mutter bereitwillig bei der täglichen Hausarbeit half, »zog er doch die Vorhänge zu, um seine Demütigung vor der Welt zu verbergen«.

Für Chesen ist Nixon der typische unterjochte Mann, der überkompensiert und seine Männlichkeit übertreibt. »Eine starke Angst davor, verweichlicht zu sein (schwach, unterwürfig, mädchenhaft), erklärt am besten seine übergroße Sorge, gedemütigt zu werden ...« Chesen zieht die Schlußfolgerung: »Unbewußt ist er hilflos, unterdrückt und schwach.«

Nixon war psychologisch doppelt gebunden, was sich zu seinem Scheitern auswuchs, erklärt Chesen. »Wenn er Stärke und Unterdrükkung nachahmt, ahmt er in Wirklichkeit seine Mutter nach, eine Frau. Stark zu sein, bedeutet mit anderen Worten, wie eine Frau zu sein«, behauptet Chesen.

Die Psychographen sind Meister der für sich genommenen Ursache. Die Unterdrückung Nixons durch seine Mutter und seine Ansicht, daß Frauen stark seien, brachten ihn vermutlich zu Fall. Bei der hier vorgebrachten anekdotischen Beurteilung wurden widersprüchliche Beispiele aus Angst davor ausgelassen, daß die schwache These unter ihrem eigenen Gewicht zusammenbricht. Wie ist es mit den *starken* Präsidenten, die den beherrschenden Müttern und Frauen nachgaben?

Franklin D. Roosevelt, den die Historiker fast einmütig als einen großen Präsidenten einstufen, lebte sozial und emotional im Schatten seiner matriarchalischen Mutter Sara Delano Roosevelt. Harry S. Truman, einer der Rivalen Roosevelts, wenn es um Größe geht, gestand später ein, daß die Verantwortung eigentlich nicht an seinem Schreibtisch haltmachte, sondern jeden Abend eine Treppe höher an Bess Truman weitergereicht wurde, eine starke, vielleicht beherrschende Frauen- und Muttergestalt.

Jacques Barzun, Professor an der Columbia University, ist einer von mehreren Historikern und Akademiemitgliedern, die die neue Psychohistorie genauer untersucht haben und skeptisch sind. Er spottet über das gedankenlose Hochrechnen unwichtiger Einzelheiten, für die es keine Beweise gibt. Er nennt den Fall eines Analytikers aus Cleveland (USA), dem man von einer Anekdote in Rousseaus *Bekenntnisse* erzählt hatte. Der französische Schriftsteller verliebte sich bei einem Aufenthalt in Venedig leidenschaftlich in ein hübsches Mädchen; seine Leidenschaft erlosch jedoch, als er sah, daß dessen eine Brust keine Brustwarze hatte. Rousseau schrieb den Verlust seiner glühenden Liebe der entstellten Brust zu. Doch der zum Analytiker gewordene Psychohistoriker sagt nein. Er erinnerte sich, gelesen zu haben, daß Rousseau an Enurese (Bettnässen) und an einer Verkrümmung des Penis litt, dem Hypospadismus. Unverzüglich lieferte der Analytiker seine freudianische Umgestaltung der Geschichte. Rousseau habe seinen körperlichen Defekt auf das Mädchen projiziert und nur eine Brustwarze erblickt, obwohl es in Wirklichkeit zwei gehabt habe! Barzun beklagt dieses Vorgehen als unrealistisch. Er weist darauf hin, daß der Berufshistoriker »nicht damit zufrieden ist, die *Möglichkeit* als erwiesene Tatsache anzuerkennen, daß Rousseau ›projiziert‹ hat und nur eine Brustwarze sah, wo er zwei hätte sehen sollen«.

Die Gefahr besteht nach den Worten Barzuns in der Tendenz, Vermutungen in Tatsachen umzuwandeln. Er bringt ein einfaches Beispiel: Bei der Beschäftigung mit der Beziehung zwischen dem Dichter William Wordsworth und seiner Schwester Dorothy macht ein Psychograph aus einer starken Zuneigung zueinander eine blutschänderische Liebe. Wie Barzun sagt, tat der Biograph das, »ohne weitere Beweise zu haben«.

Das Ummünzen einer Ahnung in einen Beweis ist die zweifelhafte Art des Vorgehens von neuen Historikern. Auf einer Konferenz über Psychologie und Geschichte an der City University in New York machte Herbert Feis eindrucksvoll klar, daß wir wissen müssen, »wie erschöpfend das psychologische Wissen ist, wie gesichert es ist, wie exakt und wie anerkannt«.

Der bekannte Historiker Daniel Boorstin, der jetzt Direktor der amerikanischen Kongreßbibliothek ist und auf derselben Konferenz sprach, macht sich Sorgen um die Genauigkeit der posthumen Psychoanalyse. Es wurde berichtet, daß er seine Kollegen gebeten habe, sich mehr um die bewußten als um die unbewußten Aspekte der Geschichte zu kümmern. »Ich weiß, daß das ein radikaler Vorschlag ist, vor allem weil er so tief im gesunden Menschenverstand wurzelt«, sagte er.

Bei einem Interview führte Dr. Boorstin das weiter aus: »Ich bin für Experimente zur Erforschung der Geschichte. Aber ich glaube, es ist schwierig, Schlüsse aus dem Unbewußten von Menschen zu ziehen, die noch leben, und die man stundenlang auf der Couch befragen könnte. Wieviel gefährlicher muß es da sein, aus dem Unbewußten von Menschen zu folgern, die tot sind«, bemerkte er.

Gertrude Himmelfarb, Professorin für Geschichte an der New Yorker City University, greift die Psychohistorie als eine verunstaltete Disziplin an. »Die Psychohistorie leitet ihre ›Tatsachen‹ nicht aus der Geschichte ab, sondern aus der Psychoanalyse, und ihre Theorien nicht aus diesem oder jenem Beispiel, sondern aus einer Betrachtungsweise der menschlichen Natur, die über die Grenzen der Geschichte hinausgeht«, erklärt sie in der Zeitschrift *Commentary.* Sie leugnet das Grundkriterium des geschichtlichen Zeugnisses, das allen Historikern zugänglich und folglich von ihnen überprüfbar sein muß.«

Professor Himmelfarb führt ein Beispiel für dieses abenteuerliche Vorgehen an. Ein Psychograph verfolgte in der Zeitschrift *History of Childhood Quarterly* die Spuren von Hitlers Morden an den Juden und insbesondere den Einsatz der Gaskammern bis zu frühem psychoanalytischem Material zurück. Der jüdische Arzt Dr. Bloch hatte Hitlers Mutter wegen Brustkrebs operiert. Bloch entfernte die Brust, als der Krebs erneut auftrat, und versuchte, ihn mit Jodoform aufzuhalten. Der Autor behauptet, Hitler habe den Arzt unbewußt für den Tod seiner Mutter verantwortlich gemacht und sich über die hohe Rechnung aufgeregt, die er am Heiligen Abend bezahlen mußte.

Als Hitler im Ersten Weltkrieg in einen Angriff mit Kampfgas geriet, drang das Gas brennend »wie Jodoform« durch seine Haut. Er assoziierte daher seinen Zustand mit dem seiner Mutter. Nach der Niederlage Deutschlands fühlte er sich aufgerufen, sein Land zu rächen, das, wie der Analytiker meint, »offenkundig seine Mutter« war. Den Einsatz der Gaskammern als Mordinstrument verband er mit seinen Jodoformerfahrungen und seinem eigenen Erlebnis mit Gas. Damit schloß sich in den Augen des Psychohistorikers das »psychologische Kontinuum«.

Es fällt schwer, eine solche Deutung mit einer vernünftigen Beweisführung in Verbindung zu bringen. Hitlers Mutter starb tatsächlich an Brustkrebs, und sie hatte auch einen jüdischen Arzt. Hitler kam darüber hinaus im Ersten Weltkrieg mit Kampfgas in Berührung. Aber die *Assoziationen*, diese phantastischen Geistesprünge, sie stammen vom Analytiker. Er kann sie nicht beweisen, aber er erklärt arrogant: »Sie können sie nicht widerlegen.«

Nicht nur die analytischen Absonderlichkeiten stehen unter Beschuß. In einigen Psychohistorien ruht das ganze psychologische Gebäude eindeutig auf einem Irrtum. Der größte Übeltäter bei dieser Scharade war der Meister selbst, Sigmund Freud, der Autor dreier Psychographien.

Das erste psychographische Werk war Freuds *Eine Kindheitserinne-*

rung des Leonardo da Vinci. Seine These beruhte auf einer Kindheitserinnerung, die Leonardo in einem Notizbuch mit wissenschaftlichen Eintragungen festgehalten hatte. Als er an einer Stelle vom Flug des Geiers spricht, unterbricht er sich plötzlich und geht auf eine Erinnerung aus frühen Jahren ein:

»Es scheint, daß es mir schon vorher bestimmt war, mich so gründlich mit dem Geier zu befassen, denn es kommt mir als eine ganz frühe Erinnerung in den Sinn, als ich noch in der Wiege lag, ist ein Geier zu mir herabgekommen, hat mir den Mund mit seinem Schwanz geöffnet und viele Male mit diesem seinen Schwanz gegen meine Lippen gestoßen.«

Freud deutete die Erinnerung sexuell um. Der Schwanz des Vogels (im Italienischen *corda*) verkörpert nach seinen Worten das männliche Glied. Leonardos frühe Erinnerung beinhaltet offensichtlich eine Fellatio, wie er meint. Die Kindheitsphantasie des Künstlers »... ähnelt auch gewissen Träumen und Phantasien von Frauen oder passiven Homosexuellen«, behauptet der erste Psychograph.

Dann läßt sich Freud über die Fellatio aus: »Die Neigung, das Glied des Mannes in den Mund zu nehmen, um daran zu saugen, die in der bürgerlichen Gesellschaft zu den abscheulichen sexuellen Perversionen gerechnet wird, kommt doch bei den Frauen unserer Zeit – und, wie alte Bildwerke beweisen, auch früherer Zeiten – sehr häufig vor und scheint im Zustande der Verliebtheit ihren anstößigen Charakter völlig abzustreifen.«

Diese Deutung durch Freud ist klassisch analytisch. Die Phantasie ist homosexueller Natur, erklärt Freud. Ihr Ursprung liegt in der Liebe Leonardos zu seiner Mutter. Sie war nicht mit seinem Vater, Ser Piero da Vinci, verheiratet, der später, im Jahr der Geburt Leonardos, die angesehene Donna Albiera ehelichte. Im Alter von fünf Jahren wurde Leonardo von seiner Mutter getrennt, um im Hause seines Vaters zu leben, aber die überwältigende Liebe zu seiner Mutter erzeugte einen unbewältigten Ödipus-Komplex.

Freud führt Leonardos Unbewußtes an: »Durch diese erotische Beziehung zur Mutter bin ich ein Homosexueller geworden.« Freud beeilt sich zu erklären, daß es keinen Beweis dafür gibt, daß Leonardo sich homosexuell betätigt hat. Als Leonardo bei Verrocchio in die Lehre ging, wurde er angeklagt, homosexuelle Beziehungen zu einem Jungen unterhalten zu haben, wurde jedoch freigesprochen.

Der im Traum erscheinende Geier ist eine wichtige Spur in Freuds analytischer Detektivgeschichte. In der alten ägyptischen Bilderschrift wird die Mutter durch das Bild des Geiers verkörpert. Die Ägypter, so fügt er hinzu, verehrten auch eine »mütterliche Gottheit«, »Mut«, »die geierköpfig gebildet wurde oder mit mehreren Köpfen, von denen wenigstens einer der eines Geiers war«. Die ägyptischen Hieroglyphen erzählen uns, wie Freud sagt, daß der Geier ein Symbol der Mütterlichkeit war. Die Ägypter nahmen fälschlicherweise an, es gäbe bei dieser Spezies keine Männchen.

Von da aus rekonstruiert Freud Leonardos frühe Psychohistorie. Das Bild des Geierschwanzes in seinen Träumen steht für die frühe Erinnerung an das Saugen an der Brust seiner Mutter. Die *corda* aber, der Geierschwanz, stellt das männliche Glied dar. Wie nun wurde die Geierbrust zu einem Penis? Freud nimmt erneut zur Mythologie Zuflucht. Die geierköpfige Gottheit Mut wurde mit einem weiblichen Körper dargestellt, aber »ihr durch die Brüste als weiblich gekennzeichneter Körper trug auch ein männliches Glied im Zustande der Erektion«, erinnert uns Freud. Freud glaubte, dieser Mythos hänge mit der Vorstellung vom »Mutter-Penis« zusammen. Der Knabe glaubt, daß jeder, vor allem natürlich die Frau, die er liebt – seine Mutter –, einen Penis wie er hat.

Freud zufolge bewältigte Leonardo nie ganz seinen ödipalen Zorn auf seinen Vater. Nachdem sie vom Vater des Knaben verlassen worden war, nahm Leonardos Mutter »nach der Art aller unbefriedigten Mütter den kleinen Sohn an Stelle ihres Mannes an und raubte ihm durch die allzu frühe Reifung seiner Erotik ein Stück seiner Männlichkeit«, erfahren wir.

Es ist eine sehr schöne freudianische Geschichte. Aber das Geier-Thema, das Freud benutzte, um Leonardos Homosexualität zu erklären, hat eine schwache Stelle. *Es ist das Ergebnis einer falschen Übersetzung aus dem italienischen Original.* Als Leonardo seine Kindheitsphantasie beschrieb, hat er niemals einen Geier erwähnt. Er gebrauchte den Ausdruck *nibio* (im modernen Italienisch *nibbio*), womit der Rote Milan gemeint ist, ein kleiner Raubvogel, der nur ein Viertel der Flügelspannweite des Geiers hat. Freud wurde durch deutsche Übersetzungen aus dem Italienischen entscheidend in die Irre geführt. Er hatte einen Großteil seiner Theorie auf einem falsch übersetzten Begriff aufgebaut.

Thomas Woodrow Wilson: A Psychological Study ist ein Werk, das die Psychoanaytiker liebend gern vergessen würden. Es wurde 28 Jahre nach Freuds Tod veröffentlicht, zum großen Befremden der Erben Wilsons und der Anhänger Freuds. Freuds Mitarbeiter war der

Amerikaner William C. Bullitt, der 1919 von Präsident Wilson zum Mitglied der amerikanischen Friedenskommission in Paris ernannt worden war.

Das Werk Freuds ist ein Klassiker, was die Entstellung der Geschichte angeht. Freud gab sogar zu, daß er nicht objektiv gewesen war. Er müsse, wie er schrieb, den Beitrag zu dieser psychologischen Studie Thomas Woodrow Wilsons gleich mit dem Bekenntnis beginnen, daß ihm die Gestalt des amerikanischen Präsidenten von Anfang an unsympathisch gewesen sei, und daß diese Abneigung sich im Laufe der Jahre um so mehr gesteigert habe, je mehr er über ihn erfahren habe.

In den meisten der wenig schmeichelhaften Psychographien beherrscht eine alles überragende Mutterfigur die Szene. Im Falle Wilsons war die Fixierung auf den Vater die zerstörerische unbewußte Kraft. Reverend Joseph Ruggles Wilson war ein der Oberschicht entstammender presbyterianischer Geistlicher, für den der Sohn Woodrow Wilson, wie Freud behauptet, eine »überwältigende Leidenschaft« empfand. »Mein teurer Sohn«, »Mein geliebter Vater«, »Liebster Junge«, so und ähnlich redeten sie sich in ihren Briefen an. Wenn sie sich trafen, küßten sie sich unablässig und voller Gefühl, berichtet Freud. Die Mutter Wilsons schildert er als das genaue Gegenstück zu diesem gesunden, gutaussehenden, optimistischen und energiegeladenen Mann. Wenn Reverend Wilson angeregt plauderte, scherzte und sich in Wortspielereien erging, saß Mrs. Jessie Woodrow Wilson schweigend, ernst, pflichtergeben und abweisend dabei.

Wilson kränkelte in seiner Jugend und wurde, wie wir erfahren, von seiner Mutter sehr verzärtelt. Aber obwohl er als »Muttersöhnchen« verspottet wurde, war sie doch keineswegs sein Vorbild. Wie Freud bemerkt, beklagte er, daß er ihren schwächlichen Körper, die schlechten Augen und ihre Menschenscheu geerbt habe. Wilson versuchte vielmehr, es seinem Vater gleichzutun. Bis zu seinem 40. Lebensjahr, so behauptet Freud, habe Wilson nie eine wichtige Entscheidung getroffen, ohne vorher den Rat seines Vaters einzuholen.

Sich an einem starken Vater auszurichten, wird im allgemeinen als äußerst positiv erachtet. Jetzt wurde es zur eigentlichen Ursache der internationalen Fehlschläge Wilsons, wie Freud sie sah. Es war *der Vater,* der letztlich das hervorbrachte, was der Amerikahasser Sigmund Freud als Wilsons unverschämte Einmischung in die europäischen Angelegenheiten ansah.

Freuds Psychohistorie gründete erneut auf den verheerenden Auswirkungen des Ödipus-Komplexes. Es war das Versagen Wilsons, seine natürliche ödipale Feindschaft gegen seinen Vater aufzulösen, was sich in unterdrücktem unbewußtem Haß gegen ihn niederschlug. Sein innerer Fehler entlud sich schließlich, wie Freud behauptet, in einem internationalen Chaos.

Vom nicht bewältigten Ödipus-Komplex macht Freud einen gewaltigen Sprung zum Zweiten Weltkrieg. Wilsons abnorme Passivität gegenüber seinem Vater war eine der Wurzeln seiner Persönlichkeitsprobleme, glaubt Freud. Wilson ging das Leben und die Weltpolitik zaudernd und schwach an, was in seiner vermeintlichen Unfähigkeit gipfelte, mit »Vaterverkörperungen« umzugehen. Freud war überzeugt, daß das zu Wilsons nachgiebigem Handeln nach dem Krieg führte, was eine Entzweiung Europas nach sich zog, die ihrerseits den Krieg von 1939 brachte.

Die Veröffentlichung von *Thomas Woodrow Wilson: A Psychological Study* war auf Verlangen Freuds bis zum Tod der zweiten Frau Wilsons zurückgehalten worden. Beim Erscheinen 1967 wurde das Werk mit einer verlegenen Rechtfertigung von der psychologischen Gemeinde begrüßt. Robert Sussman Stewart, ein Chronist Freuds, besprach das Buch in der *New York Times* negativ. Er nannte es eine »bedauerliche Zusammenarbeit« zweier Männer, die nur eins miteinander gemein hatten – die Abneigung gegen Wilson.

Bullitt war von Wilson nach der Revolution in einer besonderen Mission nach Rußland geschickt worden, doch als er mit den Vorschlägen Lenins zurückkehrte, weigerte sich Wilson, ihn zu empfangen. Durch die Feindschaft gegenüber Wilson miteinander verbunden, benutzten Bullitt und Freud die Geschichte und die Psychoanalyse – jetzt zur Psychohistorie verschmolzen –, um ihr Opfer zu diffamieren. So sagt die Historikerin Barbara Tuchman über das Werk: »Diese scheinbar außergewöhnliche Kombination hat ein faszinierendes aber verzerrtes Buch hervorgebracht ... die Autoren haben zugelassen, daß emotionale Vorurteile ihre Nachforschungen leiteten, was zu einer undisziplinierten Argumentation, hemmungslosen Übertreibungen und falschen Schlüssen geführt hat.«

Für die kommenden Jahre können wir eine Flut von Psychographien voraussagen, unter anderem auch einige über John F. Kennedy, von denen eine bereits veröffentlicht worden ist. *The Kennedy Neurosis: A Psychological Portrait of the American Dynasty* von Nancy Gager Clinch wurde vom Harvard-Psychiater Robert Coles als »eine Übung in Böswilligkeit« bezeichnet. Weiter sagt er: »Es ist ein eindrucksvoller Beleg dafür, wie psychologische Begriffe und Sprache, die als Mittel wissenschaftlicher Darlegung vorgeführt werden, in den Händen gewisser Leute zu Instrumenten moralischer Verdammung, ja sogar zum arglistigen Mißbrauch werden können.« An einer Stelle geht die Psychohistorikerin Clinch dem Scheitern Kennedys in Vietnam bis zu seinem Mißtrauen gegenüber Frauen nach.

»Kennedy hatte eine tiefe Abneigung gegen Frauen und mißtraute ihnen. Daher veranlaßte ihn sein starkes emotionales Bedürfnis nach Unterstützung und Zustimmung, dem Rat männlicher Autoritätsgestalten zu folgen. Unglücklicherweise waren sehr viele dieser Autoritätsgestalten wie etwa McNamara, Rusk, Acheson, Taylor, Bundy und Rostow, was die nationalen Werte und die Prioritäten anging, ebenso unsicher und fehlgeleitet wie Kennedy. Die Veröffentlichung der Pentagon-Papiere machte das für die Vietnam-Politik ganz deutlich.«

Dieser Unsinn ist eher die Regel als die Ausnahme, wenn die Psychohistoriker versuchen, es ihrem Meister gleichzutun. Aber ebenso wie er scheiterte, versagen auch ihre Theorien und Methoden. Die Kunst der Psychographie ist weder besonders modern noch scharfsinnig. Sie ist lediglich ein weiteres ungenaues Werkzeug der *psychologischen Gesellschaft*.

Der Harvard-Psychiater Robert Coles führt das vielleicht überzeugendste Argument gegen die Psychohistorie ins Feld, wenn er von ihrer *abwertenden* Tendenz spricht. »Auch lassen einige Beschreibungen der Psychiater und Psychologen (und derjenigen, die ihrem Beispiel in anderen Disziplinen folgen) über Einzelpersonen, die ohnehin nur das offensichtlich Erreichte widerspiegeln, eine gewisse Kargheit im Denken erkennen«, erklärt er. »Wird die psychologische ›Einsicht‹ so auf die Geschichte oder die Künste angewandt, daß menschliche Karikaturen entstehen ...?«

Es ist offenkundig, daß wir von psychiatrischen und psychologischen Propheten umgeben sind. Nirgendwo im heutigen Leben ist der neue Seher jedoch so allgegenwärtig wie im Gerichtssaal. Das Verbrechen und seine Ahndung sind inzwischen teilweise zu einem Anhängsel der psychiatrischen Gutachten geworden. Nicht mehr Schuld oder Unschuld bestimmen den Ausgang der Überlegungen des Gerichts. In zunehmendem Maß werden Richter und Geschworene beeinflußt durch die Beurteilung des Psychiaters darüber, ob der Beklagte geistig in der Lage ist, dem Prozeß zu folgen, oder ob er zur Zeit des Verbrechens zurechnungsfähig war. Selbst der psychiatrische Zustand des offensichtlich Schuldigen hat Einfluß auf das Strafmaß.

Der Psychiater (und durch die neuere Regelung auch der klinische Psychologe) tritt ebenso gebieterisch vor die Schranken des Gerichts wie jedes Mitglied des Gerichts, das eine Robe trägt. »Wenn man heute jemanden ertappt, der mit noch rauchendem Revolver über einer Leiche steht, ruft man sofort einen Psychiater«, sagt Selwyn Ross, Psychiater und Professor für Rechtswissenschaft an der Loyola University in Los Angeles. Wie sehr diese Feststellung zutrifft, zeigt sich durch die Einschaltung von Psychiatern in so aufsehenerregenden Fällen wie dem Jack Rubys, dem Mörder Oswalds, dem Fall von David Berkowitz, dem »Son of Sam«, bei der gescheiterten Anerkennungsklage Sirhan B. Sirhans, des Mörders Robert Kennedys, auf Unzurechnungsfähigkeit, beim ausgefeilten psychiatrischen Gutachten über »Squeaky« Fromme und Sara Jane Moore, die versuchten, Präsident Gerald Ford umzubringen, und beim Prozeß gegen Patty Hearst, die Tochter des amerikanischen Zeitungsverlegers Hearst. Selbst Rudolf Hess erhoffte sich Straffreiheit beim Nürnberger Kriegsverbrecherprozeß, indem er Unzurechnungsfähigkeit vortäuschte, eine List, die er später einem Mitgefangenen gegenüber eingestand.

Der Fall Sirhan B. Sirhan rückte das psychiatrische Gutachten bei Prozessen in den Blickpunkt der Öffentlichkeit. Die Verteidigung räumte zwar ein, daß Sirhan die tödlichen Schüsse auf Robert Kennedy abgegeben habe, behauptete aber, daß er unfähig gewesen sei, seine Handlung zur Tatzeit zu steuern. Die Verteidigung fuhr die Zeugnisse und Aussagen von einem halben Dutzend Experten, Psychiatern und Psychologen auf, die alle der Meinung waren, Sirhan sei unzurechnungsfähig. Einer der Zeugen, ein klinischer Psychologe, bezeichnete den Täter als »paranoid«, mit Neigung zur Schizophrenie. Er erklärte, Sirhan habe Kennedy anstelle seines Vaters getötet, vermutlich der gehaßte Rivale aus dem ödipalen Konflikt.

David N. Fitts, der stellvertretende Bezirksstaatsanwalt, und heute Richter, erklärte dem Gerichtshof, daß es bei dieser Verteidigung ein Problem gäbe. Es bestand darin, daß große Teile des psychologischen Gutachtens aus einem psychiatrischen Handbuch stammten und »so abgeschrieben oder zusammengestellt worden waren, daß sie den Zwecken der Verteidigung dienten«. Die Vorlage, *Casebook of a Crime Psychiatrist,* hatte Dr. James A. Brussel verfaßt. Die Anklagebehörde lehnte das psychologische Gutachten der Verteidigung wegen der großen Ähnlichkeit mit der Vorlage ab.

»Die Sirhan-Verteidigung war von Anfang an ein einziges Chaos«, erinnerte sich Stephen S. Trott, amtierender erster stellvertretender

Bezirksstaatsanwalt von Los Angeles, in einem Interview. »Obwohl man sechs oder sieben Gutachter hatte, die bezeugten, daß Sirhan unzurechnungsfähig war, als er Robert Kennedy erschoß, wurde gleich der erste dabei ertappt, daß er seine Expertise aus einem Handbuch abgeschrieben hatte, in welchem der Fall eines geistesgestörten Bombenwerfers geschildert worden war. Wir hatten nur einen Gutachter, Dr. Seymour Pollack von der University of Southern California, der angab, daß Sirhan voll zurechnungsfähig sei. Das Gericht folgte ihm. Sirhan wurde wegen Mord ersten Grades zum Tod verurteilt, später jedoch zu lebenslanger Haft begnadigt.«

Trott glaubt, daß das psychiatrische Gutachten bei Prozessen oft »völlig aus dem Lot« ist, und Teil eines Kampfes der Psychiater, die dazu neigen, nicht der gleichen Meinung zu sein. »Ich habe den Eindruck, daß einige der Gutachter ihre Berichte danach verfassen, wer dafür bezahlt – die Staatsanwaltschaft oder die Verteidigung.«

In der Zeitschrift *The California Law Review* griffen zwei Anwälte die Zuverlässigkeit von Gerichtsgutachten an. Sie halten sie für »weniger verläßlich als das Hochwerfen einer Münze«, wenn es darum geht, gefährliches Verhalten vorauszusagen. Bruce J. Ennis, der für Rechtsfragen zuständige Direktor der amerikanischen Bürgerrechtsvereinigung, und Thomas R. Litwack, außerordentlicher Professor für Psychologie am John Jay College für Strafjustiz, stellten fest, daß psychiatrische Gutachten »völlig unzuverlässig« sind. Sie kamen zu dem Schluß, daß »es wahrscheinlicher ist«, daß ein zweiter Psychiater der Beurteilung seines Kollegen, der vor ihm begutachtet hat, nicht zustimmt.

Der Gedanke, daß der Geisteszustand eines Verbrechers bei seiner Strafe berücksichtigt werden sollte, ist eine britische Vorstellung, die auf die Mitte des 19. Jahrhunderts zurückgeht. »Die Angelsachsen sind wie besessen von dem Gedanken, daß die Unzurechnungsfähigkeit eine Rechtsfrage ist«, sagt Leon Radzinowicz, ein ehemaliger Direktor des kriminologischen Instituts der Cambridge University.

Das »Besessensein« begann 1843 mit dem Fall von Daniel M'Naghten, der den Privatsekretär des britischen Premierministers Sir Robert Peel tötete. M'Naghten fühlte sich von den Tories verfolgt und ließ seine Wut an einem der Träger staatlicher Autorität aus. Nachdem in der medizinischen Begutachtung festgestellt wurde, daß er an einem »krankhaften Wahn« leide, wurde er wegen Unzurechnungsfähigkeit für nicht schuldig erklärt.

Diese eine Entscheidung wurde zu einer Klammer für das allgemeine britische und amerikanische Recht. Oft genug hat sie den Gerichtssaal in einen Ort verwandelt, der eher einer Hexenküche glich als einer Stätte, wo leidenschaftslos Tatsachen abgewogen werden. Der heutige Begriff für die Regelung, wie sie bei M'Naghten angewandt wurde, lautet »vorübergehende Unzurechnungsfähigkeit«. Er stellt dem Gericht anheim, ob der Angeklagte *zur Tatzeit* an »mangelnder Urteilsfähigkeit aufgrund einer Geisteskrankheit (litt), so daß er keine Einsicht in die Art und Schwere seiner Tat hatte, oder, wenn er sie gehabt hätte, ihm das Unrechtsbewußtsein für seine Tat fehlte«. Das Verbrechen wurde, wie das Gericht sich ausdrückte, als »ein Wahn« betrachtet.

Bei der Beurteilung des Falles M'Naghten lautete die Grundfrage: Konnte der Täter zur Zeit des Verbrechens richtig von falsch unterscheiden? Die M'Naghten-Regelung hielt sich von 1843 bis in die jüngste Zeit, als zwei neue Entscheidungen die Definition der Einrede der Unzurechnungsfähigkeit veränderten. Nicht verändert hat sich dagegen das grundlegende, verwirrende Dilemma, bei der Entscheidung über Schuld und Strafe von der Psychiatrie abhängig zu sein.

1959 wurde der Geisteszustand des Angeklagten sogar noch wichtiger als zuvor und ließ manchmal das Verbrechen selbst vergessen. Im Fall Durham weitete das Bundesappellationsgericht des Distrikts Columbia den Begriff weiter aus, als es feststellte, daß *jemand strafrechtlich nicht verantwortlich ist, »wenn sein gesetzwidriges Handeln die Folge entweder einer Geisteskrankheit oder einer Geistesstörung ist«*. Das hat zu einem Ratespiel in den Gerichtssälen geführt, bei dem die Psychiater der beiden sich gegenüberstehenden Seiten den Geisteszustand des Angeklagten wie die Anwälte in einem Fernsehdrama abhandeln.

1962 beschloß ein Gericht in den USA, den Begriff Geisteskrankheit gesetzlich zu definieren, was viele heute für ein hoffnungsloses Unterfangen halten. 1972 übernahm das Bundesgericht in einem Fall das Musterstrafgesetzbuch des American Law Institute. Dort heißt es: »Eine Person ist nicht für das Begehen eines Verbrechens verantwortlich, wenn es ihr zur Zeit des Begehens infolge einer Geisteskrankheit oder -störung entscheidend daran mangelt, das Unrechtmäßige ihrer Handlungsweise einzusehen oder sie in Übereinstimmung mit den Anforderungen des Gesetzes zu bringen.«

Wirklichkeit ist, daß keine der Regelungen die unvernünftige Verquickung von Justiz und Psychiatrie geändert hat, die in der *psychologischen Gesellschaft* besteht. David L. Bazelon, Gerichtspräsident des amerikanischen Appellationsgerichts, der persönlich das Urteil im Fall Durham verfaßte, erkennt heute das Scheitern und auch die Nutzlosigkeit der neuen Regelung an. Sie überläßt die entscheidende Rolle nach seinen Worten nach wie vor den sogenannten Experten.

Der Pessimismus derjenigen, die mit der Psychologie und Psychiatrie im Gerichtssaal zu tun haben, wächst. Alexander Holtzoff, ein Richter in Washington, D. C., weigerte sich sogar, die Freilassung eines des Diebstahls Überführten zu verfügen, der wegen Unzurechnungsfähigkeit freigesprochen worden war. Er hält die psychologische Deutung des Verbrechens für eine »offene Fluchttür« für den Angeklagten.

Diese Fluchttür wird nicht immer erreicht. Doch es gibt viele Fälle, in denen die Todes- oder eine lange Haftstrafe dadurch umgangen wurde, daß auf Unzurechnungsfähigkeit plädiert wurde. Eine der erfolgreichsten Anwendungen des Paragraphen über die Unzurechnungsfähigkeit war es, sich zweimal hintereinander auf ihn zu berufen. Der Betreffende wird von der Tat freigesprochen, weil er *zur Tatzeit unzurechnungsfähig* war. Anschließend kommt er wegen Geistesgestörtheit in eine psychiatrische Klinik. Aus der Krankenhaft kommt er dann dadurch frei, daß das Gegenteil nachgewiesen wird, daß er *nicht mehr unzurechnungsfähig* ist.

Ein Mann in den Dreißigern war schon mehrmals in eine Anstalt eingewiesen worden. Zwischen den Einweisungen stahl er Autos. 1965 wurde er bei einem Autodiebstahl gefaßt, kam aber wieder in eine Anstalt. Dort kam er frei, weil er zur Tatzeit nicht zurechnungsfähig gewesen sei. Er wurde zur Behandlung in eine psychiatrische Klinik geschickt, reichte aber, als er dort war, einen Vorführungsbefehl nebst Anordnung der Haftprüfung ein. Er argumentierte, daß, gerade weil er zur Tatzeit unzurechnungsfähig gewesen war, das nicht bedeutete, daß er es immer noch sei.

Er war der Meinung, er müsse die gleichen Rechte wie andere haben, wozu auch eine Verhandlung über seinen Geisteszustand gehöre. Das Appellationsgericht für Washington, D. C., überprüfte seinen Fall und stimmte zu. Die Einrede der Unzurechnungsfähigkeit, stellte das Gericht fest, »ist weder Ausdruck noch stillschweigendes Eingeständnis einer gegenwärtigen Krankheit, und ein Freispruch beruht nur auf einem begründeten Zweifel an der Zurechnungsfähigkeit zur Tatzeit«.

1966 wurde ein Geschäftsmann wegen falscher Angaben bei der Einkommensteuererklärung angeklagt. Ein zur Verteidigung herangezogener Psychiater bescheinigte ihm, daß er »an einer psychotischen, reaktiven Depression leide«. Trotz der Einrede der Unzurechnungsfähigkeit wurde er zu sechs Monaten Haft verurteilt. Die Entscheidung, in der Frage der Unzurechnungsfähigkeit dem Vorschlag des American Law Institute zu folgen, wurde von einem höheren Gericht an das den Fall bearbeitende Gericht übermittelt, als er gegen Kaution auf freiem Fuß war. Das Appellationsgericht hob seine Verurteilung auf. Es ordnete ein neues Verfahren an, bei dem er sich um einen Freispruch nach den neuen Grundsätzen in der Frage der Unzurechnungsfähigkeit bemühen könne.

Viele Psychiater, die auf anderen Gebieten des Lebens von Erfolgen überschwemmt werden, sähen die Jurisprudenz gerne noch stärker in ihrer Hand. Dr. Samuel B. Guze, Leiter der psychiatrischen Abteilung der Washington University School of Medicine in St. Louis, warnt davor. »Solange die Psychiatrie nicht nachweist, daß sie etwas zu bieten hat, ist das Gesetzesmodell das bessere, da es sich über eine lange Zeit bewährt hat«, erklärt er.

Die Richter werden immer erfahrener, und ihre Zweifel am Wert der psychiatrischen Gutachten bei Prozessen mehren sich. Dr. Seymour Pollack kommt in einem Regierungsgericht zur psychischen Gesundheit zu dem Schluß, daß Richter kaum einen Nutzen von psychiatrischen Gutachten haben, die sich auf die Glaubwürdigkeit von Zeugen und die Fähigkeit eines Zeugen zur Aussage beziehen. Die Richter, die befragt wurden, waren darüber hinaus der Meinung, daß psychiatrische Gutachten *häufig durch persönliche Vorurteile gefärbt* seien.

Was kann getan werden, damit der Psychiater besser in den Gerichtssaal paßt? Der Harvard-Professor für Rechtswissenschaft Alan Dershowitz glaubt, daß die gegenwärtigen gesetzlichen Definitionen der Unzurechnungsfähigkeit unzureichend sind, und daß »sämtliche Versuche einer Änderung fehlgeschlagen sind«.

Inzwischen ist offenkundig, daß es zur Verbesserung der Lage notwendig ist, die Psychiatrie und Psychologie aus dem Gerichtssaal zu verbannen, wenn es um die Frage der Schuld oder Unschuld geht. Dr. L. K. Berryhill aus Fort Dodge im US-Bundesstaat Iowa bietet einen solchen Plan an. Der Psychiater sollte herangezogen werden, um auszusagen, ob der Patient in der Lage ist, dem Prozeß zu folgen, und wenn nicht, den Angeklagten zu behandeln, bis er es wieder ist. Aber er fährt fort: »Wenn jemand vor Gericht steht, hätte der Psychiater nichts mit der Entscheidung über dessen Schuld oder Unschuld zu tun ... Die Einrede der Unschuld wegen Unzurechnungsfähigkeit würde verschwinden, und die Psychiater würden vor Gericht von den Anwälten nicht länger wie die Bauern in einem Schachspiel gegeneinander ausgespielt.«

In der Welt der Seher rührt die Macht daher, das Unbekannte bekannt zu machen. Und kein menschliches Phänomen eignet sich dazu besser als die Homosexualität, eine rätselhafte Abweichung von der normalen sexuellen Partnerwahl. Abgeleitet vom Griechischen *homo* (gleich), nicht vom Lateinischen *homo* (Mensch, Mann), ist sie Gegenstand sowohl der Neugier wie der Verfolgung gewesen, seit es menschliche Kulturen gibt.

Oscar Wilde wurde wegen seiner Neigung eingesperrt. Zahllose berühmte Leute, vor allem aus der Kunst, waren homosexuell. Marcel Proust, Walt Whitman, Somerset Maugham sind nur einige der bekannten Männer, die angeblich *sexuelle Inversion* betrieben haben, wie die Psychiater die Homosexualität häufig bezeichnen. (Einige glauben, daß auf diese Liste auch Marlowe, Friedrich der Große, Beethoven, Goethe, Tschaikowskij und Hart Crane gehören.)

Die Schattenseite der Homosexualität ist die flüchtige, fast anonyme sexuelle Begegnung auf Herrentoiletten, die Bekanntschaft in zwielichtigen Homosexuellen-Bars, der Versuch eines Doppellebens, um in der herkömmlichen Gesellschaft als »normal« zu gelten, die Schuld, die so viele Homosexuelle zur Psychotherapie treibt, um sich entweder »heilen« zu lassen oder den Mut zu holen, sich ohne Scham zu ihrer sexuellen Neigung zu bekennen.

Etwa ein bis zwei Prozent der erwachsenen Männer sind, wie man glaubt, ausschließlich homosexuell. Kinsey berichtete, daß ein beträchtlich höherer Prozentsatz bei irgendwelchen homosexuellen Erlebnissen einen Orgasmus erlebt hat. In jedem Fall erhält die Frage der Homosexualität eine wachsende gesellschaftliche Bedeutung, da diese sexuelle Neigung immer offener zutage tritt.

Was verursacht die Homosexualität? Diese Frage macht dem Menschen seit Jahrtausenden zu schaffen, aber auch hier behauptet der moderne Seher, die Antwort zu kennen. Im Brustton der Überzeugung erklärt er: »Sie wird im Schoß der Familie geboren.« Und der Übeltäter? Die Eltern, wobei der Mutter für gewöhnlich die Rolle des seelischen Teufels zugespielt wird.

Freud und viele seiner modernen Anhänger sahen in der Homosexualität die Strafe für das Scheitern des Knaben, den ödipalen Kampf gegen eine verführerische, überwältigende und überzärtliche Mutter zu gewinnen. Anstatt sich schließlich mit dem gehaßten Vater zu identifizieren, um den ödipalen Zwiespalt zu lösen, identifiziert sich das Kind mit der Mutter. Danach sucht der jetzt homosexuelle Mann andere Männer als Liebesobjekt. Freud hat diesen Vorgang viele Male dargestellt, am klarsten wohl in seinem Werk über Leonardo da Vinci:

»Bei allen unseren homosexuellen Männern gab es in der ersten, vom Individuum später vergessenen Kindheit eine sehr intensive erotische Bindung an eine weibliche Person, in der Regel an die Mutter, hervorgerufen oder begünstigt durch die Überzärtlichkeit der Mutter selbst, ferner unterstützt durch ein Zurücktreten des Vaters im kindlichen Leben ...

Die Liebe zur Mutter kann die weitere bewußte Entwicklung nicht mitmachen, sie verfällt der Verdrängung. Der Knabe verdrängt die Liebe zur Mutter, indem er sich selbst an deren Stelle setzt, sich mit der Mutter identifiziert und seine eigene Person zum Vorbild nimmt, in dessen Ähnlichkeit er seine neuen Liebesobjekte auswählt. Er ist so homosexuell geworden ...«

Im freudianischen Homosexuellenmodell ekelt sich der den Penis bewundernde Knabe auch vor der penislosen Frau, was gekoppelt ist mit der Kastrationsangst in den Händen eines zornigen väterlichen Rivalen. Obwohl dies die beherrschende Theorie ist, gab es analytische Untertheorien, die von Dr. Edmund Berglers *psychischem Masochismus* als der Ursache der Homosexualität bis zur verbreitenden freudianischen Vorstellung der Geschwisterrivalität reichten.

Offensichtlich hat man dem Schriftsteller Tennessee Williams erzählt, daß die Rivalität zu seinem jüngeren Bruder mit dazu beigetragen habe, seine Homosexualität auszulösen. In seiner Autobiographie *Memoiren* schildert Williams die Tage, die er als psychiatrischer Patient im Barnes Hospital in St. Louis verbrachte.

»Ich gehe langsam, sehr langsam einen Gang hinunter, auf einen erleuchteten Raum zu und spreche dabei psalmodierend ein Gedicht vor mich hin.

Die immer wiederkehrende Endzeile eines jeden Verses lautet ›Erlösung, Erlösung‹. Und während ich mich langsam den Korridor hinunter bewege, ahme ich auf übertriebene Weise den gezierten Gang eines Transvestiten nach. Worüber psalmodiere ich? Über die Geburt meines Bruders Dakin, als ich acht Jahre alt war und ihn das erste Mal sah, wie er im St. Louis-Krankenhaus an der entblößten Brust meiner Mutter saugte.

Erlösung wovon? Von einem noch nie vorher ausgesprochenen Geschwisterneid, nehme ich an. Und dazu Erlösung von der ›Schuld‹ meines Liebeslebens mit Knaben und jungen Männern ...«

Die Psychoanalytiker sprechen oft davon, daß die die Homosexualität hervorrufende Mutter eine beherrschende Gestalt ist, ein »Mannweib«, wie der Freud-Schüler Isador Sadger formulierte. Im *Comprehensive Textbook of Psychiatry* schrieb Dr. Irving Bieber, der Hauptberater in Fragen der psychoanalytischen Homosexualität, was man als die herrschende Meinung über die Homosexualität ansehen kann. Bieber erklärte: »So weist die elterliche Konstellation, die am ehesten einen Homosexuellen oder Heterosexuellen mit ernsthaften homosexuellen Problemen hervorbringt, einen sich absondernden feindseligen Vater und eine die enge Bindung suchende, übermäßig vertrauliche, verführerische Mutter auf, die den Mann beherrscht und herabsetzt.«

Wie die meisten freudianischen Theorien ist auch diese pseudowissenschaftlich. Sie kann *manchmal* zutreffen, nicht unähnlich der Verbindung zwischen der Persönlichkeit eines Menschen und seinem Tierkreiszeichen. Bieber erklärt, daß sie bei der Analyse in der »Mehrheit« der Fälle richtig war. Es gab Ausnahmen, wie wir erfahren. Einige Mütter von Homosexuellen waren nicht übermäßig anhänglich, sondern ausgesprochen »zurückgezogen, desinteressiert und sogar richtiggehend feindselig«. In anderen Fällen hatte sich der Vater nicht in der typischen Art abgesondert. »Einige der Väter waren außergewöhnlich innig«, räumt er ein. Er fügt jedoch sofort hinzu, daß sie auch »herabsetzend und abschätzig« waren.

Beim gegenwärtigen Wissensstand begreift niemand so richtig die Ätiologie dieses ungewöhnlichen und doch so häufig anzutreffenden Phänomens. Aber es gibt einige Beweise sowohl aus früherer wie aus jetziger Zeit, daß der moderne Seher wieder einmal die Grenzen seiner Zuständigkeit überschritten hat.

Die Psychiater und Psychologen schienen früher ein intuitives Verständnis für den Gegenstand zu haben, was heute vielen Sehern abgeht. Der berühmte Sexualforscher Dr. Richard von Krafft-Ebing, ein Zeitgenosse Freuds an der Universität Wien, drückte seine Meinung in seinem Buch *Psychopathia Sexualis* (1886) aus. Krafft-Ebing betrachtete die Homosexualität als entweder angeborenes oder erworbenes Merkmal, das zufällig bei denjenigen auftritt, die eine *genetische Veranlagung* dafür mitbringen. Krafft-Ebing schreibt:

»Diese perverse Sexualität kommt spontan mit dem sich entwikkelnden Sexualleben auf, ohne jeden äußeren Anlaß, als individueller

Ausdruck einer abnormen Veränderung der *Vita sexualis,* und muß dann als eine angeborene Erscheinungsform betrachtet werden. Oder sie entwickelt sich als die Folge besonders schädlicher Einflüsse auf eine Sexualität, die anfangs normal gewesen ist, und muß dann als eine erworbene Erscheinungsform angesehen werden.

Worauf dieses geheimnisvolle Phänomen, der erworbene homosexuelle Trieb, zurückgeführt werden könnte, entzieht sich gegenwärtig noch gänzlich der Erforschung und muß dem Bereich der Hypothese zugerechnet werden. Sorgfältige Untersuchungen sogenannter erworbener Fälle lassen es möglich erscheinen, daß die Veranlagung hier in einer latenten Homosexualität, oder zumindest Bisexualität, besteht, die zu ihrem Durchbruch der Einwirkung von Zufallsereignissen bedarf, um aus ihrem Schlummer geweckt zu werden.«

Der berühmte englische Sexualforscher Havelock Ellis wies nach, daß sich die Homosexualität im allgemeinen schon früh im Leben bemerkbar macht, ein Indiz für eine genetische Veranlagung. Von 43 Fällen von Homosexualität, die Havelock Ellis erforschte, zeigte sich die »anomale Neigung« bei 39 Fällen schon früh, in 24 bereits vor der Pubertät. Bei vielen Untersuchten stellte Ellis eine sexuelle Frühreife fest, die seiner Meinung nach eine bestehende Inversion fördert.

Wie viele Forscher heutzutage ging auch Ellis der ewigen Frage über die Homosexualität nach. Ist sie angeboren oder erworben, eine Frage der Natur oder der Erziehung? Ellis glaubt, daß sie im wesentlichen angeboren ist:

»Was mich zunächst beeindruckt, ist, daß wir die sexuelle Inversion hauptsächlich als eine angeborene Erscheinung betrachten müssen, oder besser gesagt, als eine Erscheinung, die auf angeborenen Umständen beruht ... Gegenwärtig gibt es zwei große Richtungen, die sexuelle Inversion zu sehen: die eine strebt danach, den Bereich des Erworbenen zu vergrößern (und wird vertreten von Binet, der allerdings eine Prädisposition anerkennt, Schrenk-Notzing und anderen), die andere danach, dem Angeborenen ein größeres Gewicht zu verschaffen (Vertreter sind Krafft-Ebing, Moll, Fere und andere). Wie gewöhnlich haben beide Meinungen etwas für sich. Aber in eben dem Maß, in dem die Vertreter des Erworbenseins nachdrücklich jede angeborene Beteiligung ablehnen, sind wir, glaube ich, ganz besonders dazu aufgerufen, das angeborene Element hervorzuheben.«

Zeugnisse aus anderen Kulturen zeigen, daß es Homosexualität in den meisten von ihnen gibt. Belegt wird das durch die Untersuchung *Patterns of Sexual Behavior* (Muster sexuellen Verhaltens), in der nachgewiesen wurde, daß Homosexualität in irgendeiner Form bei zwei Dritteln der 76 beobachteten Kulturen anerkannt wurde.

In der Mehrheit der Kulturen, die die Homosexualität anerkennen, schwankt das Verhalten ihr gegenüber. Vor mehreren Jahren untersuchte George Devereux von der University of Pennsylvania die Sexualpraktiken der Mohave-Indianer und entdeckte, daß es, obwohl es gesellschaftlich als minderwertig angesehen wurde, ein männlicher Homosexueller zu sein, einen Weg gab, sie in den Stamm einzugliedern.

Die Mohave-Indianer glaubten, Homosexuelle würden bereits als solche geboren. Knaben, die eher einen weiblichen Eindruck machten, wurden von selbst als *Alyha* in den Stamm eingeführt, jemand, dessen Geschlecht formlos geändert wurde. Danach konnten sie einen Mann heiraten und waren von der Jagd und der Kriegführung befreit.

Was ist über die Homosexualität in unserer westlichen Kultur bekannt? Theorien gibt es reichlich. Das Gegenteil der freudianisch-ödipalen Ursache ist die biologische Theorie, die vor Freud eine beträchtliche Anhängerschaft besaß und in einigen psychiatrischen Kreisen wieder an Boden gewinnt. 1971 führte Dr. Robert C. Kolodny von der Washington University in St. Louis zusammen mit dem berühmten Sexualforscher Dr. William H. Masters Experimente durch, die einen möglichen hormonalen Unterschied zwischen Heterosexuellen und Homosexuellen ergaben. Die Untersuchungen zeigten, daß Homosexuelle einen anderen endokrinen Chemiehaushalt haben, und daß die Zahl ihrer männlichen Hormone und Samenzellen niedriger als bei heterosexuellen Männern ist.

Der Endokrinologe Dr. Sidney Margolese aus Los Angeles glaubt, daß Homosexualität mit dem Ungleichgewicht zweier Chemikalien zusammenhängt, die zu dem männlichen Hormon *Testosteron* in Beziehung stehen. Wenn der Körper Testosteron aufspaltet, bildet es die beiden chemischen Stoffe *Etiocholanolon* und *Androsteron*. Margolese untersuchte 14 Heterosexuelle und zehn Homosexuelle und stellte fest, daß bei den normalen Männern der Anteil von Androsteron durchweg größer als der von Etiocholanolon war. Bei den Homosexuellen war das Verhältnis umgekehrt.

Als Dr. Oscar Janiger, Psychiater an der University of California in Irvine, von dem Experiment hörte, bat er Dr. Margolese, die Homosexuellen aus einer gemischten Gruppe von zehn Männern herauszusuchen, indem er eine Urinprobe entnahm. Nach Aussage Janigers identifizierte Margolese alle Fälle richtig.

Mit Hilfe des amerikanischen National Institute of Mental Health haben Dr. Janiger und Dr. Margolese ihre Studien seither wiederholt und im *British Medical Journal* über die Ergebnisse berichtet. »Ich glaube, man freundet sich zunehmend mit dem Gedanken an, daß die Biologie für die Entstehung der Homosexualität eine größere Rolle spielt, als wir gedacht haben«, erklärte Dr. Janiger bei einem Interview. »Der deutsche Forscher G. Dörner hat gezeigt, daß sich durch eine veränderte Hormonkonzentration im Fetalsack eine homosexuelle Rattenrasse züchten ließ. Andere Wissenschaftler sprechen von der ›Sexualisierung des Gehirns‹, einem aufgeprägten Muster, das im frühesten Lebensabschnitt angebracht wird. Das Verhalten einiger Homosexueller ist offensichtlich das Ergebnis situationsbedingten Stresses oder einer Konditionierung, doch glaube ich, daß die Homosexualität im Fall *obligatorischer Homosexueller*, d. h. jener, die schon immer das eigene Geschlecht bevorzugt haben, eine konstitutionelle Grundlage hat. Bei diesen Fällen haben wir wahrscheinlich die Bedeutung der Umwelt überschätzt.«

Auch wenn es heute modern ist, Homosexualität eher für einen psychologischen als biologischen Zustand zu halten, gab es doch Gegenbeweise, die der verstorbene Dr. Franz Kallmann vom Medizinischen Zentrum in Columbia beibrachte. Dr. Kallmann führte umfangreiche Untersuchungen an monozygoten (eineiigen) und dizygoten (zweieiigen) Zwillingen durch und verglich sie auf Homosexualität.

Dr. Kallmann arbeitete mit Zwillingen, von denen zumindest einer homosexuell war. Bei den 26 dizygoten Zwillingen, die aus zwei verschiedenen Eiern des mütterlichen Uterus stammen, lag die Rate der Übereinstimmung (beide Zwillinge homosexuell) etwas höher als für die Durchschnittsbevölkerung, allerdings nicht signifikant höher.

Bei den 37 monozygoten Zwillingen aber, die aus einer gespaltenen menschlichen Eizelle kommen, betrug die Übereinstimmung 100 Prozent. Bei sämtlichen Paaren waren beide Zwillinge homosexuell. Die Kallmann-Statistiken sind kritisiert worden; einmal von denen, die behaupten, daß beide Kinder unter ähnlichen Umständen aufwuchsen, dann von anderen, die andere Untersuchungen an Zwillingen zitieren, bei denen die Übereinstimmung hinsichtlich der Homosexualität geringer war.

Die Forscher L. L. Heston und James Shields überprüften die Zwillingsstudien und kamen zu folgendem Schluß: »Obwohl die in Kallmanns Studie gefundene Übereinstimmung überschätzt wurde, geht aus der Literatur hervor, daß eineiige Zwillinge hinsichtlich der Homosexualität eindeutig größere Ähnlichkeit aufweisen als zweieiige Zwillinge. Auf den ersten Blick spricht also vieles für das Vorhandensein genetischer Faktoren.«

Die Frage ist alles andere als geklärt, aber wir scheinen doch einiges über die Homosexualität zu wissen. Sie hängt oft, wenn nicht sogar immer, mit femininem Verhalten zusammen. Sie zeigt sich im allgemeinen früh und ist offenbar mit sexueller Frühreife verbunden. Bieber berichtet, daß von den 106 Homosexuellen, die er untersucht hat, 60 Prozent sich daran erinnerten, sich mit zwölf Jahren erotisch von Männern angesprochen gefühlt zu haben. Mit 14 Jahren hatte über die Hälfte der von ihm untersuchten Gruppe homosexuellen Genitalkontakt, verglichen mit nur zehn Prozent der heterosexuellen Männer.

Der Beginn weiblichen Verhaltens bei Jungen, häufig ein Vorläufer der Homosexualität, fällt meistens schon in die frühe Kindheit, was ein weiteres Zeichen für die konstitutionelle Anlage ist. An der University of California in Los Angeles versucht man, feminin wirkenden Kindern zwischen viereinhalb und zehn Jahren mit einem Behandlungsprogramm zur Erforschung der Geschlechtsidentität zu helfen, damit sie einen Teil der sozialen Schwierigkeiten ihres Verhaltens vermeiden können. Viele der Jugendlichen »tänzeln« bereits beim Gehen, und einige wären lieber ein Mädchen, wie die Wissenschaftler berichten.

Die Homosexualität ist so alt wie die Menschheit, und wahrscheinlich wird es sie ewig geben. Vielleicht gibt sie eines Tages mehr Geheimnisse preis, als sie bisher getan hat. Es mehren sich auch die Zeichen, daß die neuen Erkenntnisse hauptsächlich biologischer Art sein werden. Aber die Auffassung der heutigen Psychiatrie und Psychologie, die überall auf der Welt praktizierte uralte Homosexualität sei das Produkt eines ungenügend gelösten Ödipus-Komplexes und einer übererotischen, beherrschenden Mutter, kann ruhigen Gewissens mit allen anderen abergläubischen Vorstellungen der *psychologischen Gesellschaft* beiseitegelegt werden.

Seine Stärke bezieht der neue Seher dadurch, daß er seine Zauberkünste anbietet, um die den Menschen quälenden Ungewißheiten auszuräumen. Nirgendwo ist Ungewißheit bedrückender als in den Fragen von Leben und Tod, Krankheit und Gesundheit. Überall, wo die Wissenschaft die Krankheitsursache und ihre Bekämpfung kennt, wie bei der Infektion durch Bakterien und dem Einsatz von Antibiotika, hat die Psychologie kaum etwas zu sagen. Aber wo immer die Medizin unsicher ist, springen Psychiatrie und Psychologie stolz in die Bresche.

Beharrlich beteuern sie, daß die Plage *psychosomatischer* Natur ist, eine stark von menschlichen Empfindungen beeinflußte oder durch sie verursachte Krankheit.

Die Tatsache, daß Geist und Körper wechselseitig aufeinander einwirken, ist altbekannt. Täglich findet man sie bekräftigt, wenn man sieht, wie Gefühle in bestimmten Situationen den Heilprozeß fördern. Am offenkundigsten ist der Wert einer verständlichen, freundlichen Umgebung für den kranken Patienten. Auch der gebildete Laie kennt inzwischen die Untersuchungen von Dr. Hans Selye, der nachgewiesen hat, daß Nebennieren- und andere hormonale und endokrine Veränderungen dem Körper Schaden zufügen können, wenn der Betreffende unter körperlichem oder geistigem Streß steht.

Die neuen Seher haben diese Wirklichkeit beinahe ins Phantastische erhoben. Und sie haben die einfältige Öffentlichkeit und den Stand der Mediziner mitgerissen. Nicht nur die Laien, auch die Ärzte der *psychologischen Gesellschaft* wurden belehrt, daß die von den Patienten vorgebrachten Beschwerden irgendwo zwischen 40 und 80 Prozent *funktional* oder »emotional bedingt« sind. Selbst zahllose schwere organische Leiden wie Asthma, Bluthochdruck, Herzerkrankungen und Zwölffingerdarmgeschwüre werden als *psychosomatisch* hingestellt.

Die Liste der Leiden mit ungewisser Ursache, von denen die Psychiater und Psychologen annehmen, daß sie psychosomatisch sind, wächst ständig. Dr. Gerard F. Powell erklärt, daß beim Zwergwuchs psychologische Faktoren möglicherweise eine wichtigere Rolle spielen als Gene. Und die Übereifrigen haben sogar die Geißel Krebs als psychosomatisch eingestuft. Der Psychologe Claus Bahnson vom Psychiatrischen Institut Ostpennsylvania hält den Krebskranken für einen besonderen Personentyp.

Der Krebstyp ist das freudianische Zerrbild des unglücklichen Jugendlichen, der unter der mangelnden Zuneigung seiner Eltern leidet. Diese unerwiderte Liebe ist nicht nur ein neurotischer Reiz, wie wir erfahren, sie kann tatsächlich das Todesurteil bedeuten, wenn sie Krebs verursacht. Und die mögliche Behandlung dieses Krebses? Dr. Bahnson schlägt eine psychiatrische Therapie vor. »Die Psychotherapie«, so sagt er, »kann eine von mehreren Möglichkeiten sein, den bösartigen Prozeß zu beeinflussen.«

Das bekannteste psychosomatische Leiden ist das Zwölffingerdarmgeschwür. Die Verbindung ist bereits so selbstverständlich, daß Personen als *geschwüranfällig* oder als *Geschwürtyp* bezeichnet werden, wenn sie offensichtlich nervös sind. Aufreibende Posten im Management und in der Werbebranche werden als typische Ursache für Magengeschwüre angesehen. In Romanen und Filmen wird der gestreßte Mann oft wirkungsvoll dargestellt. Man sieht ihn, wie er hastig eine die Magensäure neutralisierende Pille in den Mund steckt, um ein beginnendes Magengeschwür zu besänftigen. An vielen medizinischen Lehrstätten gilt das Magengeschwür als eine der sieben großen psychosomatischen oder *psychogenen* Krankheiten. Die anderen sind Bronchialasthma, Bluthochdruck, Hyperthyreoidismus, Neurodermitis, rheumatische Arthritis und die Geschwüre verursachende Kolitis.

Diese Auffassung ist so tief verwurzelt, daß Wissenschaftler am Institut für Psychoanalyse in Chicago stolz berichteten, daß sie in 41 Prozent aller Fälle die Krankheit allein aufgrund der psychologischen Verfassung des Patienten erkennen könnten. Welches waren die verborgenen Kennzeichen? In ihrer Arbeit *Psychosomatics* berichten sie: »Unter anderem haben sich folgende deutliche Motivationsmuster herauskristallisiert: Patienten mit Zwölffingerdarmgeschwüren leben in einem typischen Konflikt infolge von Abhängigkeitsbedürfnissen. Personen, die an Asthma leiden, haben häufig Angst davor, ihre Mutter zu verlieren, und es fällt ihnen schwer zu weinen. Schwierigkeiten, mit feindseligen Regungen fertigzuwerden, tauchen immer wieder bei denjenigen auf, die einen hohen Blutdruck haben. An Neurodermitis Erkrankte sehnen sich sehr stark nach körperlicher Nähe.«

Solche Persönlichkeitsrezepte im Stil eines Kochbuchs üben eine unwiderstehliche Wirkung auf ungeschulte Patienten, Ärzte und die aus Laien bestehende Öffentlichkeit aus. Doch die Mythologisierung der Psychosomatik einschließlich des Zusammenhangs zwischen Aufregung und Geschwüren nimmt überhand. Wenngleich viele Ärzte die zeitgemäße psychosomatische Erklärung der Magengeschwüre glauben, sind doch verschiedene Experten auf diesem Gebiet überzeugt, daß es ein Märchen ist, das eine wissenschaftlich schwache oder gar keine Grundlage hat.

Dr. Francis D. Moore aus Boston, einer der führenden nordamerikanischen Chirurgen, hält das psychosomatische Geschwür für ein medizinisches Phantasiegebilde. Aufgrund seiner vieljährigen Erfahrung ist er zu der Ansicht gekommen, daß Geschwüre den Menschen unabhängig von seiner emotionalen Verfassung heimsuchen. »Das einzige, was die große Mehrheit der Patienten mit einem Geschwür gegenwärtig physiologisch oder biologisch von ihren Mitmenschen trennt, ist die Tatsache, daß sie tatsächlich ein Geschwür haben«, erklärt er. »Faktoren, die mit der Psychologie, der adrenokortikalen Funktion oder dem umweltbedingten Streß zusammenhängen, sind vielleicht alle mitbeteiligt, doch finden wir sie auch im gleichen Maß bei anderen Patienten, die kein Zwölffingerdarmgeschwür haben.«

Der weltberühmte Londoner Gastroenterologe Dr. Thomas C. Hunt, der Verfasser von *Pathophysiology of Peptic Ulcer* (Pathophysiologie der Magengeschwüre), verwirft den Gedanken, der Streß unserer Tage erhöhe die Zahl der Geschwürfälle, eine statistische Notwendigkeit, um die psychogene Geschwürtheorie aufrechterhalten zu können. »Die Auffassung, die Zivilisation habe einen so starken Anstieg allgemeiner Angst mit sich gebracht, daß das zu einem hohen Vorkommen von Zwölffingerdarmgeschwüren geführt habe, findet bei kritischer Überprüfung keine Bestätigung«, stellt er fest. »Bei einer weltweiten Übersicht aus 40 Ländern gelang es in vielen Fällen nicht, irgendeinen Zusammenhang zwischen Geschwürhäufigkeit und Streßsituationen herzustellen.«

Bei einer Untersuchung, die Dr. Hunt bei 61 seiner eigenen Patienten durchführte, bestätigte sich das Versagen der psychosomatischen Theorie. Unter seinen Patienten fand er »neurotische« wie »nicht neurotische« Kranke, wobei letztere in der Überzahl waren. Seiner Meinung nach konnte man nur 15 der 49 männlichen Geschwüropfer und nur vier der zwölf weiblichen Patienten als »neurotisch« bezeichnen.

Ein weiterer Kritiker der Psychosomatik ist Dr. Basil I. Hirschowitz vom Medical College in Alabama. »Es wird zwar viel über die Persönlichkeit von Patienten mit Zwölffingerdarmgeschwüren geschrieben, doch es gibt keine Gemeinsamkeiten zwischen den erfolgreichen und hart arbeitenden Managern, die als typisch hingestellt werden, und den bettelarmen Arbeitern in Indien, Nigeria und anderen Gebieten, bei denen das Zwölffingerdarmgeschwür weitverbreitet ist«, bemerkt er. Wegen des angeblich psychosomatischen Hintergrundes verschreiben viele Ärzte Tranquilizer und Sedativa bei Geschwüren, doch beruhigen diese Mittel möglicherweise eher den ängstlichen Doktor als den Patienten mit seinem Geschwür. »Keine der beiden Medikamentengruppen hat irgendeine pharmakologische Auswirkung auf den Magen«, erklärt Dr. Hirschowitz.

Ein anderes dramatisches Bild wird in der *psychologischen Gesellschaft* vom Herzkranken gezeichnet, dessen lebensbedrohende Anfälle von seinen »Emotionen« herrühren. Man hat uns klargemacht, daß der Herzanfall in erster Linie diejenigen mit einer »Koronarpersönlichkeit« befällt. Nicht nur Rauchen, Übergewicht und ein hoher

Serumcholesterinspiegel können zur Herzerkrankung führen, sondern auch psychologische Mängel, wie wir erfahren.

In psychiatrischen Kreisen hat es die *Koronarpersönlichkeit* zu fast legendärem Ruf gebracht. In der Zeitschrift *Psychosomatic Medicine* hat Dr. F. Dunbar diesem Personentyp zahlreiche charakteristische Eigenschaften zugeschrieben, darunter eine ungenügende sexuelle Anpassung. Es besteht eine Neigung, ein vornehmes Äußeres an den Tag zu legen, doch diese Stille ist nur oberflächlich und verbirgt darunter liegende Aggressionen und Feindseligkeiten, stellt Dr. Dunbar fest. Diese Opfer von Koronararterienerkrankungen werden übereinstimmend als ständige Antreiber dargestellt, Menschen, die hart arbeiten, außergewöhnlich rücksichtslos sind und zielstrebig versuchen, nach oben zu kommen. Es ist der Steckbrief des angespannten, rastlosen Mannes von heute.

Der prominente Psychoanalytiker Jacob Arlow erblickt das erwachsene Opfer eines Herzanfalls sogar schon im psychologischen Profil des Kindes, das den Grundstein für die Erkrankung lege. »Die übliche Geschichte des Patienten mit einem Koronararterienleiden ist die des hartnäckigen, eigenwilligen Kindes, das bereits früh in eine Wettbewerbssituation zu seinen überaus gefürchteten und beneideten Eltern tritt«, erklärt er. »Durch harte Arbeit, Selbstdisziplin und eine zwanghafte Hingabe an die Vollendung der Aufgabe legt er sich fest, der Patient treibt sich unaufhörlich vorwärts zum Erfolg ...«

Diese Theorien sind äußerst anziehend, vor allem für eine Gesellschaft, die von der Macht der Psychologie ferngehalten wird. Aber umfangreiche Untersuchungen der Forschung – eine Arbeit, die die beiden promovierten Philosophen Arnold M. Mordkoff und Oscar A. Parsons durchgeführt haben – zeigen, daß die Koronarpersönlichkeit wahrscheinlich das falsche Klischee ist. Die Zeugnisse erbrachten, daß die Suche nach einem unzweideutigen Persönlichkeitsbild, das sich mit dem Herzanfall in Verbindung bringen ließ, »enttäuschend ergebnislos verlief«.

Die Opfer von Herzanfällen sind »den Bevölkerungsschichten, aus denen sie ausgesondert werden, ähnlicher« als anderen Patienten mit einem Herzanfall, glaubt man. Mordkoff und Parsons zitieren eine Untersuchung von H. H. W. Miles aus der Zeitschrift *Psychosomatic Medicine*. Miles nahm 100 männliche, an den Herzkranzgefäßen erkrankte Patienten und verglich sie mit einer Kontrollgruppe, in der es keine Herzerkrankungen gab. Bei der Beurteilung gelang es nicht, bei den herzkranken Patienten Muster eines zwanghaften Strebens, harter Arbeit oder von Selbstdisziplin festzustellen. *Nicht einmal jeder vierte Patient paßte in diese psychologische Schablone.* »Wir fanden keine überzeugenden Beweise dafür, daß die Persönlichkeitsunterschiede zwischen den Koronarpatienten und den Personen der Kontrollgruppe als signifikant für die Entstehung der Arteriosklerose der Koronararterien bezeichnet werden konnten«, folgerten Mordkoff und Parsons abschließend.

Zwei andere Wissenschaftler, D. D. O'Connell und R. M. Lundy, kamen, wie sie im *Journal of Consulting Psychology* berichteten, zu Ergebnissen, die der gängigen Theorie vom persönlichkeitsbezogenen Herzanfall fast widersprachen. Als sie eine Gruppe von Patienten mit arteriosklerotischen Herzleiden mit einer Gruppe von Hypertonikern verglichen, entdeckten sie, daß letztere sich sehr hohe Lebensziele stecken, um so eines Mißerfolges sicher zu sein. Die herzkranken Patienten setzen sich im Gegensatz zum ehrgeizigen Klischee *bewußt niedrige* Ziele, um so eines Erfolges sicher zu sein.

Die Forscher Mordkoff und Parsons glauben, daß Streß mit Herzerkrankungen zu tun haben kann, aber nicht auf die klischeehafte Art der Koronarpersönlichkeit. Aber wie? Sie bieten eine Theorie über eine ererbte Disposition. Diese spricht von einer erhöhten Anfälligkeit gegen Arteriosklerose aufgrund mehrerer Faktoren, zu denen auch ererbte Systeme zur Bildung von Cholesterin und Lipiden sowie der anatomische Aufbau der Koronararterienäste gehören. »Höchstwahrscheinlich werden die nachgewiesene ererbte Neigung zu Erkrankungen der Koronararterien sowie soziokulturelle Faktoren das Mittel darstellen, über das letztlich der Beitrag der Persönlichkeit zur Erkrankung der Koronararterien verstanden wird«, berichten sie.

Die Verbindung zwischen Herzkrankheiten und der Persönlichkeit hat sich als nicht zwingend erwiesen, doch ist sie nicht abenteuerlich wie einige andere psychosomatische Abstecher. Ein psychoanalytisch ausgerichteter Zahnarzt glaubt, daß Anspannung Krankheiten in unmittelbarer Nachbarschaft der Zähne auslöst, wie etwa Zahnfleischbluten oder Infektionen der Knochen unter dem Zahnfleisch. »Wir haben im Mund eine der erotischsten Körperzonen entdeckt«, erzählte er der *New York Times*. »Er verkörpert Männlichkeit. Er wirkt wie ein Barometer der Persönlichkeit des einzelnen.«

Dr. Lawrence LeShan schließlich behauptet, sogar die noch fehlende Persönlichkeitsgleichung für den Krebs gefunden zu haben. Es gibt, wie er auf der Konferenz für psychophysiologische Aspekte des Krebses mitteilte, den Typ der zum Krebs neigenden Persönlichkeit:

die andere für eine »gute, unverdächtige oder gutartige Person« halten.

Diese Vereinfachungen machen unter anderem die Anziehungskraft der *psychologischen Gesellschaft* aus. Es ist das beinahe kindische Reduzieren komplexer biologischer und menschlicher Gleichungen auf Formeln mit einer fast religiösen Wirkung. Ein Kinderarzt der Harvard Medical School berichtet, daß eine Familienkrise eine septische Angina bei Kindern hervorrufen kann. Zwei Psychiater des Instituts zur Erforschung von Geisteskrankheiten in Palo Alto geben an, daß die Familien von acht jungen Colitis-ulcerosa-Patienten hinsichtlich der Persönlichkeit die gleiche Konstellation aufwiesen: Strenge, Ablehnung von Humor und schöpferischer Betätigung, ruhige, ausdruckslose Sprechweise, Vermeiden von Erörterungen.

Ein Harvard-Psychiater ist überzeugt davon, daß Empfindungen so sehr mit körperlichen Gebrechen zusammenhängen, daß Träume eine Krankheit anzeigen können. Er erzählt den Fall einer Frau, die träumte, mit einem Schäferhund in einem roten Auto zu fahren. Kurz darauf erkrankte sie an Masern und bekam den bekannten roten Ausschlag. (Anmerkung des Übersetzers: Dieser Traum bezieht seinen Sinn aus den englischen Ausdrücken für Schäferhund – *German shepherd dog* – und für Masern – *German measles*.) In einem anderen Fall wurde ein Professor, dessen sexuelles Verhältnis zu seiner Frau gestört war, zu einem Voyeur. Wegen seiner Schuldgefühle, und weil er den Tod seines Vaters herbeiwünschte, der ein schweres Augenleiden hatte, hatte der Professor seine Augen in »Zielorgane« für Krankheiten verwandelt. Seine Augen schmerzten jedesmal, wenn er ein pornographisches Buch las oder eine Sex-Ausstellung besuchte. Und das Ergebnis? Der Professor ist heute infolge einer Netzhautablösung blind.

Die meisten Psychiater und Psychologen sind begeisterte Anhänger der modernen psychosomatischen Theorie. Einige Psychiater haben jedoch Bedenken bei dieser Psychosomatik nach Art eines Kochbuchs, wie beispielsweise der verstorbene Dr. Lawrende S. Kubie.

Dr. Kubie untersuchte Patienten, die an psychogenen Krankheiten wie Migräne, Colitis ulcerosa und Herzerkrankungen litten. Daß übereinstimmende Persönlichkeitstypen vorkamen, konnte er nicht feststellen. »Ich war von der Verschiedenheit in den einzelnen Gruppen zumindest ebenso lebhaft beeindruckt wie von den Ähnlichkeiten unter den Einzelpersonen«, berichtete Kubie. »Ich konnte mich tatsächlich nicht davon überzeugen, daß die Ähnlichkeiten größer waren als die, die bei jeder gemischten Gruppe neurotischer Patienten auftreten.«

Bei den Medizinern wird die psychosomatische Auffassung immer populärer, was nachteilige Folgen hat. Sie hat es sowohl den regulären Ärzten wie auch den Psychiatern leichter gemacht, über schwere Krankheiten körperlicher wie geistiger Art hinwegzusehen. Dr. Arthur K. Shapiro warnt vor den »klinischen Gefahren des psychologischen Theoretisierens« über Krankheiten, deren Ursache unbekannt ist.

Shapiro ist eine Kapazität auf dem Gebiet des Gilles-de-la-Tourette-Syndroms, einer Krankheitserscheinung des zentralen Nervensystems. Zu den Symptomen dieses seltsamen Leidens gehören schwere Zuckungen von Kopf, Hals und Schultern, eigenartige Bewegungen, häufiges Räuspern, dem das Ausstoßen von Lauten wie etwa *he, he, ha, ha* und auch gröbste Obszönitäten folgen.

Psychiater stellen bei diesen Patienten häufig die Diagnose auf ein psychogenes Leiden, das dann mit einer Langzeit-Psychotherapie behandelt wird, wie Shapiro berichtet. Er hält diese Behandlung für sinnlos und glaubt, daß die psychologischen Symptome des Gilles-de-la-Tourette-Syndroms die Folge einer organischen Krankheitserscheinung sind, die medikamentös behandelt werden kann.

Er schildert den Fall eines männlichen Patienten, der mit 13 Jahren die ersten Symptome erkennen ließ – Blinzeln und Schließen der Augen. Als er 14 war, fing er an, mit dem Kopf zu wackeln, und mit 15 kamen die ersten Laute. In seinen 20er Jahren verschlimmerten sich die Symptome: Er stieß fauchende Laute aus und schlug sich wiederholt mit der Hand oder einem Küchengerät gegen die Stirn. Er wurde eingehend einmal wöchentlich psychotherapeutisch behandelt, doch alle Therapien schlugen fehl. Eine Behandlung mit 14 Elektroschocks half, aber nur vorübergehend.

Die Koprolalie, das unfreiwillige Aussprechen obszöner Ausdrücke, begann im Alter von 36 Jahren. Durchschnittlich entlud sich alle drei Minuten ein Trommelfeuer aus Worten. »Die ersten Worte waren ›Fotze, Schwanz, ficken‹, denen ›Hurensohn, Schwanzlecker und Pißnelke‹ und zum Ende dann längere Wortgebilde folgten, wie ›verreck doch, du schwanzleckende Fotze, Hurensohn Mutterschänder‹, und so fort«, erzählt Shapiro. Da das Syndrom so asozial ist, stürzen die Opfer häufig auf die nächstbeste Toilette, um sich von beidem zu befreien, von den Zuckungen und dem ungewollten Schwall obszöner Schimpfworte.

Shapiro beklagt das übermäßige Psychologisieren in diesen Fällen. Er erinnert sich an den Bericht eines Psychologen zu diesem Fall. Dort wurde der Patient als eine »infantile und regressive Persönlichkeit (bezeichnet) ..., die nicht in der Lage war, die eigenen feindseligen, aggressiven und machtbesessenen Antriebe zu erkennen oder zu akzeptieren ... Die Zuckungen sind auf das drastischste Ausdruck all dieser Elemente ...«

Nach 33jährigem Leiden wurde der Patient schließlich im Alter von 46 Jahren in ein Krankenhaus eingewiesen und medikamentös behandelt. »Nach einem Monat«, berichtet Shapiro, »verschwanden die Koprolalie, das Hüsteln, die rüde Sprechweise und das Räuspern ... Vier Monate später war das einzige noch verbliebene Symptom ein Zucken alle drei oder vier Tage.«

Die gegenwärtige Neigung, Krankheiten als psychosomatisch hinzustellen, hat sich in der *psychologischen Gesellschaft* mit schädlichen Folgen ausgeweitet. Es geht darum, daß organisch kranke Patienten fälschlicherweise als psychoneurotisch eingestuft werden. Das heißt, man beschuldigt sie, eine eingebildete Krankheit zu haben, die ihnen der überlastete Geist vorgaukelt. Diese vermeintlichen Hypochonder versperren die Praxen der Ärzte mit ihren funktionalen Leiden, die nach Meinung vieler Ärzte eine psychiatrische, keine medizinische Behandlung erfordern. Wie es Millionen Menschen von ihren Ärzten gesagt wurde: »Es ist alles in Ihrem Kopf.«

Diese Patienten zum Psychiater zu schicken, beunruhigt einige Ärzte, die befürchten, daß das öfter ein Zeichen einer mangelhaften medizinischen Diagnose als einer Psychoneurose beim Patienten ist. Dr. William F. Sheeley meldet sich mit dieser Besorgnis im *American Journal of Psychiatry* zu Wort. Er hält den Ärzten vor, daß sie ihre Patienten einem sinnlosen Leiden und sogar dem Tod ausliefern, wenn sie eine eindeutig organische Krankheit als »geistig« in ihrem Ursprung bezeichnen.

Der Internist Dr. Phillip L. Rossman aus Los Angeles hegt die gleichen Befürchtungen. »Zu viele Ärzte zäumen das Pferd beim Schwanz auf«, erklärte er in einem Interview. »Sie sind nicht imstande zu erkennen, daß die Menschen oft neurotisch scheinen, oder es tatsächlich sind, weil sie körperlich krank sind.«

Rossmans umfassende Untersuchung dieser Erscheinung ist äußerst instruktiv. Er sammelte die Fallstudien von 115 Patienten, die von ihren Ärzten als psychoneurotisch bezeichnet worden waren. Man hatte sie an einen Psychiater überwiesen, der ihren Geisteszustand überprüfte, anstatt ihnen eine geeignete organische Behandlung zukommen zu lassen. Bei jedem von Rossmans Fällen, die aus der eigenen Praxis, der von Kollegen und der von Medizinern stammten, die von seiner Studie erfahren hatten, ging es um Patienten, die sich als organisch schwerkrank erwiesen.

Der zuerst untersuchende Arzt versäumte es, eine Diagnose zu stellen und nannte emotionale Gründe als Ursache. Von den 115 »Neurotikern« starben 31 an einer organischen Krankheit, 25 von ihnen an Krebs. Bei drei von acht Patienten, die man wegen ihrer »geistigen« Störungen mit Elektroschocks behandelt hatte, stellte sich heraus, daß sie Hyperthyreoidismus hatten; die anderen waren an Brucellose (Maltafieber), einer chronischen Entzündungskrankheit des Beckens, Medikamentenvergiftung, Glioblastoma multiforme (Geschwulst im zentralen Nervensystem) und an Aneurysma der Aorta (einem Tumor der Hauptarterie des Herzens) erkrankt. »Die Klagen eines solchen Patienten verhallen oft ungehört, bis es zur Katastrophe kommt«, warnt Dr. Rossman.

Der neue Seher hat seinen beruflichen Status ausgeweitet, so daß er praktisch sämtliche Erscheinungsformen des heutigen Lebens umfaßt. Das hat er rücksichtslos getan und dabei die Mittel der modernen Kommunikation eingesetzt, um seine Behauptungen zu unterstreichen. Er war im Unrecht, als er eine Sachkenntnis hochspielte und sogar erfand, die gar nicht existiert. Allerdings war die Öffentlichkeit, als sie ihn akzeptierte, nicht nur gutgläubig, sie hat sich gleichermaßen schuldig gemacht.

Im letzten Viertel des 20. Jahrhunderts haben wir den Seher der *psychologischen Gesellschaft* zu unserem Interpreten des Unbewußten auserkoren. Wir haben ihm erlaubt, ihn sogar ermutigt, die Geheimnisse des Lebens, der Liebe, der Gesundheit und des Glücks in eine psychologische Form zu gießen, die uns unterhält und angeblich informiert.

Dadurch, daß sie angeblich den Aufbau der Wissenschaft anbieten, die mit mystischer Einsicht verbunden ist, geben sich der psychologische und psychiatrische Seher als modernes Orakel aus. Ihm können wir nur begegnen, wenn wir lernen, die Wahrheit aus verläßlicheren und verantwortungsbewußteren Quellen zu schöpfen.

IV

GEISTESKRANKHEIT IN DER PSYCHOLOGISCHEN GESELLSCHAFT: DAS SCHIZOPHRENE VERSAGEN

»Viele Formen von Geisteskrankheit sind fraglos die äußere Erscheinungsform der Auswirkungen von Giften auf die Gehirnsubstanz, die innerhalb des Körpers reagieren ... Ich habe keine Zweifel, daß wir demnächst in der Lage sein werden, diese Gifte zu isolieren, wenn wir nämlich die normale Chemie bis ins letzte Detail kennen.«

Diese biochemische Auffassung über Geisteskrankheiten einschließlich der heute so genannten *Schizophrenie* stammt aus dem Jahr 1884. Das war 20 Jahre vor dem Beginn der psychologischen Revolution durch Freud, einer Bewegung, die nach Meinung vieler Kritiker mit dazu beigetragen hat, die wirkliche Erforschung des Geistes und seiner Krankheiten um zwei Generationen zu verzögern.

Der Autor der inzwischen vergessenen Passage über die »Gifte« im Gehirn war J. W. Thudichum, ein Brite und einer der Begründer der modernen Neurochemie. Sein Buch *A Treatise on the Chemical Constitution of the Brain* (Abhandlung über die chemische Struktur des Gehirns) half dabei, die Vermutung der Ärzte aus der Zeit vor Freud zu erhärten, daß das Irresein im wesentlichen eine biologische und chemische Ursache habe.

Seit damals haben viele Psychologen und Psychiater Millionen Menschen der *psychologischen Gesellschaft* überzeugt, daß der Ursprung dieses furchtbaren Leidens nicht in der Biologie des Gehirns liegt, sondern im psychologischen Schoß der Familie. Gestörte Beziehungen, vor allem zwischen Mutter und Kind, sind die Keimzelle der Geisteskrankheit, wie man uns wiederholt warnend klargemacht hat.

Die Geisteskrankheiten sind im Lauf der Jahrhunderte unter vielen Namen aufgetreten. Die gegenwärtige Bezeichnung für diesen Krankheitszustand lautet *Psychose*, wobei die *Schizophrenie* eine der Hauptuntergruppen ist. Die schrecklichen Symptome der Schizophrenie und der Zerfall der Persönlichkeit befallen weltweit beinahe jeden einhundertsten Menschen, eine Bedrohung, die unter uns ist, seit es Menschen gibt.

Der für die *New York Post* schreibende James Wechsler ist einer aus dem Millionenheer der Unschuldigen von heute, deren Leben beeinträchtigt wurde durch die Schizophrenie und das kluge Hin und Her über ihre rätselhafte Ursache. Wechsler hat *In a Darkness* (Im Dunkel) geschrieben, ein einfühlsames Buch über die Krankheit und den Selbstmord seines 27 Jahre alten schizophrenen Sohnes Michael. Es war eine Krankheit, für die Wechsler als Vater des Schizophrenen die psychischen Peitschenhiebe eines aufgebrachten, wenn auch unwissenden psychiatrischen Berufsstandes spüren sollte.

»In seinem langen Kampf«, berichtet Wechsler, »wurde Michael von acht Therapeuten unterschiedlich lange insgesamt neun Jahre behandelt, daneben von zahllosen Internisten, auf die er bei seinen Aufenthalten im Krankenhaus traf. Er verbrachte über 26 Monate in fünf Instituten ... In einem dieser Krankenhäuser schrieb er die folgenden Zeilen: ›Es ist ein Gefühl der Hoffnungslosigkeit, des Dahinkriechens, ungewiß aber sicher. Wieviel noch, Dr. Freud, kann ich ertragen?‹«

Die Geschichte ist eine tragische Mahnung, wie wenig wir über die Geißel der Geisteskrankheiten wissen, und wieviel umgekehrt die *psychologische Gesellschaft* zu wissen behauptet.

»Als er einmal wütend war, rief Michael: ›Du weißt, Paps, daß ich so nicht *geboren* worden bin‹«, berichtet sein Vater und fügt dann gequält hinzu: »Die Anklage gegen mich bedurfte keiner weiteren Erläuterung. Er sagte, was er – und andere – später auf die eine oder andere Art in vielen familientherapeutischen Sitzungen, zu denen wir gingen, auch noch sagen sollten, daß die Krankheit sich auf irgendein Versagen oder eine Unterlassung der Eltern zurückführen lasse.«

Diese Schuld ist einer der modernen Flüche der Schizophrenie. Sie ist eine zusätzliche psychologische Bürde, die denen auferlegt wird, die dem Kranken am nächsten stehen. Jede Geschichte über Geisteskrankheit hat ihre eigene Bitterkeit. Aber immer wieder ist da diese vernichtende *Schuld*. Louise Wilson, die ein Buch über ihren schizophrenen Sohn Tony schrieb, erinnert sich an diesen ersten Schock elterlicher Schuld. Sie sagte dem Doktor, sie glaube nicht, daß im familiären Bereich irgend etwas nicht gestimmt habe oder in ihrer Beziehung zu ihrem Mann, das Tony so krank hätte machen können. »Dr. Maxwell sah mich unverwandt an«, schreibt sie. Dann sagte er: »Nichts, dessen Sie sich bewußt sind. Aber kein Kind kommt mit Problemen auf die Welt. Es ist immer irgend etwas zu Hause. Auf irgendeine Weise hat er bei Ihnen zu Hause Schaden genommen.«

Diese Auffassung von den Eltern als der Ursache der Schizophrenie und anderer Geisteskrankheiten wird in Berufskreisen zunehmend kontrovers diskutiert. Und die Debatte lebt täglich aufs neue auf, unter den psychiatrischen und psychologischen Spezialisten, in Fachzeitschriften, auf Symposien und Cocktailpartys. Der Umgangston ist zwar verbindlich, aber unter der Oberfläche tobt manchmal ein scharfer Kampf zwischen den feindlichen Lagern um die wahre Ätiologie der Schizophrenie und aller anderen Geisteskrankheiten. Sind es biologische, organische Krankheiten so ähnlich wie Krebs oder Diabetes? Oder ist die Geisteskrankheit die psychogene Strafe für ein verworrenes Kindheitsdasein? Von der Antwort auf diese Frage hängen die mögliche Befreiung von Millionen jetzt lebender Schizophrener und die Hoffnung Hunderter von Millionen ab, die noch kommen werden.

Zwei Psychiater, deren Meinungen über Schizophrenie auseinandergehen, stehen für diesen sich verschärfenden Konflikt, ja die Unruhe, in der Branche. Dr. Silvano Arieti, klinischer Professor für Psychiatrie am New Yorker Medical College, vertritt die psychoanalytische – freudianische oder neofreudianische – Auffassung. Der Schizophrene, sagt er, wird in eine verkrüppelte Familienumwelt hineingeboren. Der zukünftige Schizophrene lebt durchweg in einer Familie, »die so beschaffen ist, daß sie ihm nicht das Mindestmaß an Sicherheit oder eine Vertrauensbasis bieten kann«, sagt Dr. Arieti. »Die frühen interpersonellen Beziehungen sind gekennzeichnet durch ungewöhnlich starke Angst, verheerende Feindseligkeit oder falsches Sichlösen, oder durch eine Kombination all dieser Elemente.«

Dieser familiengeschädigte Jugendliche schlägt sich mit einem »zusammengeflickten Bild von sich« und einer überentwickelten Phantasie durch die Kindheit, erklärt Arieti. Aber als junger Erwachsener erlebt er die *schizophrene Panik*, bei der der verdrängte Antrieb des früheren Lebens zurückkommt und ihm entgegentritt. »Diese dunklen Kräfte, die im allgemeinen schweigen, jetzt aber mit verheerendem Geschrei wieder auftauchen, sind die verdrängten frühen Erlebnisse der ersten Phase«, bemerkt Arieti. Nach dieser Theorie besteht die einzige Abwehrmöglichkeit des jungen Erwachsenen gegen diese unerbittlichen, unbewußten Triebe in der Schizophrenie.

Dr. Donald F. Klein, Forschungsdirektor des Psychiatrischen Instituts am Columbia Medical Center des US-Bundesstaates New York, sieht die Schizophrenie und Geisteskrankheiten auf eine mehr biologische und weniger verklärende Weise. »Ich habe zu viele Familien erlebt, in denen sich nichts sonderlich Abträgliches ereignet, und doch wird eines der Kinder schizophren, während alle anderen vollkommen gesund erscheinen«, sagte Dr. Klein einem Interviewer. »Zuweilen scheint es einen umweltbedingten Auslöser für einen schizophrenen Zwischenfall zu geben, aber ihn in den Rang einer hinreichenden Ursache zu erheben, scheint nicht gerechtfertigt. Ich glaube, daß sich die Ursache der Schizophrenie als im wesentlichen biologischer Art erweisen wird, wie im übrigen auch für die anderen schweren Psychosen, manisch-depressive, affektive Krankheiten.«

Bevor wir das Material untersuchen, das die neue wissenschaftliche Forschung hervorgebracht hat, sollten wir einen Blick auf die Schizophrenie werfen, wie sie heute auftritt. Wie verbreitet ist das Leiden? Wie verhält sich ein Schizophrener? Was unterscheidet ihn von anderen Geisteskranken?

In den Vereinigten Staaten beispielsweise werden pro Jahr 1800000 Menschen wegen Geisteskrankheit in ein Krankenhaus eingeliefert, 8,5 pro 1000 Einwohner. Eine Untersuchung des National Institute of Mental Health über die psychiatrischen Kliniken der amerikanischen Bundesstaaten und Bezirke zeigt für 1975, daß bei den wegen einer Geisteskrankheit in ein Hospital eingewiesenen Personen Schizophrenie die am häufigsten diagnostizierte Ursache ist. Bei fast der Hälfte (48,7 Prozent) von über einem Dutzend verschiedener Krankheiten wurde »Schizophrenie« angegeben. Unter den psychotischen Fällen war die überwiegende Mehrheit schizophren.

Die Psychiater benutzen den Begriff *Schizophrenie*, als handele es sich dabei um eine eindeutig bestimmte Krankheit. Das ist sie nicht. Mit größerer Wahrscheinlichkeit ist die Schizophrenie ein breitgefächertes Spektrum von Krankheiten unter dem semantischen Schirm, den Dr. Eugen Bleuler 1911 schuf, Direktor der berühmten Anstalt Burghölzli in Zürich und ein früher Bewunderer Sigmund Freuds.

Die exakte Definition der Schizophrenie verwirrt die Beobachter seit Tausenden von Jahren. Doch gibt es eine Art psychotischen Verhaltens, das der versierte Arzt als »Schizophrenie« bezeichnen kann. Bleuler sah in ihr eine mangelnde Übereinstimmung in der Persönlichkeit des Patienten. Es ist ein Bruch in den *Assoziationen*, der es dem Schizophrenen unmöglich macht, so zu empfinden und zu denken wie andere Menschen. Seine Welt gerät in Unordnung. Einfache Verbindungselemente beim Denken und Fühlen, die anderen das Überleben ermöglichen, werden jetzt durcheinandergeworfen wie bei einem besonders verschlüsselten Telefongespräch.

»Aufgrund klinischer Erfahrungen und der eigenen Berichte der Patienten«, erklären Dr. Fredrick C. Redlich und Dr. Daniel X. Freedman, »neigen wir zu der Ansicht, daß die eigentliche Behinderung in einer Störung der organisierten Kommunikation besteht, was zu einer grundlegenden Veränderung der Selbsterfahrung des Patienten und der Art führt, in der er die Welt erlebt.«

Die unlogischen Gedanken und Empfindungen des Schizophrenen machen ihm die Verständigung mit sich selbst und mit der Umwelt beinahe unmöglich. Wie in Lewis Carrolls *Alice im Wunderland* bedeuten die Worte allmählich nur noch das, was sie nach Meinung des Kranken bedeuten – eine Art *Jabberwocky* wie in dem gleichnamigen Gedicht aus *Alice hinter den Spiegeln* vom selben Autor. Ein schizophrener Patient erzählte seinem Psychiater, daß »die Welt und jeder in ihr einen Rhythmus habe«. Der Patient beklagte, daß es ihm schwerfalle, »seinen Rhythmus« zusammen mit dem anderer »schwingen zu lassen«.

Die Schizophrenen werden von einer quälenden, überwältigenden Kraft, die sie nicht steuern können, in den geistigen Zerfall getrieben. Die Sprache des Schizophrenen wird demzufolge zu einem privaten, unentzifferbaren Code. Er hat an sich keine Bedeutung, ist aber in seiner entstellten Logik typisch für die Schizophrenie. Der Schizophrene zerstört die Codes und Symbole der herkömmlichen Verständigungsmöglichkeiten und bildete eine neue Sprache, die die Störung offenlegt, die seinen Geist beherrscht.

Dr. David Shakow macht das anhand einer Anekdote deutlich. Ein Patient weigerte sich, sein Essen einzunehmen, weil auf der Karte Suppe angegeben war. Der Gedanke an Suppe mißfiel ihm, wie er sagte. Er denke dabei an Urin. Und er erinnerte den Doktor daran, daß Suppe S-u-p-p-e buchstabiert werde.

Ein Psychiater vom Medizinischen Zentrum der New York University weiß von einem schizophrenen Patienten zu berichten, bei dem sich die gleiche, klassische Entstellung der Bedeutung zeigte. Ein Patient starrte auf ein Türschild, auf dem »Aufnahme« (Admittance Office) stand. Er wandte sich an den Doktor und fragte: »Muß ich da meine Sünden bekennen (*admit* im Englischen – d. Ü.)?«

Der beste Weg, die Schizophrenie zu verstehen, führt vielleicht über den einfachen Vergleich zwischen dem Traum eines normalen Menschen und dem Geist eines Schizophrenen. Wenn wir träumen, heben wir das übliche Denken auf, und die von der Logik unabhängige Phantasie kommt an seinen Platz. Beim gesunden Menschen wirkt der Traum wie eine Art nächtlicher Schizophrenie, die tatsächlich eine reinigende und heilsame Wirkung haben könnte. Wenn wir schlafen, wird unsere Wirklichkeit von seltsamen Sinnestäuschungen und Einbildungen bestürmt, die wir im allgemeinen schon wenige Minuten nach dem Aufwachen vergessen haben.

Bei der Schizophrenie aber vermittelt das Leben am Tage oft das beängstigende Gefühl, in einem Traum mit all seinen wahnwitzigen Möglichkeiten der Kommunikation zu leben. Dr. Otto Pötzl hat festgestellt, daß die Schizophrenie eine Krankheit ist, bei der der Traum das Dasein wie ein bösartiger Tumor durchdringt. Carl Gustav Jung gebrauchte die bildhafte Darstellung eines gesunden Träumenden, der sowohl imstande wäre, seinen Traum in Worte zu fassen als ihn auch zu spielen. Jung glaubte, eine solche Schilderung eines Träumenden sei von Schizophrenie nicht zu unterscheiden.

Der Schizophrene leidet unter *Wahnvorstellungen*. Mit seiner verzerrten Logik betrachtet er die alltäglichen Angelegenheiten der Durchschnittsbürger und bauscht sie zu wahnartigen Bildern auf. In der Gesellschaft sorgt man sich vielleicht über die Kriminalität oder das kommunistische China. Der Schizophrene aber, so erklärt ein Psychiater, ist vielleicht davon überzeugt, daß Gott ihn dazu bestimmt hat, die Mafia zu zerschlagen. Ein Psychiater erinnert sich an einen Patienten, der ihm erzählte: »Jedesmal wenn ich meine Zähne aufeinanderpresse, sterben 30000 Chinesen!«

Schizophrene können verwirrende optische Sinnestäuschungen erleben, akustische Täuschungen sind jedoch häufiger. Sie sind fast so etwas wie ein Kennzeichen der Krankheit. »Viele Schizophrene hören wohlklingende Stimmen, mit denen sie ein Zweier- oder Dreiergespräch beginnen können«, führt ein Psychiater aus. »Fragt man, wer die Stimmen sind, sagt der Patient vielleicht der heilige Paulus oder Marie Antoinette, oder er antwortet, daß er es nicht wisse. Manchmal stören ihn die Stimmen nicht, aber dann ist er wieder ungehalten über die Halluzinationen. Ich erinnere mich an einen Kranken, der ein Dreiergespräch über eine Krawatte führte. Die erste Stimme sagte: ›Das ist eine häßliche Krawatte.‹ Die zweite Stimme erwiderte: ›Ist gar nicht so schlimm.‹ Der Patient tat die beiden Stimmen schließlich ab, indem er sagte: ›Verschwindet alle beide!‹«

Schizophrene können auch eine Täuschung der Geruchssinne erleben, so daß beispielsweise etwas verdorben riecht, aber auch Geschmackshalluzinationen, die nicht mit dem übereinstimmen, was sie gerade essen. Die Psychiater weisen allerdings darauf hin, daß eine Entstellung von Geruchs-, Geschmacks- und Gesichtssinn Anzeichen dafür sind, den Patienten auf mögliche organische Schäden untersuchen zu lassen. Viele Schizophrene leiden unter mit dem Tastsinn zusammenhängenden, sogenannten *haptischen* Sinnestäuschungen, bei deren Auftreten sie behaupten, Dinge zu spüren, die gar nicht vorhanden sind. Ein Patient war überzeugt, daß jemand auf seinem Körper herumlaufe, und eine schizophrene Frau erklärte, sie fühle, daß sich ihre Vagina schließe.

Ein englischer Psychiater, der verstorbene Dr. F. J. Fish, hat die wirklichkeitsfremden Symptome der Schizophrenie in acht Kategorien unterteilt. Jedes von ihnen, so sagt er, ist ein »hochkarätiger« Hinweis auf die Krankheit: 1. Man hört seine Stimme, oder wie die eigenen Gedanken laut ausgesprochen werden; 2. halluzinierende Stimmen in der Form von Aussagen und Antworten, so daß der Patient Stimmen hört, die über ihn in der dritten Person sprechen; 3. halluzinierende Stimmen in der Form einer fortlaufenden Erläuterung; 4. körperliche Sinnestäuschungen, das heißt, der Patient fühlt etwas in seinem Körper, von dem er weiß, daß es durch äußere Ursachen hervorgerufen wird; 5. Rückzug der Gedanken, Einfügen von Gedanken und andere Beeinflussungen der Gedankenwelt; 6. das Herumerzählen von Gedanken; 7. Wahrnehmung von Wahnvorstellungen; 8. sämtliche Ereignisse im Bereich der Empfindungen, des Antriebs und des Wollens, bei denen man das Gefühl hat, sie stammten von anderen oder würden von ihnen beeinflußt.

Der Schizophrene nimmt falsch wahr und urteilt auch so. Die Handlungen anderer werden häufig fehlinterpretiert, weil der Patient in das normale Verhalten der ihn umgebenden Personen eine »Botschaft« hineingeheimnist. Er hat eine ganz persönliche Sicht seiner Umwelt. Er glaubt fest, daß die Menschen ihm besondere Aufmerksamkeit widmen. Ein Psychiater äußert sich zu diesem falschen Glauben wie folgt: »Er kann von der Vorstellung, daß andere den Patienten beobachten oder über ihn sprechen, bis zu dem Glauben reichen, daß alle Personen der Umgebung an einem Spiel beteiligt sind, bei dem jede Handlung mit dem Ziel unternommen wird, eine Wirkung auf den Patienten auszuüben.«

Nicht alle Schizophrenen, die ein Opfer dieses Falschglaubens sind, fühlen sich verfolgt. Wenn das jedoch zutrifft, erfinden sie in ihrem Wahn ein ganzes Heer von Feinden, von Gott bis zum FBI.; die Diagnose lautet dann auf *paranoide Schizophrenie*.

Die schizophrenen Wahnvorstellungen gehören zu den schöpferischsten Erfindungen der gemarterten Seele. In ihrer ausgefallenen Art erscheinen sie oft lustig, doch sie sind ein Zeichen ernsthafter innerer Qual. Ein 25 Jahre alter Mann, der verheiratet war und ein Kind hatte, erzählte seiner Frau, daß er vielleicht Gott wäre. Als er ins Krankenhaus kam, erklärte er dem Psychiater, er sei tatsächlich Gott, der Heilige Geist oder der Sohn Gottes, und er könne jeden töten oder ihm helfen. Er hatte starke Visionen und wollte mit dem amerikanischen Präsidenten sprechen.

Ein 43 Jahre alter, geschiedener Mann, der allein lebte, erzählte den Psychiatern in der Klinik, er werde bei einem elektronischen Experiment gebraucht, bei dem man den Schließmuskel seines Enddarms manipuliere. Ein 16jähriges Mädchen, das von Freunden beschuldigt wurde, schwanger zu sein und kurz darauf zusammenbrach, stellte unvermittelt das Essen ein, weigerte sich, zur Schule zu gehen und bat um Vergebung für seine Sünden. Sie war sicher, daß sie vergiftet worden sei und sterben müsse. Sie hörte Stimmen und behauptete, in die Jungfrau Maria verwandelt worden zu sein. Eine 32jährige Patientin glaubte fest, daß die Stimmen, die sie hörte, auf Bauchreden zurückzuführen seien, und daß man Mikrophone in ihrem Zimmer aufgestellt habe, um ihre Unterhaltungen aufzunehmen.

Verschiedene emotionale Reaktionen des Schizophrenen – ob Zorn, Angst oder Depression – hat man auch bei anderen geisteskranken Patienten. Bei der Schizophrenie tritt allerdings auch ein Abflachen der Gefühle auf, ein Abstumpfen, das nicht zu dem Anreiz paßt.

Außer einigen Formen *motorischer Verlangsamung*, wozu auch eine ungeeignete Körperhaltung und Gesten gehören, gibt es nur wenige körperliche Merkmale, die typisch für Schizophrenie sind. Einige Schizophrene haben eine unbeholfene, ja exzentrische Haltung, schneiden seltsame Grimassen und lächeln unangebracht. Was die Diagnose betrifft, sind diese Merkmale nicht exakt, denn auch andere Geisteskranke – einschließlich einiger mit organischen Störungen – haben Schwierigkeiten mit der Motorik. Überraschenderweise wurde vor 100 Jahren von diesen Symptomen noch häufig berichtet, heute dagegen sind sie bis auf chronische, sehr ernste Fälle weit seltener.

Es ist eine grausame Krankheit, die sich im allgemeinen einer erfolgreichen Behandlung widersetzt. Man könnte die Schizophrenie als einen auf einem großen Bildschirm ablaufenden Tagtraum ansehen, der angefüllt ist mit Sinnestäuschungen, verschlüsselter Sprache, Wahnvorstellungen, unangemessenen Reaktionen und Empfindungen und schrecklichen Bedrohungen der Identität und des Überlebens. Sie raubt dem Opfer mehr von seiner Persönlichkeit als der Krebs. Das Bewußtsein ist die einzige Waffe des Menschen im Kampf gegen die ihn bedrohende Umwelt. Die Schizophrenie verdreht und entstellt dieses Bewußtsein und schwächt ihn mehr als es der Verlust eines Arms oder Beines täte.

Die Schizophrenie ist auch ein hartnäckiges Leiden, das eifersüchtig über seine Herkunft wacht. Doch hat dieses Rätsel um den Geist den Menschen nie davon abhalten können, die Ursache des Irreseins zu *erfinden*. Seit Menschengedenken war es eine mystische Suche, die die Philosophen beschäftigt hat – von den Orakeln der vorbiblischen Zeit bis zum Propheten des 19. Jahrhunderts, zu Sigmund Freud.

Die Priester-Ärzte der Assipu im alten Mesopotamien predigten, die Geisteskrankheit würde von Teufeln im Körper verursacht. Sie konnte nur durch religiöse Magie ausgetrieben werden, wozu auch Beschwörungen gehörten, die eine bemerkenswerte Ähnlichkeit zur heutigen Psychotherapie aufweisen. Der Medizinhistoriker Henry Sigerist schreibt über diese psychologische Magie in Mesopotamien: »Die Riten, die der beschwörende Priester aufführte, und die Worte, die er sprach, besaßen eine ungewöhnlich suggestive Kraft.«

Die Hebräer verbrämten die dunkle Ursache der Geisteskrankheit mit Theologie. Der eine Gott, Jahve, war der Schöpfer von Gesundheit und Krankheit und Herr über sie. Die Geisteskrankheit war ein Ausdruck seines Zorns, seiner Strafe für die Sünden der Menschen. Im 5. Buch Mose steht geschrieben: »Der Herr wird dich schlagen mit Wahnsinn«, eine Drohung, die Gott gegen König Saul vollstreckte, der an Schwäche litt und im Selbstmord endete. Der Glaube an die religiöse Natur der Geisteskrankheit war unter den Hebräern so ungebrochen, daß die Behandlung der Geisteskrankheit auch dann noch der Priesterschaft vorbehalten blieb, als Laienärzte schließlich von den Priestern die Macht zu heilen verliehen bekamen.

Die alten Hellenen sahen die Geisteskrankheit ähnlich wie die Griechen, als eine Strafe für Vergehen gegen die Götter. Ihre Behandlungsweise besaß allerdings stärkere natürliche und körperliche Untertöne. Die Heiltempel des Äskulap lagen an den schönsten Orten, geschmückt mit Gärten, und boten luxuriöse Bäder. Der Patient erhielt Unterweisungen in Reinlichkeit und einfacher Ernährungsweise und bekam Traumanleitungen, eine Art psychologische Suggestion. Wie die meisten heutigen Psychotherapeuten wiesen auch die Priester des Äskulap diejenigen ab, die so krank waren, daß sie ihnen mit ihren unschädlichen Mitteln nicht helfen konnten.

Hippokratische Ärzte in Griechenland entdeckten als erste den übernatürlichen oder theologischen Ursprung der Geisteskrankheit.

Systematisch gingen sie die Geisteskrankheit auf rationaler, wenn auch einfacher Grundlage an. Sie beschrieben exakt die Symptome der Depression, die nach ihrer Meinung durch eine Ansammlung schwarzer Galle hervorgerufen wurde.

Die Griechen schufen für die Geisteskrankheiten ein vernünftiges *Schema*, das auch heute noch einigermaßen sinnvoll erscheint. Es enthielt die Einteilung in Epilepsie, Manie, Melancholie und Paranoia, was für sie geistigen Zerfall bedeutete. Von der Ursache her gesehen war das griechische System wissenschaftlich schlecht konzipiert. In seinem beschreibenden Ansatz aber war es ein Vorläufer der modernen Psychiatrie.

Die Psychiatrie ist eine relativ junge Disziplin, die sich von der europäischen Medizin des 19. Jahrhunderts herleitet. In den vergangenen 150 Jahren hat sie jähe Meinungsänderungen vollzogen bei den Versuchen, abergläubische Vorstellungen abzulegen, nach denen die Geisteskrankheit zu verschiedenen Zeiten als Fluch, eine moralische Plage, das Produkt von Teufeln oder die Folge von Armut oder Unglück im Leben oder in der Liebe angesehen worden war. Zu Beginn des 19. Jahrhunderts trieb die Enttäuschung über den Mißerfolg bei der Suche nach der Ursache der Geisteskrankheit zahlreiche Ärzte zu sogenannten *romantischen Spekulationen*. Sie schrieben den Irrsinn der Umwelt und mystischen Quellen zu, eine Bewegung, die der gegenwärtigen psychologischen nicht unähnlich ist.

Zu den ersten Psychiatern der Neuzeit gehörte Moritz Romberg, ein Neurologe von der Universität Berlin. In seinem 1840 erschienenen Buch *Lehrbuch der Nervenkrankheiten* verschaffte er der Medizin vom Geist einen Platz als Spezialfach. Wilhelm Griesinger, sein Nachfolger an der Universität, dem der neugeschaffene Titel Professor für Psychiatrie und Neurologie verliehen wurde, erarbeitete seine historische Darstellung der Geisteskrankheit noch bevor er 30 Jahre alt war. Griesinger unternahm den Versuch, die Spekulation in der Psychiatrie auszumerzen.

Die Wissenschaftler hatten bereits pathologische Veränderungen des Gehirns bei der Parese festgestellt, der Geisteskrankheit, die durch die Syphilis verursacht wird. Griesinger kam zu der Überzeugung, daß alle Geisteskrankheiten grundsätzlich einen körperlichen und keinen psychologischen Ursprung haben. Er stellte die Theorie auf, daß die Geisteskrankheit anatomische Veränderungen im Gehirn mit einschließe, wenn er auch eingestehen mußte, daß sie zu der Zeit noch nicht feststellbar waren.

Henry Maudsley, ein englischer Psychiater, vollzog Griesingers organische Theorie nach. Das tat auch der damalige Papst auf diesem Gebiet, der deutsche Arzt Emil Kraepelin. Er war sicher, daß sich das Geheimnis der Geisteskrankheit eher in der Wissenschaft als in der Philosophie finden lasse. 1883, mit 23 Jahren, verfaßte er sein Lehrbuch und beschrieb die verschiedenen Formen der Geisteskrankheit, ein Werk, das er ständig ergänzte. Das Kraepelinsche System war 1899 fertiggestellt und wurde das beschreibende Handbuch der Geisteskrankheiten, ein Buch, das für den beruflich mit der Materie Beschäftigten noch immer unschätzbare Dienste leistet.

Kraepelin teilte die Geisteskrankheiten in zwei große Gruppen ein, die *Dementia praecox* und die *manisch-depressiven Psychosen*. Jede ist, wie er sagte, festgelegt und hat einen eigenen Verlauf der Symptome und Auswirkungen. Die subjektiven Seiten der Krankheit des Patienten – seine Lebensumstände und Gedanken – sind nicht so wichtig wie der vorgegebene, biologische Verlauf, erklärte Kraepelin. Die manisch-depressiven Psychosen verlaufen in zyklischen Anfällen freudiger Erregung und tiefer Depression. Zwischen den Anfällen erholt sich der Patient im allgemeinen und macht eine normale Phase durch. Kraepelin glaubte, daß dieser Patiententyp auf natürlichem Weg wieder genesen kann.

Hinsichtlich der Patienten mit *Dementia praecox* war Kraepelin allerdings pessimistisch. Diese Krankheit tritt meistens im frühen Erwachsenenalter auf und ist gekennzeichnet durch seltsame Handlungen, akustische Sinnestäuschungen und häufig das Gefühl, verfolgt zu werden. Der Patient durchläuft das natürliche Stadium geistigen Zerfalls, erholt sich nicht und wird schließlich zu einem der dauernd Geisteskranken, wie sie unsere psychiatrischen Kliniken vor der psychochemischen Revolution gefüllt haben.

Kraepelin entdeckte, daß die Dementia praecox in drei Formen auftritt: der *Katatonie*, bei der die Patienten zwischen dumpfer Monotonie und plötzlichen Ausbrüchen von großer Heftigkeit hin- und herschwanken; der *Hebephrenie* mit einfältigem und unangemessenem Verhalten und der *Paranoia*. Sie wird heute *paranoide Schizophrenie* genannt, deren Charakteristikum der Verfolgungswahn ist. Kraepelin war überzeugt, daß alle drei Formen eine biologische, körperliche Ursache hätten und nicht das Ergebnis umweltbedingten oder psychologischen Drucks seien.

Kraepelins Prognose der Geisteskrankheiten wurde hin und wieder überzogen. Es gibt Patienten mit Dementia praecox, die geheilt werden, und manisch-depressive, bei denen das nicht eintritt. Aber er befreite die Geisteskrankheit gründlich von Mystizismus und Theologie. Er sah sie als konkrete Gruppe von Krankheiten, die sich beschreiben ließen, ohne daß man auf die subjektiven Gedanken und Gefühle des Kranken zurückgreifen mußte. Er richtete unsere Aufmerksamkeit auf die Geisteskrankheit als eine Krankheit wie Krebs oder ein Herzleiden. Der Unterschied bestand darin, daß sie ihre Symptome durch das Gehirn zu erkennen gab, ein Gebiet, dessen unauslotbare Tiefen bisher jede Art von Hexerei zu einem Erfolg werden ließen.

Den nächsten Einblick in die Geisteskrankheit brachte die eigenartige Mischung der Kraepelinschen mit der romantischen Vorstellung des frühen 18. Jahrhunderts, zu der man zurückgekehrt war. Es ist eine nicht faßbare, verwirrende Mixtur aus Medizin und geheimnisvoller Philosophie, die kennzeichnend beispielsweise für die amerikanische Psychiatrie in den letzten 40 Jahren war. Den Mystizismus steuerte Sigmund Freud bei, die wissenschaftliche Psychiatrie Eugen Bleuler, der Schweizer Psychiater, der den heute allgemein verwendeten, irreführenden Begriff *Schizophrenie* erfand.

Bleuler glaubte, daß die subjektiven Empfindungen des Geisteskranken von Bedeutung seien und man der Krankheit psychologisch beikommen könne. Die Arbeit Sigmund Freuds in Wien zog ihn an, und bald schlossen sich sein Kollege Carl Gustav Jung und er der noch in den Kinderschuhen steckenden psychoanalytischen Bewegung an und boten Burghölzli als Ausbildungsstätte für psychoanalytische Psychiater an.

Bleuler stimmte mit Kraepelin überein, daß die Krankheit wahrscheinlich organischen Ursprungs sei. Aber paradoxerweise versuchte er, ihre Symptome als das Ergebnis psychologischer Ereignisse und menschlicher Motivationen zu erklären. Bleuler und Jung teilten hingegen nicht die Ansicht Kraepelins, daß die Dementia praecox letztlich zum unheilbaren Irrsinn führe. Bleuler sah als Hauptmerkmal der Krankheit eine *Persönlichkeitsspaltung* an, ein Zustand, der vermutlich durch krankhafte gedankliche Prozesse ausgelöst wurde.

Die Vorstellung der Spaltung führte zu dem Begriff *Schizophrenie*, einem dichterischen, unmedizinischen Ausdruck. Psychiatrisch wird er inzwischen als ungenau betrachtet, doch der exotische Name hielt sich. Ihm ist zuzuschreiben, bei Millionen gebildeter Menschen Verwirrung über eine Krankheit gestiftet zu haben, die gar keiner weiteren Verwirrung bedarf.

Zuhauf hat diese unglückliche, irreführende Bezeichnung Romane, Theaterstücke und Filme mit unpassender Dramatik hervorgebracht, in denen eine gespaltene Persönlichkeit eine Rolle spielte – anscheinend ganz normale Menschen, bei denen plötzlich die Züge der Geisteskrankheit durchbrachen. Aber jeder, der dieser Krankheit direkt oder indirekt ausgesetzt ist, weiß, daß ihre Symptomatik weit weniger romantisch ist. Sie spaltet die Persönlichkeit nicht, sie *zerstört* sie.

Ein weiterer unglücklicher Umstand des Ausdrucks Schizophrenie war seine Verwendung als Sammelbegriff. Der wohlklingende Name war dazu verurteilt, an die Stelle sämtlicher Formen der Kraepelinschen Dementia praecox und einiger anderer psychotischer Zustände zu treten, eine zu hohe Anforderung an ein schlecht gewähltes Wort. Bleuler hatte tatsächlich von der »Gruppe von Schizophrenien« gesprochen, womit er das Durcheinander komplett machte. Gerade als Kraepelin versuchte, die Geisteskrankheit im beschreibenden Gefüge der anderen Krankheiten unterzubringen, vergrößerten Freud und Bleuler bewußt deren symbolische und spekulative Macht und entfernten die Krankheit noch weiter vom Bereich der Wissenschaft.

Freud hatte neurotische Symptome durch psychologische Begriffe erklärt, als ein Versagen hauptsächlich des Sexual- oder Lusttriebs (*Libido*) auf verschiedenen Stufen der kindlichen Entwicklung. Bleuler versuchte, diese semantische Methode auf die Geisteskrankheit auszudehnen. Er verwendete Freuds Begriffe des unbewußten Symbolismus, vor allem die der primitiven gedanklichen Prozesse, die er *autistisches Denken* nannte. Wie Bleuler sagte, folgen sie nicht der Logik oder den Gesetzen der Realität, sondern sind gekennzeichnet durch die Denkweise, wie wir sie im Traum erleben.

Seit jeher hatte es eine Trennungslinie zwischen dem geistig Gesunden und Kranken gegeben. Aber Bleuler gefiel Freuds neues Konzept eines zusammenhängenden Ganzen, das die Psychologie des Normalen, des Neurotischen und des Psychotischen miteinander verbindet. Die unbewußten Gedanken, die die Neurose hervorriefen, konnten jetzt auch dem Wahnsinn Gestalt verleihen. Bleuler wußte, daß sich Freud mit der Beziehung Liebe-Haß beschäftigte, und er stellte die Theorie auf, daß diese gegensätzlichen Empfindungen bei Schizophrenen noch ausgeprägter seien. Er sprach von *Ambivalenz*, einem heute weitverbreiteten psychologischen Begriff.

Freud und Bleuler waren ein gutes Gespann: Freud ein Philosoph mit ein paar Anhängern aus dem Establishment, Bleuler ein akademischer Psychiater mit Empfehlungsschreiben. Zusammen hatten sie das abgetane romantische Gedankengut des 19. Jahrhunderts in die Psychiatrie zurückgebracht, womit sie die wissenschaftliche Erforschung der Krankheiten des Geistes praktisch zum Stillstand brachten.

Niemand konnte die enttäuschte, kindliche Libido Freuds sehen, und auch die *Ambivalenz* konnte kein Arzt bei seinen Patienten erblicken. Er konnte die Kraepelinschen manisch-depressiven Zyklen beobachten, Katatonie, Hebephrenie und Paranoia. Aber um die Jahrhundertwende schien die freudianische Psychologie etwas zu versprechen, womit Kraepelin nicht dienen konnte: *Hoffnung*. Wenn es sich um einen psychologischen Zustand handelte und man lernen konnte, ihn über den unbewußten Symbolismus zu verstehen, vielleicht kam es dann zu einem nichtmedizinischen, philosophischen, ja sogar magischen Durchbruch.

Aus diesem frühen psychoanalytischen Umfeld in Wien, wo sich Freud und seine Kollegen jeden Mittwoch in seinem Haus in der Berggasse 19 trafen, und aus Zürich vom Burghölzli kamen die Theorien über die Schizophrenie, die einen bedeutenden Teil der Psychiatrie zwei Generationen lang beherrscht haben. Obwohl sie inzwischen angesichts wissenschaftlicher Experimente an Boden verlieren, ist ihr metaphysischer Einfluß noch weltweit wirksam.

Von den Tagen Freuds bis heute wurde diese Sicht der Geisteskrankheit als *psychogen* oder psychologisch verursacht als das Zeichen eines neuen Zeitalters der Aufklärung begrüßt. Die Geisteskrankheit wurde als ein Leiden angesehen, das durch Emotionen und Gefühle hervorgerufen wurde, weniger als eine biochemische und genetische Krankheit, die ihrerseits entstellte Emotionen und Gefühle schuf. Der Patient galt nicht länger als ein organisch Kranker, für den es keine medizinische Behandlung gab. Der Schizophrene war jemand, dessen Psychose auf viele Arten eine Ausweitung der gewöhnlichen Neurosen war.

Man könnte diese Zeit als das dunkle Mittelalter der Psychiatrie bezeichnen. Es war eine Epoche, in der sich die Psychiatrie in die falsche Richtung wandte. Anstatt sich mit der medizinischen Behandlung auf die Kranken und ihre Untersuchung in den Instituten zu konzentrieren, um der Ursache und der Heilung der Schizophrenie auf die Spur zu kommen, eröffneten die besten Köpfe Privatpraxen, wo sie sich der emotionalen Sorgen der vor Gesundheit Strotzenden annehmen konnten, die man jetzt Neurotiker nannte.

Diese Periode dauerte offiziell von 1911, als Freud und Bleuler sich zusammentaten, bis zur allgemeinen Anwendung anti-psychotischer Medikamente in den 60er Jahren. Aber in Kreisen der Psychiater und der Öffentlichkeit selbst lebt noch viel von ihr fort. Es ist eine Zeit, an die sich die Geschichte als die Zeit erinnern wird, in der man die wirklich Kranken übersah, und die »neurotischen« Gesunden von einem psychiatrischen Berufsstand verfolgt wurden, der mehr an die Metaphysik als an die Medizin dachte.

Die Psychiatrie hat nicht nur versagt, weil sie sich nicht genügend um die Kranken gekümmert hat, sie hat auch versagt, weil sie behauptete, die Psychotherapie könne Geisteskranke heilen. Von allen Fehlschlägen wirkt das falsche Versprechen der Psychotherapie, ein Werkzeug gegen die Geisteskrankheit zu sein, am schwersten.

»Von den 30er bis in die 60er Jahre lehrte man eine ganze Psychiatergeneration zu glauben, daß die Psychotherapie der einzige Weg sei, dem Schizophrenen zu helfen, ihn eventuell sogar zu heilen«, erklärte Dr. Philip May, Forschungs- und Entwicklungsleiter am Veterans Administration Hospital in Los Angeles und Professor für Psychiatrie an der University of California in derselben Stadt. »In Wirklichkeit hat sich die Psychotherapie im akuten Stadium der Schizophrenie als ein sehr schwaches Mittel erwiesen. Patienten wie Psychiater sind zu Opfern der hochtrabenden Behauptungen der Psychotherapie geworden. Jahrelang hat man den psychiatrischen Assistenzärzten erzählt, die Psychotherapie sei die einzig mögliche Behandlungsmethode bei Geisteskrankheit. Wenn sie nicht anschlug, dann stimmte angeblich etwas mit dem jungen Psychiater nicht.«

Die eindeutigen Untersuchungen Dr. Mays über die Psychotherapie haben deren Versagen bei der Behandlung der Geisteskrankheit ergeben. Ein aus Psychiatern, Psychologen und Krankenschwestern bestehendes Team führte unter der Leitung von Dr. May eine Untersuchung an 228 schizophrenen Patienten durch, die zum ersten Mal in das Camarillo State Hospital in Kalifornien eingewiesen worden waren. Die Patienten wurden nach ihren »durchschnittlichen« Besserungsaussichten ausgesucht und fünf verschiedenen Behandlungsgruppen zugewiesen. Die erste Gruppe wurde ausschließlich einer psychotherapeutischen Einzelbehandlung unterzogen. Die zweite erhielt lediglich Phenothiazin oder Medikamente gegen Schizophrenie. Die dritte Gruppe bekam Medikamente und eine Psychotherapie. Die vierte wurde mit der Elektrokrampf-Therapie behandelt. Die fünfte, die Kontrollgruppe, bekam die Bezeichnung »Milieu« und wurde auf keine der vier Arten behandelt.

Die Behandlung mit Phenothiazin zeigte ermutigende Ergebnisse, eine Enttäuschung gab es hingegen für diejenigen, die geglaubt hatten, daß die Psychotherapie den psychischen Mechanismus ändere. »Psychotherapie allein und Milieu (keine besondere Behandlung) waren eindeutig die erfolglosesten und teuersten Behandlungsarten mit nur geringfügigen Unterschieden«, stellt Dr. May fest. Ausdrücklich hebt er den Erfolg der Medikamente hervor, die »sich sehr stark und eindeutig in einer gesteigerten Zahl von erfolgreich Entlassenen auswirkten, und auch trotz der erhöhten Patientenzahl erheblich die durchschnittliche Aufenthaltsdauer und die Kosten für diese Entlassenen senkten«. Und er fügt hinzu: »Im Gegenteil dazu hat die Psychotherapie keine nennenswerten Auswirkungen auf die Entlassenenquote, und allem Anschein nach hat sie zu einer Verlängerung der Zeit beigetragen, die ein Patient im Krankenhaus behandelt wird ...«

Die Zahlen unterstreichen Dr. Mays Schlußfolgerungen auf das eindringlichste. Diejenigen Schizophrenen, die nur Medikamente bekamen, blieben mit durchschnittlich 130 Tagen die kürzeste Zeit im Krankenhaus. Diejenigen, die man ausschließlich psychotherapeutisch behandelt hatte, blieben 185 Tage, drei Wochen länger als die, die keinerlei besondere Behandlung erhalten hatten. Von den 228 Patienten wurden 95 Prozent derjenigen, die medikamentös behandelt worden waren, entlassen, aber nur 65 Prozent von den psychotherapeutisch Behandelten. Der letzte Wert lag auch beträchtlich unter den 79 Prozent für die mit der Elektrokrampf-Therapie Behandelten. Selbst als zu den Medikamenten noch die Psychotherapie hinzukam, wie in der zweiten Gruppe, ergab sich keine Besserung gegenüber der Behandlung mit Phenothiazin allein.

»Alles in allem kann man sich nur schwer des Eindrucks erwehren, daß diese Untersuchung dem Einsatz der Psychotherapie als einer der wesentlichen Behandlungsformen für stationäre Schizophrene einen empfindlichen Schlag versetzt hat«, bemerkt Dr. Milton Greenblatt, Professor für Psychiatrie an der University of California in Los Angeles.

Das Scheitern der Psychotherapie und der relative Erfolg des Phenothiazins werfen ernste Fragen nach der angeblichen psychologischen Ursache der Geisteskrankheiten auf. Wie ist es möglich, daß eine Krankheit, die durch eine emotionale Fehlentwicklung innerhalb der Familie hervorgerufen wurde, eine so außergewöhnliche Besserung durch ein Medikament erfährt, während die psychodynamische Einsicht in das Problem offenbar nicht von Vorteil ist, möglicherweise sogar schadet?

Dr. Donald F. Klein glaubt, daß die Wirkung des Phenothiazins gegen die Schizophrenie ein pharmakologisches Zeichen für den organischen und nicht psychologischen Ursprung der Krankheit ist. »Das Verabreichen einiger Medikamente wirkt sich bei jedem gleich aus. Gelusil zum Beispiel reduziert offenbar die Magensäure bei jedem Menschen, gleichgültig ob der Magen krank ist oder nicht«, erklärt Dr. Klein. »Ein solches Präparat wirkt wie ein Rheostat. Es hebt oder senkt die Werte unabhängig vom Patienten. Aspirin dagegen wirkt wie ein Thermostat. Es senkt erhöhte Temperatur, läßt sie jedoch nicht unter den Wert der normalen Körpertemperatur sinken. Und wenn jemand normale Körpertemperatur hat, senkt es sie nicht. Das gleiche gilt für Digitalis. Es normalisiert einen unregelmäßigen Herzschlag, aber es geschieht nichts, wenn man es jemandem mit normalem Herzschlag gibt.«

»Die Antipsychotika wirken auf eben diese thermostatische Art«, fährt er fort. »Sie schlagen bei Geisteskranken ganz ungewöhnlich stark an. Verabreicht man sie jedoch einem normalen Menschen, geschieht gar nichts. Prolixin ist als Antipsychotikum hundertmal wirksamer als Chlorpromazin; auf jemanden, der nicht psychotisch ist, wirken sie jedoch beide gleich – leicht beruhigend. Weil die Antipsychotika diese Wirkung haben, muß es bei den schwereren Psychosen eine biologische Störung geben.«

Dr. Klein und viele seiner Kollegen weisen außerdem auf die sich mehrenden genetischen Beweise hin, die ein Zeichen für die biologische Grundlage der Geisteskrankheit sind. Wie können wir das beweisen, ohne die Ursache zu isolieren? Der erste Schritt besteht darin zu zeigen, daß es sich um eine *vererbte* Störung handelt, die über das System der Gene von den Eltern an das Kind weitergegeben wird.

Alle Untersuchungen lassen erkennen, daß schizophrene Eltern zehnmal mehr und noch häufiger schizophrene Kinder zeugen, als aufgrund des allgemeinen Bevölkerungsdurchschnitts zu erwarten wären.

Dr. E. James Anthony von der Washington University in St. Louis untersuchte 220 Familien, in denen ein Elternteil entweder an Schizophrenie oder manisch-depressiver Psychose litt. Er stellte fest, daß 15 Prozent ihrer Kinder letztlich psychotisch wurden. Ebenso tragisch war, daß zwischen 40 und 50 Prozent der anderen Kinder später ein gesellschaftsfeindliches Verhalten entwickelten.

Eine schizophrene Verbindung ist auch bei geschwistervergleichenden Studien festgestellt worden. Sie belegen, daß die Geschwister von Schizophrenen im allgemeinen achtmal häufiger die Krankheit entwickeln als im Bevölkerungsdurchschnitt – Schizophrenie tritt in acht Prozent der Fälle auf, verglichen mit einem Prozent bei einer Zufallsauswahl aus der Bevölkerung.

Dr. T. Lidz untersuchte 24 Geschwister junger erwachsener Schizophrener, die in das Psychiatrische Institut von Yale eingeliefert worden waren. Er fand nicht nur heraus, daß Schizophrenie unter Geschwistern häufiger vorkommt, sondern entdeckte auch eine Reihe anderer Persönlichkeitsstörungen bei den Geschwistern der Kranken. Drei (zwölf Prozent) waren klinisch schizophren; sieben (29 Prozent) waren psychotische Grenzfälle; acht (33 Prozent) waren emotional gestört. Nur sechs (25 Prozent) galten als angepaßt.

Der finnische Wissenschaftler Dr. Y. O. Alanen kam bei einer ähnlichen Untersuchung zu vergleichbaren Ergebnissen. Von 49 Geschwistern Schizophrener erkannte man bei acht Prozent auf Schizophrenie. Weitere zwölf Prozent waren zwar nicht schizophren, aber psychotisch. Als Gegenprobe untersuchte Alanen eine aus 40 Geschwistern bestehende Kontrollgruppe. Keines der Mitglieder dieser Gruppe erwies sich als schizophren oder psychotisch.

Am Hillside Hospital auf Long Island untersuchten Wissenschaftler 64 Geschwister schizophrener Patienten. Sie stellten fest, daß fünf (acht Prozent) die Krankheit hatten und 34 weitere Prozent an irgendwelchen emotionalen Störungen litten. Ein erfreuliches Ergebnis hatte die Untersuchung allerdings doch: 58 Prozent der Geschwister waren normal.

Was beweisen diese Studien? Sie zeigen unmißverständlich, daß die Schizophrenie innerhalb der Familie »übertragen« wird. Nicht klar dagegen ist, ob diese Ansteckung umweltbedingt oder genetischer Natur ist. »Holen« sich die jungen Menschen die Schizophrenie vom gestörten familiären Umfeld, das sie umgibt und dann schließlich zugrunde richtet? Oder ist die schizophrene Ansteckung genetischer Art? Ist sie eine Zeitbombe, die in den ererbten DNS- und RNS-Code der Familie eingebaut ist?

Es gibt zwei lebende Laboratorien, die uns bei der Lösung dieses Rätsels helfen können. Zum einen die eineiigen Zwillinge, die biologisch praktisch gleich sind. Die Natur erweist der Wissenschaft hier eine Annehmlichkeit, indem sie ein einziges befruchtetes menschliches Ei in zwei Feten aufteilt, die den gleichen genetischen Aufbau besitzen.

Zum anderen die Pflegestelle, die es leichter macht, die genetischen Auswirkungen von der Umwelt zu trennen. In der Pflegefamilie hat das Kind zwar die Biologie seiner leiblichen Eltern, lebt aber in einer Umgebung, die sich aus biologisch Fremden zusammensetzt. Wenn die kranken Eltern das Kind nicht aufziehen, es sich aber dennoch in einer normalen Umgebung die Schizophrenie »holt«, ist das ein schwerwiegendes Argument für die Erblichkeit.

Dank dieser beiden Laboratorien ist die Wahrheit über die Schizophrenie erfolgreich zutage gefördert worden. Und sie besagt, daß die Krankheit zu einem ganz erheblichen Teil genetisch bedingt ist, daß das Blut sich Bahn bricht, wie der Fachmann sagen würde.

Der aus dem US-Bundesstaat Minnesota stammende Psychiater L. L. Heston berichtete im *British Journal of Psychiatry* über 47 Kinder, deren Mütter schizophren waren, die aber bei normalen Pflegeeltern aufgewachsen waren. Er verglich schließlich die geistige Gesundheit dieser Kinder mit der einer gleich großen Anzahl in Pflegefamilien aufgewachsener Kinder, deren Mütter nicht schizophren gewesen waren.

Wäre die Umgebung der Auslöser der Krankheit, gäbe es in beiden Gruppen etwa den gleichen Anteil an Schizophrenie. Doch dem war nicht so. Das Auftreten von Schizophrenie unter den Kindern, deren leibliche Eltern schizophren waren, war über zehnmal so häufig wie im Normalfall! In der Kontrollgruppe gab es keinen einzigen Fall von Schizophrenie! Obwohl sie getrennt von ihren schizophrenieanfälligen Familien aufwuchsen, zogen sich die biologisch zur Schizophrenie neigenden Kinder die Krankheit in relativ großer Zahl zu.

Die sich mehrenden Beweise, daß die Schizophrenie eine genetische Grundlage hat und vererbt wird, fanden ihren Niederschlag in einem Leitartikel im *American Journal of Psychiatry*. In ihm wird eine Meinung vertreten, die die Anhänger der Umwelttheorie unter den Psychiatern und Psychologen entrüstet, die glauben, daß das Verhalten der Eltern die Schizophrenie hervorruft, nicht die Gene. »Wir begreifen erst allmählich, wie weitreichend der genetische Einfluß bei der Schizophrenie möglicherweise ist«, erklärt Dr. Barbara Fish, die frühere Direktorin für Kinderpsychiatrie am Medizinischen Zentrum der New York University. Sie führt eine Studie an, die zeigt, daß 50 Prozent der Kinder schizophrener Mütter eindeutig geistig behindert waren, obwohl sie bereits bei der Geburt von ihren Müttern getrennt worden waren.

Die beeindruckendste Untersuchung auf diesem Gebiet ist vielleicht die von Dr. Seymour S. Kety, Professor für Psychiatrie an der medizinischen Fakultät von Harvard, und seinen Kollegen Dr. Paul H. Wender, Dr. David Rosenthal und Dr. Fini Schulsinger. »Adoptierte Kinder, die ihr genetisches Rüstzeug von einer Familie und die Einflüsse der Umgebung von einer anderen erhalten, bilden einen einmalig nützlichen Bestand, um diese beiden Gruppen veränderlicher Größen bei der Übertragung der Schizophrenie voneinander zu trennen«, erklären die Wissenschaftler.

Ihr Labor war Dänemark. Über die dänische Regierung kamen sie an die kompletten Akten sämtlicher Adoptionen in Kopenhagen zwischen 1924 und 1948. Es waren die Adoptionen festgehalten, bei denen Adoptiveltern und -kind nicht blutsverwandt waren.

Die Wissenschaftler entschlossen sich, die Fälle der Adoptivkinder zu überprüfen, deren Eltern schizophren waren. Würde der Geisteszustand der Kinder der Biologie der Eltern oder der Umgebung im neuen Zuhause entsprechen? Man fand 5500 Adoptivkinder und verfolgte die Spur von 10000 Eltern. (Die Väter von 1000 Kindern konnte man nicht aufspüren.) Mit Hilfe einer zentralen psychiatrischen Kartei erfuhr man, welcher Elternteil geisteskrank war, unterteilt nach Schizophrenie, manisch-depressiven Krankheiten und schizophrenen Grenzfällen.

Die Wissenschaftler wählten davon geisteskranke »Index-Eltern« aus und überprüften dann die geistige Gesundheit der Kinder, die ausnahmslos von jemand anderem aufgezogen worden waren. Trotz der besseren Umgebung stellte man bei fast 32 Prozent der adoptierten Kinder Geistesstörungen fest. »Das Material stützt die Theorie, daß die Vererbung eine bedeutsame Rolle bei der Ätiologie der Störungen im Bereich der Schizophrenie spielt«, berichten die Verfasser der Studie.

Bei einer anderen Untersuchung machten Kety und seine Kollegen 33 dänische Adoptivkinder ausfindig, deren psychiatrische Krankengeschichte eine Diagnose auf Schizophrenie rechtfertigte. Dann suchte er 33 Adoptivkinder zum Vergleich, die keine entsprechende Krankengeschichte aufwiesen. In jeder der beiden Gruppen tat er ungefähr 150 Blutsverwandte der adoptierten Kinder auf – Eltern, Geschwister oder Halbgeschwister. Die Unterlagen über diese Personen wurden dann auf Geisteskrankheiten hin überprüft.

Und das Ergebnis? Bei den Blutsverwandten der kranken Adoptivkinder wurden in 13 Prozent der Fälle »Störungen im Bereich der Schizophrenie« festgestellt. In der Kontrollgruppe trat Geisteskrankheit in nur drei Prozent der Fälle auf. Darüber hinaus verglichen die Wissenschaftler die adoptierten Verwandten beider Gruppen. Die Umgebung schien nur eine untergeordnete Rolle zu spielen. Beide Male traten für die Durchschnittsbevölkerung typische Geisteskrankheiten etwa gleich oft auf.

Da eineiige Zwillinge den gleichen genetischen Aufbau haben, lassen sich auch dadurch Erkenntnisse über die genetische Grundlage der Schizophrenie sammeln, daß man erfährt, ob monozygotische oder eineiige Zwillinge häufiger beide schizophren sind als zweieiige oder dizygotische Zwillinge. Diese zweieiigen Zwillinge gleichen sich biologisch nicht mehr als gewöhnliche Geschwister. Wenn die Schizophrenie genetischen Ursprungs ist, würde die Krankheit eineiige Zwillinge häufiger befallen als zweieiige.

Am Maudsley Hospital in London untersuchten sieben Diagnostiker unter der Leitung von Dr. Irving I. Gottesman von der University of Minnesota und James Shields von Maudsley die psychiatrischen Krankengeschichten von 114 Zwillingen, von denen zumindest jeweils einer schizophren war. Das Psychiaterteam war international und bestand aus Ärzten aus den Vereinigten Staaten, Japan, Schweden und Großbritannien. Es war ein Versuch, von nationalen Tendenzen wegzukommen, was denn Schizophrenie nun eigentlich genau ist. So lautet zum Beispiel in den Vereinigten Staaten die Diagnose öfter auf Schizophrenie als in Großbritannien.

Die 57 Zwillingspaare wurden aus 45000 psychiatrischen Patienten ausgesucht, die in einem Zeitraum von 16 Jahren in Maudsley eingeliefert worden waren. Die Ergebnisse waren verblüffend. Jeweils beide zweieiige Zwillinge hatten Schizophrenie in nur neun Prozent der Fälle. Dieser Wert ähnelt dem der meisten Untersuchungen über normale Geschwisterpaare. Aber nach übereinstimmender Meinung der Forscher waren bei den eineiigen Zwillingen jeweils beide in 50 Prozent der Fälle schizophren! Da Schizophrenie im Durchschnitt bei nur einem Prozent der Bevölkerung auftritt, zeigt dieses Sample eineiiger Zwillinge eine mehr als 50mal höhere Wahrscheinlichkeit für Schizophrenie! Das ist ein drastischer Beweis, daß die Krankheit im wesentlichen genetisch bedingt und vererbt ist, und nicht den psychodynamischen Theorien folgt, die das psychiatrische Denken in Amerika und Europa so nachhaltig beherrscht haben.

Andere Berichte über eineiige Zwillinge gehen in die gleiche Richtung wie die Maudsley-Studie. Die seit 1953 durchgeführten Untersuchungen weisen eine Übereinstimmung auf, die zwischen 35 und 76

Prozent liegt. Bei den Untersuchungen einschließlich der Maudsley-Serie haben die Wissenschaftler für Schizophrenie bei eineiigen Zwillingen eine durchschnittliche Übereinstimmung von 46 Prozent erzielt. Im Vergleich dazu liegt der entsprechende Wert für Geisteskrankheit bei zweieiigen Zwillingen, die weder gleich aussehen noch sich gleich verhalten, bei 14 Prozent. Beide Zahlen zeigen, daß die Familie die Schizophrenie hervorbringt. Aber die eineiigen oder biologisch gleichen Zwillinge weisen mehr als dreimal soviel Schizophrenie auf, ein klarer Beweis, daß unbekannte Gene das eigentliche Geheimnis der Geisteskrankheit bilden.

Die erste großangelegte Untersuchung über Schizophrenie bei eineiigen Zwillingen wurde 1946 von Dr. Franz J. Kallmann am Columbia Medical Center durchgeführt. Kallmann berichtete über knapp 700 Zwillingspaare, die eine 86prozentige Übereinstimmung für Schizophrenie bei eineiigen Zwillingen gegenüber nur zehn bis 15 Prozent bei zweieiigen aufwiesen.

Die Kallmann-Studie bewegt sich am oberen Ende der Wahrscheinlichkeit, eine neuere vermutlich am unteren. 1969 berichtete Dr. William Pollin vom National Institute of Mental Health über 15 909 Zwillinge, die Dienst in den Streitkräften getan hatten. Er verwendete nur die Gesundheitsakten und wählte die Personen aus, die entweder an Schizophrenie oder an manisch-depressiven Krankheiten litten. Dann überprüfte er die Unterlagen ihrer Zwillingsbrüder. Bei 80 eineiigen Zwillingspaaren betrug die Übereinstimmung 15,5 Prozent gegenüber nur 4,4 Prozent bei 145 zweieiigen Zwillingspaaren.

Das Verhältnis der beiden Zwillingstypen untereinander war charakteristisch, der Wert von 15,5 Prozent für eineiige Zwillinge allerdings der bisher niedrigste. Eine überarbeitete Studie der gleichen Personenauswahl auf der Grundlage von Unterlagen über Anforderungsansprüche der Veteranen hat diese Zahlen etwas angehoben, auf 27,4 Prozent bei den eineiigen Zwillingen und 4,8 Prozent bei den zweieiigen. Aber selbst diese höheren Werte wurden als zu niedrig angegriffen, und zwar aus einem einfachen Grund. Die Zwillinge waren nach *Gesundheits*kriterien ausgewählt worden und beide waren diensttauglich, eine Situation, die für Schizophrene völlig atypisch ist.

Was bedeutet all das? Wenn die Schizophrenie grundsätzlich eine genetisch vererbte Krankheit ist, warum werden dann nicht beide eineiige Zwillinge geistesgestört, wenn die Krankheit einen von beiden befällt? Wenn die Übereinstimmungswerte für eineiige Zwillinge bei durchschnittlich 50 Prozent liegen, bedeutet das, daß die Schizophrenie halb genetisch, halb umweltbedingt ist?

Zunächst einmal ist das 50-Prozent-Beispiel mathematisch stark vereinfacht. Wenn im Bevölkerungsdurchschnitt jeder 100. schizophren ist (ein Prozent – 0,85 Prozent ist der häufig für Westeuropa genannte Wert), dann müßten eigentlich auch unter den eineiigen Zwillingen nur ein Prozent beide die Krankheit haben. Aber wie wir gezeigt haben, ist die 50prozentige Übereinstimmung 50mal oder um 5000 Prozent höher als die Wahrscheinlichkeit!

Kritiker der genetischen Theorie führen an, daß eineiige Zwillinge eine sehr ähnliche Umgebung haben und den gleichen psychologischen Belastungen ausgesetzt sind. Warum sollten sie dann nicht auch beide schizophren werden? Dieses Argument wird durch die Arbeit Dr. Ketys widerlegt. Durch den Nachweis, daß auch die adoptierten Kinder schizophrener Eltern, die völlig getrennt sind von der Umgebung, die die Krankheit offenbar erzeugt, in großem Umfang Schizophrenie entwickeln, wird das Umwelt-Argument als nicht stichhaltig entlarvt.

Wenn sich eineiige Zwillinge und adoptierte Kinder so gut für diese Untersuchungen eignen, warum nimmt man dann nicht Kinder mit beiden Merkmalen, eineiige Zwillinge, die getrennt aufgewachsen sind? Leider gibt es nur sehr wenige dieser Fälle. Aber diese wenigen deuten ganz klar auf die Vererbung hin. Von 17 eineiigen Zwillingen, die bei der Geburt oder in der Kindheit getrennt wurden und getrennt aufwuchsen, entwickelten elf Paare beide Schizophrenie! In einer beeindruckenden Untersuchung, die 1967 in Japan durchgeführt wurde, wies H. Mitsuda sogar nach, daß eine Gruppe eineiiger Zwillinge eine ähnliche Rate schizophrener Übereinstimmung aufwies, je nachdem, ob sie zusammen oder getrennt aufwuchsen.

Warum, so könnten Skeptiker fragen, werden dann nicht alle eineiigen Zwillinge gleich schizophren? Zunächst einmal sind eineiige Zwillinge nicht vollkommen gleich. Sie haben vielleicht das gleiche Gensystem, aber die *konstitutionellen* Faktoren weichen voneinander ab. Ein Zwilling kann sich aufgrund der Bedingungen im Uterus der Mutter etwas anders als sein Geschwisterteil entwickeln. Von eineiigen Zwillingen hat einer oft ein geringeres Geburtsgewicht und entpuppt sich früh als schlechter Schläfer und Esser.

Bei einer Untersuchung von 15 eineiigen Zwillingspaaren, die man ausgewählt hatte, weil nur jeweils ein Zwilling schizophren war, stellte das Studienzentrum für Schizophrenie fest, daß elf der schizophrenen Zwillinge bei der Geburt biologisch schwächer gewesen waren. Zwei andere waren in der Kindheit schwer krank gewesen: einer bekam im frühen Kindesalter Blausucht infolge eines Unfalls mit Heizgas, der andere erkrankte mit dreieinhalb Jahren an Rocky-Mountain-Fieber. Man entdeckte außerdem, daß der Zwilling, der schizophren wurde, schon früh zu neurologischen Anomalien neigte.

Wenn Schizophrenie tatsächlich durch die Gene übertragen wird, wie läßt sie sich dann darstellen? Wie können wir voraussagen, wer die Krankheit ererben wird und wer nicht? Zum Unglück für die Wissenschaft und die Betroffenen ist der genetische Aufbau der Schizophrenie verworren.

Die Schizophrenie ist nicht reinerbig. Sie ist keine einfache genetische Krankheit, deren Verlauf ohne weiteres vorausgesehen werden kann. Die Phenylketonurie etwa, eine Art Schwachsinn bei Kindern, wird durch rezessive Gene verursacht. In der Regel werden 25 Prozent der Kinder eines Überträgers von der Krankheit befallen. Huntington-Chorea ist eine weitere ererbte Krankheit mit klareren Symptomen. Hat ein Elternteil die Krankheit, erkrankt normalerweise letztlich die Hälfte der Kinder daran.

Die Vererbung der Schizophrenie ist jedoch schwer faßbar. Dr. Gottesman und Dr. Shields vergleichen sie mit dem Diabetes, den sie den »Alptraum jedes Genetikers« nennen. Wie die Schizophrenie befällt der Diabetes etwa jedes zehnte Kind eines Erkrankten. Aber wo und wie, das weiß man nicht. Zur Erklärung der Schizophrenie führen die beiden Wissenschaftler eine *polygene* Theorie ins Feld. Diese Theorie baut auf »dem gleichzeitigen Vorkommen vieler, kleiner Unterbrechungen« auf. Die Schizophrenie ist wahrscheinlich nicht auf die Wirkung eines größeren Gens zurückzuführen, sondern wohl eher auf das Zusammenwirken mehrerer, weniger einflußreicher Gene, der Polygene.

Die Polygene sowohl der Schizophrenie wie des Diabetes verhalten sich anders als die dominanten und rezessiven Mendelschen Gene. Bei der polygenen Theorie fällt die Zahl der Angesteckten abrupt, wenn man von den Verwandten ersten zu denen zweiten Grades kommt. Bei der polygenen Vererbung ist die Gefahr für die Verwandten umso größer, je schwerer der Fall ist. Und sie steigt, sobald die Zahl anderer Familienmitglieder zunimmt, die sich die Krankheit zugezogen haben.

Wie groß ist die Wahrscheinlichkeit, daß ein bestimmter Verwandter eines Schizophrenen die Krankheit bekommt? 1967 stellte die deutsche Wissenschaftlerin E. Zerbin-Rudin eine umfassende Übersicht zusammen, der 35000 Verwandte von Schizophrenen zugrunde lagen. Sie stellte fest, daß die Wahrscheinlichkeit, schizophren zu werden, für die Kinder schizophrener Eltern 13,8 Prozent (jedes siebente Kind) betrug; für die Geschwister eines Schizophrenen lag die Wahrscheinlichkeit bei 10,2 Prozent (jeder zehnte Geschwisterteil), wobei der Wert auf 17,2 Prozent (jeder sechste) stieg, wenn gleichzeitig ein Elternteil geisteskrank war. Der Wahrscheinlichkeitswert stieg auf beängstigende 46,3 Prozent (beinahe jedes zweite Kind) für Kinder zweier miteinander verheirateter Schizophrener. Die Wahrscheinlichkeit des Auftretens von Schizophrenie lag bei nur drei Prozent – das dreifache des normalen Wertes – für entferntere Verwandte, wozu Halbgeschwister, Onkel, Tanten, Neffen, Nichten, Enkel und leibliche Vettern oder Basen gehörten.

Dr. C. Peter Rosenbaum vom Medizinischen Zentrum der Stanford University kommt zu dem Schluß, daß »die Wahrscheinlichkeit, Schizophrenie zu entwickeln, umso größer ist, je näher jemand mit einem Schizophrenen blutsverwandt ist«. Er ergänzt, daß »die Wahrscheinlichkeit sich leicht erhöht, wenn jemand das gleiche Geschlecht wie der Indexpatient hat, oder wenn der Indexpatient weiblichen Geschlechts ist«.

Seine Statistik bestätigt generell die größere schizophrene »Chance«, wie sie auch Zerbin-Rudin gesehen hat, allerdings liegen seine Werte etwas höher. Nach Dr. Rosenbaum schwankt das Risiko für die Geschwister zwischen zwölf und 16 Prozent. Beim Kind einer schizophrenen Mutter beträgt die Wahrscheinlichkeit 16 bis 17 Prozent, bei Halbgeschwistern ungefähr sieben Prozent.

Im Gegensatz zu dieser gewissenhaften Arbeit bei der Enträtselung der Geheimnisse der Schizophrenie nehmen sich die Erklärungen Freuds über die Geisteskrankheit heute kindisch aus. Sie sind eine Mischung aus metaphysischem Symbolismus und Ungenauigkeiten, die als ein totales Durcheinander auf die moderne Psychiatrie gekommen ist.

Freud hielt Neurose und Psychose anfangs nicht klar auseinander. Die Neurose, so sagte er, werde hervorgerufen durch eine Störung der psychosexuellen Entwicklung des Kindes. 1914 bot er schließlich eine psychologische Erklärung der Psychose an. Leider hilft sie dem Geistesgestörten kaum weiter. In seinem Beitrag *Zur Hinführung des Narzißmus* trennt Freud die Neurose von der Psychose vermittels des Sexualtriebs, der Libido. Der Psychotiker bricht nach den Worten

Freuds mit der Wirklichkeit, indem er auf eine kindliche Stufe zurückkehrt. Er zieht seine Libido von der Umwelt ab und richtet sie auf sein eigenes Ich. Er kehrt zum Stadium der kindlichen Eigenliebe zurück, zum Narzißmus. Der Neurotiker dagegen bewahrt sich ein geistiges Bild der Objekte seiner Umgebung und vermeidet damit die Psychose.

Im Gegensatz zu einigen seiner Anhänger war Freud wenig zuversichtlich, daß seine »Wissenschaft« der Psychoanalyse die Psychose heilen können. Der Grund, sagt er, läge darin, daß die narzißstische Eigenliebe des Psychoten ihn daran hindere, seine Libido auf den Psychoanalytiker zu übertragen. Und ohne diese Liebesübertragung könne es keine Heilung geben.

In der klinischen Praxis aber war sich Freud oft unsicher, ob seine Patienten neurotisch oder psychotisch waren. Einige seiner Kritiker behaupten seither, daß wir immer dann, wenn Freud einen Patienten als schwer neurotisch einstufte, annehmen sollten, daß er entweder ein psychotischer Grenzfall oder schlicht verrückt war.

Das scheint auf einen seiner Patienten zuzutreffen, den sogenannten Wolfsmann, einen russischen Emigranten in Wien, den Freud 1910 erstmals untersuchte. Der Patient war schon mehrere Male als manisch-depressiv in ein Krankenhaus eingeliefert worden, Freud diagnostizierte bei ihm jedoch einen schweren Fall von Verfolgungsneurose. Bei der ersten Sitzung erbot sich der Wolfsmann, mit Freud analen Geschlechtsverkehr zu vollziehen und auf seinen Kopf zu defäkieren. Als der Wolfsmann später erfuhr, daß Freud sich einer Operation am Mund unterzogen hatte, fing er wie unter einem Zwang an zu onanieren.

Freud diagnostizierte nur ein einziges Mal eine Psychose. Er untersuchte den Patienten nicht persönlich, sondern anhand eines Buches, das er gelesen hatte. Der »Patient« war ein Psychotiker, der ehemalige sächsische Senatspräsident Daniel Paul Schreber, der bereits zweimal in einer Klinik behandelt worden war. Sein Buch *Denkwürdigkeiten eines Nervenkranken* schildert die 13 Jahre, die er in einer Nervenklinik verbrachte. Schreber widerfuhren in dieser Zeit schmerzhafte körperliche Erlebnisse, die er für »Wunder« Gottes hielt, die dieser durch auf seinen Körper gelenkte »Strahlen« vollbringe.

Freud analysierte »einen Ausbruch einer homosexuellen Regung [gegenüber seinem Arzt Flechsig, einem Vaterersatz] als Grundlage der Erkrankung Schrebers. Gegen dieselbe [(passive homosexuelle)

Wunschphantasie] erhob sich ... ein intensiver Widerstand, der ... die Form des Verfolgungswahnes [annahm].«

Freuds aus der Ferne getroffene Folgerungen über Schreber sollten zu einer falschen psychiatrischen Lehre führen, die den Stand über ein halbes Jahrhundert lang hartnäckig verfolgte. Freuds Schluß, daß Schreber unter paranoiden Verfolgungsvorstellungen infolge seiner verdrängten homosexuellen Regungen leide, wurde eines seiner Muster. Von da aus folgerte er weiter, daß die paranoide Schizophrenie durch verdrängte Homosexualität verursacht wird.

Jahrzehntelang wurde diese freudianische Theorie den Psychiatern, Patienten und der Öffentlichkeit als wissenschaftliche Wahrheit beigebracht. Aber obwohl sie inzwischen als ein weiterer Aberglaube enthüllt worden ist, hält sie eine stattliche Zahl von Mitgliedern der heilenden Berufe noch immer für richtig.

Die Wahnvorstellungen Schrebers sind inzwischen von einem anderen Psychiater untersucht worden, Dr. Morton Schatzman. Er räumt zwar ein, daß der geistesgestörte Richter vielleicht unter einem Wahn gelitten hat, aber er weist darauf hin, daß Schreber in Wirklichkeit von seinem Vater verfolgt wurde.

Daniel Paul Schrebers Vater war Arzt und Lehrer und hatte grausame Methoden zur Erziehung von Kindern entwickelt. Schreber, der Sohn, hielt die schmerzvollen, körperlichen Erlebnisse, die er in den Jahren seines Aufenthalts in der Nervenklinik hatte, für Wunder.

Dr. Schatzman untersuchte die Schriften des Vaters über Kindererziehung und stellte fest, daß der »Wahn« sich tatsächlich ereignet hatte. Der Vater hatte ein Gerät, den *Schreberschen Geradhalter*, erfunden, den er bei seinem eigenen Sohn anwandte. Eine eiserne Querstrebe wurde gegen das Schlüsselbein und die vordere Schulter des Kindes gepreßt, um Bewegungen nach vorn oder eine gebeugte Haltung zu verhindern. Vater Schreber befestigte auch einen Gurt am Bett, der quer über die Brust des Kindes lief, so daß der junge Körper auch im Schlaf gerade blieb.

Schreber litt auch unter dem Wahn, daß ihm ein Gerät auf seinem Kopf ununterbrochen Schmerzen bereite. In Wirklichkeit hatte sein Vater ihn gezwungen, einen *Kopfhalter* zu tragen, der vermeiden sollte, daß der Kopf nach vorn oder zur Seite fiel.

Dr. Otto A. Will junior, der die Arbeit Schatzmans kritisch beurteilt hat, warnt seine Kollegen davor, in Freuds Irrtum zu verfallen. »Jeder von uns tut gut daran, sich vor Augen zu halten, ... daß unsere Daten oft spärlich und schwer zu entschlüsseln und zu bewerten sind. Unsere

Theorien ... müssen sich immer den Daten stellen, die eine Änderung oder gar die Aufgabe notwendig machen ...«

Einige analytisch ausgerichtete Psychiater und Psychologen klammern sich noch immer hartnäckig an den freudianischen Aberglauben, daß die paranoide Schizophrenie eng mit der verdrängten Homosexualität zusammenhänge. Aber Robert Spitzer, Klinikprofessor für Psychiatrie am Columbia Medical Center, der den Sonderstab der American Psychiatrie Association (APA) leitet, der das Diagnosehandbuch der Zunft überarbeiten soll, spricht für den aufgeschlossenen Teil des Standes, wenn er diese Mythologie fallen läßt. »Die Vorstellung Freuds, daß die verdrängte Homosexualität eine entscheidende Rolle als Ursache der paranoiden Schizophrenie spielt, ist eine kaum mehr vertretene Theorie. Im nächsten Handbuch der APA wird sie nicht mehr als prädisponierender Faktor der Krankheit erwähnt. Die Neuausgabe des Handbuchs wird dagegen anführen, daß es bei der Schizophrenie einen familienbedingten, genetischen Zusammenhang gibt.«

Diejenigen, die an eine psychologische Ursache der Geisteskrankheit glauben, gehen der wissenschaftlichen Methode im allgemeinen aus dem Weg. Statt dessen wird die psychologische Ursache der Neurose und des Irrsinns einfach festgestellt und dann in zig gelehrten Büchern und Zeitschriftenbeiträgen wiederholt. Die Argumente werden zu einer historischen Wahrscheinlichkeitsmethode verpackt: Wissenschaftlich klingende aber im wesentlichen philosophische Konzepte, die durch Anekdoten und Kunstfertigkeit gestützt werden.

Es gibt Ausnahmen. Man hat eine Handvoll vermeintlich wissenschaftlicher Versuche unternommen, um einige Theorien Freuds zu beweisen. Aber wenn die Theorie dann im Labor getestet wird, scheinen die Methoden und Ergebnisse oft absurd zu sein. Im *Journal of Nervous and Mental Disease* wurde berichtet, daß ein Team, dem zwei promovierte Philosophen vom Laboratorium für Psychologie des National Institute of Mental Health angehörten, den Versuch gemacht hätten, die freudianische Theorie der Geisteskrankheit zu beweisen, indem sie die *Saugfähigkeit* Schizophrener untersuchten.

Der Versuch baute auf dem psychologischen Schaden auf, den, wie man annimmt, eine nachlässige und gleichgültige Mutter ihrem Kind in der Entwöhnungsphase zufügt. J. Rickman arbeitete die psychoanalytische Literatur von drei Jahrzehnten durch und faßte dann die Meinung Freuds zusammen: Die Dementia praecox hängt zusammen mit einer Störung der Entwicklung der Libido in der frühen oralen Phase, der Periode, in der das Kind sexuelle Lust empfindet, wenn es an den Brustwarzen der Mutter saugt.

Ein manisch-depressives Leiden, so folgerte Rickman ebenfalls aus seiner Zusammenstellung, sei die Folge einer Störung in der späten oralen Phase, wenn das Kind sadistisch herausfordernd und wütend in die Brustwarzen der Mutter beißt. Ein Psychoanalytiker bemerkte zur Geisteskrankheit poetisch: »Psychotiker leben unmittelbar im Schatten der Brust.«

Diese auf der Brust gründende Theorie der Geisteskrankheit erscheint noch eigentümlicher, wenn man sie experimentell überprüft. Die Saugstudie der Psychologen vom National Institute of Mental Health trägt den Titel »Orale Funktionen bei der Schizophrenie«. Untersucht wurden 55 Schizophrene aus zwei öffentlichen Anstalten, die folgende Tests zu absolvieren hatten: 1. einmaliges Saugen, 2. mehrfaches Saugen, 3. Flüssigkeiten hochziehen, 4. Schlucken, 5. Beißen und 6. Blasen.

Wenn ihre Theorie richtig wäre, so stellten die amtlichen Psychologen fest, dürften die Schizophrenen nicht so gut saugen wie normale Testpersonen. Das Ergebnis war so, wie die Psychologen erhofft hatten: »Die Resultate der beiden Versuche lassen vermuten, daß Schizophrene im Vergleich zu normalen Kontrollpersonen in ihrer Saugfähigkeit beeinträchtigt sind. Da Saugen die frühe orale Tätigkeit schlechthin ist, können die Ergebnisse dahingehend interpretiert werden, daß sie teilweise die ursprüngliche Hypothese einer Verbindung zwischen Schizophrenie und einer Störung in der frühen oralen Phase stützen.«

Die Schlußfolgerung ist selbstverständlich alles andere als signifikant. Zahllose Untersuchungen belegen, daß in Kliniken untergebrachte Schizophrene bei einer Vielzahl psychomotorischer Tätigkeiten schlechtere Ergebnisse erzielen als die normalen Kontrollpersonen.

Der Saugmangel als Ursache der Geisteskrankheit erscheint vielen aufgeschlossenen Patienten als eine veraltete Vorstellung. Die modernen Freudianer und Neofreudianer haben die *psychogene* oder emotional bedingte Theorie der Schizophrenie überarbeitet, damit sie für den Verstand des heutigen Menschen einsichtiger klingt. Die neueste Theorie ist eine zweiseitige Vorstellung, die Dr. Gregory Bateson entwickelt hat. Wie die traditionelle freudianische Lehre bezieht auch sie die Eltern mit ein und erhebt den Vorwurf, daß die Schizophrenie im Schoße der Familie gezüchtet wird. Diesem neuen Konzept zufolge beginnt die Schizophrenie aber vermutlich mit einer unreifen Mutter, die mit ihrem Kind in sich widersprechenden Formeln spricht, einer freudianischen, gespaltenen Zunge.

Bateson beschreibt eine dieser Konfliktsituationen: »Ein junger Mann, der sich recht gut von einem Anfall akuter Schizophrenie erholt hatte, bekam im Krankenhaus Besuch von seiner Mutter. Er freute sich, sie zu sehen und legte impulsiv den Arm um ihre Schultern, woraufhin sie sich steif machte. Er zog den Arm zurück, und sie fragte ihn: ›Magst du mich denn nicht mehr?‹ Er errötete, und die Mutter sagte: ›Du mußt nicht so schnell verlegen werden, Liebling, und brauchst keine Angst vor deinen Gefühlen zu haben.‹«

Das ist eine klassische zweiseitige Situation – wehe du tust es, und wehe du tust es nicht. Es treffen mehrere sich widersprechende Botschaften aufeinander, was das Kind offenkundig in eine Zwangslage bringt, aus der es keinen Ausweg gibt, außer der Schizophrenie. Die psychologische Botschaft lautet: »Wenn ich die Bindung an meine Mutter aufrechterhalten will, darf ich ihr nicht zeigen, daß ich sie liebe, aber wenn ich ihr nicht zeige, daß ich sie liebe, verliere ich sie.«

»Wir untersuchen die Hypothese, daß der schizophrene Umgang erlernt wird und als Ergebnis ständiger Traumata dieser Art zur Gewohnheit wird«, erklärt Bateson. Seine Schüler sprechen davon, daß »familieninterne Interaktionsabläufe« schizophren sind und die Krankheit hervorrufen.

Als eine der jüngeren psychologischen Theorien ist Batesons Vorstellung ungewöhnlich und auch einleuchtend. Jeder kennt diese Fälle psychologischer Ausweglosigkeit. Aber als Erklärung dafür, wie die Schizophrenie entsteht, ist diese Theorie beinahe ebenso abwegig wie die klassische Lehre Freuds. Wie wir gesehen haben, tritt die Krankheit bei Kindern schizophrener Eltern, die außerhalb der eigenen Familie aufwuchsen, praktisch im gleichen Umfang auf wie bei den Kindern, die zu Hause blieben und vermutlich zweiseitigen Situationen der geschilderten Art ausgesetzt waren.

Die Ursache der Schizophrenie ist offensichtlich vielschichtiger als die Konzepte vom ungenügenden Saugen, zweiseitigen Situationen oder anderer unbekannter Mechanismen in der Eltern-Kind-Beziehung. Die Vermutung, daß nicht die familiäre Umgebung der ersten Jahre Schizophrenie auslöste, kam erstmals auf, als einige Fachleute und Eltern schizophrener Kinder sahen, daß ihre übrigen Kinder, die in derselben häuslichen Umgebung aufwuchsen, völlig normal waren.

Dieses Mißtrauen ist berechtigt, wie einige scharfsinnige Psychiater und Psychologen zeigen. Der verstorbene Dr. Carl Fenichel, früher Direktor einer Schule für emotional gestörte Kinder im US-Bundesstaat New York, beobachtete, daß die Geschwister seiner Patienten oft vollkommen normal waren. Von seinen jungen Patienten sagt er: »Wir stießen auf Beweise, daß diese Kinder von den ersten Lebenswochen an anders gewesen waren. Diese Kinder lehnten die Eltern ab, nicht umgekehrt. Diese Kinder sprachen nicht auf Liebe, auf Zärtlichkeiten oder auf Spiele an.«

Dr. Lauretta Bender, eine bekannte Kinderpsychiaterin, die viele Jahre die Kinderabteilung im New Yorker Bellevue Psychiatric Hospital geleitet hat, gehört zu den Psychiatern, die sich von dem Gedanken abgewandt haben, daß die Schizophrenie eine umwelt- und elternbedingte Krankheit ist.

Dr. Bender ist eine der großen alten Damen der Kinderpsychiatrie, die ihre Laufbahn vor fast 45 Jahren begann. Sie hat in der Psychiatrie Änderungen bei den Behandlungsmethoden und Modetorheiten erlebt und praktisch die ganze Entwicklung mitgemacht. Im *International Journal of Psychiatry* erinnert sie uns daran, daß die Behandlung früher ausschließlich in Gruppenaktivitäten und psychoanalytischer Therapie bestand.

Die Ergebnisse, bemerkt sie, waren negativ. Die Analytiker hofften, daß die Psychoanalyse beim Kind die Traumata offenlegen würde, die die Schizophrenie verursachten, doch sie wurden enttäuscht. »Bei den Erwachsenen hatte die Psychoanalyse diese Faktoren nicht enthüllt ... Auch die Arbeit mit Kindern, ob bei Melanie Klein oder in unserer eigenen Gruppe, war unbefriedigend verlaufen«, stellt sie fest.

Die Wahrheit über die Kindheitsschizophrenie kam nicht von der Theorie Freuds, macht Dr. Bender klar. Sie kam von der Biologie in Form der Arbeit des Kinderarztes Dr. Arnold Gesell. In seinem Buch *The Embryology of Behavior* (Embryologie des Verhaltens) wies Dr. Gesell auf die Ähnlichkeit des Verhaltens des Fetus mit den Körperbewegungen schizophrener Kinder hin.

Dr. Bender ist heute davon überzeugt, daß die Kindheitsschizophrenie ein organisches Leiden mit einer wahrscheinlich ererbten Anfälligkeit ist. Die Krankheit bildet sich, wie sie glaubt, während der Schwangerschaft im Fetus heraus. »Bei der Kindheitsschizophrenie habe ich entdeckt, daß der Streß oder die Bedingungen der Umwelt organisch waren ... Der Defekt ereignet sich im Uterus der Mutter, bei und unmittelbar vor der Geburt und in der frühen Kindheit.«

Von 1935 bis 1952 untersuchte Dr. Bender 100 schizophrene Kinder am Bellevue Hospital. 1973, als die Kinder erwachsen waren, und sie ihre Spur wieder aufnahm, zeigte sich sowohl die Schwere der Krankheit wie auch ihre organische Grundlage. 37 Kinder befanden sich noch immer in der Gemeinde, aber fast zwei Drittel von ihnen waren jetzt auf Dauer in einer Anstalt. Acht litten an Konvulsionen, und einige waren an Konvulsionen oder unzureichender Herztätigkeit gestorben.

Insgesamt, sagt Dr. Bender, hatten 70 Prozent der gesamten Gruppe eine Krankengeschichte mit klinischen Beweisen von Organizität, die das Gehirn beeinträchtigte, was den frühen Ausbruch einer schizophrenen Dekompensation erklärte.

Ihre Erbmasse wurde darüber hinaus durch Schizophrenie stark gefährdet, sie war *genetisch geladen*. 34 der ehemaligen Patienten hatten inzwischen 48 eigene Kinder, die entweder schizophren oder persönlichkeitsgestört waren. »Die jüngsten genetischen Untersuchungen«, so erklärt Dr. Bender, »stimmen mit Kallmans Schätzung überein, ... daß 45 Prozent der Verwandten ersten Grades sich im ›schizophrenen Bereich‹ befinden.«

Dr. Bender glaubt, daß ein freundschaftliches Verhältnis zum Therapeuten dem schizophrenen Kind helfen kann. Sie hat jedoch Bedenken, daß der Therapeut seine psychologischen Theorien zu ernst nehmen könnte. »Ich habe festgestellt, daß es für schizophrene Kinder äußerst schädlich ist, wenn sie in der Adoleszenz einer erklärenden Psychoanalyse unterzogen werden«, gab Dr. Bender bei einem Interview an. »Der junge Patient merkt sich nur die Ausdrücke und gibt sie wieder, aber in paranoider Form. Der Jugendliche kann aus der menschlichen Beziehung mehr Nutzen ziehen als aus der vermeintlichen psychologischen Einsicht.«

»Viele Therapeuten haben außerdem die falsche Vorstellung, daß ein schizophrenes Kind durch ihre Therapie geheilt wird«, fährt Dr. Bender fort. »Tatsächlich machen die Kinder eine mehrjährige, natürliche Remission durch. In oder nach der Pubertät wird das Kind dann aber wieder krank. Ich habe mit erwachsenen Schizophrenen keine so große Erfahrung, aber meiner Meinung nach geht das Leiden auch auf organische Ursachen zurück.«

Eine andere Kindheitspsychose, die durch das psychologische Stigma elterlicher Schuld entstellt ist, ist der *Autismus*. Hier leidet das Kind an einer Gefühlsstörung, reagiert kaum auf normale Anreize und lebt in einer eigenen, hoffnungslos vereinsamten Welt. Autismus trifft eins unter 15000 Kindern, womit seine Häufigkeit ein Viertel der Kindheitsschizophrenie beträgt.

Bei einem Kurs für autistische Kinder an der University of California in Los Angeles saß ein Kind da und starrte ununterbrochen auf seine Hände. Die elfjährige Tina schlug mit dem Kopf gegen scharfkantige Möbel, seit sie drei Jahre alt war. Andere wiegten sich stundenlang vor und zurück oder wiederholten fortwährend sinnlose Redensarten. Sie sind weder blind noch taub, aber sie scheinen keinerlei Reize wahrzunehmen. Sie sind gleichgültig gegenüber ihren Eltern und Geschwistern, die für gewöhnlich normale Kinder sind. Am wichtigsten aber ist, daß sie offenbar nicht in der Lage sind, zu lieben. Überraschenderweise schneiden einige normal bei Intelligenzquotient-Tests ab.

Der Autismus ist zu einer Cause célèbre für die Jünger der Psychologie geworden, die in ihm den sichtbaren Beweis der unsichtbaren Traumata erblicken, die dem Kind aufgebürdet wurden. »Der autistische Zustand eines Kindes ist die unmittelbare Folge des Wunsches der Mutter, das Kind möge nicht existieren«, meint Dr. Bruno Bettelheim, Psychologe an der University of Chicago. Bettelheims Theorie wurde international bekannt durch sein Buch *The Empty Fortress*, in dem die Eltern autistischer Kinder als Bösewichter gegeißelt werden.

Bettelheim behandelt seine autistischen Patienten psychoanalytisch, doch nur die Natur scheint das Schicksal dieser unglücklichen Kinder zu bestimmen. Wenn autistische Kinder das fünfte Lebensjahr erreicht haben, entwickelt sich ihr Verhalten auf andere gestörte Bereiche zu. Zum Teil ähneln sie zurückgebliebenen Kindern oder Kindern mit organischen Hirnschäden. Wieder andere werden schizophren. Es gibt einen vierten, glücklicheren Verlauf der Krankheit, eine beinahe vollkommene Normalität, die nur durch einen etwas eigenartigen Charakter und mangelndes Interesse an anderen beeinträchtigt wird.

Der Psychologe Bernard Rimland vom Stanford Center für die wissenschaftliche Erforschung der Verhaltenswissenschaften ist selbst Vater eines autistischen Kindes. Mit einer wachsenden Zahl von Beobachtern ist er der Überzeugung, daß der Schaden organischer, nicht psychologischer Natur ist. Gen-Untersuchungen zeigen, daß das männliche Y-Chromosom einiger autistischer Jungen und ihrer Väter einen ungewöhnlich langen Arm hat. Das ist vor allem deshalb interessant, weil das Verhältnis autistischer Jungen zu Mädchen 3,5 zu 1 ist.

Auch Dr. Lorna Wing, eine britische Ärztin und Mutter eines autistischen Kindes, glaubt, daß sich der Ursprung des Autismus letztlich als organisch erweisen wird. Sie meint, daß bestimmte Krankheiten während der Schwangerschaft wie Masern und Masernenzephalitis die Wahrscheinlichkeit des Autismus erhöhen.

In den Vereinigten Staaten zum Beispiel hat eine Gruppe von Eltern eine Nationale Vereinigung für autistische Kinder gegründet, um den Kindern zu helfen und sich gegen die Bettelheimsche Auffassung zur Wehr zu setzen. »Bettelheim hält die Frauen offenbar für Idioten«, erklärte Ruth Sullivan, die frühere Präsidentin der Vereinigung. »Wer jemals das ausdruckslose Gesicht eines autistischen Kindes gesehen hat, wenn es sich völlig in sich zurückgezogen hat, wird kaum behaupten können, es sei emotional gestört. Diese Kinder haben keine Emotionen.«

Früher glaubte man, daß Eltern mit besserer Ausbildung öfter autistische Kinder bekämen. Diese Familien litten wahrscheinlich unter zwanghaftem, übergenauem Verhalten und Gefühlskälte. Aber wie spätere Forschungsvorhaben von Dr. Ritvo und Dr. Ornitz von der Abteilung für Kinderpsychiatrie an der University of California in Los Angeles ergaben, stellte sich auch das als eine der psychologischen Legenden heraus. »Diese Kinder kommen aus allen gesellschaftlichen Schichten, und es ist nicht gesagt, daß die Eltern beruflich bessergestellt sind«, erklären sie. »Einige Eltern werden zwar als ablehnend, zurückhaltend und kalt beschrieben, doch haben sich andere als durchaus freundlich und liebenswert erwiesen.«

Das Universitätsteam berichtete auch von wichtigen Beweisen, die die genetische Grundlage des Autismus belegen. Sie wiesen nach, daß bei einer Untersuchung eineiiger Zwillinge bis auf eine Ausnahme jeweils beide Zwillinge autistisch waren. Bei zweieiigen Zwillingen waren die Ergebnisse in Bezug auf Autismus allerdings entgegengesetzt.

Der Verhaltensgenetiker Irving I. Gottesman von der University of Minnesota stimmt der Auffassung zu, daß der Autismus eine biologische und keine psychologische Grundlage hat. Er glaubt jedoch, daß die Krankheit wahrscheinlich durch einen während der Schwangerschaft oder bei der Geburt zugefügten Schaden verursacht wird und nicht ererbt ist.

Glücklicherweise sind Schizophrenie und Autismus in der Kindheit keine typischen Psychosen. Die Gesundheit der meisten Schizophrenen wird nicht schon in den ersten Lebensjahren ruiniert. Im allgemeinen überstehen sie diese Zeit und werden erst in der späten Adoleszenz oder im frühen Erwachsenenalter krank. Sind diese Jugendlichen in ihrer Kindheit anders als die übrigen Kinder?

Die Antwort auf diese Fragen liegt vielleicht im Rätsel der Adoleszenz und ihrem Zusammenhang mit der Erwachsenenschizophrenie. Der Zusammenhang zwischen Pubertät und Geisteskrankheit ist unklar, aber es gibt ihn offenkundig. Dr. Bender erinnert uns daran, daß selbst bei der Kindheitsschizophrenie eine Remission existiert, die mit der Latenzperiode beginnt – mit acht Jahren bei Mädchen und zehn Jahren bei Jungen. Der Zustand des Kindes bessert sich vorübergehend, bis der Hormonansturm des Körpers mit der Pubertät einsetzt.

Man hielt die Dementia praecox Kraepelins für eine »früh entwikkelte« Schizophrenie, die durch die Pubertät oder Adoleszenz ausgelöst wurde. Kraepelin hatte eine vage Vorstellung vom Heilerfolg bei diesen Fällen; er glaubte, daß bei nur vier Prozent der Kranken eine Besserung einträte. Die Aussichten auf Heilung sind heute etwas besser, aber Kraepelin hatte recht, wenn er annahm, daß die adoleszente und postadoleszente Schizophrenie im Grunde unheilbar wären, zumindest mit den uns gegenwärtig zur Verfügung stehenden Mitteln.

Die Heilung bei Schizophrenie steht in umgekehrtem Verhältnis zum Ausbruchsalter. Je älter man bei Ausbruch der Schizophrenie ist, desto besser sind die Chancen einer Heilung. Am Hillside Hospital auf Long Island untersuchten Forscher 81 gut ausgebildete, intensiv behandelte schizophrene Patienten drei Jahre nach deren Entlassung. Sie stellten fest, daß nur sieben Prozent der Erwachsenen, die bei ihrer ersten Einweisung in das Krankenhaus noch keine 20 Jahre alt waren, »ausgezeichnete« oder »gute« Ergebnisse nach diesen drei Jahren aufwiesen. Von den jungen Erwachsenen, die im Alter zwischen 20 und 29 Jahren eingeliefert worden waren, schnitten nur zwölf Prozent gleich gut ab. Dagegen zeigten 45 Prozent oder fast die Hälfte der älteren Erwachsenen eine klare Besserung.

Welches sind die ersten gefährlichen Anzeichen der Schizophrenie? Unglücklicherweise lassen sich keine sicheren Prognosen stellen. Der bisher beste Hinweis ist eine Tendenz, sich vor Ausbruch der Krankheit sozial zu isolieren. Harriet Field untersuchte 122 Männer, die während der Kindheit oder Adoleszenz an einem Bostoner Beratungszentrum behandelt worden waren. 60 Mitglieder der Gruppe waren schizophren. Sie entdeckte, daß diejenigen, die schizophren wurden, in ihrer Jugend »eine größere Neigung gezeigt hatten, sich zurückzuziehen«.

Die Wissenschaftler vom Hillside Hospital stellten außerdem fest, daß die *prämorbide* (der Krankheit vorausgehende) soziale Anpassung und die Leistungen in der Schule das Endergebnis beeinflußten. Diejenigen, die sozial zurückgezogen gelebt und Schwierigkeiten in der Schule gehabt hatten, ließen die geringste Besserung erkennen. Die Tüchtigsten schienen auch am besten abzuschneiden. Die »sehr Schlechten« hatten einen Intelligenzquotienten von durchschnittlich 100, wohingegen die »Guten« und »Ausgezeichneten« beim Intelligenzquotienten an Werte von 120 herankamen.

Die Krankheit, die allgemein als Schizophrenie bezeichnet wird, umfaßt offensichtlich mehrere emotionale Abarten. So sagt Professor K. Leonard von der Klinik für Nervenkrankheiten in Berlin: »Ich bin überzeugt, daß es nicht eine, sondern mehrere, vielleicht sogar viele Arten dominant vererblicher Schizophrenie und mehrere rezessive Arten gibt.«

Die Schizophrenie zu benennen, ist ein Problem für sich. Die klassischen, fortgeschrittenen Arten, die Kraepelin definierte, kommen heute nicht mehr so häufig vor, vielleicht weil sofort mit antipsychotischen Medikamenten eingegriffen wird. Dr. M. Straker von der University of California in Los Angeles erwähnt das »immer seltenere Auftreten der einfachen Hebephrenie und Katatonie«. Er weist darauf hin, daß die meisten Schizophrenien heute »entweder als paranoid oder unbestimmt bezeichnet werden«.

In zunehmendem Umfang wird auch eine dritte moderne Form diagnostiziert, die *schizoaffektive Schizophrenie*, eine Kreuzung der beiden Kraepelinschen Geistesplagen. Die Patienten können entweder manisch oder depressiv sein und auch an bestimmten Symptomen von Schizophrenie leiden, so unter anderem an Wahnvorstellungen und Halluzinationen. Weil dieses Leiden mit einem Bein im Lager der affektiven Krankheiten steht, läßt es dem Patienten offenbar mehr Hoffnung als die eindeutige Schizophrenie.

Dr. Klein erklärt: »Diese schizophrene Untergruppe spricht am besten auf psychotrope Präparate an und erzielt die besten Langzeitergebnisse.« Die Behandlung schizoaffektiver Patienten ist die gleiche wie die regulärer Schizophrener – es werden Phenotiazine verabreicht. Aber Klein glaubt, daß Antidepressiva auf diesen Patiententyp »eine gewisse wohltuende Wirkung« ausüben.

Wie steht es um die Schizophrenie, die durch traumatische Ereignisse hervorgerufen wird? Werden nicht einige Menschen in extremen Situationen tatsächlich geistesgestört? Das Leben kann sehr wohl beim einen oder anderen einen psychotischen Zwischenfall bewirken.

Man spricht in diesem Zusammenhang oft von *reaktiver Schizophrenie*, aber es herrscht keine Einigkeit darüber, ob es sich um eine echte Schizophrenie handelt. Wenngleich die Symptome ähnlich sind, ist doch ihr Verlauf ganz anders.

Der Schweizer Psychiater Manfred Bleuler, Sohn von Eugen Bleuler, einem Kollegen Freuds, erläutert die Schockarten, die sie auslösen können. »Man stößt beispielsweise bei einigen Gefangenen auf sie, oder bei jemandem, dessen Nachlässigkeit angeblich am Tod des Vaters oder der Mutter schuld ist, oder bei einem jungen Mädchen nach einem sexuellen Trauma, oder einer Frau, die von ihrer Tochter beim Ehebruch ertappt wird«, berichtet er.

In Romanen und Hollywood-Filmen ist die reaktive Schizophrenie erhöht worden, aber zu oft ist sie in der Öffentlichkeit zur verzerrten Vorstellung der Geisteskrankheit entartet. Ihre Symptome gleichen genau denen der Schizophrenie, aber anders als bei der wirklichen Krankheit verschwinden sie nach einiger Zeit wieder. Die echte Schizophrenie ist fraglos das Ergebnis eines biochemischen Ungleichgewichts im Gehirn, die reaktive Psychose hingegen die Folge einer vorübergehenden, nicht eingebauten Störung.

Manfred Bleuler glaubt, daß selbst diejenigen, die sich Schizophrenie durch einen ihr Leben erschütternden Schock zuziehen, vielleicht in irgendeiner Form genetisch prädisponiert für Schizophrenie sind. »Unter den Verwandten der Patienten mit reaktiver Schizophrenie fanden wir mehr Schizophrene als im Durchschnitt der Bevölkerung, aber weniger als unter den Verwandten von Schizophrenen«, berichtet Bleuler.

Dieser emotionale Zusammenbruch als Folge eines lebensbedrohenden Traumas kommt nicht so oft vor, wie man vielleicht denkt. So stellte Dr. Eli Ginzberg von der Columbia University fest, daß selbst der Krieg weniger Psychosen als erwartet bei den Soldaten hervorrief, die man als anfällig für Geisteskrankheit betrachtete. In seinem mit genauen Beleghinweisen ausgestatteten Buch *The Lost Divisions* untersuchte Ginzberg Männer, die im Zweiten Weltkrieg aus psychiatrischen Gründen vom Wehrdienst freigestellt worden waren. Viele von ihnen wurden unvermittelt einberufen und im letzten Moment noch eingesetzt. Und ihre Anfälligkeitsquote? Sie unterschied sich nicht von der anderer GIs, wie Dr. Ginzberg mitteilt.

Die Schizophrenie befällt mit ihren verschiedenen Formen jeden 100. Bürger. Aber vielleicht noch einmal soviel Menschen sind von den *Grenzzuständen* der Geisteskrankheit betroffen. Die meisten enden zwar nicht in psychiatrischen Kliniken, doch das verzerrte Denken und Fühlen macht sie zu halben Krüppeln.

Zu den häufigsten Grenzfällen gehört die *pseudoneurotische Schizophrenie* oder *pseudoschizophrene Neurose*, wie sie auch heißt. Dr. Redlich und Dr. Freedman sprechen davon, daß diese Patienten »wenige oder schwache schizophrene Symptome zeigen«. Sie leiden unter schweren Angstgefühlen und einer Reihe anderer neurotischer Symptome und Perversionen. Phobien, Zwänge und Depressionen kommen in dieser Gruppe von Krankheiten häufig vor.

Wie sind die Aussichten für die Grenzfälle? Erfreulicherweise sehr viel besser als für die eigentlichen Schizophrenen. Dr. Roy R. Grinker senior aus Chicago nennt den schizophrenen Grenzzustand »stabile Instabilität«. Der Grenzfall lernt, in seiner Umgebung zu leben, wie der Gelähmte das Gehen lernt. Im Gegensatz zu den wirklich Schizophrenen verschlechtert sich sein Zustand im allgemeinen nicht, auch wenn er sich meistens nicht mehr bessert. Zwischen dem relativen Himmel geistiger Gesundheit und der Hölle der Schizophrenie gleicht der Zustand einem beständigen Fegefeuer.

Diese Grenzfälle gehören zum Bild der Schizophrenie, aber die Psychiatrie befaßt sich auch mit dem Phänomen der Pseudoschizophrenie – die eine Schizophrenie zu sein scheint, es aber nicht ist. Bei diesen Fällen machen der Schizophrenie ähnliche Symptome den Psychiater unsicher und lösen eine schwere Fehldiagnose aus.

Dr. Straker von der University of California in Los Angeles weist warnend darauf hin, daß organische und psychiatrische Krankheiten im Gewand der Schizophrenie auftreten können. Wer sich nur auf solche Symptome wie Halluzinationen oder zusammenhangloses Denken verläßt, kann, wie er sagt, »Schizophrenie nicht von einem halluzinogenen ›schlechten Trip‹, einem ›stillen‹ Zerebralinfarkt, einem Gehirntumor im Anfangsstadium oder einer Huntington chorea unterscheiden«.

In einer Untersuchung, über die Dr. Straker berichtet, wurden 26 Psychotiker, bei denen auf Schizophrenie diagnostiziert worden war, erneut überprüft. Am Ende erfüllte nur ein einziger die Voraussetzungen des Krankheitsbildes! 13 Patienten wurden beim zweiten Mal als manisch eingestuft. »In den Vereinigten Staaten wird ungewöhnlich schnell auf Schizophrenie diagnostiziert (oder fehldiagnostiziert), weil den Grundschritten beim Aufnehmen psychiatrischer Krankengeschichten und den Prüfverfahren nicht genügend Aufmerksamkeit geschenkt wird«, moniert Dr. Straker.

Einige Psychiater glauben, daß der eine oder andere für schizophren befundene Patient in Wirklichkeit vielleicht eine der *affektiven* Krankheiten hat – entweder Manie oder Depression, oder ein manisch-depressives Leiden. Ihre emotionale Panik ähnelt sehr stark der der Schizophrenie, aber eine Behandlung mit Phenotiazin kann in vielen Fällen unzureichend oder sogar abträglich sein.

Dr. A. A. Reid hat einige Krankheiten aufgeführt, die »der Schizophrenie sehr ähnlich sind« und sowohl den Patienten wie den Arzt irreführen. Er zählt 21 Zustände auf und beginnt mit einem immer häufiger werdenden, der vorübergehenden Psychose, die durch Amphetamin verursacht wird.

Dr. Reid erklärt, daß eine durch Medikamente herbeigeführte Psychose auch Vorstellungen von Verfolgungswahn und Halluzinationen umfaßt und oft »von einer akuten oder paranoid-schizophrenen Erkrankung nicht zu unterscheiden ist«. Viele noch junge, schizophrene Erwachsene sind in den letzten zehn Jahren vermeintlich »geheilt« worden, aber die Besserung war nur möglich, weil sie gar nicht wirklich schizophren waren. Sie litten an den vorübergehenden, psychotischen Auswirkungen eines Amphetamin-»Trips«. Sogar Bromide können Verfolgungswahn auslösen, der dem der paranoiden Schizophrenie nicht unähnlich ist.

Auch körperliche Leiden können Symptome von Geisteskrankheiten hervorrufen. Akute Porphyrie, Myxödeme, Toxoplasmose, postenzephalitische Zustände, adrenale Hyperfunktionen, das Klinefeltersche Syndrom und andere organische Krankheiten können die Schizophrenie nachahmen und den Psychiater auf eine falsche Fährte führen.

Epilepsie und Schizophrenie sind voneinander unabhängige Krankheiten. Aber einige organische Zusammenhänge machen vielleicht deutlich, warum Epileptiker manchmal irrtümlich als Schizophrene bezeichnet werden. Bei einer Untersuchung von 60 Epileptikern stellte sich heraus, daß sechs von ihnen an den klassischen Wahnvorstellungen der Schizophrenie litten. Dr. Reid schildert eine Unterhaltung mit einem epileptischen Mädchen, die dessen schizophrenieähnliche Symptome gut erkennen läßt.

Die Patientin behauptete, daß ihre Epilepsie in irgendeiner Weise vom Mond verursacht werde, und daß ihre »Perioden« durch eine äußere Macht gesteuert würden. Außerdem gab sie an, daß ihre Mutter sie darauf aufmerksam gemacht habe, sie müsse neue Arme haben, und sie habe diese neuen Arme »augenblicklich wie ein Blitz« wachsen lassen.

Obwohl die Schizophrenie zweifelsohne eine organische Ursache hat, sind die Spezialisten entmutigt, weil eine klare Diagnose und auch das Verständnis dafür fehlen, was einen Menschen schizophren macht. Wir wissen, daß der Diabetes im allgemeinen ererbt ist und durch eine unzureichende Insulinproduktion der Bauchspeicheldrüse hervorgerufen wird. Welche chemische Substanz, welches Hormon oder welcher Fehler im Nervensystem aber ist für die Schizophrenie verantwortlich?

Theorien gibt es zuhauf, aber die meisten haben keine Zustimmung gefunden. Eine Theorie baut auf der Ähnlichkeit der Moleküle der Gehirnchemikalie *Adrenalin*, einer Aminosäure, und des halluzinogenen *Meskalins* auf.

Die beiden Wissenschaftler Freidhoff und van Winkler haben eine Verbindung, DMPEA, isoliert, die beruhigend auf das Nervensystem wirkt. Wie sie behaupten, fand man die Substanz im Urin von 67 von 100 Schizophrenen. Beim normalen Menschen tritt sie nur bei zwei Prozent aller Fälle auf.

Dr. Robert G. Heath von der Tulane University hat *Taraxein* fraktioniert, eine proteinartige Substanz aus dem Blut Schizophrener. Injiziert man es Gesunden, erzeugt Taraxein angeblich einen vorübergehenden psychotischen Zustand. Spätere Studien von Heath führten zu der Theorie, Schizophrenie sei eine autoimmune Störung, und Taraxein sei ein Antikörper. Leider blieben Wiederholungen seiner Versuche erfolglos.

Russische Forscher gehen gegenwärtig einer Theorie nach, derzufolge Schizophrenie durch eine Virusinfektion verursacht wird. Es wurde sogar die Meinung vertreten, daß die Krankheit in Verbindung zu einem bestimmten Körpertyp stehe. Die Körperformen werden in drei große Gruppen unterteilt: *Ektomorphie* (groß und schlank), Mesomorphie (untersetzt und muskulös) und Endomorphie (gedrungen und rundlich). Die Wissenschaftler behaupten, daß der ektomorphe Typ zur Schizophrenie neige.

All diese Theorien haben Hoffnungen geweckt, aber die meisten waren nicht ausgereift. Sie erwiesen sich als enttäuschend sowohl für die Psychiater wie die Patienten.

Belebt in dieser allgemeinen Frustration hat die Debatte der Psychiater ein neuer Gedanke, auch wenn er nicht überall positiv aufgenommen worden ist. Es handelt sich um die *Dopamin*-Theorie der Schizophrenie. Sie basiert auf den nützlichen wie schädlichen Wirkungen von Phenothiazin-Präparaten wie Chlorpromazin und Thioridazin.

Die Phenothiazine haben die Behandlung der Schizophrenen weltweit revolutioniert. Diese chemischen Substanzen sind keine bloßen Beruhigungsmittel, sondern bekämpfen speziell die Schizophrenie und wirken auf die grundlegenden Symptome der Krankheit. Sie regen in sich gekehrte Patienten an und beruhigen die Überaktiven. Die andere Reaktion auf die Phenothiazine ist negativer Art – die *extrapyramidalen* Nebenwirkungen auf das zentrale Nervensystem, zu denen unter anderem das Parkinsonsche Syndrom gehört, das durch Muskelstarre, Haltungsänderungen und Zittern gekennzeichnet ist.

Beide Wirkungen geben Hinweise auf die Dopamin-Theorie der Schizophrenie. Dopamin ist einer von mehreren *Neurotransmittern* im Gehirn, die von den Nerven freigesetzt werden, um die Verbindung unter den Milliarden von Gehirnzellen zu beschleunigen. Einige Neurotransmitter regen uns an, andere wirken hemmend. Wissenschaftler halten es für denkbar, daß bestimmte Neurotransmitter Empfindungen übertragen, andere dagegen für das Denken zuständig sind.

»Die Dopamin-Theorie sagt eine Menge über die Schizophrenie«, meinte Dr. Solomon Snyder, Professor für Psychiatrie und Pharmakologie an der Johns Hopkins Medical School, bei einem Interview. »Phenothiazine wirken auf das Gehirn, indem sie den Einfluß der Dopamine blockieren. Wir wissen außerdem, daß die Parkinson-Krankheit mit L-Dopa behandelt wird, einer Aminosäure, die vom Gehirn in Dopamin umgewandelt wird. Da die wichtigste Nebenwirkung des Phenothiazins ein Parkinson-ähnliches Syndrom ist, liegt es auf der Hand, daß Dopamin in beiden Fällen eine Rolle spielt – zum einen bei der Fähigkeit des Phenothiazins, die schizophrenen Symptome zu mildern, zum andern beim Erzeugen eines Parkinson-ähnlichen Syndroms. Die Untersuchungen haben auch ergeben, daß Amphetamine und L-Dopa, die Dopamin im Gehirn freisetzen, schizophrenieartige Symptome hervorrufen können. Soweit ich weiß, hält die Mehrheit der Psychiater aus der biochemischen Forschung die Dopamin-Theorie der Schizophrenie heute für die glaubhafteste.«

Einige Forscher lehnen die Dopamin-Theorie ab, aber zahlreiche bekannte Wissenschaftler, zu denen auch Dr. Seymour Kety zählt, glauben, daß sie wesentliche Einblicke bietet, auch wenn sie noch längst nicht bewiesen ist. »Die Beteiligung von Dopamin bei der Wirkung von Medikamenten gegen Schizophrenie steht außer Frage«, erklärte Dr. Kety. »Die Möglichkeit aber, daß Störungen im Dopaminsystem des Gehirns mitverantwortlich für die Ursache der Schizophrenie sind, ist zum gegenwärtigen Zeitpunkt eine bloße Hypothese.

Aber es ist eine glaubhafte Hypothese, die eine weitere Prüfung verdient.«

Dr. Kety hebt hervor, daß es noch einige andere einleuchtende Theorien gibt, wozu auch die Möglichkeit gehört, daß einige Formen der Schizophrenie die Folge von Viren sind. Das *Herpes simplex*-Virus, so erläutert er, kann das zentrale Nervensystem angreifen und eine Psychose auslösen, die der Schizophrenie nicht unähnlich ist. »Es gibt nicht wenige Hinweise, die eine Theorie ergeben, nach der einige Formen der Schizophrenie durch Viren verursacht werden. Insgesamt gesehen haben wir es wahrscheinlich bei der Schizophrenie nicht mit einer einzigen Krankheit zu tun. Möglicherweise sind es mehrere Krankheiten mit unterschiedlicher Ursache.«

Die jüngste Forschung auf dem Gebiet der Geisteskrankheit begann im Sommer 1977 und wird vom Lasker-Preis-Gewinner Nathan Kline, einem Psychiater, »als das Aufregendste (beschrieben), was mir in meiner mehr als 25jährigen Arbeit auf diesem Gebiet begegnet ist«. Dr. Kline, der Direktor des Rockland Forschungsinstituts in New York ist, wurde für seine Arbeit über Geisteskrankheit bereits zweimal ausgezeichnet: Zuerst 1957 für die Erforschung der Behandlung mit dem Tranquilizer Reserpin, und 1964 für seine Untersuchungen des Einsatzes von Antidepressiva.

Die neue Forschungstätigkeit kreist um eine Substanz, die normalerweise bei jedem Menschen vorkommt und in kleinen Mengen von der Hypophyse hergestellt wird. Dr. Kline und sein Kollege Dr. Heinz Lehmann, Professor für Psychiatrie an der McGill University, haben bei der Behandlung sowohl der Schizophrenie wie auch der manisch-depressiven Krankheiten einen neuen Stoff verwendet, *Beta-Endorphin*.

Überraschenderweise ergab sich die Verbindung zur Geisteskrankheit durch die Erforschung schmerzstillender Mittel. 1964 isolierte Dr. C. H. Li, ein Biochemiker am Hormonforschungs-Laboratorium der University of California in San Francisco, das menschliche Wachstumshormon und entdeckte dabei die Substanz *Beta-Lipotropin*, die vom Vorderlappen der Hypophyse produziert wird. Es ist ein Polypeptid, das aus 91 Aminosäuren besteht.

Mehrere Wissenschaftler in Europa und Nordamerika, unter ihnen auch Dr. Solomon Snyder, fanden heraus, daß bestimmte Zellen im Gehirn als Rezeptoren für die schmerzstillenden Opiate fungieren, zu denen unter anderem Opium, Kodein und Morphin zählen. Andere Forscher, vor allem John Hughes und Hans Kosterlitz in Schottland, isolierten *Enkephalin*, ein natürliches Peptid aus fünf Aminosäuren, das offenbar ebenfalls zu diesen Gehirnrezeptoren wandert. Es lindert die Schmerzen, allerdings nur für einige Minuten.

Dann stellte einer der Wissenschaftler fest, daß Enkephalin die gleiche Aminosäuresequenz wie das von C. H. Li entdeckte Beta-Bipotropin hatte. Das brachte Li auf den Gedanken, daß das Beta-Bipotropin, das sich aus sehr viel mehr Aminosäuren zusammensetzt, ein natürlicher Schmerzhemmer sein könnte. Er stellte sich die Frage, welches Tier besonders unempfindlich gegen Schmerzen ist, und kam auf das Kamel, das tagelang ohne Wasser durch die Wüstenhitze zieht. Dr. Li und ein junger Kollege untersuchten die Hypophysen zahlreicher Kamele und fanden heraus, daß bei der aus 91 Aminosäuren bestehenden Kette die Bausteine 61 bis 91 dem Kamel offenbar seine enorme Unempfindlichkeit gegen Schmerzen verleihen. C. H. Li isolierte dieses Segment und nannte es Beta-Endorphin.

»Der nächste Schritt erfolgte 1977«, berichtet Dr. Kline. »C. H. Li hatte ein Verfahren entwickelt, Beta-Endorphin zu synthetisieren und zu reinigen. Ich kenne Li und bat ihn, mir etwas von der Substanz zu geben, um sie bei den Patienten meiner New Yorker Privatpraxis anzuwenden. Der Gedanke hat etwas Logisches. Es sieht so aus, als hätte die Gehirnzone, die mit der emotionalen Erregung zusammenhängt, die Amygdala, auch Rezeptoren, die die schmerzhemmenden Substanzen aufnehmen.

Im Juni 1977 begann ich zusammen mit Dr. Lehmann mit der Arbeit in meiner Privatpraxis. Seitdem haben wir 18 Patienten über 50 Injektionen mit Beta-Endorphin gegeben und die ungewöhnlichsten Ergebnisse erzielt. Auf stark deprimierte Patienten wirkte es innerhalb von fünf bis zehn Minuten positiv. Ihre Niedergeschlagenheit nahm ab, und sie wurden lebendiger. Die Wirkung einer Injektion hält etwa fünf Stunden vor. Placebos, die wir diesen Patienten gaben, hatten keine Wirkung.

Beta-Endorphin scheint bei Schizophrenie genausogut anzuschlagen. In den ersten 24 bis 27 Stunden ist keine besondere Wirkung festzustellen. Dann bemerken wir ein offensichtliches Nachlassen der akustischen Halluzinationen. Das Denken wird zusammenhängender, und es ist sogar ein gewisses Wiedererstarken der früheren Persönlichkeit zu erkennen. Die Wirkung hält zwei bis drei Tage vor. Ein schizophrener Patient hat sechs Injektionen bekommen und zeigte vier Monate eine deutliche Besserung. Möglicherweise setzt Beta-Endorphin einen Selbstheilungsprozeß der Persönlichkeit in Gang. Auch bei anderen psychischen Leiden scheint die Substanz zu wirken, wie bei Zwangs- und Verfolgungsvorstellungen und schweren Angstzuständen, wozu auch die Agoraphobie zu rechnen ist, die Furcht vor großen, freien Plätzen. Die Ergebnisse sind so überraschend, daß ich meine eigenen Beobachtungen in Frage gestellt hätte. Aber Dr. Lehmann bestätigte sie, und wir haben einige der ersten Patienten mit einem Videorecorder aufgezeichnet.« Dr. Kline ist voller Zuversicht, betont aber, daß seine Ergebnisse noch durch andere Wissenschaftler bestätigt werden müssen.

Ist Beta-Endorphin ungefährlich? Dr. Kline glaubt, daß dies eine der starken Seiten des Präparats ist. »Es scheint vollkommen ungefährlich zu sein«, sagt er. »Die einzige Nebenwirkung, die wir bemerkt haben, ist ein leichtes Erröten, aber es deutet nichts darauf hin, daß sich hier ein Gewöhnungsproblem ergeben könnte.« Wissenschaftler, die Beta-Endorphin an Tieren erprobt haben, konnten nachweisen, daß es schwere Konvulsionen erzeugt. Aber Dr. Kline macht darauf aufmerksam, daß sie Dosen von 1500 Milligramm verabreicht haben, während seinen Patienten nur jeweils zehn Milligramm injiziert wurden.

Augenblicklich wird Beta-Endorphin nur in Kleinstdosen für Versuche von Dr. Li hergestellt; eine Injektion von zehn Milligramm kostet 3000 Dollar. Für den Einsatz bei Tieren wird der gleiche Stoff aber kommerziell von zwei Pharmaunternehmen produziert, und Dr. Li versucht jetzt, einen Medikamentenhersteller dazu zu bringen, größere Mengen für klinische Großversuche zu erzeugen.

Warum wirkt Beta-Endorphin, wenn es das tatsächlich tut? Dr. Kline ist der Meinung, daß es die allgemeine Angstschwelle des Gehirns herabsetzt und die Zufriedenheit steigert. Es scheint außerdem verwandt mit den Neurotransmittern des Gehirns zu sein und stimmt mit den Dopamin-Theorien über die Schizophrenie überein.

»Dr. Klines Untersuchungen sind außergewöhnlich und haben eine gewisse Grundlage in der psychiatrischen Theorie, aber wir müssen vorsichtig sein, bevor sie nicht bestätigt sind«, sagt Dr. Solomon Snyder, einer der Wegbereiter der Forschung über die Opiatrezeptoren im Gehirn. »In der langen Geschichte der psychiatrischen Forschung sind wir oft vom Weg abgekommen, weil nicht mit Doppelblindversuchen gearbeitet wurde. Bei dieser Art Versuch weiß der Forscher nicht, wer von seinen Patienten das Medikament, und wer das Placebo bekommt. Wegen der geringen zur Verfügung stehenden Mengen Beta-Endorphin war Dr. Kline dieser Weg versperrt. Es gilt also abzuwarten, ob seine Arbeit später in Doppelblindversuchen bestätigt wird.

Dr. Snyder äußert sich zurückhaltend zu dieser Arbeit, hat jedoch das Gefühl, daß der Wirkung von Beta-Endorphin auf den Geisteskranken eine wissenschaftliche Logik zugrunde liegt. »Erstens wirkt es vielleicht ähnlich wie Morphin – es vermittelt ein angenehmes Gefühl, und die depressiven und schizophrenen Symptome werden abgeschwächt«, erklärt er. »Tatsächlich waren ja die Opiate ein wichtiges Behandlungsmittel bei Geisteskrankheit, bis wir erkannten, daß sie süchtig machen und man immer und immer mehr davon bracht, um eine positive Wirkung zu erzielen. Zweitens wissen wir, daß der Dopamingehalt der Amygdala, des Emotionszentrums des Gehirns, ziemlich hoch ist. Im zentralen Kern dieser Region sind Dopaminneuronen konzentriert. Auch die Enkephalin- und Opiatrezeptoren treten hier massiert auf. Das Beta-Endorphin wandert vielleicht direkt zur Amygdala, wo es von den Rezeptoren aufgenommen wird und eine eindeutig positive Änderung der Empfindungen bewirkt.«

Dr. Snyder weist darauf hin, daß möglicherweise noch ein anderes Problem besteht, die Suchtgefahr. Es wurde nachgewiesen, daß Beta-Endorphin Tiere süchtig macht. Bisher hat Dr. Kline das beim Menschen nicht festgestellt, und da Beta-Endorphin ein körpereigenes Produkt ist, macht es vielleicht nicht süchtig. Das muß allerdings noch bewiesen werden, wie Dr. Snyder betont.

Die Notwendigkeit, die Geisteskrankheiten zu begreifen und zu besiegen, ist lebenswichtig. *Psychotische Störungen* beziehen sich auf alle emotionalen Störungen, von denen die Schizophrenie die größte Untergruppe bei den in einer Klinik behandelten Patienten stellt. Den Rang streitig machen der Schizophrenie, was die zerstörerische Wirkung angeht, die *affektiven Krankheiten*: Manie, Depression und die manisch-depressiven Störungen.

Wie wir gesehen haben, unterteilte Kraepelin die Geisteskrankheit in zwei Gruppen, die Dementia praecox, die durch einen ungünstigen Verlauf gekennzeichnet ist, und die manisch-depressiven Psychosen mit einem günstigeren Ausgang. Die affektiven Fälle verzeichnen tatsächlich die höchste Besserungsquote, aber die manisch-depressiven Leiden nehmen nicht immer einen guten Verlauf. In der depressiven Phase der Krankheit kommt es denn auch oft zu Selbstmorden.

Niemand kann sich vorübergehend depressiven Gefühlen entziehen. Aber das ist noch kein psychotisches Verhalten. Die psychotische oder *retardierte Depression* ist keine bloße Reaktion auf Kummer und

Unglück, die ein langweiliges Leben oder die erfolglose Suche nach Liebe beschweren. Diese beruhen auf äußeren Anreizen, wohingegen die schwere Depression häufiger *endogen* ist, von innen kommend.

Die psychotische Depression ist ein tückisches, biologisch bedingtes Leiden, das den Körper wie den Geist berührt. Es bewirkt eine allgemeine Verlangsamung der psychomotorischen Aktivität. In einigen Fällen ist der Beginn hormonaler Art. Es kann ausgelöst werden durch eine nachgeburtliche Psychose, die empfindliche Frauen nach der Entbindung befällt. Oder es bricht aus als Folge der hormonalen Veränderung des Klimakteriums. Und es kann sich auch ganz unvermittelt einstellen, ohne daß irgendein auslösendes Moment zu erkennen ist.

Diese biochemisch verursachte Hoffnungslosigkeit ist Teil eines Krankheitszustandes, der wie Krebs oder Diabetes alle Organe des Körpers in Mitleidenschaft zieht. Es kommt zu Appetitlosigkeit, Unregelmäßigkeiten im Schlafmuster und einem Nachlassen des Sexualtriebs. Eine zusätzliche Strafe ist eine offensichtliche Blockade des Denkprozesses, so daß die depressive Person weniger »gescheit« als vorher erscheint. Wahnartige Vorstellungen von Sünde, Schuld, Armut und Unwürdigkeit sind nichts Außergewöhnliches.

Wissenschaftler der medizinischen Fakultät der Washington University in St. Louis haben zehn Kriterien für eine Depression aufgestellt. Es sind unter anderem Appetitlosigkeit, Gewichtsverlust, Schlafschwierigkeiten, nachlassende Vitalität, Erregungszustände, Verdauungsschwierigkeiten, verminderter Sexualtrieb, nachlassende Konzentrationsfähigkeit, verlangsamtes Denken und der Gedanke an Selbstmord. Treffen sechs der zehn Kriterien auf jemanden zu, wird er als »depressiv« betrachtet.

Einem Beobachter mag das Leben eines depressiven Menschen annehmbar und sogar außergewöhnlich vorkommen. Doch wird man den Depressiven normalerweise auch durch noch so viele Worte nicht von seiner pessimistischen Einschätzung abbringen. Wenn der gedrückte Zustand nicht in einem Selbstmord endet oder in psychotisches Verhalten übergeht, wird er sich im allgemeinen bessern, aber nur, um nach Wochen, Monaten oder Jahren von einem anderen Anfall gefolgt zu werden.

Die Kehrseite der psychischen Medaille ist die *Manie*, ein Zustand der Euphorie und Erregtheit, bei dem die psychomotorische Aktivität des Betreffenden sich steigert. Der grobe Vergleich mit einer Filmkamera ist gar nicht so schlecht. Wenn die Depression das Leben in Zeitlupe ist, ist die Manie die Wiedergabe im Zeitraffer mit all den Verzerrungen eines Films aus den Anfängen der Stummfilmzeit. Der Verstand scheint mit optimalem Tempo zu arbeiten, aber das Urteilsvermögen bleibt dabei meistens auf der Strecke. Die Gedanken schweifen umher, das Bild, das man sich von sich selbst macht, ist überwältigend, und oft besteht die Neigung zu extravaganten Ausgaben.

Man sagt, viele erfolgreiche Geschäftsleute und schöpferisch tätige Menschen seien ein bißchen manisch. Das mag zutreffen, denn erhöhte psychomotorische Aktivität ist in einer auf Wettbewerb beruhenden Gesellschaft von unschätzbarem Wert. Diesen Leuten bleibt allerdings für gewöhnlich eine akute Manie oder das Gegenteil, die tiefe Depression, erspart.

Die Psychiater glauben heute, daß es innerhalb der *primären affektiven Störungen* zwei Untergruppen gibt. Die eine ist *monopolar*, und die einzige Funktionsstörung ist die Depression. Die andere ist *bipolar* oder manisch-depressiv. Bei diesem entsetzlichen Leiden bewegt sich der Betreffende zwischen Manie und Depression.

Wie die Schizophrenie treten affektive Störungen familienweise auf. Dr. George Winokur untersuchte die Eltern und Geschwister von 325 Patienten am Iowa Psychopathic Hospital, die entweder an manischen oder depressiven Störungen litten. Von den 1187 Verwandten hatten 160 die Krankheit in irgendeiner Form; das Sterblichkeitsrisiko betrug 13,5 Prozent – jeder Siebente war betroffen.

Die Beweise mehren sich, daß auch die affektiven Krankheiten genetisch bedingt sind und vererbt werden. Und erneut suchen wir nach einer Bestätigung durch Untersuchungen von Zwillingen. In sechs getrennten Studien manisch-depressiver Krankheiten wurden 92 Zwillingspaare untersucht. In fast drei Vierteln aller Fälle war auch der andere eineiige Zwilling manisch-depressiv! Zum Vergleich wurden auch zweieiige Zwillinge untersucht, die in nur 19 Prozent der Fälle beide manisch-depressiv waren.

Dr. Elliot S. Gershon vom National Institute of Mental Health glaubt, daß die genetische Grundlage der Depression und der manisch-depressiven Leiden nachgewiesen ist. »Genetische Faktoren sind von großer Bedeutung, wenn man festlegen will, bei wem die affektive Krankheit auftreten wird. Was auch immer die entscheidenden ätiologischen Umstände sein mögen, sie sind im wesentlichen vererbbar«, erklärt er.

Selbstmord ist die größte Bedrohung bei affektiven Störungen. Auf dem Höhepunkt des depressiven Zyklus ist das Leben so qualvoll, daß der Selbstmord fast vernünftig erscheint. Die Wissenschaftler schätzen, daß die Todesrate bei diesen Fällen 15 Prozent beträgt – jeder siebente Betroffene begeht Selbstmord. Bei der monopolaren Depression ist der Wert etwa genauso hoch wie bei der manisch-depressiven Erkrankung.

Die Selbstmordquote bei den Verwandten des Kranken ist ebenfalls abnorm hoch. Von den 1137 Eltern und Geschwistern der kranken Patienten der Iowa-Studie hatten 36 (drei Prozent) ihrem Leben selbst ein Ende gesetzt. Die Zahl liegt weit über dem Landesdurchschnitt und ist dreimal so hoch wie der entsprechende Wert bei Verwandten von Schizophrenen.

Wie verbreitet sind Depressionen und manisch-depressive Leiden? Nach Schätzungen von George Winokur und Ferris N. Pittes sind ungefähr zwei Prozent der Bevölkerung in irgendeiner Form von einer affektiven Krankheit betroffen. Sie wäre damit zweimal so häufig wie Schizophrenie.

In einigen Untersuchungen wird der Schaden sogar noch schwerer eingeschätzt. Eine Bevölkerungsstudie Islands von Dr. T. Helgason zeigte, daß fünf Prozent der Frauen und drei Prozent der Männer an ernsten affektiven Störungen litten. Selbst bei nur zwei Prozent haben wir es mit einer Krankheit zu tun, die 1,2 Millionen Menschen in der Bundesrepublik, und 70 Millionen weltweit betrifft. Hinzurechnen müssen wir die verheerenden Wirkungen auf Hunderte von Millionen ihrer Kinder, Ehepartner und Eltern.

Die Ausbreitung der Geisteskrankheiten insgesamt geschieht ungehindert. Da die neuen psychochemischen Eingriffe Millionen Menschen vor einer Verschlechterung ihres Zustandes bewahren, heiraten sie und zeugen Kinder, wodurch sich das Genreservoir der Geisteskrankheiten weiter füllt. Nur wenn wir den Weg finden, wie die Gene übertragen werden und erkennen, welche chemischen Vorgänge im Gehirn beteiligt sind, werden wir die Zusammenhänge begreifen und einschreiten können. Wie wir gesehen haben, waren der ein halbes Jahrhundert währende Flirt der Psychiatrie mit dem psychologischen Bemühen, die psychischen Krankheiten zu heilen, und die Versuche, sie psychologisch in den Griff zu bekommen, erfolglos.

Möglicherweise hat man in den letzten fünf Jahren eine bedeutende genetische Entdeckung gemacht. Dr. Ronald R. Fieve, Professor für klinische Psychiatrie am Columbia Presbyterian Medical Center, und einige Kollegen vom Psychiatrischen Institut des US-Bundesstaates New York glauben, ein Glied bei der genetischen Übertragung der manisch-depressiven Krankheiten freigelegt zu haben. Ihr Sample bestand aus 120 Patienten, die zu ihnen an die Lithium Klinik überwiesen worden waren.

Sie glauben, daß das (weibliche) X-Chromoson der genetische Träger ist. Auf jedem der 46 Chromosomen befinden sich Tausende von Genen, die für die körperliche wie geistige Ausbildung des Menschen verantwortlich sind. Wo auf dem X-Chromosom das Gen für die manisch-depressive Krankheit genau liegt, ist nicht bekannt. Aber Fieve berichtet, er habe einige Faktoren zusammengeführt, die vielleicht einen Hinweis geben.

Dieses geniale Verfahren wird *Genkoppelung* genannt. Wir erben häufig verschiedene nicht miteinander verwandte Merkmale einfach deshalb, weil die Gene dicht auf einem der Chromosomen beieinanderliegen. Je dichter sie zusammenliegen, desto größer ist die Wahrscheinlichkeit, daß die Merkmale zusammen weitergegeben werden. Durch den Einsatz von Markern konnten die Genetiker von der Lage einiger Gene eine »Karte« anfertigen, so auch von der der Gene für die Rotgrünblindheit und für eine bestimmte Blutgruppe.

Wissenschaftler, unter ihnen auch Dr. Winokur, hatten bereits zuvor eine meßbare aber nicht widerspruchsfreie Koppelung zwischen Rotgrünblindheit und manisch-depressivem Leiden festgestellt. 1972 berichtete Fieve dann, daß eine Verbindung zwischen manisch-depressiver Krankheit und der Blutgruppe Xg bestehe. Fieve fand sechs Patienten, deren Familien eine Korrelation zwischen der Blutgruppe Xg und manisch-depressiver Krankheit in drei aufeinanderfolgenden Generationen aufwiesen. Diese doppelte Genkorrelation zeigt nach Meinung Fieves, daß das X-Chromosom möglicherweise der Träger der manisch-depressiven Krankheit ist, den wir suchen. Fieve hebt allerdings hervor, daß nicht jeder, der die Blutgruppe Xg hat oder farbenblind ist, auch zwangsläufig anfällig für manisch-depressive Leiden ist.

Dr. Fieve hofft, das spezifische, manisch-depressive Gen genau bestimmen zu können. Im *American Journal of Human Genetics* von Remwick und Schulze veröffentlichte Daten ließen erkennen, daß die Blutgruppe Xg und die Farbenblindheit auf dem Chromosom weit auseinanderliegen. »Unsere Ergebnisse decken sich mit ihrem Bericht«, sagt Fieve. »Die Genorte für manisch-depressive Krankheiten scheinen zwischen dem Genort für die Blutgruppe Xg und denen für die Farbenblindheit zu liegen, wenngleich sie eventuell näher bei den letzteren liegen.«

Sechs Jahre nach seinem Bericht gehen die Meinungen über Fieves genetische Untersuchungen noch immer auseinander. Einige Wissenschaftler haben eine ähnliche Koppelung entdeckt, anderen dagegen gelang die Wiederholung nicht. »Ich glaube, daß sich zumindest ein Untertyp der manisch-depressiven Krankheiten als mit den X-Chromosomen verbunden erweisen wird«, gab Dr. Fieve in einem Interview an.

Die Wissenschaftler sind sich uneinig darüber, wie die affektiven Störungen tatsächlich vererbt werden. An der Washington University von St. Louis benutzten Forscher ein Computermodell, um den Stammbaum von 100 ambulant behandelten psychiatrischen Patienten zu analysieren. Sie kommen zu dem Schluß, daß die monopolare Depression wahrscheinlich durch mehrere Polygene übertragen wird, nicht durch ein einziges dominantes Gen. Einer der Verfasser der Studie weist jedoch darauf hin, daß es möglicherweise einige Arten psychotischer Depression gibt, die jede ihr eigenes Verfahren genetischer Übertragung hat.

Wie bei der Schizophrenie existiert auch hier eine biochemische Theorie, die erklärt, wie die Depression im Gehirn bestimmter Patienten entstehen könnte, vor allem die schwere endogene Depression. Die entscheidenden chemischen Substanzen, die bei Stimmungsänderungen beteiligt sind, sollen die *Neurotrangsmitter* sein, eine Gruppe biogenetischer Amine, zu denen Noropinephrin, Dopamin, Serotonin und andere gehören. Wenn sie sich an den entscheidenden Stellen, den Synapsen der Nervenzellen, in einem noch unbekannten Gleichgewicht befinden, herrscht im Gehirn eine normale oder gemäßigte Stimmungslage vor.

Selbstverständlich machen wir alle Zeiten der Beschwingtheit und der Niedergeschlagenheit durch, aber die Manie oder schwere Depression wird nur bei dem auftreten, der gestört ist. Beim Benutzer von Amphetamin kommt es beispielsweise zu einer schnellen Entladung von Norephinephrin und Dopamin, wodurch das »Hoch« entsteht. Umgekehrt scheint die Gehirnchemikalie Serotonin mit Schlaf und Depression zusammenzuhängen. Der Serotonin-Theorie zufolge haben einige stark depressive Menschen einen niedrigen Serotoninspiegel, oder der Neurotransmitter arbeitet im Gehirn nicht richtig.

Die Theorie wird in der Psychiatrie diskutiert, aber einige Experimente, unter anderem auch ein in Stockholm durchgeführtes, scheinen zu bekräftigen, daß einige schwer depressive Patienten einen niedrigen Serotoninspiegel haben. Die schwedische Forscherin Marie Asberg analysierte die Rückenmarkflüssigkeit einiger an schweren

Depressionen leidender Personen, die versucht hatten, Selbstmord zu begehen. Sie stellte fest, daß bei diesen Patienten ein Stoffwechselprodukt des Serotonins in unterdurchschnittlichen Mengen vorkam, was auf einen Mangel des lebensnotwendigen Neurotransmitters hinwies.

Warum, so könnte man fragen, geben wir dann nicht Serotonin als ein wirksames Mittel gegen Depressionen? Unglücklicherweise ist es wie auch einige andere chemische Stoffe nicht imstande, das Hindernis der Hirnhäute zu überwinden. Der holländische Wissenschaftler Herman van Praag hat jüngst versucht, diese Klippe zu umschiffen, indem er den Patienten SHTP gab, vom Stoffwechsel her gesehen ein Vorläufer des Serotonins. Er stellte fest, daß die Depressionen der Patienten deutlich abklangen.

Diese Ergebnisse sind zwar ermutigend, wurden aber noch nicht bestätigt. Aber an der medizinischen Fakultät der New York University hat Dr. Samuel Gershon einen Versuch durchgeführt, der die Serotonin-Hypothese stützt. Man unterteilte depressive Patienten in zwei Gruppen und verabreichte ihnen eines der beiden bekannten Antidepressiva Tofranil und MAOH (Monoaminoxydasehemmer). Diejenigen, bei denen eine anfängliche Besserung zu erkennen war, wurden erneut in zwei Gruppen unterteilt, die jeweils zusätzlich medikamentös behandelt wurden.

Die eine Gruppe bekam AMPT, das die Produktion von Norepinephrin unterbindet, die andere PCPA, eine chemische Substanz, die die Bildung von Serotonin verhindert. »Wir stellten fest, daß der Besserungsprozeß bei den Patienten abbrach, die PCPA bekommen hatten«, berichtete Dr. Gershon. »Wurde das PCPA dann wieder abgesetzt, schritt die Besserung unvermindert fort. Die Arbeit bedarf noch der Bestätigung, doch stärkt sie weiter die Serotonin-Theorie.«

Wenn der Mangel an Serotonin einer der Gründe für viele schwere Depressionen ist, könnte man vielleicht Antidepressiva entwickeln, die die Verfügbarkeit von Serotonin im Gehirn erhöhen. Eines dieser Präparate ist Chlorimipramin. Die schwedische Wissenschaftlerin Dr. Asberg hat damit sowohl bei Depressionen wie auch bei Patienten mit Zwangs- und Verfolgungsritualen Erfolg gehabt.

Was immer die genaue Ursache ist, es besteht kaum ein Zweifel, daß die psychotische Depression einen biologischen Ursprung hat. Diese Annahme wurde erhärtet durch die Entdeckung chemischer Stoffe, die die depressive Gemütsverfassung ändern konnten. Es war eine Arbeit, der zugute kam, daß durch Zufälle glückliche und unerwartete Entdeckungen gemacht wurden. Anfang der 50er Jahre wurden Patienten in einem New Yorker Lungensanatorium mit einem Medikament gegen Tuberkulose behandelt, mit Iproniazid. Außer der Wirkung gegen die Tb schien es auch das Gemüt der niedergeschlagenen Lungenkranken aufzuhellen.

Später fand man heraus, daß das Mittel ein *Monoaminoxydasehemmer* war, eine Substanz, die den Abbau des Enzyms Monoaminoxydase hemmt, das die Wirkung einiger Neurotransmitter aufhebt. 1957 entwickelte ein Schweizer Psychiater die zweite Generation der Seelentröster, die *trizyklischen Antidepressiva*, von denen die verbreitetsten *Imipramin* und *Amitriptylin* sind, im Handel unter den Namen Tofranil und Elavil bekannt.

Leider wirken die trizyklischen Antidepressiva sehr langsam, manchmal erst nach vier Wochen. In dieser Zeit ist der Patient oft stark depressiv und kann zum Selbstmord neigen. Am Norwich Hospital im US-Bundesstaat Connecticut wurde die Reaktion von 21 Patienten mit akuter Depression auf Imipramin getestet. 15 sprachen auf die Behandlung an, bei sechs Patienten wirkte das Mittel nicht. Der erste Patient reagierte nach sieben Tagen, ein anderer dagegen erst nach 26. Im Durchschnitt dauerte es zwei Wochen, bis das Medikament zu wirken begann; es half in 74 Prozent aller Fälle.

Die Forscher haben versucht, diese gefährliche Verzögerung auszuschalten. Wissenschaftler von der University of North Carolina behandelten 20 depressive Patienten mit einem Antidepressivum und zusätzlich einem Schilddrüsenhormon, T-3, und stellten fest, daß es die antidepressive Wirkung beschleunigte. Sie weisen darauf hin, daß »die allgegenwärtige Gefahr eines Selbstmords eine schnell wirkende Behandlung zu einer der wichtigsten Forderungen macht«. Das Schilddrüsenhormon kann unerwünschte Nebenwirkungen haben, aber im Ernstfall ist Geschwindigkeit unter Umständen alles.

Wer unterliegt schweren Depressionen? Wie wir gesehen haben, ist die Krankengeschichte der Familie von Bedeutung. Aber wie sieht es mit der psychodynamischen Theorie aus? Wenn ein Kind traumatische erste Lebensjahre gehabt hat, würden sie das Kind nicht anfällig machen für spätere Depressionen?

Aufgrund des Beweismaterials muß das verneint werden. Der britische Psychiater Dr. K. L. Granville-Gressman untersuchte die Kindheitserlebnisse erwachsener, depressiver Personen. Er unterzog das Schrifttum einer eingehenden Prüfung und achtete auf offensichtliche Schäden, die der kindlichen Psyche zugefügt worden waren: Scheidung der Eltern, Tod eines Eltern- oder Geschwisterteils, ernsthafte

Auseinandersetzungen zwischen den Eltern, uneheliche Geburt, zerrüttete Familienverhältnisse. Und das Ergebnis? Granville-Grossman stellt fest, daß diese Untersuchungen nicht »die Ansicht (stützen), daß die Umgebung der frühen Kindheit von ätiologischer Bedeutung für die affektiven Störungen ist«.

Auch wenn die Kindheitserlebnisse wahrscheinlich keine Rolle spielen, tut das doch offensichtlich das Geschlecht der Person. Frauen scheinen sehr viel häufiger das Opfer schwerer Depressionen zu werden als Männer. Bei einer Studie am New Yorker bundesstaatlichen psychiatrischen Institut waren von 203 Patienten 168 Frauen. Bei einer anderen Untersuchung von 555 depressiven Patienten, die Allen Raskin vom National Institute of Mental Health durchführte, lag der Anteil der Frauen bei 71 Prozent. Ein Bericht über 115 manisch-depressive Patienten am Barnes Hospital in St. Louis wies 74 Prozent Frauen aus, eine Zahl, die das ungefähre Verhältnis von drei Frauen auf einen Mann sowohl bei Depressionen wie auch anderen affektiven Störungen erhärtet.

Schwere Depressionen hängen auch mit dem Alter zusammen, sie nehmen mit steigendem Alter zu. Auch wenn junge Menschen stark depressiv werden können, liegt das Durchschnittsalter für monopolare (nur depressive) Patienten bei 45 Jahren. Der manisch-depressive (bipolare) Patient hingegen ist mit durchschnittlich nur 38 Jahren zum erstenmal betroffen.

Die Auffassung, daß Frauen wie ältere Männer stärker zu schweren Depressionen neigen, erhielt Bestätigung durch eine Untersuchung des medizinischen Instituts der University of Vermont. Die Wissenschaftler gingen dem Gedanken nach, ob die Monoaminoxydase eventuell bei der Entstehung der Depression beteiligt ist, da die Monoaminoxydasehemmer (MAOH) die Depression stoppen. Sie untersuchten die Monoaminoxydase-Werte im Blut von 113 Freiwilligen im Alter zwischen 21 und 84 Jahren und überprüften bei 26 Autopsien die Monoaminoxydase-Tätigkeit direkt im Gehirn. Sie stellten fest, daß die Tätigkeit der Monoaminoxydase bei älteren Menschen ausgeprägter ist und im Blut von Frauen deutlich über der von Männern liegt.

Welche Behandlungsmethode ist bei schweren Depressionen die beste? Nach übereinstimmender Auffassung der organisch ausgerichteten Psychiater umfaßt sie vier Bereiche: 1. trizyklische Antidepressiva, 2. Elektrokrampf-Therapie, 3. MAOH und 4. Lithium, wenn ein manisch-depressives Leiden beteiligt ist. Überraschenderweise sprechen die am schwersten Betroffenen am besten an – die Fälle mit *endogener*, *retardierter* oder *schwerer* Depression. Wahrscheinlich ist das ein Zeichen dafür, daß die Erkrankungen biologischen, nicht psychologischen Ursprungs sind.

Wie schon bei der Schizophrenie zeigt die Psychotherapie auch hier keine erkennbaren Erfolge. Dr. Joseph Schildkraut von der medizinischen Fakultät in Harvard erklärt, daß bei der Behandlung dieser schweren Depressionen die Psychotherapie wie auch Placebos ungeeignet sind. Ein Versuch an der medizinischen Fakultät der Johns Hopkins University bestätigte dieses Scheitern. Man verabreichte ambulant behandelten depressiven Frauen eins von drei Medikamenten und schickte sie entweder zu wöchentlichen gruppenpsychotherapeutischen Sitzungen oder nur alle zwei Wochen zu einem kurzen Kontrollbesuch in die Klinik. Im Bericht heißt es: »Eine Überlegenheit der Gruppentherapie war nicht festzustellen.« Es zeigten sich vielmehr deutlich bessere Ergebnisse bei der Behandlung mit Imipramin-Präparaten.

Placebos sind bei Geisteskrankheit ebenfalls ohne großen Wert. Sie spielen allerdings eine Rolle bei der Behandlung weniger schwerer Depressionen. Das hat einen einfachen Grund. Das Placebo bewirkt zwar biochemisch nichts, es ermöglicht der leichten Depression aber, das zu tun, was die Natur vorhatte, einen Selbstheilungsprozeß in Gang zu bringen.

Am Camarillo State Hospital in Kalifornien behandelten Wissenschaftler 74 depressive Patienten mit einem Placebo oder einem trizyklischen Antidepressivum. Von den Kranken, die das Antidepressivum bekommen hatten, waren 77 Prozent nach der Behandlung entweder vollkommen geheilt oder zeigten eine leichte Besserung. Die mit einem Placebo Behandelten erzielten ähnlichen Erfolg in nur 52 Prozent der Fälle. Überraschend war, daß die Patienten mit neurotischer oder reaktiver Depression auf das Placebo genausogut ansprachen wie auf das Medikament. Die an schwerer endogener Depression Leidenden reagierten jedoch sehr viel besser auf das Antidepressivum.

Donald F. Klein und J. M. Davis faßten die Ergebnisse von 36 Untersuchungen über die Behandlung von Depressionen sowohl mit Placebos wie auch Imipramin-Antidepressiva zusammen. Es zeigte sich, daß die Besserungsrate bei Placebos 39 Prozent betrug, während sie für die Antidepressiva bei 70 Prozent lag.

Aus diesen Untersuchungen ergibt sich Verschiedenes. Zum einen heilen Depressionen in vielen Fällen von selbst. Zum anderen haben wir es wahrscheinlich mit zwei depressiven Krankheiten zu tun. Die eine Depression ist eine Reaktion auf den Streß des Lebens und heißt demzufolge psychoneurotische oder *reaktive Depression*. Die andere ist eine schwere *endogene* oder *retardierte Depression*, deren Ursache in einem unausgeglichenen Chemiehaushalt des Körpers zu suchen ist, wahrscheinlich eine Folge genetischer Vererbung.

Eine Unterscheidung zwischen diesen beiden Depressionen wird von mehreren Psychiatern gemacht, auch von Dr. Winokur und Dr. Pitts, die das Persönlichkeitsbild von Personen untersucht haben, die später an einer schweren Depression erkrankten. Sie entdeckten, daß diejenigen, die psychotisch depressiv werden, im Gegensatz zu den Neurotikern vor dem Ausbruch der Krankheit eine relativ stabile, nicht neurotische Persönlichkeit haben. Der einzige Hinweis auf ihren zukünftigen Zusammenbruch war der Familiengeschichte zu entnehmen.

Die Elektrokrampf-Therapie ist eine wirksame Behandlungsmethode bei schweren Depressionen. Dr. Jonathan O. Cole vom McLean Hospital im amerikanischen Bundesstaat Massachusetts nennt diese Therapie eine »sichere, wirksame und lohnende Behandlungsmethode bei Depressionen« und fügt hinzu, daß sie »sehr oft« anschlägt.

Aber im allgemeinen wird bei der Behandlung zu den Antidepressiva gegriffen, weil sie in der Verabreichung so unproblematisch sind. Leider können die chemischen Substanzen nachteilige Auswirkungen haben. Dr. Allen Raskin vom National Institute of Mental Health macht darauf aufmerksam, daß Imipramin psychotisches, manisches und aggressives Verhalten bei bestimmten Personen auslösen kann. Er gibt zu bedenken, daß dies vielleicht ein Fingerzeig ist, daß der Patient in Wirklichkeit manisch-depressiv und nicht nur depressiv ist.

Die Antidepressiva haben noch weitere unerwünschte Nebenwirkungen. Die MAOH haben bei einigen Kranken zu schwerwiegenden hypertonischen und vaskulären Zwischenfällen geführt. Als Ursache der Schwierigkeiten erwiesen sich Nahrungsmittel wie Käse, Bier und Hühnerleber, die einen hohen Tyramingehalt haben und gefährlich werden, wenn sie mit Monoaminoxydasehemmern gemischt werden. Patienten, die mit diesem Medikament behandelt werden, müssen darauf achten, die inkriminierten Nahrungsmittel zu meiden. Die trizyklischen Antidepressiva reagieren nicht so, aber die MAOH sind für die Behandlung manchmal notwendig.

Die manisch-depressiven Erkrankungen stellen ein schwerwiegenderes Problem dar, da man es bei ihnen mit der Manie und der Depression zu tun hat. Gebraucht wird *ein* Medikament, um diese entnervende Psychose zu behandeln und zu verhindern, daß sie ein zweites Mal auftritt.

Vielleicht ist Lithiumkarbonat dieses Präparat. 1949 berichtete der australische Psychiater J. Cade, daß Lithiumsalze die Erregung bei psychotischer Manie offenbar dämpfen. Seither schätzt die psychiatrische Gemeinde Lithiumkarbonat als ein nützliches Medikament. »Die Wirksamkeit von Lithiumkarbonat bei der Behandlung manisch-depressiver Psychosen und deren Vorbeugung ist erwiesen«, schreiben Dr. Douglas R. Bey und Dr. Robert E. Chapman. Diese Psychiater heben aber hervor, daß seine Rolle beim Verhindern von Depressionen und der Behandlung schizoaffektiver Störungen weniger klar ist.

Sein bisher größter Erfolg war die Bändigung der Manie. Dr. Christiaan van der Velde, Forschungspsychiater am Norwich Hospital im US-Bundesstaat Connecticut, testete Lithiumkarbonat an 75 manisch-depressiven Patienten, die sich in der manischen Phase befanden. Drei Jahre lang wurden sie genau beobachtet. 55 Patienten (73 Prozent) sprachen gut auf das Lithium an und zeigten einen »merklichen Rückgang der akuten, manischen Symptome« binnen zwei Wochen nach Einnahme des Medikaments.

Lithium ist nicht nur imstande, die akute Manie zu zügeln, es wird auch als nützlich angesehen, wenn es darum geht, wiederholten Anfällen des manisch-depressiven Zyklus vorzubeugen. Zwischen 1967 und 1975 untersuchte Dr. Ronald Fieve eingehend die vorbeugende Kraft des Lithiums an ungefähr 100 Patienten des New Yorker Psychiatrischen Instituts. Ein Teil der Patienten bekam Lithium, den übrigen gab man ein Zuckerplacebo. »Hinsichtlich sämtlicher Indizes – Aufenthaltsdauer im Krankenhaus, Besserungsrate in der Klinik, Intensität der depressiven Rückfälle und Umfang des zusätzlichen Bedarfs von Antidepressiva – war Lithium dem Placebo weit überlegen«, erklärt Dr. Fieve. »Ich habe festgestellt, daß Lithium weiteren Anfällen dreimal so wirksam vorbeugt wie das Placebo – 80 Prozent gegenüber 28 Prozent.«

Eine weitere Untersuchung wurde von der für die amerikanischen Kriegsveteranen zuständigen Veterans Administration an 205 manisch-depressiven Personen in 18 Krankenhäusern durchgeführt. Nach ihrer Entlassung wurden die ehemaligen Soldaten mit Lithiumkarbonat oder einem Placebo behandelt und dann zwei Jahre lang beobachtet. Es zeigte sich, daß 67 Prozent der Placebo-Patienten schwere Rückfälle erlitten, dagegen nur 31 Prozent der Patienten, die Lithiumkarbonat bekommen hatten.

Die Wissenschaftler hofften, die scheinbar rätselhaften Kräfte des Lithiums eventuell auf die Behandlung von Depressionen ausdehnen zu können, aber die Ergebnisse waren sehr unterschiedlich. Dr. Ronald Fieve behandelte manisch-depressive Patienten in der akuten Depressionsphase mit Lithium, betrachtete es aber letztlich doch nur als ein »mildes« Antidepressivum.

Was spricht gegen dieses preiswerte und ohne Schwierigkeiten herzustellende Medikament? Lithium hat mehrere Nachteile, der schwerwiegendste ist aber sicher der, daß es ein Gift ist, sobald es einen bestimmten Wert im Blut erreicht. Die Psychiater an der University of Rochester weisen warnend darauf hin, daß »fast 80 Prozent unserer Patienten abträgliche Nebenwirkungen in irgendeiner Form« mit Lithium erlebt haben, wenn auch die meisten unbedeutend waren.

Der Lithiumgehalt des Bluts wird während der Behandlung ständig überwacht, damit er einen kritischen Wert nicht übersteigt. Dr. Bey und Dr. Chapman, die im US-Bundesstaat Illinois eine Lithium-Klinik betreiben, erklären, daß sich die anfänglichen Nebenwirkungen häufig in einem verdorbenen Magen (einschließlich Übelkeit und Durchfall), Durst, Benommenheit, Muskelschwäche und einem leichten, ständigen Zittern äußern. Diese Anzeichen verschwinden jedoch im allgemeinen nach einigen Wochen wieder, wie sie beruhigend hinzufügen.

Die Vergiftungserscheinungen des Lithiums, auf die der Patient achten muß, sind Trägheit, Schläfrigkeit, nuschelnde Sprechweise, starkes Zittern, Muskelzucken, Erbrechen und Diarrhöe. Wenn diese Anzeichen auftreten, sollte das Lithium abgesetzt werden, bis die Blutwerte überprüft sind, um die Dosis dann anzupassen.

Im letzten Jahrzehnt hat es beim Verständnis und der Behandlung von Persönlichkeitsstörungen mehr Fortschritte gegeben, als unter der 50jährigen, noch immer einflußreichen Herrschaft des freudianischen Aberglaubens. Aber der psychologische Ballast ist für die Geistesgestörtheit noch immer nachteilig, weil er das Verständnis ihrer Ursachen erschwert und ein falsches Behandlungssystem ist.

Noch immer gibt es psychoanalytisch ausgerichtete Psychiater, die sich weigern, die neue Medikation anzuwenden, oder wenn sie es tun, geschieht das widerwillig. Sie behaupten, das Verabreichen von Medikamenten verdecke die Symptome des Patienten und erschwere die Psychotherapie. Dr. Ronald Klein verurteilt dieses Verhalten als berufliche Selbstgefälligkeit. »Nicht selten«, sagt Dr. Klein, »verbirgt dieser Glaube das messianisches Gebaren, daß die gesundheitlichen Fortschritte des Patienten voll dem begnadeten, persönlichen Einfluß des Therapeuten zuzuschreiben sind.«

Das Eindringen der Psychotherapie und der abstrusen Theorie Freuds in das ernsthafte Geschäft der medizinischen Psychiatrie ist ein amerikanischer Auswuchs. In Großbritannien beispielsweise ist die Psychotherapie fast völlig von der Behandlung der Kranken getrennt. Dr. Hugh Freeman, ein Psychiater aus dem englischen Manchester, der als einer der ersten das Injizieren von Prolixan erforschte, ist überzeugt, daß die Einbeziehung Freuds durch die Amerikaner schweren Schaden angerichtet hat. »Amerikas Begeisterung für die psychoanalytische Psychotherapie hat die Psychiatrie in Amerika weiter zurückgeworfen als irgendein anderer Umstand«, äußerte er in einem Interview.

Die Trennung von Psychiatrie und der psychologischen Theorie Freuds ist beispielsweise in England ganz offenkundig. Im Springfield Hospital, einer staatlichen Einrichtung in einem Londoner Vorort, leben die Patienten in einer heiteren, angenehmen Atmosphäre. Eingeliefert werden sie als verzweifelte Kranke, und man behandelt sie auf die gleiche medikamentöse Weise wie in einer amerikanischen Klinik. Entlassen werden sie in einem sehr viel besseren Zustand, ohne daß psychologisch eingegriffen worden wäre, weder psychotherapeutisch noch in Form eingehender Nachforschungen, um die vermutete Kindheitsursache der Krankheit aufzudecken.

Die amerikanische Psychiatrie wird hin- und hergerissen zwischen den neuen Anregungen der Biologie und der Geschichte des religionsähnlichen Freudianismus des 20. Jahrhunderts. Mit einem Bein steht sie auf dem Boden der Wissenschaft, mit dem anderen auf dem des Mystizismus. Diese Spaltung kommt in einer nicht endenden, mörderischen Schlacht zwischen Freudianern und Neofreudianern auf der einen Seite und den wissenschaftlich orientierten Psychiatern auf der anderen zum Ausdruck. Der Kampf tobt innerhalb der Institutionen und zwischen ihnen.

Wechselt der Leiter einer psychiatrischen Abteilung, läuft das Institut von einem Lager ins andere über und holt diejenigen nach, die seinen Standpunkt vertreten. Das Columbia Medical Center etwa, das seit jeher psychoanalytisch ausgerichtet war, wechselt jetzt zusehends auf die wissenschaftliche Seite. Andere Institute, die bisher organisch dachten, machen einen Schritt zurück zu den verborgenen Geheimnissen des Wiener Sehers.

Die Kluft zwischen Mystizismus und Wissenschaft wird selbst bei den amerikanischen Patienten sichtbar. Die meisten werden inzwischen zwar mit den neuen Medikamenten behandelt, aber gleichzeitig von der freudianischen Psychoanalyse indoktriniert. Eine 21jährige, alleinstehende New Yorkerin litt an schweren Depressionen. Sie kam sechs Monate in eine Klinik, wo sie mit MAOH behandelt wurde. Die Besserung war außergewöhnlich. Ihre Depressionen verschwanden, sie arbeitet wieder und führt ein ausgefülltes Leben.

Und worauf führt sie ihre Krankheit zurück? Trotz der Wirkung der Medikamente ist sie davon überzeugt, daß ihre Depressionen die Folge der Rivalität mit ihrer Schwester und des ungelösten Konkurrenzkampfs mit einem lieblosen Vater waren. Wie den meisten Menschen in der *psychologischen Gesellschaft* gelang es der Patientin nicht, Ursache und Wirkung miteinander in Verbindung zu bringen. Ihr Vater ist noch immer feindselig und ablehnend, aber ihre Depressionen sind verschwunden.

In der psychiatrischen Welt schreiten die Ereignisse schnell voran, doch ist eins unbestreitbar. In dem Maße, in dem die Wissenschaft weiterhin erfolgreich die Ursachen der Schizophrenie und der affektiven Psychosen aufdeckt, und neue Behandlungsverfahren entwickelt werden, um diese Plagen auszumerzen, wird die primitive, kultische Sicht der freudianischen Revolution ebenso nachhaltig zurückweichen wie die jahrhundertealte Vorstellung von den »Körpersäften«, die die Krankheiten im Körper hervorrufen.

V

DAS PSYCHOANALYTISCHE RITUAL

Einer der leitenden Analytiker der Psychoanalytischen Anstalt St. Louis begrüßte seine Patientin, eine hochgewachsene, stattliche Hausfrau von 26 Jahren und Mutter zweier kleiner Kinder. In den der Analyse vorausgegangenen Interviews war eine Diagnose erstellt worden, nach der sie »an einer gemischten Psychoneurose mit phobieähnlichen Konversionen, Depressionssymptomen und frei flottierender Angst« litt.

Ihre vorbereitende analytische Sitzung begann sie auf einem Stuhl sitzend, wobei sie den Analytiker ansah, der ihr genau den Begriff *freies Assoziieren* erklärte. Sie sollte aussprechen, was ihr in den Sinn kam, gleichgütlig wie abstoßend, unwichtig oder quälend es sein würde. Nichts sollte ihre Gedanken hemmen oder sie hindern, ihre Erinnerungen oder Träume wiederzugeben. Der Analytiker würde sie nur unterbrechen, wenn sie längere Zeit nichts sagte oder er das Gefühl hatte, daß eine eingehende analytische *Deutung* erforderlich wäre.

Die Patientin ging dann zur Couch. Neben den kleinen Dingen aus dem Alltagsleben, von denen vieles den Analytiker langweilt, bot die Hausfrau aus St. Louis bald eine an bestimmten Konventionen ausgerichtete und nur für Eingeweihte bestimmte Geschichte, wie es sie außer im Allerheiligsten eines Analytikers nirgendwo sonst gibt:

Analytiker: Sie fühlen sich, als wären Sie ein Käfer, und Ihr Vater eine Schlange. Was geht Ihnen durch den Kopf?

Patientin: Alles ist so verdorben. Die Schlange frißt den Käfer. Es ist furchtbar! – Es ist kaum zu glauben, daß kleine Mädchen an so etwas denken können. –

Analytiker: Wie meinen Sie das?

Patientin: Daß sie an Penisse denken können – . . . Jetzt denke ich an den Penis meines Vaters in mir, aber es ist alles zu erwachsen. Es macht mich so nervös, und es ist so abscheulich. Ich fühle mich so elend, als wäre das Ende der Welt gekommen.

Analytiker: Wir wollen versuchen, den Gedanken weiterzuverfolgen, daß das Glied Ihres Vaters in Ihnen ist. Was geschieht weiter?

Patientin: Jetzt kann ich sehen, wie ich immer größer werde. Der

Penis ist in mir. Er wird größer und größer und jetzt bin ich er selbst! – Es ist immer das gleiche. Uuh! Ich werde zum Penis und bin in meiner Mutter.

Analytiker: Weiter – Sie sind der Penis, und Sie sind in Ihrer Mutter. Was geht Ihnen durch den Kopf?

Patientin: – Es ist alles so dunkel! – ... Jetzt dringe ich in Mutter ein ... Ich werde sie vernichten, und ich werde das Baby da vernichten. – Ich reiß alles auf! – Wer ist das Baby? Bin ich es oder ist es meine Schwester? – Ich bin so durcheinander! Mein Gott! – Ich möchte da hinein und möchte noch einmal geboren werden und diesmal mit einem Penis!

Wir haben nicht etwa heimlich einen Psychotiker belauscht. Dieser seltsame Dialog, der vom Psychoanalytiker später als Teil der Gesamtanalyse veröffentlicht wurde, ist eine beinahe perfekte Darstellung der psychoanalytischen Theorie. Die Phantasie der Patientin war bis zu einer bestimmten Grenze angeregt worden, und in einer Art Ausbruch hatte sie drei der eindrucksvollsten freudianischen Theorien durchlebt. Unbewußt hatte sie in einer Wiederholung des *Ödipus-Komplexes* Geschlechtsverkehr mit ihrem Vater erlebt; sie hatte den ersehnten Penis gefunden, der den weiblichen *Penisneid* bannen würde, und sie hatte sogar erwogen, ihre Schwester im Mutterleib umzubringen, eine Neuauflage der feindseligen freudianischen *Geschwisterrivalität*.

Dieses Ritual klassischer Psychoanalyse ist das esoterische Herzstück der gesamten *psychologischen Gesellschaft*. Denn in der Hierarchie dieser Gesellschaft ist der klassische Psychoanalytiker Hoherpriester und Prophet, und der Patient, der *Analysand*, gilt als der Empfänger der reinsten Form psychischer Wiederbelebung.

Kein Berufszweig hat die moderne Gesellschaft stärker beeinflußt als die Psychoanalyse Freuds, und keiner ihrer Vertreter ist so erhöht worden. Über kein Fach wird mehr gelästert und diskutiert, und auch keins wird so wenig begriffen. Überschwengliches Lob, Halbwahrheiten, Verdrehungen und Popularisierungen der Analyse auf dem Niveau von Cocktailpartys begegnen einem auf Schritt und Tritt. Aber in unserer psychologielastigen Zivilisation werden die eigentlichen Wahrheiten der Psychoanalyse und der Psychoanalytiker genauso eifersüchtig gehütet, wie man ihre Botschaft öffentlich propagiert.

Die Psychoanalyse ist wie von einem Zauber umgeben. Nur wenige Erscheinungen haben den modernen Menschen so in ihren Bann gezogen. Statistisch haben nur jeder siebente Psychiater und jeder

50. Patient etwas mit der eigentlichen Psychoanalyse zu tun. Und doch beherrschen diese Elitetheorie und -therapie die medizinische Psychiatrie zum Beispiel in Nordamerika und die Psychotherapie weltweit.

Für die Mehrheit der Psychologen und Psychiater bleibt sie nach wie vor die erhöhte Plattform, von der aus *die* Erklärung des Innenlebens möglich ist. Einige Therapeuten kokettieren gern mit einer von Freud abweichenden Meinung oder machen seine Analyse sogar lächerlich. Doch alle sind sie hervorgegangen aus dieser psychoanalytischen Kunst oder *Wissenschaft*, wie ihre Vertreter sie selig nennen.

In der maßgebenden Zeitschrift *Psychological Issues* unterstreichen die Psychologen David Shakow und David Rapaport die berufliche Macht der Analyse. Freud, so sagen sie, »ist die Quelle der dynamischen Psychologie im allgemeinen, und die der heutigen Vorstellungen der Psychologie über Motivationen und das Unbewußte im besonderen«.

Seitdem Freud den Ausdruck *psycho-analyse* erstmals am 30. März 1896 in einer französisch erschienenen Arbeit gebrauchte, hat er das innere Vokabular von Millionen verändert. Wir haben gelernt, unsere emotionalen Schwankungen, ja selbst unser normales Verhalten durch das semantische Prisma des freudianischen Dogmas zu sehen. Heute lassen wir uns in aller Öffentlichkeit über unsere sexuellen Verdrängungen, psychosomatischen Magenbeschwerden, ambivalenten Liebe-Haß-Beziehungen, verborgenen Motivationen und die Psychopathologie unserer täglichen Fehlleistungen aus.

Die Psychoanalyse ist so angesehen, daß die meisten sie bewußt mit weniger aufwendigen und kürzeren Psychotherapien verwechseln. Viele, die ihre Psyche zu einem »Seelenarzt«, einem »Doktor«, einem »Therapeuten«, »Berater«, »Psychologen«, »psychiatrischen Sozialarbeiter« oder »Psychiater« tragen, verkünden stolz, sie seien einer »Psychoanalyse« unterzogen worden. Auch die anderen, die den Unterschied zwischen Analyse und Psychotherapie nicht kennen, glauben, daß eine Analyse gemacht wurde oder wird.

Selbst gegensätzliche Therapien werden oft fälschlicherweise als Psychoanalyse ausgegeben. Der New Yorker Psychologe Andrew Salter, ein bekannter Vertreter der antianalytischen Verhaltenstherapie, erinnert sich, daß die Schauspielerin Dyan Cannon, eine seiner ehemaligen Patientinnen, begeistert in einer Frauenzeitschrift über ihre »Psychoanalyse« bei ihm schrieb.

Die Macht der freudianischen Psychoanalyse rührt von einer Mystik her, die in der westlichen Welt nicht ihresgleichen hat. Sie schafft eine neue Ebene der Glaubwürdigkeit für rätselhafte Phänomene. Ihre Sexualtheorien lassen angenehm erschauern und schockieren sogar eine Öffentlichkeit, die durch allgemeine Obszönität nicht zu erschüttern ist. Ihre Komplexität fasziniert den Intellektuellen, den ihre intrapsychischen Enthüllungen immer wieder fesseln.

Durch Freuds Behandlung der Konversionshysterie um die Jahrhundertwende wurde die Psychoanalyse zu einer bedeutsamen Sache. Seither hat sie das Behandlungszimmer des Analytikers in ein verschwiegenes Heiligtum verwandelt, wo von seinen Nachfolgern erwartet wird, daß sie die Wunder des Wiener Meisters wiederholen.

Ihr größter Sieg weltweit war das Erringen der Vorherrschaft in der amerikanischen Psychiatrie. Dr. Alfed M. Freedman, früherer Präsident der American Psychiatric Association, umriß den Einfluß Freuds in diesem Berufszweig bei einem Interview am New York Medical College. »Die Psychoanalyse ist durch unsere führenden Universitätskliniken und medizinischen Fakultäten in die amerikanische Psychiatrie eingegliedert worden«, erklärte er. »Die in der Ausbildung tätigen Psychiater werden stark von analytischen Vorstellungen beeinflußt, und ihre Kurse in Psychotherapie sind psychoanalytisch ausgerichtet. Ihre Inspektoren sind normalerweise genauso eingestellt, und selbst wenn der Assistenzarzt keine analytischen Kurse besucht, ist sein Kopf voller freudianischer Theorien. In unserem Institut sind beispielsweise die Hauptinspektoren für die psychotherapeutische Ausbildung Psychoanalytiker.«

Sowohl die Gegner wie die Befürworter der Psychoanalyse sind sich darin einig, daß die Ehe zwischen Medizin und dem freudianischen Unbewußten sehr fruchtbar war. Der berühmte englische Psychiater Dr. William Sargant, der ehemalige Leiter der psychiatrischen Abteilung am St. Thomas Hospital, beklagt die Macht der Psychoanalyse in der amerikanischen Psychiatrie. Als man ihn in seinem Londoner Haus interviewte, wiederholte er seine frühere Anschuldigung, er sei »bestürzt über die Art, in der die Psychoanalyse seit dem Zweiten Weltkrieg Richtung und Kontrolle der amerikanischen Psychiatrie übernommen habe«.

Dr Sargants Beobachtungen lassen sich statistisch belegen. Über die Hälfte der psychiatrischen Abteilungen der medizinischen Fakultäten in den Vereinigten Staaten werden von Psychoanalytikern geleitet. Dieser mächtige Faktor blieb nicht ohne Wirkung bei den ehrgeizigen, jungen Psychiatern. »Die meisten unserer Psychiater sind Psychoanalytiker, die nach dem Zweiten Weltkrieg in Analyse ausgebildet haben«, erklärt einer der leitenden psychiatrischen Spezialisten eines großen Krankenhauses im Osten der Vereinigten Staaten. »Sie sind ein beredtes Beispiel, aus verstandesmäßigen und praktischen Gründen. Die meisten Assistenzärzte wollen keine Voll-Psychologen werden, aber fast alle werden wir als Teil unserer Ausbildung analytisch untersuchen. Als wir unsere Assistentenstelle antraten, waren 30 bis 40 Prozent in der Analyse, aber als wir die Ausbildung abgeschlossen hatten, hatten mindestens 80 Prozent mit der Psychoanalyse zu tun, entweder als Patienten oder als Ausbilder für Analyse als Bestandteil einer psychoanalytischen Vorbereitung.«

Am Mount Sinai Hospital in New York, so schätzt ein Psychiatrieprofessor, sind mindestens zwei Drittel der psychiatrischen Assistenzärzte bereits in der persönlichen Psychoanalyse. An der Columbia University ist die Zahl genauso hoch; die Universität unterhält ein eigenes analytisches Institut. Auch wenn der Einfluß Freuds außerhalb der Großstadtgebiete nicht so mächtig ist, bleibt er doch landesweit eine starke Kraft. Ein an einer medizinischen Fakultät im Südwesten der Vereinigten Staaten ausgebildeter Psychiater erinnert sich, daß damals nur zwei Studenten in der Psychoanalyse waren. Als er seine Assistenzzeit beendet hatte, war im ganzen Land mehr als die Hälfte psychoanalytisch behandelt worden.

Berichte über Personen, die zehn, 15 oder noch mehr Jahre auf der Couch des Psychiaters zugebracht haben, verblüffen die Öffentlichkeit. Die Psychoanalyse war einmal ein kurzes Verfahren, und Freud behandelte die meisten seiner Patienten einige Wochen oder Monate. Freud erzählt den Fall einer jungen Frau, die wegen akuter Schmerzen in den Beinen nicht laufen konnte. »Eine analytische Kur von einem dreiviertel Jahr beseitigte ihn [Zustand heftiger Beinschmerzen] und gibt einer tüchtigen und wertvollen Person ihre Rechte auf einen Anteil am Leben wieder«, bemerkt er.

Die Patienten von heute würden gerne zur Neun-Monatskur Freuds zurückkehren. Einen Patienten zur *genitalen Reife* zu bringen (einen »Menschen« aus ihm zu machen, wie die angelsächsischen Spezialisten sagen), erfordert heute immer mehr Zeit auf der Couch. Im *Biographical-Professional Survey* von 1972 gaben die Analytiker an, daß ihre letzten abgeschlossenen Analysen in der Regel fünf bis sieben Jahre gedauert hätten. Nur zwei Prozent der Fälle hätten weniger als zwei Jahre in Anspruch genommen, etwa 30 Prozent zwischen drei und vier Jahre. Beinahe jeder fünfte Patient hatte mehr als sieben Jahre beim Analytiker zugebracht.

Der Anstieg der Zeit auf der Couch wird bestätigt durch die Analysen der Kandidaten während der Ausbildung, der jungen Psychiater also, die dieses Fach studieren. 1946/47 dauerte eine typische Analyse 609 Stunden oder drei Jahre; 1968 waren es bereits 899 Stunden. Eine neuere Untersuchung der American Psychoanalytic Association weist nach, daß man inzwischen 1000 Stunden oder fünf Jahre braucht, und diese Tendenz steigt weiter. Vielleicht wird die Psychoanalyse demnächst zur lebenslangen Beschäftigung für den, der sich ihr gewidmet hat, wie Freud 1937 bemerkte.

Inzwischen stehen billigere und kürzere psychotherapeutische Behandlungsmethoden zur Wahl – wer entscheidet sich da noch für dieses langwierige Verfahren, und warum? Die Zahl der Analysanden ist überraschend niedrig, gegenwärtig nur 30000 Patienten in den Vereinigten Staaten, weltweit etwa 40000. Aber sie stellen einen Querschnitt durch die neurotische Oberschicht der Bevölkerung in der *psychologischen Gesellschaft* dar. Als Dr. H. Aronson und Dr. Walter Weintraub von der University of Maryland 144 Analyse-Patienten überprüften, stießen sie durchwegs auf Personen mit hohem Einkommen und bester Ausbildung. »Meine Patienten sind die gleichen Leute, wie ich sie in meiner gesellschaftlichen Umgebung treffe«, bemerkt dazu ein Psychoanalytiker aus Washington.

Die Psychoanalyse ist die Therapie der Gutsituierten. Beinahe alle Patienten aus der Maryland-Studie (94 Prozent) fielen in die beiden höchsten Kategorien einer fünfstufigen Skala der gesellschaftlichen Position (der *Hollingshead scale*), bei einem Bevölkerungsanteil von nur zehn Prozent. 83 Prozent hatten einen College-Abschluß, 50 Prozent hatten weiterführende Kurse besucht. 30 Prozent gehörten zu den beruflichen Hätschelkindern der *psychologischen Gesellschaft*, waren Mitglieder der helfenden Berufe.

Die Therapeuten fühlen sich nicht nur zur Psychoanalyse hingezogen, weil sie hoffen, persönliche Einblicke zu gewinnen, sondern weil es zu einer psychischen Auszeichnung geworden ist, sich »analysiert« haben zu lassen, und weil das dem beruflichen Fortkommen dient. »Den hohen Anteil von Patienten aus den ›helfenden‹ Bereichen erklärt vielleicht zum Teil die Tatsache, daß die Kenntnisse über die Psychoanalyse in der modernen Psychiatrie sehr viel größer sind, als die tatsächliche Zahl der Patienten vermuten läßt«, bemerken die Verfasser der Maryland-Studie.

Die Psychoanalyse ist auch eine Therapie, die relativ junge Menschen bevorzugen. Über die Hälfte der Patienten war zwischen 30 und

40 Jahre alt. Jüdische Patienten waren sehr stark vertreten, was möglicherweise mit der großen Zahl jüdischer Analytiker zusammenhängt, eine Tradition, die von Freud und seinen Schülern begründet wurde.

40 Prozent der Patienten der Maryland-Studie waren Juden, 33 Prozent Protestanten, 13 Prozent Katholiken, und 12 Prozent gehörten keiner Religionsgemeinschaft an. Eine Untersuchung der American Psychoanalytic Association bestätigt diese Zahlen im wesentlichen. Sie berichtet von 45,2 Prozent jüdischen Patienten, 43,6 Prozent Protestanten und 10,1 Prozent Katholiken.

Einige Patienten werden zur Psychoanalyse gezogen durch die Hoffnung auf ein psychologisches Wunder, einen *strukturellen Persönlichkeitswandel* statt der angeblich »billigen und dreckigen« Symptomkuren der schnelleren Therapie. Die Gebildeten und geistig Anspruchsvollen suchen den Psychoanalytiker wegen des Dialogs und des kreativen Einsatzes auf, der von ihnen erwartet wird. Für sie wird die Analyse zu einem emotional und sexuell undurchschaubaren Roman ihres Seelenlebens.

Eine vollständige Psychoanalyse ist auch noch aus einem anderen, unausgesprochenen Grund attraktiv – sie hebt das Ansehen. Sie bietet die einzige direkte Verbindung zum Propheten Freud, mit einem Abstand von nur ein oder zwei Generationen. Es ist so, als könnte man heute zu Füßen des heiligen Petrus am Ruhm des Christentums teilhaben. »Unter den dynamischen Therapien besitzt die Analyse für den Analysanden einen sehr hohen Stellenwert«, bestätigen die Wissenschaftler der University of Maryland. »Ein Patient, der einen Analytiker ›hat‹, ist in einer ganz ähnlichen Lage wie jemand, der eine kostbare Violine besitzt.«

Der Analysand ist mehr als ein Patient. Auf irgendeine seltsame Art wird er als Neuling in die analytische Zunft eingeführt, von dem man erwartet, den Glauben weiterzuverbreiten. In den Jahren 1920 bis 1950 waren es die Künstler, Schriftsteller, Intellektuellen, Gesellschaftsgrößen und sogar karrieresüchtige Hollywood-Stars, die sich einer Psychoanalyse unterzogen und sie so in der breiten Öffentlichkeit bekannt machten. Marshall Field und andere Mitglieder der Renommiergemeinde der 30er und 40er Jahre fanden Trost auf der Couch solcher Staranalytiker wie Gregory Zilboorg. Sie gaben das Wort weiter an die neue Subelite der Nachkriegszeit durch Bücher, Romane, Stücke und psychologische Filme à la Hollywood.

Das »handgefertigte« Werkzeug der Psychoanalyse ist kostspielig. Die Analyse ist ein geldverschlingendes Unterfangen. Ein Dollar pro

Minute – 50 Dollar für die Stunde zu 50 Minuten –, das ist der Standardsatz im Zentrum der Analytiker in den Vereinigten Staaten, etwa auf der Insel Manhattan. Viele Analytiker verlangen inzwischen jedoch schon 60 Dollar für die Stunde. Ein junger Analytiker in New York wird mit etwa 40 Dollar anfangen, dem üblichen Satz für die kleineren Zentren wie zum Beispiel Seattle. Die Staranalytiker können abenteuerliche Summen verlangen. Einer der alternden Analytiker, der noch mit Freud zusammen studiert hat, berechnet 100 Dollar pro Stunde.

Vier Sitzungen pro Woche sind das übliche. Legt man den bescheidenen Stundensatz von 40 Dollar zugrunde, belaufen sich die Kosten für eine Analyse auf durchschnittlich 8000 Dollar pro Jahr oder auf insgesamt 40000 Dollar. Bei dem nicht ungewöhnlichen 50-Dollar-Satz und fünf Sitzungen pro Woche steigen die Gesamtkosten auf 62500 Dollar. Für diejenigen 15 Prozent, die sieben Jahre auf der Couch zubringen, weist die Rechnung des Analytikers am Ende stattliche 84000 Dollar aus.

Eine weniger kostspielige Analyse steht der Allgemeinheit in den Vereinigten Staaten an den Institutskliniken zur Verfügung, wo sie von den Studenten durchgeführt wird, die kurz vor dem Abschluß stehen. An der angesehenen New Yorker Psychoanalytic Institute Clinic in der East 82nd Street auf Manhattan beträgt der Maximalsatz etwa 25 Dollar pro Stunde.

Der psychoanalytische Prozeß, der dieses ganze Gebäude stützt, ist seit nunmehr 75 Jahren Mittelpunkt eines erbitterten Kampfes, einer Auseinandersetzung, die inzwischen noch hitziger geworden ist. Unglücklicherweise beruht ein Großteil der Argumente auf Fehlinformationen über diesen Berufszweig, denn die Psychoanalyse ist infolge von Verzerrungen in einer mißlichen Lage. Diese Verwirrung war häufig unausweichlich, denn die Psychoanalytiker arbeiten als ein halbgeheimer Berufsverband unter der Ägide einer argwöhnischen Zunft. Mit dem gleichen Eifer, mit dem der Berufsstand nach Bekehrten Ausschau hält, verbirgt er die Einzelheiten dessen, was sich tatsächlich hinter den verschlossenen Türen abspielt, vor den Augen der Öffentlichkeit.

Um hinter diese Türen spähen zu können und den heutigen Analytiker, seine Theorien und Praktiken auf die Couch des Soziologen zu bekommen, haben wir sämtliche Quellen in Anspruch genommen, die freundlich gesonnenen, die ketzerischen und die gegnerischen. Bei der Definition der Psychoanalyse haben wir uns allerdings auf den authentischen Freud und seine Autorität verlassen. Andernfalls wäre der Überblick durch verbitterte oder sogar persönliche Kommentare überempfindlicher Freudianer gefährdet.

Wir hoffen, solche Anklagen nach Möglichkeit vermeiden zu können. Das soll nicht dadurch geschehen, daß wir der Auseinandersetzung oder Kritik ausweichen, sondern uns auf die maßgeblichen Vertreter, die bedeutenden Schriften und Fachzeitschriften stützen. Freud kann zuweilen eine verläßliche Quelle sein, doch der Meister widersprach sich häufig. Einige seiner Theorien, wie etwa die der Todestriebe, des Thanatos, werden nicht anerkannt. Andere moderne Lehrsätze gehen über die ursprüngliche Auffassung Sigmund Freuds hinaus.

Da die Psychoanalyse fälschlicherweise zu einem Gattungsbegriff geworden ist, müssen wir sie von den weniger exakten Ablegern trennen. Vier Dinge sind bei der klassischen Analyse unerläßlich: erstens die Couch, zweitens die Länge der Behandlung, drittens die Häufigkeit der Sitzungen und viertens die Behandlung durch einen klar ausgewiesenen Psychoanalytiker.

Analyse ist gleichbedeutend mit der Couch, die sich vom üppig gepolsterten Wiener Sofa zur ämrlichen Schaumgummiplatte mit einem winzigen, oft dreieckigen Kissen entwickelt hat. Sie ist eines *der* analytischen Werkzeuge. Die Couch fördert die freie Assoziation. Sie verhindert, daß der Patient die Reaktionen des Analytikers sieht, und auch f0r letzteren ist sie von Nutzen. »Ich vertrage es nicht, acht Stunden täglich (oder länger) von anderen angestarrt zu werden«, bekannte Freud.

Wir haben festgestellt, daß die Freudianische Analyse im Durchschnitt fünf bis sechs Jahre dauert, verglichen mit vielleicht einem Jahr bei der normalen psychodynamischen Therapie. Eine andere Regel, die »das reine Gold der Analyse«, wie Freud sich ausdrückte, von der Spreu der Vorstellungen trennt, die vermutlich die Grundlage aller anderen Verfahren bildet, ist die Zahl der Sitzungen pro Woche. »Ich arbeite mit meinen Patienten täglich mit Ausnahme der Sonntage und der großen Festtage, also für gewöhnlich sechsmal in der Woche«, bemerkte Freud. Die sechs Sitzungen pro Woche wurden zunächst auf fünf zurückgenommen, und heute sind es bei vielen Analytikern nur noch vier. »Heute gelten vier Sitzungen pro Woche als das Minimum«, erklärt ein bekannter Freudianer. »Wären es weniger, wäre es in meinen Augen keine klassische Psychoanalyse mehr.«

Die meisten Analytiker sind der gleichen Meinung. Drei Viertel berichteten, sie sähen ihre Patienten vier oder fünf Mal in der Woche. Nur 22 Prozent meinten, auch bei drei oder weniger Sitzungen pro Woche noch von »Psychoanalyse« sprechen zu können. (Einige unter Zeitdruck stehende Analytiker haben inzwischen die 50-Minutenstunde auf 45 Minuten zurückgenommen.)

Wir kommen nun zur entscheidenden Frage: Wer ist qualifiziert, eine Psychoanalyse durchzuführen? Der Begriff »Psychoanalyse« ist nicht gesetzlich festgelegt. Jeder mit genügend Unverschämtheit kann sich seiner bedienen. Aber die American Psychoanalytic Association, der Fels, auf dem Freud unbeabsichtigt seine Kirche baute, definiert, wer ein klassischer freudianischer Analytiker ist, und wer nicht, sowohl für den Berufsstand wie für die Gesellschaft.

»Bis 1972 mußte man, um Mitglied in der American Psychoanalytic Association zu werden, ein abgeschlossenes Medizinstudium vorweisen, die Berechtigung zur Führung einer Arztpraxis in wenigstens einem Bundesstaat haben, mindestens zwei Jahre als psychiatrischer Assistenzarzt gearbeitet haben und eines unserer 21 anerkannten psychoanalytischen Institute mit Erfolg besucht haben«, erklärte Dr. Edward D. Joseph, ehemaliger Präsident der Vereinigung. »Er muß sich einer persönlichen Psychoanalyse durch einen unserer Schulungsanalytiker unterzogen haben und selbst mindestens drei Patienten unter der Aufsicht eines Analytikers analysiert haben, wobei mindestens eine der Analysen abgeschlossen sein muß.«

Darüber hinaus hat die American Psychoanalytic Association versucht, ihre Reihen zu öffnen, und zwei zusätzliche Kategorien geschaffen: die angeschlossene Mitgliedschaft für Fachstudenten und eine außerordentliche Mitgliedschaft für Studenten in höheren Semestern und solche, die gerade ihren Abschluß gemacht haben. Die wichtigste Entwicklung der letzten Jahre war allerdings das Zugeständnis, daß ein klassischer freudianischer Analytiker weder ein Mediziner noch ein Psychiater sein müsse – der Standesfels, auf dem der gesamte amerikanische Berufsstand gründete. »Generell trifft es noch immer zu, daß ein Analytiker ein zugelassener Arzt ist«, sagte Dr. Joseph weiter, »doch in den letzten Jahren sind zunehmend Nichtmediziner ausgebildet worden, die auch die Vollmitgliedschaft in unserer Vereinigung erworben haben.«

Die Verbindung zwischen Medizin und Psychoanalyse war in den Vereinigten Staaten immer ein Gütezeichen des Berufsstandes, ein Symbol des Vertrauens für den Patienten, daß die Frau oder der Mann neben der Couch ein *Doktor* war. Dabei ist die Psychoanalyse trotz ihres übermäßigen Ansehens kein medizinisches Spezialfach, nicht einmal ein Teilgebiet der Psychiatrie. Von den Mitgliedern der American Psychoanalytic Association sind 48 keine ausgebildeten Mediziner. 39 sind Psychologen mit einem Doktor in Philosophie, und neun sind Laien, vom Sozialarbeiter bis zum College-Lehrer. Die prominentesten *Laienanalytiker* ist ein Amerikaner, Erik Erikson, und war eine Engländerin, Anna Freud, die Tochter des Propheten. Helen Ross, eine Psychoanalytikerin, die sich zurückgezogen hat und zu den lebenslangen Mitgliedern der American Psychoanalytical Association gehört, hat nur einen einfachen Abschluß in Pädagogik an der University of Missouri gemacht. Die jetzt 87jährige unterzog sich bei Dr. Helene Deutsch, einer der Schülerinnen Freuds, in Wien einer persönlichen Psychoanalyse. Dann praktizierte sie in den Vereinigten Staaten jahrelang Psychoanalyse ohne geisteswissenschaftliche oder medizinische Zeugnisse.

Verglichen mit ihrer Macht im psychologischen Berufswesen ist die Anzahl der Analytiker in den Vereinigten Staaten klein. Die American Psychoanalytic Association hat ungefähr 2500 Mitglieder. Hinzukommen 450 Absolventen anerkannter analytischer Institute ohne Mitgliedschaft. Wenn wir die 700 in der Ausbildung befindlichen Analytiker dazurechnen, kommen wir für die Vereinigten Staaten auf eine Zahl von 3650 Psychiatern (und 48 Nichtpsychiatern), die den amerikanischen Flügel der freudianischen oder »koscheren« Schule der analytischen Therapie bilden, wie sie inoffiziell von den Analytikern genannt wird.

Die Gemeinde der Psychoanalytiker drängt sich geographisch noch enger zusammen als die Allgemeinpsychiater. Die beiden großen Analytikerhauptstädte liegen fast 4500 km voneinander entfernt – Manhattan und Los Angeles. Ein einziger kalifornischer Vorort, Beverly Hills, rühmt sich, 63 klassische Analytiker in seinen Mauern zu haben, eine Zahl, die nur von einer Handvoll amerikanischer Bundesstaaten übertroffen wird. Der New Yorker Vorort Great Neck hat so viele Analytiker wie der gesamte Bundesstaat Florida. Washington D.C., das Zentrum der politischen Angst, wird von über 150 klassischen Psychoanalytikern versorgt.

Das Mekka der Analytiker ist offensichtlich Manhattan, wo beinahe jeder 15. amerikanische Analytiker seine Praxis hat. Das Völkchen der Analytiker hat sich an der vornehmen East Side (hauptsächlich Park, Madison und Fifth Avenue von der 60. bis zur 96. Straße) niedergelassen und am oder nahe beim Central Park im Westen. Wollte man ins analytische Schwarze treffen, müßte man auf die Fifth Avenue Ecke 96th Street zielen. Nur wenige Meter von der Kreuzung entfernt – Fifth Avenue Nr. 1148 und East 96th Street Nr. 9 – beherbergen zwei Gebäude sage und schreibe 21 Analytiker der klassischen freudianischen Schule. Mit den Nachbargebäuden Fifth Avenue Nummer 1140 und 1143 sowie East 96th Street Nummer 8 hält dieser eine Flecken die freudianische Fahne so vieler klassischer Psychoanalytiker hoch, wie die US-Bundesstaaten Minnesota, Oregon, Delaware, Oklahoma, Vermont, Wisconsin und Tennessee *zusammen*.

Elf Bundesstaaten haben den Verlockungen Freuds widerstanden und beherbergen nicht ein einziges Mitglied der American Psychoanalytic Association. Zu diesen Schlupfwinkeln zählen Alaska, Idaho, Iowa, Kentucky, Montana, Nebraska, South Dakota, Utah, West Virginia und Wyoming.

Gleichgültig wo, die analytische Gemeinde hält eng zusammen und blockt alle Eindringlinge ab. Selbst die leiblichen Vettern von der philosophischen Fakultät, die neofreudianischen Analytiker, haben sie abgewiesen. »Die traditionellen Freudianer stehen auf einem elitären Standpunkt und würden am liebsten alle anderen ausschließen«, beklagt Dr. John P. Briggs von der 850 Mitglieder starken konkurrierenden American Academy of Psychoanalysis.

Die Akademie ist das geistige Wasserloch verschiedener Richtungen unter den neofreudianischen Psychiatern. Ihre Mitglieder sind hauptsächlich Absolventen von vier nicht orthodoxen Instituten: dem Karen Horney Institute in New York, das von der Begründerin der »weiblichen Psychologie« ins Leben gerufen wurde; dem William Alanson White Institute in New York, der geistigen Heimat der »interpersonellen Beziehungen« Harry Stack Sullivans; dem eklektischen Schulungszentrum des New Yorker Medical College, und dem Allgemeinkurs in Psychoanalyse der Tulane University.

Es bedarf schon einer genauen Übersicht, um die sich gegenüberstehenden analytischen Theorien und Gruppen auseinanderzuhalten, eine Kontroverse, die ängstlich vor den Patienten verborgen wird, für die gilt: ein Analytiker ist ein Analytiker ist ein Analytiker.

»Unsere Mitglieder vertreten verschiedene analytische Meinungen, aber im allgemeinen kreist die Diskussion nur um das Unbewegliche und Dogmatische des orthodoxen, freudianischen Establishments«, erklärt Dr. John Briggs. »Wir sind Freudianer, und wir glauben an das gedankliche Konzept der kindlichen Sexualität einschließlich des Ödipus-Komplexes. Es geht nur darum, daß wir sie nicht für das Kernstück bei der Entstehung von Neurosen halten. Wir greifen auf intrapsychische Phänomene zurück, wir wollen aber nicht, wie es die orthodoxen Freudianer tun, die Bedeutung der kulturellen Werte, des Hier und Jetzt, des einzelnen in der Gesellschaft ausschließen. Und wir glauben nicht, daß man einen Patienten fünfmal in der Woche sehen muß. Meine persönliche Meinung ist, daß im allgemeinen zwei oder drei Sitzungen pro Woche für eine Analyse ausreichen.«

Wenn wir diese 850 Abtrünnigen noch hinzunehmen, gibt es nach unserer Schätzung in den Vereinigten Staaten gegenwärtig etwa 4500 Psychiater, die Psychoanalyse praktizieren oder lehren – ungefähr jeder siebente Psychiater. Niemand kann natürlich die Zahl jener anderen Psychiater abschätzen, die insgeheim in ihrer Praxis die Psychoanalyse »aufnehmen«.

International gesehen ist der Kreis der Psychoanalytiker relativ klein, doch steigt sein Einfluß, da die anderen westlichen Nationen die plötzlich einsetzenden Wehen der modernen Psychologisierung verspüren. Außerhalb der Vereinigten Staaten gibt es schätzungsweise 1000 Psychoanalytiker, wobei der zweitgrößte Stützpunkt Großbritannien ist, und da vor allem London. Obwohl Psychoanalyse und Psychotherapie in Großbritannien kaum zur Behandlung psychisch Kranker eingesetzt werden, übt die British Psycho-Analytical Society mit ihren über 300 Mitgliedern den bestimmenden Einfluß in der britischen Psychotherapie aus.

Psychoanalyse auf den Couches der Harley – und Upper Wimpole Street leistet sich in erster Linie die englische Oberschicht. Sie wird außerdem von einigen staatlichen Kliniken angeboten, so vor allem von der Tavistock Clinic im Vorort Swiss Cottage, ganz in der Nähe des letzten Wohnsitzes von Sigmund Freud und auch des seiner Tochter Anna.

Dem Patienten in London wie in New York bleiben die Feinheiten des Behandlungszimmers geheimnisvoll verborgen. Viele gehen zur Psychoanalyse und erwarten eine einschmeichelnde, hilfreiche Therapie, Gemütlichkeit, und inmitten all dessen den wucherischen Analytiker.

Aber nichts liegt der Wirklichkeit ferner. Die klassische Analyse ist ein nüchternes, diszipliniertes Vorhaben. Dr. Ralph Greenson vom Psychoanalytischen Institut Los Angeles beschreibt die Analyse als ein »beschwerliches« und »wechselvolles« Bemühen, das hochgradig künstlich ist. Nicht nur, daß es »der Art und Weise zuwiderläuft, in der Menschen normalerweise miteinander verkehren«, wie er sagt, es ist auch »ein einseitiges, für den Patienten erniedrigendes Erlebnis«.

Viele Analytiker räumen ein, daß die Analyse quälend ist. Die Notwendigkeit, alles aufzudecken und wie bei einem Kind die Führung zu übernehmen, macht sie für empfindliche Menschen zu einem »entwürdigenden Erlebnis«, wie ein Analytiker sich ausdrückt. Sie kann auch emotional sehr bedrängen. »Einige meiner Patienten weinen bei schwierigen Sitzungen«, berichtet ein New Yorker Analytiker. »Sie durchleben noch einmal nahegehende, traurige Situationen aus ihrer Kindheit und erinnern sich an die alten Empfindungen, die mit diesen Ereignissen verbunden sind.«

In dieser ausgeklügelten Umgebung wird die Wirklichkeit herabgespielt und die Bühne im Grunde für eine Séance der Phantasie vorbereitet. Der Patient liegt auf einer Couch und sieht nur einen Teil des Zimmers. Er hat es mit einem Analytiker zu tun, den er nur flüchtig erblickt, wenn er kommt und wieder geht. Der Analytiker kann minuten-, ja tage- und wochenlang nichts oder nur sehr wenig sagen. Wenn er den Patienten anspricht, kann seine Stimme wie eine unwirkliche Anweisung von hinter der Bühne klingen.

Der Patient wird aufgefordert, für 50 Minuten die wirkliche Welt beiseite zu schieben und sich in einen »Zustand des Träumens« zu versetzen. Der verstorbene freudianische Theoretiker Dr. Robert Waelder hat ihn als eine »künstliche, partielle und kontrollierte Regression zum Zweck einer Erforschung der inneren Konflikte« beschrieben. Während dieser Regression legt der willfährige Patient sein Erwachsensein ab und kehrt zu einer kindlichen Haltung zurück.

Die Couch wird zu einem Schaumgummisprungbrett zurück an angeblichen Kindheitswünschen, die im allgemeinen erotischer Natur sind. »Die Unwirklichkeit der analytischen Situation wird bewußt gesteigert, um Phantasie und Übertragung zu beflügeln«, sagt ein bekanntes Mitglied der American Psychoanalytic Association. »Auf fast labormäßige Weise können wir die ersten Lebensjahre des Patienten und die Rolle erforschen, die Familienmitglieder bei seinen kindlichen Konflikten gespielt haben.«

Es liegt auf der Hand, daß sich das Wirkliche und Unwirkliche beim analytischen Ritual innerhalb von Sekunden vermischen können. »Im einen Augenblick kann man auf der Couch vollkommen Unwirkliches erleben«, erklärt ein Analytiker von der 96. Straße Ecke Fifth Avenue. »Die Patientin kann mich nicht sehen, aber sie hört, wie ich Pfeife rauche. Sie denkt, daß ich Bewegungen mit dem Mund mache und zur

Couch komme, um sie zu küssen. Im nächsten Augenblick kehrt sie in die Wirklichkeit zurück und erkennt, daß ich lediglich an meiner Pfeife ziehe.«

Diese Unwirklichkeit kann durch das bedeutungsvolle Schweigen des Analytikers noch gesteigert werden. Wie der wortkarge Dr. Spielvogel in Philip Roths *Portnoys Beschwerden* ist der schweigende Therapeut zu einer freudianischen Karikatur geworden. Und doch ist etwas Wahres daran. Ein Patient, der verstorbene Dr. Carney Landis, schätzte, daß sein Psychoanalytiker nur zwei Prozent der Zeit gesprochen hat.

Das Schweigen des Analytikers war geboren, als Frau Elizabeth von R. Freud ermahnte, ruhig zu sein, damit sie ihm erzählen könne, was ihr durch den Kopf ging. In dem Augenblick hatte Freud die freie Assoziation und das Schweigen des Analytikers entdeckt, das sie sehr oft begleitet. Als der inzwischen verstorbene Dr. Edward Glover, ein berühmter britischer Analytiker, einige seiner Kollegen genauer beobachtete, stellte er fest, daß die meisten während der Sitzungen »wenig redeten«.

Das Schweigen ist kein Zufall. Es wird bewußt in großen Dosen verabreicht, wenn der Patient spricht und sogar dann, wenn auch er schweigt. Das Schweigen hilft, die Anwesenheit des Analytikers in den Hintergrund treten zu lassen, und es erhöht nach den Worten von Dr. Ralph Greenson die Vorstellungskraft des Patienten. Das Schweigen des Analytikers wird auch dazu benutzt, dem Schweigen des Analysanden entgegenzutreten, wodurch es zur »Schweigeschlacht« im Behandlungszimmer des Analytikers kommt.

Ein Schulungsanalytiker vom Downstate Medical Center in Brooklyn sieht im Schweigen des Analytikers eine Gelegenheit für den Patienten, »sein verschüttetes Innenleben freizulegen«. Er erinnert sich an einen Fall, bei dem sich der Patient nach einem halbstündigen Schweigen zu ihm umdrehte. »Als ich ihn nach dem Grund fragte, antwortete er mir, er habe gedacht, ich wäre tot. Der Vater des Patienten war, wie ich weiß, an einem Herzanfall gestorben. Er glaubte, das gleiche sei seinem analytischen Vater widerfahren«, erklärte er.

Bei 50 Dollar die Stunde kann ausgedehntes Schweigen selbst für einen weltmännischen Analysanden zu einem mittleren Trauma werden. Ein New Yorker Psychiater erinnert sich, daß sein eigener Analytiker einmal drei Wochen nichts sagte. »Als die Wochen so verstrichen, ohne daß er auch nur einen Ton sagte, dachte ich, ich schnappe über«, erzählt er. »Ich fühlte mich unwürdig. Ich dachte, daß das, was ich zu sagen hatte, belangloses Zeug wäre. Aber was ihn betraf, je mehr Schweigen, desto besser, so lange ich nur frei assoziierte.«

»Nichts kann aktiver sein als Schweigen«, meint ein Vertreter der American Psychoanalytic Association. »Es setzt den Patienten enorm unter Druck, etwas zu tun. Es kann passieren, daß ich in einer Sitzung überhaupt nichts sage. Der gute analytische Patient nimmt daran keinen Anstoß. Der Patient, der das nicht begreift, wird vielleicht ärgerlich. Er denkt ›du hilfst mir nicht genug. Ich strample mich hier ab, und du rührst keinen Finger.‹«

Das analytische Ritual ist nicht nur künstlich, es ist auch ausgefallen. Es beinhaltet noch zwei weitere ungewöhnliche freudianische Regeln: *Abstinenz* und *inkognito*.

Der klassische Analytiker steht in dem Ruf, zurückhaltend zu sein. Er ist mit dem Chirurgen verglichen worden, der die Seele seziert, ohne sich einzumischen. Dieses Klischee wird manchmal etwas überstrapaziert, doch beruht es auf der Regel der *Abstinenz*. Die Abstinenz gehört zu den ehernen analytischen Gesetzen, die dem Patienten gerade jene Liebe versagen, die zu kaufen er gekommen ist. Im Gegenteil zum Therapeuten ist es dem Analytiker nicht erlaubt, die »gute Mutter« zu spielen, die die Bedürfnisse des Patienten befriedigt. Er ist nicht dazu da, Ratschläge zu erteilen, unverbindlich zu plaudern oder den ängstlichen Patienten zu trösten.

Die Theorie ist ganz einfach: Der mitfühlende Analytiker ist ein analytischer Unhold. Seine gütige, liebevolle Fürsorge heilt den Neurotiker zwar, wie es scheint, denn die Symptome des Patienten verschwinden durch eine verfrühte *Flucht in die Gesundheit*. Um aber wirklich und dauernd geheilt zu werden, muß der Patient nach dem Willen der Analytiker in einem Zustand psychischer Entbehrung gehalten werden, unter Umständen mehrere Jahre lang.

Sigmund Freud drückt das wie gewöhnlich am besten aus. »Die analytische Kur soll, soweit es möglich ist, in der Entbehrung – Abstinenz – durchgeführt werden ... Wir müssen, so grausam es klingt, dafür sorgen, daß das Leiden des Kranken in irgendeinem wirksamen Maße kein vorzeitiges Ende finde«, erklärte der Meister.

Einige Analytiker wenden sich gegen dieses herzlose Klischee und beharren darauf, es müsse einen Platz für Mitgefühl geben, vorausgesetzt, es hält sich im Rahmen. Ein Analytiker umreißt sogar den zulässigen Umfang des Entgegenkommens. »Wenn der Patient zur Analyse geht und Liebe erwartet, wird er enttäuscht. Es gibt andere Therapieformen, die ihm das bieten können«, erklärte er. »Wir können die

Wünsche des Patienten nicht konkret erfüllen, aber wir müssen menschlich sein. Wenn es zum Beispiel einen Todesfall in der Familie gibt, sollte der Analytiker zu erkennen geben, daß er davon weiß und daß ihm das leid tut. Natürlich soll er dabei nicht zu weit gehen. Falls der Patient mit Zorngefühlen gegenüber dem Elternteil kämpft, würde zuviel Mitgefühl – selbst beim Tod des Betreffenden – dem Ziel schaden.«

Abstinenz kann das Privatleben des Patienten stark beeinträchtigen. Von den Patienten wird erwartet, daß sie keine neue Liebesbeziehung anbahnen, keine ausgedehnten Vergnügungsreisen unternehmen und sich nicht zu sehr mit einem Hobby befassen. All das sind kontraindizierte »symptomersetzende Befriedigungen«.

Im Gegensatz zu der allgemeinen Annahme, der Analytiker sei ein Berater des Vereins christlicher junger Männer in freudianischer Verkleidung, gestattet die analytische Lehre keine direkte Lebenshilfe. Egal wie nichtssagend oder mörderisch das Leben ist, das der Patient vor dem Analytiker ausbreitet, es muß während der Jahre auf der Couch unbedingt beibehalten werden. Dr. Edward Glover rät: »Es sollten keine wichtigen Veränderungen vorgenommen werden, die das berufliche oder emotionale Leben des Patienten berühren.«

Der gute Analytiker ist auch strikt *neutral*. Er sollte den Handlungen oder Beweggründen des Patienten weder zustimmen noch sie ablehnen. Er darf sein eigenes Wertsystem nicht einbringen. Theoretisch ist das Behandlungszimmer des Analytikers der letzte Ort, an dem man versuchen sollte, sich nach Stunden berechneten Rat zu kaufen. Fast alle Analytiker weigern sich, auf die oft geäußerte Frage »Was sollte ich Ihrer Meinung nach in diesem Fall tun?« eine Antwort zu geben. »Viele Patienten flehen uns an: ›Sagen Sie mir um Himmels willen, was ich tun soll‹, doch wir können ihnen so nicht helfen. Das ist Aufgabe der Psychotherapie, nicht der Psychoanalyse«, erklärt ein Analytiker aus Brooklyn.

Analytiker parieren eine Frage oft mit einer anderen. »Warum haben Sie mir Ihrer Meinung nach diese Frage gestellt?« Andere weigern sich hartnäckig zu erklären, warum sie eine Antwort ablehnen. Ein Analytiker erinnert sich, daß ein Patient den Tränen nahe von einem solchen Kollegen zu ihm kam und die Erniedrigung schilderte, die er empfunden hatte, als sein erster Analytiker es unterließ, zu antworten oder eine Erklärung zu geben.

Das Bild vom vollkommen neutralen Analytiker ist selbstverständlich idealisiert. Der Doktor aber, der auch nur ein Mensch ist, erkennt oft, daß seine Vorurteile doch durchdringen. Ein Analytiker aus Berkeley in Kalifornien gibt zu, daß er, obwohl er sich gewöhnlich zurückhält, eines Tages bei der Schilderung eines Patienten über sein verpfuschtes Leben herausplatzte: »Sie sind ein Armleuchter!«

Der gute Analytiker ist nicht nur unvoreingenommen, er ist praktisch unsichtbar. Er wahrt sein *Inkognito*, eine behutsam kultivierte, verschwiegene Haltung, die ihn dem Patienten gegenüber völlig anonym machen soll. Freud ermahnte seine Kollegen: »Der Arzt soll undurchsichtig für den Analysierten sein und wie eine Spiegelplatte nichts anderes zeigen, als was ihm gezeigt wird.«

Diese Trennung zwischen Analytiker und Patient wird ganz rigoros betrieben. Psychoanalytiker erzählen kaum etwas von sich und vermeiden ängstlich jeden gesellschaftlichen Kontakt mit Patienten. »Einen Kontakt zwischen meinen Patienten und mir außerhalb der Praxis gibt es praktisch nicht. Ich erhalte sogar kaum Anrufe von ihnen«, sagt ein verheirateter Analytiker, der zu Hause arbeitet. »Ich erzähle meinen Patienten nichts von meinem Privatleben. Eine meiner Patientinnen glaubt zum Beispiel, daß ich gar keine Familie habe.«

Ein verheirateter Analytiker mit drei Kindern schildert, wie er neugierigen Patienten begegnet. »Wenn sie sich nach privaten Dingen erkundigen, frage ich sie: ›Was glauben *Sie*?‹ Einige denken vielleicht, ich sei unverheiratet und verprügele sogar Frauen. Aber unsere Anonymität ist von größter Bedeutung. Wir müssen eine neutrale, schemenhafte Gestalt sein, ein Spiegel ihres Geistes.« Ein anderer Analytiker erzählt, daß er häufig Patienten auf der Straße trifft. »Ich sage dann nur ›hallo‹ und gehe weiter.«

Einige Patienten vergehen vor Neugier und versuchen, das Inkognito ihres Analytikers zu lüften. Sie schauen in Adreßbüchern nach und fragen andere Patienten oder Psychiater, ob sie etwas wissen. Bei einer Umfrage unter Analytikern ergab sich, daß sie glauben, die meisten Patienten würden schließlich das Unbewußte des Analytikers »lesen«.

Die Anonymität ist Teil der Behandlung, denn, so drückt es ein Analytiker aus, »sie ermöglicht es dem Patienten, jedes Bild auf uns zu projizieren, das er möchte«. Dieser Vorgang heißt *Übertragung* und ist einer der Eckpfeiler der modernen Psychoanalyse. Das offizielle Glossar der American Psychoanalytic Association definiert Übertragung als »die Verlagerung von Gefühls- und Verhaltensmustern, die ursprünglich im Kreis wichtiger Personen der eigenen

Kindheit erlebt wurden, auf Personen der jetzigen Umgebung«. In der Analyse ist diese zuletzt erwähnte Person der Analytiker.

Bei der Übertragung sieht der Patient in seinem Analytiker kein Wesen aus Fleisch und Blut. Statt dessen kommt es nach Freud zur »Ersetzung einer früheren Person (aus der Kindheit des Patienten) durch die Person des Arztes«. Die Übertragung ist eines der großen Dramen der Psychoanalyse, das Theater der Vergangenheit, das in der Gegenwart erneut aufgeführt wird. Ohne daß er sich wirklich an die verdrängte Vergangenheit erinnert, erlebt der Patient sie durch eine andere Person noch einmal. Empfindungen, die zum Beispiel einst den Eltern galten, verspürt der Patient jetzt scheinbar gegenüber dem Analytiker. Die Analytiker untersuchen die Übertragung und glauben, dadurch die Spuren der Kindheit aufzudecken, die die Neurose verursacht hat.

Glaubt der Patient bei der Übertragung wirklich, daß der Analytiker sein Vater oder seine Mutter ist? Die Antwort darauf ist typisch analytisch: Er weiß, daß der Analytiker kein Elternteil ist, doch er reagiert, als wäre es so. Ein Analytiker berichtet vom Fall einer Patientin, die man im Praxisvorraum hatte warten lassen. Sie fing an zu weinen, weil sie glaubte, nicht beachtet zu werden. Die Analyse enthüllte, daß man es hier mit einem Fall von Übertragung zu tun hatte, bei dem der Analytiker als ihr Vater fungierte. Als Kind hatte sie jeden Abend beim Schlafengehen eine Enttäuschung erlebt. Sie wartete auf ihren Vater, der immer erst der jüngeren Schwester gute Nacht sagte, bevor er zur ihr kam.

Die *analytische Situation* ist nach den Worten Harold P. Blums eine »lebensechte Neuinszenierung der quälenden Einflüsse der Vergangenheit«. Die Schlüsselinszenierung entspringt dem unbewältigten Ödipus-Komplex, dem inzestuösen Verlangen des Kindes nach dem Elternteil des entgegengesetzten Geschlechts. Bevor dieser alte Konflikt nicht gelöst ist, kann der Patient, so die Theorie, nicht geheilt werden.

Ein Analytiker schildert den Fall einer hübschen, jungen, verheirateten Frau, Frau A. Im Traum stahl sie einen Gegenstand, der die gleiche Farbe wie die Krawatte ihres Analytikers hatte. Der Analytiker vermutete, sie wollte sein Glied stehlen. Als Heranwachsende ging Frau A., wenn ihre Mutter Geschlechtsverkehr gehabt hatte, nach ihr ins Bad und nahm die gebrauchte Gummidusche der Mutter. Sie masturbierte mit der Tülle, ein Ausdruck ihres Verlangens nach dem Penis des Vaters. Jetzt erlebte sie dieses kindliche Verlangen durch ihre Übertragungssehnsucht nach dem Penis des Analytikers erneut.

Die so überaus wichtige Übertragung kann positiv oder negativ sein. Der Patient kann die Liebe oder den Haß ausdrücken, die er als Kind empfunden hat. Positive Übertragungen erleben die Patienten beiderlei Geschlechts, jedoch in unterschiedlicher Form. Bei einem sexuell normal reagierenden Mann tendiert die Liebe, die er beim männlichen Analytiker sucht, in Richtung Zuneigung oder Respekt, der gleichen Liebe, die er bei seinem Vater suchte.

Sind Patient und Arzt aber verschiedenen Geschlechts, kann die Analyse eine erotische *Übertragungsliebe* entstehen lassen. Viele Frauen begnügen sich damit, diese Liebe unbewußt zum Ausdruck zu bringen, andere Patientinnen aber erleben eine hitzige sexuelle Übertragung. Obwohl sie theoretisch auf einem Kindheitsverlangen beruht, kann sie durchaus Wirklichkeit werden. Ein Analytiker führte den Fall zweier Patientinnen an: »Sie waren bereit.«

Ist es Analytikerklatsch, oder kommt es wirklich vor, daß sich Patientinnen in ihre Analytiker verlieben? Die erotisch aufgeladene Übertragung stellt sich zwar nicht zwangsläufig ein, ist aber auch nicht selten. Freud entdeckte die Übertragungsliebe, als eine Patientin plötzlich die Arme um ihn warf. Freud beschreibt das schlicht als einen Fall, »... daß eine weibliche Patientin durch unzweideutige Andeutungen erraten läßt oder es direkt ausspricht, daß sie sich wie ein anderes sterbliches Weib in den sie analysierenden Arzt verliebt hat.« (Auch homosexuelle Patienten können sich in ihre männlichen Analytiker »verlieben«.)

Freud hielt dem sich Selbsttäuschungen hingebenden Analytiker warnend vor Augen, daß diese gesteigerte Sexualität ein Nebenprodukt der Analyse und nicht der »Vorzüge seiner Person« ist. Er sprach sich auch dagegen aus, die *Gegenübertragung*, die Liebe des Analytikers zum Patienten, sei unmoralisch. Die Patientin befinde sich vielleicht in einer übersteigerten »Bereitwilligkeit zur sexuellen Hingabe«, erklärte er, wohingegen »besonders der jüngere und noch nicht fest gebundene Mann ... die Aufgabe [zu widerstehen] als eine harte empfinden (mag)«.

Es gibt keine Statistik darüber, wie ernst die Besorgnis Freuds genommen wird. Die meisten Analytiker vermeiden es, sich mit Patienten sexuell einzulassen, aber es kommt vor, daß der eine oder andere eine ehemalige Patientin heiratet, und von anderen wiederum weiß man, daß sie die Grenzen eindeutig überschritten haben. Dr. Martin Shephard, ein Außenseiter unter den Psychiatern, hat ein Buch geschrieben, das sich mit sexuellen Einlassungen mit Patienten befaßt, eine Vorstellung, die seine Kollegen empörend finden.

Ein Analytiker glaubt, »es kommt oft vor«, daß sich jemand in den Therapeuten verliebt. Aufgrund ihres sorgenvollen Lebens befindet sich die Neurotikerin nach seinen Worten in einem Zustand der Übertragungsbereitschaft. Einige Patientinnen sind sogar innerlich darauf vorbereitet. Er berichtet vom Fall einer pseudointellektuellen Patientin, die fragte: »Doktor, wann werde ich mich vermutlich in Sie verlieben?«

Es kann sogar passieren, daß Patientinnen von der Liebe zu ihrem Analytiker verfolgt werden. Sie träumen von ihm und denken ständig an ihn, selbst beim Geschlechtsverkehr. Eine Frau schlang einmal ihre Arme um einen angesehenen Analytiker von der amerikanischen Westküste und forderte ihn leidenschaftlich auf: »Verschwenden wir keine Zeit und lieben wir uns.« Der Arzt berichtet, wie er sie abblitzen ließ: »Mrs. Jones, ich möchte Ihnen helfen, und das kann ich durch meine Arbeit. Arbeiten wir also gemeinsam und verschwenden wir keine Zeit.«

Es gibt auch Übertragungshaß, die *negative Übertragung*, bei der der Patient noch einmal die aggressiven Instinkte seiner Kindheit erlebt. Wie die Liebe ist auch die Feindschaft in der Psychoanalyse von großer Bedeutung. Fehlt sie, kann das sogar ein Zeichen dafür sein, daß der Patient seine Wut unbewußt unterdrückt. Er behindert den Heilungsprozeß, wenn er seine aggressiven Gefühle nicht zeigt und damit vereitelt, daß sie durch die Mühle des Analytikers laufen.

Die Übertragungsbeziehung ist so stark, daß die Analytiker glauben, sie schafft eine neue erotische Krankheit, die *Übertragungsneurose*. Sie ist ein seltsames Produkt dieses Rituals, das nur durch die Ursache, die Analyse selbst, geheilt werden kann. Freud nannte sie »Neuauflagen, Nachbildungen« der ursprünglichen, in der Kindheit aufgetretenen Krankheit.

»Die Schaffung und Auflösung der Übertragungsneurose unterscheidet die Psychoanalyse geradezu klassisch von allen anderen Formen der Psychotherapie«, bemerkt Dr. Harold Blum. Sobald die neue Neurose geheilt und die Übertragung aufgelöst ist, wird der Analytiker *verinnerlicht*. Er lebt für immer als angenehmeres Bild als die ursprünglichen leiblichen Eltern im dankbaren Unbewußten des Patienten fort.

Entpuppt sich die Analyse in diesem Treibhausklima wirklich als ein einflußreicher Umstand im Leben des Patienten? Die Antwort darauf lautet, daß der gefährdete Analysand in den Jahren auf der Couch das Leben oft nicht danach beurteilt, wie gut es ihm in der Liebe oder beruflich geht, sondern danach, welche Fortschritte die Analyse macht. Im *Journal of the American Psychoanalytic Association* schildert ein Analytiker den Fall einer 36jährigen Frau und Mutter, für die »Urlaub, Feiertage und Wochenenden Unterbrechungen einer angenehmen Beziehung« zu ihrem Analytiker waren.

Die überragende Rolle der Analyse wird noch gesteigert durch die starre, sehr ernst genommene Regelung, die die Psychoanalyse beherrscht. Ein drastisches Beispiel ist der ungeschriebene Vertrag, in dem die Behandlungszeit und das Honorar festgelegt werden, zwei Punkte, die nie übergangen werden.

Die Schlüsselposition nimmt das, wie Freud es nannte, *Prinzip des Vermietens einer bestimmten Stunde* ein. »Jeder Patient erhält eine gewisse Stunde meines verfügbaren Arbeitstages zugewiesen; sie ist die seine und er bleibt für sie haftbar, auch wenn er sie nicht benützt«, schrieb Freud 1913. (Freud entwickelte den Großteil seiner psychoanalytischen Behandlungstechnik in den Beiträgen der Jahre 1910 bis 1915.) »Bei milderer Praxis« befürchtete er, daß »gelegentliche Absagen« und »interkurrente Erkrankungen« die »materielle Existenz« des Analytikers gefährden könnten.

Heißt das, daß ein Patient, dessen Wagen kaputt ist, die versäumte Stunde bezahlen muß? Wie einige unglückliche Patienten am eigenen Leib erfahren haben, lautet die Antwort im allgemeinen »ja«. Ein Analytiker legt sogar dar, daß der Patient psychologisch leidet, wenn er es unterläßt, für den verpaßten Termin zu zahlen: Wenn der Analytiker zum einen auf die Bezahlung der versäumten Stunden verzichtet, vollzieht er damit einen »Akt der Liebe«, der sich therapieschädigend auswirken könnte; zum anderen schafft der Analytiker, wenn er die ausgefallenen Sitzungen in Rechnung stellt, Unmut und fördert dadurch die notwendige negative Übertragung.

Das »Bezahlen des Honorars« ist ein brillanter Einfall Freuds, den die modernen Analytiker liebend gern übernommen haben. Freud hielt es für neurotisch, Geld und sexuelle Fragen zu behutsam anzugehen. Um derartige Neurosen zu vermeiden, empfahl Freud, »Geldbeziehungen mit der nämlichen selbstverständlichen Aufrichtigkeit vor dem Patienten zu behandeln, zu der er ihn in Sachen des Sexuallebens erziehen will«.

Er gab sogar praktische Ratschläge in Sachen Geld. Rechnungen sollten einmal monatlich gestellt werden, damit keine großen Beträge auflaufen. Er riet von der »Gratisbehandlung« (berufliche Höflichkeit) ab und führte aus, daß ein Analytiker nicht soviel verdient wie ein anderer Facharzt. (Natürlich nagen sie nicht am Hungertuch. In den Vereinigten Staaten beispielsweise verdient ein Analytiker etwa zwischen 60000 und 100000 Dollar brutto im Jahr.)

Freud hatte den genialen Einfall, das Honorar mit dem Erfolg zu verknüpfen. Wenn es sehr niedrig ist, so warnte er, setzt das den Wert der Behandlung in den Augen des Patienten herab. Er beharrte darauf, daß die unentgeltliche Behandlung analytisch eine Katastrophe sei. Ohne den korrigierenden Einfluß des Geldes wird dem Patienten vermutlich »ein gutes Motiv (entzogen), die Beendigung der Kur anzustreben«.

Nur in wenigen Dingen folgt die moderne Psychoanalyse Freud so bedingungslos. Die monatliche Rechnung (bei 50 Dollar pro Stunde ein Betrag von einigen tausend Dollar) wird nicht mit der Post zugeschickt. Sie wird, Auge in Auge, dem Patienten am Ende des Monats überreicht. Erfolgt die Bezahlung nicht innerhalb der Frist, enthält die nächste Rechnung automatisch eine Mahnung. Der nächste Schritt ist der wirksamste im medizinischen Inkassosystem: Der Analytiker baut die unbezahlte Rechnung in die analytische Arbeit mit ein, um den unbewußten Grund für den *Widerstand* herauszufinden.

»Im allgemeinen gibt es einen psychologischen Grund, wenn ein Patient zu spät kommt, Termine versäumt oder seine Rechnungen nicht bezahlt«, sagt ein New Yorker Analytiker. Ein anderer meint, daß der Patient, der das Bezahlen vergißt, die Liebe des Analytikers wirklich sucht. Dadurch, daß er nicht zahlt, drückt er aus, daß es zur Aufrechterhaltung der Beziehung nicht des Geldes bedürfe. (In einem Analytikerwitz ist der Patient der Dumme, ganz gleich, wie er sich verhält. Kommt er zu früh, zeigt er dadurch seine *Angst*. Kommt er zu spät, leistet er *Widerstand*. Kommt er regelmäßig pünktlich, handelt er *zwanghaft*.)

Hängen Geld und Heilerfolg auch dann noch zusammen, wenn einige billig in einer Klinik unterkommen können oder die Krankenversicherung in zunehmendem Maß die Kosten übernimmt? Der Analytiker Eugen Halpert glaubt, daß das Geld für den Analytiker noch immer eine beredte Sprache spricht. Das Einspringen der Versicherung bei der Analyse, sagt er, »ist eine Quelle des Widerstands«. Der Patient entwickelt unbewußt sexuelle Phantasien: »Ich bin durch die Versicherung gegen den Verlust meines Penis und des Inhalts meines Körpers geschützt. Ich werde kontrolliert und brauche mich nicht vor dem Analytiker zu fürchten.« In Fällen analer Fixierung, ergänzt Halpert, kann es vorkommen, daß Patienten, deren gesamte Behandlungskosten von der Krankenversicherung bezahlt werden, total behandlungsunfähig (nicht analysierbar) werden.

Analysierbarkeit ist ein eigenartiger Begriff. Sie läßt sich mit jenem kaum vorstellbaren Arzt vergleichen, der die gebrochenen Beine eines Patienten röntgt, bevor er über die Behandlung entscheidet. Der analytische Patient wird vom argwöhnischen Analytiker mit mehr Bedacht ausgewählt als letzterer vom nichtsahnenden, vertrauensvollen Analysanden. Anstatt zu fragen »Wie gut ist der Psychoanalytiker?«, kommt unablässig von der Analytikerzunft die Frage »Ist der Patient analysierbar?«.

Wer ist analysierbar? Das Aussondern der Patienten geschieht entweder durch ein Interview oder durch eine mehrwöchige *Probeanalyse*. Ein Grund, aus dem einige Patienten scheitern, ist eine der Paradoxien der modernen Psychiatrie. Der Analytiker befürchtet, daß der Patient geisteskrank ist! Da die Psychoanalyse Neurotiker und Menschen mit Persönlichkeitsstörungen behandeln soll, machen die meisten Analytiker tunlichst einen Bogen um die ernsthaft psychisch Erkrankten.

Nach der Theorie Freuds sind Psychotiker auf der primitiven, *narzißtischen* Stufe, der Stufe der Selbstliebe, fixiert und können die erforderliche Übertragungsbeziehung nicht aufbauen. In einer Übersicht der American Psychoanalytic Association berichteten 747 Analytiker, insgesamt nur 80 psychotische Patienten zu behandeln. Aus dem bevorzugten Kreis der Analysanden werden im allgemeinen auch Drogenabhängige, Jugendliche mit Verhaltensschwierigkeiten, Soziopathen und Alkoholiker ausgeschlossen.

Diese Exklusivität ist aufs engste mit der Abneigung der Analytiker gegen die moderne psychochemische Therapie verbunden. Fast alle Analytiker vermeiden bei der Analyse den Einsatz von Tranquilizern, Antidepressiva und Medikamenten gegen die Schizophrenie, da sie glauben, sie »verdecken« die Symptome und verbauen sich den Weg, die eigentliche Ursache aufzuspüren.

Wenngleich der gute Patient psychologisch aufgeschlossen sein sollte, haben die Analytiker doch Angst vor dem Patienten, der sich zu leicht beeinflussen läßt. Unter dem Diplom des angesehenen New Yorker Psychoanalytic Institute stehend, ein Bild Freuds an der Wand, der ernst in den Raum blickte, erklärte ein Analytiker: »Zunächst müssen wir daran glauben, daß der Patient auf der Couch nicht die Verbindung zur Wirklichkeit verlieren will. Die Couch ist ein äußerst wirksames Werkzeug, um die Phantasie anzuregen. Der Patient sieht mich nur, wenn er in das Zimmer tritt und wenn er wieder geht. Beim freien Assoziieren haben einige Patienten das Gefühl zu schweben. Manche können sogar durchdrehen.«

»Einer meiner Patienten, dem meine europäische Aussprache auffiel, entwickelte die Vorstellung, ich sei ein Nazi, genauer, der Lagerkommandant von Auschwitz. Es war nicht nur eine Einbildung, er glaubte es«, fuhr er fort. »Ich holte ihn sofort von der Couch herunter, unterbrach die Analyse und ging zur Psychotherapie über, bei der wir uns von Angesicht zu Angesicht gegenübersaßen. Es ist unerläßlich, daß der Betreffende genügend Ichstärke besitzt, um mit der Psychoanalyse fertigzuwerden. Sein Ich muß den Druck der unbewußten Phantasien und Konflikte ertragen, die während der Analyse auftreten. Es besteht die Gefahr, daß ein Grenzfall ohne diese Ichstärke ein psychotisches Erlebnis erleidet. Selbstverständlich ist ein gewisses Maß psychologischer Aufgeschlossenheit beim Patienten sehr hilfreich. Allerdings ist heute die Mehrheit der Leute, die in die Praxis des Analytikers kommt, psychologisch schon sehr aufgeschlossen.«

Es drängt sich der Verdacht auf, daß der ideale analysierbare Patient nicht nur nicht sonderlich krank ist, sondern relativ gesund. Dr. Ralph Greenson hat eine Liste der Merkmale des analysierbaren Patienten zusammengestellt, die besser dazu geeignet scheint, Kandidaten für das Bundesverdienstkreuz als eine gepeinigte Seele auszuwählen, die 50000 Dollar für ihre Wiederherstellung ausgeben möchte. Der *gute* Analysepatient sollte die folgenden Eigenschaften mitbringen:

– Die Fähigkeit, eine lange Wartezeit, Enttäuschungen und Mühsal zu ertragen.

– Da der Patient sein Innerstes offenlegen muß, ist eine Person von Anstand und mit lauteren Absichten erforderlich.

– Er sollte »wortgewandt« sein und die Fähigkeit besitzen, verständlich über die Vielfalt auch stark nuancierter Empfindungen zu reden.

– Er sollte emotional außergewöhnlich beweglich sein – sich zurückversetzen können in den Zustand als Kind, dann zeitlich wieder einen Sprung nach vorn tun, um mit dem Analytiker zusammenzuarbeiten.

– Er sollte nicht körperlich krank sein. Eine schwere Krankheit verzehrt die Energie, die für die analytische Arbeit gebraucht wird.

– Er sollte nicht mitten in einer ihn sehr beschäftigenden Liebesgeschichte stecken.

– Er sollte keinen streitsüchtigen oder aufbrausenden Ehepartner oder so geartete Eltern haben, die sich in die Behandlung des Analytikers einmischen.

Die Vermutung, daß die besten Patienten relativ gesund sind, wurde vom Boston Psychoanalytic Institute bestätigt. Bei der Auswahl von Patienten für die in der Ausbildung befindlichen Analytiker schickte man die Leute wieder nach Hause, die über ernsthafte psychosomatische Beschwerden klagten, psychotische Trends erkennen ließen und aus widrigen Lebensverhältnissen kamen. Die zugelassenen Patienten strahlten *Wärme* aus, waren *frei, rechtschaffen* und *aufrichtig* und *verstanden sich gut* mit dem Psychiater. Das Institut räumte ein, daß die allgemeinen Auswahlkriterien für die Patienten »relative Jugendlichkeit und das Fehlen schwerer neurotischer Störungen« umfassen.

Der gute Patient ist außerdem gelehrig. Er muß willens sein, psychologischen Mißbrauch hinzunehmen und jeden Anspruch auf ein Privatleben fallenzulassen. »Er sagt alles, was in seinem Kopf vorgeht und tut damit etwas, was kein vernünftiger Erwachsener jemals täte«, gibt Dr. Edward Glover zu verstehen. »Während der Sitzungen hat er das zu tun, was ihm bedeutet wird, ohne die Möglichkeit, etwas anzufechten oder richtigzustellen ... Ihm wird oft gesagt und grundsätzlich klargemacht, daß er gar nicht weiß, worüber er redet ...«

Der wirklich gute Patient muß auch imstande sein, sich vulgär auszudrücken, zumindest aber die Bereitschaft mitbringen, es zu lernen. »Ich war überrascht, wie mein Analytiker sprach«, erzählt eine fassungslose Patientin. »Er gebrauchte die schlimmsten Ausdrücke und ermunterte mich, das gleiche zu tun.« Einmal bemerkte der Doktor, diese Patientin sei »zu blöd zum bumsen«.

Das Benutzen beschönigender Sex-Ausdrücke durch die Patienten ist nach den Worten der Analytiker ein Versuch, die wahren Empfindungen über sexuelle Dinge zu verschleiern. Wenn Patienten das Wort »lieben« gebrauchen, fragt ein Analytiker immer, ob sie nicht »ficken« meinen. Und ein anderer Doktor bedrängte die Patienten, die von »Fellatio« oder »oraler Liebe« sprachen, geradeheraus zu sagen, daß man das Glied in den Mund nimmt und daran saugt. Trotz alledem versuchen zahlreiche empfindsame Analytiker, die allgemeine Anschuldigung zu widerlegen, daß sie Sex für das ein und alles des psychischen Lebens halten. Mit Nachdruck weisen sie darauf hin, daß die

Ichpsychologie und die Abwehrmechanismen andere Bereiche des menschlichen Unbewußten anzapfen. Aber selbst der begriffsstutzigste Patient merkt bald, daß die Psychoanalyse stark sexuell gefärbt ist.

Auf einem ganztägigen Seminar der American Psychoanalytic Association wurde die Psychoanalyse als sexuell so artig wie ein viktorianisches Gartenfest hingestellt. Um das zu testen, haben wir ein einfaches Experiment durchgeführt und sechs aufeinanderfolgende Vierteljahresnummern des offiziellen Organs der American Psychoanalytic Association durchgearbeitet. Insgesamt stellten die Analytiker ungefähr 40 Fallstudien entweder im Detail oder groben Überblick vor.

Etwa 90 Prozent davon können als sexuell eingestuft werden. Im ersten Fall wurde das Öffnen und Schließen der Augen bei einem achtjährigen Mädchen mit ihren »anal-vaginalen Kontraktionen« verglichen. In einer anderen kurzen Fallstudie kommt das Wort »Penis« elfmal vor. Die sechs Ausgaben des *Journal of the American Psychoanalytic Association* einschließlich der im folgenden aufgeführten Fälle lesen sich wie eine Erotikbroschüre:

– Ödipales Verlangen nach dem Penis des Vaters.

– Verführung durch eine Schwester mit gegenseitigem Masturbieren.

– Die weiblichen Schamhaare als phallisches Symbol.

– Besorgnis über Urinieren vor dem Vater aus Angst vor der Kastration.

– Weibliche Identifikation mit der Vorstellung, die Schwester mit Fäkalien zu durchtränken.

– Träume von Kastrationswünschen gegenüber Geschwistern.

– Traum von einer Fellatio mit dem katheterisierten Glied des Vaters.

– Erinnerung an Masturbation vor der Mutter.

– Unbewußte homosexuelle Phantasien in bezug auf den Analytiker.

– Träume über Inzest mit der Mutter.

– Eifersucht der Frau als Folge latenter Homosexualität.

– Sexuelles Trauma, weil wiederholt Zeuge des elterlichen Geschlechtsverkehrs – die klassische Urszene.

Die Macht der Psychoanalyse leitet sich ohne jede Frage von deren sexuellem Kitzel her. Sie beruht aber gleichermaßen auf ihrem Ruf als Wunderkur. Das erste psychoanalytische Wunder war die *talking cure* oder *Katharsis*, die in den 80er Jahren des vorigen Jahrhunderts an Fräulein Anna O. erprobt wurde. Sie erinnerte sich an die Vergangenheit und erlebte die verdrängten Emotionen in der Gegenwart erneut, wodurch ihre neurotischen Symptome dem Vernehmen nach schnell verschwanden. Es geschah in der Tradition Jesu, der den Blinden sehend machte, oder der ersten chiropraktischen Heilung eines Tauben. Diese Heureka-Manier der analytischen Kur ist zwar inzwischen abgelegt worden, wurde aber zum Ausgangspunkt Hunderter psychologischer Filme und Romane und hat die Öffentlichkeit durch ihre ehrfurchtgebietende Art in ihren Bann gezogen.

Wollten wir die Anfänge der modernen *psychologischen Gesellschaft* isolieren, stießen wir auf die Bemühungen eines erfolglosen Privatdozenten für Neuropathologie im Wien der 90er Jahre des vergangenen Jahrhunderts. Er hatte die Hoffnung, eine Behandlungsmethode sowohl für die eigene »sehr beachtliche Psychoneurose« (wie der Schüler Ernest Jones sich ausdrückte) wie auch für die seiner Wiener Patienten aus der *haute bourgeoisie* zu finden.

Das Behandlungszimmer Dr. Sigmund Freuds in der Berggasse 19 in einem nicht sehr eleganten Viertel Wiens war der Ort, an dem jene prall gepolsterte Couch stand, auf der Freud 1892 an Fräulein Elisabeth von R. seine erste »psychische Analyse« vornahm, wie er sie damals unter anderem nannte. Der Geist des Philosophen und Arztes barg den Keim einer mystischen aber anscheinend unwiderstehlichen Revolution gegen die Mittelschicht der christlichen Gesellschaft der Zeit vor dem Ersten Weltkrieg.

Freuds Mitteleuropa war der ideale Rahmen, um psychologische Wunder zu vollbringen. In Wien befiel ein modischer Bazillus, der unter dem Namen *Hysterie* bekannt wurde, zahlreiche Frauen der Oberschicht, die die Wartezimmer der Nervenärzte wie etwa das Freuds blockierten. In den schwersten Fällen ging es um die von Freud so genannte *Konversionshysterie*. Ihre Symptome waren Lähmung der Gliedmaßen, Anfälle, tranceartige Zustände, Gedächtnisverlust, »Doppeltsehen« (Diplopie), Gesichtszuckungen, Stimmverlust (Aphonie) und sogar Blindheit und Taubheit. Man hielt die Kranken entweder für Simulanten oder für Opfer von Unterleibsbeschwerden, die einige Ärzte dadurch zu beheben hofften, daß sie die unschuldigen Organe entfernten.

Das »Wunder« geschah 1895, als Freud und sein Mentor, Dr. Josef Breuer, die heute berühmten *Studien über Hysterie* veröffentlichten. Das Wunder war rudimentäre Psychoanalyse, damals *Katharsis* genannt, ein Verfahren, bei dem man Hypnose einsetzte, um die verborgene Ursache der Hysterie zu finden. Sobald sie entdeckt und ausgesprochen war, konnten die Lahmen wieder gehen und die Tauben wieder hören.

Für die Anhänger waren die Wunder Breuers und Freuds kaum weniger aufsehenerregend als die christlichen Heilungen in Lourdes. In Wien überging man entweder ihre Arbeit oder tat sie als Scharlatanerie ab, und doch drückte sie späteren Generationen in aller Welt ihren Stempel auf. Die Konversionshysterie ist heute unter gebildeten Menschen in der westlichen Welt kaum noch anzutreffen, aber das Wunder hat die Krankheit überlebt.

Der erste Fall, der der Anna O., die mit richtigem Namen Bertha Pappenheim hieß, lag 1881 ganz in den Händen Breuers. Freud war noch ein kleiner Forschungsassistent. Anna war ein hübsches, puritanisches, jüdisches Mädchen von 21 Jahren, das eine Reihe eigenartiger Symptome entwickelte, unter anderem Lähmung des Halses und der beiden rechtsseitigen Extremitäten sowie einen zweiwöchigen Sprachverlust. Als sie ihre Stimme wiedererlangte, konnte sie sich nicht in Deutsch, ihrer Muttersprache, ausdrücken, sondern mußte englisch sprechen, eine der Sprachen, die sie sehr gut beherrschte. Breuer versetzte sie in Hypnose, und Anna redete über ihre Erinnerungen und Halluzinationen. Anna selbst gab dieser Behandlung den Namen »talking cure« oder »chimney sweeping«.

Auf eine einfache Formel gebracht lautet die Theorie von Freud und Breuer: »Hysteriker leiden hauptsächlich an Reminiszenzen.« Die Erinnerung beinhalteten Traumata, die nicht *abreagiert* oder rechtzeitig in Form geeigneter Emotionen ausgedrückt worden waren. In den meisten Fällen betrafen die Erinnerungen »Dinge ..., die der Kranke vergessen wollte, die er darum absichtlich aus seinem bewußten Denken verdrängte ...«

Das war der Ursprung der *Verdrängung* und des Aufkommens des Freudianischen Unbewußten. Als die Doktoren das vergessene Trauma wiederfanden, das das Leiden hervorgerufen hatte, entdeckten sie, wie sie sagten, »zu unserer größten Überraschung, daß die einzelnen hysterischen Symptome sogleich und ohne Wiederkehr verschwanden«.

Dummerweise hatte sich, wie zu erfahren war, Breuers Patientin in ihn verliebt. Seine Frau bestand darauf, daß er Anna O. als Patientin aufgab. Als Breuer einen Notbesuch machte und Anna in den Wehen einer falschen »hysterischen Schwangerschaft« vorfand, suchte er schweißgebadet das Weite. Er nahm nie wieder eine *talking cure* vor und überließ Freud das Vermächtnis.

Nachdem Freud die quasianalytische Theorie geerbt hatte, wandelte er sie um. Unter seiner Führung wurde die Sexualität nun zur unruhigen Grundlage der verdrängten Erinnerungen. Alle vier in den *Studien* ausschließlich von Freud behandelten Fälle waren von typisch viktorianischer Steifheit und spielten vor dem Hintergrund der Psychologie des 19. Jahrhunderts. In einem Fall bestand die ganze Therapie aus einem einzigen Gespräch mit Katharina, einem unscheinbaren 18jährigen Mädchen mit »mürrischer Miene«. Das Mädchen, offenbar die Nichte der Wirtin einer Schutzhütte in den Bergen, in der Freud sich aufhielt, litt an schweren Anfällen von Kurzatmigkeit. Während dieser Anfälle starrte sie ein abscheuliches, unbekanntes Gesicht an.

Durch, wie er es nannte, »glückliches Raten« unterstellte Freud, Katharina müsse etwas gesehen haben, das sie aus der Fassung gebracht habe. Zwei Jahre vorher hatte sie durch ein Kabinenfenster gespäht und ihren Onkel gesehen, der »auf« ihrer jungen Cousine Franziska »lag«, eine Szene, vor der sie sich »geekelt« hatte. Freud drängte Katharina zu der Enthüllung, daß ihr Onkel einmal zu ihr ins Bett gekommen sei und seinen Körper gegen den ihren gepreßt habe. »Was haben Sie denn in der Nacht eigentlich von seinem Körper verspürt?« fragte Freud und erntete ein verlegenes Lächeln.

Freud vollbrachte ein Augenblickswunder. Nicht die Kabinenszene habe sie abgestoßen, hielt er Katharina entgegen. Vermutlich war das Gesicht, das sie verfolgte, das Gesicht ihres Onkels, legte Freud dar. 30 Jahre später fügte Freud eine verblüffende Fußnote an, »... daß Katharina nicht die Nichte, sondern die Tochter der Wirtin war, das Mädchen war also unter den sexuellen Versuchungen erkrankt, die vom eigenen Vater ausgingen.« Es war der erste Einblick in die Freud wie ein Wahn verfolgenden Ansichten über den Inzest und dessen Platz im psychologischen Familienkreis.

Freuds Beobachtungen über die Sexualität mehrten sich. In *Die Sexualität in der Ätiologie der Neurosen* gab er seiner Überzeugung Ausdruck, daß »Momente aus dem Sexualleben die nächsten und praktisch bedeutsamsten Ursachen eines jeden Falles von neurotischer Erkrankung darstellen«.

Er hatte einen großen Plan, um die Neurosen zu zerstören – *massive Unzucht.* In einem Brief an seinen Berliner Vertrauten Dr. Wilhelm Fliess legte Freud seinen Entwurf dar, warnte aber, daß derjenige, der die Onanie zugunsten des Geschlechtsverkehrs aufgebe, sich eine Geschlechtskrankheit bei einer Prostituierten holen könne. Doch ihm schwebte etwas anderes vor, Sexualverkehr mit Mädchen freien Standes.

»Der einzig andere Weg wäre freier sexueller Verkehr der männlichen Jugend mit Mädchen freien Standes, er ist aber nur zu betreten, wenn unschädliche Mittel da sind, die Konzeption zu verhüten«, erklärte er. Freud war pessimistisch, denn Kondome waren nicht sicher, und für viele, wie er meinte, auch nicht annehmbar. »Beim Ausbleiben dieser Lösung zeigt sich die Gesellschaft als bestimmt, den unheilbaren Neurosen zu verfallen ...« prophezeite Freud düster.

Freud erwies sich als schlechter Sexualprophet. Die moderne Gesellschaft bietet uns ein komplettes freudianisches Labor mit Antibabypillen und jungen Frauen freien Standes, die zu unserer Verfügung stehen. Doch Neurosen gibt es nach wie vor, sogar in größerem Umfang, Seite an Seite mit freiem und freizügigem Beischlaf. Die psychologischen Berater an den Universitäten können es bestätigen – die Suche nach emotionaler Stabilität über den Orgasmus war ein Fehlschlag.

Freuds Vorstellungen über Unzucht und Heilung durch die Katharsis sind analytisch inzwischen überholt. Er ließ schließlich sogar von der Sexualität der Erwachsenen als seinem Bösewicht ab und verlegte sich auf die der frühen Kindheit. Am 2. Mai 1896 erklärte er, die Angsthysterie entstehe als Folge sexueller Vorkommnisse in einem ungeeigneten Alter. Seine Fallanalysen ließen in ihm die Überzeugung aufkommen, daß jeder seiner Patienten in der Kindheit das Opfer einer Verführung geworden sei, irgendwann zwischen dem ersten Lebensjahr und der Pubertät. Und die Verführung hatte die Hysterie verursacht, dessen war er sicher.

Wenn es um die Frauen ging, war der Bösewicht im allgemeinen der Vater oder ein älterer Bruder gewesen. Die Knaben wurden für gewöhnlich von den Kindermädchen, Hausangestellten oder Lehrern verführt. Diese Verführungen in der Kindheit bestanden nach Freud in »koitusähnlichen Vorgängen«, wozu das Spielen des älteren Partners mit den Genitalien unter Einbeziehung des Anus und des Mundes gehörte, in manchen Fällen ein offenbar regelrechter Geschlechtsverkehr.

Ein Kind, das gezwungen worden war, die Genitalien einer erwachsenen Frau mit dem Fuß zu erregen, entwickelte später eine hysterische Paraplegie in beiden Beinen. Eine andere Patientin, die unter hysterischer Schlaflosigkeit litt, berichtete von sexuellen Erlebnissen mit ihrem ansonsten bewunderswerten Vater, der peinlichst auf eherne Grundsätze achtete. Vier Jahre, zwischen ihrem achten und zwölften Lebensjahr, habe er sie regelmäßig zu sich ins Bett genommen und es zu einem externen Samenerguß kommen lassen. Eine Schwester vertraute Freud an, ihr sei mit sechs Jahren das gleiche widerfahren.

Ermutigt durch diese abscheulichen Berichte weitete Freud seine Verführungstheorie aus. Er unterteilte die Sexualität der Kindheit in drei Perioden. Sexuelle Erlebnisse, die in die Zeit zwischen der Geburt und dem vierten Lebensjahr fielen, führten zu Konversionssymptomen, zum Beispiel zu hysterischer Lähmung. Wenn das Kind zwischen dem vierten und achten Lebensjahr verführt wurde, verdrängte es das Erlebte, das dann in der Adoleszenz oder Reifezeit als Zwangssymptom wieder zum Vorschein kam. War das Kind zum Zeitpunkt der Verführung zwischen acht und 14 Jahre alt, war Paranoia die unglückselige Folge. Überschwenglich teilte Freud Dr. Fliess mit, daß er sich in einem wahren Entdeckungstaumel befinde.

Es stellte sich heraus, daß auch diese Sexualtheorie Freuds falsch war. Er propagierte sie ein Jahr und gab sie dann auf. Wie er einräumte, hatten die Verführungen niemals stattgefunden. Entweder hatten seine Patienten ihn belogen, oder er hatte ihnen die Verführungsidee eingegeben. In seiner *Selbstdarstellung* gab er diesen Tatbestand dann auch zu: »Als ich dann doch erkennen mußte, diese Verführungsszenen seien niemals vorgefallen, seien nur Phantasien, die meine Patienten erdichtet, die ich ihnen vielleicht aufgedrängt hatte ...«

Aber geschickt machte Freud aus der Not eine Tugend. Er verwandelte den Trugschluß einfach in einen abstrakten Gedanken, wodurch ein guter Teil der gegenwärtigen psychoanalytischen Theorie entstand. Selbst wenn die Patienten nicht verführt worden waren, überlegte er, so glaubten sie doch, verführt worden zu sein! Die Phantasiegebilde dieser frühen sexuellen Vorkommnisse waren der eigentliche Kern der Neurose. Wenn auch die Wirklichkeit nicht echt war, die Phantasien waren es. »Wenn die Hysteriker ihre Symptome auf erfundene Traumen zurückführen, so ist eben die neue Tatsache die, daß sie solche Szenen phantasieren, und die psychische Realität verlangt neben der praktischen Realität gewürdigt zu werden«, führte er aus

Das Ergebnis ist die Theorie von der *infantilen Sexualität,* die noch immer das Fundament des psychoanalytischen Vorgehens ist. Es ist die Geschichte unbewußter Lust und Frustration, die an der Wiege unseres Lebens angeblich unsere Seele formen. Das Konzept ist unwahrscheinlich, und mancher Patient weigert sich zunächst, es zu akzeptieren, um dann schließlich zu lernen, daran zu glauben. Die Theorie kreist um das *Es* der Kindheit und seine unerbittlichen, unbewußten Kräfte – Dr. Otto Fenichel nannte es »ein dynamisches, ungestümes Chaos von Kräften, das nach Entladung strebt und nach nichts sonst«.

Für die traditionellen Analytiker und die meisten modernen Psychiater ist die Kindheit die Feuerprobe für das Leben. Es ist die Zeit, in der der kindliche Trieb ruhelos nach sinnlicher Befriedigung sucht. Die Neurose des Erwachsenen baut sich immer um dieses Kindheitsfundament auf, die *Anlage,* wie die Analytiker sagen. »Die ersten sechs Lebensjahre sind die wichtigsten«, versichert ein Analytiker aus Seattle. »Diese Erlebnisse sind die Vorläufer von praktisch allem, was folgt.«

Der erwachsene Patient mag im hektischen Heute leiden. Für den Analytiker aber ist seine gegenwärtige Lebenskrise nur das Symptom des tieferliegenden Kindheitskonflikts. »Viele Patienten erleben im Alltag mehr oder weniger verschleiert ihre infantilen Neurosen noch einmal oder weiter, bevor sie überhaupt mit der Psychoanalyse in Berührung kommen. Aber sie wissen es nicht«, stellt Dr. Hans W. Loewald fest, ein Analytiker aus New Haven.

Das Erwachsensein wird für den Patienten zu einer vergrößerten Projektion seines Kindseins. Der Betreffende reagiert auf seinen Chef wie er es bei seinem Vater tat – Handlungen, die damit zusammenhängen, wieweit der Ödipus-Komplex aus seiner Kindheit gelöst worden ist. Sein unbefriedigendes Sexualleben als Erwachsener ist eine Spiegelung seiner infantilen Sexual*fixierungen* in verschiedenen Kindheitsphasen. Sein Verhalten gegenüber seiner Mutter, seinem ersten Liebesobjekt, beeinflußt seine späteren *Objektbeziehungen* in unzähligen Lebenssituationen. (Der Analytiker Erik Erikson hat versucht, die analytische Theorie über die Kindheit hinaus auszudehnen, vor allem durch seine *Identitätskrise* des Heranwachsenden. Seine Arbeit wird philosophisch durchaus anerkannt, auf die eigentliche Psychoanalyse aber hat sie kaum eingewirkt.)

Als Erwachsene durchleben wir unbewußt unsere Kindheitsneurosen noch einmal, reagieren dann heute so, wie wir es für in der Kindheit angemessen gehalten hätten, behaupten die Analytiker. Ein Analytiker verdeutlicht das am Fallbeispiel eines verheirateten Patienten, der darüber klagte, an verfrühter Ejakulation zu leiden. Bei der Analyse trat zutage, daß der Patient die Vagina für »schmutzig« und »einer

Kloake ähnlich« hielt. Der Analytiker kam zu dem Schluß, daß der Patient die Vagina grundsätzlich im Licht kindlicher »oralsadistischer und analsadistischer Phantasien« sehe. Er betrieb sexuelle Regression und behandelte alle Frauen aus diesem Grund so, als wären sie seine Mutter.

Dieses Aufrollen des Unbewußten der Kindheit stellt den Gipfel der Leistung des Analytikers dar. Es bietet die Gelegenheit, seine schöpferischste Fähigkeit vorzuführen, die *Deutung*. Es ist eine monströse, fast gesuchte Einsicht, die der Psychoanalyse und den psychologischen Büchern und Filmen, mit denen eine ganze Generation aufgewachsen ist, etwas Großtuerisches verleiht. Es ist das »Sesam, öffne dich«, das dem Unbewußten des Patienten verhilft, bewußt zu werden, der erste Schritt zur analytischen Heilung.

Bei diesem fesselnden Detektivspiel entdeckt der Analytiker die Spuren in Erinnerungen, Wortassoziationen, Träumen, Phantasien, Fehlleistungen, freien Assoziationen, Traumata, der *Übertragung* des Patienten auf den Analytiker und sogar im Widerstand gegen die analytische Behandlung. Jedes literarische Drama nimmt sich bescheiden dagegen aus, und was den erotischen Inhalt angeht, nimmt sie es mit dem besten auf, was Henry Miller und D. H. Lawrence je geschrieben haben. Innerhalb und außerhalb des Behandlungszimmers ist es eine der großen Fragen des 20. Jahrhunderts, den *verborgenen Zusammenhang* zwischen bewußtem Anschein und unbewußter Wirklichkeit herzustellen.

Die Psychoanalyse ist untrennbar mit Wortspielereien und der Sprache verbunden, eine Verbindung, die sie bei den Intellektuellen populär gemacht hat. Worte werden als Werkzeuge des Unbewußten betrachtet, und der Analytiker bedient sich geschickt mancher Wortassoziationen für seine kunstvollen Deutungen.

Der listige Gebrauch eines Wortspiels und der verborgene Zusammenhang sollen an einer Fallstudie demonstriert werden. Es ging um eine Zwangsvorstellung, die das ganze Interpretationsgeschick des Analytikers erforderte. Der Patient hatte ständig das Bedürfnis, Antworten auf schwierige Fragen zu finden. Stellten ihn die Antworten nicht zufrieden, bekam er heftige Angstanfälle. Er führte ein einigermaßen normales Sexualleben, war aber so schamhaft, daß er sich in Gegenwart seiner Frau nicht auszog.

Seinen ersten Anfall hatte er als junger Mann auf dem Weg von der Schule nach Hause. Er hatte sich gefragt, »wann genau« die Renaissance begonnen und geendet hatte, eine Frage, die sich einer Beantwortung entzog. Des weiteren erinnerte er sich, im Alter von elf Jahren gesehen zu haben, wie seine Schwester ein verpacktes Bündel in die Mülltonne geworfen hatte. Er wickelte es aus und fand darin eine blutdurchtränkte Monatsbinde. Er war völlig verwirrt, wagte aber nicht zu fragen, was das wäre.

Der Analytiker folgerte, der Zusammenhang bestehe in dem Wort *Periode*. Im einen Fall ging es um eine *geschichtliche Periode,* die Renaissance, im anderen um die *weibliche Periode*, die Menstruation. »Offensichtlich hatte er zu Beginn der Krankheit nicht die Bedeutung der historischen Periode wissen wollen, sondern die der Monatsperiode«, interpretierte der Analytiker. Der Patient offenbarte darüber hinaus, daß er mit 15 Jahren durch ein Fenster ein Paar beim Geschlechtsverkehr gesehen hatte. Dem Analytiker zufolge fragte er sich nun vermutlich unbewußt: Macht mein Vater das mit meiner Mutter auch?

Der Patient erzählte dann von einem Traum, in dem er seine Frau liebte. Er war sich nicht sicher, ob der Sohn in der Wiege neben dem Bett schlief. Ihm fiel ein, daß er als Junge Geräusche aus dem Bett seiner Eltern gehört, sich aber schlafend gestellt hatte. Der Patient sei sich dessen nicht bewußt, so der Analytiker, aber er habe als Kind seine Eltern beim Geschlechtsverkehr gesehen. (Die Analytiker beharren darauf, daß praktisch alle Kinder diese frühe Szene entweder wirklich erleben oder sich vorstellen. Angeblich ist das einer der schlimmsten traumatischen Schocks für unser Seelenleben.)

Der Analytiker vollendete nun sein feingeknüpftes Netz. Die Urszene hatte einen infantilen Sexualkonflikt ausgelöst, der das Fragen (was haben die Eltern gemacht?) unbewußt mit seiner späteren Scheu und Angst in Verbindung brachte. Der Konflikt verstärkte sich durch den Zwischenfall mit der Monatsbinde und das erneute Mitansehen einer Urszene im Alter von 15 Jahren. Der Analytiker schloß, daß die *Perioden*-Fragen des Patienten schließlich die Angstneurose bewirkten, als er 16 Jahre alt war. Kein Roman von Agatha Christie kann es mit der Kühnheit einer solchen Deutung aufnehmen, wenn auch mit deren Logik.

Die Deutung ist die Leistung eines Virtuosen der analytischen Kunst. Sie ist der einmalige Akt, der den Analytiker geschichtlich mit Freud verbindet. Der Analytiker hört zu, beobachtet, stellt die Beziehungen her. Dann legt er dar, was seiner Meinung nach der Sinn ist, der das Unsichtbare sichtbar, das Unbekannte offenkundig macht. Er ist der Metaphysiker auf dem Gipfel der Macht.

Kindheitserinnerungen sind das Rohmaterial der Deutung, und der überdurchschnittliche Patient kann eine Menge frühes Material zurückrufen. Im Verlauf einer psychoanalytischen Sitzung bekam ein Patient plötzlich Kopfschmerzen. Er sagte seinem Analytiker, er habe das Gefühl, es läge ein Reif um seinen Kopf. Als die Schmerzen schlimmer wurden, empfand er ein sinnliches Vergnügen. Der Analytiker glaubte, der auslösende, wenn auch nicht ursächliche Grund wäre, daß er seinen früheren Geschäftspartner vermisse, mit dem ihn eine sublimierte homosexuelle Beziehung verband.

Der Patient hatte anscheinend ein außergewöhnliches Erinnerungsvermögen an Kindheitserlebnisse. Ihm fiel wieder ein, daß er sich als Junge immer das Bettlaken über den Kopf gezogen hatte, wenn ihm etwas mißlungen war. Er behauptete sogar, sich daran zu erinnern, daß sich seine Mutter die Brustwarzen mit einer übelschmeckenden Tinktur eingeschmiert habe, als er sich weigerte, das Saugen einzustellen. Manchmal biß er solange, bis sie bluteten. Er erinnerte sich, daß sein Vater, ein Lehrer, ihn manchmal auf den Kopf schlug, wenn er sich an etwas nicht entsinnen konnte.

Der Analytiker hörte zu und kam dann zu seiner Deutung. Unter dem Bettuch hat der Patient Phantasien erlebt, in denen er »im Bauch seiner Mutter schwamm und am Penis seines Vaters saugte«. Er litt unter Minderwertigkeitskomplexen, dachte aber, durch die Fellatio ein »großer und starker Mann« zu werden. In seinen Phantasien glaubte er auch, in das Glied seines Vaters zu beißen, wie er es bei der Brust der Mutter machte, ein Akt der Rache für die Härte des Vaters. Der Analytiker schloß, die Verdrängung dieser und anderer sexueller Antriebe habe zu seiner Neurose geführt.

Aber wieso Schmerzen im Kopf? Zum einen, so die Deutung des Analytikers, das »Symbol des Kopfes als Penis«. Zum anderen eine *Verlagerung* vom Glied zum Kopf, was auf eine seiner früheren Beobachtungen zurückging, daß der Kopf des väterlichen Penis frei war. Als er noch ein Junge war, versuchte er, seine Vorhaut zurückzuziehen, um das nachzumachen, aber das Glied schwoll stark an, und man mußte einen Arzt rufen, der den ursprünglichen Zustand wiederherstellte. Der Schmerz wirkte wie »ein Reif«, der sich um die Eichel gelegt hatte, der gleiche Schmerz, den er jetzt in seinem »richtigen« Kopf verspürte. Der umständliche Weg hatte von einer sublimierten homosexuellen Beziehung über eine Fellatio mit dem Vater zu einem Peniskopf geführt, der die psychsomatischen Kopfschmerzen verursacht hatte, die ihn in erster Linie zum Arzt geführt hatten.

Was aber, wenn der Patient, wie viele von uns, sich an nichts oder nur wenig seiner ersten fünf Lebensjahre erinnern kann? Ist dann eine Deutung des Analytikers ein für allemal vereitelt? Durchaus nicht. Wenn nötig, kann ein gewandter Analytiker eine Erinnerung rekonstruieren, wie sie sich »wahrscheinlich« ereignet hat. Man spricht in diesem Zusammenhang von *Rekonstruktion,* was einen Hauch von analytischer Kreativität besitzt. Das Glossar der American Psychoanalytic Association vergleicht sie mit der Arbeit eines Archäologen, »der eine weiterführende Darstellung der Umstände vergangener Kulturen anhand von Bruchstücken und Einzelspuren unternimmt«.

Ein Analytiker schildert den Fall einer rekonstruierten Erinnerung. Ein junger, heterosexueller Mann, der ein unbefriedigendes Sexualleben führte, stellte sich seinen Vater als einen »riesigen, fetten, dickbauchigen, abstoßenden Mann« vor. Im Verlauf der Analyse erinnerte sich der Patient zweier homosexueller Vorfälle. Der eine ereignete sich in der Adoleszenz, der andere, als er mit neun Jahren in einem Zeltlager war und »impulsiv« am Glied eines anderen Jungen herumspielte. Der Analytiker führte die Spuren zusammen und rekonstruierte einen »glaubwürdigen« analytischen Bericht.

Als er fünf Jahre alt war und voll ödipalen Verlangens, ließ seine Mutter ihn einmal allein mit seinem Vater zu Hause, rekonstruierte der Analytiker. Sein Vater lief nackt in der Wohnung umher, was das Kind sexuell anregte. Diese homosexuellen Empfindungen für den Vater waren latent aber sehr stark. Er machte dann mit jüngeren Knaben im Lager das, was sein Vater nach seinen Wünschen mit ihm hätte machen sollen. Seine negativen Gefühle gegenüber seinem Vater waren nach den Worten des Analytikers ein Abwehrschild gegen die homosexuellen Antriebe. Der Patient konnte sich an einen derartigen Vorfall nicht erinnern, auch nicht daran, sich von seinem Vater sexuell angezogen gefühlt zu haben. Da er die homosexuellen Erlebnisse jedoch tatsächlich gehabt hatte, gab er sich schließlich mit der wahrscheinlichen Geschichte des Analytikers zufrieden.

Die Kunst der Deutung ist verschlungen und läßt sich nicht lückenlos auflisten oder erklären. Die Geschichte jedes Patienten folgt dem gleichen, allgemeinen Muster verdrängter kindlicher Antriebe, aber die kunstvollen Versatzmöglichkeiten sind unbegrenzt. Der Analytiker wartet daher normalerweise mehrere Wochen oder Monate, bevor er sich zu einer ersten Deutung entschließt. Zu frühe Eingriffe könnten den Patienten verwirren. (Die Analytiker behaupten, diese Wartezeit sei für die freudianische Durchdringung tatsächlich erforderlich.

Andernfalls würde der Patient mit voreiligen Zweifeln dem Analytiker davonlaufen.)

Was aber, wenn die phantastischen Deutungen des Analytikers falsch sind? Ist das für den Patienten nicht ebenso gefährlich wie eine falsche ärztliche Diagnose? Ein Schulungsanalytiker des Downstate Medical Center in New York gibt die in der Branche übliche Standardantwort. »Falsche Deutungen verursachen keinen Schaden, wenn sie nicht hinsichtlich der Übertragung falsch sind.« Ansonsten sind es reine »Vorschläge« wie die, die regelmäßig von den nicht mit Psychoanalyse befaßten Therapeuten erteilt werden.

Die Deutung wird nicht nur als der Schlüssel zur Heilung von der Neurose angesehen. Sie ist das vielseitige Werkzeug, das es dem modernen Psychiater und an Freud ausgerichteten Psychologen erlaubt, die Bedeutung hinter dem Verhalten und den Gedanken der Menschen zu erahnen. Die Psychoanalyse ist ein beinahe vollständiges System der Psychologie, das viele von uns dahingebracht hat, das Leben durch eine freudianische Brille zu betrachten.

Mit theologischer Anmaßung behaupten die Analytiker, daß all unsere Handlungen bedeutungshaltig sind und daß nur die Analyse die Bedeutungen enträtseln kann. Das Leben, so erklären sie mit Nachdruck, ist ein Spiel *psychischen Determinismus'*, bei dem es praktisch keine zufälligen Ereignisse oder Gedanken gibt. Was Zufall zu sein scheint, ist in Wahrheit Teil des Plans unseres großen Unbewußten.

In der *psychologischen Gesellschaft* ist der unbewußte Geist ein hervorragendes Instrument, das selbst bei denen eine geistige Betätigung auslösen kann, deren bewußter Geist nicht unbedingt der hellste ist. Die Vorstellung, daß ein unbekannter Teil unseres Geistes mühelos komplizierte Gedanken und Symbole gestalten kann, ist einer der glänzendsten Einfälle unserer Zeit.

Freud bringt ein Beispiel dafür, wie er sich die Arbeit dieses einfallsreichen Unbewußten vorstellt. Einer seiner Patienten hatte ein magisches Wort erfunden, das helfen sollte, Unheil abzuwenden. Es bestand aus den Anfangsbuchstaben des Namens seiner Freundin, denen er das christliche Wort »Amen« hinzufügte. Freud schildert die detektivische Wortsuche, die sie schließlich ans Ziel führte. »In diesem Namen war ein *S* enthalten, welches er ans Ende und unmittelbar vor das angehängte *Amen* gesetzt hatte. Er hatte also – wir dürfen sagen: seinen Samen mit der Geliebten zusammengebracht, d. h. mit ihrer Person in der Vorstellung onaniert.«

Die Analytiker geben zu verstehen, daß das Leben eine psychische

Illusion ist ohne die Psychoanalyse, mit deren Hilfe man es entschlüsseln kann. Auf einer Versammlung der American Psychoanalytic Association behauptete ein Analytiker aus Philadelphia, die Abhängigkeit vom Rauchen werde durch mehrere unbewußte Faktoren hervorgerufen: erstens wird der ausgestoßene Rauch als eine Verkörperung des eigenen Geistes empfunden, zweitens dient der Rauch als eine Leinwand, auf die wir unbewußte Phantasien projizieren und drittens brauchen starke Raucher die Zigarette, um zu atmen – das Rauchen verringert ihre unbewußte Angst vor dem Ersticken.

Ein Analytiker der University of Rochester bedient sich der Psychoanalyse sogar, um den Ursprung der Redensart »Du kannst mich am Arsch lecken« zu erklären. Sie ist scheinbar aggressiv, doch ihre wirkliche Bedeutung verbirgt sich nach Meinung dieses Analytikers im Gegenteil – »einander nahezukommen und sich zu lieben«. Er glaubt, daß die sich feindlich gegenüberstehenden Mitglieder des Sicherheitsbeirates der Vereinten Nationen ihre Probleme lösen könnten, wenn sie sich zuvor »gegenseitig am Arsch leckten«.

Derart schöpferische Wortassoziationen und Symbole bestärken durchweg die Vorstellung der freudianischen psychischen Determination. Zu den beeindruckendsten analytischen Grundsätzen gehören jedoch die *Fehlleistungen* – Versprechen, Vergessen von Namen und Daten, Verschreiben und Vergreifen. Bei all unseren Handlungen, auch den unbedeutendsten, erzählt man uns, daß wir Marionetten eines alles beherrschenden Unbewußten sind, das seinen eigenen exzentrischen Willen hat. »... gewisse absichtslos erscheinende Verrichtungen erweisen sich, wenn man das Verfahren der psychoanalytischen Untersuchung auf sie anwendet, als wohlmotiviert und durch dem Bewußtsein unbekannte Motive determiniert«, ruft Freud uns ins Gedächtnis zurück.

Selbst unsere Fehler enthalten angeblich einen verborgenen Sinn. Freud selbst berichtet in seinem klassischen Werk *Zur Psychopathologie des Alltagslebens* von einem ungewöhnlichen Beispiel. Bei einer Unterhaltung mit einem Reisenden auf dem Weg nach Bosnien und in die Herzegowina nannte Freud als den Maler des Freskos *Darstellungen der letzten Dinge* entweder Botticelli oder Boltraffio, nicht, wie es richtig gewesen wäre, Signorelli.

Freud war entschlossen nachzuweisen, daß sein Irrtum nicht auf einem Zufall beruhte, sondern von einem geheimen Beweggrund bestimmt worden war. Er stellte fest, daß er und sein Reisegefährte auch über eine eigenartige Sitte der dort lebenden Türken gesprochen hatten. Sie waren voll ergeben in ihr Schicksal und erwiderten auf Ankündigungen des Arztes, daß es keine Hilfe gäbe: »Herr, was ist da zu sagen?« Die gleichen Türken hielten sexuelle Störungen für schlimmer als den Tod. Einige Wochen vorher war Freud in dem Tiroler Dorf Trafoi gewesen, wo er erfuhr, daß ein Patient, der an sexuellen Störungen litt, Selbstmord begangen hatte.

Er begann, das Motiv hinter seinem Irrtum zu rekonstruieren. Weil ihn die Erzählungen über den Tod und Sexualität bedrückten, hatte er sie verdrängt. Gleichzeitig hatte er bestimmte Silben verdrängt, die der deutschen Übersetzung des italienischen »Signor«, von Signorelli, entsprachen: das *Her* aus Herzegowina und das *Herr* aus der Antwort der Türken an den Arzt. Freud folgerte, daß die richtige Antwort, Signorelli, vom Unbewußten blockiert wurde, weil sie mit den unerfreulichen Tatbeständen Tod und sexuelle Störungen verbunden war.

Der Grund für die falschen Antworten Botticelli und Boltraffio lag für Freud gleichermaßen auf der Hand. Das »bo« war eine Ersatzsilbe aus »Bosnien«. Das »elli« in »Botticelli« stammte aus dem nicht verdrängten Teil von »Signorelli«. Und »Boltraffio« war genauso einfach: »Bo« aus »Bosnien« und »traffio« aus dem Dorfnamen »Trafoi«, wo er zum erstenmal von dem Selbstmord aufgrund der sexuellen Störungen gehört hatte. Der gewundene Weg über Provinzen, Sexualität, Tod, Türken, Ärzte und italienische und deutsche Übersetzungen hatte die Tür zum unbewußten Vergessen des Namens Signorelli geöffnet.

Die analytische Theorie sieht im Unbewußten einen Computer der vierten Generation. Es jongliert sogar mit Zahlen, die einem »einfach so« einfallen. Eine der virtuosen Leistungen Freuds rankte sich um die Zahl 2467. Als er mit dem Lesen der Korrekturen zu den *Traumdeutungen* fertig war, schrieb er an seinen Freund Fliess, daß er nichts mehr an dem Werk ändern wolle, »möge es auch 2467 Fehler enthalten«.

Das Verfolgen der Zahl 2467 zu ihrem Ursprung gleicht den Taten eines *Kojak*. Unmittelbar bevor Freud diese Zahl ersonnen hatte, hatte er gelesen, daß ein General E. M. in den Ruhestand getreten sei, den er aus seiner Zeit als militärärztlicher Eleve kannte. Freud war verärgert, daß er es seit den Tagen beim Militär nicht sehr weit gebracht hatte, war aber auch zufrieden, daß seine Laufbahn noch vor ihm lag, während der General jetzt schon in Pension ging. Die Zahlen waren wie folgt mit den beiden Lebensabschnitten Freuds verbunden: Der Vorfall in der Armee hatte sich ereignet, als Freud 24 Jahre alt war; jetzt war er 43. Die 24 bildete den ersten Teil der Zahl, die

Summe beider Zahlen, 24 + 43 = 67, den zweiten. Daher also die 2467 möglichen Fehler.

Die psychoanalytische Idee bedarf offenbar eines veränderten Gedankenprozesses, einer Neufestsetzung dessen, was wirklich ist und was nicht. Die Psychoanalytiker sind gewohnt, in einem System zu denken, in dem sich Phantasie und Wirklichkeit durchdringen. Die nächste Parallele sind vielleicht der Wein und die Hostie *als* der Leib und das Blut Jesu in der katholischen Liturgie; der Jehova der Juden *als* der bärtige Patriarch in Menschengestalt.

Ein Schlüsselkonzept der Psychoanalyse, das sich dem logischen Verstand nur schwer erschließt, ist die *unbewußte Phantasie.* Sie läßt sich vielleicht am besten als ein Tagtraum beschreiben, den ein unbewußter Trieb hätte, wenn er ein Bewußtsein besäße, das sie überwachen soll. Zwischen den Phantasien und der Wirklichkeit liegen mehrere Ebenen, aber die Analytiker sind überzeugt, daß diese Phantasien existieren. In der American Psychoanalytic Association glaubt man, daß sie eine »eigene psychische Wirklichkeit« haben, allerdings beugt man vor und sagt, wir sollten keine »logische Bewertung auf der Grundlage der externen Wirklichkeit« vornehmen.

Im allgemeinen ist diese unbewußte Phantasie sexueller Natur, wie etwa die Schlangen-Käfer-Penis-Vision unserer Hausfrau aus St. Louis. Eine Patientin mit einem unbefriedigenden ehelichen Sexualleben hatte angeblich eine Phantasie, die den Analytiker mit einbezog. Sie bemerkte, daß sich an der Jacke des Analytikers ein Knopf gelockert hatte. Am Ende der Sitzung sagte sie: »Es wäre schön, wenn Sie mich den Knopf *ab*nähen ließen.« Der Analytiker deutete die Phantasie so: Die Patientin habe phantasiert, sein Glied abzuschneiden – ein Teil ihres unerfüllten Wunsches im Zusammenhang mit dem Penisneid.

Der analytischen Literatur entnommene Phantasien weisen einen unbändigen Ideenreichtum auf. Während der Übertragungsliebe gegenüber seinem Analytiker wurde einem Patienten übel. Die Deutung ging dahin, daß der Analytiker ihn zwang, Ansichten hinzunehmen (zu schlucken), die er nicht teilte. Dahinter stand eine unbewußte Fellatio-Phantasie, bei der der Patient am Penis des Analytikers saugte, was letztlich die Ursache seiner Übelkeit war.

Die *Mutterleibs-Phantasie* bei Männern offenbart angeblich eine homosexuelle Bindung an den Vater. Wie die Analytiker sagen, möchte der Patient im Schoß der Mutter sein, um, wie Freud erklärt, ». . . sich ihr beim Koitus zu substituieren, ihre Stelle beim Vater einzunehmen.«

Nun könnte man fragen, wenn die Phantasien echt sind, warum merken wir dann nicht, wenn wir sie erleben? Weil, so erfahren wir, die Phantasien das Bewußtsein nur dann erreichen, wenn ihre verbotenen Bedeutungen verschleiert sind. So ist uns zum Beispiel die erotische Mutterleibsphantasie nur in ihrer verschleierten Form bekannt, als Tagtraum, allein auf einer verlassenen Insel zu leben oder allein in einer Kirche zu sein. Die häufig anzutreffende Phantasie der Wiedergeburt ist in Wirklichkeit eine versteckte Phantasie über Geschlechtsverkehr mit der Mutter.

In unserem Unbewußten sind angeblich verschiedene, oft vorkommende Phantasien verborgen. Während der oralen Phase ist es die Angst, gefressen zu werden, in der analen Phase die Furcht, des Inhalts seines Körpers beraubt zu werden, und in der phallischen Phase die Angst, unter Gewaltanwendung kastriert zu werden. Die Analytiker halten diese Phantasien für universell, ein Glaube, der mit der Ansicht des Berufsstandes über sich als übergeordneter Disziplin zusammenhängt, die die anthropologischen, mythologischen, biologischen und psychologischen Vektoren des Menschen vereint.

Glauben die Analytiker wirklich, daß solche metaphysische Abstraktionen existieren? Die Frage vereinfacht zu stark, denn die *Phantasie* ist ein elementarer Grundsatz, wenn man sie etwa mit ihrem Vetter, dem *Symbol,* vergleicht. Beide gehören für die analytische Auffassung zur frühen mündlichen Überlieferung, und erstere jongliert mit diesen Gedanken mit der Gewandtheit eines Puritaners, der über die *Auserwählten* redet.

Die American Psychoanalytic Association definiert den analytischen Symbolismus als eine »Geheimsprache«, die, wie Freud meint, mit einer seit langem verlorenen Sprache verwandt ist. In dieser Sprache meint ein Ding im allwissenden Unbewußten das andere. Das Symbol wird somit zu einer annehmbaren Umschreibung unannehmbarer Vorstellung oder Empfindungen; das Symbol *Fenster* tritt beispielsweise an die Stelle der wirklichen, unaussprechlichen *Vagina.*

Der Symbolismus kann auch in Gestalt von Zahlen auftreten. Dr. Rene Spitz, der wie Freud in Zahlensymbole verbohrt war, hat über den unbewußten Symbolgehalt der Zahl 5 geschrieben. Dr. Moisy Shopper aus St. Louis ist dem Gedanken nachgegangen, die Zahl 3 symbolisiere unbewußt die weiblichen Öffnungen Urethra, Vagina und Rektum. Ein auf der Spitze stehendes Dreieck ist nach seinen Worten ein weibliches Symbol. Zeigt die Spitze des Dreiecks nach oben, ist es ein männliches Symbol, das den Penis und die Hoden darstellt.

Auch materielle Gegenstände wie Häuser und Autos haben eine symbolische Bedeutung. In der Zeitschrift *Psychoanalytic Quarterly* meinte ein Analytiker, daß Stein das Symbol für Zähne in der verdrängten oral-sadistischen Phase der Kindheit sei. Das berühmte *Phallussymbol* taucht in der Psychoanalyse ungezählte Male auf. Das *Psychiatric Dictionary* zählt 19 Symbole für das allgegenwärtige männliche Organ auf, unter anderem Messer, Gewehr (oder andere Waffen), Automobil, Flugzeug, Vogel, Schlüssel, Schraube, Hammer, Baum, Säule, Wolkenkratzer, Zigarette, Füllhalter und selbstverständlich Freuds stets gegenwärtige Zigarre.

Besäße die Psychoanalyse ein Berufssymbol, es wäre ohne Frage ein Penis. Freud war ein Amateuranthropologe, der vernarrt war in das *Phallos*-Symbol, wie die Griechen das Organ nennen. Er sammelte Penissymbole als aller Herren Länder, unter denen sich auch Glücksbringer in der Gestalt des Kleeblatts, des Pilzes und des Schweins befanden.

Die analytische Metaphysik hat das zeitgenössische Denken ganz entscheidend beeinflußt. Das trifft vor allem auf die heutige Vorliebe zu, in begrifflichen Gegensätzen und Paradoxa zu denken. Millionen Anhänger der Psychologie sind davon überzeugt, daß Dinge oft das Gegenteil von dem sind, was sie zu sein scheinen. Wie Dr. Charles Brenner sagt, »kann zum Beispiel jemand sehr viel Zärtlichkeit und Zuneigung gegenüber Menschen oder Tieren entwickeln, um äußerst grausame oder sogar sadistische, gegen sie gerichtete Impulse aufzuhalten und unbewußt zu lassen.«

Man nennt diesen Prozeß *Reaktionsbildung,* der Ursprung des neuzeitlichen Klischees, Personen als das genaue Gegenteil von dem zu bezeichnen, was sie zu sein scheinen. Er wird auch angewandt, um das, was Menschen sagen, umzudrehen, um zur Wahrheit zu kommen. Analytisch gesehen ist die Reaktionsbildung ein Abwehrmechanismus, der theoretisch einen befürchteten gegensätzlichen Impuls beim Betreffenden abwenden soll. Im Laienalltag widerspricht sie der einfachsten Logik und bringt Verwirrung in die persönlichen Erfahrungen. Als Führer durch dieses analytische Drunter und Drüber haben uns die Analytiker das folgende Umkehr-Glossar an die Hand gegeben:

– Viele Menschen, die arrogant auftreten, kämpfen gegen tiefsitzende Minderwertigkeitsgefühle an.

– Andere, die sich selbst als unbedeutend einzustufen scheinen, verbergen eine tiefsitzende Arroganz.

– Ein überzeugter Vegetarier, der immer begeistert für seine Ziele eingetreten war, enthüllte seine wahre, unbewußte Einstellung, als er später Metzger wurde.

– Sonderlinge, die bestimmte Mißstände bekämpfen, von der Pornographie bis zur Umweltverschmutzung, setzen sich in Wirklichkeit gegen Kräfte zur Wehr, »die unbewußt ihre eigenen instinktiven Wünsche darstellen«.

– Eine Person entfaltet vielleicht heterosexuelle Tätigkeit, um homosexuelles Verlangen zu verbergen.

– Draufgängertum kann reine Abwehr gegen die Angst und Schuldgefühle sein, die durch die Furcht entstehen.

– Liebevolles, freundliches Verhalten kann eine Abwehr gegen Haßgefühle sein. Eine hysterische Mutter, die einem Kind »ungewöhnlich starke Zuneigung« entgegenbringt, kann es unbewußt hassen.

Dieses Denken in Gegensätzen kann zu einer Berufsmanie verkommen, dem anderen immer um eine Nasenlänge voraus sein zu wollen. Der verstorbene Dr. Otto Fenichel warnte seine Kollegen davor, »anzunehmen, daß die Patientin das Gegenteil von dem meint, was sie sagt oder tut«. Nach seinen Worten bedürfe es klinischer Kenntnisse, um zu bestimmen, »ob das Gegenteil gemeint ist« oder nicht.

Die analytische Vorstellung der *Sublimierung* hat unsere Zivilisation ebenso tief durchdrungen wie das Spiel mit den Gegensätzen. Sie unterstellt, daß wir das, was wir im Leben tun, nicht um der Sache selbst willen tun, ihres gesellschaftlichen Wertes wegen oder aus persönlichem Vergnügen, sondern als Ersatzbefriedigung für einen weniger akzeptierten unbewußten Trieb. Ins Analytische umgesetzt: Die infantilen oralen und analen Sexualtriebe werden desexualisiert und irgendeiner Tätigkeit zugeführt, vom Ausüben des Arztberufs bis zum Bauen von Brücken.

Das läßt so geheimnisvolle Denkweisen wie das analytische Losungswort aufkommen, das jemandem den Nobelpreis für die wissenschaftliche Auseinandersetzung mit dem sublimierten Wunsch einbringt, seinen Eltern beim Geschlechtsakt zuzusehen. Wie schon Freud sagte, verdanken wir unsere größten kulturellen Erfolge der Sublimierung unserer infantilen Triebe.

Das klassische Beispiel ist das Kind, das gern mit seinem Kot spielt. Sobald die Eltern dagegen einschreiten, geht es zu Kuchen über, die aus Schlamm geformt sind, und erfährt dann später eine unbewußte Befriedigung dadurch, daß es Bildhauer wird. Ein Theoretiker erzählt uns, daß jemand den gleichen Trieb auch dadurch sublimieren kann, daß er Arzt wird und sich auf Innenparasiten spezialisiert.

Beispiele für sublimierte Sexualität gibt es im Überfluß:

– Das Interesse am Lesen kann ein Ersatz für unbefriedigtes Verlangen nach Kindern sein.

– Wissenschaftliche Neugier kann von sehr starker sexueller Neugier in der frühen Kindheit herrühren.

– Umgekehrt kann Dummheit seine Ursache in der Verdrängung sexueller Neugier haben.

– Freundschaftlichkeit und soziale Anteilnahme kann sublimierte Homosexualität sein.

– Gebete und religiöse Buße sind unter Umständen sublimierte verfolgungsneurotische Triebe (zum Beispiel das Waschen der Hände).

– Das Interesse am Sammeln (Briefmarken etc.) kann eine Sublimierung des Wunsches sein, den Kot zurückzuhalten.

– Ein Künstler oder Schriftsteller hat seinen Beruf möglicherweise unbewußt deshalb gewählt, weil er seine übermäßigen Triebbedürfnisse nach Macht, Wohlstand, Ruhm und der Liebe einer Frau sublimieren will. Die Sublimierung erfolgt dergestalt, daß er sein an phantastischen Vorstellungen reiches Kindheitsleben in Kunst umsetzt.

– Der Chirurg sublimiert möglicherweise analsadistische Wünsche.

Jedes erfolgreiche philosophische System hat ein schmutziges Geheimnis, das den Gedanken in der gesamten Zivilisation verbreitet. Soweit es die Psychoanalyse betrifft, hat das sexualisierte Unbewußte die Öffentlichkeit ohne jede Frage neugierig gemacht. Doch das eigentliche Geheimnis, das der Analyse und der gesamten psychodynamischen Psychologie ihre Durchschlagskraft verleiht, besteht darin, daß wir in ihren Augen alle, von der Wiege bis ans Grab, immer noch die kleinen *unschuldigen Kinder* sind.

Einst fand der Mensch Trost in primitiver Verehrung, später dann in der Vergebung seiner Sünden durch die Kirche. Aber vor Freud konnte kein gebildeter Erwachsener einen stichhaltigen Grund nennen, mit dem er sich der Verantwortung für eine Handlung hätte entziehen können. Es blieb der Psychoanalyse und der psychodynamischen Psychologie vorbehalten, ein schuldfreies Umfeld für den wissenschaftlich gebildeten Menschen zu schaffen. Das geschieht nicht dadurch, daß man seine Fehler unter den Teppich kehrt, sondern sie bis zur Kindheit zurückverfolgt, als man noch gänzlich unschuldig war. Die ewigen Schuldigen sind die Eltern, die als treibende Kraft der Zivilisation gegen die Kindheitsimpulse handeln.

Freud setzte diese Schuldlosigkeit einmal einem Patienten auseinander, der sich wegen seiner Feigheit Sorgen machte. »Im weiteren Gespräche mit ihm mache ich geltend, daß er sich ja logischerweise für ganz unverantwortlich für alle diese Charakterzüge erklären müsse, denn all diese verwerflichen Regungen stammten aus dem Kinderleben, entsprächen den im Unbewußten fortlebenden Abkömmlingen des Kindercharakters, und er wisse doch, daß für das Kind die ethische Verantwortlichkeit nicht gelten könne«, erklärte Freud.

Es ist die *Theorie vom ewigen Kind.* Nicht nur die Neurosen, auch das Unglück oder die Unfähigkeit, Liebe oder Freundschaft zu finden, sind uns Erwachsenen von den Schultern genommen und den Müttern zurück an die schlaffe Brust gelegt worden. »Meine Mutter (oder mein Vater) hat das und das gemacht ...« so geht die Leier in der *psychologischen Gesellschaft.* Unglücklich verheiratete 45jährige suchen den Grund möglicherweise nicht im eigenen Egoismus oder der eigenen Unreife, sondern in so unschuldigen psychodynamischen Inhalten wie einem »ungelösten Ödipus-Komplex«.

Das System spielt die eine Altersgruppe gegen die andere aus. Doch trotz der Spannungen, die es zwischen den Generationen geschaffen hat, hat es einen beinahe perfekten Rhythmus. Während die Erwachsenen die Wunden herzeigen, die ihnen von den alternden Eltern zugefügt wurden, haben ihre eigenen Kinder damit begonnen, das gleiche zu tun. Drei Familiengenerationen haben bereits durch die Therapie oder psychologisches Selbststudium gelernt, daß jede von ihnen als ewige Kinder schuldlos ist. (Einige Therapeuten sagen ihren Patienten, daß auch sie verantwortlich sind, weil sie die elterlichen Hinweise falsch interpretiert haben. Aber wer kann Schuld empfinden, wenn er mit zwei Jahren die Körperhygiene nicht richtig handhabt?)

Die analytische Theorie der Kindheit ist offensichtlich sexueller Art, auch wenn der Ausdruck hier im weitesten Sinn gebraucht ist. Wie die Eltern sehr schnell lernen, gibt es vier Phasen der kindlichen Sexualität: 1. die orale Phase, 2. die anale Phase, 3. die phallische Phase und 4. die genitale Phase. In der Welt der Psychoanalyse wurde das einst unschuldige Engelchen Raphael durch ein hochgradig sexualisiertes Kind ersetzt. Der Analytiker betrachtet es als durch infantile *Fixierungen* potentiell behindert, eine aufgehaltene psychosexuelle Entwicklung, die früh im Leben erfolgt.

In der Psychoanalyse wird der Körper des Kindes beinahe als überdimensionaler Phallus angesehen. Mund, Lippen, Zunge, Schleimhaut des Rektums und des Harnleiters, Daumen, Zehen und die Haut, sie alle hält man für fähig, »sexuelle« Befriedigung zu verschaffen. Wie das offizielle Glossar der American Psychoanalytic Association erklärt, »führt« die Befriedigung der Lustbedürfnisse des Kindes durch die Mutter »eine erotische Qualität ein«, die die erogenen Zonen des Kindes anregt. Das ist das Herzstück der klassischen Analyse, das kein freudianischer Analytiker von heute wagen würde anzutasten. »Die Psychoanalyse steht und fällt mit der Anerkennung der sexuellen Partialtriebe, der erogenen Zonen ...« bemerkte Freud.

Jede der psychosexuellen Phasen des Kindes trägt zur Bildung von Neurosen und Persönlichkeitsstörungen bei. Aber der aktive Kern ist der berühmte ödipale Konflikt, der sich in der phallischen Phase, zwischen dem vierten und siebten Lebensjahr, entwickelt. Der Ödipus-Komplex ist die Klammer um die anregendsten Deutungen des Analytikers.

Die Analytiker glauben, daß jedes Kind den ödipalen Wunsch nach dem Inzest erlebt. Bei normaler Gesundheit wird dieser Wunsch mit etwa sechs Jahren überwunden. Wenn der Betreffende als Kind den unbewußten Wunsch nach Sexualität mit einem Elternteil aber nicht aufgibt, rumoren die verdrängten Erinnerungen, wenn er erwachsen ist, in seinem Unbewußten gefährlich fort. »Selbstverständlich haben wir von ihm (Freud) gelernt, daß der Ödipus-Komplex der Kern jeder Neurose ist«, schreibt sein Schüler Ernest Jones.

Wie ernst ist die Behauptung der Psychoanalytiker zu nehmen, das fünfjährige Kind habe den Wunsch nach Inzest? Handelt es sich lediglich um eine Allegorie, die dem *König Ödipus* des Sophokles nachempfunden ist, oder spielt die Wirklichkeit mit hinein?

Mehr als das. Der American Psychoanalytic Association zufolge kommt dem Ödipus-Komplex eine unbewußte Schlüsselrolle in der Entwicklung praktisch des gesamten menschlichen Verhaltens zu. Das Glossar dieser Vereinigung führt aus, daß »das Kind sich in begrenztem Umfang nach sexueller Vereinigung mit dem gleichgeschlechtlichen Elternteil sehnt und nach dem Tod oder Verschwinden des Elternteils des entgegengesetzten Geschlechts«.

Kurz vor seinem Tod schrieb Freud im *Abriß der Psychoanalyse,* daß das ödipale Kind in seiner Erregung das frühe Masturbieren mit dem Wunsch verquickt, der Liebhaber der Mutter zu werden. »Er wünscht, sie körperlich zu besitzen in den Formen, die er durch seine Beobachtungen und Ahnungen vom Sexualleben erraten hat, sucht sie zu verführen, indem er ihr sein männliches Glied zeigt, auf dessen Besitz er stolz ist«, führt Freud in diesem Zusammenhang aus.

Im Verlauf seiner Selbstanalyse erkannte Freud an sich die ödipale Liebe gegenüber seiner Mutter, der attraktiven Amalie Freud. Sie kam zum erstenmal durch, als er als Junge nachts mit ihr im Zug von Leipzig nach Wien fuhr, wobei »ein gemeinsames Übernachten und Gelegenheit sie nudam zu sehen vorgefallen sein muß«.

Was läßt diese Leidenschaft im Alter von sechs Jahren verebben? Es ist die *Kastrationsangst,* einer der schillerndsten Komplexe der Psychoanalyse. Die Analytiker sind der Meinung, daß alle Knaben unbewußt fürchten, der Vater werde ihren Penis abschneiden, um sie für den Wunsch zu bestrafen, mit ihrer Mutter zu schlafen. Für Freud galt das als »das stärkste Trauma seines [des Kindes] jungen Lebens«.

Die Analytiker sind von der Existenz des Ödipus-Komplexes überzeugt. Der frühere Präsident der American Psychoanalytic Association Dr. Charles Brenner behauptet, die düstere Theorie sei durch »Zeugnisse aus Anthropologie, Religion und Volksmythen, durch künstlerische Hervorbringungen und verschiedene andere Quellen« bewiesen. Einige Analytiker sind sogar der Meinung, daß die Beschneidung ein primitives Relikt der Kastration ist, die nach den Worten Freuds einst »... vom eifersüchtigen und grausamen Vater wirklich an den heranwachsenden Knaben vollzogen (wurde«).

Warum würde ein Junge von heute denken, daß eine so blutige Verstümmelung eine echte Bedrohung ist? Nach Meinung der Analytiker liegt die Antwort auf der Hand. Sobald der Knabe die weiblichen Genitalien – ohne Penis – sieht, kommt er zu der Überzeugung, »daß seine eigene Kastration durchaus im Bereich des Möglichen liegt«, sagt Dr. Brenner. Er unterdrückt dann seinen hehren ödipalen Plan und entsagt seiner Mutter als Liebhaber.

Auch das kleine Mädchen wird vom Ödipus-Komplex beherrscht, allerdings auf ganz einmalige Art. In einem Anfall von Rivalität um den Penis ihres Mannes bedroht die Mutter das Mädchen mit innerer Kastration oder, wie das Glossar der American Psychoanalytic Association beschönigend formuliert, »mit Verletzungen der genitalen und Zeugungsorgane«.

Die weibliche Kastrationsangst ist am bekanntesten in der Form ihres Ablegers, des *Penisneids.* Der Penisneid ist zu einem roten Tuch für die Feministinnen geworden, für die Freud der männliche Chauvinist schlechthin ist. Im Gegensatz zum Knaben entdeckt das Mädchen, daß es bereits kastriert ist und kommt sich angeblich benachteiligt vor.

Freud glaubte, der Penisneid sei verantwortlich für die, wie er sie nannte, »eifersüchtige« und »neidische« Natur der Frauen, die Folge eines unglücklichen Vergleichs ihrer Genitalien mit denen des Knaben.

Penisneid ist eine häufige Deutung im Behandlungszimmer des Analytikers. Im *Journal of the American Psychoanalytic Association* berichtet ein Analytiker von einer Frau, an deren Bein in ihrer Kindheit ein Hund seinen erigierten Penis gescheuert hatte. Später sah sie den größeren Penis ihres Vaters und entbrannte in leidenschaftlichem Verlangen danach.

Einige Mädchen beenden ihre ödipale Phase psychosexuell geschädigt. Enttäuscht von der Suche nach der Liebe ihres Vaters besinnen sie sich zurück auf ihre frühere Bindung an die Mutter und leben mit dem Wunsch, einen Penis zu haben und ein Mann zu sein. Der verstorbene Karl Abraham vertrat die Theorie, daß ausgeprägter oder verdrängter Penisneid bei Frauen zu zwei neurotischen Typen führe: 1. dem Typ, der die männliche Rolle bevorzugt und das ganze Leben hindurch an der Phantasie festhält, einen Penis zu bekommen; 2. dem nachtragenden Typ, der nach Rache am »glücklicheren« Mann durch dessen Kastration strebt. Einige Frauen vereinen nach seinen Worten beide Neurosen in einer Person.

Wird der Ödipus-Komplex aber gut überwunden, sucht sich der Junge oder das Mädchen den gleichgeschlechtlichen Elternteil als Vorbild. Sie entwickeln das reifere *Über-Ich* und vereinigen in sich die elterlichen Werte. Beim invertierten Ödipus-Komplex identifiziert sich das Kind mit dem Elternteil des anderen Geschlechts – die analytische Erklärung für die Homosexualität.

Wenn es den Ödipus-Komplex wirklich gibt, warum können wir uns dann nicht an dieses erste sexuelle Verlangen erinnern? »Die Antwort ist einfach«, erklärt ein New Yorker Analytiker. »Wir ziehen es vor, diese verbotene Liebe zu vergessen. Die Erinnerung an den Inzestwunsch wird verdrängt und sinkt ins Unbewußte. Das ist Teil unserer *infantilen Amnesie,* der verbreitetsten Form des Vergessens.«

Das Vergessene und das Verdrängte treiben uns, sagen die Analytiker. Und eben das muß mit Hilfe der Psychoanalyse hervorgeholt werden, wenn die Neurose geheilt werden soll. Aber was verursacht nach der analytischen Theorie überhaupt die Neurose? Am Anfang steht allein das *Es,* welches das *Lustprinzip* verkörpert. Das Neugeborene ist eine Ansammlung aus Trieben, die Befriedigung suchen; es hat kein Ich, kein Über-Ich, keinen Sinn für die eigene Wirklichkeit. Nach und nach entwickelt das Kind eine ausführende Kontrollinstanz, das *Ich,* um das immer wichtiger werdende *Realitätsprinzip* zu handhaben.

Obwohl noch niemand das Es, Ich oder Über-Ich gesehen hat, veranschaulichte Freud den Aufbau so, als handele es sich um ein Organ des Körpers. Er entwarf sogar schematische Darstellungen und behauptete, das Ich gehe aus dem Es hervor, wie Adam aus Eva. Wie er sagte, sei »... das Ich ein besonderer differenzierter Anteil des Es«. Dieses Ich speichert Erinnerungen, verhindert eine Reizüberflutung und sorgt für die Anpassung und Selbsterhaltung.

Es ist eine Bezeichnung, die Freud 1923 von dem Berliner Arzt Georg Groddeck übernahm. Vielleicht verdankt die Psychoanalyse ihren Ruhm der kongenialen Übersetzung des freudianischen Werkes ins Englische durch Dr. Abraham Brill, der den glänzenden Einfall hatte, für die Begriffe Ich, Über-Ich und Es die lateinischen Entsprechungen *Ego, Superego* und *Id* zu verwenden. Diese drei bilden die *strukturellen* Merkmale der analytischen Psyche. Der psychische Apparat besitzt auch eine unsichtbare *Topik* – das *Bewußte,* das *Vorbewußte* und das *Unbewußte,* die alle im Gleichklang mit den strukturellen Funktionen arbeiten. Das Bewußtsein ist dasjenige, das wir ohne Schwierigkeiten als solches erkennen.

Das dynamische Unbewußte mit seiner *ungebundenen psychischen Energie* ist die Heimat unserer Es-Triebe, Phantasien, infantilen Wünsche, verborgenen Motivationen, verdrängten Vorstellungen und vergessenen Traumata, die alle irgendwo im menschlichen Geist traulich zusammen sind. Da es am weitesten vom Bewußtsein entfernt ist, gilt das Unbewußte als die tiefste Schicht, ein Bild, das Pate beim Ausdruck *Tiefenpsychologie* stand.

Freuds ursprüngliche Theorie enthielt ein bewußtes Ich und unbewußte Triebe, eine Metapsychologie, die jeder verstehen konnte. 1923 arbeitete er seine Theorie um und wertet Es, Ich und Über-Ich auf. Das Es ist noch immer vollkommen unbewußt, aber das neue Ich existiert sowohl in der bewußten wie unbewußten Welt. In der unbewußten überwacht es die *Abwehrmechanismen* (Rationalisierung, Verdrängung und Projektion), die das Selbst vor den wütenden Instinkten schützen. Das Über-Ich ist im wesentlichen unbewußt und löst automatisch Schuld und Schamgefühl aus.

Welches Wechselspiel zwischen diesen freudianischen Instanzen treibt den Patienten in die 50-Dollar-Sprechstunde? Grundsätzlich ist es der Kindheitskampf zwischen Es und Ich. Das Ich strebt danach, die nicht akzeptierbaren sexuellen und aggressiven Triebe davon abzuhalten, in unser Bewußtsein einzudringen und drängt sie, wie Freud erklärt, »in den unbewußten Zustand zurück«. Diese nicht akzeptierbaren frühen Vorstellungen, über die wir nichts wissen, sind angeblich die Ursache unseres geistigen Aufruhrs.

Paradoxerweise entwickeln die meisten Kinder offenbar keine Neurosen. Doch der Samen des frühen Konflikts sorgt für neurotische Früchte beim Erwachsenen. Wie Freud erklärte, versucht es das Kind zunächst mit Abwehrverdrängungen, die zwar im Augenblick Wirkung zeigen, sich aber nichtsdestoweniger als psychologisch unzureichend erweisen, wenn die spätere Wiederbelebung des Sexuallebens den triebbedingten Bedürfnissen, die in der Vergangenheit unterdrückt sind, zu neuer Stärke verhilft. Das Sexualleben des Erwachsenen erweckt mit anderen Worten die Geister des Es, die wir in unserer Kinderstube begraben glaubten, zu neuem Leben.

Ein Anreiz aus der Umwelt kann die verdrängten Konflikte auslösen und das umzingelte Ich überwältigen. Das Ergebnis ist nach den Worten der analytischen Theoretiker ein neurotisches Symptom, seien es Klaustrophobie, übermäßige Angst, Homosexualität, nervöse Zuckungen, die Unfähigkeit zu arbeiten oder die zum Orgasmus.

Wir alle sind verwundbar. Nicht einmal die moderne, problembewußte Mutter kann ihr Kind vor dieser Geißel schützen. »Früher haben wir geglaubt, die Eltern könnten durch richtige Behandlung des Kindes bei der Abwehr der Neurosen helfen«, bemerkt ein Vertreter der American Psychoanalytic Association. »Der Meinung sind wir nicht mehr. Dem neurotischen Konflikt kann man nicht entrinnen.«

Die erste Phase ist die *orale.* Sie reicht von der Geburt bis zum 18. Lebensmonat. Die Triebe des Kindes kreisen um seine Mundhöhle. Die Lust kommt vom Saugen an den Brustwarzen der Mutter, an der Flasche, am Daumen und an den Zehen, sogar am neuzeitlichen Schnuller. Später verwandelt sich das entspannte Kind in ein kleines, angriffslustiges Biest. Es gebraucht seine Zähne, um überall hineinzubeißen, vor allem in die Brustwarzen der Mutter. Auch wenn die Mutter das erste Liebesobjekt ist, erzeugt diese oralsadistische Phase doch einen Zwiespalt ihr gegenüber, eine Dualität, in der unbewußt Haß auf die Mutter aufkommt.

Freud verglich das Saugen an der Brust mit dem Geschlechtsverkehr. »Wer ein Kind gesättigt von der Brust zurücksinken sieht, mit geröteten Wangen und seligem Lächeln in Schlaf verfallen, der wird sich sagen müssen, daß dieses Bild auch für den Ausdruck der se-

Folgen. Wie er sagt, konnte er in dieser Zeit weder vernünftig lesen noch schreiben, und auch einer seiner vier ihm zustehenden Langzeiturlaube war dahin.

Der verstorbene Psychologe Dr. Carney Landis vom psychiatrischen Institut der Columbia University unterzog sich einer Analyse bei einem ergebenen Anhänger Freuds, auch er mit ähnlich enttäuschendem Ergebnis. Landis stellte fest, daß man seinen Fragen auswich. »Wenn die Analyse abgeschlossen ist, werden Sie das ohne weitere Erklärungen verstehen«, bedeutete man ihm. »Dieses Verständnis habe ich nie erreicht«, bemerkt Dr. Landis.

Landis empfand die Psychoanalyse als emotional entnervend. Nach nur zehn Stunden »war ich von einer extremen Angst befallen, die mein ganzes Denken und die zwischenmenschlichen Beziehungen durchdrang«, klagte er. Des öfteren erlebte er »längere Perioden, in denen er gereizt war und allgemein ein feindseliges Verhalten zeigte.« Die Übertragung, jene so wichtige Liebe-Haß-Beziehung zum Analytiker, empfand er als »maßlos überbewertet«.

Landis und scin Analytiker beurteilten die Kindheit unterschiedlich, eine kulturelle Kluft, die in der Therapie häufiger zu finden ist. »Diese mangelnde Übereinstimmung erwuchs meistens aus der Tatsache, daß der Analytiker über einen weltmännischen, europäischen Hintergrund verfügte, wohingegen ich aus einem kleinen Dorf im amerikanischen Mittelwesten komme.« Landis stellte auch die Traumdeutungen des Analytikers in Frage und hielt sie für willkürlich. So lehnte er zum Beispiel die Traumdeutung von Zügen als Todessymbole ab. Für ihn waren es Freiheitssymbole. Da er in einer Kleinstadt wohnte, bedeuteten Züge die Möglichkeit, in die Großstadt zu entfliehen.

Er kam zu der Überzeugung, daß die freudianische Traumdeutung ein kunstvolles Ratespiel war, bei dem der Analytiker nie verlieren konnte. »Da die Träume aus einer Vielzahl von Elementen bestanden, gab es mehrere mögliche Abgänge«, sagt Dr. Landis. »Der Analytiker konnte sich irgendeines dieser Elemente aussuchen und fragen: ›Bedeutet dies das und das?‹ War ich einverstanden, gut; wenn nicht, so war auch nichts verloren.«

Als sich der Analytiker über Landis neurotische Probleme ausließ, erwiderte Landis: »Was ist normal?« Der Analytiker konterte, das wisse er nicht, weil er es nicht mit normalen Menschen zu tun habe. Landis ließ nicht locker: »Aber stellen Sie sich doch einmal vor, es käme ein ganz normaler Mensch zu Ihnen:« Der Analytiker räumte freimütig ein, daß »das analytische Verfahren eine Neurose bei dem Betreffenden hervorrufen würde, auch wenn er zu Beginn der Analyse normal gewesen wäre«.

Dr. Landis entwickelte schon sehr früh eine skeptische Haltung gegenüber der Kunst Freuds. Ist es nicht denkbar, so fragte er, daß die komplizierten, analytischen Kunstgebilde – Kindheitsphantasien, Erinnerungen, Gefühle der Unwirklichkeit, Übertragungsliebe – durch die Analyse erzeugt, nicht aber von ihr freigelegt werden? Würde sich bei anderen Hinweisen nicht auch der Inhalt ändern?

»Persönlich glaube ich, daß die Phänomene ebenso ein Ergebnis der Methode wie jeder grundlegenden Persönlichkeitsstruktur sind, die durch diese Methode aufgedeckt wird«, argumentierte Dr. Landis. »Man stelle sich vor, die ganze Betonung läge auf der Adoleszenz und dem Bemühen des Kindes, sich von der Familie zu lösen. Die Dynamik wäre eine völlig andere.« Die gleiche Veränderung würde eintreten, sponn er den Faden weiter, wenn »der Analytiker das Sexuelle abschwächen und Angst oder Wut in den Vordergrund rücken würde«.

Dr. Joseph Wortis, Professor für Psychiatrie an der State University of New York in Stony Brook, erlebte seine analytische Enttäuschung durch Sigmund Freud persönlich. Als junger Arzt an der Psychiatrischen Klinik Bellevue erhielt er 1933 ein Psychiatriestipendium von dem englischen Psychologen und Schriftsteller Havelock Ellis. Er entschloß sich, einen Teil der Zuwendung abzuzweigen und sich einer Übungsanalyse bei Freud zu unterziehen.

Der Sigmund Freud, den er vorfand, war ein alternder Mann, etwas reizbar und schnell zu erregen durch Kritik. Als der junge Doktor eine Erklärung anbot, schrieb Freud das seinem Widerstand zu. Verantwortlich dafür machte er Wortis »Normalität« und seinen Mangel an Selbstbeobachtung. Freud bekannte, daß ein normaler Mensch durch die Analyse neurotisch werden könne, allerdings nur, weil »der Keim der Neurose« bereits in ihm war. Normal zu sein, so glaubte Freud, bedeutete nur, daß die Probleme des Betreffenden verlagert, außer Reichweite waren. »Es gibt keinen Grund, stolz darauf zu sein«, sagte er Wortis.

Freud deutete einen Traum, in dem Wortis zwei Erwachsene vor einem Haus sah, und Bedienstete in einer Reihe durch die Tür eintraten. Das Haus stellte nach Meinung Freuds den Schoß einer Mutter dar, aus dem sich die Geschwister Wortis lösten. Die Erwachsenen waren Freunde von Wortis, Havelock und Françoise Ellis, die Vater und Mutter symbolisierten. Wortis hatte sich im Traum geweigert, Françoise zu küssen, aber die Weigerung bedeutete in Wirklichkeit das Gegenteil. Françoise war eine ödipale Gestalt.

Die magischen Gegensätze ziehen sich wie ein roter Faden durch die gesamte Psychoanalyse, einschließlich der Träume. Freud erzählte Wortis, daß Träume oft das Gegenteil von dem bedeuteten, was sie auszusagen schienen. Rückwärts gaben sie ihr Geheimnis unter Umständen preis. Wortis berichtet, daß er Freud manchmal dahinbringen konnte, etwas zu sagen, indem er das *Gegenteil* anregte. »Ich dachte, es wäre mehr als nur ein Anflug von Pessimismus in ihm, und ich begann zu glauben, daß dieser persönliche Zug seinen Ausdruck in der psychoanalytischen Theorie gefunden hätte«, bemerkt Wortis abschließend.

35 Jahre nach Freuds Tod prallen die Argumente über Psychoanalyse leidenschaftlicher aufeinander als je zuvor. Ist das der Durchbruch, der die wahre Psychologie vom Menschen geschaffen hat? Oder ist es ein philosophischer Versuch aus dem 19. Jahrhundert, den die moderne Forschung noch nicht bestätigt hat, oder vielleicht schon widerlegt? Welche Zahlen gibt es über Erfolg und Mißerfolg auf der Couch?

Die ersten statistischen Erhebungen über die Psychoanalyse wurden zwischen 1920 und 1930 an der psychoanalytischen Klinik in Berlin durchgeführt. Sie bezogen sich auf 472 freudianische Idealpatienten: Psychoneurotiker und Personen mit Sexual- und Charakterstörungen. Nach sechs Monaten hatten 161 Patienten die Klinik verlassen. Von den Zurückgebliebenen wurden 60 Prozent mit Erfolg behandelt. Rechnet man die 161 Patienten aber zu den gescheiterten Fällen, sinkt die Zahl auf schwache 40 Prozent. Bei den Nicht-Neurotikern einschließlich der Alkoholiker und Psychosekranken waren die Ergebnisse ganz besonders schlecht.

In der Folgezeit veröffentlichten die London Clinic, die Klinik des Chicagoer Instituts für Psychoanalyse, zwei Privatärzte und die Menninger Klinik Berichte. Sie wurden vom Psychoanalytiker Robert P. Knight überprüft. Von den 692 Idealpatienten fielen 193 vor Ende der ersten sechs Monate aus. Von den verbliebenen Patienten sollen 61 Prozent erfolgreich behandelt worden sein. Rechnet man allerdings wieder die Ausfälle mit ein, fällt die Zahl der positiven Ergebnisse drastisch auf 44 Prozent.

Diese nicht sonderlich stichhaltigen Behauptungen, mit denen die Analytiker ihre eigene Arbeit einstufen, reißen kaum jemanden vom

Stuhl. In einer Untersuchung über analytische Fälle berichtete Dr. Hans J. Eysenck von der University of London von einer Erfolgsquote von 44 Prozent, die auf 66 Prozent stieg, wenn man nur die Patienten berücksichtigte, die die Behandlung auch zu Ende führten. Der verstorbene britische Wissenschaftler und Analytiker Edward Glover hält das für unstatthafte Großzügigkeit. »Wahrscheinlich geht diese Korrektion zu weit, und soweit es die klinische Behandlung betrifft, wird ein Wert von 50 Prozent wohl in etwa die wahren Verhältnisse treffen«, erklärt Glover.

Stellen die Analytiker ihre Ergebnisse übertrieben dar? Dr. Glover glaubt das. Der Fehler liegt im wesentlichen im falschen Zählen derjenigen, bei denen nur eine *Besserung* festgestellt wurde. »Man kann ziemlich sicher sein, daß das therapeutische Ergebnis nicht zufriedenstellend ist, wenn der Fall nicht als »deutliche Besserung« eingestuft wird«, warnt er. Wenn wir Glovers Bewertung zugrunde legen, können wir damit rechnen, daß ein Patient im Fall einer Psychoanalyse eine Chance von 50 Prozent hat, die Couch in einer psychischen Verfassung zu verlassen, die besser ist als zu Beginn der Behandlung.

Stimmen die Zahlen der American Psychoanalytic Association, dieses Felsens freudianischer Tradition, mit der 50prozentigen Wappen-oder-Zahl-Chance überein?

Die American Psychoanalytic Association hat zwei statistische Versuche unternommen. Die zentrale Datensammelstelle der Vereinigung unter dem Vorsitz Dr. Harry Weinstocks machte den ersten. Doch der Versuch schlug fehl und endete in offiziellen Verschleierungsaktionen, Vertuschungen und schließlich in Zensur. Die Sammelstelle bekam Antwort von Analytikern, die über 1269 psychoanalytische Fälle berichteten. Wieder urteilten Analytiker über ihre eigenen Fälle; eine wissenschaftliche Kontrollgruppe gab es nicht.

Dennoch ergaben sich Aufschlüsse, denn zu jedem Patienten wurde in irgendeiner Form eine Beurteilung abgegeben, unabhängig davon, ob die Analyse beendet wurde oder nicht. Begierig erwartete die therapeutische Gemeinde den Bericht. Aber im Dezember 1957 entschied sich die American Psychoanalytic Association gegen eine Veröffentlichung und erklärte, daß die »kontroverse Auseinandersetzung über dieses Material in der Öffentlichkeit in keiner Weise von Nutzen sein könne«.

Einige wenige hektographierte Abzüge wurden schwarz gehandelt. Hinter vorgehaltener Hand klatschte man über die Ergebnisse. Als die Zahlen schließlich zehn Jahre später freigegeben wurden, kamen die erwartet guten Ergebnisse zum Vorschein. Die in elf diagnostischen Gruppen eingeteilten Patienten umfaßten die Mehrheit derjenigen, die die langwierige Analyse abgeschlossen hatten: 186 »Heilungen«, 375 »Fälle von Besserung« und 16 »ohne Besserung«.

Aber der Grund dafür, daß der Bericht zuerst unter der Hand herausgekommen war, offenbarte sich mit seiner Beurteilung *aller Fälle* bei Einteilung in die gleichen Gruppen. Unverändert blieb die Zahl der 186 »Heilungen«, aber 128 andere Patienten wurden nun als *nicht gebessert* oder *nicht behandelbar* eingestuft, 62 waren an andere Analytiker überwiesen worden, neun waren in eine Klinik gekommen, und 168 hatten die Analyse wegen »externer Gründe« abgebrochen. Über die Hälfte der Fälle wurde einfach als »gebessert« beurteilt, jene vage Bezeichnung, die Dr. Glover und Dr. Knight verworfen hatten. Insgesamt wurde in dem Bericht nur eine Heilungsquote von 17 Prozent angegeben – nur etwa jeder sechste der ursprünglich für die Behandlung aufgenommenen Patienten. Selbst von den »neurotischen« Idealpatienten wurden nach dem Weinstock-Bericht nur 19,7 Prozent geheilt. Die psychoanalytischen Organisationen hatten allen Grund, sich Sorgen zu machen.

Die arg gerupfte Weinstock-Studie hatte auch nach dem Undenkbaren gefragt. Glaubten die Analytiker, die Psychoanalyse wäre eine wirksame Behandlungsmethode? Dr. Weinstock wollte es ganz genau wissen: »Nehmen wir an, Sie könnten einen jungen Patienten unter günstigsten Bedingungen vier Jahre oder länger psychoanalytisch behandeln. Mit wieviel Prozent Wahrscheinlichkeit würden Sie eine Heilung, eine Besserung und einen Fehlschlag erwarten?« Die Antworten waren alarmierend für alle Anhänger. 45 Prozent der Analytiker, die eine Antwort gaben, rechneten »unter keinem der angegebenen Umstände mit einer Heilung«. Nur magere 35 Prozent glaubten an eine 50- bis 100prozentige Heilung der Neurosen, aber an weniger bei den anderen Störungen.

Im Oktober 1967 veröffentlichte die American Psychoanalytic Association einen neuen Bericht, um die »methodologischen Schwierigkeiten« der Weinstock-Studie zu berichtigen. Anhand praktisch der gleichen Fälle lieferte er endlich den vorhersehbaren Tauglichkeitsbeweis. Erfolgskriterium war nun die Verbesserung der Gesamtfunktionsweise, und wie erwartet wurden 97 Prozent der Patienten, die die Behandlung beendeten, als gebessert beurteilt.

»Der offizielle Bericht, der im *Journal of the American Psychoanalytic Association* erschien, kann in keiner Weise als ernsthaftes wissenschaftliches Dokument betrachtet werden«, äußerte Dr. Arthur Shapiro gegenüber Journalisten. »Es gab keine Kontrollgruppen, keine neutrale Beurteilung der Patienten. Der Bericht ist subjektiv und voreingenommen. Er erinnert mich an die unqualifizierten Behauptungen, wie sie vor 1950 in den Zeitschriften zu lesen waren, etwa an die ohne Überwachung durchgeführte Studie, bei der von einer 90prozentigen Besserung bei Bluthochdruck durch den Einsatz von Samen der Wassermelone die Rede war. Die von der American Psychoanalytic Association ausgewählte Stichprobe repräsentierte nur etwa 20 Prozent aller in Behandlung befindlichen Patienten, und 43 Prozent dieser Stichprobe brachen die Behandlung ab. Ich habe erfahren, daß 70 Prozent der ersten Berichte nicht berücksichtigt worden sind, was mir unerklärlich ist.«

»Die 97prozentige Besserung im offiziellen Bericht enthält einen ›Kosmetikfaktor‹,« sagte Dr. Shapiro weiter. »Die im Anhang genannten Daten zeigten, daß bei den Neurosen mit guter Prognose weniger als 20 Prozent der nachbehandelten Fälle als geheilt eingestuft werden sollten – das heißt, eine abgeschlossene Behandlung ohne Restsymptome. Das ist erstaunlich wenig für eine Therapie, die vorgibt, anderen Therapien überlegen zu sein, wenn es darum geht, zu heilen und nicht nur die Symptome zu mildern.«

Der Psychoanalyse wird nicht nur vorgeworfen, beim Nachweis ihrer Wirksamkeit zu versagen, sondern auch, eine rigorose Wissenschaftsfeindlichkeit an den Tag zu legen. Dr. Edward Glover glaubt, daß die Analytiker »die wissenschaftlichen Kontrollen (nicht genügend) auf die Daten, Beobachtungen oder Interpretationsverfahren anwenden, die ihnen zur Verfügung stehen«. Als Folge, so befürchtet er, »ist ein beträchtlicher Teil dessen, was als bewiesene Theorie durchgeht, wenig mehr als Spekulation, deren Glaubwürdigkeit großen Schwankungen unterliegt«.

Von Freud bis zum Studenten der Psychiatrie reden die Analytiker großspurig von der »wissenschaftlichen Psychoanalyse«. Als erster griff Freud zu dieser wirksamen Kriegslist in einer Gesellschaft, in der die Wissenschaft wie ein Gott verehrt wird und der Unterschied zwischen echter Wissenschaft und *Wissenschaftlichkeit* einer uninformierten Öffentlichkeit und leicht beeinflußbaren Berufsspezialisten unklar ist.

Der Rat zur Erforschung der Sozialwissenschaften hat unter der Leitung von Dr. R. R. Sears eine eingehende Untersuchung über die Psychoanalyse durchgeführt. Der Bericht bringt eine Reihe der wissenschaftlichen Anmaßungen des Berufsstandes auf ein Normalmaß zurück. Er nennt die Psychoanalyse offen »eine unzureichende Wissenschaft«. Weiter heißt es dann: »Die Psychoanalyse greift auf Verfahren zurück, die keine Wiederholung der Beobachtung erlauben, keine offenkundige oder tragfähige Gültigkeit besitzen und in unbekanntem Umfang durch die Vorstellungen des Beobachters gefärbt sind.«

Die Kritiker sind der Überzeugung, daß der Berufsstand der Psychoanalytiker ein tiefsitzendes Vorurteil gegen die Forschung hat. Für den Analytiker Dr. George L. Engel aus Rochester im US-Bundesstaat New York steht außer Frage, wo die Schuld zu suchen ist. Nach seinen Worten liegt sie »bei denen, die nicht in der Lage sind, die Notwendigkeit anzuerkennen, sowohl Wissenschaftler zur Erforschung der Psychoanalyse wie auch Praktiker auszubilden«.

Ein psychiatrisches Forschungsteam am Brookdale Hospital in Brooklyn, bestehend aus Dr. Merton Gill und Justin Simon, stellte fest, daß dieses Vorurteil so ausgeprägt ist, daß auch ihr Versuch darunter litt. Sie hofften, die Psychoanalyse mit Hilfe von Tonbandaufnahmen der Sitzungen zu quantifizieren. Ihr Ziel war, nicht den behandelnden Analytiker, sondern unabhängige Richter das Verfahren beurteilen zu lassen. Aber sie fanden die Behandlungszimmer durch einen dichten freudianischen Vorhang verschlossen.

Ihre beherzte Studie kam zu Fall. »Wir merkten, daß die Analytiker es nicht mögen, wenn man ihre Sitzungen auf Band nimmt«, war das Fazit Dr. Simons. In einem Bericht des *Journal of the American Psychoanalytic Association* warnten die Wissenschaftler ihre Kollegen: »Wir können uns nicht länger leisten, die Tatsache nicht zur Kenntnis zu nehmen, daß die Analytiker, neben dem Zwist im eigenen Lager, in zunehmendem Maß auf verbreitete Zweifel und Mißtrauen gegenüber ihren Ergebnissen stoßen.«

Ein argwöhnischer Analytiker könnte die Angst seiner Berufskollegen vor wissenschaftlichen Kontrollen als *paranoid* bezeichnen. 1952 kehrte ein Komitee der American Psychoanalytic Association, das zur Untersuchung der Wirksamkeit der analytischen Behandlung ernannt worden war, mit leeren Händen zurück. »Diese vierjährige Untersuchung hat gezeigt, daß unter den Mitgliedern der American Psychoanalytic Association ein sehr starker Widerstand besteht, Ergebnisse bewerten zu lassen, selbst wenn sie auf der Grundlage der eigenen Definitionen zustande gekommen sind«, schloß das Komitee.

Dr. Hans Strupp, ein Forschungspsychologe der Vanderbilt University, gibt Freud selbst die Schuld an dieser wissenschaftsfeindlichen Voreingenommenheit. »Freud sah keine Notwendigkeit für statistische Untersuchungen der Behandlungsergebnisse. Soweit es ihn anging, brauchte man keine Zahlen, um nachzuweisen, was für ihn offenkundig war«, sagt Strupp.

Die antistatistische und antiwissenschaftliche Haltung der Psychoanalyse wird genährt durch das Vertrauen der Analytiker in das freudianische System. Die Analytiker belächeln andere Psychotherapien als »bloßes Kurieren an Symptomen«. Die Psychoanalyse aber wird als Seelenchirurgie gepriesen.

Der verstorbene Dr. Herman Nunberg, der in New York und Berlin praktiziert hat, wurde von Freud gelobt, die umfassendste und genaueste Darstellung der Psychoanalyse geschrieben zu haben. Darin stellte Dr. Nunberg fest, daß in der Psychoanalyse »die Arbeitsweise des psychischen Apparats offengelegt« und dauerhaft wiederhergestellt wird. Der vollständig analysierte Patient wird angeblich geheilt und kommt der »Idealfiktion der Normalität« Freuds so nahe, wie es mit einer Therapie nur zu erreichen ist.

Kritisch eingestellte Menschen stehen derart bombastischen Behauptungen skeptisch gegenüber. Dr. Edward Glover ärgert sich über den Mißbrauch solcher Worte wie »gründliche Analyse«, insbesondere über »zu hohe Erwartungen und zuweilen auch maßlose Behauptungen übereifriger Spezialisten«. Diese Tendenz hat die Branche mit »einem psychoanalytischen Mystizismus (verseucht), der nicht nur die Untersuchung stört, sondern auch jede vernünftige Diskussion erstickt«, fügt er hinzu.

Drastisch vermehrt haben sich die Zweifel an der Analyse unter den Mitarbeitern der helfenden Berufe. »Die Psychoanalyse, für die viele soviel geopfert haben, ist nicht zur therapeutischen Antwort geworden; sie scheint in ausgefahrenen theoretischen Positionen steckengeblieben zu sein, die von den Orthodoxen eifersüchtig bewacht werden«, lastet ihr der bekannte Analytiker und Psychiater Dr. Roy R. Grinker junior an, ein aktives Mitglied der American Psychoanalytic Association.

Dr. O. Hobart Mowrer, ehemals Präsident der American Psychological Association, glaubt, daß »es nicht die Spur eines Beweises gibt, daß der einzelne einen Nutzen von der Psychoanalyse hat«. Dr. Hans J. Eysenck ist genauso skeptisch. »Nur wenige Patienten werden vor der Analyse gewarnt, daß es nicht nur keine Garantie für eine Besserung ihres Zustandes gibt, sondern im Gegenteil Beweise, daß sich ihr Zustand verschlechtern wird«, erklärt er.

Die Psychoanalyse hat auf blindem Gehorsam derjenigen bestanden, die sie ausüben. Diese Strenge hat einerseits ihre orthodoxe Art gestärkt, aber auch den Widerspruchsgeist in den eigenen Reihen angeregt. Zu dieser erzürnten psychoanalytischen Gemeinde gehört auch Dr. Melitta Schmideberg. Ihr beruflicher Werdegang ist ohne Makel. Sie ist die Tochter Melanie Kleins, der britischen Prophetin der Psychoanalyse, und hat mehrere Jahrzehnte Psychoanalyse in New York und London praktiziert, bevor sie sich vor einigen Jahren endgültig von der internationalen Organisation zurückzog. In London war sie als Trainingsanalytikerin Mitglied der analytischen Priesterkaste und brüstete sich der frühen Freundschaft mit Freud, Ferenczi, Karl Abraham, Ernest Jones und anderen aus dem inneren Kreis.

Ihre Anklagen gegen die Psychoanalyse sind umfassend. Sie bemängelt: 1. fehlende persönliche Sorge um den Patienten; 2. falsches Verfahren; 3. übermäßig lange Behandlungsdauer; 4. kindliche Abhängigkeit des Patienten; 5. emotionale Unreife der Analytiker; 6. Unterlassen wissenschaftlicher Erforschung der Stichhaltigkeit; 7. widersprüchliche Theorie. Im *International Journal of Psychiatry* berichtet Dr. Schmideberg von einem Analytiker, der ihr einmal sagte, daß ein Analytiker, »der die Sorge für den Patienten über die Methode stellt, aufhört, ein Analytiker zu sein«.

Dr. Schmideberg zweifelt die Gültigkeit der analytischen Ergebnisse an. Sie meint, daß sie »beinahe als Glaubensartikel angesehen«, aber nur selten objektiv erfaßt werden und greift das Versagen an, den Patienten zu helfen, die längere Zeit ohne Anzeichen von Besserung eine Analyse durchgemacht haben.

Besonders besorgt zeigt sich Dr. Schmideberg wegen der Patienten, die durch die analytische Behandlung schwere Schäden erlitten haben. Sie erinnert sich mehrerer Patienten, die in einem bedenklichen Zustand von anderen Analytikern zu ihr kamen. Ein 54jähriger Wirtschaftsprüfer, der vor 30 Jahren mit der Analyse begonnen hatte, war »fast die ganze Zeit« in Behandlung, ein Beinahe-Rekord auf der Couch. Entschlossen hatte er sich ursprünglich zur Psychoanalyse, weil er unter Angst und Minderwertigkeitsgefühlen litt. Im Verlauf der sich endlos hinziehenden Behandlung »steigerte sich sein Minderwertigkeitskomplex, weil er seiner Arbeit nicht hatte nachgehen können und fast sein ganzes Geld für die Behandlung aufgewendet hatte«, erklärt Dr. Schmideberg.

Sie entsinnt sich auch des Falls einer Patientin, die wegen Angstgefühlen zehn Jahre in Behandlung bei einem New Yorker Analytiker war. Als die Frau schließlich zu Dr. Schmideberg kam, befand sie sich in einem »verschlechterten, schizophrenieartigen Zustand«.

Sorgfältig vermeidet der Berufsstand die Diskussion so tabuisierter Themen wie der *Psychonoxe* oder *psychiatrogener* Schäden für den Patienten. Freud räumte zwar ein, daß die Psychoanalyse emotionale Nebenwirkungen habe, spielte sie jedoch herunter. Von einer unzureichenden Anwendung einer Analyse seien keine ernsthaften und dauerhaften Verschlechterungen für eine neurotische Erkrankung zu befürchten. Die unangenehmen Reaktionen würden sich bald legen, schrieb er zuversichtlich.

Kritische Berufskollegen widerlegen den Meister in diesem Punkt. Dr. Gert Heilbrunn, ein Mitglied der American Psychoanalytic Association aus Seattle, befürchtet, daß die Psychoanalyse eine extreme Abhängigkeit bei Patienten mit einem schwachen Ich hervorruft. »Ein ganz bestimmter Patiententyp wird zu abhängig vom Analytiker«, äußerte er bei einem Interview. »Seine Übertragung wird möglicherweise nicht abgelöst, und die Analyse kann letztlich nicht beendet werden. Ständig denkt er an den Analytiker und wird später in der gleichen Weise von anderen Menschen abhängig.« Dr. Heilbrunn versucht, diese Patienten auszusondern und sie einer normalen psychotherapeutischen Behandlung zuzuführen.

Eine übermäßig starke, durch die Couch verursachte Regression zur Kindheit ist eine andere psychiatrogene Schwierigkeit. Das trifft vor allem für analytische Grenzfälle zu, die in den psychotischen Bereich gedrängt werden können. Einer der ehemaligen medizinischen Direktoren des Psychoanalytischen Instituts in New York schätzt, daß sich nur jeder zehnte Patient wirklich für die Psychoanalyse eignet. Viele haben nicht die *Ichstärke,* die kindergleiche Flucht aus der Realität zu vollziehen, die die Analyse fördert.

Dr. Norman B. Atkins spricht die Gefahr an, die den psychisch gestörten Patienten droht. »Die psychoanalytische Behandlung von außergewöhnlich stark betroffenen Personen wie Psychosekranken, Grenzfällen, Süchtigen und Patienten mit schweren psychosomatischen Störungen wird oft durch deren Neigung zu ernsthaften, langwierigen und psychotischen Regressionen erschwert«, betont er im *Journal of the American Psychoanalytic Association.*

Dr. Atkins schildert den Fall eines 32jährigen Mannes, der während der Psychoanalyse eine sehr starke Regression erlebte. Er hörte auf, sich zu rasieren und zu baden, konnte das Wasser und den Stuhl nicht bei sich halten und hatte spontane Ejakulationen ohne Erektion. Den Geruch, der von seinem After ausging, verglich er selbst mit dem »Gestank eines verwesenden Tieres«. Nach zwei Jahren Analyse glaubte der Patient fest, verrückt zu werden und meinte, man solle statt dessen zur Behandlung mit Schocks übergehen.

Das Schweigen, dessen sich die Analytiker bedienen, ist eine der Techniken, die verhängnisvoll für den Patienten sein können. Dr. John Frosch glaubt, daß das Schweigen, das bis zu sechs Wochen dauern kann, unter Umständen eine schwere Psychose auslöst. »Das Schweigen hat die Tendenz, das Gefühl der Unwirklichkeit hervorzuheben und schreckensvolle, unbewußte Phantasien auszulösen«, stellt er fest. »Ich möchte ins Gedächtnis zurückrufen, was Wallerstein über eine seiner Patientinnen gesagt hat. ›Sie bat mich, etwas zu sagen – irgend etwas. Sie hatte sich verloren, alles war unwirklich geworden. Nur ein paar Worte. Sie fragte: »Existiere ich überhaupt?« Sie forderte mich auf, etwas zu sagen, um zu beweisen, daß sie existierte.‹«

Dr. Albert Ellis, ein bekannter New Yorker Psychologe, ist erbost darüber, daß man den gefährlichen Nebenwirkungen der Analyse nicht genügend Aufmerksamkeit geschenkt hat. Die Psychoanalyse liefert eine gute Entschuldigung, nicht an der Selbstverbesserung zu arbeiten, sagt Ellis. Der Patient wird statt dessen ermutigt, sich auf »irrelevante Ereignisse und Vorstellungen« wie etwa den Ödipus-Komplex und den angeblich »schädlichen Einfluß liebloser Eltern« zu konzentrieren.

Die Analyse kann auch ein schwaches Unabhängigkeitsgefühl noch bestärken, befürchtet Ellis. »Zwar leisten viele Formen der Therapie der Abhängigkeit des Patienten vom Therapeuten Vorschub, aber die klassische Psychoanalyse ist diesbezüglich sicher am schlimmsten«, beklagt er. Er ist der Überzeugung, daß die Analyse im allgemeinen »mehr Nachteile als Vorteile bringt und in der Mehrheit der Fälle, in denen sie angewandt wird, nicht anwendbar ist«.

Einer der wundesten Punkte der Psychoanalyse ist die *Deutung,* der Kern jeder auf Einsicht beruhenden Psychotherapie. Nach Meinung der Kritiker ist die Deutung möglicherweise eine Pseudotechnologie, eine flexible, wortgewaltige Einrichtung in den Händen eines einfallsreichen Therapeuten.

Ein junger Patient zeigte eigenartige Zwangssymptome. Er bestand darauf, jedesmal wenn er das Haus verließ, die Stecker sämtlicher Lampen herauszuziehen. Er hatte die bewußte Angst, ein Kurzschluß würde ein Feuer auslösen. Der Analytiker dagegen deutete, der Patient hege eine unbewußte Phantasie, hinter der der Wunsch stehe, das Haus solle abbrennen. Das hätte zur Folge, daß der Vater wahnsinnig würde, zur Flasche griffe und nicht mehr arbeiten könnte. Der Junge könnte ihn dann symbolisch als Haushaltsvorstand ersetzen und sich den verdrängten ödipalen Wunsch erfüllen, sich mit seiner Mutter zu vermählen. Die herausgezogenen Lampen waren zu einem symbolischen Wunsch nach Inzest geworden.

Die Kritiker werfen der analytischen Deutung vor, »außerordentlich schwankend« zu sein. Sogar der verstorbene Analytiker Dr. Lawrence S. Kubie, der zum konservativen Stamm gehörte, gab zu, es sei sehr schwierig nachzuweisen, daß eine analytische Deutung »angemessen, einmalig und zwingend« ist. »Die Psychoanalyse war nur selten imstande, Material vorzulegen, das diesen Gültigkeitskriterien genügt«, ließ er durchblicken. Das Problem ist offensichtlich, was die Wissenschaftler Zuverlässigkeit nennen, die Beständigkeit der Deutung unabhängig vom Analytiker. Kämen verschiedenen Analytiker beim gleichen Fallmaterial zur gleichen Deutung?

Dr. Allen Wheelis, ein angesehener Psychoanalytiker aus San Francisco, bezweifelt das. »Ein Dutzend Psychoanalytiker gibt wahrscheinlich beim gleichen Fall ein Dutzend verschiedene Deutungen ab«, erklärte er. Bei einem Interview räumte Dr. Wheelis freimütig ein: »Ich meine, wir sollten ein wenig bescheidener sein angesichts dessen, was wir wissen können. Die Deutungen enthalten sehr viele Mutmaßungen. Ich ziehe vor, meinen Patienten zu sagen, daß ich denke, der Fall könnte so und so liegen, und sie es sich vielleicht einmal durch den Kopf gehen lassen.«

Selbst widersprüchliche Deutungen scheinen bei der Analyse möglich zu sein. Ein Trainingsanalytiker erzählte von einem Traum, den ein Analytikerkandidat nach abgeschlossenem Studium eingebracht hatte. Ein Freund des Patienten, ein Herr M., überquerte im Traum eine Straße. Er trug einen Hut und lächelte. In seinen Traumassoziationen beschrieb der Patient M. als einen Voyeur, Exhibitionisten und als impotent. Der Analytiker deutete, der Patient habe den Wunsch, ohne Scham seinen Penis zu zeigen. M. benehme sich wie ein glückliches Kind, und der Patient identifiziere sich mit ihm.

Derselbe Kandidat schilderte den Traum später einem anderen Trainingsanalytiker. »Dieser Kollege«, berichtete der Analytiker, »strich die homosexuelle Komponente heraus. Nach seiner Deutung war der Traum Ausdruck der Homosexualität des Patienten. M. sei eine Frau mit einem Glied, und das Überqueren der Straße bedeute, daß er eine Prostituierte sei.«

Eine Disziplin, die im selben Traum einmal ein glückliches Kind sieht, das seinen Penis zeigt, ein andermal eine Prostituierte, die über die Straße geht, macht es einem logisch denkenden Menschen schwer. Der Philosoph Ernest Nagel, emeritierter Professor der Columbia University, sieht die Psychoanalyse von logischen Trugschlüssen durchlöchert. »Ich zweifle kaum daran, daß sich für jede geniale Deutung eines Falles eine andere, auf den ersten Blick nicht minder glaubwürdig erscheinende Deutung finden läßt«, bemerkt er.

Diese Subjektivität ist die Achillesferse der psychodynamischen Psychologie. Im offiziellen Organ der American Psychoanalytic Association bekennt Dr. W. W. Meissner: »Somit wird der Analytiker zum schwer faßbaren und wesentlichen Bestandteil des Materials, das er mitteilt, und die Psychoanalyse sieht sich der mißlichen Lage ausgesetzt, zumindest teilweise eine Wissenschaft der Subjektivität zu werden.« Das Ergebnis ist eine verwirrende Mischung zweier unbewußter Geister, dessen des Patienten und dessen des Analytikers. Wir haben es mit einer therapeutischen *folie à deux* zu tun.

Der Patient kann die Deutung des Analytikers annehmen oder ablehnen. Aber für den argwöhnischen Analytiker bedeutet Ablehnung vielleicht, daß der Patient der aufgedeckten Wahrheit Widerstand entgegensetzt. Um ihn zu brechen, kann der Analytiker die gleiche Deutung in anderen Zusammenhängen immer und immer wieder auftischen, bis sie schließlich akzeptiert und dann »durchgearbeitet« wird.

Dieses psychische Einbleuen ist eine Form der Gehirnwäsche, wie ein kritisch eingestellter Psychiater meint. »Die Deutung erscheint dem Patienten ausgefallen und wertlos, so daß er sich zunächst weigert, sie hinzunehmen«, hebt er hervor. »Aber der Analytiker bringt den Gedanken immer wieder und in so vielfältigen Verbindungen vor, daß der Patient die Deutung schließlich akzeptiert, selbst wenn sie offensichtlich falsch ist. Es ist eine Art Gehirnwäsche.«

Die Analytiker behaupten, daß andere Psychotherapien bloße Suggestion anwenden, um dem Patienten einzureden, es gehe ihm besser. Die Kritiker hingegen lasten der Analyse das gleiche an. Nach Meinung von Dr. Hans Strupp geben sich die Analytiker hinsichtlich der Heilkraft ihrer farbigen Deutungen einer Täuschung hin. »Die Position der Psychoanalytiker, der psychotherapeutische Wandel sei eine Folge unbewußter Umgruppierungen, die ausschließlich oder überwiegend durch die ›richtige Deutung‹ hervorgerufen werden«, sagt er, ist sowohl »unhaltbar« als auch »definitiv falsch«.

Wie wir gesehen haben, sind Hans Strupp und andere Forscher sicher, daß die treibende Kraft bei allen Therapien einschließlich der Psychoanalyse die *Suggestion* ist. Der beste Patient bei sämtlichen Behandlungsverfahren ist der suggestibelste Patient. Hinweise, Ideen, Lebensrat, Kritik, sie wandern vom beherrschenden Therapeuten zum abhängigen, meistens gutgläubigen Patienten. »Alle Formen der Therapie nutzen die Suggestion«, erklärt Strupp, »und die Eignung des Patienten für die Psychotherapie beruht auf seiner potentiellen Offenheit gegenüber der Suggestion.«

Man könnte das Ergebnis der Psychoanalyse vielleicht als *Seelendenken* bezeichnen. Der Patient wird behutsam beeinflußt, Erkenntnisse in spezieller freudianischer Form für seinen Analytiker bereitzustellen. Die Kritiker halten zum Beispiel das freie Assoziieren für gar nicht so frei. Im *Psychiatric Quarterly* behauptet Dr. Hiram K. Johnson, daß der Patient lernt, Matierial zu liefern, daß sich nicht nur mit der analytischen Theorie deckt, sondern auch mit der »Persönlichkeit, Ideologie und ›Schulrichtung‹ desjenigen, der die Analyse durchführt«.

Selbst unsere Träume spiegeln den Einfluß des analytischen Seelendenkens wider. Wilhelm Stekel, zuerst ein Freund Freuds und dann sein Gegner, drückte es ganz einfach aus: »Die Patienten träumen in dem Sprachstil des Arztes, der sie zufälligerweise behandelt ... Sadgers Patienten werden von Harnerotik träumen, meine eigenen vielleicht von der Symbolik des Todes und der Religion, die Adlers von Überlegungen und Unterlegungen und vom maskulinen Protest.«

Es ist auch möglich, suggestive Vorstellungen in den bewußten Geist einzupflanzen. Sie werden dann wie ein seltener archäologischer Fund während der Psychoanalyse ausgegraben. Freud gab dieses Einpflanzen einmal zu, stellte es aber als harmlos hin. »Jedesmal gibt der Arzt in der Psychoanalyse dem Patienten die bewußten Erwartungsvorstellungen, mit deren Hilfe er imstande sein soll, das Unbewußte zu erkennen und zu erfassen, das eine Mal in reichlicherem, das andere in bescheidenerem Ausmaße.«

Der klassische Fall des kleinen Hans, bei dem zum erstenmal ein Kind der Analysand war, ist ein ausgezeichnetes Beispiel für psychoanalytische Suggestion. (Ernest Jones glaubte, dieser Fall habe die späteren »glänzenden Erfolge der Kinderanalyse« eingeleitet.) Hans wurde in Wirklichkeit unter der Oberaufsicht Freuds von seinem Vater behandelt.

An mehreren Stellen drängte der übereifrige Analytiker-Vater Hans mit gezielten Fragen vorwärts:

Ich: »Hast du, wie das Pferd gefallen ist, an den Vati gedacht?«

Hans: »Vielleicht. Ja. Es ist möglich.«

Ich: »Wenn du dabei warst, wie die Mammi die Hanna [seine Schwester] gebadet hat, hast du vielleicht gewünscht, sie soll die Hand loslassen, damit die Hanna hineinfällt?«

Hans: »Ja.«

Ich: »Mir scheint, du wünschtest doch, die Mammi soll ein Kind bekommen?«

Hans: »Aber haben will ich's nicht.«

Ich: »Aber du wünschtest es?«

Hans. »Wünschen schon.«

In einem Augenblick der Sorglosigkeit gab Freud zu, daß Suggestion das Kind durch den freudianischen Wald geführt hatte. »Während der Analyse allerdings muß ihm vieles gesagt werden, was er selbst nicht zu sagen weiß, müssen ihm Gedanken eingegeben werden, von denen sich noch nichts bei ihm gezeigt hat, muß seine Aufmerksamkeit die Einstellung nach jenen Richtungen erfahren, von denen her der Vater das Kommende erwartet ... Eine Psychoanalyse ist eben keine tendenzlose, wissenschaftliche Untersuchung, sondern ein therapeutischer Eingriff«, räumte er ein.

Dieses offensichtliche Antreiben des kindlichen Patienten wirft ernste Fragen über die geistige Integrität der gesamten Psychoanalyse bei Kindern auf. Zu denen, die ihre Bedenken haben, gehört Dr. Paul Chodoff, klinischer Professor für Psychiatrie an der George Washington University.

Als erstes haben wir das sprachliche Problem, sagt Chodoff. Das Kind »beherrscht die Sprache nur unvollständig« und »benutzt sie auf idiosynkratische Weise«. Der Analytiker muß in erheblichem Umfang auf die Spieltherapie zurückgreifen, die Spieldaten dann zurück in Sprache übersetzen und kann dann erst mit der Deutung beginnen. Es ist nach den Worten Chodoffs praktisch unmöglich zu wissen, ob das Kind seine Deutung wirklich in sinnvoller Weise aufnimmt. Äußerst kritisch meint er: »Die Frage ist angebracht, ob das Kind das analytische Erlebnis ganz einfach nicht verstanden hat.«

Auch die kritisch eingestellte Dr. Schmideberg ist überzeugt, daß die Suggestion, die den kleinen Hans geführt hat, bei den Erwachsenen ebenso vorkommt, wenn auch in ausgeklügelterer Form. »Beim intellektuellen Typ ist sie wahrscheinlich eher an eine sprachlich hochgestochene Deutung geknüpft«, erklärt sie.

Dr. Schmideberg beschreibt die versteckten Methoden analytischer Suggestion samt der unterschwelligen Fingerzeige, die dem Patienten sagen, wie er empfinden soll. »Wenn dem Patienten angedeutet wird, daß er für eine erfolgreiche Analyse eine Phase der Depression durchlaufen muß, meint er vielleicht, der Analytiker erwartet von ihm, depressive Zustände zu entwickeln.« Da direkte Kritik am Patienten nicht erlaubt ist, läßt der Analytiker den Patienten sich selbst kritisieren. Das erreicht er, indem er dem Patienten suggeriert: »Unbewußt denken Sie ...«

Ist die Psychoanalyse mit all ihren Beeinträchtigungen wenigstens besser als die vielen Psychotherapien, die sie in solchen Unmengen hervorgebracht hat?

Dr. Lester Luborsky, Professor für Psychologie an der University of Pennsylvania, hat über 100 Erfolgsstudien untersucht und kam zu dem Schluß, er habe weder bei der Analyse noch bei anderen Verfahren besondere Vorzüge entdecken können. Mehr als die Methode scheint für den Erfolg die geistige Gesundheit des Patienten zur Zeit der Behandlung ausschlaggebend zu sein. »Die Studien zeigen, daß das Ergebnis um so besser ist, je gesünder ein Patient beim Behandlungsbeginn ist«, schloß Dr. Luborsky.

Einen Vergleich zwischen der Psychoanalyse und der kürzeren Psychotherapie stellte der Analytiker Dr. Gert Heilbrunn an.

Sein Material waren 241 eigene Fälle aus seiner 15jährigen Behandlungspraxis. Einen Teil der Patienten behandelte er mit der klassischen Psychoanalyse, andere wurden einer »kurzen Psychotherapie« von weniger als 100 Stunden oder einer »ausgedehnten Psychotherapie« von mehr als 100 Stunden unterzogen.

Das Ergebnis war kein Empfehlungsschreiben für die Psychoanalyse. So er wies sich die kürzeste Therapie als die beste für Psychoneurotiker. Bei ihnen stellten sich fast alle positiven Veränderungen in den ersten 20 Stunden der Kurztherapie ein. »Das machte deutlich«, berichtet Dr. Heilbrunn, »daß über zwei Drittel der psychoneurotischen Patienten sich schnell erholten und auf eine weitere Behandlung verzichten konnten.«

Nicht nur die Gültigkeit der Psychoanalyse, auch die Theorie Freuds steht unter starkem wissenschaftlichem Druck. Der Psychologe O. Hobart Mowrer erklärt: »Aufgrund persönlicher und beruflicher Erfahrungen bin ich mehr und mehr zu der Überzeugung gekommen, daß die wesentlichen Prämissen Freuds grundsätzlich anfechtbar sind.«

Freud war im allgemeinen weitsichtig genug, diese Kritik vorauszusehen, und so gestaltete er die meisten seiner Theorien so unbestimmt, daß er sich einer Festlegung entziehen konnte. Wer kann schon die Existenz des Ichs, des Über-Ichs oder des Es widerlegen? Die Anziehungskraft dieser abstrakten Dreieinigkeit bestand in ihrer kindlichen Einfachheit zu einer Zeit biologischer Unwissenheit. Sie hat durchaus Ähnlichkeit mit der Macht der Mythologie bei unseren Vorfahren.

Es ist nicht einfach, gegen die historische Metyphysik Freuds zu argumentieren. Allerdings bestärkt die neuere Forschung diejenigen, die in den freudianischen Vorstellungen grundsätzlich einen Aberglauben sehen. Möglicherweise sind bestimmte Gehirnregionen die Wirkungszentren spezifischer Empfindungen und Gedanken, nicht die einfallsreichen freudianischen Unterteilungen.

Die Arbeit an der elektrischen Reizung des Gehirns, der unter anderem Dr. Jose M. R. Delgado von der Yale University den Weg geebnet hat, zeigt, daß man bestimmte Zonen im Gehirn reizen und auf diese Weise Angst, Zuneigung und sogar Lachen hervorrufen kann. Man hat im gleichen Gehirn schmerzhafte Reaktionen ausgelöst, deren Reizort nur einen halben Millimeter neben dem einer angenehmen Empfindung lag. Bei einem Versuchstier bewirkte eine elektrische Reizung des Gehirns Wut, aber Zuneigung, wenn man die Sonde nur minimal in ihrer Lage veränderte. Dr. Delgado stellte fest, daß er durch Reizung des appetitregulierenden Zentrums im Hypothalamus das Tier abwechselnd dazu bringen konnte, zu hungern oder sich vollzufressen.

Bei der Behandlung von Epileptikern mittels elektrischer Reizung des Gehirns entdeckte der Neurochirurg Dr. Wilder Penfield durch Zufall, daß das Gehirn unvermittelt lange vergessene Erinnerungen preisgab. Die Erinnerung erfolgte, solange Strom durch das Gehirn lief. Im Licht dieser Experimente erscheinen analytische *Struktur* und *Topik des Geistes* überholt, Begriffe, die die Psychologie einmal regelrecht überwältigt haben. Vielleicht sollten wir den psychodynamischen Therapeuten einmal fragen, ob der unbewußte Sitz eines verdrängten Es-Impulses einen halben Millimeter neben dem Speicherzentrum für Traumsymbole liegt.

Der Logiker Ernst Nagel ist der Überzeugung, daß die freudianische Struktur des psychischen Apparates die entsprechenden wissenschaftlichen Kriterien nicht erfüllt. Bei einem Interview erklärte er, die analytischen Funktionen des Es, Ichs und Über-Ichs seien *psy-*

chisch, die analytischen Theoretiker sprächen aber von ihnen als *somatischer* Wirklichkeit. Für Dr. Nagel ist diese Vorstellung der Psychoanalytiker »ein Spukgeist in der Maschine« des menschlichen Körpers. »Ich will nicht so weit gehen zu erklären, daß eine derartige Ausdrucksweise von Hause aus unsinnig wäre, da so viele Menschen behaupten, darin durchaus etwas Sinnvolles zu sehen. Aber ich muß ganz offen zugeben, daß *ich* diese Ausdrucksweise für dummes Zeug halte«, stellt er fest.

Dr. Charles R. Shaw, Forschungsdirektor am Hawthorn Center im amerikanischen Bundesstaat Michigan, pflichtet dem bei. Er nennt die »lebhafte, räumliche Darstellung« des Es, Ichs und Über-Ichs »stark vereinfacht«. Nähme man das wörtlich, spiegelte das nach seinen Worten »eine Sicht und ein angenommenes Wissen wider, die total falsch sind«.

Offensichtlich leidet die Psychoanalyse unter einer nicht abzuwendenden wissenschaftlichen Unzulänglichkeit. In der heutigen psychologischen und psychiatrischen Theorie sind freudianische Irrtümer zuhauf verborgen, die von einem orthodoxen Berufsstand zur Wahrheit hochstilisiert wurden. Nach einem dreiviertel Jahrhundert werden einige erst jetzt als falsch entlarvt. Zu ihnen gehört die analytische Vorstellung der *Bisexualität,* oder, wie Freud sich ausdrückte, daß alle Menschen eine »angeborene, bisexuelle Veranlagung« haben.

Nach der psychoanalytischen Theorie sind die Sexualtriebe in der oralen und analen Phase nicht nach Geschlecht getrennt, sondern *polymorph pervers.* Das Kind erfährt seine wahre psychosexuelle Ausrichtung erst in der ödipalen Phase, wenn es sich für ein Liebesobjekt entscheidet. Beim Erwachsenen ist die Bisexualität die logische Grundlage dessen, was Dr. Max Schur die »allgegenwärtige latente Homosexualität« nannte, eine Vorstellung, die in zahllosen analytischen und psychotherapeutischen Fällen und zunehmend auch in neueren Romanen und Filmen auftaucht. Diese unbewußte Homosexualität bildet angeblich den Kern der *Paranoia,* einer ganzen Klasse von Geisteskrankheiten, die durch die klassischen Wahnvorstellungen gekennzeichnet sind.

Die Bisexualität, deren Begriff auf den Einfluß von Dr. Wilhelm Fliess zurückgeht, Freuds vertrautem Kollegen in Berlin, wurde von Freud so nachhaltig verfolgt, daß er sich das Verdienst daran zuschrieb, sich dann aber bei Fliess entschuldigte. Die Vorstellung der Bisexualität hat in unserer Zivilisation eine gewaltige sexuelle Verwirrung ausgelöst. Sie ist verantwortlich für das gängige freudianische

Klischee von der Frau, die im Unbewußten jedes Mannes verborgen ist und umgekehrt. »Nur die Bisexualität! Mit der hast Du sicherlich Recht. Ich gewöhne mich auch, jeden sexuellen Akt als einen Vorgang zwischen vier Individuen aufzufassen«, schrieb Freud begeistert an Fliess.

Die neuen wissenschaftlichen Erkenntnisse belegen, daß die Theorie von der Bisexualität nicht zutrifft. Dr. John Money, Psychologe an der medizinischen Fakultät der Johns Hopkins University, der sich auf sexuelle Identität spezialisiert hat, erinnert uns daran, daß die analytische Theorie dem neuen Wissen über Genetik, dem Bestimmen der Chromosomenzahl, der Verhaltensgenetik und der hormonalen Wirkung auf die menschlichen Sexualeigenschaften vorausging.

»Im Grunde glaubte Freud wohl, in jedem von uns stecke etwas Bisexualität, ich nehme an bis ans Lebensende. Das trifft nicht zu«, sagte Dr. Money einem Interviewer. »Die geschlechtliche Identität wird sehr früh im Leben festgelegt. Sobald die Unterscheidung vorgenommen ist, gibt es kein Zurück mehr.«

Bezüglich der Sexualität bestehen mehrere Möglichkeiten. Die Bisexualität ist nach seinen Worten nur eine für eine bestimmte Gruppe von Menschen. Bei den Männern, bei denen die psychosexuelle Differenzierung heterosexuell abgeschlossen ist, bleibt kein weiblicher Rest von Bisexualität zurück. Bei einer beträchtlichen Anzahl Männer scheitert die psychosexuelle Differenzierung zu Heterosexuellen, und es werden weibliche Züge offenbar, keine Bisexualität. Die dritte Gruppe ist doppeldeutig und bleibt bisexuell und ambivalent. Sie ist die einzige, auf die Freuds phantasievolle Theorie zutrifft. Dr. Money weist darauf hin, daß die Bisexualität, sofern sie existiert, nicht notwendigerweise gleich große Anteile aufweist, wie viele vielleicht glauben. Das Verhältnis der verschiedengeschlechtlichen Anteile kann ungleichgewichtig sein, im Extremfall bis 90 zu 10 betragen.

»Die allgemeine Regel lautet nicht, daß sämtliche Mitglieder der Art bisexuell aufwachsen«, umriß Dr. Money im *International Journal of Psychiatry.* »Sie haben vielmehr zu Beginn zwei Möglichkeiten und differenzieren sich dann, so daß im allgemeinen nur eine Möglichkeit übrigbleibt. Das Ergebnis aber, ob männlich, weiblich oder ambivalent, wird festgeschrieben.«

Der Gedanke Freuds, daß die ödipale Gegenüberstellung die geschlechtliche Wahl bestimme, wird auch von Dr. Money angegriffen. »Ich halte das für nicht zutreffend«, sagt er. Beim invertierten Ödipus-Komplex wendet sich das Kind angeblich der Homosexualität zu, wohingegen es beim regulären Untergang des Komplexes seine Neigung zu Mitgliedern des entgegengesetzten Geschlechts entwickelt.

Das bestreitet Dr. Money. Die psychosexuelle Identität des Kindes wird lange vor dem sechsten Lebensjahr festgelegt. Sie beginnt beim Embryo und wird definitiv zwischen dem 18. und 30. Lebensmonat fixiert, lange bevor das Kind den angenommenen ödipalen Konflikt erlebt. Dann ist es nämlich im allgemeinen zu spät, um die psychosexuelle Identität noch zu ändern. Er spricht von Knaben, die ohne Penis geboren wurden und weibliche Identität annehmen können, wenn sie wie ein Mädchen großgezogen werden, bevor sie ein Alter von zweieinhalb Jahren erreicht haben. Aber in den unglücklichen Fällen, in denen die Eltern aus ähnlichen Gründen eine sexuelle Änderung für das Kind anstreben, wenn es bereits viereinhalb ist, ist es für eine echte Anpassung zu spät.

Der Wissenschaftler der Johns Hopkins University ist überzeugt, daß der *psychosexuelle Status,* die Geschlechtsidentität, die das Kind empfindet, das Ergebnis vieler Faktoren ist. Dazu gehören der Chromosomensatz, die soziale Umwelt der ersten beiden Jahre und eine Prädisposition, die auf der Hormontätigkeit im Uterus beruht. Diese vorgeburtlichen Hormone können aus dem Fetus selbst kommen, von der Mutter durch die Placenta oder auch von Medikamenten.

Die Hormone hinterlassen bleibende Spuren im Gehirn und beeinflussen das spätere Verhalten des Kindes. Als Beispiel führt er eine Gruppe von 25 Mädchen an, die an einem »androgenen Syndrom« litten. Alle Mädchen hatten, als sie noch im Mutterleib waren, als Folge einer adrenalen Funktionsstörung eine Überdosis des männlichen Sexualhormons Androgen bekommen. Bei der Geburt hatten die Mädchen eine vergrößerte Klitoris. Später im Leben zeigten sie das klassische Wildfang-Verhalten.

Die Auswirkungen pränataler Hormone auf das Kleinkind können sehr nachhaltig sein. Androgen, das schwangeren Frauen verabreicht wurde, hatte die Geburt von Mädchen mit einem Penis und leerem Hodensack zur Folge, und Cyproteron, ein Anti-Androgen, hat bei Tieren Männchen mit äußeren, weiblichen Genitalien hervorgebracht. Dr. Money weist auf eine klinische Analogie beim Menschen hin und betont, daß die Vorstellungen Freuds über Sexualität und die ödipale Theorie einer Prüfung nach diesen neuen psychosexuellen Erkenntnissen nicht standhalten.

Der Traum ist ein anderer alter Unbekannter, auf den sich die moderne Psychoanalyse und die Psychiatrie kapriziert haben. Die Traumforschung ist noch nicht so weit fortgeschritten wie die Arbeit über die Entwicklung der Sexualität. Trotzdem stützen die Erkenntnisse aus mehr als 20 Schlaflabors die sakrosankte psychoanalytische Theorie des bedeutungshaltigen Traums nicht, oder lassen sie zumindest als unerheblich erscheinen.

Durch das Überwachen Tausender von Schläfern haben die Forscher erfahren, daß wir nachts nach gleichmäßigen Mustern träumen, die grob in vier Phasen eingeteilt werden. In der Phase des Tiefschlafs, der Phase 4, ist der Mensch bewegungslos und läßt sich schwer wekken. Aber durchschnittlich alle 90 Minuten kommen wir in eine leichtere Phase, die Phase 1 oder REM-Phase (nach dem englischen *rapid eye movement* – rasche Bewegungen des Augapfels).

In diesem ungewöhnlichen Zustand werden die Muskeln schlaff, und die Augen bewegen sich sehr schnell von einer Seite zur anderen. Der Sauerstoffverbrauch nimmt zu, der Herzschlag wird unregelmäßig, und das Gesicht kann sich verziehen und einen heftig bewegten Eindruck machen. Das Träumen fällt im wesentlichen in diese Phase.

Die REM-Phasen treten im Verlauf der Nacht regelmäßig auf. Sobald sie einsetzen, beginnt die seltsame Traumtätigkeit in Abschnitten von durchschnittlich 20 Minuten. Der Mensch träumt vier- oder fünfmal pro Nacht, etwa ein Fünftel der Zeit, die er verschläft. Mit fortschreitender Nacht werden die Träume zunehmend lebhafter. Der letzte Traum, im allgemeinen der einzige, an den man sich erinnert, ist das bewegteste Ergebnis des REM-Schlafs. Wir können auch in den Nicht-REM-Phasen träumen, doch sind diese Träume normalerweise rationaler, vergleichbar dem Schweifen der Gedanken im Wachzustand.

Alle Säugetiere erleben den REM-Schlaf. Zumindest die Affen träumen genauso wie der Mensch. An der University of Pittsburgh brachte Dr. Charles Vaughan Affen bei, einen Balken zu drücken, wenn sie ein Bild sahen. In der REM-Phase drückten die Tiere den Balken wie wild, schnitten Grimassen und bellten sogar, als sähen sie etwas im Schlaf.

Welchen Zweck erfüllen der REM-Schlaf und seine Traumaktivität? Tierversuche haben gezeigt, daß er beim Aufbau des Langzeitgedächtnisses helfen kann. Der Wissenschaftler W. Fishbein brachte Mäuse um ihren REM-Schlaf und stellte fest, daß sie eine Aufgabe nur halb so gut erlernten wie andere Mäuse.

Warum bewegen wir die Augen beim Träumen so schnell? Die Forscher glaubten zunächst, die Augen »betrachteten« das innere Traumbild wie einen Film. Eine fortgeschrittenere Meinung vertritt Dr. Merrill Mitler von der Stanford University, ein Kollege des berühmten Schlafforschers Dr. Wiiliam C. Dement. Er glaubt, die Augenbewegungen und das Träumen selbst könnten der Ausfluß neuraler Energie sein, die von einem Teil des Gehirns freigesetzt wird.

Wie Dr. Mitler erklärt, hat man beim Einführen von Elektroden tief in das Gehirn von Katzen entdeckt, daß die schnellen Augenbewegungen durch starke Nerventätigkeit ausgelöst werden, die ihren Ursprung im Hirnstamm hat, dem primitivsten Teil des Gehirns, der über der Wirbelsäule liegt. Es ist ein elektrisches Phänomen, die sogenannten PGO-Spitzen, die sich explosionsartig entladen. In irgendeiner Form hängen sie mit der motorischen Aktivität der Augen und den schnellen Augenbewegungen im REM-Schlaf zusammen. Die Entladungen erfolgen normalerweise mit Unterbrechungen, aber bei Versuchen mit Katzen beschränkten sich die PGO-Spitzen fast völlig auf die REM-Phase.

Ist das die langgesuchte Quelle der Träume? Dr. Mitler und andere glauben es. Sie sind der Ansicht, daß das uralte Rätsel des Traumes vielleicht kurz vor seiner Lösung steht. Möglicherweise sind unsere nächtlich erlebten Geschichten lediglich eine zufällige Folge dieser neuralen Ausbrüche ohne eine besondere Bedeutung. »Meiner Meinung nach ist der Traum ein Nebenprodukt der REM-Phase, der durch die Verarbeitung der endogenen (von innen kommenden) Nerventätigkeit durch den Geist entsteht«, sagt Dr. Mitler. »Was wir als Traum bezeichnen, ist das Ergebnis dessen, daß der Verstand versucht, etwas Sinnvolles aus diesen Ausbrüchen zu machen.«

Warum sind Träume dann so bizarr und zusammenhanglos? »Wahrscheinlich«, so meint Dr. Mitler, »weil die neurale Energie nach einem Muster in das Gehirn strömt, wie es beim regulären Denkvorgang normalerweise so nicht verwendet wird. Ich glaube, Träume haben weniger zu bedeuten, als wir bisher angenommen haben.«

Andere Wissenschaftler weisen auf die körperlichen Veränderungen hin, die sich in der REM-Phase einstellen. Dazu können eine »hohe« Gehirntemperatur und ein in Richtung Hypothalamus laufender Anstieg der Adrenalausschüttung gehören, die die Angst- und Streßgefühle auslösen, die wir in vielen Träumen empfinden. Diese neuen Erkenntnisse deuten an, daß der Traum wahrscheinlich mehr physiologischer als psychologischer Natur ist. Vielleicht ist er sogar nur ein verzweifelter Versuch des Gehirns, mit den körperlichen Veränderungen Schritt zu halten, die während des REM-Schlafs auftreten.

Eine vernünftig klingende, nicht-freudianische Erklärung nimmt an, daß der Verstand während des Traums krampfhaft versucht, alle neutralen Entladungen in Gedanken und Bilder umzuwandeln. Im REM-Schlaf löst jede schnell abgefeuerte PGO-Spitze ein Zufallsbild aus, das aus der Gedächtnisbank des Gehirns stammt. Der Vorstand bemüht sich dann wie verrückt darum, diese zusammenhanglosen, beinahe zufälligen Bilder zu einer Geschichte zusammenzufügen. Weil der elektrische Sturm aus dem Pons ihn überfordert, ist das beste, was der Verstand tun kann, offenbar eine etwas kümmerliche, surrealistische Geschichte zusammenzustellen, die wir dann Traum nennen, und die beträchtlich weniger zu bedeuten hat als das Denken und Handeln im Wachzustand.

Dr. Svi Giora von der Universität Tel-Aviv-Jaffa hat einige andere Unstimmigkeiten zwischen der Traumtheorie Freuds und der gegenwärtigen Forschung aufgezeigt. Im *American Journal of Psychiatry* weist er darauf hin, daß die Theorie Freuds zwar die *Tagesreste* als das Rohmaterial des Traums ansieht, die Alltagsgedanken sich aber dennoch vorwiegend in den Gedankeninhalten der Nicht-REM-Phase wiederfinden. Ähnlich fallen die Enurese (Bettnässen) und das Schlafwandeln, die angeblich der Beweis für den unbewußten Konflikt sind, nicht in die REM-Traumphase, wie die freudianische Theorie meint. Sie liegen in der gewöhnlich traumlosen Nicht-REM-Phase.

Der Schlafforscher Dr. Allen Rechtshaffen von der University of Chicago glaubt, daß die Traumforschung auch eine andere verbreitete Ansicht Freuds widerlegt, daß wir nämlich unsere Träume vergessen, weil wir sie verdrängen. Das verneint er und erklärt, der Traum scheint eine flüchtige Geistestätigkeit zu sein, die von selbst wieder verschwindet. »Wenn wir jemanden in der REM-Phase aufwecken, erhalten wir einen Traumbericht, der 80 bis 90 Prozent des Inhalts wiedergibt«, erklärte er in einem Interview. »Warten wir aber fünf Minuten, hat der Betreffende eine Menge vergessen. Der Verstand scheint nicht in der Lage zu sein, die Träume festzuhalten. Wäre Verdrängung im Spiel, wie die Theorie glauben machen will, würden wir nicht die guten Antworten unmittelbar beim Erwachen erhalten.«

Wenn die Psychoanalyse keine Wissenschaft ist, wenn sie nicht die wirksamste Therapie ist und darüber hinaus versteckt subjektiv und suggestiv, warum steht sie dann so mächtig da in der Welt der Psychologie und Psychiatrie?

Die Gründe sind vielfältig. Einer davon ist offensichtlich, daß sie eine ungewöhnlich freimütige sexuelle und mystische Sicht vom Menschen hat. Es ist eine Vision, die »der größten Geschichte, die je er zählt worden ist«, den Rang streitig macht. Sie hat alles, was die Bibel für Millionen zu einer so verführerischen Geschichte gemacht hat – Sex, Geheimnisse, Liebe, Märtyrertum und Kampf.

Die Psychoanalyse ist vielschichtig. Aber im Grunde ist sie die Theorie von der Persönlichkeit, die in früher Kindheit geformt wird durch erbitterte Konflikte zwischen Trieben, die wir nie in uns vermutet hätten, und einer ablehnenden Erwachsenenwelt, die sie abzuwürgen sucht. Wenn auch nicht orgiastisch, sind diese Kindheitstriebe doch angeblich sexuell und nicht weniger leidenschaftlich als die sinnliche Lust der Adoleszenz.

Die ausschweifende Geschichte ist natürlich die der kindlichen Sexualität. Die entsprechende Theorie ist ein Grundpfeiler der Psychoanalyse. Aber die neueren Erkenntnisse der biologischen Psychiatrie, der Primatenforschung, Traumforschung und direkten Beobachtung des kindlichen Verhaltens lassen sie im Licht einer veralteten Metaphysik, ja sogar in dem einer unreifen Erfindung erscheinen.

Der Kinderpsychologe Robert I. Watson wirft der Analyse vor, sich auf Vorurteile zu stützen, die die Empfindungen der Erwachsenen in das Verhalten des Kindes hineindeuten. »Eines der Probleme der psychoanalytischen Theorie ist offenbar, daß sehr viel vom introspektiven Grübeln der Erwachsenen über ihre eigene Kindheit abgeleitet ist, sehr wenig aber von der direkten Beobachtung von Kindern und Jugendlichen«, stellt er fest. »Psychoanalytisch ausgerichtete Personen zeigten sich auch ungewöhnlich abweisend, Hypothesen durch kontrollierte Untersuchungen zu überprüfen, wie etwa die von Sewell.«

Dr. William H. Sewell untersuchte 162 Farmerkinder »von altem amerikanischem Schlag« und verglich die Erziehungsmethoden der Eltern mit der Persönlichkeit der Kinder. Sewell kam laut Watson zu dem Schluß, »daß psychoanalytisch abgeleitete Vorstellungen keinen oder nur geringen Wert hatten, als es darum ging vorauszusagen, ob mit emotionalen Problemen zu rechnen wäre oder nicht«.

Die kindliche Sexualität wird auch von Dr. Paul Chodoff geleugnet, einem Psychoanalytiker der George Washington University, der sie für relativ selten und eher pathologisch als normal hält. »Ich glaube nicht, wie viele andere Analytiker, daß die kindliche Sexualität ein angeborener, universeller Trieb ist, der ein Ventil finden muß, weil er sich sonst zu einer Neurose auswächst«, äußerte er gegenüber einem Journalisten. »Es besteht ein definitiver Mangel an objektiven Beweisen für die Existenz der kindlichen Sexualität, wenn sie in diesem Sinn gebraucht wird. Ich betrachte ein stark sexualisiertes Verhalten, wie man es bei einigen Kindern feststellen kann, eher als eine pathologische denn normale Erscheinung, als das Ergebnis ungewöhnlicher konstitutioneller Antriebe oder, was weit öfter vorkommt, als Folge schwerwiegender Störungen innerhalb der Familie.

Ich persönlich habe bei meinen eigenen Kindern, als sie noch klein waren, nicht sehr viele Verhaltensweisen beobachtet, die man als sexuell deuten könnte«, berichtete Dr. Chodoff weiter. »Einige Analytiker erzählen, wie sexuell ihre Kinder sind, aber meistens beziehen sie sich auf ein Verhalten, das auf mehrere Arten interpretiert werden kann. Ich glaube, daß Freud den Gedanken der angeborenen kindlichen Sexualität teilweise aus der Not heraus einführte, seine allgemeine Theorie zu retten, als sich herausstellte, daß seine Vorstellung über die Verführung in der Kindheit falsch war.«

Auch der Kinderpsychiater Dr. Peter H. Wolff von der medizinischen Fakultät in Harvard äußert sich kritisch über die Theorie der kindlichen Sexualität. Nach seiner Meinung befindet sich die Psychoanalyse im Irrtum, wenn sie die Neugier des Kindes auf den eigenen Körper mit Sexualität in Verbindung bringt. Die Beziehung ist »in keiner Hinsicht ein Beweis für das psychosexuelle Leben von Kindern«, wie es sich die Analytiker vorstellen, sondern lediglich eine »Analogie der Form«, gab Dr. Wolff im *International Journal of Psychiatry* an.

Die freudianische Theorie der *infantilen Amnesie,* derzufolge wir unsere Kindheitskonflikte vergessen haben, ist ein bequemer Weg, einem Beweis auszuweichen. Zwei Generationen lang hat sie Millionen vor allem gebildeter Menschen zufriedengestellt. Es überrascht nicht, daß diese Schlüsselvorstellung heute als falsch erscheint. Die moderne Forschung belegt, daß die meisten Erwachsenen ihre frühe Kindheit keineswegs vergessen haben. Man hat sich vielmehr an das meiste nie in der ursprünglichen Form erinnert! Untersuchungen lassen eine verblüffende Schwäche des menschlichen Erinnerungsvermögens in den ersten Lebensjahren erkennen.

»Feststeht, daß unabhängig davon, wie der Prozeß des Erinnerns während der Kindheit gemessen wird, eindeutig bewiesen ist, daß es weit hinter der Leistung des älteren Kindes oder des Erwachsenen zurückbleibt«, wird in einem amerikanischen Forschungsbericht festgestellt. Wiedererkennungstests und das Erinnern von Bildern und Reihen ergeben regelmäßig, daß sich das menschliche Erinnerungsvermögen »als schwach im Anfangsstadium erweist, sich dann aber ziemlich konstant steigert«, wie es heißt.

Verschiedene Untersuchungen, so auch die der Psychologen David Wechsler und R. S. Woodworth, bekräftigen diese Schlußfolgerung. Dr. George Miller erklärt, daß die Fähigkeit sich zu erinnern mit der Fähigkeit verknüpft ist, logisch zu denken, und auch mit den zuvor gespeicherten Erkenntnissen. Das kleine Kind ist in seiner Fertigkeit darauf beschränkt, geistig festzuhalten, was geschieht, weil es an zuvor Festgehaltenem noch mangelt. Falls die Kindheitserinnerung eine physische Schwäche aufweist, dann versagt auch die freudianische Theorie von den verdrängten Erinnerungen. Wir können schlecht verdrängen, woran wir uns nie erinnert haben.

Dr. Robert Sears faßt zusammen: »Es gibt also keinen richtigen Beweis, daß es erstens eine scharf abgegrenzte infantile Amnesie gibt, und daß zweitens die allgemein schlechte Erinnerung an Kindheitserlebnisse eine andere Erklärung erfordert, als die schlechten Lernens ...« Die infantile Amnesie ist offenkundig der biologische Trick eines wenig entwickelten Erinnerungssystems, nicht ein freudianischer Schlenker in Form der unbewußten Verdrängung.

Die Analysanden selbst haben festgestellt, daß die Kindheitserinnerung als Gedankenblitz meistens eine Legende aus einem Hollywood-Film oder frühen Freudiana ist. Ob verdrängt oder niemals gespeichert, viele Patienten haben die teure Lektion gelernt, daß die frühe Kindheit für gewöhnlich nicht zu erschließen ist.

Die unverzagten Analytiker haben mit der *Rekonstruktion* Ersatz herbeigeschafft. Der Harvard-Wissenschaftler Dr. Wolff ist einer der Kritiker, der diese wiederhergestellten Erinnerungen skeptisch betrachtet. »Die klinische Rekonstruktion der frühen Kindheitserlebnisse befaßt sich mit der gegenwärtigen Ansicht des Betreffenden über seine Vergangenheit, nicht mit der Freilegung alter Artefakte, die verschüttet waren«, erklärt er.

Sogar die Existenz der kindlichen psychosexuellen Phasen, von der oralen bis zur phallischen Phase, wird widerlegt. Dr. Roy R. Grinker senior führt an, diese »sogenannten libidinösen Entwicklungsstufen bedürfen der Korrektur«. Grinker glaubt, daß die orale Phase »nicht der einzige oder wichtigste Umstand der Befriedigung oder Enttäuschung« bei Babys ist. Er weist auf die Untersuchungen Dr. Harry Harlows hin, der demonstrierte, daß Affen eine Ersatzmutter aus Plüsch, die sie »fühlen« konnten, einer flachen aus Draht vorzogen, die Milch »gab« und sowohl den Hunger wie auch die Oralität zufriedenstellte.

Oral- und Analklischees sind in der *psychologischen Gesellschaft* zu ätzenden Mitteln der Karikatur geworden. Der Bürger von heute sagt anderen Menschen, ja sogar Nationen, einen oralen Zug von Generosität oder Habgier nach. Und wir sind bestens mit der Stereotype aus dem Analbereich für den ordentlichen, sparsamen und beharrlichen »Spießbürger« vertraut. Obwohl diese Klischees Eingang in unsere Sprache gefunden haben, sind sie im Begriff, neu bewertet zu werden.

Der Gedanke der Oralität und die Aufmerksamkeit, die man dem kindlichen Saugen entgegenbrachte, schufen einen frühen psychologischen Kult um das Stillen. Über Freud schreibt Jones: »Es ist wert festgehalten zu werden, daß er, wie man wohl erwartet, die Brust bekommen hat.«

Diese Vorliebe Freuds für die Brust fällt unter einer Überprüfung in sich zusammen. Dr. H. Orlansky arbeitete die Untersuchungen durch und entdeckte, daß sie sich stark widersprachen. Kinder, die sechs bis zehn Monate gestillt worden waren, hatten weniger Verhaltensschwierigkeiten als andere Kinder. Aber eine andere Studie kam zu einem entgegengesetzten Ergebnis: College-Studenten, die als emotional gefestigt eingestuft wurden, waren, wie sich herausstellte, kaum, gar nicht oder aber über ein Jahr gestillt worden. William Sewell verglich das Verhalten Fünfjähriger mit den Fütterungsgewohnheiten in ihrer Kindheit. Er fand keine Beziehung zwischen der Art, wie sich die Kinder später zurechtfanden und der, wie sie früher ernährt worden waren.

Viele Psychiater heben die Emotion hervor, mit der die Mutter den oralen Bedürfnissen des Kindes entgegenkommt. Aber die vergleichende Anthropologie hat Wege und Möglichkeiten, fertig verpackte Vorstellungen ihres dekorativen Äußeren zu entledigen. Der verstorbene Anthropologe Ralph Linton brachte das Beispiel der Frauen von den Marquesas-Inseln, die ihre Kinder selten stillen, weil eine schöne Brust in ihrer Kultur von großer Bedeutung ist.

Die Kinder auf diesen Inseln werden gleichgültig von einem flachen Stein gefüttert, von dem die Mutter dem Kind eine Handvoll mit Kokosmilch gemischte Brotfrucht in den Mund träufelt. »Das Kind spuckt und keucht und schlingt herunter, soviel es kann«, schrieb Linton. »Dann wischt die Mutter dem Kind mit der Hand über den Mund, nimmt eine weitere Handvoll und läßt sie wieder hineinlaufen.« Nach der Feststellung Lintons schadet es den Kindern der Marquesas-Inseln offenbar nicht, daß ihre oralen Bedürfnisse nicht befriedigt werden.

Die Erektion des kindlichen Glieds wird von den Analytikern lautstark als *offenkundiger* Beweis der infantilen Sexualität verkündet.

Doch auch hier haben Untersuchungen die analytischen Hypothesen entzaubert. Der Wissenschaftler H. M. Halverson beobachtete zehn Tage lang neun Kleinkinder und stellte fest, daß sieben von ihnen mindestens einmal am Tag eine Erektion hatten. Aber das schien weniger ein Zeichen von Lustempfinden zu sein. Die Erektionen bedeuteten in der Regel, daß das Kind sich unwohl fühlte. In 85 Prozent der Fälle wurden sie von Weinen, Unruhe oder Steifmachen der Beine begleitet. Erst wenn die Erektion nachließ, beruhigten sich die Kinder wieder. Halverson kam zu dem Schluß, daß die Erektion die Folge des Bauchdrucks auf die Blase war, womit einem simplen körperlichen Bedürfnis gedient wurde, weniger einem erotischen à la Freud.

Den Höhepunkt der kindlichen Autoerotik freudianischer Prägung bildet die Manipulation der Genitalien. Angeblich beginnt sie in frühen Kindesjahren und erreicht in der ödipalen Phase ihren Gipfel in einer Kindheitsorgie, bei der der junge Onanist Visionen seiner Mutter hat, nicht etwa eine schöne Nackte aus einem Herrenmagazin sieht.

Freud behauptete, das Masturbieren in der Kindheit sei eine universelle Praxis, die ihren Höhepunkt in »... der kurzen Blütezeit der Sexualbetätigung um das vierte Lebensjahr ...« erreiche. Freud sprach nicht vom gelegentlichen, unbeabsichtigten Berühren der Genitalien, sondern vom bewußten Onanieren bei *allen* vierjährigen Knaben. »Der Knabe tritt in die Ödipusphase ein, er beginnt die manuelle Betätigung am Penis mit gleichzeitigen Phantasien von irgendeiner sexuellen Betätigung desselben an der Mutter«, schrieb Freud in seinem *Abriß der Psychoanalyse.*

Freud selbst hat Masturbation in der Kindheit oder kindliches Sexualverhalten nie beobachtet. Er bezog sich ausschließlich auf die Wiedergabe Erwachsener. »Warum ich nicht in die Kinderstube gehe und ... Versuche mache?« fragte er rhetorisch in einem Brief an Fliess. »Weil ich bei zwölfeinhalb Arbeitsstunden keine Zeit dazu habe und die Weiblichkeit meine Forschung nicht unterstützt«, schrieb er. Wie Freud sind auch viele Analytiker überzeugt, daß der Penis das Liebesorgan des Kindes ist. Dr. Jacob Arlow, einer der tonangebenden New Yorker Theoretiker, meint vom erregten Kind, es haben »den Wunsch, seinen Penis vor der Mutter zu entblößen, ihn an sie zu drücken und sie zu bewegen, seinen Penis zu bewundern«.

Für die meisten Mütter und Kinderärzte ist das wenig beweiskräftig. Das Spielen mit den Genitalien geschieht bei den meisten Kindern offenbar beiläufig, eine sporadische Erkundung des eigenen Körpers.

Nur bei einigen hypersexuellen Kindern sehen nicht analytische Beobachter wirklich die angenommene Erotik.

H. L. Koch beobachtete Vorschulkinder 400mal jeweils eine halbe Minute. Die Jungen spielten selten mit den Genitalien – weniger als zweieinhalbmal in der achtmonatigen Untersuchungsperiode, die Mädchen weniger als einmal.

In Wahrheit stellt sich die Situation wahrscheinlich so dar, wie unsere Großmütter aus der Zeit vor Freud meinten: Das Kind ist im allgemeinen ein asexuelles Wesen! »Das Spielen mit den Genitalien muß bei kleinen Kindern wahrscheinlich nur als unerwünschtes Verhalten gesehen werden, ähnlich wie schlechtes Benehmen bei Tisch oder Nasebohren«, schreiben Merry und Merry, die Autoren des amerikanischen Beitrages über die Kindesentwicklung *The First Two Decades of Life* (Die beiden ersten Lebensjahrzehnte). Selbst die sogenannten »Sexspiele« kleiner Kinder werden, wie sie berichten, von den Erwachsenen im allgemeinen falsch gedeutet. »Wie das Masturbieren sind die meisten dieser Sexualspiele das Ergebnis von Neugier und Erkundungsdrang und haben, wenn überhaupt, nur eine geringe sexuelle Bedeutung.«

Die phantasievollste Geschichte der Psychoanalyse ist die ödipale Theorie über das inzestuöse Verlangen des Knaben nach seiner Mutter. Nicht analytische Spezialisten stürzt der Komplex in Verwirrung, der angeblich bei allen Fünfjährigen auftritt, auf den man aber bei der psychiatrischen Arbeit der Nichtanalytiker kaum stößt. Wie Dr. O. Hobart Mowrer, Dr. Paul Chodoff und andere vermuten, ist der ödipale Wunsch wahrscheinlich eine seltene pathologische Erscheinung im Fall einer gestörten Mutter-Kind-Beziehung – vielleicht eine Widerspiegelung der Krankheit des jungen Freud selbst.

Das Primatenlaboratorium liefert uns den Beweis der natürlichen, sexualfreien Beziehung zwischen Müttern und Söhnen. Vor kurzem veröffentlichte die berühmte Schimpansenforscherin Jane van Lawick-Goodall ihre Verhaltensstudien über Schimpansen aus Tansania im *American Journal of Psychiatry.* Wie sie berichtet, sind Schimpansen promiskuid. Die Weibchen paaren sich mit mehreren Männchen, wenngleich sie für mehrere Paarungsperioden eine feste Bindung eingehen können. Bis zum sechsten oder siebenten Lebensjahr lebt das männliche Junge im »Baumnest« bei seiner Mutter. Im Verlauf etwa des achten Lebensjahrs beginnt es, mit den anderen umherzuziehen, und im neuten oder zehnten Lebensjahr verläßt der nun erwachsene Schimpanse sein Zuhause.

Obwohl Mütter und Söhne einander zugetan waren, wie in menschlichen Gruppen auch, vermieden sie strikt Sexualspiele oder Inzest. Dr. Goodall hat nicht ein einziges Mal beobachtet, daß ein Sohn versucht hätte, sich mit seiner Mutter zu paaren, auch wenn die Mutter sich von allen anderen anwesenden Männchen begatten ließ. »In einem Fall paarte sich die Mutter an vier Brunsttagen mit allen geschlechtsreifen Männchen der Gruppe mit Ausnahme ihrer beiden ausgewachsenen Söhne, die der Gruppe ebenfalls angehörten«, berichtet sie. Das Fehlen des Inzests zwischen Mutter und Sohn wurde auch bei Gruppen von japanischen und Rhesusaffen beobachtet.

Die Sears-Studie beurteilt den Ödipus-Komplex als »eine absurde Erscheinung«. Die Stichprobe, auf der die Kindheitstheorie Freuds aufbaut, war, wie es heißt, »alles andere als charakteristisch für die heutigen amerikanischen Kinder«.

Wie konnte die Psychoanalyse trotz ihrer offensichtlichen Unzulänglichkeiten eine so starke Position vor allem in der amerikanischen Psychiatrie erlangen? In mancher Hinsicht war das die zufällige Folge eines Ereignisses, das eng zusammenhängt mit der traditionellen amerikanischen Leichtgläubigkeit, insbesondere bei Bewegungen, die mit wissenschaftlichem Gehabe daherkommen.

Es begann damit, daß Freud auf Einladung des Psychologen G. Stanley Hall 1909 an der Clark University auftauchte. Das System Freuds fand auf dem Treffen eine freundliche Aufnahme bei einigen einflußreichen Amerikanern. Der Psychologe William James, der dem Vortrag beiwohnte, sagte Ernest Jones einem Bericht zufolge: »Die Zukunft gehört Ihrer Arbeit.«

Freud wertete den Besuch als einen Wendepunkt. »Es war wie die Verwirklichung eines unglaubwürdigen Tagtraumes ... Die Psychoanalyse war also kein Wahngebilde mehr, sie war zu einem wertvollen Stück der Realität geworden«, schrieb Freud. (Seine Begeisterung erstreckte sich allerdings nicht auf Amerika selbst. Viele Jahre behauptete er, die schlechte Landesküche habe seinen Magen ruiniert. Von den »aggressiven« amerikanischen Frauen fühlte er sich abgestoßen, und er kam zu der Überzeugung, daß das amerikanische Experiment ein gewaltiger Fehler gewesen sei.)

Neben Hall und James waren es Adolf Meyer, der amerikanische Psychiatriepapst, und der Harvard-Neurologe James P. Putnam, dessen Bekehrung zur Analyse für die Bewegung von unschätzbarem Wert war. 1910 hielt Putnam eine Laudatio vor der American Neurological Association, deren Präsident er gewesen war.

Meyer, obwohl nur ein zum Teil Bekehrter, führte die dynamische Psychologie Freuds am Bloomingdale und Manhattan State Hospital ein, wo zahllose junge Psychiater den neuen Glauben kennenlernten. Eine ähnliche Wende bei William Alanson White, damals noch Leiter des bundesstaatlichen St. Elizabeth-Heims, verschaffte der Psychoanalyse Schritt für Schritt zunächst Respekt und dann die beherrschende Stellung in der amerikanischen Psychiatrie.

In Wien fand Freud wenig Anerkennung, denn Professor Julius von Wagner-Jauregg, Leiter der psychiatrischen Abteilung an der Universität, der die Heilfieberbehandlung der progressiven Paralyse einführte, betrachtete Freuds metaphysische Sexualvorstellungen mit Verachtung. In der Schweiz dagegen begann Eugen Bleuler 1904 an der Universität Zürich, die Methoden Freuds bei Patienten anzuwenden, assistiert von Carl Gustav Jung und Karl Abraham.

1907 riet der einflußreiche, zur Analyse bekehrte Dr. Frederick Peterson, klinischer Professor für Psychiatrie an der Columbia University, dem aufgeweckten, jungen Assistenzarzt Dr. A. A. Brill, in der Schweiz bei Bleuler an der Klinik zu studieren. Später sollte Brill mit Freud zusammentreffen und dessen Werk ins Englische übersetzen, wodurch die Aufnahme der freudianischen Kunst in Amerika weiter beschleunigt wurde.

In den Jahren zwischen 1908 und 1913 war das Manhattan State Hospital auf Ward's Island das inoffizielle Zentrum der analytischen Ausbildung. Brill, der auch zum Stab gehörte, wurde als der Emissär Freuds angesehen. Am 11. Februar 1911 gründete er die New York Psychoanalytic Society. Von den 27 Mitgliedern kamen 14 aus dem Manhattan State Hospital. Die American Psychoanalytic Association wurde drei Monate später gegründet, im Mai 1911.

Um 1913 war die Trainingsanalyse in Mode gekommen: Jeder, der andere psychoanalytisch behandelte, sollte sich vorher selbst einer Psychoanalyse unterziehen. Damals war das jedoch noch eine kurze und formlose Angelegenheit. (Wilhelm Stekel behauptete, Freud habe für seine Analyse acht Stunden gebraucht!) In Amerika saß der Patient zu der Zeit noch häufig bei der Analyse. Dr. Clarence Oberndorf, einer der Wegbereiter der Psychoanalyse in Amerika, veranlaßte seine Patienten erst zur liegenden Stellung auf der Couch, nachdem er 1921 mit Freud zusammengetroffen war.

Bis 1940 hatte sich die Theorie Freuds Anerkennung in der Psychiatrie verschafft. Aber nach dem Zweiten Weltkrieg wurde sie zu *der* beherrschenden Macht. Der Prophet der Umkehr war Dr. Karl Menninger. Als Leiter des psychiatrischen Programms während des Krieges führte er die freudianische Theorie in der Armee sowohl für die Behandlung von Patienten wie auch zur Ausbildung junger Psychiater ein. Der Elan wurde hinübergerettet in die Nachkriegsprogramme der amerikanischen Fürsorgeverwaltung für Kriegsteilnehmer und von dort zu den psychiatrischen Assistenzärzten ganz allgemein. Die Freudianer der Kriegszeit wurden die Psychiatriedozenten der 50er Jahre, die Abteilungsleiter der 60er und 70er Jahre und die treibende Kraft für die Eroberung der amerikanischen Psychiatrie durch Freud.

Hat es in dieser frühen Zeit viel Kritik an Freud gegeben? Paradoxerweise kam die schärfste Ablehnung der freudianischen Theorie zum Teil von Analytikern, die eben diese Revolution hervorgebracht hatte, den Neofreudianern, die noch heute sehr viel von den Lehren des Meisters anerkennen, wenn auch nicht alles. Ihrer Meinung nach beachtete Freud die kulturellen Faktoren nicht genügend stark und maß der Sexualität ein zu großes Gewicht bei. Auch wenn die Neofreudianer sich für vollwertige Psychoanalytiker halten, tun die orthodoxen Freudianer doch deren Theorie wie auch Ausbildung verächtlich ab. »Ich halte keine dieser Schulen für psychoanalytisch«, bemerkt der klassische Analytiker Dr. Burness Moore.

Keine dieser neofreudianischen Theorien kann es allein mit Freud aufnehmen, aber gemeinsam sind sie durchaus ernstzunehmen. Wie die klassischen Analytiker sind auch sie organisiert, in der American Academy of Psychoanalysis. Sie ist das Zuhause der medizinischen Psychiater und Analytiker, die zwar grundsätzlich mit Sigmund Freud übereinstimmen, aber nicht in allen Punkten.

Der Vorgänger der neofreudianischen Bewegung ist die Psychologische Mittwochsgesellschaft, die sich ab 1903 in Freuds Wartezimmer traf. Ein Mitglied dieser Gruppe, Alfred Adler, sollte der erste sein, der vom freudianischen Glauben abfiel. Er und andere Wiener Analytiker hatten eine Hofrevolte gegen den Ausländer Jung inszeniert, den »gesalbten Kronprinzen«, wie Freud seinen erhofften Nachfolger nannte.

Adler wollte den Theorien Freuds über die Sexualität, einschließlich der infantilen Sexualität, nicht mehr folgen. Bei ihm lag das Schwergewicht auf dem Ich, dem beherrschenden Antrieb, die Gefühle der Unterlegenheit zu überwinden. Dr. Kurt Adler, der Sohn des Schülers, erklärte in einem Interview, daß sein Vater das »Streben des Menschen nach Überlegenheit« in den Vordergrund gerückt habe, nicht als Machttrieb, sondern als ein Versuch, der natürlichen Unterlegenheitsgefühle Herr zu werden.

Von Adler gebrauchte Begriffe wie »männlicher Protest«, »Machtstreben«, »Minderwertigkeitskomplex« und »Leitlinie« besitzen psychologische Popularität. (Den emanzipatorisch eingestellten Frauen erklärt Dr. Adler, »männlicher Protest« bedeute, daß *die Kultur eine männliche Vorherrschaft erfordere.*) Die Individualpsychologie, als die die adlerianische Theorie bekannt geworden ist, spielt im Bereich der Psychoanalyse nur eine untergeordnete Rolle, in der Psychotherapie ist sie jedoch eine starke Kraft. Die Adlerianer unterhalten weltweit 15 Institute, darunter das Alfred Adler-Institut in New York.

Adler setzte sich 1912 ab. Freud, der die Affäre Fliess gerade einigermaßen verarbeitet hatte, meinte bedrückt, daß nun mit Adler wieder etwas von Fliess in sein Leben gekommen sei. Der Abfall Carl Gustav Jungs bedeutete für Freud einen noch größeren Schock. Die ersten theoretischen Meinungsverschiedenheiten kamen 1908 auf, als Jung postulierte, die *Dementia praecox* (Schizophrenie) habe eine organische Ursache, ein »Toxin«, das das Gehirn angreife.

Die Häresie, die die endgültige Trennung bedeutete, war Jungs Widerwille, die sexuelle Grundlage der Neurose anzuerkennen, ein Gedanke, der in seiner Schweizer Heimat für viel Aufregung sorgte. Jung meinte, sowohl mit den Studenten als auch mit den Patienten käme er weiter, wenn er die Sexualität nicht so herausstelle. 1913 trennten sich die beiden Männer offiziell, und Jung gab sein Amt als Präsident der Internationalen Psychoanalytischen Gesellschaft auf.

Die Psychologie Jungs ist eine mystische Kunst, die auf *Archetypen* beruht, mythologischen Modellen, die auch den Bereich der griechischen Götter mit einbeziehen. Uns allen gemeinsam ist angeblich ein *kollektives Unbewußtes,* das die Vergangenheit mit der Gegenwart verbindet und von Generation zu Generation weitergegeben wird. Selbst die emotionalen Probleme eines Großvaters können auf magische Weise auf dessen Enkel übertragen werden. »So wie wir es sehen, sind wir in eine psychische Dimension vorgedrungen, die ein Geheimnis ist und am besten auch entsprechend ausgedrückt wird«, erklärt ein jungscher Analytiker. »Die Verwendung rationaler Begriffe vermittelt den falschen Eindruck, als sei etwas vollständig begriffen worden, während das gar nicht möglich ist.«

In Amerika beispielsweise hat die jungsche Analyse einen Dornröschenschlaf gehalten. Jetzt scheint sie wieder aufzuwachen, was vielleicht auch eine Folge der wachsenden Beliebtheit des Okkulten ist. »Wir hatten im Jahr ein oder zwei Bewerber für unser Ausbildungsinstitut«, sagt Dr. Edward Edinger von der C. G. Jung-Stiftung für analytische Psychologie in New York. »Jetzt haben wir zehn oder zwölf.«

Die Kritik dreier anderer früher Schüler Freuds half bei der Herausbildung des Neofreudianismus. Wilhelm Stekel, einer der vier aus der Mittwoch-Runde, wurde Freuds erbitterter Feind. Seine Lehrsätze regten das Interesse am »Hier und Jetzt« an. Stekel war einer der ersten, die an *aktive Psychoanalyse* und eine kürzere Behandlungsdauer glaubten. Er war der Meinung, die Persönlichkeit des Therapeuten, nicht die Methode, sei das Wesentliche bei der Behandlung.

Otto Rank, ein Mitglied des frühen inneren Kreises, vertrat eine sehr ungewöhnliche Vorstellung, die ebenfalls zum Bruch mit Freud führte. Die Theorie Ranks besagte, daß das Trauma der Geburt, nicht die Kindheitserlebnisse, die Ursache der Angst des Menschen sei. Reste der rankschen Vorstellung klingen noch in dem Wunsch an, »in den Mutterleib zurückzukehren«, einer neurotischen Abhängigkeit, die die Ausübung des positiven Willen unterbindet.

Ein äußerst verworrenes Kapitel der freudianischen Revolte ist die Quasi-Ketzerei der britischen, in Wien geborenen Laiin Melanie Klein. Sie war als Kinderanalytikerin in Berlin und Budapest tätig, bevor Ernest Jones sie nach England einlud. Trotz ihres Teilabfalls ist ihre Bewegung ein sehr aktiver Teil der organisierten britischen Psychoanalyse.

Sie wandelte das Kindheits-Verursachungsprinzip Freuds in eine Säuglingstheorie um. In der Kleinschen Analyse beginnen der Ödipus-Komplex, das Überich und das Schuldgefühl alle bereits im Alter von fünf Monaten infolge des engen Mutter-Kind-Kontaktes während der oralen Phase. Das, nicht der ödipale Wunsch des fünfjährigen Kindes, ist der Hintergrund des schwierigen neurotischen Konflikts, glauben die Anhänger Melanie Kleins. Die Kleinianer, die etwa die Hälfte der Mitglieder der British Psycho-Analytical Society stellen, haben den Gedanken des *Oralneids* bekannt gemacht, die Gier des Kindes beim Stillen, die angeblich das Leben des Betreffenden danach zu einem großen Teil beherrscht.

Selbst unter den offiziellen Freudianern in den Vereinigten Staaten ist es zur Spaltung gekommen. Der verstorbene Sandor Rado zerstritt sich mit dem New York Psychoanalytic Institute über die Libido-Theorie. Er lehrte *Adaptationsdynamik,* die die kindliche Seuxalität als einen Trieb widerlegte. Neurotische Konflikte, sagte Rado, seien fehlgeschlagene Versuche des Kindes sich anzupassen, meistens an die Umwelt der Familie. Rado gründete die »Columbia School« an der

Psychoanalytischen Klinik für Ausbildung und Forschung der Columbia University. Aber sein insgesamt etwas zahmerer Aufstand wurde, wenn auch nicht ohne Schwierigkeiten, im mütterlichen Schoß der American Psychoanalytic Association aufgefangen.

Keinem dieser frühen Abtrünnigen gelang es, eine formale Lehre der Psychoanalyse zu begründen, die sich mit der klassischen oder »koscheren« Theorie Freuds hätte messen können. Das blieb zwei späteren *dynamischen Kulturisten* vorbehalten, die neue Orthodoxien entwickelten, die angefüllt waren mit den Erkenntnissen aus der eigenen Ausbildungstätigkeit.

Karen Horney, eine in Berlin ausgebildete Analytikerin, kam Anfang der 30er Jahre nach Amerika, wo sie an zwei klassischen Instituten lehrte. 1941 wurde sie abtrünnig und gründete in New York ein Konkurrenzunternehmen, die Karen Horney-Klinik.

Die Vorstellungen Karen Horneys haben einen Schuß natürlichen Pragmatismus, den man bei Freud vermißt. Ihre Anhänger glauben, der Mensch handle auf drei Arten: er gehe auf den Menschen zu, er entferne sich von ihm und wende sich gegen ihn. Die erste Art ist die Sozialisation, das Gefühl, erwünscht zu sein, und das der Abhängigkeit; die zweite eine Ablösung und Unabhängigkeit, und die dritte ein Zeichen von Feindseligkeit und Aggressivität. In der Horneyschen Theorie ist der entscheidende Aspekt nicht die Kategorie, sondern die Frage, inwieweit der Betreffende eine »spontane«, nicht eine »zwanghafte« Wahl trifft.

Die Horney-Bewegung entwickelte die heute verbreitete Vorstellung vom Menschen als einer gespaltenen Erscheinung, dem Bild von sich selbst und der Wirklichkeit, zwischen denen unglücklicherweise meistens eine Kluft liegt. Das *idealisierte Selbst* ist neurotisch und stolz. Das *eigentliche Selbst* ist die Persönlichkeit, wie sie zu einem bestimmten Zeitpunkt existiert. Das *wirkliche Selbst* stellt die potentiell konstruktiven Kräfte der Person dar, die freigesetzt werden müssen, um das *eigentliche Selbst* zu bessern.

Harry Stack Sullivan, dessen Theorien die angesehene analytische Akademie stützen – das William Alanson White-Institut in New York –, trieb die Häresie noch einen Schritt weiter. Sullivan wurde der erste bedeutende, in Amerika geborene psychoanalytische Theoretiker. Sein Begriff der *interpersonalen Beziehungen* umfaßt heute praktisch alles, was sich in der *psychologischen Gesellschaft* ereignet.

Sullivan stand vielen Gedanken Freuds kritisch gegenüber. Die Suche des Menschen nach Sicherheit war nach Meinung Sullivans vielleicht wichtiger als das Lustprinzip Freuds. Sullivan leugnete die kindliche Sexualität nicht, aber er stufte sie niedriger ein. Aus den vier Phasen Freuds (der oralen, analen, phallischen und genitalen) wurden bei Sullivan sechs: Säuglingsalter, Kindheit, Jugendlichenalter, Voradoleszenz, frühe Adoleszenz und späte Adoleszenz.

Die Kinder der Latenzzeit, die Freud als asexual abtat, wurden bei Sullivan in der Phase der Voradoleszenz zu neuem Leben erweckt. »In dieser Phase, im Alter zwischen etwa acht und zehn Jahren, haben sie die ersten Kumpel, wird zum erstenmal ein anderer wichtig. Wir sind der Meinung, daß diese Kindheitszeit psychologisch sehr wichtig ist«, stellt ein Vertreter des White-Instituts fest. (Noch hat keine Schule die psychologische Bedeutung der Zeit der Lebensmitte wiederentdeckt.)

Sullivan bemühte ein Dreigestirn, um das »Selbst« zu erklären. Sein Dreigespann hatte keine lateinischen, sondern griffige, englische Bezeichnungen: das *good-me,* das gute Ich, das *bad-me,* das schlechte Ich, und das *not-me,* das Nicht-Ich. Das gute Ich ist das nicht neurotische Bild von sich selbst, das aus einem freundlichen Anfang ein Gefühl der Sicherheit entwickelt. Das schlechte Ich ist die unglückliche Selbsteinschätzung, wie sie durch eine feindselige oder angstbeladene Umwelt hervorgerufen wird. Das Nicht-Ich sind die losgelösten, widrigen Empfindungen, die durch Traumata entstehen, die in späteren emotionalen Krisen wieder auftauchen können.

Insgesamt benutzen die Neofreudianer die Couch etwas seltener und bestehen auf kürzerer Behandlung. Sie sehen den Patienten nicht so oft pro Woche und achten mehr auf das Hier und Jetzt. Aber letztlich suchen auch sie die verborgene Bedeutung in der unbewußten Dynamik des Kindes, aus der sich der Erwachsene gebildet hat.

Die Neofreudianer haben sogar Freundschaftsangebote gemacht, doch das traditionelle analytische Establishment ist starrköpfig. Dieser Dogmatismus in der klassischen Analyse hat mit dazu beigetragen, das Bild einer unbeugsamen, organisierten Religion, ja eines Kults, aufkommen zu lassen. Und die *Trainingsanalytiker* sind ihre Hohenpriester und Jünger.

Die religiöse Natur der Psychoanalyse ist vielen Beobachtern aufgefallen. »Man kann die Tatsache gar nicht genug hervorheben, daß die direkten Auswirkungen der psychoanalytischen Konzepte und Methoden den Forscher geradewegs auf das Gebiet der Theologie führen«, stellte Dr. Hiram K. Johnson fest. Und Dr. Roy R. Grinker senior pflichtet dem bei: »Es läßt sich sehr viel sagen über die religiöse Qualität der psychoanalytischen ›Bewegung‹, die Dogmen, an die zu glauben von jedem neuen Studenten erwartet wird. Viel an der Form der Führung durch Freud und dem Einsatz der Psychoanalyse als geschlossenes System, das wie ein Lebensstil praktiziert wird, kann mit Religion verglichen werden.«

Einige Psychiater erklären, allerdings meistens hinter vorgehaltener Hand, daß der Lebensstil aufrechterhalten wird durch ein System interner Indoktrination und externer Einschüchterung, das es mit dem der strengsten Kirche aufnimmt.

»Sowohl an den Krankenhäusern als auch den medizinischen Instituten, wo Psychoanalytiker und psychoanalytisch ausgerichtete Psychiater das Sagen haben, existiert ein beträchtliches Maß an Einschüchterung«, bemerkt ein New Yorker Professor für Psychiatrie. »Man muß spuren, wenn man weiterkommen will. Ich selbst habe einmal an einem analytisch beeinflußten Institut angeregt, es mit der neu aufgekommenen schnellen Notfallpsychotherapie zusammen mit einer kontrollierten Studie zu versuchen, um die Ergebnisse mit denen der Psychoanalyse zu vergleichen. Ich war damals Assistenzarzt im dritten Jahr. Nach diesem Vorfall wurde ich nicht mehr in das innere Heiligtum gebeten und konnte nicht weiter aufsteigen.«

Dr. Percival Bailey, emeritierter Professor für Psychiatrie an der University of Illinois, erinnert sich, daß die Analytiker eines Instituts die Ernennung eines biologisch ausgerichteten Psychiaters zum Vorsitzenden durch die Drohung verhinderten, geschlossen zu kündigen.

Die Beförderung innerhalb der analytischen Hierarchie ist nur denen sicher, die lammfromm und willfährig sind. Dr. Harold Voth, Gewinner des Karl-Menninger-Preises, wurde übergangen, als es am Topeka Institut für Psychoanalyse um die Besetzung der Stelle eines Trainingsanalytikers ging. Er ist sicher, daß dabei seine eigenständige Meinung eine Rolle gespielt hat. Dr. Robert Cancro, ein Kollege, hatte ihm geraten, einen kontroversen Artikel über die Persönlichkeit Freuds »erst zu veröffentlichen, wenn er Trainingsanalytiker sei«. Und weiter meint er: »Leider verwechseln heute viele Psychoanalytiker Theorie mit Wahrheit. Sie vergegenständlichen nicht nur die Theorie, sondern behandeln sie auch wie eine Offenbarungslehre.«

Ein Analytiker, der das freudianische New York Psychoanalytic Institute wie auch das konkurrierende, neofreudianische William Alanson White Institute besucht hat, glaubt, daß diese Lehre durch die klassische Trainingsanalyse für angehende Psychoanalytiker verewigt wird. Er nennt sie eine »reinigende Prozedur«, die die Kandidaten einer Gehirnwäsche unterzieht, damit sie das freudianische Dogma zunächst unterwürfig annehmen und dann verbreiten.

»Der Trainingsanalytiker regiert am New York Psychoanalytic Institute«, erklärte er. »Einige Kandidaten haben mir erzählt, daß sie das Spielchen bei der Trainingsanalyse mitgespielt haben, um dann später die Analyse zu praktizieren, die sie für richtig hielten.« Seine eigene Trainingsanalyse hält er für äußerst unbefriedigend. Er mochte seinen germanisch anmutenden Analytiker nicht, und dieser mochte ihn nicht. »Mein Analytiker saß über meine Analyse und meine Karriere zu Gericht. Ziemlich barsch wurde mir bedeutet: ›Sie müssen ein *Mensch* sein. Sie sind kein *Mensch.* Ich werde einen *Menschen* aus Ihnen machen.‹«

»Einmal träumte ich, wie mein Analytiker mit einer Erdkugel spielte, wie Charles Chaplin in dem Film *Der große Diktator«,* fuhr er fort. »Als ich dem Analytiker freimütig von dem Traum erzählte, fuhr er mich wütend an: ›Sie machen sich über mich lustig. Sie haben es nötig, sich über mich lustig zu machen.‹ Ich begriff, daß das Training an einem freudianischen Institut keine Ausbildung ist, sondern der Versuch der Läuterung.«

Ein anderer Psychiater, der aus dem Institut ausschied und sich wieder der allgemeinen Psychiatrie zuwandte, betrachtet das analytische Training als »einschüchternde Zwangsmaßnahme«. »Wer sehr anpassungsfähig und unterwürfig ist, kommt gut durch«, erklärte er. »Sobald man aber argumentiert, leistet man angeblich *Widerstand,* was ein Zeichen für irgendwelche internen Konflikte ist. Da die freudianische Theorie als die umfassende Wahrheit angesehen wird, hält man nur willfährige Kandidaten für gesund.«

Der berühmte amerikanische Psychoanalytiker Dr. Fredrick C. Redlich, ehemaliger Dekan der medizinischen Fakultät der Yale University, ist der Ansicht, daß dieses Trainingsverfahren viele unabhängige Köpfe von diesem Beruf fernhält. Bei einem Vortrag vor dem New York Medical College beklagte er, daß seine Kollegen »durch ein ausgeklügeltes System der Ausbildungsüberwachung einen streng kontrollierten Berufszweig geschaffen haben«. Und er ergänzte: »Fast könnte man von Zensur sprechen. Die Grenzen sind eng gesteckt. Es ist kaum Platz für den Zweifler, den Kritiker, den Einzelgänger.«

Dr. Thomas S. Szasz, der psychiatrische Unruhestifter, ist der Überzeugung, daß die Trainingsanalyse ein getarntes Verfahren ist, um die Herrschaft über den angehenden Analytiker aufrechtzuerhalten. Der Trainingsanalytiker erfährt die verborgensten Geheimnisse des Kandidaten. Sie trägt er dann, wie er sagt, dem allmächtigen Ausbildungskomitee vor, womit er das traditionelle Vertrauensverhältnis zwischen Arzt und Patient verletzt. »Aushorchen ist vielleicht ein starkes Wort mit beleidigendem Beiklang, doch scheint es hier angebracht, denn es trifft auf die Tatsachen zu«, meint Dr. Szasz.

Falls die Psychoanalyse alle Merkmale eines dogmatischen Glaubens einschließlich eines Gefühls der Unfehlbarkeit erfüllt, ist die von ihr offenbarte Wahrheit die Wirklichkeit des menschlichen Geistes?

Wohl kaum. Die neuere Forschung und logische Überprüfung haben gezeigt, daß sie eine Anti-Wissenschaft und unlogische Ansammlung von Theorien ist, die im wesentlichen dem exzentrischen Geist Sigmund Freuds entspringen. Sie hat keinerlei Beziehung zu dem, was wir objektiv über den Geist wissen, wie kärglich dieses Wissen immer sein mag. Als Religion adelt sie nicht einmal die besten Instinkte des Menschen. Man könnte sie als einen äußerst beachtlichen Massenwahn betrachten, der aus der typischen Neigung des Menschen entstanden ist zu entdecken, dann zu verehren, was wir noch nicht kennen.

Dr. Arthur Shapiro nennt die Psychoanalyse ein »Gebräu des Geistes«. Bei einem Interview ging er ausführlicher auf seine Kritik ein. »Viele Patienten sind heute gebildeter, kultivierter, intelligenter, informierter, reifer und erfolgreicher als der sie behandelnde Psychoanalytiker. Das wirft Probleme auf, denn ein solcher Patient zahlt nicht 60 Dollar pro Stunde für eine bloße Rückversicherung und ein paar aufbauende Worte. Und wahrscheinlich würde er das auch nicht viermal pro Woche für ein magisches Ritual zahlen, das auf einem primitiven Schamanismus aufbaut. Die einzig angemessene Möglichkeit wäre ein esoterisches System, das nicht einmal der gebildete Patient ohne weiteres begreift. Erforderlich wäre außerdem ein unnahbarer, angesehener Arzt, dessen Anwesenheit allein schon die Prozedur erhöhen würde. Ein solches Verfahren existiert – man nennt es Psychoanalyse.

Nach außen hin ist die Psychoanalyse ein scheinbar komplexes, geistig schwer zugängliches System. In Wirklichkeit aber täuscht sie den Patienten, denn das eigentliche Verfahren nutzt lediglich den Placebo-Effekt aus. So wie das Zur-Ader-Lassen das wahrscheinlich am häufigsten verwendete Placebo der Vergangenheit war, ist die Psychoanalyse – und ihre zahllosen psychotherapeutischen Ableger – das meistgebrauchte Placebo unserer Tage. Sie ist ein kostspieliges Placebo, das den Reichen, dem Adel und sogar dem Papst vorbehalten war. Aber wahrscheinlich richtet die Psychoanalyse keinen größeren Schaden an als die Placebos der Vergangenheit – einigen Patienten wird geholfen, anderen nicht, und bei wieder anderen verschlechtert sich der Zustand.«

Eine der stärksten Waffen der Psychoanalyse gegen den Vorwurf, eine Religion oder gar ein Kult zu sein, ist ihre enge Bindung an die Medizin und damit an die Wissenschaft. Vor allem in Amerika gilt die Gleichung: Ein Psychoanalytiker ist ein Doktor ist ein Psychiater ist ein Wissenschaftler. Diese Verbindung zur Medizin hat der Analyse in Amerika das Ansehen eingebracht, das ihr in Europa fehlt, und wesentlich zur Aufnahme durch die Patienten und die Zivilisation allgemein beigetragen.

Aber inzwischen ist offenkundig geworden, daß die medizinischen Aspekte der Psychoanalyse Fassade sind, denn es ist nicht notwendig, ein Arzt zu sein, um ein klassischer, zugelassener Psychoalatiker zu werden. Es gibt sogar Berufsvertreter, die die medizinische Ausbildung aufgrund ihrer Ausrichtung auf den Arzt als abträglich für den Beruf des Analytikers ansehen.

Der Psychologe Stanley Appelbaum, promovierter Philosoph und Mitarbeiter an der Menninger Clinic, praktizierender freudianischer Analytiker und Mitglied der American Psychoanalytic Association, sieht die Bindung seines Berufsstandes an die Medizin mit kritischen Augen. »Ich glaube nicht, daß die medizinische Ausbildung irgendeinen Wert für die Psychoanalyse hat«, erklärte er. »Wäre dem so, müßten wir annehmen, daß alle bekannten Analytiker in der Welt, die ohne abgeschlossenes Medizinstudium praktizieren, ihren Kollegen in irgendeiner Form unterlegen sind. Aber das trifft nicht zu. Anna Freud beispielweise ist keine Ärztin.«

»Die Psychoanalyse ist eine Sprach- und eine Verhaltenswissenschaft«, bemerkte er weiter. »Sie hat nur wenige Werte und Gedankenrichtungen mit den eigentlichen Wissenschaften gemein. Unser einziges Kapital ist die Sprache. Wir brauchen Patienten, die inspirierend mit der Sprache umgehen können. Ich bin der Meinung, daß Historiker, Sprachwissenschaftler und Schriftsteller sich mindestens ebensogut zum Psychoanalytiker eignen wie Menschen, die sich für Biologie, Chemie und Physik interessieren – also diejenigen, die heute auf dem Weg über die medizinische Fakultät in den Beruf kommen.«

Die Psychoanalyse ist sich selbst nicht im klaren über ihre Rolle in der Gesellschaft. Diese Verwirrung hat mit dazu beigetragen, daß die Analyse und die mit ihr verwandten helfenden Berufe ebensosehr ein kulturelles und emotionales Problem geworden sind wie eine Lösung. Die Psychoanalyse stellt eine Gefahr in eben jener *psychologischen Gesellschaft* dar, die sie mitgeformt hat. Nicht nur, daß sie zahlreiche Merkmale einer Religion aufweist, dazu noch einer entstellten und lieblosen, sie hat sich auch so lange als Wissenschaft geriert. Durch diese Haltung hat sie ein halbes Jahrhundert lang mit dazu beigetragen, die wirkliche Forschung auf dem Gebiet der Psychiatrie zu unterbinden, indem sie die Wißbegierigen und Begabten abdrängte auf den Weg des freudianischen Rituals und Dogmas.

Innerhalb wie außerhalb des Berufsstandes haben Beobachter damit begonnen, sich der lähmenden Umklammerung der Psychoanalyse und ihrer psychodynamischen Mythologie zu erwehren und unbehindert die wertvollste aller Tätigkeiten des Menschen zu erforschen, die Tätigkeit des menschlichen Geistes.

VII

DER SCHATTEN DES DR. FREUD

»Ich glaube, Sigmund Freud hatte sexuelle Probleme, die er nicht lösen konnte. So war zum Beispiel sein Glaube an die konstitutionelle Bisexualität ein Rechtfertigungsversuch für bestimmte Charakterzüge. Ich halte viele Analytiker für hervorragende und engagierte Leute, aber die Analyse neigt dazu, Menschen anzuziehen, deren Persönlichkeit derjenigen Freuds ähnelt – passive Männer und aggressive Frauen.«

Auf einer neofreudianischen Konferenz würde man einen so kühn vorgebrachten Verdacht gegenüber dem Propheten normalerweise als Latrinenparole abtun. Doch wurde er von Dr. Harold M. Voth geäußert, einem an der Menninger Foundation lehrenden Psychiater und Mitglied der American Psychoanalytic Association. Dr. Voth ist überzeugt, daß Freud »in beträchtlichem Umfang weibliche Züge« aufwies, ein Merkmal, das auf den gesamten Stand abgefärbt hat, weil es den, wie er sich ausdrückte, »neurotisch belasteten« Dr. Freud zu einem Vorbild machte.

Die Persönlichkeit Sigmund Freuds, der vor gut 40 Jahren starb, lebt in der Psychotherapie, der Psychoanalyse und einem großen Teil der modernen Psychiatrie fort. Die Bedürfnisse und Konflikte Freuds sind kaum mehr zu trennen vom gesamten Rahmen der *psychologischen Gesellschaft,* die er geschaffen hat.

Diese drängenden Bedürfnisse sind auch in die Psyche von Millionen Menschen gedrungen und haben viel von unserer Persönlichkeit nach seinem Bild neu geformt. Freud bot uns seinen Katalog der Schwächen als die Symbole der *Normalität* an und wurde dadurch unsterblich. Mit Erfolg hat er seine Persönlichkeit und seine Art zu denken auf weite Teile der Menschheit übertragen, insbesondere auf die leicht zu beeindruckende amerikanische Psyche. Wir alle sind zu Kindern Sigmund Freuds geworden, die einen, ohne es zu merken, die anderen gegen ihren Willen.

Eine weitere formale Biographie Sigmund Freuds brauchen wir nicht, denn wir haben das dreibändige, klassische Werk von Dr. Ernest Jones. Und auch eine unsichere Psychographie des Unbewußten Freuds müssen wir nicht erstellen. Seine *bewußten* Gedanken sind jedem zugänglich, in Biographien, seiner Autobiographie, seinem umfangreichen anderen Werk, seinen Briefen an Wilhelm Fliess, an seine Braut Martha Bernays und viele andere, und sogar die Memoiren seines Arztes Dr. Max Schur liegen vor.

Ein Bedarf besteht allerdings daran, diese verschiedenen Quellen anzuzapfen, um ein Bild von der Persönlichkeit Dr. Freuds zu bekommen, ein Bild, das deutlich macht, inwieweit und auf welche Weise seine Neurosen und sein Wesen so vieles in der *psychologischen Gesellschaft* von heute geschaffen haben, das nicht greifbar und doch allgegenwärtig ist.

Auch wenn die Anstöße der Persönlichkeit Freuds vielfältig waren, so waren sie doch nicht immer nur positiv. Das Bild, das zum Vorschein kommt, zeigt einen Menschen, der getrieben wurde von den Furien der Feindseligkeit und des Neides, den Depressionen, Todeswünsche, Phobien und schwere, an den Kräften zehrende Neurosen niederdrückten. Beruflich war er gezeichnet durch seinen übertriebenen Hang zum Aberglauben und seine Leichtgläubigkeit – das Gegenteil eines Mannes der Wissenschaft. Freud als Mensch ist mehr der unglückliche Philosoph als der beherzte Forscher, der, wie die Gesellschaft glaubte, die Tür zu unserem verwirrenden Verhalten aufstoßen würde.

Das Scheitern der Psychotherapie ist heute für jeden sichtbar. Weniger offenkundig ist, wie eng dieses Scheitern mit den persönlichen Mängeln des Propheten verbunden ist. Als Theoretiker und Wissenschaftler war Sigmund Freud impulsiv. Seine Arbeit wurde stark beeinträchtigt durch eine für ihn typische, übertriebene Begeisterung, die oft Ungenauigkeiten zur Folge hatte. Gewandt, ja sogar brillant, entwarf er seine Theorien, aber sein Wunsch, mit etwas recht zu haben, schob alle Einwände beiseite.

Freud war ein von sich selbst überzeugter, hitziger Denker, ein »Eroberer« des Geistes, wie er sich einmal nannte. Die Folge war, daß sowohl sein Werdegang wie auch die Disziplinen, die er so nachhaltig beeinflußte, die Psychotherapie und die Psychoanalyse, reichlich durchsetzt sind mit Irrtümern, die Freud der Welt mit absolutem Selbstvertrauen, sogar mit Arroganz, präsentierte.

Freuds erster gewaltiger Irrtum war seine Verführungstheorie. Wie er 1896 angab, war er überzeugt, daß all seine hysterischen Patienten in ihrer Kindheit von Erwachsenen verführt worden waren. Die Theorie besitzt die Wahrscheinlichkeit aller freudianischen Konzepte: Eine Deckschicht aus ins einzelne gehenden Argumenten, die dem Falschen den Anschein der Wirklichkeit verleihen. Es war seine Herausforderung an die Franzosen, die die Hysterie für eine Erbkrankheit hielten. Eine Zeitlang sonnte er sich in dieser Theorie als seiner »wichtigen Enthüllung«, dem »caput Nili (Ursprung des Nils) der Neuropathologie«.

Aber wie wir gesehen haben, nahm er seine Behauptungen ein Jahr später formell zurück. Am 21. September 1897 teilte er Dr. Wilhelm Fliess in einem Brief mit, er glaube nicht mehr daran, daß die Hysterie dadurch verursacht werde, daß der Patient im Alter von einem Jahr von einem Elternteil oder einem anderen Erwachsenen verführt wurde. Er gestand ein, daß die Patienten ihn entweder angelogen hätten, oder er ihrem leicht zu beeindruckenden Geist den Gedanken eingegeben habe. Ohne die Theorie, so klagt er, hätte er »die Erwartung des ewigen Nachruhmes« und »des sicheren Reichtums, die volle Unabhängigkeit, das Reisen« verloren.

Freuds Persönlichkeit brachte ihn ständig davon ab, objektiv zu sein. Er war ein geschickter Selbsthypnotiseur und ein Mann mit leidenschaftlichem, grenzenlosem Glauben. Rückhaltlos glaubte er an eine Theorie bis zu dem Augenblick, in dem er sie fallen ließ. Und dann richtete er sein Vertrauen ebenso glühend auf die Theorie, die die alte ersetzte.

Aus der fallengelassenen Verführungstheorie, die Dr. Ernest Jones »diesen folgenschweren Schnitzer« nannte, erstand wie ein Phönix aus der Asche Freuds neues Konzept der Psychoneurose. Es war die infantile Sexualität, die geniale Umwandlung der falschen Verführungstheorie von der Wirklichkeit in eine Phantasie und dann wieder zurück in die Wirklichkeit.

Die Verführungstheorie war ein kurzlebiger Mißgriff. Im allgemeinen hielt Freud länger an seinen wissenschaftlichen Irrtümern fest und ersetzte sie dann ohne ein Wort der Erklärung durch andere Theorien. In der unglückseligen Kokainaffäre zum Beispiel bewies Freud nicht nur schlechtes Urteilsvermögen, sondern verteidigte seinen Fehler auch noch hartnäckig gegen übermächtige wissenschaftliche Beweise.

1884 erhielt er eine Versuchsdosis des relativ neuen Alkaloids Kokain, eines Derivats der südamerikanischen Kakaopflanze. Er nahm ein zwanzigstel Gramm und stellte fest, daß seine schlechte Stimmung verflog und einer heiteren Platz machte. Da das Kokain wie ein Magenanästhetikum wirkte, vermittelte es ihm das Gefühl, gut gegessen zu haben. Freud folgte der Anregung eines Militärarztes, der die Wirkung des Kokains bei bayerischen Soldaten beobachtet hatte, und benutzte es als Aufmunterungsmittel beim Arbeiten. Er fand, daß es die Müdigkeit vertrieb.

Er war augenblicklich begeistert und nannte das Alkaloid sein *Zaubermittel.* »Ich nehme es regelmäßig gegen Verstimmung und Druck im Magen mit dem glänzendsten Erfolg in sehr kleinen Dosen«, schrieb er. Im Alter von 28 Jahren war er in großer Verlegenheit um ein psychisch und physisch wirkendes Allheilmittel. Wie es hieß, litt er an »periodisch auftretenden Depressionen und Müdigkeit oder Apathie, neurotischen Symptomen, die die Form von Angstanfällen annahmen«.

Freud besaß die sorglose, unwissenschaftliche Neigung, sich für vollkommen und vielseitig zu halten. Das gleiche nahm er auch im Zusammenhang mit Kokain an. Weil er bei sich kein physiologisches Verlangen nach der Droge wahrnahm, glaubte er, sie mache nicht süchtig und begann eine Kampagne, bei der er die Verwendung von Kokain anregte.

Er beschaffte es seinen Schwestern und drängte es seinen Freunden auf. Er gab es seinen Arztkollegen und riet ihnen, es bei ihren Patienten anzuwenden. Er selbst behandelte Patienten damit, von denen einer, für den er eine große Dosis besorgt hatte, zusammenbrach. Sogar seiner Braut Martha Bernays schickte er Kokain, »um sie stark und kräftig zu machen«. Durch das Rauschmittel war aus ihm, einem jungen Arzt, der an schweren Depressionen litt, wie er sagt »ein großer wilder Mann (geworden), *der Kokain im Leib hat«.*

Er verschrieb Kokain seinem Freund und Arztkollegen Dr. Ernst von Fleischl-Marxow, der wegen unerträglicher Schmerzen nach der Amputation mehrerer Finger morphinsüchtig geworden war. Freud setzte ihn auf Kokain als einen »ungefährlichen« Ersatz, aber Fleischl starb schließlich an Kokainvergiftung. Wie Dr. Max Schur, der spätere persönliche Arzt Freuds, erklärt, »konnte (Kokain) süchtig machen und sogar gefährlichere Folgen als eine Morphinsucht haben«. Bedrückt faßte Ernest Jones die Kokain-Episode zusammen: »Von unserer Warte und mit dem gegenwärtigen Wissen betrachtet, wurde er (Freud), kurz gesagt, zunehmend zu einer öffentlichen Bedrohung«.

Freud war der perfekte Propagandist. 1885 veröffentlichte er einen Beitrag zum Lobe des Kokains, in dem er ehrfurchtsvoll von einer »Gabe« statt von einer »Dosierung« sprach. Fälschlicherweise erklärte er, »... daß nach der ersten oder wiederholten Cocaeinnahme durchaus kein Verlangen nach weiterem Cocagebrauch eintritt«. Bei Fällen von Morphinsucht verschrieb Freud »ohne Zögern« subkutane

Kokaininjektionen, »ohne eine Akkumulation des Giftes zu befürchten«.

1886 wurde bekannt, daß Kokain nicht nur zum Delirium tremens führen konnte, sondern auch zu Sucht, Toxizität und Tod. In Deutschland herrschte allgemein große Besorgnis, und man warf Freud vor, »die dritte Geißel der Menschheit« heraufbeschworen zu haben. Eigensinnig verteidigte sich Freud. 1887 schrieb er einen Artikel zu seiner Entlastung und behauptete, daß nur die Morphinsüchtigen dem Rauschgift zum Opfer fielen. Er blieb dabei, daß Kokain harmlos sei, wenn man es oral einnehme; nur die subkutane Spritze sei der Übeltäter.

Er hatte in allen Punkten Unrecht, aber er unterließ es auch, im Anhang seines Artikels seinen Beitrag von 1885 aufzuführen, in dem er für die Behandlung die subkutane Methode befürwortet hatte. Als sich Freud um eine Professor bewarb, entfernte er seinen ursprünglichen Beitrag über Kokain aus seiner Bibliographie. (1914 hatte Freud eine realistischere Einstellung zum Kokain gewonnen. Er schrieb, daß Kokain, im Übermaß genommen, paranoide Symptome hervorrufen könne. Beim Absetzen der Droge zeige sich die gleiche Wirkung, wic er einräumte.)

Trotzdem kam ihm bei seinem wenig glücklichen Vorgehen noch der Zufall zuhilfe, mit der Folge einer unerwarteten und positiven Entdeckung. Dr. Karl Koller, ein junger, befreundeter Augenarzt, stellte fest, daß Kokain sich ausgezeichnet als örtliches Betäubungsmittel für das Auge eignete. Freud war gekränkt, daß man sich nur seiner unrühmlichen Rolle als Kokainbefürworter erinnerte, nicht aber als Wohltäter für die Augenchirurgie.

Koller machte seine Entdeckung in der Universitätsklinik, als Freud gerade seine Verlobte besuchte. Wenn Freud auf das Kokain zu sprechen kam, vermied er es, seine Einfältigkeit zu erwähnen. Aber er ließ bereits früh Anzeichen seiner Feindseligkeit wie auch seines Drangs nach Ruhm erkennen. So gab er seiner Verlobten die Schuld dafür, daß er nicht schon in frühen Jahren berühmt war.

Fünfzehn Jahre nahm Freud hin und wieder Kokain. Anfangs war das stimmungsbedingt, später diente das Kokain jedoch der örtlichen Anwendung zur Behandlung seiner Sinusitis, eine Therapie, die der Nasenfacharzt Dr. Fliess verordnet hatte. (Das Inhalieren durch die Nase ist bei Kokain eine verbreitete Methode, um »high« zu werden.) Wie Max Schur uns mitteilt, wandte Freud Kokain in den 90er Jahren des vorigen Jahrhunderts oft örtlich an. Noch niemand hat die halluzinatorische Wirkung des Kokains auf Freud in den für die Entwicklung der Psychoanalyse entscheidenden Jahren untersucht. Hätte Freuds Phantasie diese unwahrscheinlichen Höhenflüge auch ohne Kokain unternehmen können?

Die Kokain-Episode war einer der zahlreichen unwissenschaftlichen Abstecher des zum Neurologen gewandelten Philosophen aus Wien. Freuds toxikologische Sexualtheorie, derzufolge der Körper durch sexuelle Frustration vergiftet werden könne, war ein weiterer wissenschaftlicher Irrtum, der seinen Niederschlag im Aberglauben einer breiten Öffentlichkeit fand. Das Unvermögen, das Sexualsystem hinreichend einzusetzen, staue die Libido und löse die Produktion chemischer Substanzen aus, die dem Geist Schaden zufügten – so Freud in seiner Theorie.

Freud erklärte, somatisch wirke sich dieser Prozeß in den Aktualneurosen aus, während er sich geistig in einer Psychoneurose niederschlage. Er unterteilte die Patienten in zwei Gruppen, in die Gruppe derjenigen, die an *Angstneurosen* litten, und derjenigen, die an *Neurasthenie* erkrankt waren. Die Angstneurose werde verursacht durch die Frustration des »Coitus interruptus, ... sogenannte frustrane Erregung (und) Abstinenz«. Bei der Neurasthenie sei es der sexuelle Mißbrauch: »Exzessive Masturbation ... oder ... gehäufte Pollutionen.«

Das Heilmittel war schnell gefunden: mehr genitale Sexualität. Wenn es möglich wäre, dem Mißbrauch ein Ende zu machen und zu erlauben, daß an seine Stelle normale sexuelle Aktivität träte, wäre eine verblüffende Besserung des Zustands der Lohn, versicherte Freud uns. Die Theorie ist inzwischen ad acta gelegt, doch Freuds kindische Vorstellungen vom Körper, der durch sexuelle Frustration vergiftet wird, lebt in der abergläubischen psychologischen Volksmeinung fort.

Das ödipale Dreiecksverhältnis ist ein Paradebeispiel dafür, wie die Persönlichkeit Freuds die Psychologie und Psychiatrie verzerrt hat. Im Verlauf seiner Selbstanalyse bemerkte Freud bei sich das leidenschaftliche Gefühl für seine Mutter und die Eifersucht auf seinen Vater. Als Erwachsener sah er wiederholt das Bild seiner hübschen, schlanken Mutter vor sich. Seinem Glauben an das Trauma der *Urszene* nach zu urteilen, muß Freud als Kind seine attraktive Mutter beim Geschlechtsverkehr beobachtet haben. Was von einem weniger getriebenen Kind wahrscheinlich übergangen worden wäre, schien Freud zu beherrschen.

Offensichtlich erlebte Freud das ödipale Verlangen, eine Störung, von der Nicht-Freudianer wie die Kinderpsychiaterin Dr. Stella Chess von der New York University glauben, daß sie nur wenige Kinder berührt. Dann litt er unter dem Wahn, seine Anomalie sei normal und allgemein verbreitet. Bei Knaben sei der Wunsch, ihrer Mutter ein Kind zu machen, immer vorhanden, schrieb er. Ernest Jones sprach vom *Besessensein von einer Idee,* das Freud dazu gebracht habe, seine eigenen Empfindungen auf die gesamt Menschheit zu übertragen, und nannte es nicht nur Freuds große Stärke, sondern auch eine entscheidende Schwäche. Im Fall der ödipalen Theorie hat Freud das Bild seiner eigenen pathologischen Kindheit der modernen Gesellschaft als charakteristisch aufgedrückt und damit ein psychisches Chaos in der *psychologischen Gesellschaft* geschaffen.

Freuds Verhältnis zu seiner Mutter war lang und erfüllt, der Inbegriff der hinlänglich bekannten jüdischen Liebe zwischen Mutter und Sohn. Sie wurde 95 Jahre alt und starb, als Freud 74 war. Freud hat wiederholt auf den Einfluß ihrer Liebe hingewiesen und mehr als einmal erklärt: »Wenn man der unbestrittene Liebling der Mutter gewesen ist, so behält man fürs Leben jenes Eroberergefühl, jene Zuversicht des Erfolges, welche nicht selten wirklich den Erfolg nach sich zieht.«

Freud war der Liebling seiner Mutter Amalie, »mein goldener Sigi«, wie sie ihn nannte. »Nur das Verhältnis zum Sohn bringt der Mutter uneingeschränkte Befriedigung; es ist überhaupt die vollkommenste, am ehesten ambivalenzfreie aller menschlichen Beziehungen«, schrieb er. Und er fügte einen metaphysischen, sexuellen Gedanken an: Für die Mutter, so sagte er, bringe der kleine Knabe den ersehnten Penis mit.

Freud quälte sich mit zahllosen Neurosen, von denen viele im Verlauf seiner engen, 20jährigen Beziehung zu Wilhelm Fliess bekannt wurden. Die tiefe Freundschaft trug auch dazu bei, einige seltsame Vorstellungen in die moderne Psychologie einzuführen. Freud und Fliess vereinbarten, die Briefe später zu vernichten, doch hielt sich Fliess nicht daran. Die Briefe gelangten in die Hände von Marie Bonaparte, einer guten Freundin Freuds, und wurden schließlich teilweise unter dem Titel *Aus den Anfängen der Psychoanalyse* veröffentlicht.

Die ersten der veröffentlichten Briefe stammen aus dem Jahr 1887. Die Ratgeber Freuds ließen die ersten vier Jahre fort und hielten andere, sehr private Briefe zurück. Freuds Arzt Dr. Max Schur brachte später einige der noch nicht veröffentlichten Briefe in seinem eigenen Werk *Freud: Living and Dying* (Sigmund Freud, Leben und Werk).

Die Briefe Freuds an Fliess offenbaren eine innige, liebesähnliche Kameradschaft, die fünfzehn Jahre währte, bevor sie letztlich an gegenseitiger Feindseligkeit zerbrach. Es war diese enge Beziehung, die bei Freud Besorgnis über eine latente Homosexualität auslöste. Er selbst bezeichnete sein Verlangen nach Fliess und den häufigen Treffen (Kongressen) in Berlin, Wien und München als »feminin«.

In einem Brief an Fliess schrieb er: »Aber den Verkehr mit dem Freund, den eine besondere – etwa feminine – Seite fordert, ersetzt mir niemand ...« Jahre später erzählte Freud Sandor Ferenczi von der »homosexuellen Besetzung«, die bei der Beziehung zu Fliess im Spiel gewesen sei. Als Ernest Jones Sigmund Freud 1908 zum erstenmal begegnete, »empfand ich«, wie er später berichtete, »einen leicht femininen Zug in seinem Wesen und seinen Bewegungen«.

Freud gab diesem weiblichen Zug auf verschiedene Art Ausdruck, bemerkt Dr. Harold Voth. »Sein ganzes Leben hatte Freud eine Vorliebe für männlich wirkende Frauen von hoher Intelligenz«, erklärte er. »Er verwies auf Marthas Nase und Mund, die beinahe maskulin und wenig mädchenhaft wirkten. Sie hatte einen starken Willen und war nicht leicht zu beeinflussen. Wenn es Differenzen zwischen ihnen gab, behauptete sie sich ihm gegenüber, und nach den Worten von Jones erwies sie sich in allen wichtigen Fragen als die stärkere.«

Dr. Voth zeigt sich besorgt, daß die femininen, passiven Empfindungen Freuds die heutigen Analytiker möglicherweise beeinflussen, und über sie die Patienten und die Gesellschaft. »Eine der Schwierigkeiten bei diesem Analytikertyp besteht darin, daß er männliches Selbstbewußtsein und Aggression als ein neurotisches Symptom betrachtet. Diese Analytiker neigen dazu, ihre eigenen Konflikte und Wertvorstellungen in dieser Frage auf ihre Patienten zu übertragen. Die Folge kann ein erheblicher Schaden für den Patienten oder andere Personen in dessen Leben sein«, sagt er.

Über Freuds Heterosexualität ist wenig bekannt, aber es wird vermutet, daß sie in seinem Leben keine besonders große Rolle gespielt hat. »Freud behauptete einmal, daß der zivilisierte Mensch keine volle sexuelle Befriedigung erlangen könne«, bemerkt Dr. Voth. »Ich glaube, er dachte so, weil er sie für sich selbst nicht verwirklichen konnte.«

Dieser Verdacht wird genährt durch einen der zunächst unveröffentlichten Briefe Freuds, der einst bewegend an Fliess schrieb: »Mir hat, wie Du ja weißt, nie das Weib im Leben den Kameraden, den Freund ersetzt.« Er berichtete Fliess von seiner »Liebe« für »seinen

Freund und einzigen Korrespondenten« der Zeit seiner Isolation im Jahr 1896. Als sich die beiden Briefpartner innerhalb nur weniger Wochen einer ähnlichen Operation unterzogen (beiden wurde am Hodensack ein Geschwür entfernt), sah Freud das als »eine geheime biologische Sympathie« zwischen ihnen an.

Die Bande zwischen den beiden Männern ließen Freud beinahe zum Dichter werden. »Ich lebe da verdrossen und in Dunkelheit, bis Du kommst«, schrieb er seinem Berliner Gefährten. »Ich schimpf' mich aus, entzünde mein flackerndes Licht an Deinem ruhigen, fühle mich wieder wohl und nach Deiner Abreise habe ich wieder Augen bekommen zu sehen und was ich sehe, ist schön und gut.«

Freud erzählte Ernest Jones einmal von der immer noch in ihm fortlebenden Kraft Wilhelm Fliess', auch nachdem die beiden sich entzweit hatten. Nach einem Zwischenfall, bei dem Freud im Münchener Park Hotel ohnmächtig geworden war, erklärte er: »Ich sah München zuerst, als ich Fliess während seiner Krankheit besuchte, und die Stadt scheint eine starke Verbindung mit meiner Beziehung zu diesem Mann gewonnen zu haben. Am Grunde steckt ein Stück eines unbeherrschten homosexuellen Gefühls dahinter.«

Die Belange Freuds sind nicht seine Privatangelegenheit geblieben, sondern sind Bestandteil unserer modernen Mythologie geworden. So hat zum Beispiel sein Konzept der *latenten Homosexualität* seine eigene Besorgnis über seine Homosexualität in eine grundlose Angst bei Millionen normal heterosexueller Männer und Frauen verwandelt. Als Folge haben seither Tausende von Therapeuten gehorsam die Psyche der Patienten erforscht, um einen aus der Art geschlagenen Sexualtrieb ähnlich dem Freuds zu finden. Wie Dr. Schur sagte: »Zu den schwierigsten Leistungen einer normalen Analyse gehört es, dem Analysanden sowohl die Existenz der latenten Homosexualität wie ihre anpassungsfähigen Möglichkeiten zu zeigen.«

Freud und Fliess hatten sehr viel gemein, nicht nur ihre Gefühle, sondern auch die Eigenarten, von denen viel an uns weitergegeben worden ist. Beide fühlten sich angezogen vom Metyphysischen, Magischen und Mystischen. Im Verlauf dieser lange währenden Beziehung enthüllte Freud erst richtig sein abergläubisches und leichtgläubiges Wesen. Diese beiden Eigenschaften Freuds haben weite Bereiche der heutigen Psychologie und Psychiatrie unter Unbewiesenem und Unwahrscheinlichem begraben.

Der Nasenfacharzt Dr. Fliess hatte eine Theorie sexuell-nasaler Reflexe entwickelt. Er glaubte, es bestünde eine Beziehung zwischen den

Schleimhäuten der Nase und den weiblichen Genitalien. Sie war Teil einer weiter gefaßten Vorstellung von *Periodizität,* einer astrologieähnlichen Theorie, die Ereignisse mit den Perioden in Verbindung brachte. Fliess rechnte 28 Tage für die weibliche Periode und 23 Tage für die männliche. Kombinationen der Zahlen konnten, wie der Tierkreis, die *kritischen Perioden* und *kritischen Tage* im Leben eines Menschen im voraus bestimmen. Sie waren imstande, glückliche und schlechte Zeitabschnitte vorherzusagen. Sogar der Tod ließ sich durch Permutation dieser geheimnisvollen Zahlen erahnen.

Freud war ein begeisterter Anhänger der Fliess'schen magischen Zahlen. Für ihn war sein Berliner Kollege der »Kepler der Biologie«. Am 25. Mai 1899 schrieb Freud, daß seine Migräne, eines von mehreren Leiden, das die Freunde gemeinsam hatten, in die Periode 28 plus 28/2 falle. Im Oktober schrieb Freud: »Meine Stimmung hält sich noch tapfer, das Datum des nächsten Zusammenbruches theile ich Dir dann für Deine Berechnungen mit.«

Freud verwandelte die Fliess'sche Theorie in komplizierte mathematische Gleichungen. Martin [Freuds Sohn] hatte sich am 14. Jänner ›$5 \times 28^2 - 10 \times 23$‹ zwischen 2–3 Uhr nachmittags mit akutem Krankheitsbeginn gelegt«, teilte er Fliess am 1. Februar 1900 mit. Erbost über die medizinische Gemeinde in Wien, die die Mystik von Fliess ablehnte, fragte Freud, wie Schur schreibt: »Wie viele Jahre würde es dann dauern, bis die medizinische Welt die Bedeutung der Serien 28 und 23 erkannte?«

Wie auch schon bei anderen aufgebenen Gedanken ließ sein Interesse an der Periodizität nur langsam und widerwillig nach. Schur meint, Freud habe seinen Glauben an die Theorie jahrzehntelang nicht aufgegeben, »wenn er es überhaupt je getan hat«. Der Einfluß von Fliess auf Freud war stark, und Freud erkannte schließlich auch an, daß Fliess die Begriffe *Sublimierung, Latenz* und *Bisexualität* eingeführt hatte.

Auch wenn Freud den Aberglauben in sich für unwissenschaftlich hielt, er saß doch sehr tief. In seinem Werk *Zur Psychopathologie des Alltagslebens,* in dem sich seine, wie er sie nannte, »Spielereien« mit Zahlen zu zirkusreifer Virtuosität entwickelten, machte er ein kleines Zugeständnis. »Ich finde übrigens in diesen unbewußten Gedankenoperationen mit Zahlen eine Neigung zum Aberglauben, deren Herkunft mir lange Zeit fremd geblieben ist«, äußerte er. Sein Aberglaube offenbarte sich auch in zahlreichen Bemerkungen am Rande. So meinte er einmal: »Gewisse Dinge soll man nicht einmal im Scherz sagen sonst werden sie zu ernst.« Und bei einer anderen Gelegenheit sprach er von den »himmlischen Einflüssen« und ihrer Macht auf die menschlichen Ereignisse.

Wenn es um den eigenen Tod ging, war Freud von magischen Zahlen wie besessen. Er wollte bis zur Altersgrenze von 51 aushalten, der Summe aus der männlich und weiblichen Periode 23 und 28, aber, wie er Fliess mit 40 Jahren schrieb, »(war) ein Tag . . . dabei, der mir's nicht wahrscheinlich machte«. Er hatte sich »am letzten kritischen Termin« eine schwere Infektion zugezogen.

Später kreiste seine mit dem Tod zusammenhängende Zwangsvorstellung um die Zahlen 61 und 62. Er berichtete Jung, der als Vertrauter an die Stelle von Fliess getreten war, daß sich die Zahlen auf einer Griechenlandreise auf »unheimlich« Weise gezeigt hätten. Sein Hotelzimmer hatte die Nummer 31, ungefähr die Hälfte von 61–62. 1936, als er 80 Jahre alt war, beschäftigte er sich eingehend mit der Zahl 81½. Er starb schließlich im Schlaf, im Alter von 83 Jahren, nachdem er sämtliche magischen Zahlen überlebt hatte.

Als Arzt und Neurologe versuchte Freud gelegentlich, seine abergläubischen Vorstellungen logisch zu erklären. In einem Brief an Jung aus dem Jahr 1909 begründete er, warum er glaubte, mit 61 oder 62 zu sterben. 1899, als ihn diese Vorstellung erstmals ankam, wurde ihm eine neue Telefonnummer zugeteilt, 14362. Im gleichen Jahr veröffentlichte er die *Traumdeutung*. Für Freud lag die Beziehung zwischen beiden auf der Hand. Die 43 der Telefonnummer entsprach seinem Alter im Jahr 1899, und beinahe ungläubig fragte er: »Was lag also näher, als daß die anderen Ziffern mein Lebensende bedeuten sollten, also 61 oder 62.«

Aberglaube, Mystik und eine unerklärliche Naivität machten aber nur einen Teil seiner komplexen, neurotischen Persönlichkeit aus. Für einen Analytiker ist es heute chic zu erklären, daß Freud zu neurotisch war, um überhaupt an einem modernen psychoanalytischen Institut zugelassen zu werden. Das mag zwar zutreffen, doch Freud hat sich dadurch Einlaß verschafft, daß er seine Persönlichkeit auf die moderne Psychoanalyse, sämtliche Anwärter auf den Beruf des Analytikers, zahllose Psychiater und letztlich auch auf die Patienten und die Öffentlichkeit projiziert hat. Der negative Zug der psychodynamischen Theorie, die auf Anomalien beim einzelnen abstellt, ist ein grandioses Erbe der Neurosen Freuds selbst.

Als Kind zeigte der junge Sigmund ein ungewöhnliches Benehmen. Als er sieben Jahre alt war, ging er in das Schlafzimmer seiner Eltern und urinierte absichtlich auf den Boden. Er beschreibt sich selbst als Opfer einer *Neurasthenie,* eine Ausdrucksweise, in der der heutige Neurotizismus und eine Form der Hypochondrie eingeschlossen waren. Freud behauptete, als junger Mann an einer »leichten Typhuserkrankung« und einer »leichten Pockenerkrankung« gelitten zu haben. Dr. Schur hat darauf hingewiesen, daß damals viele einfache gastrointestinale Erkrankungen als »leichter Typhus« beschrieben wurden. Nachdem er einmal wegen »Ischias« einige Zeit im Bett verbracht hatte, beschloß er, »keine Ischias mehr zu haben« und stand einfach auf.

Von seinem Vater erbte Freud eine, wie er es nannte, mögliche »neuropathologische Belastung«. Von vier leiblichen Vettern eines Onkels waren zwei geisteskrank. Ein anderer Vetter starb an Epilepsie. Das einzige, unmittelbar in seiner Familie vorkommende Anzeichen für diese »Belastung« war, wie er glaubte, »die schönste Neigung zur Neurasthenie« bei ihm und seiner Schwester Rosa.

Seine Neigung äußerte sich in lebenslangen Verdauungsschwierigkeiten und häufiger Verstopfung, in einem nervösen, krampfanfälligen Dickdarm, einer Reisephobie und starken Gemütsschwankungen, die allerdings eher zu Depressionen als zur Fröhlichkeit tendierten. Seine neurotische Stimmung machte ihn oft müde und schlechtgelaunt. »Ich habe großes Talent zum Klagen«, schrieb Freud. 1884, im Alter von 28 Jahren. äußerte er, daß er in den letzten 14 Monaten nur drei oder vier glückliche Tage erlebt habe. Seine Stimmung wandelte sich schnell und drastisch. Am 12. März 1885 schrieb er seiner Verlobten, Martha Bernays, daß er sich noch nie im Leben so frisch gefühlt habe. Am 21. März hatte sich seine Stimmung total gewandelt, und er glaubte, es nicht länger ertragen zu können.

In den 90er Jahren des vorigen Jahrhunderts, zwischen seinem 35. und 45. Lebensjahr, litt Freud an »einer recht beachtlichen Psychoneurose«, wie Ernest Jones schreibt. Sie war so schwer, daß es nach den Worten von Jones »nur gelegentlich Augenblicke gab, in denen das Leben lebenswert schien«. Über den allgemeinen emotionalen Zustand Freuds schreibt Jones: »Und so vergingen die Jahre in einem dauernden Kampf gegen die depressiven Anfälle, gegen die immer wiederkehrende Todesangst und all die anderen Probleme von innen und von außen.«

1896 wurde er darüber hinaus von einer Migräne, mehreren Sinusinfektionen, Operationen am Sinusknochen und vermutlich einem Herzleiden geplagt. (Jones hielt das Herzleiden für psychoneurotisch bedingt, Dr. Schur war überzeugt, daß es einen organischen Ursprung hatte.) 1896 schrieb Freud an Fliess: »Stimmung und Lebensfreudigkeit geht mir ganz ab, dafür notiere ich fleißig die Gelegenheiten, wann ich mich mit den Zuständen nach meinem Tod beschäftigen muß.«

Neben seinen gesundheitlichen Schwierigkeiten hatte er Geldsorgen und litt unter einer quälenden Todesangst. »Von dem Erwerb hängt meine Stimmung auch sehr ab«, räumte er ein. »So habe ich die hilflose Armut kennengelernt und fürchte mich beständig vor ihr.« Seine Todesfurcht peinigte ihn viele Jahre. In einem Brief an Fliess schrieb Freud, daß er »dann zwischen 40 und 50 an einer Herzruptur schön plötzlich verenden werde«.

1900, drei Jahre nach dem Beginn seiner Selbstanalyse, war er noch immer verzweifelt. »Abhelfen läßt sich dem Allerwenigsten, was mich bedrückt; es ist mein Kreuz, ich muß es tragen, und weiß Gott, mein Rücken ist bei der Anpassung merklich krumm geworden«, schrieb er. Die Selbstanalyse Freuds förderte unglückliche Erinnerungen und Rekonstruktionen zutage. Einmal kam derart viel anales Material zusammen, daß Freud eigens einen Ausdruck dafür prägte – Dreckologie.

Kokain im Anfang und Zigarren bis an sein Lebensende waren seine emotionalen Stützen. Nach einer vorübergehenden Unterbrechung bemerkte er über das Zigarrenrauchen: »Von den ersten Cigarren an war ich arbeitsfähig und Herr meiner Stimmung, früher war die Existenz unerträglich.« (Trotz seiner Klagen war Freud dennoch ungeheuer produktiv.)

Ein sehr ungewöhnliches neurotisches Symptom war seine Neigung, ohnmächtig zu werden. Es ist verbürgt, daß er mindestens viermal ohnmächtig geworden ist. Einmal geschah das beim Anblick von hervorstürzendem Blut. Für gewöhnlich aber war der Grund ein Blick auf sein ausgefallenes Ich. 1909, kurz vor der Abreise nach Amerika, waren Freud und Jung in Bremen. Freud teilte seinem Schüler mit, daß er, Jung, unbewußte Todeswünsche gegen ihn hege. Jung widersprach heftig. Während der Auseinandersetzung wurde Freud plötzlich ohnmächtig.

1912 stritten Freud und Jung über einen Beitrag, in dem Jung es unterlassen hatte, Freud zu erwähnen. Jung entschuldigte sich, aber Freud mäkelte weiter und stürzte dann urplötzlich wie tot zu Boden. Jung trug ihn zu einer Couch. Freuds erste Worte, als er die Augen wieder aufschlug, waren: »Es muß süß sein zu sterben.«

In einem Brief an Ludwig Binswanger enthüllte Freud kurz danach, daß er bereits zwei ähnliche Anfälle gehabt habe. Nach den Worten Freuds spielten »verdrängte Gefühle« die Hauptrolle bei seiner Ohnmachtsneurose. Er schrieb diese Verdrängungen der Schuld am Tod seines jüngeren Bruders zu, der starb, als Freud ein Jahr und sieben Monate alt war.

Diese geschichtliche, neurotische Persönlichkeit hat entscheidenden Einfluß auf unsere Kultur genommen. Die gröbsten Unpäßlichkeiten Freuds sind in unsere Sprache, unsere geistigen Gewohnheiten und unsere Psychologie eingegangen. So wie das psychische Rüstzeug Jesu zum herausragenden Ideal für die Christenheit wurde, wenn auch nicht zur alltäglichen Praxis, so wurden einige der neurotischen Schwächen Freuds zu Dogmen der Psychoanalyse erhoben und und schließlich zum Erbe der gesamten *psychologischen Gesellschaft.*

Eines der Wesensmerkmale war sein mürrisches Beharren darauf, daß die menschliche Psyche beherrscht werde von verborgener Feindseligkeit. Dieser Gedanke hat nicht nur die moderne Psychodynamik durchdrungen, sondern auch in erheblichem Maß unsere Art zu denken.

Freud wurde von Haßgefühlen geplagt und von der Schuld, die diese Gedanken hervorriefen. 1897, im Verlauf seiner berühmten Selbstanalyse, rekonstruierte er Erinnerungen an den Tod seines jüngeren Bruders Julius. Er fand heraus, Mordgedanken gegen das Kind gehegt zu haben. Wie Freud sagt, (»hatte) ich meinen ein Jahr jüngeren Bruder (der mit wenigen Monaten gestorben) mit bösen Wünschen und echter Kindereifersucht begrüßt«.

Nach dem Tod von Julius wurde seine jüngere Schwester Anna. geboren. Und wieder kam die Feindseligkeit Freuds durch. Er entdeckte den gleichen Todeswunsch gegenüber dieser neuen Mitbewerberin um die Gunst der Mutter. Dr. Schur erwähnt die Kraft des Hasses Freuds auf die Geschwister: »Er wies ganz besonders darauf hin, daß ein kleines Kind, dessen jüngeres Geschwister gestorben ist, nach der Geburt des nächsten Geschwisters eventuell den Wunsch hegt, daß das gleiche Schicksal diesem neuen Konkurrenten widerfährt.«

Freud dachte in den schlechtesten menschlichen Kategorien. Und seine einseitigen Zwangsvorstellungen ließen es ihm als gesichert erscheinen, daß seine Schwächen auch die aller anderen Menschen waren. Eifrig suchte er nach unbewußten Haßgefühlen, selbst dort, wo es gar keine gab. Als die Eltern seiner Verlobten Einwände gegen ihn als

Bewerber erhoben, war Freud außer sich, daß Martha, die zu heiraten er sich mehrere Jahre nicht leisten konnte, sich nicht gegen sie wandte und ihre Gewohnheiten ablegte, unter anderem das Essen koscherer Nahrung.

Das Fehlen jeglicher Feindseligkeit bei ihr konnte er nicht begreifen. Er betrachtete sie als einen edlen Menschen, aber wie Jones schreibt, »bestand eine gewisse Unvereinbarkeit zwischen seinem Wunsch, von Martha Gutes zu erfahren, und seinem beinahe gleich starken Verlangen, sie dazu zu bringen, seine Haßgefühle und Feindseligkeit zu teilen«.

Die Feindseligkeit war im Innern dieses fast scheuen, etwas weiblich wirkenden Mannes eingeschlossen wie eine Katze in einem Käfig. Ihm war eine grimmige Seele eigen, die selbst dann haßte, wenn sie liebte, ein Zug, den er als *Ambivalenz* an uns weitergegeben hat. »Wir wissen, daß starke Liebe und tiefer Haß bei Freud ganz besonders dazu neigten, Hand in Hand zu gehen«, erläutert Jones. Das erste Opfer dieser verzerrten Liebes- und Haßgefühle war Breuer, dann folgten Fliess, Jung, Adler, Stekel und all diejenigen, die zunächst avancierten, dann aber seinem Streben nach Unsterblichkeit im Wege standen.

Die Verstrickung Freuds in Haß und Liebe ist auch unsere Verstrikkung geworden. Er war vom Gedanken des unbewußten Hasses so gefangen, daß er ihm zu einem Synonym für Liebe wurde. Vielleicht könne man sagen, daß wir die schönsten Blumen unseres Liebeslebens der Reaktion auf widrige Antriebe verdanken (das heißt, unbewußten Todeswünschen gegenüber uns nahestehenden Personen), die wir in uns erahnen, meinte der unglückliche Philosoph.

Die Menschen hielten seine Scheu fälschlicherweise für Schwäche, erklärte Freud einmal. Er rühmte sich, in Wirklichkeit kühn und furchtlos zu sein. Freuds Ich war kompakt und voller Träume von Unsterblichkeit, die er sorgsam in die Wirklichkeit umsetzte.

Freud hat einmal eine Anekdote erzählt, die diesen brennenden Ehrgeiz belegt. Mit 50 Jahren erhielt er von seinen Wiener Anhängern eine Gedenkmünze. Auf der Vorderseite war sein Bildnis, auf der Rückseite eine griechische Darstellung des Ödipus zu sehen, der das Rätsel der Sphinx beantwortet. Die Inschrift stammte aus dem *König Ödipus* des Sophokles und lautete: Der das Wunderrätsel wußte, und der erste Mann im Land. Freud erbleichte. Mit erregter Stimme fragte er, wer sich das ausgedacht habe. Dann legte er die Gründe für seine Betroffenheit dar. Als junger Mann war er oft im Hof der Universität herumgegangen und hatte sich die Büsten bekannter Professoren angesehen. Und er malte sich aus, daß auch seine Büste eines Tages dort stehen werde. In seinem Tagtraum hatte er eben diese Inschrift gesehen.

Konkurrenzdenken und Neid waren die Auslöser seiner Feindseligkeit gegenüber seinen Geschwistern, Kollegen, Freunden und schließlich gegenüber seinem Vater. Schur bringt uns in Erinnerung, daß die Auflösung der Selbstanalyse Freuds ein beherrschendes Thema zutage förderte, »die allgegenwärtige Existenz von Todeswünschen gegenüber den eigenen Eltern und Geschwistern«.

Unaufhörlich interpretierte er eine unbewußte Feindseligkeit in seine Fälle hinein, so bei Dora, dem Wolfsmann und dem Rattenmann. Das tat er selbst gegen die vernünftigen Einwände seiner Patienten, die ihm erklärten, nichts von einer solchen Feindseligkeit zu wissen. Der Rattenmann erläuterte, daß er den Tod seines Vaters nicht gewollt haben könne, da er ihn geliebt und gefürchtet habe, ihn zu verlieren. Freud reagierte mit einer jener verworrenen, semantischen Finessen, die seine Vorstellungen einst unangreifbar gemacht hatten. Die Todesangst sei in Wirklichkeit ein Wunsch, erklärte er. Alle Ängste des Menschen entsprächen einem früheren unbewußten Wunsch, machte er seinem sich jetzt schuldig fühlenden Patienten klar.

An Intensität kam nur Freuds Aberglaube an seine Feindseligkeit heran. Selbst seine Theorie über den Ursprung des Aberglaubens war eine Selbstbeschuldigung. »... der Aberglaube (geht) aus unterdrückten, feindseligen und grausamen Regungen (hervor«), bemerkte er. Er glaubte, daß sehr intelligente, an Verfolgungsneurosen leidende Menschen anderen oft Schlechtes wünschten, diese Gedanken aber aus Gewissensgründen verdrängten. Unbewußt aber erwarteten sie für ihre Bosheit schwere Strafen, ja sogar den Tod.

Max Schur führte Freuds abergläubische Todesfurcht darauf zurück, daß er solche Todeswünsche zunächst gegen andere und dann gegen sich selbst hegte. Es war eine *nach innen gerichtete Aggression,* wie die Analytiker sagen würden. »Vom Gesichtspunkt seiner Wünsche aus betrachtet bedeutete sein Aberglaube, daß er selbst sterben werde, weil er Fliess, Fleischl, seinem Vater, seinem Bruder Julius, seiner Schwester Anna und jedem, den er haßte, den Tod wünschte«, meinte sein Arzt. Freuds Todeswunsch-Neurose war so stark, daß er fälschlicherweise glaubte, der Mensch habe einen Todestrieb, Thanatos, der normal und jedem eigen wäre. Selbst die meisten Psychoanalytiker lehnen heute diese verquere Sicht des Daseins ab.

Freud wurde offensichtlich von haßerfüllten Gedanken getrieben. Er hatte außerdem das Bedürfnis, Gutes zu denken und seine Schuld zu sühnen. Aber er wußte, daß von der Veranlagung her seine depressive, zum Konkurrenzdenken neigende Persönlichkeit ihn anders empfinden ließ. Welche Ausflucht für seine Haßgefühle eignete sich da besser, als diese Gefühle zu universellen Wesenszügen des Menschen zu machen? Was hätte seinen Ruhm in noch strahlenderem Licht erscheinen lassen können, als zu erleben, daß seine Neurosen und feindseligen Gefühle zum offensichtlichen Normalfall in der Gesellschaft wurden, die nach ihm kam?

Die moderne Psychoanalyse, weite Bereiche der heutigen Psychiatrie und der überwiegende Teil der Psychotherapie sind das perfekte Spiegelbild dieser Neurosen. Sie sind der Nährboden für Freuds zerstörerische Todeswünsche, die unselige Geschwisterrivalität, die unbewußte Feindschaft gegenüber den Eltern, die Bisexualität, Inzesttriebe, latente Homosexualität, invertierte Liebe-Haß-Beziehungen, den dogmatisierten Aberglauben und unbekannte Haßgefühle jeglicher Art.

Es ist ein einmaliger Sieg, die Übertragung der Übellaunigkeit eines einzigen Mannes auf eine ganze Zivilisation. Aber Kinder hassen nicht zwangsläufig oder gar im Regelfall ihre Geschwister. Und die meisten Menschen sind auch nicht latent homosexuell oder unbewußt bisexuell, genausowenig wie die meisten Jungen nicht unbewußt den Tod ihres Vaters herbeisehen, wie Freud es tat. Und weder ist das Erlebnis der infantilen Sexualität die bestimmende Kraft unseres Wesens, noch die Ambivalenz von Liebe und Haß die Grundlage der meisten Empfindungen.

Selbstverständlich *kann* das zutreffen, vor allem auf die psychischen Doppelgänger Sigmund Freuds, die sich vielleicht Tag für Tag vermehren. Als seinen letzten Sieg erlebt Freud vielleicht, wie sich seine Klone epidemieartig ausbreiten, die unausweichliche Folge einer leicht zu beeinflussenden, geistesfeindlichen *psychologischen Gesellschaft.*

Wir sollten nur einmal dem folgenden Gedanken nachgehen. Was wäre geschehen, wäre Freud nicht das Opfer von Aberglaube, magischen Zahlen und kindlicher Leichtgläubigkeit geworden? Würden Psychiatrie und Psychotherapie heute den Einfluß einer wissenschaftlicheren und rationaleren Beschäftigung mit dem menschlichen Geist widerspiegeln?

Die freudianische Neurose hat unser Innenleben und unsere Zivilisation stärker durchdrungen als wir bisher erkannt haben. Wenn wir begreifen, daß vieles davon ein Abbild von Freud selbst ist, und wenn wir das Ausmaß dieser Persönlichkeitsentstellungen kennen, fällt es uns womöglich leichter, uns von ihrem allgegenwärtigen Einfluß zu befreien. Vielleicht müßten wir nicht länger im Schatten Dr. Freuds leben.

VIII

DIE PSYCHOLOGISIERTE JUGEND

»Ich fürchte, daß die auf Umwelteinflüsse ausgerichtete Denkweise, die die amerikanische Kindererziehung in den letzten 25 Jahren beherrscht hat, die Eltern zu ängstlich, zu unsicher und zu schuldbewußt gemacht hat«, sagt Dr. Louise Bates Ames, Kondirektorin des berühmten Gesell-Instituts für die Entwicklung des Kindes.

»Es wurde die Einstellung entwickelt, die Seele des Kindes sei zerbrechlich, was sie nicht ist. Der Großteil des Schadens, der bei den heranwachsenden Kindern angerichtet wurde, geht auf das Konto der Freudianer und Neofreudianer, die den Ton angegeben haben. Sie haben die Eltern in Angst und Schrecken versetzt und ihnen die Wahrheit vorenthalten. In der Kindererziehung ist der Freudianismus nach meinem Dafürhalten das psychologische Verbrechen des Jahrhunderts.«

Diese ketzerischen Bemerkungen einer der führenden Psychologinnen widerlegen die gesamte Grundlage der Theorien über die Kindererziehung der letzten Jahrzehnte. Die Generation der jetzt 25jährigen und Jüngeren ist die erste, die in die *psychologische Gesellschaft* hineingeboren wurde. Sie sind als Versuchskaninchen bei einem gigantischen Experiment aufgezogen worden, bei dem die Eltern den Berufspsychologen und -psychiatern als Ersatz gedient haben.

Man hat den Eltern immer wieder erzählt, daß Elternschaft eine schöpferische Gelegenheit wäre, die Grundsätze zu nutzen, die die moderne Psychologie entdeckt hat. Die Eltern wären dann nicht nur in der Lage, die Persönlichkeit ihres Kindes zu formen, sie könnnten auch auf *wissenschaftliche* Weise die zerstörerischen Einflüsse der Neurosen und Psychosen abwehren, wenn sie sich des Sachverstandes der Spezialisten bedienten. Als Ergebnis dieser Verheißungen ist Elternsein beinahe zu einem Beruf geworden, ein Wie-funktioniert-das-Ismus, ausgespuckt von Kinderpsychiatern, Kinderpsychologen, Elternberatern, Sozialarbeitern, Beratungsfachleuten und sogar den Freunden und Familienmitgliedern der Eltern.

Der Grundstein wurde vor etwa drei Jahrzehnten gelegt: *Man wird es den Eltern hoch anrechnen, wenn sie emotional gesunde Kinder hervorbringen. Andernfalls wird man sie verantwortlich machen für das psychische Scheitern ihrer Kinder.*

Der Kinderpsychiater Dr. Peter B. Neubauer hat diese Herausforderung formuliert. »Umwelteinflüsse können die Gesundheit und Leistung fördern oder Entwicklungsstörungen und pathologische Erscheinungen nach sich ziehen«, erklärte er mahnend den verängstigten Eltern. »Diese Erkenntnis hat für Eltern, Lehrer und staatliche Stellen eine neue und schwierige Verantwortung gebracht.«

Dr. Neubauer lobte auch die Eltern dafür, daß sie die psychologische Begeisterung weitergaben. »Es ist ohne Frage ermutigend zu sehen, daß Millionen Eltern mit Hingabe lernen, wie sie zur Entwicklung ihrer Kinder beitragen können. Man kann den Aufschwung in diesem Bereich nur als außergewöhnlich bezeichnen«, erklärte er.

Dieser Aufschwung dauert nun schon seit dem Zweiten Weltkrieg an und läßt trotz lästiger Kritik wie der von Dr. Ames keine Anzeichen einer Abschwächung erkennen. Er wird aufrechterhalten durch die ständigen mahnenden Hinweise auf die Verwundbarkeit der jungen Psyche und Warnungen, daß die Eltern die Verantwortung trügen, dieses zerbrechliche Gebilde zu schützen.

Das Ergebnis stand von vornherein fest. Die Schuldgefühle der Eltern haben zum Beispiel in Amerika ein Stadium der Lähmung erreicht. Sie haben die Eltern nervöser, ängstlicher, langsam lernender, hyperaktiver, schlecht geratener, rauschgiftsüchtiger und natürlich geisteskranker Kinder in ihren Bann gezogen. Sie laufen von einem Therapeuten zu anderen, um die Ursache für den Zustand ihrer Kinder zu ergründen und hoffen auf eine Besserung.

Zu oft sehen sie sich selbst als die Ursache der Schwierigkeiten und damit als den Ansatzpunkt der Heilung. Mit Nachhilfe einer nicht sehr zimperlichen Werbung der *psychologischen Gesellschaft* kommen sie schließlich zu der Überzeugung, sich des *modernen Verbrechens uninformierter Elternschaft* schuldig gemacht zu haben, einer der abscheulichsten Sünden unserer Zeit.

Trotz einiger neu aufgekommener Zweifel bleibt das psychologische Establishment nach wie vor dabei, daß Vater und Mutter die Bösewichte sind. Dr. H. Neil Carp teilt uns mit, daß die »schwarzen Schafe« unter den Kindern möglicherweise das Produkt von Eltern sind, deren Sünde darin bestand, daß sie kein Kind haben wollten. Die Kinder wurden danach seinen Worten zu früh, zu spät oder zu einer ungünstigen Zeit oder in einem Augenblick geboren, in dem es der Familie finanziell schlecht ging.

Die Eltern wurden bei jeder Gelegenheit getadelt. Eine Untersuchung von 400 männlichen Drogenabhängigen in New York kam zu dem Schluß, daß hinter der Sucht eine abträgliche Beziehung zwischen Mutter und Sohn stand. In dem mit amerikanischen Bundesmitteln finanzierten Bericht wurde behauptet, die Mütter hätten dem Laster ihrer Söhne durch eine Kombination aus »einschmeichelndem, sabotierendem und verführerischem Verhalten« Vorschub geleistet.

Warnend wurden die Eltern auch darauf hingewiesen, sorgsam die jeweils neuesten Strömungen der Erziehung zu verfolgen, damit das Kind keinen Schaden durch ihre Gleichgültigkeit erleide. Aber wie die Eltern verärgert festgestellt haben, sind diese Strömungen ebenso unbeständig wie die Rocklänge.

»Die Einstellung gegenüber der Erziehung der Kinder änderte sich von Jahrzehnt zu Jahrzehnt und spiegelte immer gerade das Wissen oder die Erkenntnisse wider, bei denen wir glaubten angelangt zu sein«, stellt die Elternberaterin Eda J. LeShan freimütig fest, die selbst auch über Jugendfürsorge geschrieben hat. »Das ist ohne Zweifel schon immer so gewesen, aber in den letzten 50 Jahren hatte dieses Vorgehen das Ansehen der Wissenschaft auf seiner Seite.«

Unglücklicherweise war die Wissenschaft nicht imstande, etwas Verbindliches zum Thema Kindererziehung zu sagen. Das hat die Verehrer des Kinderkults in der unbequemen Lage gelassen, einem hin und her schwankenden Dogmatismus folgen zu müssen. Was heute »bekannt« ist, gilt oftmals schon nach wenigen Jahren nichts mehr. Dann kommen neue Konzepte, neue Autoritäten und neue Verfahren, die ausnahmslos die Eltern im Kielwasser über Bord geworfener psychologischer Vorstellungen hinter sich lassen.

Bei einem Interview erklärte Eda LeShan, daß sich bei den Fachleuten in letzter Zeit verstärkt *Zweifel* breitgemacht haben. »Die Eltern meiner Generation, die inzwischen erwachsene Kinder haben, waren die ersten, die auf die Tatsache reagierten, daß die Umwelt unsere Kinder entscheidend beeinflußt. Bis dahin hatte man angenommen, daß die Biologie des Kindes, das Erbmaterial, seine Persönlichkeit forme. Als das Pendel vor allem nach dem Zweiten Weltkrieg zur Seite der Umwelt schwang, machten wir eine Zeit überschäumenden Optimismusses mit, in der wir glaubten, alles ändern zu können. Das dauerte von etwa 1935 bis Ende der 60er Jahre. Wir waren der Meinung, die Werkzeuge und Kenntnisse zu besitzen, und wir dachten, wir könnten mit unserem neuen Wissen die für die Kindererziehung perfekte Umwelt schaffen. Aber wir mußten feststellen, daß das zu optimistisch war.«

Ist es denkbar, daß die moderne Psychologie statt dessen eine negative Auswirkung auf die alte Kunst des Aufziehens von Kindern gehabt hat? Die Einschätzung von Dr. Louise Bates Ames, daß Freud den größten Einfluß auf die Kindererziehung in Amerika ausgeübt hat, ist richtig. Vor Freud lag die Beweislast beim reifen Kind. Jedes Kind wurde als menschliches Wesen mit eigenen Rechten, einer ihm eigenen Persönlichkeit und einem natürlichen Temperament anerkannt. Es war weder ein Spiegel noch eine Imitation der Eltern, die niemand für spätere Vergehen des Kindes verantwortlich machte.

Sigmund Freud und die Anhänger des Gedankens der Umwelt als bestimmende Kraft, die auf ihn folgten, haben das geändert. In ihrem psychologischen System der Kindesfürsorge, das weltweit in Millionen von Köpfen eingedrungen ist, ist das Kind ein zartes, zerbrechliches Wesen, das außerordentlich empfänglich für die Beeinflussung durch die Eltern ist. In diesem System werden die Eltern geprüft, nicht das Kind! Wenn sie ihre Sache gut gemacht haben, wird das in den Handlungen und der gefestigten Persönlichkeit des Kindes zum Ausdruck kommen. Mit einem eleganten psychologischen Schachzug wurde die Verantwortung vom Heranwachsenden auf die Eltern verlagert, vom *Selbst auf andere*.

Dieses sich auf die Umwelt stützende System basiert auf der psychodynamischen Theorie, in der die unwissenden oder gleichgültigen Eltern das Kind zwingen, seine unbewußten Triebe zu verdrängen. Bei diesem Prozeß entstehen Fixierungen, die später beim Jugendlichen oder Erwachsenen als neurotisches Verhalten zutage treten. Was machen die Eltern falsch? Welche Art sachverständigen Umgangs mit dem Kind kann diese Neurosen abwenden?

In der Theorie heißt es, zuviel Entgegenkommen sei für das Kind ebenso schädlich wie zuwenig. Aber in der Praxis haben sich die Spezialisten für Kinderbetreuung auf die Gefahren des *Zuwenig* konzentriert. Daraus entstand der Hang zur *Permissivität.* Gedacht war sie als Gegengewicht zur herkömmlichen Kindererziehung, die angeblich die psychologischen Bedürfnisse der Kinder unbefriedigt ließ und ihre Persönlichkeit entstellte.

In Wirklichkeit waren die amerikanischen Eltern schon immer ziemlich permissiv. Als Alexis de Tocqueville 1835 Amerika besuchte, beobachtete er, daß die amerikanischen Kinder weniger folgsam gegenüber ihren Eltern waren als die Kinder in Europa, und daß die amerikanischen Eltern großzügiger waren.

Diese Neigung nahm nach dem Zweiten Weltkrieg überhand, als Fachleute die Theorien Freuds in strikte Permissivität umwandelten. Dr. Benjamin Spock, Autor des Buches *Baby and Child Care* (in Deutschland unter dem Titel *Säuglings- und Kinderpflege* erschienen), von dem seit 1946 über 25 Millionen Exemplare verkauft worden sind, war nicht einmal der extremste Vertreter der neuen Permissivität. Aber sein Buch hat deutlich gemacht, wie sich die Strömungen in der Behandlung von Kindern wandeln. Von Ausgabe zu Ausgabe wurde eine weniger permissive Auffassung vertreten. In der neuesten Auflage beklagt Spock sogar die Art, in der die Eltern den Kindern gestatteten, psychologisch den Ton anzugeben. Er spricht in diesem Zusammenhang von der »heutigen kinderorientierten Sicht«. Spock veranschaulicht seine festere Haltung durch Gedanken, die im 19. Jahrhundert jedes Elternpaar erfreut hätten: »Ein Kleinkind von neun Monaten sollte nicht den Eindruck vermittelt bekommen, daß es völlig in Ordnung ist, der Mutter an den Haaren zu ziehen, sondern daß es ihr Respekt schuldet.«

Diese neuen Gegenströmungen kommen zu spät, denn die Permissivität beherrscht noch immer die Szene in den meisten Familien, bedingt durch eine der Werbung ausgesetzte Generation. Das Ergebnis sind verängstigte Eltern, die das Kind häufig bevormunden und es unter Pseudozuwendung, Leutseligkeit und Affenliebe ersticken. Ähnlich den Eltern, die einst eine Sommerkinderlähmung fürchteten, sind die Eltern heute ständig in Sorge um das gefährdete emotionale Befinden ihrer Kinder.

Am skeptischsten standen die Eltern mit einfacher Schulbildung dieser Erziehungspsychose gegenüber, jene Eltern also, die ihre Kinder nach dem Gefühl großzogen. Vor allem die Eltern, die eine Hochschule besucht haben und in vielen Fällen selbst beim Therapeuten waren, wurden von dieser umweltorientierten, psychodynamischen Theorie angezogen. Kritiklos haben sie die Lehrbuchvorstellungen übernommen, daß die Feineinstellung des Unbewußten des Jugendlichen durch die Eltern darüber entscheidet, ob das Kind neurotisch oder gar noch etwas schlimmeres wird.

Die neuere Forschung zeigt, daß die Skeptiker auf der ganzen Linie recht hatten, daß die umweltorientierte oder freudianische Theorie falsch ist! Daß sie so lange befolgt wurde, hat der Eltern-Kind-Beziehung einen dauernden Schaden zugefügt. An ihre Stelle tritt ein neues, sachkundiges Bewußtsein der Bedeutung der Biologie des Kindes und seines natürlichen Temperaments.

Dr. Stella Chess, Professor für Kinderpsychiatrie am New York University Medical Center, steht in der vordersten Reihe derjenigen, die sich gegen die übermäßige Ausrichtung an der Umwelt aussprechen. Zusammen mit ihrem Mann, Dr. Alexander Thomas, hat sie eine 21jährige Untersuchung durchgeführt und dabei eine Gruppe Kinder von der Geburt an beobachtet. Sie hat das getan, was Freud versäumt hat und was dessen Nachfolger zugunsten einer spekulativen Theorie vernachlässigt haben. Und das Ziel? Man will die natürliche, biologische Wesensart bestimmen und feststellen, wie die Natur des Kindes auf die Umwelt reagiert und zur Schaffung der Persönlichkeit beiträgt.

Die Chess-Thomas-Studie umfaßt 136 Kinder, die inzwischen alle angehende Erwachsene sind. Ihr Verhalten wurde von der Geburt bis zum 18. Lebensmonat alle drei Monate festgehalten. Dann beobachtete man die Kinder alle sechs Monate bis zu ihrem sechsten Lebensjahr, danach einmal jährlich. Die Wissenschaftler befragten die Eltern und beobachteten die Kinder selbst im Kindergarten oder in der Schule. Zur Überprüfung der Berichte der Eltern über das Verhalten ihrer Kinder gingen die Forscher zu den Familien nach Hause und beobachteten dort 23 Kinder.

Die Eltern gehörten der Mittel- und gehobenen Mittelschicht an. Es waren vorwiegend Protestanten und Juden. Alle hatten ein College besucht und waren psychologisch ausgerichtet. Die überwiegend geäußerte Meinung deckte sich im wesentlichen mit der modernen, umweltorientierten Theorie, derzufolge die Eltern die Persönlichkeit ihrer Kinder formen. Die Hälfte der Mütter stillte ihre Kinder. Die meisten Eltern waren großzügig in bezug auf die Erziehung zur Sauberkeit, und fast alle schickten sie ihre Knirpse in private Kindergärten.

Die Untersuchung der 136 Kinder wurde bis zum Schluß durchgezogen. Bei 42 Kindern, oder 31 Prozent, diagnostizierten die Forscher »Verhaltensstörungen«, 69 Prozent wurden als grundsätzlich normal eingestuft.

Die Studie hat zahlreiche Erkennungszeichen der *psychologischen Gesellschaft* unsanft umgestoßen. Ein beträchtlicher Teil der Last ist von den Eltern auf die Natur umgeschichtet worden, von der angeblich mangelhaften Erziehung auf die Unwägbarkeiten, Launen und Zwischenfälle der Natur.

Als wichtigstes Ergebnis erbrachte die Arbeit, daß die körperliche Veranlagung des Kindes – die Biologie, mit der es geboren wurde – die bedeutendste Rolle bei der Ausbildung der kindlichen Persönlichkeit spielt. *Temperament, Natur, Konstitution, angeborene Merkmale,* all die Bezeichnungen, die während der freudianisch-umweltorientierten Revolution abgetan worden waren, werden jetzt verwendet, um zu beschreiben, was ein Kind ausmacht.

»Wir haben festgestellt, daß das natürliche Temperament des Kindes bei der Bestimmung seines Verhaltens eine entscheidende Bedeutung hat«, erklärte Dr. Chess. »Wir können nicht erkennen, daß die freudianischen Theorien beim Aufwachsen des Kindes zum Tragen kommen. Vielmehr haben wir erkannt, daß nicht psychodynamische Faktoren die wesentlichen Kräfte sind, sondern das Naturell des Kindes selbst und die Art, wie die Eltern darauf eingehen. Die Erwähnung der ›konstitutionellen Faktoren‹ in der freudianischen Theorie ist ein reines Lippenbekenntnis, denn in der Praxis werden sie in keiner Weise berücksichtigt. Wenn dort von strenger Erziehung zur Sauberkeit die Rede ist, hört sich das so an, als habe sie auf alle Kinder eine ähnliche Wirkung, was aber nicht stimmt.«

Im Verlauf der Untersuchung stellte Dr. Chess fest, daß die Veranlagung des Kindes in vielen Fällen sein Verhalten bestimmt. Wenn die Wesensart des Kindes nicht berücksichtigt wird, können dem Lehrer, dem Psychologen und auch den Eltern Fehler beim Umgang mit dem Kind unterlaufen.

Dr. Chess nennt einige Beispiele für ein derartiges Fehlverhalten. Das Kind, das im Kindergarten abseits der spielenden Gruppe steht anstatt mitzumachen, wird von den Spezialisten sehr schnell als »ängstlich und unsicher« eingestuft. Das mag durchaus zutreffen, sagt Dr. Chess. Aber genausogroß ist die Wahrscheinlichkeit, daß das Kind ganz normal veranlagt ist und nur eine etwas längere Anlaufzeit braucht. Wir haben es vielleicht mit einem Kind zu tun, das von Natur aus, der Veranlagung nach, *zurückhaltend* ist.

Wenn ein Kind unruhig schläft und nachts laut aufschreit, glauben moderne Psychologen und Erziehungsberater oft, daß das Kind »auf die feindselige, ablehnende Mutter reagiert«, erklärt Dr. Chess. Aber ebensogut ist es möglich, daß bei dem Kind gefühlsmäßig Unausgewogenheiten zum Ausdruck kommen, eine angeborene Eigenschaft.

Die ratlose Mutter entwickelt oft Schuld- und Angstgefühle, weil sie mit ihrem Kind nicht fertig wird. Viele Psychologen würden dieses Versagen als ein Zeichen tiefsitzender Neurosen bei der Mutter betrachten. In Wirklichkeit ist es vielleicht genau umgekehrt, meint Dr. Chess. Die Neurose kann sich beim Kind gebildet haben, und die Verzweiflung der Mutter kann durch die Tatsache verursacht worden sein, daß ihr Kind ein »Temperamentsmuster aufweist, das typisch für ein sehr schwieriges Kind ist«.

Von Kindern, die unmittelbar nach der Geburt – noch bevor die Eltern sie beeinflussen konnten – als veranlagungsmäßig schwierig beurteilt wurden, hieß es später, sie würden in 70 Prozent aller Fälle emotional nicht gefestigt sein. Diese »schwierigen Kinder«, wie man sie nannte, stellten in der ursprünglichen Gruppe nur vier Prozent, aber auf 23 Prozent von ihnen entfielen Verhaltensstörungen.

Die schwierigen Kinder wurden auch als »Muttermörder« bezeichnet. Sie schliefen schlecht, wachten nachts mehrere Male weinend auf, aßen unregelmäßig und konnten sich auch, als sie älter waren, nicht den Eßgewohnheiten der Familie anpassen. Ihre Ausscheidungskriterien waren gleichermaßen unvorhersehbar. Ihr junges Leben war von einer negativen Grundhaltung geprägt, vor allem wenn sie auf neue Situationen reagieren mußten.

Dr. Chess sagt über diesen Kindertyp: »Er schreit, wenn man ihn zum erstenmal badet; er schreit und spuckt bei jeder neuen Nahrung; er schreit bei jedem Fremden, der zu Besuch kommt, und fast jede Abweichung vom Gewohnten hat zunächst ein Zurückweichen, Festhalten, lautes Protestieren oder Weinen zur Folge.«

Was für Rabeneltern müssen diese Kinder gehabt haben, wird der psychologisch Vorbelastete vielleicht sagen. Es waren Eltern wie die der normalen Kinder auch, erklärt Dr. Chess. Und was am wichtigsten ist, sie hatten in aller Regel auch andere, normale Kinder. Auch andere abergläubische Vorstellungen der Psychologen konnten das ungewöhnliche Verhalten der Kinder nicht erklären. Die schwierigen Kinder waren weder als erste, noch als letzte oder in einer sonstwie gearteten Reihenfolge geboren worden. Sie waren weder unerwünscht, noch hatten die Eltern irgendwelche besondere Vorstellungen zum Thema Kindererziehung.

Eigenartigerweise glaubten die Eltern der meisten »Muttermörder«, daß liebevolle und aufgeschlossene Eltern immer auch glückliche und innerlich gefestigte Kinder hervorbrächten. Folglich litten sie unter Schuldgefühlen und glaubten, versagt zu haben, als sich ihre Kinder als psychisch instabil erwiesen. Viele meinten, ihre *unbewußte Ablehnung* des Kindes habe das Unglück heraufbeschworen. Aufgrund dieses Glaubens an die psychologische Theorie, so Dr. Chess, »war es nicht ungewöhnlich, daß die Mutter eines schwierigen Kindes, das häufig weinte und aus alltäglichen Vorfällen eine Staatsaffäre machte, Selbstzweifel und Gefühle von Schuld, Angst und Hilflosigkeit entwickelte.« Der Mangel des Kindes war fälschlicherweise zur Sünde der Eltern geworden!

Ein anderer Wissenschaftler, der Kinderarzt Dr. William B. Carey aus dem amerikanischen Bundesstaat Pennsylvania, hat die Ergebnisse von Dr. Chess bestätigt. Er untersuchte 200 Babys und stellte fest, daß es bei Kindern starke Unterschiede im Temperament gibt. Er trug dem Rechnung, indem er die Säuglinge als »leicht«, »gemäßigt« oder »schwierig« einstufte. Die meisten Kinder entfielen auf die beiden ersten Gruppen, 28 Prozent gehörten in die Kategorie »schwierig«. Wie können Eltern mit einem schwierigen Kind zurechtkommen? Zum eigenen Nutzen und dem des Kindes rät Dr. Carey zu Festigkeit und Beständigkeit einerseits und Geduld und Großzügigkeit andererseits.

Sehr beredt hat die *psychologische Gesellschaft* die unwissenden oder gleichgültigen Eltern geschmäht. Doch der Harvard-Psychiater Dr. Robert Coles verteidigt die Eltern von heute, weil er sie für zu Unrecht verleumdet hält. »Den Eltern werden oft genug all ihre Versäumnisse, ihr Handeln oder Unterlassen, vorgehalten und nie vergeben,« beklagt er. »Die Liebe, die sie uns schenken, die guten und ehrlichen Absichten, die sie haben und uns als etwas anbieten, das wir nachahmen und uns zu eigen machen sollen, das kulturelle Erbe, das sie weitergeben, ... all das wird in diesem Jahrhundert entweder als selbstverständlich angesehen oder zugunsten der verschiedenen ›Komplexe‹ übergangen.«

Aus der Arbeit von Dr. Chess ergibt sich eine zwingende Schlußfolgerung zugunsten der Eltern, daß nämlich die gegenwärtige psychiatrische Theorie, nach der nur die ersten sechs Lebensjahre für die Gestaltung der Persönlichkeit von Bedeutung sind, offensichtlich falsch ist. Wenn das biologische Temperament einer der Schlüsselfaktoren bei der Herausbildung der Persönlichkeit ist, sind diese ersten Jahre nicht der Lebensabschnitt, in dem sich die Persönlichkeit bildet. Das ist vielleicht einfach nur die Zeit, in der sich das veranlagungsbedingte Temperament ungeachtet des elterlichen Verhaltens zu entfalten beginnt.

Die Persönlichkeit entwickelt sich wahrscheinlich das ganze Leben hindurch in dem Maß, in dem die biologische Natur des Betreffenden mit dieser befruchtenden Umwelt in Berührung kommt. Die Persönlichkeit erscheint kaum mehr als ein von den Eltern gestaltetes Produkt, sondern vielmehr als eine naturgegebene Entwicklungsrichtung, die sich in ihrer Reaktion auf die Umwelt bis hin zum Tod entfaltet.

Die so wichtige Rolle der Adoleszenz zum Beispiel ist von den meisten Berufsvertretern übergangen worden. In der Pubertät erlebt das Kind hormonale Veränderungen, außergewöhnlichen Druck innerhalb der Peer-group, Intellektualisierung, echte Sexualisierung und das Aufkommen geistiger Bedürfnisse. Sie berühren die Persönlichkeit sicher ebenso nachhaltig wie die frühe Kindheit, vielleicht sogar noch stärker.

Die Eltern scheinen nicht mehr den alles entscheidenden Einfluß bei der Gestaltung der kindlichen Seele auszuüben, sondern nur noch eine Kraft unter anderen zu sein. Wenn man nach dem vorliegenden Material urteilt, dann sind die Eltern für die Herausbildung der Persönlichkeit ihres Kindes wahrscheinlich weit weniger wichtig, als wir je angenommen haben!

Überraschenderweise nehmen die Eltern die neuen biologischen Erkenntnisse eher an als die Spezialisten. Viele Eltern mit mehr als einem Kind wissen längst, daß jedes Kind von Geburt an ein anderes Temperament hat. Aus Angst, sich lächerlich zu machen, haben sie diese Beobachtungen bisher für sich behalten. Aber jetzt sind sie in der Lage, gegen die herkömmliche Weisheit zu opponieren.

Wie konnten so viele Psychiater und Psychologen sich so irren? Eda LeShan sieht das als einen Fall an, in dem »neues« und altes Wissen aufeinanderprallten. »Wir wußten zuwenig über die angeborenen Unterschiede bei Kindern«, erklärt sie. »Heute wissen wir, daß einige Kinder ein ausgeglichenes konstitutionelles System haben, das bestens arbeitet. Bei den anderen arhythmischen Kindern ist das nicht so. Sie brauchen ein gestaltetes Gleichmaß und Disziplin. Der arme Dr. Spock und die meisten von uns kamen in den Ruf der Permissivität, weil wir die gewaltigen Unterschiede der kindlichen Erbanlagen nicht berücksichtigt haben, die Dr. Chess entdeckt hat.«

»Wir wollten sehr nett zu den Kindern sein und haben in den meisten Fällen versäumt, sie an Disziplin zu gewöhnen«, berichtete Eda LeShan weiter. »Die Kritiker warfen uns vor, wir seien unverantwortlich großzügig, aber darum ging es gar nicht. Der springende Punkt war, daß wir die physiologischen Seiten des Problems nicht begriffen haben. Heute kennen wir sie. Eine ganze Generation hat versucht, die Bedürfnisse des Kindes aus der Sicht des Kindes zu sehen. Unser Fehler war, nicht zwischen den Kindern unterschieden zu haben, mit denen wir es zu tun hatten. Viele Kinder können mit der Freiheit umgehen. Andere dagegen sind außerordentlich angespannt und nervös und brauchen eine sichere Hand nötiger als freie Entfaltung. Die

Theorien über die Kindererziehung waren zuerst biologisch. Nach der freudianischen Revolution richteten sie sich dann an der Umwelt aus. Heute haben wir den Idealzustand, halbe-halbe.«

Noch immer beherrscht bei der Erziehung viele Eltern die Furcht, der Seele des Kindes einen Schaden zuzufügen. Eda LeShan zitiert einen Vater, der erklärte: »Jedesmal, wenn ich meine Kinder anschreie, habe ich das Gefühl, irgendeiner psychiatrischen Geheimpolizei gemeldet zu werden!«

Diese Angst haben selbst die Berufsvertreter, die gegen das psychologische Establishment ankämpfen. Dr. Chess berichtet über die erbitterte Gegnerschaft, auf die sie bei ihrer Forschungsarbeit anfänglich stieß. »Wiederholt haben wir Anfang und Mitte der 50er Jahre erlebt, daß uns die meisten Kollegen tadelten, zu einer überholten und umstrittenen konstitutionellen Position zurückgekehrt zu sein«, erinnert sie sich.

Das Gesell-Institut für die Entwicklung des Kindes war ähnlichem Druck seitens des Berufsstandes ausgesetzt, die überholte Erforschung der Kindererziehung einzustellen. Bis 1950 trug das Institut den Namen Yale-Klinik für die Entwicklung des Kindes und wurde geleitet von dem berühmten Kinderpsychologen und -arzt Dr. Arnold Gesell. Gesell war der Vorgänger Dr. Benjamin Spocks als der Babyarzt der amerikanischen Nation. Sein Buch *Infant and Child* (in deutscher Übersetzung unter dem Titel *Säugling und Kleinkind in der Kultur der Gegenwart* erschienen) war die Bibel jener Tage.

Gesell glaubte, das Verhalten sei im wesentlichen von körperlichen Komponenten abhängig, und die extrem individuellen »konstitutionellen Faktoren« des Kindes bestimmten letztlich die Art, in der es auf die Umwelt reagiere – eine Theorie, die durch die Arbeit von Dr. Chess erhärtet wurde. Seiner Meinung nach entwickelt sich die Persönlichkeit, ja sogar die Verhaltensweise gegenüber dem anderen Geschlecht, auf verschiedenen Stufen des kindlichen Wachstums im Rahmen seiner biologischen Einmaligkeit.

»Ich bin sicher, daß wir Yale 1950 aufgrund des Drucks der Anhänger der Umwelttheorie und der Freudianer an der Universität verlassen mußten«, erklärt Dr. Louise B. Ames. Dr. Ames, die an der Yale University ihren Doktor in Experimentalpsychologie gemacht hat, glaubt ohne Umschweife, daß der Einfluß der Umwelttheoretiker unter den Erziehungsberatern das emotionale Gleichgewicht der Kinder in den letzten 35 Jahren gestört hat, und sie zählt auch die Millionen Kinder mit, die inzwischen erwachsen sind.

»Auf unserem Weg zurück«, sagt Dr. Ames, »müssen wir unser Augenmerk stärker auf die Erbanlagen und die Einzelpersönlichkeit des Kindes richten, die in seinem Verhalten zum Ausdruck kommt. Es war wie im Mittelalter. Die Freudianer waren die Umweltfetischisten der theoretischen Kindererziehung, und ich meine, ihre Ansichten haben sich als falsch erwiesen.

»Aufgrund ihres Einflusses in der amerikanischen Psychiatrie begannen die neuen psychiatrischen Kliniken mit Unterstützung der Regierung damit, gestörte Kinder zu behandeln, indem sie eine Person zur Hilfe für das Kind abstellten und eine zweite zur Hilfe für die Eltern, um herauszufinden, was sie falsch machten. Hatte das Kind keine Eltern, dann half man der Großmutter. Doch dieses Verfahren erwies sich als zu kostspielig. Die Leute mochten es nicht, und ich meine, es hat auch nicht funktioniert. Die Eltern brachten ein verstörtes Kind in die Klinik und stellten fest, daß ein Psychologe es dazu benutzte, in ihrer Ehe und ihrem Sexualleben herumzuschnüffeln.«

Wie steht es mit der körperlichen Züchtigung, einem absoluten Tabu der modernen permissiven Schule? »Dr. Gesell betrachtete einen gelegentlichen Klaps als im allgemeinen harmlos, hielt ihn aber für die schwächste Form der Strafe«, erklärte Dr. Ames. »Am besten ist es, die Lebensumstände so zu steuern, daß das Kind erst gar nicht in Schwierigkeiten kommt. Wenn das Kind im Supermarkt anfängt zu toben, weil es alles haben will, was es sieht, ist es sinnlos, es strafen zu wollen. Am besten ist es, so lange ohne das Kind zum Einkaufen zu gehen, bis es dieses Stadium überwunden hat, was ihm mit Sicherheit gelingt.«

Dr. Ames ärgert sich über die Erziehungsberater, die dazu neigen, den Eltern gestörter Kinder eine Schuld anzulasten. »Eltern gestörter Kinder sollten sich nicht selbst anklagen«, sagt sie. »Wenn das Kind aus gutem Holz ist, wird es kaum emotional Schaden nehmen, auch wenn die Eltern ihre Sache schlecht gemacht haben.

Wenn ein Elternteil zum Beispiel das Kind dauernd kritisiert, kalt, grausam und herzlos ist, wird er ein scheues und verängstigtes Kind heranziehen. Eine so schlechte Erziehung kann ein Kind zwar unglücklich, aber nicht psychisch krank machen. Das ist die Tragödie der Eltern.«

Was heißt das eigentlich, gute Eltern? Existieren irgendwelche Regeln, die den scheinheiligen psychologischen Dogmen widersprechen? Dr. Salvatore Ambrosino, Direktor einer Familienhilfsorganisation im Bezirk Nassau des US-Bundesstaates New York, glaubt, daß das Erziehen von Kindern letztlich eine Frage persönlicher Beurteilung ist.

»Vorbildliche Eltern verlassen sich in vielen Fällen darauf, ob sie bei etwas ein gutes Gefühl haben«, erklärte Dr. Ambrosino in einem Gespräch. »Daran liegt es auch, daß den Erziehungsbüchern so enge Grenzen gesetzt sind. Im Grunde kommt es auf das Urteil der Eltern an.« Dr. Ambrosino ist keineswegs dagegen, daß sich die Eltern auf dem Gebiet der Erziehung weiterbilden, doch befürchtet er, daß man einige Eltern »hinsichtlich ihrer Rolle zu befangen und unsicher gemacht hat«.

Er argwöhnt, daß die Eltern mit guter Schulbildung die größten Missetäter sind. »Anstatt den Eltern zu helfen, auf ihren natürlichen Empfindungen und ihrer Einsicht aufzubauen, kann der Erziehungsprozeß sie zur Künstlichkeit verleiten«, sagt er. »Sobald die Leute ›gebildet‹ werden, versuchen sie, ihr Leben und ihre Beziehungen durch Wissen und Worte zu steuern. Wissen ist ein Stück Wirklichkeit. Aber ein anderes, vielleicht noch wichtigeres Stück Wirklichkeit ist, wo man mit seinen Gefühlen steht. Ich kenne eine außergewöhnliche Mutter, die ihrem Kind jedoch erlaubt, ihr zehnmal hintereinander ins Wort zu fallen. Sie wird richtig böse auf das Kind, hat aber aufgrund dessen, was man ihr über Kindererziehung beigebracht hat, Angst vor ihren Gefühlen. Rein verstandesmäßig meint sie, sie dürfe niemals wütend auf ihr Kind sein, sondern immer nur liebevoll.

Viele Menschen reagieren so, was aber falsch ist. Eltern, die ihren Kindern zuviel durchgehen lassen, sind sich nicht darüber im klaren, daß das Zügeln des Kindes eine Form von Liebe ist, die eine ebenso große Bedeutung hat wie das ›Liebe schenken‹. Verschiedene Erzieher und Mitglieder sozialer Berufe haben von Freud und Dewey gelernt, daß ein Kind wie eine Blume ist. Der Erwachsene muß ihm helfen sich zu entfalten, indem er es emotional nährt und aufbaut, ohne ihm Hindernisse in den Weg zu legen. Der Fehler dabei ist, daß das Kind für seine volle Entfaltung durchaus Hindernisse auf seinem Weg braucht – in Form sinnvoller Beschränkungen, harter Arbeit und dem Aufzeigen von Grenzen.«

Inwieweit können die Eltern ihr Kind formen? Und welchen Stellenwert hat die Veranlagung des Kindes dabei? Dr. Ambrosino nennt einen Vergleich, den er gerne in seinen Vorträgen bringt. »Ich sage den Eltern, daß einige Kinder wie weicher Ton sind, andere wie Holz und wieder andere wie Stahl. Diejenigen, die wie Ton sind, lassen sich leicht formen. Denen aus Holz können wir in etwa Gestalt verleihen. Aber die anderen, die wie aus Stahl sind, widersetzen sich allem, was die Eltern für richtig halten. Es klingt vielleicht entmutigend, aber ich glaube,

Kinder zu erziehen ist wie Würfeln. Wenn wir Glück haben, bekommen wir Kinder, die zu unserer eigenen Veranlagung passen, und für uns als Eltern laufen die Dinge gut. Wenn aber nicht, ...

Ich glaube, viele der psychologischen Losungen über die Kindererziehung sind falsch. Liebenswerte, erfolgreiche, gut verheiratete Eltern haben oft große Sorgen mit der Erziehung ihrer Kinder. Und Leute, die nichts taugen, haben häufig nicht die geringsten Schwierigkeiten mit ihren Kindern. Wir haben immer gedacht, daß gute Eltern, die glücklich verheiratet sind, auch robuste Kinder aufziehen. Aber ich fürchte, so einfach ist das nicht.«

Dr. Ambrosino glaubt, daß wir seit Ende der 70er Jahre angefangen haben, Fortschritte zu machen. »Ich denke nicht, daß wir die Eltern in den 70er Jahren noch so verunsichert haben wie in den 40er, 50er und 60er Jahren,« sagt er. »Wir helfen ihnen zu erkennen, daß sie zwar eine wichtige Rolle spielen, aber doch nur *ein* beeinflussender Faktor unter mehreren im Leben des Kindes sind. Wir waren der Meinung, daß die Schuld immer bei den Eltern lag, wenn es zum Beispiel zu einer Scheidung kam und das Kind zum Rauschgift griff. Heute nehmen wir zur Kenntnis, daß es bei den Kindern von der Veranlagung her Unterschiede gibt. Einige werden dem Rauschgift verfallen, andere nicht. Eltern mit mehr als einem Kind wissen das gefühlsmäßig, denn sie konnten selbst, noch in der Wiege, bereits drei bis sechs Wochen nach der Geburt ihrer Kinder deren unterschiedliche Persönlichkeit erkennen. Die Fachleute rümpften die Nase über diesen Gedanken, doch sie hatten unrecht, und die skeptischen Eltern recht.«

Wenn die sich auf Umwelteinflüsse stützenden Theorien auf schwachen Beinen stehen, und wenn die Eltern mit besserer Schulbildung zu befangen und oft zu permissiv geworden sind, was kann man unternehmen?

Einige setzen ihre Hoffnung in die Theorie des verstorbenen Dr. Haim G. Ginott. Er versuchte, den Eltern die Angst zu nehmen, ihre Kinder an Strenge zu gewöhnen, ihnen aber gleichzeitig beizubringen, Zornesäußerungen gegenüber dem Kind beherrschen zu lernen. Der Kern dieser Methode ist eine besondere Art, mit den Kindern zu sprechen.

Sie beruht auf der alten Maxime: richte deinen Zorn auf das Verhalten, nicht auf das Kind. In dem Buch *Liberated Parents, Liberated Children* beschreiben Adele Faber und Elaine Mazlish, zwei Schülerinnen Ginotts, das Verfahren. »Wenn zum Beispiel einem Elternteil die Unordnung im Kinderzimmer nicht paßt, sollte er das ohne Scheu sagen können – aber nicht schimpfend und anklagend, nicht mit ›Was ist das hier für ein Saustall?‹. Die Frage ist, wie können die Mutter oder der Vater dem gleichen Unmut Ausdruck verleihen, dabei aber gleichzeitig eine Hilfestellung geben? Sie könnten zum Beispiel sagen: »Ich bin über das Aussehen deines Zimmers gar nicht froh‹, oder ›ich sehe etwas, was mich sehr zornig macht.‹«

Das Konzept Ginotts ist ein Mittelding zwischen der auf Freud beruhenden Permissivität, die nach Meinung vieler Kritiker Millionen von »Nervensägen« hervorgebracht hat, und der herkömmlichen Ordnung, zu der elterliche Strenge und Zorn gehörten. Das Problem besteht darin, daß zwischen Eltern und Kind eine besondere Art zu sprechen eingeführt wird, die wie der gönnerhafte freudianische Ton über alle Maßen künstlich ist.

Dr. Ambrosino glaubt, daß die Ginott-Methode hilfreich sein kann, wenn auch nur als Übergang zu einer natürlichen, unbeschränkten Kindererziehung. »Sämtliche Regeln sind künstlich«, sagt er. »Aber wenn die Eltern mittels dieser Form die Situation in den Griff bekämen und dann zu einer spontaneren und natürlicheren Umgangsart mit dem Kind fänden, wäre das wunderbar.«

Was steckt hinter der erstickenden, übervorsichtigen Sorge um die Kinder, die die Beziehung zwischen Eltern und Kind heute so trostlos macht? Eine der Ursachen liegt offensichtlich im Freudianismus, der das Kind wie ein zerbrechliches Stück Glas behandelte. Das Leben in diesen Familien wurde beherrscht von einem unsichtbaren Schild um den Hals des Kindes mit der Aufschrift: Vorsicht Glas! Das ähnelt dem Zusammenleben mit einer Bombe und erzeugt eine Spannung, die das Leben in Millionen Häusern bestimmt.

Diese Sorge um die Kinder hängt mit verschiedenen Eigenarten der amerikanischen Zivilisation zusammen. Zum einen ist es die Entwicklung einer unabhängigen, jungen Arbeiterschicht, die in der Lage ist, ohne elterliche Führung zu bestehen. Zum andern ist es die Kraft der traditionellen amerikanischen Lehre von der Gleichheit aller sowie der tiefe Glaube an die Fähigkeit des demokratischen Menschen, Vollkommenheit zu erlangen.

Die Strömung, sich um das Kind zu sorgen, war Teil dieser amerikanischen treibenden Kraft, eine Sorge, die sich inzwischen über die ganze Welt ausbreitet. Wenn das Kind wirklich ein unbeschriebenes Blatt war, wie die Umwelttheoretiker glaubten, dann war die Möglichkeit, Vollkommenheit zu erlangen, durch Liebe, Milde und Ausbildung machbar: Jedes Kind ein Musiker (durch Klavier- oder Gitarrenunterricht), ein Künstler (durch Zeichenunterricht und Heranführen an die Kunst), ein körperlich gesunder Mensch (durch richtige Ernährung, sportliche Betätigung und ein geeignetes Zuhause). Und durch Unterricht, Lesen und Beharrlichkeit hofften viele gebildete Eltern auf die Krönung der neuesten amerikanischen Mode – auf ein Genie.

Daß es sozial erstrebenswert ist, eine sich ständig ausweitende, wirtschaftlich aktive Mittelschicht zu schaffen, liegt auf der Hand, desgleichen aber auch der Kummer jener Eltern, deren Kinder trotz elterlicher Liebe und Zuwendung nie auch nur in die Nähe dieser Fähigkeit zur Vollkommenheit kamen.

Was machten die Eltern falsch? Nichts im besonderen, aber alles Grundsätzliche. Sie vermuteten zuviel, versuchten zuviel und erwarteten zuviel. Und ständig war der Same der Enttäuschung zugegen: in ihrer relativen Unfähigkeit, in der generellen Falschheit der psychologischen Theoreme und Gemeinplätze, in ihren falschen Ängsten, in der überwältigenden Macht der Biologie und den charakteristischen Eigenschaften des Tieres Mensch.

Selbst die simpelsten Tätigkeiten der Kindererziehung sind für einige Eltern zu Traumata geworden. »Habe ich irgend etwas bei der Erziehung meines Kindes zur Sauberkeit falsch gemacht?« fragen besorgte Mütter immer wieder. »Mein Kind hat eine Kolik. Ich muß irgend etwas falsch gemacht und es emotional erregt haben«, lautet eine andere Klage der Eltern.

Die Forschung spricht die Eltern im allgemeinen frei. Koliken in der Kindheit wurden der unglücklichen Mutter angelastet, die Spannungen in der Familie schafft. Alles Unsinn, sagen die Wissenschaftler. Vor der American Orthopsychiatric Association berichtete Dr. Benjamin A. Shaver, daß bei einigen Kindern im Alter von etwa drei Wochen ohne ersichtlichen Grund Koliken auftreten. Sie verschwinden ebenso unerklärlich wieder, wenn das Kind ungefähr drei Monate alt ist.

Dr. Shaver und ein Team aus je einem Psychiater, Psychologen, Sozialarbeiter, einem Geburtshelfer, einem Kinderarzt und einem Säuglingspfleger untersuchten 57 Mütter in den sechs Monaten vor und nach der Geburt. Sie wollten feststellen, ob es irgendwelche Unterschiede zwischen den Müttern der Kinder mit Koliken und denen der Kinder ohne gab. Doch Umfang und Art der Fürsorge waren in beiden Gruppen praktisch gleich.

Der Kinderarzt Dr. Jack L. Paradise untersuchte 146 Säuglinge und kam zu dem gleichen Ergebnis. Psychologische Vorstellungen über die Eltern als Ursache der Koliken haben unter Müttern von Kleinkindern mit Koliken zu »Selbstanschuldigungen, Frustration und verstärkten Angstgefühlen« geführt, erklärt er. Die Angst, die diese Mütter verspürt haben, war die Folge, nicht die Ursache der Koliken ihrer Kinder.

Die Erziehung zur Sauberkeit ist ein anderes Trauma der Eltern. Noch lange nachdem das Kind sauber ist, beschleichen Ängste die Mutter, daß dem Kind auf dem Topf emotionale Probleme erwachsen sind, die ihren Ursprung in der falschen Methodenwahl hatten. Dr. Stella Chess versucht, zur Ausrottung dieser Legende beizutragen. Bei ihrer Untersuchung hatten weniger als fünf Prozent der Kinder Schwierigkeiten, die mit der Erziehung zur Sauberkeit zusammenhingen. Bezeichnend war, daß diese Kinder auch andere Probleme hatten.

Gleich schrecklich für psychologisierende Eltern wie eine fehlerhafte Erziehung zur Sauberkeit ist das Bettnässen. Der Bettnässer muß im allgemeinen auch am Tage öfter urinieren, doch nachts verschlimmert sich das Problem. Meistens entsteht die *Enurese* genannte Schwierigkeit durch das Zusamentreffen einer kleinen Blase mit einem gesunden Schlaf.

Die moderne Psychologie behauptet, Bettnässen sei ein emotionales Problem, das durch eine falsche Erziehung noch verschärft werde. In einer Studie von 824 Kindern wies Dr. F. Tabia nach, daß die »ordentlichen« und »klinisch gestörten« Kinder die gleiche Enuresequote aufwiesen, etwa zehn Prozent. Der verstorbene Dr. Harry Bakwin glaubte, daß Bettnässen möglicherweise genetisch bedingt ist. Dr. Bakwin belegte, daß Eltern, die in ihrer Jugend selbst Bettnässer gewesen waren, in 40 Prozent aller Fälle Kinder hatten, die ebenfalls Bettnässer waren.

Viele Psychiater zur Zeit Freuds erkannten die Macht der menschlichen Erbanlagen, unter ihnen auch sein Mentor Dr. Theodor Meynert, Professor an der Universität Wien. Doch nachdem der Stern Freuds aufgegangen war, wurden ihre Möglichkeiten für die Psychologie ganz bewußt als Irrlehre beiseite getan. Erst jetzt taucht die Vererbung als entscheidender Faktor für das Verständnis der Herausbildung von Persönlichkeit und Verhalten wieder auf.

Wie wir gesehen haben, besteht eine Möglichkeit, die Bedeutung der Erbanlagen für die Persönlichkeit aufzuzeigen, darin, Untersuchungen mit *monozygoten* oder eineiigen Zwillingen durchzuführen, Zwillingen also, die aus derselben Eizelle kommen. In fast allen Belangen sind sie biologisch gleich. Zweieiige Zwillinge, die aus zwei verschiedenen, gleichzeitig befruchteten Eizellen entstanden sind, unterscheiden sich. Sie haben getrennte Anlagen, wie normale Geschwister.

Eine der besten Untersuchungsmöglichkeiten, die uns die Natur bietet, ist das Studium eineiiger Zwillinge, die nach der Geburt getrennt wurden und in verschiedenen Familien aufgewachsen sind. Da der biologische Hintergrund praktisch gleich ist, können wir ganz auf die Auswirkungen der Umwelt abstellen. Der Wissenschaftler H. A. Newman hat 20 eineiige Zwillingspaare beobachtet, die aus unterschiedlichen Gründen getrennt aufgewachsen waren. Die meisten wußten nicht einmal, daß sie Zwillinge waren.

Eine der Fallstudien macht den gewaltigen Einfluß der genetischen Ausstattung deutlich. Edwin und Fred, zwei einiige Zwillinge, wurden durch Zufall im Alter von 22 Jahren wieder zusammengeführt. Sie waren von zwei Familien der gleichen sozialen Schicht in derselben Stadt im Nordosten der USA adoptiert worden und hatten kurze Zeit sogar dieselbe Schule besucht, ohne zu ahnen, daß sie Zwillinge waren. Dann zogen die beiden Familien in den mittleren Westen, allerdings in zwei 1500 km voneinander entfernte Städte.

Als sie schließlich zueinander fanden, erwiesen sich die Ähnlichkeiten in beider Leben als fast unglaublich. Beide interessierten sich für Elektrizität, und beide arbeiteten sie im Entstörungsdienst einer Telefongesellschaft, wenn auch in verschiedenen Tochterfirmen. Sie heirateten im selben Jahr Frauen des gleichen Alters und Typs. Am verblüffendsten war, daß beide einen Foxterrier hatten, der auf den Namen Trixie hörte.

Die lange geleugnete Bedeutung der *konstitutionellen Faktoren* für die Psychiatrie und die Kindererziehung wird gewissen Berufsvertretern langsam klar. »Bei unserer täglichen Arbeit wird uns Psychiatern immer wieder bewußt, daß die Unterschiede zwischen den Kindern zum Teil Unterschiede sind, die von Geburt an existieren,« sagt Dr. Charles R. Shaw, der Forschungsdirektor des Hawthorn Center im US-Bundesstaat Michigan.

Was sagen nun die Freudianer dazu, die auf die Erziehung der amerikanischen Kinder einen so nachhaltigen Einfluß ausgeübt haben? Freud selbst gab nur Lippenbekenntnisse ab, wo es um die konstitutionellen Faktoren ging. Bei der Pathogenese der großen Neurosen spiele die Erblichkeit in sämtlichen Fällen eine nicht unerhebliche Rolle, in der Mehrheit der Fälle sogar eine unentbehrliche. Es gehe zwar nicht ohne die Unterstützung spezifischer Ursachen, doch die Bedeutung der erblichen Veranlagung werde durch die Tatsache unterstrichen, daß die gleichen spezifischen Ursachen bei einem gesunden Menschen keinerlei pathologische Auswirkungen hätten.

Wenn man auf die Vererbung zu sprechen kommt, zitieren die Freudianer häufig Freud, um kritischen Bemerkungen auszuweichen. Doch das Schwergewicht der Ursachen der kindlichen Nöte haben sie immer auf die Persönlichkeit der Eltern gelegt. Eine der Hochburgen des freudianischen Einflusses auf die Kindererziehung und -psychiatrie ist die Yale University, deren Kinderforschungszentrum psychoanalytisch ausgerichtet ist. Ein Psychoanalytiker und Kinderarzt ist Direktor der Abteilung für die Entwicklung des Kindes in Yale, einer Unterabteilung, die sich um die Kinder von der Geburt bis zum sechsten Lebensjahr kümmert, in den alles entscheidenden freudianischen Jahren also.

Etwa die Hälfte der dort behandelten Kinder hat Schwierigkeiten hinsichtlich des Geisteszustandes, von der wiederum eine große Minderheit Opfer des Kindheitsautismus ist, jener rätselhaften Verhaltensstörung, die nach Meinung dieses Analytikers im wesentlichen biologischen Ursprungs ist. »Umwelteinflüsse erleichtern oder erschweren die Lage nur geringfügig«, gab er bei einem Interview an.

Die Mehrheit der Kinder, die in Yale behandelt wird, leidet an weniger schweren, aber dennoch kräftezehrenden emotionalen Problemen. Und die Ursache? Diesmal hört man die bekannte psychodynamische Litanei von den gestörten Beziehungen zwischen Eltern und Kind.

Im Brennpunkt des Problems stehen die Eltern. »Einige Eltern sind unreif aufgrund der Entwicklung ihrer eigenen Persönlichkeit«, erklärt der Direktor dieser Yale-Abteilung. »Vielleicht gibt es Spannungen in der Ehe oder bei der Erziehung. Einige Erwachsene sind aufgrund dessen, was sich in ihrem eigenen Leben ereignet hat, schlecht gerüstet für die Elternschaft. Das erkennt man an der Art, wie sie sich um die Kinder kümmern. Zum Teil werden die Eltern mit den Bedürfnissen des Kindes nicht fertig oder reagieren negativ darauf. Oder es kommt zu einer Überreaktion, und sie erregen sich zu sehr über normale Verhaltensentwicklungen ihres Kindes. Andere unreife Eltern betrachten die Bedürfnisse ihres Kindes als persönliche Angriffe auf sich.«

Der freudianische Eingriff in die Fürsorge für das Kind war extrem. An Instituten wie dem der Yale University läßt sich das im einzelnen nachvollziehen, doch ist der gesamte Erziehungsbereich durchdrungen. Der Grundgedanke dieses Eingriffs ist, daß die Eltern einen Haufen unbewußter Bedürfnisse und Enttäuschungen mit in die Ehe bringen, die sie ohne große Umstände bei ihren Kindern abladen, ohne daß sie die Triebfeder ihres Handelns kennen oder überhaupt wissen, daß sie es tun. Es ist eine *geschichtliche* Theorie. Was den Eltern in der Vergangenheit widerfahren ist, ist im Unbewußten eingeschlossen. Es wird sich bei der Sorge um die Kinder in einer verschleierten, geheimnisvollen Form zeigen.

»Manchmal kann ein Elternteil überwiegend negative und feindselige unbewußte Gefühle gegenüber dem Kind empfinden, das er seinem Bewußtsein nach umsorgen will«, erklärt der Yale-Analytiker. »Das Verhalten der Eltern gegenüber dem Kind entstammt den eigenen Empfindungen aus der Vergangenheit. Es kann vorkommen, daß das Kind die Eltern an jemanden aus der Vergangenheit erinnert, den sie gehaßt haben. Und unbewußt übertragen sie diesen Haß auf das Kind.«

Da man in Yale (und an vielen anderen Fürsorgekliniken für Kinder) viele Eltern gestörter Kinder selbst für etwas gestört hält, besteht man darauf, sowohl die Eltern wie auch das Kind zu behandeln. Die Psychotherapie in Yale übernimmt einer von vier »helfenden« Spezialisten: ein Psychiater, ein Psychologe, ein Sozialarbeiter oder ein Kinderpädagoge (Lehrer), der in Kindertherapie ausgebildet ist. Im allgemeinen behandeln zwei verschiedene Therapeuten die Eltern und das Kind und setzen sich dann später zur Beratung zusammen.

Was geschieht in der gemeinsamen Eltern-Kind-Therapie? »Wir beginnen beim Verhalten, das das Kind zeigt«, erklärt er. »Dann beobachten wir die dynamische Interaktion zwischen Kind und Eltern, wobei wir auf einige psychoanalytische Aufgaben zurückgreifen, um sie zu verstehen. Nehmen wir etwa das Beispiel eines zweijährigen Kindes, das ungewöhnlich negativ eingestellt ist. Zu allem sagt es ›nein‹, ob es nun darum geht, ein Spielzeug vom Boden aufzuheben oder sich an den Topf zu gewöhnen. Jede Handlung wird zu einem Kampf. Wir versuchen herauszufinden, was an dieser Eltern-Kind-Beziehung gerade diese Schwierigkeiten hervorruft. Warum müssen beide Seiten so kämpfen? Welche eigenen Erfahrungen haben die Eltern gemacht, daß sie sich so kindisch wie das Kind benehmen?

»Vielleicht entdecken wir zum Beispiel, daß ein Elternteil in der Vergangenheit zu einer wichtigen Figur ein betont kämpferisches Verhältnis hatte«, fährt er fort. »Das kam anfangs nicht so zum Bewußtsein, brach sich dann aber Bahn, als das Kind aktiver und negativer wurde. Das alte kampfbetonte Verhältnis, das der Elternteil offenkundig vergessen hatte, löst das neue Muster des Kampfes mit dem Kind aus.«

Die ödipale Theorie Freuds kommt bei der Sorge um das Kind in Yale nicht zu kurz, denn auch dort glaubt man, daß der Ödipus-Komplex bei Kindern zu emotionalen Störungen führen kann. »Beim sich normal entwickelnden Kind zeigt sich im Alter zwischen dreieinhalb und fünf Jahren ein bestimmtes eindeutiges Verhalten, eine Phantasie, in die die ödipale Theorie hineinspielt«, stellt der Yale-Analytiker fest. »So kann sich etwa ein vierjähriges Kind übermäßig an einen Elternteil klammern. Wir sagen den Eltern in solchen Fällen, daß ein Teil eine besonders verführerische Wirkung auf das Kind ausübt oder sonst in ungewöhnlichem Umfang zu Strafen greift. Einige Eltern können mit Ausdrücken wie ›verführerisch‹ etwas anfangen. Bei anderen sagen wir vielleicht, daß sie dieses Verhalten anregen, weil sie ihr Kind öfter zu sich ins Bett holen als sie sollten, oder daß die meisten Kinder den Anblick ihrer nackten Eltern nicht ertragen können.«

Hat die Theorie Freuds die Erziehungsarbeit der Eltern behindert? Der für die Kinderfürsorge in Yale zuständige Direktor glaubt, daß sie sich sowohl positiv wie auch negativ ausgewirkt hat. »Bevor die Ich-Psychologie in der analytischen Theorie auftauchte, lag das Schwergewicht zu sehr auf der Sorge um die Traumata des Kindes und darauf, ihm entgegenzukommen. Es fehlte der Ausgleich durch Beschränkungen, die dem Verhalten gesetzt wurden. Seit Beginn der 40er Jahre vertreten die führenden Köpfe auf diesem Gebiet eine sehr viel weiter gesteckte Meinung. Aber wie in anderen Bereichen auch gibt es das Problem, daß das, was in den Handbüchern über die Kindererziehung erscheint, hinter der aktuellen Theorie herhinkt. Die Sorge um die zerbrechliche Psyche des Kindes, die einige Eltern heute haben, ist ein Erbe des frühen Freudianismus. Sie befürchten, für langanhaltende Traumata des Kindes verantwortlich zu sein. Es stimmt, daß verantwortungsvolle, junge Eltern, die viel über Kindererziehung lesen, zuweilen wie gelähmt sind. Ich rate diesen Eltern manchmal, nichts mehr zu lesen und sich statt dessen ganz auf ihr Gefühl zu verlassen. Bei uns heißt es: ›Einige Eltern lesen, weil sie sich Sorgen machen. Andere machen sich Sorgen, weil sie lesen.‹«

Vor allem in Amerika hatte die Kindererziehung immer auch etwas von einer fixen Idee an sich. Viele Eltern setzen in ihre Kinder Hoffnungen für die Zukunft, deren Erfüllung ihnen selbst versagt geblieben ist, sei es durch ihre Herkunft oder mangelndes Glück. Die Amerikaner leben in vieler Hinsicht durch ihre Kinder und hoffen, durch kommende Generationen Unsterblichkeit zu erlangen.

Das ist kein schlechter moralischer Grundsatz. Vielleicht ist es sogar die wohltätigste Philosophie in der chaotischen Geschichte des Menschen. Allerdings hat sie eine nachteilige Folge, auf die alle Amerikaner gleichermaßen stolz sind. Es ist der Glaube, daß man eher durch Forschung und fachliches Können als durch eine Philosophie den idealen Weg finden kann, die Kinder auf dieses Nirwana von morgen vorzubereiten.

Diese Kombination aus Hoffnung und Fachwissen hat den amerikanischen Eltern das Erziehen der Kinder als eine Technologie nahegebracht. Aber anders als eine aus echter Wissenschaft entstandene Technologie ist es eine, die immer aufs neue Enttäuschungen verursacht, und die wahrscheinlich mehr Eltern-Kind-Beziehungen zerstört und mehr seelischen Schaden angerichtet als verhindert hat.

Die sich wandelnden Moden in der Kindererziehung sind in einer Studie des Instituts für Erziehung der University of Illinois festgehalten worden. In den 90er Jahren des vorigen Jahrhunderts wurde die Mutter als ein Ideal glorifiziert. Die gute Mutter jener Tage hatte einen »anständigen Charakter« und war ihren Kindern ein Vorbild. »Eine fröhliche Mutter macht ihr Baby glücklich,« schrieb ein viktorianischer Experte, »wohingegen eine bedrückte Mutter im allgemeinen ein ernstes Kind hat. Sei glücklich.«

Es erwies sich jedoch nicht als sicher, daß eine glückliche Mutter auch immer ein glückliches Kind hervorbrachte. Die Kinder zahlloser zufriedener Eltern waren unausgeglichen und umgekehrt. Aber die Fachleute erboten sich an, die Lücke zu füllen, und 1910 hatte man ein neues *Schema* für die besorgten Eltern entwickelt. Es beruhte auf Disziplin, Strenge und der Durchsetzung der Autorität.

Für die Eltern Fingernägel kauender Kinder zum Beispiel hatte der Fachmann um 1910 diesen Rat: »Besorgen Sie sich weiße Baumwollhandschuhe und lassen Sie sie das Kind ständig tragen – auch in der Schule. Sie erinnern das Kind nicht nur, sie lassen es auch Scham empfinden, wenn jemand Fragen stellt.« Scham und der Lächerlichkeit Preisgeben waren bevorzugte Mittel in der Kindererziehung. Die Eltern wurden davor gewarnt, das Kind zu sehr zu verzärteln. Das könne das Baby frühreif werden lassen.

Die beiden folgenden Jahrzehnte, die 20er und 30er Jahre, wurden die Zeit der *Erziehung nach Plan.* Der Säugling wuchs innerhalb einer strengen Ordnung auf, die die Ernährung, Entwöhnung und Sauberkeit umfaßte. War er hungrig, ließ man ihn entweder so lange schreien, bis er ruhig war oder voller Glück die Fütterungszeit erreichte. Liebe wurde zwar als wichtig erachtet, aber doch nicht soviel Liebe, daß sie mit dem ach so wichtigen Zeitplan des Kindes kollidierte.

Die Neigung zur Strenge, die aus dem Jahrzehnt zwischen 1910 und 1920 übernommen worden war, wurde in den 20er und 30er Jahren durch einen neuen psychologischen Propheten noch verstärkt, durch Dr. John B. Watson, den Begründer des *Behaviorismus*. Watson argumentierte, man könne Kinder zu Genialität und Erfolg oder zu Dummheit und Versagen erziehen. Es läge bei den Eltern, die geeignete Erziehung sicherzustellen.

Wie der Freudianismus war auch der Behaviorismus eine Theorie, die auf die Umwelt abstellte. Aber während die Freudianer zu Hätscheln und Permissivität tendierten, ahmte Watson die Ausbildungsmethoden eines Rekrutenlagers nach. »Es gibt eine vernünftige Art, die Kinder zu erziehen. Behandeln Sie sie so, als wären sie junge Erwachsene ...«, erklärte Watson. »Nehmen Sie sie nie in den Arm oder geben ihnen einen Kuß und lassen Sie sie nie auf Ihrem Schoß sitzen. Wenn unumgänglich, dann küssen Sie sie einmal auf die Stirn, wenn sie gute Nacht sagen. Reichen Sie ihnen morgens die Hand ... Bringen Sie dem Kind bei, vom Augenblick der Geburt an Schwierigkeiten zu überwinden.«

Die Auswirkungen der Lehre Watsons auf die leicht zu beeinflussenden Mütter der 20er und 30er Jahre brachten eine Erziehung nach der Uhr. Doch nach dem Zweiten Weltkrieg änderte sich das System erneut. Das Füttern nach Bedarf und die neuerlich auftauchende freudianische Besorgnis um die unbewußten Bedürfnisse des lieben Peter trugen den Sieg über die Anhänger Watsons davon.

Wie wir wissen, waren die 40er, 50er, 60er und sogar die 70er Jahre die hohe Zeit der Permissivität, einem Verhalten, das auf der Theorie beruhte, daß das Kind instinktiv am besten wisse, was gut für es sei. Diese neue Einstellung setzte massiv Ende der 40er Jahre ein, als die heimkehrenden Kriegsteilnehmer und ihre Frauen sich von Erziehungsvorstellungen in den Bann ziehen ließen, die ihrem Wunschdenken aus der Zeit des Krieges entgegenkamen. Sie wollten, daß es ihren Kindern einmal besser gehe als es ihnen selbst ergangen war.

Viele der Selbsthilfeartikel der 40er Jahre ließen eine abenteuerliche Permissivität erkennen. In einem der für die neue Heilslehre typischen Beitrag mit dem Titel »Verwöhne dein Kind« erging sich der Autor, ein psychiatrischer Sozialarbeiter, in plumpen, pseudowissenschaftlichen Feststellungen jener Art, wie sie seither die Eltern beeindrucken. »Psychiater und Kinderärzte haben in den letzten Jahren wissenschaftlich nachgewiesen, daß ein Säugling liebevolle Zuwendung genauso braucht wie Nahrung,« hieß es dort. »Es sind Fälle von Kleinkindern überliefert, die aus Verlangen nach der Liebe der Mutter ernsthaft erkrankt und sogar gestorben sind. Weit häufiger aber passen sich die

Säuglinge offenbar diesem Mangel an Zuwendung an, und wir bemerken ihre tiefe Frustration erst, wenn sie erwachsen sind, an ihren Psychosen, Neurosen oder der allgemeinen Fehlanpassung.«

Ein Psychologe aus Beverly Hills riet seinen Lesern sogar, sie sollten ihre Kinder sich ausleben lassen. Wenn Kinder ungezogen und zornig sind, sollten sie nach Meinung des Experten nicht zur Ordnung gerufen werden. »Wenn wir diesem Weg (Ordnung) folgen, handeln wir uns Ärger ein,« schrieb der Kinderexperte. »Früher oder später ... prägen wir die Unart ein, anstatt sie auszutreiben. Sie dringt immer tiefer ein und setzt sich in der Persönlichkeit und dem Wesen unseres Kindes fest.«

Das nachgiebige Einerlei, das sich aus derart dehnbaren Ratschlägen ergibt, ist ein Beweis unserer Leichtgläubigkeit in Sachen modischer Strömungen und *Wissenschaftlichkeit* und ein Zeichen, daß wir das Vertrauen in unsere eigenen Werte verloren haben. Wie wir gesehen haben, glaubt Dr. Donald J. Holmes, ehemals Psychiater an der University of Michigan, daß den Eltern Psychiatrie und Psychologie bis zum Überdruß verkauft worden ist. Er rät den Eltern, sich mehr auf ihren gesunden Menschenverstand zu verlassen und weniger auf Amateuranalysen, wenn es um die Probleme ihrer Kinder geht.

Die Trends in der Kindererziehung befinden sich augenblicklich in einer Phase des Übergangs. Viele Eltern machen sich noch Sorgen, daß Disziplin die Seele ihres Kindes gefährdet, doch die Umkehr zur Tradition hat bereits begonnen. Es ist keine Umkehr zur Strenge von 1910, sondern zu den Vorstellungen der 90er Jahre des vorigen Jahrhunderts, daß die besten Eltern die sind, die Vorbild für das Kind sind.

Dr. Ambrosino meint hierzu: »Wenn die modernen Eltern in der Lage sind, sich selbst zu verwirklichen und gute Erwachsene zu werden, die ihre Möglichkeiten als Mensch voll ausschöpfen, werden sie gute Eltern sein, weil sie dem Kind ein Vorbild sind.« Dr. Ambrosino und andere halten es für erwiesen, daß ausgefüllte Menschen auch ausgefüllte Eltern sind. Ob nun falsch oder richtig, der Kreis hat sich seit 1890 geschlossen.

Es ist offenkundig, daß Erziehungsmoden nicht sehr widerstandsfähig und kurzlebig sind. Das Erarbeiten und Verbreiten von Wissen darüber, wie man Kinder erziehen soll, scheint sich jetzt als einer der großen akademischen Späße unserer Zeit zu entpuppen. Den angesammelten Beweisen nach zu urteilen ist es wahrscheinlich, daß intelligente, einfühlsame Eltern über Kindererziehung ebensoviel wie oder mehr wissen als der Erzieher, der Eltern-Kind-Experte, der Psychologe, der Sozialarbeiter oder der Psychiater.

Eine Untersuchung aus Milwaukee über die Anpassung von Kindern machte alle psychologischen Merkmale der Kindererziehung zunichte und sprach die Eltern frei, die ihren eigenen Weg gewählt hatten. In einer Studie, über die im *Journal of Educational Sociology* berichtet wurde, suchten Irving W. Stout und Grace Langdon, ein Schuldirektor und ein Lehrer, 159 Jungen und Mädchen aus, die »ausgeglichen« und größtenteils zwischen zehn und 14 Jahre alt waren.

Sie wurden nicht ausgewählt, weil sie gute Schüler oder »Streber« waren, sondern weil sie sich gut im Griff hatten, selbständig entscheiden konnten, in der Lage waren, mit anderen Kindern zu spielen, einen glücklichen Eindruck machten und von ihren gleichaltrigen Kameraden geschätzt und anerkannt wurden.

Die Forscher versuchten dann herauszufinden, welche Erziehungsmethoden diese ausgeglichenen Kinder hervorgebracht hatten. Für Psychologieanhänger waren die Antworten entmutigend, denn keine der Theorien konnte bestehen. Die Kinder waren das Produkt der verschiedenartigsten Erziehungsvorstellungen, wobei es unter den Eltern keine übereinstimmenden Auffassungen über die richtige oder falsche Methode gab, wie die Kinder großzuziehen seien.

Einige stammten aus einfachen Verhältnissen, andere kamen aus wohlhabenden Familien. Einige der Kinder waren Halbwaisen. Ein Teil der Eltern hatte nur die Grundschule besucht, andere die Universität. Es gab keine bestimmte Geburtenfolge, und auch die Einzelkinder überwogen nicht. Zum Teil waren die Kinder gestillt, zum Teil mit der Flasche aufgezogen worden. In einigen Familien bekamen die Kinder Schläge oder wurden ohne Essen ins Bett geschickt, wenn sie »böse« gewesen waren, in anderen bediente man sich der moderneren Methode des »Sprechen wir doch darüber«.

Allen gemeinsam war lediglich, daß Kinder und Eltern viel zusammen als Familie taten. Diese Familieneinheit gibt es außerhalb der Welt der Psychologie seit Generationen. Sie ist kennzeichnend für intelligente Eltern, die intuitiv erkennen, daß eine gut zusammenhaltende, aktive Familie ein guter Weg ist, Kinder großzuziehen.

Viele neuere Gedanken über Kindererziehung erweisen sich jetzt als übertrieben oder sogar als himmelschreiend falsch. Eine Theorie beispielsweise besagt, daß das Kind gleichbleibend liebevoll umsorgt werden muß. Eine Unterbrechung dieser Zuwendung auf einer beliebigen Entwicklungsstufe hat, wie wir gelernt haben, ein emotional geschädigtes Kind zur Folge.

Eine gewisse Wärme und Fürsorge ist offensichtlich gut für das heranwachsende Kind. Aber der Anthropologe Harold Orlansky entdeckte eine Ausnahme, die die universelle Theorie der mütterlichen Zuwendung widerlegt; er berichtete darüber in der Zeitschrift *Psychological Bulletin.* Die albanischen Mütter werden ebenso verehrt wie überall in der Welt. Aber Orlansky schildert, daß die Kinder in einigen Bereichen dieser Kultur auffallend isoliert großgezogen werden. »Bis sie ein Jahr alt sind, werden die albanischen Kinder fest an eine hölzerne Wiege gebunden, die für gewöhnlich in der dunkelsten Ecke des Raums steht und häufig am Kopfende noch mit einem Tuch abgedeckt ist, damit kein Licht eindringt,« schreibt er.

Fügt diese scheinbar barbarische Methode den Kindern nun einen Schaden zu? Orlansky meint, offensichtlich nicht. Wie nachgewiesen wurde, »war ihr soziales Verhalten, das ... standardisierten Tests unterzogen wurde, dem gleichaltriger Wiener Kinder ebenbürtig oder überlegen«.

Die Symbolfigur der verwöhnten Kinder der Nachkriegszeit ist für viele der Mentor der Kinderärzte und Erziehungsexperten Dr. Benjamin Spock geworden, dessen schon erwähntes Buch in Amerika zur Bibel für die Mütter wurde und bei uns eine ähnliche Bedeutung erlangte. Man hat Spock vorgeworfen, einer zu großzügigen Verhaltensweise Vorschub geleistet zu haben, ein Vorwurf, den er stets zurückgewiesen hat. 1974 schien sich Dr. Spock in einem Beitrag gegen langgehegte Ansichten seines Berufsstandes aufzulehnen. In dem heute umstrittenen *How Not to Bring Up a Bratty Child* sprach sich Spock nachdrücklich für elterliche Strenge aus, so daß eine amerikanische Zeitung die Schlagzeile brachte: »Spock widerruft!«.

Dr. Spock leugnet, etwas zurückgenommen zu haben oder jemals ein Anhänger der Permissivität gewesen zu sein. Er gibt allerdings zu, daß die Eltern in all diesen Jahren von den Fachleuten einschließlich ihm selbst einen falschen Weg geführt worden sind. »Meines Erachtens ist die Unfähigkeit zur Strenge das verbreitetste Problem der Eltern in Amerika von heute«, erklärte er.

Dieses überall anzutreffende Versagen lastet Dr. Spock der Psychologie an und spricht dabei von der »Furcht, das Kind zu entfremden, dem Schuldgefühl, Feindseligkeit zu wecken«. Er stellt die Berufsexperten als die Verursacher dieses Generationenirrtums heraus. »Man hat den Eltern im 20. Jahrhundert eingeredet, daß nur die Kinderpsychiater, Psychologen, Lehrer, Sozialarbeiter und Kinderärzte – wie ich selbst – Bescheid wüßten, wie Kinder zu behandeln sind«, räumt er ein.

Was sollen die Eltern tun angesichts dieses Wustes von Widersprüchen und psychologischen Werbesprüchen? Gar nicht viel. Wie Dr. Gesell gezeigt hat, machen die Kinder eine Reihe Entwicklungsphasen durch. Die meisten Schwierigkeiten werden im Verlauf des normalen Wachstums beseitigt, kaum durch psychologische Eingriffe. Darüber hinaus bestimmen die individuellen Erbfaktoren des Kindes einen Großteil seines Verhaltens. Ganz gleich, was die Eltern gerne täten, ihr Spielraum ist begrenzt, mit der Ausnahme, daß sie ihr ganzes Einfühlungsvermögen aufbringen können, um ein angenehmes häusliches Umfeld zu schaffen.

Das tatsächlich gestörte Kind braucht sachkundige Hilfe. Aber die Zahl der vermeintlich gestörten Kinder, die von einigen Spezialisten fälschlicherweise mit bis zu 25 Prozent angegeben wird, ist nicht so groß, wie einige verängstigte Eltern und übereifrige Experten glauben.

Beim Großziehen der Kinder sind die Eltern im allgemeinen der verläßlichste Führer. Diese beruhigende These wird von niemand geringerem als Dr. Spock selbst vertreten. »Je mehr sich die Menschen mit den verschiedenen Erziehungsmethoden für Kinder beschäftigt haben, desto öfter sind sie zu dem Schluß gekommen, daß das, was gute Mütter und Väter instinktiv für ihre Kinder tun, letztlich das beste ist.«

Die Verfehlungen der modernen Eltern bestanden nicht in psychologischem Ignorantentum. Gerade das Gegenteil war der Fall. Durch die Übernahme der Halbwahrheiten, Schlagworte und regelrechten Trugschlüsse der *psychologischen Gesellschaft* haben die Eltern in den letzten 35 Jahren unglücklicherweise einen Gedanken in die Praxis umgesetzt, der besser nicht aufgekommen wäre.

Freud im Klassenzimmer

Obwohl die Eltern in der Rolle als Amateurpsychologen geschwelgt haben, hat die Psychologisierung der Jugend nicht an der Türschwelle zu Hause haltgemacht. Das amerikanische Schulsystem zum Beispiel ist in gleicher Weise an der Erforschung und Gestaltung der kindlichen Psyche beteiligt.

Überraschenderweise wissen die meisten Amerikaner nichts von der Rolle der Psychologie im Klassenzimmer. Und doch kommen die Jugendlichen regelmäßig mit ihr in Berührung, in Form von Persönlichkeitstests (einschließlich des Rorschach-Tests), psychologischer Beurteilungen und Beratung und sogar in Form eingehenderer Psychotherapie.

Das psychologische Programm erfaßt den Kindergarten wie die Universität. Tatsächlich beginnt mehr als ein Schulsystem mit IQ-Tests im Sommer vor dem Eintritt in den Kindergarten. In all ihren Äußerungen ist die Schulpsychologie zu einem der aktivsten Bereiche in der *psychologischen Gesellschaft* geworden, da sie darauf besteht, die Psyche der Kinder durch ein Team aus Lehrern, pädagogischen Beratern, Sozialarbeitern, Schulpsychologen und sogar beratenden Psychiatern erforschen zu lassen.

Ihr erklärtes Ziel ist die geistige Gesundheit der Jugend. Aber dieses Herumschnüffeln in den Gedanken und Empfindungen der Jugendlichen befriedigt gleichzeitig die Bürokratenmentalität, die davon lebt, häufig zusammenhanglose Informationen über die Schüler anzusammeln. Schönfärberisch werden diese Bemühungen *Suche nach geistiger Gesundheit* genannt, ein verschwommener, moderner Begriff, der Eltern und Lehrer durch soziale Anpassung und soziales Glück verwirren soll.

Der Lehrer, angeblich ein Nichtpsychologe, ist praktisch Hauptbollwerk bei diesem Vorhaben. Der Lehrer als Psychologe ist ein beliebtes zeitgenössisches Muster. Es beginnt früh mit der Ausbildung, wenn der angehende Pädagoge in den sehr stark psychologisch ausgerichteten Lehrplan eingeführt wird, den man »Berufsausbildung« nennt.

Kritiker wie Dr. James B. Conant, ehemals Präsident von Harvard und Verfasser des Buches *The Education of American Teachers,* und James D. Koerner, Autor von *The Miseducation of American Teachers,* haben belegt, daß die Ausbildung der amerikanischen Lehrer oftmals ebensosehr eine Angelegenheit der Psychologie wie der Wissensvermittlung ist. Infolge der »pädagogischen Psychologie« und anderer »methodischer« Kurse liegt die Betonung häufig mehr auf dem Warum des Lernens und der Persönlichkeit des Kindes als auf dem eigentlichen Lehrplan. Verschiedene Kritiker sind der Überzeugung, daß diese Überbetonung des Psychologischen im wesentlichen für das jüngste Absinken der Schulleistungen verantwortlich ist.

Die Folge all dessen ist ein moderner Lehrer, der stolz ist, Mitglied eines Berufskollegiums zu sein, das hofft, Persönlichkeit und Lebensgewohnheiten des Kindes zu formen. In einer solchen Umgebung werden soziale Anpassung und persönliche Einsicht auf Kosten des Lernens hervorgehoben.

Die amerikanische Ausbildung, vor allem in der Grundschule, wird immer mehr zu einer Form vorbeugender Geisteshygiene. Das wird anhand solcher Zeitschriften wie *Today's Education* deutlich, einer Bibel der National Education Association. In einem der typischen Beiträge etwa, »Die Ruhigen und die Lauten«, gibt ein Psychiater Lehrern Ratschläge, wie sie deuten können, daß einige Kinder im Unterricht ruhig sind und andere lärmen: »Das laute Kind leidet vielleicht an der tiefsitzenden Vorstellung, schlecht zu sein und Strafe zu verdienen.«

Mancher Lehrer ist unglücklich in dieser Rolle eines Ersatzpsychologen, doch man stachelt ihn beruflich an. Der schulpsychologische Berater Irving Doress erklärt den Lehrern, sich stillschweigend als Lehrer-Therapeuten zu betrachten. »Seien Sie nicht zu bescheiden, nur weil Sie kein Therapeut sind oder nur drei Psychologiekurse mitgemacht haben, oder weil Sie fürchten, eventuell das psychologische Gleichgewicht der Kinder zu zerstören,« mahnt er. »Nur Mut, folgen Sie Ihren Instinkten. Wahrscheinlich richten Sie auch nicht mehr Schaden an, aber viel Gutes.«

Viele Lehrer haben diesen Mut und ergreifen die Chance. Der Kollegentratsch kreist, vor allem unter den jüngeren Lehrern, häufiger um die psychologischen Probleme dieses oder jenes Schülers als um seine Noten. Mancher Lehrer glaubt, daß die schulischen Schwierigkeiten wie von selbst verschwinden, wenn nur erst die psychischen Wehwehchen behoben sind. In diesem psychologisierten Umfeld ist ein Lerndefizit nicht die Folge der Unfähigkeit der Schüler oder eines schlechten Unterrichts, sondern die eines *psychologischen Trugschlusses.*

Diese Meinung vom Klassenzimmer als psychologischer Versuchsstätte drückt unumwunden auch der Psychiater Dr. Stonewall B. Stickney aus, der ehemalige Direktor der für die geistige Gesundheit an den Schulen Pittsburghs zuständigen Stellen. »Die Schulen sind unsere Gemeindezentren für Psychohygiene,« schreibt er im *American Journal of Psychiatrie.* Von den 390000 Kindern im Pittsburgher Schulsystem hält Dr. Stickney 39000 für »emotional gestört«.

Dr. Stickney sieht in der Schule den natürlichen Ort zur Identitätsfindung und Behandlung der Gestörten. Er legt offen, daß man in Pittsburgh hofft, alle Kinder psychologisch zu diagnostizieren, noch bevor sie in die erste Klasse kommen. Auch wenn die Vorstellungen Stickneys im Gewand der Wohltat daherkommen, sind sie dennoch eine Gefahr.

Sie verlagern nicht nur das Schwergewicht innerhalb der Schule, derartige Programme haben sich auch historisch als Fehlschläge erwiesen.

Die Schulen nehmen mehr und mehr das Aussehen einer psychiatrischen Klinik an. Ohne die Zustimmung des informierten Steuerzahlers ist die Schule weit über ihre Zuständigkeit hinaus sowohl in die »geistige wie persönlichkeitsbezogene Entwicklung der Kinder« verstrickt worden. Dieser Ausdruck stammt von Dr. Raquel Cohen, einer Psychiaterin der medizinischen Fakultät in Harvard, die eine engere Zusammenarbeit zwischen Lehrer und Therapeut fordert.

Was einige Eltern als Anmaßung ansehen, betrachten die Schulen heute als Gelegenheit. Es hat zwar in den Schulen schon immer Sonderpersonal gegeben, doch unterschied sich seine traditionelle Rolle völlig von der des heutigen »Teams für die Psychohygiene in den Schulen«, wie Dr. Margaret M. Lawrence sich in ihrem Schulberatungs-Bericht ausdrückt.

In vorpsychologischen Zeiten lehrte der Lehrer, der Schulberater gab den Kindern Auskunft in Universitäts- und Berufsfragen, und der Sozialarbeiter kümmerte sich um die sozioökonomischen Probleme des Kindes. Die wenigen Schulpsychologen hatten die Aufgabe, die Intelligenz der Kinder zu testen und die Schüler ausfindig zu machen und zu unterstützen, die im normalen Unterricht Lernschwierigkeiten hatten.

Diese Stellenbeschreibungen sind längst überholt. Der Schulberater, der Sozialarbeiter und der Schulpsychologe haben heute alle einen psychologischen Beruf und behandeln Kinder im Umfeld der Schule. Das Wort *Therapie* fällt fast nie. *Beratung* ist der unverfänglichere, bevorzugte Ausdruck. Die »Therapie« würde in die Vorrechte der Privatpsychologen und -psychiater eingreifen, aber der junge Schulpatient hätte Schwierigkeiten, sollte er den Unterschied beschreiben.

Mit Hilfe des National Defense Education Act von 1958 wurden die 60000 amerikanischen Schulberater in den letzten Jahren von einfachen Praktikern in »Ersatzpsychologen« verwandelt, wenn sie auch nur im dritten Glied der helfenden Profession stehen.

Lawrence M. Brammer, Professor für pädagogische Psychologie an der University of Washington, erklärt im *Personnel and Guidance Journal* herausfordernd: »Der Schulberater ist ein Psychologe.« Er warnt davor, daß »Sozialarbeiter und Psychologen leicht verächtlich auf Schulberater hinabblicken, die sich nur für das schulpsychologische Beratungsmodell einsetzen«. Die Antwort besteht nach seinen Worten darin, Anschluß an die anderen beiden Schulberufsbereiche zu finden und das »beratende Psychologenmodell« zu übernehmen.

Zahlreiche Schulberater haben seinen Ratschlag beherzigt. Die Folge ist, daß der Schüler in einer psychologischen Umwelt versinkt, die ihm schmeichelt, ihn einlädt, verführt, ja sogar erpreßt, sich beraten zu lassen.

Die Kinder einer normalen Grundschule werden mit ihren Alltagssorgen häufig an den Schulberater verwiesen – Kinder, die eine Klasse überspringen; ein Kind, das Kleinigkeiten stiehlt; oder ein Kind, das sich in seiner Klasse nicht wohl fühlt. An der Mittelschule überwiegen Pubertätsprobleme. »Viele der jungen Teenager sprechen mit uns, weil wir weder Lehrer noch Eltern sind. Sie haben nicht den Eindruck, daß wir Privatinteressen verfolgen, und sie sprechen mit uns über Dinge, über die sie zu Hause nicht reden würden,« sagt ein Schulberater.

Für die Schüler sind alle »Seelenärzte«. Aber in der Beratungshierarchie rangiert der Schulpsychologe im allgemeinen eine Stufe über den anderen. Inzwischen weiß man, daß es über 7000 Schulpsychologen gibt, doch die rechtliche und sittliche Grundlage ihrer Arbeit ist nicht fest umrissen.

Ein Schulpsychologe in einem wohlhabenden Vorort von Westchester im Bundesstaat New York weist offen darauf hin, daß ihre psychologische Arbeit mit Kindern praktisch illegal ist. »Dadurch, daß dieses Schulsystem Schulpsychologen eingestellt hat, hat es gegen die Bestimmungen der Psychohygiene verstoßen,« stellte er bei einem Interview in seinem kleinen Schulbüro fest. »Die Schulpsychologie wurde praktisch deshalb nicht eingeführt, weil man damit gegen die Bestimmungen der Psychohygiene verstoßen hätte. Wir sind hier, weil das Gesetz des Bundesstaates New York besagt, daß ein Jugendlicher erst dann als geistig zurückgeblieben bezeichnet werden darf, wenn ein Schulpsychologe diese Diagnose gefällt hat. Durch unsere Beratungsarbeit mit Jugendlichen gehorchen wir dem Gemeinwesen.«

Zwischen dem Diagnostizieren geistiger Zurückgebliebenheit und der eigentlichen Arbeit des heutigen Schulpsychologen liegen Welten. »Unsere Aufgabe ist, unter dem Gesichtspunkt der geistigen Gesundheit nach dem Besten für den jungen Menschen zu sehen«, sagt der Schulpsychologe aus Westchester. »Ich mache keine Psychotherapie, ich mache Beratung. Der Unterschied liegt darin, daß Beraten pragmatischer und kürzer ist. Es ist die Anwendung psychologischen Wissens, um den Menschen zu helfen zurechtzukommen, mit Spannungen fertigzuwerden, sich wohlzufühlen.«

Der Schüler kommt einmal in der Woche zur traditionellen 50-Minuten-Stunde in das Sprechzimmer des Schulpsychologen und läßt sich therapieren oder beraten. Worüber sprechen die Jugendlichen dabei? »Es geht im wesentlichen um drei Problembereiche – Freund oder Freundin, die Belastungen in der Schule und das Gefühl, den Eltern gleichgültig zu sein«, erklärt der Schulpsychologe aus Westchester. »Ich neige zur Parteinahme für den Standpunkt des Jugendlichen. Das Kind ist mein Klient. Meine Verantwortung gilt ihm. Wenn ich mit offenen Karten spiele, dann erreiche ich etwas.«

Der Steuerzahler, der für das Gehalt des Schulpsychologen aufkommt, berührt die Frage nach dessen Integrität womöglich weniger. Vielleicht bekommt das Kind sogar ohne Zustimmung oder gar Wissen seiner Eltern Beratung. »Wir sind nicht verpflichtet, die Eltern zu benachrichtigen, wenn der Schüler sich beraten lassen will,« stellt dieser Psychologe fest. »Die Eltern der Schüler der Grundschule werden immer benachrichtigt. Aber wenn das Kind älter wird, überläßt man das uns.«

Der Schulpsychologe hat es sowohl mit Schülern zu tun, die vom Lehrer geschickt werden, wie mit denen, die aus eigenem Antrieb kommen. Vorgegangen wird in beiden Fällen im wesentlichen gleich. Der Jugendliche wird einem ganzen Schwarm von Tests unterzogen, zu denen oft auch projektive »Tests« wie die Rorschachschen Klecksfiguren oder der Thematische-Apperzeptions-Test gehören. Anschließend beginnt die Beratung, im allgemeinen einmal wöchentlich, die sich über mehrere Monate erstreckt und bis zu zwei Jahren dauern kann.

Die Arbeit der Schulpsychologen wirft eine Reihe ethischer Fragen auf. Wenn zwischen Eltern und Jugendlichem tiefgreifende Meinungsunterschiede bestehen, und das Kind heimlich von einem mit Steuergeldern bezahlten Schulpsychologen beraten wird, handelt der Psychologe dann integer? Wer hat die Schule ermächtigt, in der Seele unserer Kinder zu forschen? Das Etikett »Psychohygiene« oder »geistige Gesundheit«, hinter dem die erschreckenden Möglichkeiten der »Geisteskrankheit« lauern, hat die meisten Eltern anscheinend eingeschüchtert und zu untertänigem Schweigen gebracht.

Im US-Bundesstaat Connecticut beschäftigt allein ein großes Schulsystem 15 Schulpsychologen, die alle einen Hochschulabschluß als Magister und weitere akademische Auszeichnungen haben. Überraschend ist, daß Schulpsychologen weder in diesem noch in den meisten anderen Bundesstaaten (einschließlich New York) zugelassene Psychologen sein müssen. Sie dürfen zwar Schüler testen und beraten, aber nur wenige sind ausreichend ausgebildet, um auch in der Gemeinde praktizieren zu können. Von den 15 Schulpsychologen in der Stadtgemeinde von Connecticut ist nur einer ein zugelassener Psychologe.

Den ersten Kontakt mit dem Schulpsychologen haben die Kinder in diesem System im Rahmen der »Klassentreffen«, einer einfachen gruppentherapeutischen Sitzung. Die Schüler haben zwar keine psychologischen Vorkenntnisse, trotzdem sind sie nicht völlig unbedarft. Ihnen ist klar, daß sie vor den anderen Schülern über ihre Probleme reden sollen. »Die Kinder wissen, daß es dabei um Gefühle, Verhaltensweisen, Emotionen und um das Zurechtkommen geht«, legte ein Schulpsychologe dar.

Eine große Anzahl Schüler kommt mit dem »Seelendoktor« auf der Schule zusammen. Im Lauf eines Jahres wird etwa jeder zehnte oder 1000 Schüler dieses Distrikts in Connecticut von den Psychologen gründlich beurteilt. (Hier bemüht man sich um die Zustimmung der Eltern.) Meistens gibt der Lehrer den Anstoß zu dieser Beurteilung, wenn er das Gefühl hat, daß das Kind Lernschwierigkeiten oder Probleme bei der sozialen Anpassung hat, einem der pädagogischen Ziele.

Die Beurteilung beginnt damit, daß der Psychologe den Schüler in der Klasse beobachtet. Dann durchläuft das Kind eine Reihe pädagogischer und psychologischer Tests, an die sich eine psychologische Befragung zunächst des Schülers und dann der Eltern anschließt. Unter Umständen werden ein Sozialarbeiter und ein Sprachpathologe hinzugezogen. Falls erforderlich, wird das Kind an einen Privatpsychiater überwiesen, der 60 Dollar für die Stunde berechnet. »Wenn wir jemanden überweisen, übernehmen wir die Kosten«, stellt dazu ein Schulsprecher fest.

»Das Kind kann sehr scheu und zurückgezogen sein oder sonst ein Verhalten zeigen, das nach Meinung des Lehrers den üblichen Rahmen sprengt: Unaufmerksamkeit, übermäßige körperliche Aktivität, Streitsucht oder ein unzufriedenes oder bedrücktes Verhalten«, erläutert der Schulpsychologe aus Connecticut. »Hinter dem, was wir tun, steht der Gedanke, daß die moderne Pädagogik aus mehr besteht als dem Lesen und Schreiben lernen. Das Zusammenleben mit anderen Menschen ist Teil des demokratischen, gesellschaftlichen Ziels.«

Nicht alle Eltern sehen dieses Ziel so klar wie die Zunft der Psychologen. »Einige Eltern sind beleidigt«, räumt der Schulpsychologe ein. »Sie schimpfen: ›Sie können doch nicht einfach behaupten, mein Kind sei verrückt!‹ Aber wir bringen die Sache als konstruktive Idee, durch die dem Kind geholfen wird. Die meisten Eltern schließen sich uns dann an.«

Dieses Psychologisieren auf unterer Ebene hat eine bürokratische Eigendynamik. Die Ergebnisse einschließlich der erzielten Punkte bei psychologischen Tests, die Beratungsberichte, psychologische Beurteilungen und Empfehlungen werden in das Zeugnis des Kindes aufgenommen. Dieser psychologische Bericht begleitet den Schüler vom Kindergarten bis zum Schulabschluß. Folgt er ihm auch auf die Universität? Nein, so wird uns versichert, die Universität sehe nichts von den Einzelergebnissen. Aber sie sieht sehr wohl die Eintragung, daß der Jugendliche vom Schulpsychologen behandelt worden ist, worauf sich der Zulassungsbeamte an der Universität unter Umständen seinen eigenen Reim macht.

Allein schon die Tatsache, daß Psychologie an den Schulen zu finden ist, ist umstritten. Zum einen sind, wie wir gesehen haben, beinahe alle Betroffenen Laien. Zum andern kann man die gesamte Schulpsychologie als ein Eindringen der Bürokratie in die Familie betrachten. Und im übrigen ist die Beratung an den Schulen möglicherweise gesetzwidrig. In den meisten amerikanischen Bundesstaaten darf das Schulpersonal keine Psychotherapie mit den Kindern betreiben. Durch Umbenennung der *Psychotherapie* in *Beratung* hat man unter Umständen ein semantisches Hintertürchen gefunden, um das Gesetz zu umgehen.

Einige kritisch eingestellte Berufsständler stellen die Tätigkeit der Schulpsychologen ohnehin in Frage. Dr. Henry Winthrop, Professor an der University of South Florida, führt mehrere Punkte an, die bei ihm unter »nicht vertrauenswürdig« laufen.

Ein zentrales Thema ist die *Vertraulichkeit.* »Nehmen wir einen Schulpsychologen einer Mittelschule, eines Colleges oder einer Universität, zu dem die Jugendlichen aus freien Stücken oder auf Anraten des Lehrers kommen, um über ihre Probleme zu sprechen,« schreibt Dr. Winthrop in *Mental Hygiene.* »Was müssen wir von einem Psychologen halten, der den Schülern Vertraulichkeit zusagt, und seine Informationen dann an andere weitergibt?«

Dieses »Weitergeben« von Informationen ist problematisch, wenn der Schüler als emotional gestört eingestuft worden ist. »Was sollen wir von einem Schultherapeuten halten, der einem Schüler, der sich vertrauensvoll von ihm beraten läßt, ein psychiatrisches Etikett anhängt, das dann in die Unterlagen des Beratenen kommt, so daß diese Diagnose ihn jahrelang verfolgen und den Übergang von einer Schule in die andere nachteilig beeinflussen kann?« fragt der aufgebrachte Dr. Winthrop.

Winthrop ist besonders bei den Schulangehörigen besorgt, für die die

Ergebnisse der häufig ungenauen psychologischen Tests eine Art wissenschaftliche Offenbarung sind. Und seinen Kollegen stellt er die Frage: »Stellen Sie sich die schreckliche Situation vor, daß ein einfältiger und wichtigtuerischer Psychologe einen Schüler für geistig labil erklärt und diese Entscheidung nur auf die Ergebnisse einiger psychologischer Routine-Tests gründet. Ist es ein Wunder, daß sich viele Schüler verächtlich über die ›Seelendoktoren‹ äußern?«

Es ist inzwischen offenkundig, daß man hinsichtlich der Psychologie an den Schulen zuviel des Guten getan hat. Informierte Eltern sind sich dessen möglicherweise bewußt, aber viele lassen sich von den unterstellten guten Absichten des Schulsystems beeindrucken. Aber wie wir schon bei dem eine ganze Generation dauernden Flirt der Eltern mit der Kinderpsychologie gesehen haben, sind solche Absichten oftmals gefährlich, wenn sie mit modernen psychologischen Theorien vermischt werden.

Es gibt keine wirklichen Beweise, daß das Vorkommen von Angstgefühlen, Neurosen oder Psychosen in irgendeiner Weise durch das Eingreifen an den Schulen abgebaut worden ist. Genausogut besteht die Möglichkeit, daß dieses Vorgehen in Wirklichkeit ein *neurotischer Anreiz* ist. Mit Steuergeldern wird schlecht ausgebildeten Beratungsspezialisten ermöglicht, im Innenleben einer psychologisch ohnehin schon überreizten Generation herumzupfuschen.

Von Geburt an ist die jetzige Generation Jugendlicher von der Psychologie umgarnt worden. Unablässig hat man uns versprochen, die psychologischen Eingriffe zu Hause und in der Schule würden ihre Psyche stärken und emotionale Instabilität abwehren. Bis jetzt waren die Ankündigungen weit beeindruckender als das Ergebnis.

IX

NEUE THERAPIEN – NEUE ERLÖSER

Eine Frau in den Vierzigern mit einem langen Bauernrock saß zusammengekauert auf dem Boden. Beruhigend redete ihr »Ur«-Therapeut auf sie ein. Nach einer eindringlichen, 15minütigen Schilderung des Todes ihres Vaters bat der Therapeut die aufgewühlte Frau, sich auf eine Matratze in der Mitte des abgedunkelten Raums zu legen.

Dann forderte er sie auf, tiefer durchzuatmen. Er preßte ihr seinen Ellbogen auf das Gebiet des Solarplexus, bis sie kurze Schmerzenslaute ausstieß. Er bot ihr eine Babyflasche, um daran zu saugen, aber sie weigerte sich. Intensiv arbeitete der Therapeut mit ihr, schmeichelte ihr, praßte dann wieder, um ihr immer tiefere Atemzüge zu entlocken. Seine Anstrengungen steigerten sich, da es ihr nicht gelang, den ersehnten *Urschrei* auszustoßen, jene dramatische, manchmal ungestüme Rückkehr zum Schreien der Kindheit, die von einigen Therapeuten als die erregendste Neuerung seit den Wunderheilungen der Wiener Hysteriker durch Freud.

Der Therapeut war nahe daran aufzugeben, als sein Assistent plötzlich ein weißes Bettlaken hervorholte. Er legte es der Patientin über das Gesicht und den Körper. Innerhalb von Sekunden begann sie, sich anfallartig hin- und herzuwerfen, wobei sie ein jammerndes Klagen von sich gab, das von kindlichem Plappern unterbrochen wurde.

Als sie von der Matratze zu rollen drohte, stürzten Gruppenmitglieder herbei und drückten das Laken nach unten, um den »Säugling« in der Krippe seiner Phantasie gefangenzuhalten. Das mitleiderregende Jammern und Toben hielt fünf Minuten an, dann erstarb das Wimmern schließlich. Als das Laken zurückgezogen wurde, kehrte eine erschöpfte Frau mittleren Alters von ihrer hysterischen Reise zurück in die Gegenwart.

Dieses Ereignis, das in einem Therapiezentrum in Philadelphia stattfand, war eine der modebewußten, neuen Äußerungen der *psychologischen Gesellschaft*. Es handelt sich dabei um einen Ableger der Urschrei-Therapie, die von Arthur Janov entwickelt wurde, einem Psychologen aus Beverly Hills, der das Primal Institute in Los Angeles betreibt.

»Die Urschrei-Therapie ist heute *die* Bewegung in der Psychiatrie,«

erklärt Dr. Janov bei einem Interview. »Wahrscheinlich sind wir die gefragteste Klinik der Welt. Jeden Monat erhalten wir 3000 Anfragen von Menschen aus aller Herren Länder, die behandelt werden wollen. Nur zehn werden angenommen. Die Urschrei-Therapie ist zu einem Phänomen geworden. Ihr Erfolg beruht darauf, daß sie wahr ist.«

»Sie ist eine äußerst präzise Therapie, weshalb ich auch darauf bestehe, alle Therapeuten an meinem Institut auszubilden,« fuhr er fort. »In den Händen desjenigen, der keine Übung hat, ist sie eine äußerst gefährliche Technik. Unter den Therapeuten gibt es ungefähr 250 ›faule Kunden‹, die behaupten, die Urschrei-Therapie sofort anzuwenden. Wir prozessieren gegen zwei oder drei von ihnen wegen unerlaubten Gebrauchs des Namens.«

Janov hat seine Urschrei-Therapie durch einen Werbetrick bekannt gemacht, den er Freud selbst abgeguckt hat. Wie Freud an seine Behauptungen von der wundersamen Heilung in seinen *Studien über Hysterie* glaubte, so glaubt auch Janov an die magische Kraft des Urschreis als der einzigen Hilfe für die gequälte Seele des Menschen – Janov spricht von den *psycho-physischen Krankheiten.* »Das läßt folglich alle anderen psychologischen Theorien veraltet und unbrauchbar erscheinen,« erklärt Janov.

Janov ist einer der neuen Erlöser der *psychologischen Gesellschaft,* ein Nachfolger für diejenigen, die schon auf den Spuren des ersten Messias gewandelt sind, denen Freuds. Er ist Teil einer offenbar endlosen Reihe von Heiler-Philosophen, die den Massen Seelenheil im Austausch gegen persönliche Unsterblichkeit bieten. Jeder Erlöser wird zum Haupt einer neuen psychologischen Schule erhoben, jeder wird ermuntert, populäre Bücher darüber zu verfassen, wie man dank seiner geistigen Technologie zu Gesundheit, Glück und auch zu Wohlstand kommen kann. Theologisch gesprochen ist es die Wiederkunft Freuds, eine zeitgenössische Wiedergeburt des Wiener Wunderheilers.

Die neuen Erlöser erfreuen sich einer ungewöhnlichen Beliebtheit, weil sie der Allgemeinheit etwas bieten, was die Psychoanalyse mit ihren üblichen fünf oder sechs Jahren auf der Couch und selbst die nur ein oder zwei Jahre dauernde herkömmliche Psychotherapie mit ihren 50-Dollar-Stundensätzen nicht können. Die neuen Therapien sind kurz, in einer Zeit schnell wechselnder Ideen geistig weniger arspruchsvoll, emotionaler und versprechen, daß sich der Patient augenblicklich frischer fühlt, wenn auch nur vorübergehend.

Bei der konventionellen Therapie grübelt und redet der Patient. Bei den neuen »Blitz«-Therapien, die ein paar Tage, vielleicht ein paar Monate dauern, ist er mit seinen Gefühlen, Schreien, Spielen, Obszönitäten, mit seinem ganzen Körper dabei. Nicht nur daß die neuen Therapien weniger kosten, nicht so lange dauern und ebensoviel versprechen wie die traditionellen Methoden, sie scheinen vielen gestreßten Patienten einfach auch mehr Spaß zu machen.

Die Botschaft jedes Bewerbers für den Thron Freuds widerspricht grundsätzlich denen seiner Konkurrenten. Aber das schmälert nicht das Interesse der hoffenden, leichtgläubigen Konsumenten der *psychologischen Gesellschaft.*

Janovs Behauptungen sind wissenschaftlich offensichtlich übertrieben. Aber seine Wirkung auf die Therapiebenutzer, die von der Atmosphäre des Neuen leben, ist Wirklichkeit. Nicht nur die Patienten Janovs, auch Tausende in den Behandlungszimmern jener 250 »nichtautorisierten« Urschrei-Therapeuten haben ihre verdrängten Erlebnisse hinausgeschrien, -geweint und -gestoßen.

»Ich habe jahrelang traditionelle Psychoanalyse betrieben, aber ich bin inzwischen fast völlig zur Urschrei-Therapie übergegangen«, sagt Dr. Herman Weiner, ein Trainingsanalytiker an der National Psychological Association for Psychoanalysis. »Wie viele meiner Kollegen war auch ich anfangs skeptisch. Ich weigerte mich sogar, Janovs Buch zu lesen. Heute glaube ich, daß die Urschrei-Therapie die traditionelle Therapie in erheblichem Umfang ablösen wird – sie ist eine echte Revolution.« Dr. Weiner blickte hinunter auf die beiden Matratzen auf dem Boden seiner Praxis, von denen die eine für den Patienten, die andere für den Therapeuten war. »Freud hat uns den halben Weg nach unten gebracht, auf die Couch, Janov den ganzen«, meint er.

Als Theoretiker wird Janov von seinen Anhängern vergöttert. Als Führer der Bewegung hat er sich jedoch ihren Unwillen zugezogen. »Die meisten Neuerer sind stolz, wenn andere ihre Methode anwenden, nicht so Janov«, erklärt ein Urschrei-Therapeut. »Er ist praktisch unsichtbar – auf einem persönlichen Ego-Trip. Er bedient sich der freudianischen Vorstellung des Abreagierens sowie des bioenergetischen Gedankens, daß auch im Körper Neurosen und Spannungen sind. In der Urschrei-Therapie finden sich auch Elemente der Gestalttheorie, doch außer Freud, den er hin und wieder erwähnt, schenkt Janov niemandem Beachtung.«

Woher kommt dieses Interesse an der Urschrei-Therapie? Viele meinen, es läge daran, daß Janov den frühen, aufregenderen Freud wiederentdeckt habe. Durch die *Katharsis* und das *Abreagieren* – das Sich-etwas-von-der-Seele-Reden und das Abladen von Emotionen – setzte Freud angeblich verdrängte traumatische Erinnerungen bei seinen Patienten frei. Freud behauptete, hysterische Patienten litten an »Reminiszenzen«. Sobald sie von diesen lähmenden Erinnerungen befreit seien, wären sie geheilt.

Die Theorie vom qualvollen Trauma wurde in erster Linie von der formalen Psychoanalyse abgelehnt, aber Janov hat sie energisch wieder eingeführt. Janov spricht vom Urschmerzfundus, einer eingedämmten Ansammlung von Angst, die abgeleitet werden muß. Wie auch beim frühen Freud ist *Schmerz* der Dreh- und Angelpunkt der Theorie Janovs. (Er hebt dieses geheiligte Wort optisch immer hervor.) »Die Schwere der Neurose hängt vom Ausmaß des angesammelten Schmerzes ab«, behauptet Janov.

Wie Freud zeigt auch Janov wenig Interesse am hektischen Hier und Jetzt. Da die Ursache der Geisteskrankheit früher Schmerz ist, behauptet Janov, daß nichts, was sich mit den gegenwärtigen Symptomen befaßt, zu einer Heilung führen könne. Um seine Patienten zurückzuversetzen, bringt Janov sie in Ursituationen, das fremdartige Wiedererleben von Ereignissen aus der Kindheit, das manchmal von Schreien begleitet wird, die jemandem das Blut in den Adern erstarren lassen können.

Janovs Schilderung einer Urgruppe hat Ähnlichkeit mit der Darstellung eines Tollhauses durch Fellini. Der Lärmpegel kommt nahe an den eines Düsenflugzeugs heran, wie er sagt. Die Szenerie ist abwechslungsreich: ein erwachsener Patient jammert und saugt wie ein Säugling; ein anderer spielt mit einem Teddybär; ein Mann, der süchtig nach Pornographie ist, steht mitten zwischen Büchern und hält seinen Penis; ein anderer wartet in panischer Angst, weil eine vom Therapeuten über ihn gehaltene Peitsche ihn an seinen schlagenden Vater erinnert; ein Exhibitionist entblößt seine Genitalien und wirft sich dann weinend auf den Boden: »Bitte, Mama, sei ein wenig lieb!«

Janovs verblüffende Erfahrung machen auch andere Therapeuten. »Als Otto Rank erklärte, daß die Geburt ein traumatisches Erlebnis sei, fand er wenig Glauben«, sagt Dr. Weiner. »Ich hätte es nicht geglaubt, aber ich habe gesehen, wie das Trauma der Geburt in einer Geburts-Ursituation erneut erlebt wurde. Die Daumen des Patienten nehmen die Stellung wie bei einem Fetus an. Dann drehen sich die Füße einwärts, das Gesicht verzerrt sich. Die Stimme verändert sich und erzeugt Babylaute. Ich habe sogar gesehen, daß wie bei einem

Säugling lange Schleimpfropfen aus dem Rachen der Patienten kamen.«

»Die meisten Ursituationen, die ich erlebt habe, bezogen sich auf die Mutter und das erste Lebensjahr«, erläuterte Dr. Weiner weiter. »Wenn die Ur-Gruppe hier ist, stehe ich in dem abgedunkelten Raum und höre zehn Menschen zu, die auf dem Boden liegen und alle durcheinanderschreien. Man hört nur ›Mama, ich habe Angst‹, ›Mama, hab mich lieb‹, ›Mama, haß mich nicht‹. Viele weinen und winden sich unter Qualen. Nur selten erlebt man Freude. Wir sehen die verdrängten Qualen der Kindheit. Selbst wenn die ganze Urschrei-Therapie falsch wäre, was ich bezweifle, sie wirkt wie nichts seit dem Schamanismus.«

Auf eine einfache Formel gebracht, besagt die Vorstellung Janovs, daß das Kindheitstrauma solche Leiden verursacht, daß das Kind die Flucht in die Neurose sucht. Die Theorie Janovs deckt sich mit der zentralen psychologischen Annahme, daß die Persönlichkeit des Kindes sich durch Umwelteinflüsse in den ersten Lebensjahren herausbildet. Die Erbfaktoren oder das Temperament oder die Veranlagung des Kindes spielen kaum eine Rolle. Janov sagt: »Die Urschrei-Therapie beruht auf der Annahme, daß wir als nichts als wir selbst auf die Welt kommen. Wir werden nicht neurotisch oder psychotisch geboren. Wir werden einfach geboren.«

Es ist eine Neuauflage der Theorie Freuds von den bösen Eltern. In der gesamten Urschrei-Theorie spricht Janov von der Not der Kindheit, von brutalen Eltern, in erster Linie Vätern. Er spricht von Qualen, die sich in dem jungen Menschen ansammeln und die durch Urerlebnisse freigesetzt werden müssen, wenn eine Besserung eintreten soll.

Die Urschrei-Therapie, wie sie von Janov angewendet wird, ist selbst ein strafendes Verfahren. Es kann passieren, daß der Patient aufgefordert wird, gleich zu Anfang die ganze Nacht aufzubleiben. Während dieser Vorbehandlung schluchzen sie und fürchten zum Teil durchzudrehen. Dazu erklärt Janov: »Der Patient kommt mit einem Leiden zu uns ... vielleicht lassen wir ihn fünf bis zehn Minuten über die festgesetzte Zeit warten, damit sich stärkere Spannungen aufbauen.«

Der Patient liegt wie bei der Psychoanalyse auf einer Couch, allerdings wie ein ausgebreiteter Adler. Er spricht über sein früheres Leben und wird ermuntert, nach seinen Eltern zu rufen. Man fordert ihn auf, den Mund offenzulassen, damit er seine Gefühle nicht »herunterschluckt«. Man sagt ihm, er solle *fühlen* und *atmen*. Er beginnt »nach Atem zu ringen« und zu »würgen«. Er versucht zu sprechen, fängt an, »sich herumzuwerfen und unter Qualen zu winden«, und schließlich entlädt sich ein »Schrei« in Form eines Satzes – »Ich hasse dich!« oder »Papa, sei lieb!« – der begleitet ist von einer »Flut von Schmerzen«. »Und das ist der Urschrei«, erklärt Janov.

Wird Janov von der psychologischen Gemeinde akzeptiert? Er ist ein populärer neuer Messias, aber in der mörderischen Welt der Therapie, wo dem einen heilig ist, was der nächste für Unsinn hält, wird nicht mit Kritik an ihm gespart.

Im wesentlichen wird eingewandt, daß das *Abreagieren* nicht wirklich heilt, daß die Urschrei-Therapie durch und durch früher widerlegter Freud sei, daß die Ur-Regression zur Kindheit möglicherweise gefährlich ist, und daß schließlich viele Urschreie *vorgetäuscht* seien.

Dr. Joseph Hart, ein ehemaliger Mitarbeiter Janovs, der in Los Angeles ein eigenes Zentrum für Feeling-Therapy eröffnete, gehört zu den schärfsten Kritikern. »Ich hatte zu Teilen der Janovschen Theorie und Therapie eine andere Meinung und regte Korrekturen an, die er aber nicht akzeptierte«, erinnerte sich Hart bei einem Gespräch. »Er glaubte, daß der Patient, wenn er genügend Urschreie erlebt habe, seine Abwehr ganz aufgeben werde und geheilt würde. Ich glaubte das nicht.«

»Als wir uns von Janov trennten, folgten uns 40 Prozent der Patienten,« erzählte Hart weiter. »Nachdem wir einige Zeit mit ihnen gearbeitet hatten, stellten wir fest, daß die meisten den Urschrei vorgetäuscht hatten. Sie spielten die Regression nur, wie einige der Patienten Charcots in Frankreich zur Zeit Freuds. Es ist schwer zu sagen, ob sie bewußt getäuscht haben, aber immerhin hatten sie gelernt, das zu tun, was ihre Therapeuten von ihnen wollten.«

Ob Täuschung oder Wirklichkeit, der Urschrei wiederholt das seit altersher bekannte Phänomen der Selbsthypnose, die einen hysterischen Anfall auslöst. Diese Erscheinung kannten schon die alten Griechen, die frommen Evangelisten, Antoine Mesmer, der Vater der Hypnose, Charcot, Freuds Mentor in Frankreich, und Bernheim, der Meister der Suggestion aus dem 19. Jahrhundert, der Freud unterrichtete. Die Möglichkeit, daß der Patient sich tatsächlich an Erlebnisse in der Wiege erinnert, gibt es nicht. Eine vernünftigere Erklärung ist die, daß die Urschrei-Patienten moderne Hysteriker sind, die eine emotionale *Katharsis* durchmachen, eine Technik, die keine Heilerfolge bringt, wie die Geschichte der Psychiatrie gezeigt hat.

Das Interesse an neuen Erlösern nimmt ebenso wie die Sehnsucht der *psychologischen Gesellschaft* nach einem Durchbruch in der Psychologie zu. Bei einer Konferenz im New Yorker Hilton Hotel drängten sich 1000 Sozialarbeiter, Psychologen und Psychiater bis in die Gänge, um gebannt Dr. William Glasser, dem Begründer der Realitäts-Therapie, und Dr. Laura Perls, einer Mitbegründerin der Gestalt-Therapie, zu lauschen. Obwohl beider »Wahrheiten« sich widersprechen, spendeten die Zuhörer beiden gleich begeistert Beifall.

Für den abseits stehenden Beobachter sind die gehandelten Psychotherapien ein therapeutisches Babel, eine Mischung aus Unbeständigkeit und Übertreibungen. Für den geplagten Bürger der *psychologischen Gesellschaft* dagegen bedeuten sie eine verlockende Gelegenheit, sich die Therapie auszusuchen, die seinen Vorstellungen am weitesten entgegenkommt, und wenn die psychologische Mode wechselt, zu einer anderen überzugehen.

Wenn wir mit der klassischen Psychoanalyse Freuds beginnen, kommen wir auf schätzungsweise mehr als 100 Therapieabarten, eine Überfülle an Hoffnung, die sich jedes Jahr noch weiter ausdehnt. Einige sind überholt, andere dagegen stehen im Zenit modischer Aktualität. Viele wertet die *psychologische Gesellschaft* vorübergehend auf, um sie dann zu den Orgonakkumulatoren Wilhelm Reichs auf das therapeutische Eis zu legen.

Aus den Häppchen der Therapien stellen neue Erlöser immer wieder neue Gerichte zusammen. Eine dieser gekonnten Nachahmungen ist die »Schrei-Therapie« von Dr. Daniel Casriel. Es *klingt* anders im New Yorker Casriel-Institut für Gruppendynamik in einem ehemaligen Rathaus in der Nähe der Park Avenue. Einem Besucher dagegen könnten die durchdringenden Schreie eines Patienten in diesem beeindruckenden Rahmen Manhattans fehl am Platz erscheinen.

Ist das nicht das gleiche wie Janovs Urschrei-Therapie? Nicht ganz. Für seine therapeutische Mischung hat der frühere Psychoanalytiker Dr. Casriel vier zeitgenössische Trends zu einem zusammengefaßt: Encounter, Urschrei-Therapie, die von der Psychoanalyse abgeleitete Einsichtstherapie und den Gruppenprozeß.

Es ist bekannt, daß die Therapie Janovs 6000 Dollar kostet. Das Schreien auf Casriels Art ist bedeutend billiger. Seine Technik, die nach seinen Worten zur gleichen Zeit wie die Janovs entwickelt wurde, ist total gruppenorientiert. Casriel ist ein mittelalter, zur Glatze neigender Mann mit dem Gebaren eines sich New Yorkerisch gebenden Psychiaters. Er betrieb traditionelle Therapie, bis er sah, wie encounterartige Interaktion bei Synanon praktiziert wurde, jenem Rehabilitationszentrum für Drogenabhängige, das er in seinem Buch *So Fair a House* so positiv geschildert hatte. Heute schreien nach den Angaben Casriels jede Woche 10000 Menschen bei einer Casriel-Therapie in New York, Miami, Washington, Boston, Paris, Kanada, Holland und sogar Venezuela, wo er einige Therapeuten ausgebildet hat.

Auf den ersten Blick gleicht eine Casriel-Gruppe der anderer Gruppentherapien auch. Die Patienten setzen sich auf den »heißen Stuhl« und lassen dem, was sie bedrückt, freien Lauf: Scheidung, Trennung, Unfähigkeit, Liebe zu finden, Wut über eine geisttötende oder geringgeachtete Arbeit. Wenn alle an der Reihe gewesen sind und die Ähnlichkeiten und Beschwerden feststehen, fordert Casriel die Gruppe auf, sich die Hände zu reichen. Es folgt der Befehl, einen Schrei auszustoßen. Die Neuen sind anfänglich etwas zurückhaltend, aber bald fallen sie in den Spektakel ein, der durch das Haus schallt.

Von da an schwingt das Pendel zwischen den typischen Gruppenanklagen und liebevoller Unterstützung hin und her, in die hinein Casriel seine eigenen Einfälle streut. Eine verbreitete Klage bei der Gruppentherapie spricht die Unfähigkeit an, sich seine Rechte in einer brutalen, auf Leistung bedachten Welt zu sichern. Für Beschwerden dieser Art hat Dr. Casriel eine geeignete Botschaft – »Ich habe das Recht!« Er fordert den Patienten auf, nacheinander vor jedes Gruppenmitglied hinzutreten, ihm in die Augen zu sehen und diese Worte zu wiederholen.

Dem vorausgehen muß, darauf besteht er, der Fluch *Fuck You* (»Im Englischen ist das *die* Obszönität schlechthin«, vertraut er uns an – im Deutschen würde man wohl »Leck mich am Arsch!« sagen). Gleichgültig wie schüchtern oder ungewohnt der Patient ist, in der Öffentlichkeit so zu reden, er beginnt langsam und bringt es bald auf eine Lautstärke, die dem Gebrüll eines Schauermanns zur Ehre gereichen würde, den ein Ladehaken erwischt hat. »Leck mich am Arsch! Ich habe das Recht!« (oder »Leck mich am Arsch! Hier stehe ich!«) wird jedem Gruppenmitglied voller Verachtung ins Gesicht geschleudert.

Am Ende ist der Patient erhitzt und aufgewühlt. Dann schaltet sich Dr. Casriel schnell ein. Er fordert den Patienten auf, einen Fluch zurückzuhalten und in einen *Schrei* zu verwandeln, lauter und länger. Einige schreien fünf oder zehn Sekunden, andere bringen es auf ein oder zwei Minuten. Viele sind nach dem Schreien in Tränen aufgelöst. Zur Belohnung nimmt sie Casriel, einer seiner Mitarbeiter oder ein anderer bewegter Patient fest in den Arm. Der allgemeine Ablauf besteht im Reden, Sichbeklagen, Unterstützen und Angreifen, woran sich das Schreien, Weinen und dann das Trösten anschließen.

Mitten im Raum liegen zwei Matratzen und erwarten gebieterisch den Sturz. Nachdem er sich ausgeschrien hat, entschließt sich der eine oder andere Patient vielleicht dazu, sich auf die Matte zu werfen. Ich habe einen ängstlichen jungen Mann auf der Matte erlebt, der wie ein Kleinkind strampelte und die angebliche Nachlässigkeit seiner Eltern hinausschrie, bis er heiser war.

»Ich glaube, ich habe gefunden, wonach die Berufskollegen suchen, einen schnellen Weg, um an die Gefühle heranzukommen, die Wissenschaft der Emotionen«, erklärte Dr. Casriel bei einem Interview. »Emotionen haben ihre eigene Logik. Ich habe festgestellt, daß die klassische Behandlung der emotionalen Probleme durch Selbstbeobachtung unzureichend ist. Meiner Meinung nach liegt das daran, daß die meisten Menschen nicht neurotisch sind, sondern an Charakterstörungen leiden. Sie leben zurückgezogen und isoliert. Die Schrei-Therapie hebt ihre Einkapselung auf und bringt sie in Berührung mit ihren eigentlichen Gefühlen. Sie nimmt ihnen die Angst vor Emotionen und erlaubt ihnen, Zorn zu zeigen, ohne fürchten zu müssen, daß sie durchdrehen, ihre Bedürfnisse zu nennen, ohne das Gefühl zu haben, auf Ablehnung zu stoßen.«

Casriel spricht keineswegs verächtlich von seinem Konkurrenten Arthur Janov, aber wie alle psychologischen Erlöser fordert er den Thron für sich. »Janov und ich, wir sind beide der Meinung, daß man an die grundlegenden Gefühle herankommen muß, aber er beschränkt sein Gefühl auf den Schmerz. Ich meine, es gibt vier Grundgefühle: Furcht, Wut, Schmerz und Freude oder Liebe,« erklärt Casriel. »Die Schrei-Therapie ist eine Gefühlstherapie. Die Patienten dahinzubringen, daß sie Wut, Furcht und Schmerz empfinden, ist einfach. Die Schwierigkeit besteht darin zu erreichen, daß sie das Gefühl haben, ein Recht auf Freude zu besitzen. Wir wollen, daß sich die Patienten durch emotionale Erlebnisse erneuern, eine neue Identität erlangen – eine Identität, in der sie sich als vollwertige und gewinnende menschliche Wesen wiedererkennen, die ihre Bedürfnisse befriedigen können, wenn sie sich darum bemühen. Aber ich bin inzwischen davon überzeugt, daß das nur eintreten kann, wenn man lernt zu *fühlen.*«

Man hat Casriel, Janov und andere *Ventilierer* genannt. Leonard Berkowitz, Professor für Psychologie an der University of Wisconsin, benutzt diesen Ausdruck. Die Theorie des Ventilierens besagt, daß das Umwälzen der Gefühle emotional von Nutzen ist, vor allem bei Wut und Feindseligkeit. Sie ist einer aufgegebenen Vorstellung Freuds entlehnt, die Emotionen als eine Form von Energie darstellte. Wenn sie zu dicht verschlossen waren, konnte es zur Explosion kommen. Bei regelmäßiger Ventilation aber ging alles ungefährlich aus, und die Spannungen wurden abgebaut.

Die Theorie des Ventilierens ist falsch, sagt Dr. Berkowitz. Nach seinen Worten werden die Aggressionen durch das Ablassen nicht vermindert, sondern verstärkt! »Der Therapeut oder die Gruppenmitglieder beurteilen die Aggressionsdarstellung des Patienten meistens wohlwollend. Wie mehrere Wissenschaftler nachgewiesen haben, erhöhen diese Belohnungen die Wahrscheinlichkeit späterer Gewalttätigkeiten,« berichtet Berkowitz. Er zitiert eine Studie, bei der man Siebenjährige dafür belohnte, auf eine Puppe einzuschlagen. Als diese Jungen sich später gegen andere Kinder behaupten mußten, zeigte sich, daß sie aggressiver als diese waren.

Eine Sonderstellung unter den zeitgenössischen Erlösern nehmen Dr. Thomas A. Harris und sein verstorbener Mentor Dr. Eric Berne ein. Dieses unwahrscheinliche Duo machte die kometenhaft aufsteigende Transaktionale Analyse populär, eine der Therapien der *psychologischen Gesellschaft,* der ein Begeisterungstaumel entgegenschlug. Berne, der intellektuelle kalifornische Psychoanalytiker überraschte die gebildete Welt, als er den esoterischen Freud in sein allgemeinverständliches Buch *Games People Play* (*Spiele der Erwachsenen*) übersetzte und dann in *What Do You Say After You Say Hello?*, grundlegende Dokumente jener für gewöhnlich TA genannten Therapie. Sie ist ein Spiel für daheim, ein Geschäft, eine Religion, die es hinsichtlich der Überzeugung, die sie unter den Bekehrten schafft, mit den Anonymen Alkoholikern aufnimmt.

Tom Harris, der ehemalige Kopf des Harris Institute of Transactional Analysis, ist ein unkomplizierter Kalifornier, den viele unter dem Namen »Dr. Tom« kennen. Er ist ein robuster, freundlicher Psychiater, der seine Schützlinge zu einem TA-Kurs im New Yorker Hilton Hotel in schwarzrot karierter Jacke, roter Hose und einem weißen Sporthemd empfing, auf dessen Brusttasche schwungvoll seine Freudenbotschaft gestickt war: *Ich bin O. K.! Du bist O. K.!*

Als Autor jenes Superbestsellers ist Harris der psychologische Billy Graham, der Prophet einer Lehre, die sich dem Schneeballeffekt gleich ausbreitet. Gemeinsam mit seiner Frau Amy hat Dr. Harris die Transaktionale Analyse zu einem ernsthaften Mitbewerber im psychotherapeutischen Lotteriespiel gemacht.

Ein TA-Kurs gleicht einer Verkaufsschau, der ein gigantischer Rummel angegliedert wurde. Die Therapie wird mit Witzen, optischen Gags, Moralpredigten und Werbeslogans an den Mann gebracht, fast eine Posse, und ungewöhnlich viel Gelächter für eine soziomedizinische Therapie. Es ist die erste Therapie, der ohne Abstriche der Übergang vom europäisierten, vergeistigten Freudianismus zum grenzenlosen Optimismus der Amerikana aus dem Mittelwesten gelungen ist. Wenn man die Technik Dale Carnegies mit der Sigmund Freuds kreuzen könnte, käme bestimmt die Transaktionale Analyse heraus.

Das Verkaufsangebot ist attraktiv, für viele, die eine verständliche, preiswerte Behandlungsmethode suchen, sogar unwiderstehlich. »Die Transaktionale Analyse ist ein neuer Weg, über Verhalten zu sprechen, ein neuer Weg, sich zurechtzufinden, ein neuer Weg, sich darüber klarzuwerden, was sich zwischen Ihnen und Ihrem Chef abspielt, zwischen Ihnen und Ihrer Frau, den Kindern, Lehrern, dem Verkäufer oder dem Präsidenten Ihres Clubs!« heißt es in einer TA-Broschüre.

Das Tempo, mit dem sich die Transaktionale Analyse ausbreitet, ist atemberaubend. Überall in den Vereinigten Staaten gibt es TA-Zentren, in 27 Ländern Lehrmitglieder. Geistliche in Kalifornien haben die neue Therapie ebenso gelernt wie Firmenangestellte, unter anderem auch der Vizepräsident einer amerikanischen Fluggesellschaft. An der Presbyterianerkirche auf der New Yorker Park Avenue verkündete der Geistliche und TA-Analytiker die neue Heilsbotschaft auf der Anzeigetafel der Kirche: Ich bin O. K.! Du bist O. K.! Wenn man in die Leute dringt und zu erfahren versucht, warum sie dafür sind, hört man immer wieder das gleiche Lob: »Es hilft!«

Das Erfolgsgeheimnis der TA ist, daß sie sich selbst als Volkspsychologie anpreist. Im Gegensatz zu anderen Therapien, die darauf achten, daß die breite Masse in Unkenntnis über ihren Zauber bleibt, lockt die TA die Patienten an, verführt sie förmlich, ihr scheinbar einfaches System zu erlernen. »Unser Programm ist so abgefaßt, daß es ein Mittelschüler verstehen kann«, erklärt ein TA-Sprecher.

Praktisch jeder kann bei der Transaktionalen Analyse mitmachen. Um sich der International Transactional Analysis Association anzu schließen, nimmt man am TA-Grundkurs »101« teil, im allgemeinen ein Zweitageskurs, der 80 Dollar kostet.

Um TA-Therapeut zu werden, braucht man zwar eine reguläre Ausbildung, doch steht dieser Weg theoretisch jedem offen. Die klinischen und lehrenden Mitglieder sind in der Regel Psychiater, Klinikpsychologen oder Sozialarbeiter sowie einige wenige Krankenschwestern und Geistliche. Aber ein Hochschulabschluß wird offiziell nicht gefordert. Einer der TA-Therapeuten war vorher Insasse des Sicherheitstraktes des Gefängnisses im US-Bundesstaat Illinois.

Das glückliche System ruht auf drei einfachen Bereichen, die meistens an die Tafel geschrieben sind: *Die Eltern, der Erwachsene, das Kind.* Jeder stellt einen *Ich-Zustand* dar. Gemeinsam sollen sie unsere Gesamtpersönlichkeit verkörpern. Die Bereiche harmonieren häufig nicht miteinander, da bei jedem die Lebenssituation von einem anderen Standpunkt betrachtet wird. Das Eltern-Ich in uns denkt so, wie unsere Eltern gedacht haben und hilft uns entweder oder schilt uns. Das Erwachsenen-Ich trifft die täglich anfallenden Entscheidungen. Das Kind-Ich ist der Teil in uns, der nach seinen Gefühlen handelt, den Wünschen, einfacher Freude und Enttäuschungen. »Lauschen Sie den Stimmen in Ihrem Innern, und Sie werden die Eltern, den Erwachsenen und das Kind ›hören‹,« lautet ein Ratschlag in einem TA-Lehrbuch.

Die Ichs jedes einzelnen sprechen mit denen der anderen Menschen. Das Erwachsenen-Ich der Mutter des Patienten fragt vielleicht: »Wieviel Uhr ist es?« Das Erwachsenen-Ich ihres Sohnes antwortet möglicherweise: »Es ist zwölf Uhr.« Antwortete aber das emotionale Kind-Ich des Sohnes, würde es höchstwahrscheinlich sagen: »Warum drängst du mich immer?« Das ist eine der sogenannten *Transaktionen,* die bei der menschlichen Interaktion auftreten. Während Ihr verletztes Kind-Ich zum kritischen Eltern-Ich einer anderen Person spricht, antwortet vielleicht das abwägende Erwachsenen-Ich des anderen Ihrem sorgenden Eltern-Ich ohne Ende, möglicherweise sogar bis zum Überdruß.

Bei der Urschrei- wie auch zahlreichen anderen modernen Therapien rumort Freud im Untergrund. Bei der Transaktionalen Analyse weist das freudianische Vorurteil den Eltern einmal mehr die Schuld zu. Es sind die Elternbande, wie man in der TA sagt, die uns beeinflussen.

Nach der TA-Theorie erzeugen die zahlreichen Nackenschläge der Kindheit, wie etwa das Schimpfen der Eltern, einen Menschen mit einem Verlierersyndrom. Die TA nennt diesen Zustand »Ich bin *nicht* O. K. – du bist O. K.!« Dr. Tom erklärt: »Von der Geburt an geht es im Leben ziemlich rauh zu. Das Kind entwickelt fast sofort ›Nicht-O. K.-Gefühle‹. Aufgrund eigener Erfahrungen bin ich zu dem Schluß gekommen, daß bei 95 bis 96 Prozent der Bevölkerung in der frühen Kindheit eine solche ›Nicht-O. K.‹-Lage existiert. Später im Leben zeigt sich dieses ›Nicht-O. K.‹-Sein in Minderwertigkeits- und Unzulänglichkeitsgefühlen und dem Verlust der Selbstachtung aufgrund von Mißerfolgen.«

Auch Freud betrachtete das Kind als verletzlich und die Eltern als die Bösewichter. Aber bei Freud war das Kind selbstsüchtig und wurde vom Es getrieben. Das Kind-Ich der transaktionalen Analyse ist von Natur aus freundlich und unternehmungslustig, ist aber durch die elterlichen Dämpfer nicht O. K. geworden.

»Das Kind-Ich ist der kreativste und beste Teil in uns,« sagt die Sozialarbeiterin Mary Boulton, die von Eric Berne in TA ausgebildet wurde und heute Kondirektorin des Gotham Institute of Transactional Analysis ist, der New Yorker Niederlassung. »Unsere kritischen Elternbande sagen uns, ›Tu dies und das nicht‹, und daß es nicht richtig ist, sich an etwas zu erfreuen, das keinem wertvollen Zweck dient. Wir von der TA glauben, daß die puritanischen Moralvorstellungen einen stark dämpfenden Einfluß auf das Kind-Ich in uns ausüben und dazu beigetragen haben, daß wir uns nicht O. K. fühlen.«

Dadurch, daß sie das Kind-Ich in uns erhöht, vollbringt die TA die endgültige Amerikanisierung der Psychologie. Eine TA-Broschüre preist die kleine, in unserem Innern blockierte Person. »Wahrscheinlich werden Sie Ihr Skript erst ändern, wenn Sie sich entschließen, das Kind-Ich in sich so groß und so liebenswert zu sehen, weil Sie wissen, daß Sie all die positiven Schläge verdienen, die Sie erhalten können«, heißt es dort.

Schläge und *Skript* sind Teile eines sehr lebendigen Wortschatzes, dessen sich die TA bedient. »Die Menschen leben für die Schläge,« sagt ein Mitglied des Harris-Stabes. Theoretisch sind Schläge sowohl positiv wie negativ (Komplimente, Zärtlichkeiten oder auch ein Tritt vor das Schienbein), im allgemeinen aber wird der Ausdruck im positiven Sinn gebraucht.

Das TA-*Skript* ist ein mystisches Konzept, das dem Determinismus Freuds gleichkommt und bei ihm Anleihen macht. Danach ergibt sich praktisch alles, was geschieht, aus einer Lebensentscheidung, die zwischen dem sechsten und achten Lebensjahr getroffen wurde. »Jeder entscheidet in der frühen Kindheit, wie er leben oder sterben möchte, und dieser Plan, den er überall, wo er ist, im Kopf hat, wird Skript genannt,« erläuterte Eric Berne einmal. »Seine belanglosen Entscheidungen werden vielleicht vernunftmäßig getroffen, die wichtigen Entscheidungen aber stehen schon fest: Welchen Typ er heiraten, wie viele Kinder er haben, in welcher Art von Bett er sterben wird und wer dabei sein wird, wenn es soweit ist. Vielleicht ist es nicht das, was er möchte, aber es ist so, wie er es möchte.«

Vor allem die optimistischen Amerikaner spricht dieses Lebensskript an, weil die TA den Köder auslegt, sie könnten ihr Leben ganz einfach ändern – durch eine TA-Therapie. »Es liegt in Ihrer Hand, ob Sie ein langweiliges Leben führen, einem unglücklichen Ende zusteuern wollen. Sie können Ihr Skript Zeile für Zeile ändern«, heißt es in einem TA-Lehrheft. »Das heißt, Sie können Schluß machen, so oberflächlich dahinzuleben, und anfangen, wirklich zu leben.«

Die gesamte Menschheit bekommt von der TA ihre Diagnose. Aber anstelle der Abstufungen von neurotisch bis schizophren kennt die TA vier geistige Positionen, die in den meisten Fällen »krank« sind. Die erste ist die negative. »Ich bin nicht O. K. – du bist O. K.«, an der nach Meinung von Dr. Harris 96 Prozent von uns leiden. Zwei Prozent sind in der weniger angenehmen zweiten Position »Ich bin nicht O. K. – du bist nicht O. K.«, was der Schizophrenie gleichkommt, wie Harris sagt. Der TA-Theorie zufolge ist sie das Ergebnis elterlicher »Abwertung«, das sich dadurch ergab, daß der Betreffende anfangs »nicht O. K.« war. Die dritte Position, die ebenfalls zwei Prozent der Gesellschaft umfaßt, lautet »Ich bin O. K. – du bist nicht O. K.« und gilt in erster Linie für Kriminelle, die zwischen Brutalität und Gewalt großgeworden sind.

Die vierte Position »Ich bin O. K. – du bist O. K.« ist das Ziel der Transaktionalen Analyse. Um dorthin zu kommen, muß man Einsicht in sich selbst gewinnen.

Der Bestseller *Spiele der Erwachsenen* von Eric Berne machte die Therapie erstmals bekannt. Dem Schüler Harris zufolge sind die Spiele, die wir spielen, meistens »unehrliche«, destruktive Transaktionen, die 90 Prozent unseres Wachzustandes in Anspruch nehmen.

Die TA ist vielleicht die erste Therapie, bei der das Leiden Spaß macht. Zu den TA-Spielen, die von Harris auf dem neuesten Stand gehalten werden, gehören »Meins ist besser als deins«, »Jetzt hab ich dich, du Mistkerl«, »Schlemihl« und andere Eingeweihtenkunststückchen. Beim Schlemihl-Spiel macht der Spieler ununterbrochen alles völlig falsch und entschuldigt sich dann. Sein Lohn ist die Vergebung. »Weil die Titel dem Alltag entstammen, wird oft über sie gelacht,« beklagt Dr. Harris. »Es sind praktisch Abwehrmaßnahmen, um den einzelnen vor mehr oder weniger großem Schmerz bewahren sollen, der aus der ›Nicht-O. K.‹-Position erwächst.«

Die TA ist in vieler Hinsicht eine »Volks«-Version der Psychoanalyse, wie Harris offen zugibt. »Die Frage war immer, wie man Freud von der Couch unter die Massen bringt,« erklärt er. Auch wenn die Anhänger der TA es leugnen, erinnern ihre drei Ich-Zustände doch sehr stark an das Dreigestirn Freuds. Das unbezähmbare freudianische Es ist das Kind-Ich, das Erwachsenen-Ich ist Freuds vielbewundertes Ich, und das Über-Ich ist beinahe identisch mit dem Eltern-Ich.

Aber es gibt auch ganz klare Unterschiede zwischen der Psychoanalyse und der Transaktionalen Analyse, wie etwa die geringe Betonung des Sexuellen. Eric Berne drängte die TA ein bißchen stärker zur Sexualität hin, aber die TA à la Harris ist so züchtig wie eine Kirchenveranstaltung. Auf einem der letzten Kurse gab es bei dem Vorschlag, »einen Büstenhalter zu verbrennen«, Gekicher, als wäre der Satz vor 40 Jahren vor den höheren Töchtern eines Mädchenpensionats gefallen.

Außer Freud haben aber auch andere die TA gestaltet. Dr. Tom war Schüler des amerikanischen Psychiaters Harry Stack Sullivan, der die *interpersonellen Beziehungen* und dann auch die *Transaktionen* in die Psychotherapie einführte. Alfred Adler entwarf das Konzept des *Lebensstils,* der das TA-Skript vorwegnimmt. Und der Adlersche *Minderwertigkeitskomplex* stand Pate bei der für die TA so wichtigen Vorstellung des »Nicht-O. K.«-Seins.

Wirkt die Transaktionale Analyse? Die Hoffnung, die die TA erweckt, zieht die Menschen in großer Zahl an, aber sie bietet offenbar weniger als sie verspricht. Sämtliche Psychotherapien folgen dem gleichen Muster: große Versprechen am Anfang, dann verringerte Akzeptanz und schließlich Enttäuschung. Die TA gibt einen ersten Anstoß, eine Kraft, die vorübergehend vielleicht heilend wirkt.

Zugute halten kann man ihr, daß sie wirklich optimistisch ist. Aber wenn es um das Beschreiben menschlichen Verhaltens geht, ist die TA dürftig und irreführend. Die Idee eines Lebensskripts etwa, das in der Kindheit geschrieben wird, ist eine Verdrehung des alten freudianischen *Wiederholungszwangs.* Und die Behauptung, daß sich die meisten jungen Leute (96 Prozent, wie Harris sagt) »nicht O. K.« fühlen, ist bestenfalls eine Übertreibung.

Ihre Wirksamkeit ist nie ernsthaft nachgewiesen worden. Wie die meisten anderen Therapien eignet sich auch die TA am besten für diejenigen, die nicht wirklich krank sind. Auf einer TA-Sitzung ging eine Frau mittleren Alters der Gruppe mit ihrem Gerede über Selbstmord auf die Nerven. Als ihr einige Gruppenmitglieder sagten, diese

Depression sei Teil ihres »Ich Arme«-Spiels, erwiderte sie ärgerlich, sie spiele kein Spiel. Sie war depressiv, Punkt. Offensichtlich bedurfte sie einer richtiggehenden psychiatrischen Behandlung, nicht des Spiels der Transaktionalen Analyse.

Therapien, denen Denken und Einsicht zugrunde liegen, wie die TA, sind noch immer gefragt, aber nachdem man mehrere Generationen den *Körper* abgelehnt hat, kommt er jetzt als Werkzeug der Therapie langsam wieder zu Ehren. Den Körper berühren, massieren, liebkosen, abklopfen oder in Schwingungen versetzen, um Gefühle hervorzulocken, ist die Grundlage einiger neuer psychologischer Schulen.

In den dem Wort verhafteten Einsichtstherapien ist die Mahnung »Rühr mich nicht an« eine deutliche Warnung. Aber paradoxerweise war es die theoretische Arbeit eines frühen Psychoanalytikers, Wilhelm Reichs nämlich, die der Körper-Bewegung zu Ansehen verhalf. Reich, der selbst Mitglied der Wiener Psychoanalytischen Vereinigung war, kannte Freud gut. Er begann als traditioneller Analytiker und entwickelte dann die Theorie, daß der *Charakterwiderstand* oder *Charakterpanzer,* wie er sie nannte, der Schlüssel zur verborgenen Vergangenheit des Patienten sei. So gerüstet seien nicht nur die Erinnerung und die Emotion, sondern auch der *Körper.*

Freud hatte eine Theorie über eine Einheit aufgestellt, die er psychische Energie nannte und die dem Konstanzprinzip folgte, das der deutsche Physiker und Philosoph Hermann von Helmholtz entwickelt hatte. Reich glaubte, daß diese psychische Energie nicht nur in Freuds Dreigestirn, dem Ich, Es und Über-Ich, existiere, sondern auch in den Muskeln. Anspannung der Muskulatur und emotionale Verdrängung seien ein und dasselbe. Er war der Ansicht, daß er die Neurose aufbrechen könne, wenn er die blockierten Muskeln entkrampfte.

Reich überprüfte einmal die Muskulatur eines Patienten auf Spannung und berührte dabei zufällig den Hals des Mannes. Zu seiner Überraschung nahm der Patient augenblicklich die Haltung eines Erhängten ein, den Kopf vornüber gebeugt und die Zunge herausgestreckt. In dieser *nicht blockierten* Haltung verströmte der Patient seine infantile Furcht vor dem Tod, vor allem daß er wegen der Sünde des Masturbierens gehängt würde. Der Patient nahm die Haltung eines Erhängten nur ein, wenn er ganz schwach atmete. Als Reich ihn aufforderte, tief durchzuatmen, legte der Patient die eigenartige Haltung ab und angeblich auch seine emotionalen Probleme.

Reich starb in einem amerikanischen Gefängnis, in das er wegen

Betruges in Zusammenhang mit seinem *Orgonakkumulator* eingewiesen worden war. Der Patient saß im Innern dieses Geräts und wurde angeblich durch akkumulierte psychische Energie geheilt. Eines der Mitglieder des Orgon-Instituts war Dr. Alexander Lowen, Psychiater und Psychoanalytiker, der sich 1954 von der Gruppe trennte und eine eigene, verwandte Schule gründete, die bioenergetische Analyse.

War Reich der Begründer der Körperanalyse, so ist Lowen der Schöpfer der *Bioenergetik,* wie sie im allgemeinen genannt wird.

Der Vater dieser inzwischen zur Mode gewordenen Therapie ist ein kleiner, geschmeidiger, energischer Mann vielleicht Anfang 60, der umherspringt, als wäre er zehn Jahre jünger. Er ist überzeugt, daß ein ausgebildeter bioenergetischer Therapeut eine »Charakteranalyse« von einem Patienten machen kann, wenn er sich dessen Körper ansieht. In Leichtathletikshorts oder einem Trikot präsentiert sich der Patient dem Therapeuten, der die Diagnose in den Augen des Patienten, in dessen Ausdruck und Mundfalten liest.

»Der äußere Zustand eines Menschen straft seinen inneren Zustand Lügen«, erläuterte Dr. Lowen bei einem Gespräch im Institute for Bio-Energetic Analysis, dem Koordinationszentrum für über 100 in dieser Technik ausgebildete Psychiater, klinische Psychologen und Sozialarbeiter. »Bei der klassischen Analyse hört der Therapeut dem Patienten nur zu. Wir hören zu, aber wir *beobachten* auch – eine Methode, die es nur bei der Bioenergetik gibt. Die gehemmten emotionalen Empfindungen des einzelnen kommen in seinem Muskelbild zum Ausdruck. Mit anderen Worten heißt das, das Muskelsystem und die Haltung des Patienten sind ein guter Wegweiser zu seiner Psyche.«

Lowen erinnert uns daran, daß die *Körpersprache* eine schon sehr alte Vorstellung ist, die Körper und Geist als Einheit sieht. Wir sagen »etwas auf seine Schultern nehmen«, »die Nase in der Luft«, »den Nacken steifhalten«, »kein Rückgrat«, »den Arsch zukneifen«, »hartherzig« und anderes mehr.

Freud und Apoll haben sich in Lowen vereinigt, der psychologischen Erscheinungen phantasievolle anatomische Bedeutungen unterlegt und umgekehrt. In der psychodynamischen Theorie sind die verdrängten Erinnerungen im unbewußten Es eingeschlossen. Bei der Bioenergetik sind sie ebenfalls im Körper verborgen. In einer Broschüre heißt es dazu: »Der spezifische körperliche Mechanismus, der allen psychologischen Störungen zugrunde liegt, ist die chronische Anspannung der Muskeln.« Warnend hinzugefügt wird, daß es sich bei der Bioenergetik nicht um einen psychischen Massagesalon handelt. »Klinische Erfahrungen haben gezeigt, daß pathologische Muskelspannungen nicht ohne das Verständnis der emotionalen Faktoren behoben werden können, die diesen Zustand hervorgerufen haben ...«

Seelischer Schmerz läßt sich sogar anhand der Körperart ausmachen, wie Lowen behauptet. Lowen spricht vom *schizoiden* Charakter, den er als Tendenz schildert, sich vor der Wirklichkeit zurückzuziehen. »Man erkennt den schizoiden Charakter an den leeren, ausdruckslosen Augen und der scheinbaren Unfähigkeit des Betreffenden, Augenkontakt mit einer anderen Person aufzunehmen«, erklärt Dr. Lowen. »Der Gesichtsausdruck ist maskenhaft. Die Person scheint ihren Körper zusammenzuhalten aus Angst, er könnte auseinanderfallen.«

Eines der Merkmale der »Schizzys«, wie Lowen sie manchmal nennt, ist die mangelnde Übereinstimmung zwischen der Haltung des Kopfes und der des übrigen Körpers. Der Kopf neigt sich angeblich nach einer Seite, ein Zeichen von *Dissoziation.* Lowen schildert den Fall eines Patienten unter Streß, der nur noch unscharfe Bilder sah, wenn er seinen Kopf ganz gerade hielt. Sobald er ihn zurücklegte, wurde das Bild sofort klar.

Jedes dieser körperlichen Merkmale hat, wie Lowen glaubt, seinen Ursprung in Erlebnissen aus der frühen Kindheit. Die angebliche Unfähigkeit des schizoiden Typen, zu »knurren und zu beißen« (die Oberlippe schürzen und die Zähne freimachen), beruht nach den Worten Lowens auf dem Widerwillen, den Mund vorzustrecken und zu saugen. Das ist das Ergebnis eines Kindheitskonflikts, in dessen Verlauf die Mutter die oralen Bedürfnisse des Kindes nicht befriedigte.

Wie sieht nun die bioenergetische Behandlung für den Neurotiker oder den schizoiden Charakter aus? Die Therapie besteht in einer beinahe gymnastischen Lebensweise. Zunächst wird das richtige Atmen gelernt, denn Lowen glaubt, daß die Unfähigkeit, voll und tief durchzuatmen, die Ursache so unterschiedlicher Leiden wie Angst, Orgasmusschwierigkeiten oder sogar Klaustrophobie ist. Der Grund, warum so viele Menschen schlecht atmen, liegt darin, daß wir Angst haben, Emotionen zu verspüren, meint Lowen.

Beim gestörten Schizoiden ist das Atmen nach Lowens Meinung im wesentlichen auf die Lunge beschränkt. Der Neurotiker atmet hauptsächlich in der Zwerchfellgegend. Der wirklich Gesunde aber atmet mit »dem ganzen Körper«. Was der Analytiker *Verdrängung* nennt, kann nicht heraufgeholt werden, wenn der Patient nicht lernt, richtig zu atmen.

Bei den bioenergetischen Übungen wird ein »Atemstuhl« benutzt, der etwa 60cm hoch ist. Auf den Stuhl wird eine zusammengerollte Decke gelegt. Der Patient stellt die Füße auf den Boden und beugt sich dann rückwärts über den Stuhl. Den Mund läßt er offen. Sobald sich der Körper der Spannung anpaßt, wird das Atmen tiefer und voller.

Lowen warnt Anfänger davor, diese Stellung länger als zwei Minuten beizubehalten. Das kann zu Schmerzen im unteren Teil des Rükkens und Angstgefühlen führen, wenn Gefühle hervorbrechen. Es kann einem schwindlig werden, und man kann sogar ein Prickeln verspüren, beides sehr intensive Empfindungen, die Benommenheit oder Lähmung bewirken können. Aber mit steigender Widerstandsfähigkeit des Patienten lassen diese Symptome nach, wie er versichert, und verschwinden.

Die Ventilation, das Ablassen von Spannungen und Aggressivität, ist bei der Bioenergetik von größter Wichtigkeit. »Sich wehren heißt protestieren, und jeder hat etwas, gegen das er sich wehren muß.« Die Männer schlagen mit der Faust auf ein Bett, die Frauen machen das gleiche mit Tennisschlägern. Beide Geschlechter benutzen ein Handtuch, das sie heftig drehen; dabei schreien oder jammern sie »Nein!« oder »Laß mich in Ruhe!« Ein bioenergetischer Analytiker aus New York erklärt, daß beim Schlagen auf das Bett eine *Übertragung* stattfinden kann. Das Bett wird zu einem Elternteil, und der Patient berührt Vater oder Mutter, widerspricht ihnen oder schlägt sie.

Der Körper erlangt in der *psychologischen Gesellschaft* eine neue Bedeutung, und einige Verbaltherapeuten wurden bereits bekehrt. Bei anderen dagegen, die darin eine geistesfeindliche Bewegung sehen, wurden feindselige Gefühle geweckt. Der New Yorker Psychologe Bruce Maliver glaubt, daß die Bioenergetik und andere den Körper in den Mittelpunkt stellende Strömungen wie etwa das Rolfing« »antirationale« Techniken sind, die »zu stark vereinfachte Praktiken« verkaufen. (Rolfing ist eine Körpertechnik, die von der zur Physiologie übergegangenen Psychotherapeutin Dr. Ida Rolf und ihrem Sohn, dem Chiropraktiker Dr. Richard Demmerle, entwickelt wurde. Es wird inzwischen in einigen Encounter-Gruppen angewendet und vereint Chiropraktik und Psychotherapie in sich.)

Wissenschaftliche Beweise für die Gültigkeit der Körpertherapien gibt es nicht. Lowen und andere haben den einsichtigen Gedanken aufgegriffen, daß ein psychologisch spannungsgeladener Mensch wahrscheinlich auch einen spannungsgeladenen Körper hat, und diesen Gedanken haben sie zu einer surrealistischen Theorie ausgearbeitet. Die Annahme, daß der Körper sich an die Vergangenheit »erinnert«, ist so unwissenschaftlich wie nur irgend etwas. Die bioenergetische Vorstellung, daß bestimmte psychologische Typen eine spezifische Körperform aufweisen, ist milde gesagt eine Übertreibung. Trotz der Griechen ist es nicht einmal sicher, daß in einem gesunden Körper auch ein gesunder Geist wohnt, oder umgekehrt.

Praktisch all diese neuen Therapien sind ein gekonnter Verschnitt aus Vorstellungen der Konkurrenz. Am deutlichsten wird das vielleicht am Beispiel des kalifornischen Psychologen Paul Bindrim, dem Vater des Nacktmarathons. Er hat mindestens drei zeitgenössische Therapien kombiniert, Bioenergetik, Encounter und eine urschreiähnliche Therapie – und dazu *nackte Haut.* Bindrim entschloß sich, den Encounter dadurch aufzuwerten, daß er die Teilnehmer auszog. 27 Grad Raumtemperatur, nackte Körper, plätscherndes Wasser und das Streben nach Abraham Maslows *Erleben des Höhepunkts* sind offensichtlich eine Konkurrenz für die trübseligen Praxen der herkömmlichen Therapeuten.

»Als ich 1967 mit meinen Nacktmarathons begann, hatte ich den Moralausschuß der American Psychological Association im Nacken, der den Vorwurf erhob, daß die Nackttherapie gegen den Grundsatz Nummer 3 verstoße, die Sitten der Allgemeinheit,« erklärte Bindrim bei einem Interview. »Aber zu meinem Glück war Abraham Maslow damals Präsident der American Psychological Association, und er verteidigte mich im Fernsehen. Man ließ die Anschuldigungen fallen, und den Psychologen wurde das Recht eingeräumt, Patienten auch dann zu behandeln, wenn sie nackt waren.«

»Ich habe nicht nur die Wochenenden am Swimmingpool, ich behandele nackte Patienten auch in Einzeltherapie«, gab Bindrim weiter an. »Ich selber bleibe allerdings angezogen. Es war ein großer Fortschritt, die Möglichkeit der Nacktheit für die Psychotherapie zu erschließen. Wenn ein Mann früher über seine Angst klagte, einen zu kleinen Penis zu haben, sprachen wir nur grundsätzlich über den Fall. Heute kann er sich ausziehen, und wir können uns die Sache ansehen, ohne die Moralvorstellungen der APA zu verletzen.«

Bindrim erkennt an, daß er in der Schuld anderer steht. »Ich bin mit Lowen zusammengekommen und habe mich in Bioenergetik ausgebildet, was ich jetzt in meiner Arbeit verwerte. Ich befasse mich direkt mit der Muskulatur, die angespannt gehalten wird«, sagt er. Seine

Nude Marathon Regression Therapy, wie sie offiziell heißt, nutzt die Rückkehr der Urschreitherapie in die Kindheit, wobei ein geheizter kalifornischer Swimmingpool den mütterlichen Schoß nachvollziehen hilft. Der nackte Patient wird von anderen Patienten waagerecht gehalten und hin- und hergewiegt, als läge er in einer Krippe. Um das Aufkommen der Kindheitsgefühle zu beschleunigen, bekommt der Patient eine Säuglingsflasche, an der er nuckeln kann. »Wir haben die Arbeit der Janovschen Urschreitherapie vorweggenommen«, sagt der Psychologe Bindrim, »und wir machen es besser. Wir erreichen unser Ziel mit einer einzigen Wochenendmarathonsitzung pro Monat und nur ein oder zwei Wochenstunden Nackttherapie.«

Erregt reagiert Bindrim auf die Anschuldigung, die Nackttherapie sei nur ein Vorwand für Zügellosigkeit. Er räumt zwar ein, daß der eine oder andere gewissenlose Therapeut solche Praktiken möglicherweise duldet, aber er betont, daß die Teilnehmer an seinen Sitzungen »nichts tun können, was sie nicht auch auf irgendeiner anständigen Party machen könnten«. Sie können »sich küssen und umarmen«, erläutert er, aber jeder unterschreibt einen Vertrag, daß er sich während der Sitzungen aller sexuellen Handlungen enthält. Das Verhalten ist eine Frage des guten Geschmacks. »Hat ein Mann eine Erektion, dann beachtet er die gleichen gesellschaftlichen Gepflogenheiten, als wenn er eng mit einer Frau tanzt. Er nimmt ein paar Zentimeter Abstand«, sagt Bindrim.

In diesem Babylonismus moderner Therapien hat es ein Name zu besonderem Gewicht und auch Ansehen gebracht – *Gestalt.* Er ist zum Synonym für die Feeling Therapys geworden. Wenn die Bioenergetik den Körper in den Freudianismus eingeführt hat, dann hat die Gestalttherapie von Fritz Perls (und seiner Frau Laura sowie dem verstorbenen Freund Paul Goodman) versucht, den vergangenheitsorientierten Freudianismus durch eine Verherrlichung des existentiellen, experimentellen Hier und Jetzt zu ersetzen.

Gestalt ist nicht einfach *in,* sie *ist.* Die Gegenkultur der 60er Jahre bezog viel von ihrem Schwung von Perls, sowohl als Begründer der Gestalttherapie wie auch als philosophischer Guru. Für das Wortgeklingel der konventionellen Psychotherapie, das er als »Gehirnfickerei« abtat, hatte Perls nur Verachtung übrig. Auch wenn er der breiten Masse nicht bekannt war, so war er doch eine beherrschende Figur der Subkultur, deren posthume Ausstrahlung beträchtliche Wirkung besitzt.

Der freudianischen Suche nach dem *Warum* ging er aus dem Weg.

»Jedesmal, wenn man die Worte *jetzt* und *wie* gebraucht und sich dessen bewußt wird, wächst man,« schrieb Perls, der 1970 starb, in seinem letzten Buch *Gestalt Therapy Verbatim.* »Jedesmal, wenn man die Frage *warum* stellt, wird man körperlich etwas kleiner. Man quält sich mit falschen und unnötigen Erkenntnissen. Man füttert lediglich den Computer, den Intellekt. Und der Intellekt ist die Hure der Intelligenz. Man belastet sein Leben.«

Gestalt wurde zum Symbolwort für *Fühlen* contra *Denken.* Der Ausdruck »Tu, was du tust« war eine Schöpfung Perls', ein Hauch existentieller Poesie, aus der viele eine geistesfeindliche Gleichförmigkeit gemacht haben. Perls gebrauchte ihn zum ersten Mal in einem Gedicht, dem »Gestaltgebet«, das mit der Zeile beginnt: »Ich tu, was ich tu, und du tust, was du tust.«

Man hat Perls den Propheten des JETZT genannt, der uns eine Gegenwart bietet, die den ins Jenseits verlagerten Freuden der puritanischen Ethik überlegen ist. Perls, der noch in seinem Geburtsland Deutschland zum Doktor der Medizin und Philosophie promoviert hatte, war ursprünglich ein traditioneller Psychoanalytiker. Seine erste eigene Analyse machte er bei Karen Horney am Psychoanalytischen Institut in Berlin, als sie sich noch nicht vom orthodoxen Denken Freuds losgesagt hatte. Später arbeitete er mit Wilhelm Reich zusammen, eine Verbindung, die mit dem Aufstieg Hitlers endete. Die Kriegsjahre verbrachte Perls in Südafrika. Dann kam er nach Amerika, wo er zu Beginn der 50er Jahre die Gestalttherapie begründete.

Berühmtheit erlangte seine Bewegung in den sechs Jahren, in denen er Ende der 60er Jahre am Esalen-Institut war. Dort stellte er denen seine Theorie vor, die wie vernarrt nach den Möglichkeiten des Menschen suchten und sich das Glück vom Encounter erhofften. In seinen letzten Lebensjahren war der ehemalige Freudianer aus Berlin ein kalifornischer Guru mit wallendem, weißem Bart, Sandalen, einem offenen Lachen, Liebesperlen und sogar einem Sportwagen.

Gestalt ist der Kern einer üppig gedeihenden *persönlichen Entfaltungs*-Bewegung, eines Rivalen der psychodynamischen *Einsichts*-Bewegung, sowohl was die Beliebtheit wie auch den amerikanischen Taschenbuchmarkt betrifft. Es hat schon Gestalt-Marathons gegeben, Gestalt-Encountersitzungen, Gestalt-Gruppensitzungen und ein Primär-Gestalt-Zentrum. Sogar Schulberatern hat man die Methode am Bank Street College of Education in New York erklärt. Institute, die Gestalttherapie lehren, gibt es überall in den Vereinigten Staaten.

»Die Gestalttherapie ist in diesem Land (Amerika) auf dem Höhepunkt,« bemerkt Dr. Laura Perls, die Witwe Fritz Perls' und jetziger Kopf der Bewegung. »Einige Leute halten Gestalt fälschlicherweise für eine weitere therapeutische Technologie. In Wirklichkeit ist sie ein methodologisches Konzept, das andere Techniken aufnehmen und benutzen kann. Gestalt verarbeitet das Offenkundige, das, was im Zusammenhang mit der Behandlung unmittelbar zugänglich ist, nicht das Abstrakte. In der Psychoanalyse wird die Übertragung auf den Therapeuten als Wiederholung der kindlichen Beziehungen gedeutet. Wir glauben, sie besteht im Hier und Jetzt, in der tatsächlichen Beziehung zwischen den beiden Menschen. Übertragen werden die Verhaltensmuster des Patienten, die sich verselbständigt haben.«

Gestalt lebt vom Gefühl für die Gegenwart, ein Gefühl, das Laura Perls zum Teil östlichen Einflüssen zuschreibt. Der Osten hat in Amerika erst in jüngster Zeit Fuß gefaßt, aber in Deutschland liefen östliche Vorstellungen bereits in den 20er Jahren um, als Hermann Hesse seine Stücke schrieb und Fritz Perls Analytiker im Deutschland der Vor-Hitler-Zeit war.

Bei der Behandlung nutzt der Therapeut alles, was gerade verfügbar ist – die Worte des Patienten, seine Stimme, die Haltung, den Augenkontakt. Die Vorstellung der *Bewußtheit,* die inzwischen zu einem Therapieklischee geworden ist, entstammt dem Gestalt-Denken. »Die Therapie bezieht alle im jeweiligen Augenblick beteiligten Personen mit ein, was immer der Patient zu der Zeit darstellt. Wir hängen nicht so am Wort wie die Freudianer«, sagt Daniel Rosenblatt vom New Yorker Institut für Gestalttherapie.

Da sie eine aktive Therapie ist, benutzen die Gestalt-Therapeuten sogenannte *Experimente,* um das Hier und Jetzt zu erforschen. Sie verwenden alles, selbst die Gangart des Patienten. Ein Therapeut schildert den Fall eines Patienten, der eigenartig vornübergebeugt auf den Zehenballen lief. Er wurde aufgefordert, rückwärts zu gehen, um feststellen zu können, wie er darauf reagierte. Den Worten des Gestalt-Therapeuten zufolge ergab das Experiment, daß der Patient seine ursprüngliche Gangart für weiblich hielt. Er wehrte sich dagegen durch eine in seinen Augen besonders männliche Art zu gehen.

Die höchste Tugend der Gestalt ist die *Bewußtheit,* die Todsünde das *Blockieren.* Die Gestalt-Therapeuten glauben, daß die Menschen sehr viel Energie darauf verschwenden, Phantasien nachzuhängen, die keinen direkten Bezug zu ihrem Verhalten haben – was wir *Denken* nennen. Wie sie sagen, ist unser Geist meistens in einem inhaltlosen, traumartigen Zustand befangen, was zwar inneren Lärm verursacht, aber persönlich keinerlei Nutzen bringt. Die wahre Bewußtheit stimmt mit dem Verhalten überein und erhöht damit die Freude, den Gott der Gestalt.

Ein Gestalt-Therapeut nennt das Essen als Beispiel. Es umfaßt die *Kinästhetik,* den physischen Vorgang des Kauens, das Schlucken, Schmecken, Dinge, auf die die mit Bewußtheit ausgestattete Person im Augenblick des Geschehens aufmerksam wird. Der blockierte Mensch aber ist beim Essen geistesabwesend, denkt an alles Mögliche, nur nicht an das, was gerade vor sich geht. Das gleiche kann auf die Sexualität, die Arbeit oder das Sprechen zutreffen.

Wir können nicht erwarten, durch Vergeistigung emotionale Einsicht zu erlangen, warnen die Gestalt-Therapeuten. Wir müssen unsere Bewußtheit ausweiten. Die Gestalt hat die Bewußtheit auf die magische Ebene der freudianischen Einsicht und der Deutung gehoben. »Bewußtheit kann *per se* – aus sich selbst heraus – heilend wirken«, sagt Perls.

Das *Physische* ist in der Gestalt mit inbegriffen, einer der Gründe für ihre Verbindung mit dem Encounter. Laura Perls erklärt, daß sie praktisch alles mit ihren Patienten und Patientinnen macht, was körperlich ist, wenn sie das Gefühl hat, dadurch die Bewußtheit zu steigern. »Ich stecke jemandem eine Zigarette an, füttere ihn mit einem Löffel, ordne einer Frau die Haare, halte einem Patienten die Hand oder nehme ihn auf den Schoß«, erläutert sie. »Ich berühre die Patienten auch oder lasse mich von ihnen berühren.« Als eine Patientin Fritz Perls in Esalen fragte: »Können Sie den Unterschied zwischen Worten und Erlebtem erklären?« gab ihr Perls einen Kuß und rief dann stolz: »Ich denke, das erklärt alles!«

Perls stand dem abstrakten Denken Freuds kritisch gegenüber und tat es als »ausgemachten Blödsinn« ab. Dennoch leitet sich seine letzte Technik, die *Traumarbeits-Seminare,* von Freuds Königsweg zum Unbewußten her. Der angebliche Unterschied besteht darin, daß Freud die Träume analysierte, während Perls sie als Erlebnisse in sich sah. Der Patient erzählt seinen Traum zunächst in der dritten Person, geht dann zum Psychodrama über und stellt ihn in der Gegenwart dar, wobei er sämtliche Rollen spielt.

Die Bedeutung des Traums offenbart sich, wie die Gestalt-Therapeuten glauben, solange sich der geringgeschätzte »Denker« nicht einmischt.

Perls soll einmal behauptet haben, sein Einfluß sei größer gewesen als der Freuds. Auch wenn wir das als Übertreibung ansehen, müssen wir doch zugestehen, daß die Vorstellungen Perls' wie das »Tu, was du tust« tiefgreifende kulturelle Auswirkungen auf die Bewußtheit und Selbstverwirklichung gehabt haben. Daß er sich bevorzugt mit dem Fühlen statt mit dem Denken beschäftigte und beharrlich nach der Freude suchte, hat die Gegenkultur, die neue Jagd nach Glückseligkeit und den manchmal beängstigenden Hang zum Anti-Intellektualismus entscheidend mitgeprägt.

Aber was ist mit der Gestalt selbst? Ist sie tatsächlich eine Therapie?

Perls hat einmal erklärt, es gäbe drei existentielle Psychotherapien, die *Logotherapie* von Viktor E. Frankl, die *Daseinsanalyse* von Ludwig Binswanger und die *Gestalttherapie.* Die ersten beiden haben nach seinen Worten versucht, die Vorstellungen abzuschaffen und sich ganz auf die Phänomenologie zu stützen, auf das, was *ist.* Aber, so verkündete er stolz, die übrigen Existenzphilosophien bezogen ihre Konzepte aus anderen Quellen: Buber vom Judaismus, Sartre vom Sozialismus, Binswanger von der Psychoanalyse. Nur die Gestalt, sagt Perls, »stützt sich auf ihr eigenes Gebäude«.

Das ist blanker Unsinn. Wie alle anderen Therapien macht auch die Gestalt Anleihen bei zahllosen philosophischen Schulen wie etwa der östlichen, psychoanalytischen und auch derjenigen Reichs. Die größte Übertreibung der Gestalt-Vertreter ist der Angriff gegen die anderen Therapien als »intellektuell«. In Wirklichkeit sind die Gestalt-Konzepte derart verworren und zahlreich, daß sie es durchaus mit dem Fachchinesisch aus dem Wortdschungel der Psychoanalyse aufnehmen können. Anstatt Freud zu vereinfachen, hat die Gestalttherapie seine Sprache noch weiter auf die Spitze getrieben. *Toter Punkt* und *Retroflektion* sind ihre »Gehirnfickerei«. Am wichtigsten aber ist vielleicht, daß die Gestalttherapie ein offensichtliches Wertsystem eingeführt hat, mit dem sich der Patient ganz identifizieren muß, wenn er Hoffnung auf Heilung haben will.

Perls' Einfluß hat sich auf die breitere Bewegung übertragen, die auf die *Möglichkeiten des Menschen* abstellt. Manchmal wird auch von *menschlicher Entfaltung* gesprochen oder, als vorläufigem Höhepunkt, von *humanistischer Psychologie.* Sie beherbergt neben Perls noch andere Psychologiegewaltige, wie Carl Rogers, den Schöpfer der klientenzentrierten Therapie, Mike Murphy, den Laien, der das Land am Big Sur erbte, auf dem dann das Esalen Institut entstand, den verstorbenen Alan Watts, den Ost-West-Philosophen, der die Bewegung des erweiterten Bewußtseins bekannt machte, Paul Bindrim und sein Nackt-Encounter. Bill Schutz, den Messias der Freude, Fred Stoller, den Vater des Marathons, und Abraham Maslow, die erleuchtete, beherrschende Figur der humanistischen Psychologie.

Unter dem großen Dach der *humanistischen Bewegung,* wie sie sich selbstgefällig nennt, stößt man auf verschiedene Hier-und-Jetzt-Therapien wie Encounter, die Feeling- und Nackttherapien, Sensitivity-Training, Gestalt, mehrere Marathons, Bioenergetik, Urschreitherapie, Gruppen für nicht verheiratete, verheiratete, geschiedene und homosexuelle Patienten, Biofeedback, Rolfing und sogar die neuen Meditationsgruppen.

Die Bewegung der menschlichen Entfaltung ist durch und durch romantisch. Mit Nachdruck behauptet sie, daß wir alle in uns die Fähigkeit zu emotionaler Stabilität und Glück tragen. Wenn wir auf humanistische Techniken zurückgreifen, werden wir uns nicht nur emotional entfalten, sondern auch unsere Authentizität finden. Falls sich der einzelne *selbstverwirklichen* kann, wird er, in einem neuen theologischen Sinn, gerettet.

Fritz Perls umriß diese psychologische Situation mit der Kühnheit eines Marketingmannes von der Madison Avenue. »Glauben Sie es oder nicht, aber der Durchschnittsmensch unserer Tage lebt nur fünf bis höchstens 15 Prozent seiner Möglichkeiten aus«, erklärt Perls. »Somit gehen 85 bis 95 Prozent unserer Fähigkeiten verloren, bleiben ungenutzt oder stehen uns nicht zur Verfügung. Das klingt tragisch, nicht wahr? Und der Grund all dessen liegt auf der Hand – wir leben in Klischees.«

Dieses Angebot unbegrenzter Fähigkeiten hat die Bewegung zu einem Erfolgstraum werden lassen. Es ist Amerikanismus in Reinkultur: Man läßt niemanden sich mühsam und über Jahre hinweg seinen Weg zur persönlichen Entfaltung erkämpfen, sondern hält ihm den Köder *augenblicklicher Reife* vor die Nase, die er an einem Dutzend Wochenenden durch Entfaltungserlebnisse erlangen kann.

Die Verlockung besteht im *Erleben des Höhepunkts,* einem psychologischen Orgasmus, der den Betreffenden ebenso stark »auf Touren bringen« soll wie LSD. Abraham Maslow, der Vater der humanistischen Psychologie, sprach vom Erleben des Höhepunkts als dem Feuerwerk des Lebens. »Das Erleben des Höhepunkts wird als die sich selbst verwirklichende, selbst rechtfertigende Kraft verspürt, die in sich einen eigenen spezifischen Wert birgt,« schrieb Maslow, der 1970 starb, in seinem Buch *Toward a Psychology of Being*.

Maslow, ein Psychologe vom Brooklyn College, versetzte sein leicht zu beeindruckendes Publikum in Entzücken, indem er ehrfurchtsvoll vom Höhepunkt als der »reinen Freude« sprach, die »nur gut und erstrebenswert« ist, nie »schlecht oder unerwünscht«, eine Freude, die sich außerhalb von »Zeit und Raum« ereignet, auf die gleiche Weise, die den schöpferischen Künstler blind macht für seine Umgebung.

Die Schwäche der herkömmlichen Religion hat die Suche nach dem Erleben des Höhepunkts noch beschleunigt. Gleichzeitig verstärkt sich die Anziehungskraft der humanistischen Psychologie durch den Zusammenbruch der normalen Gemeinschaft. Wie ein Ausbilder sagt, vermittelt das Encounter »Wärme und eine fix und fertige Familie auf Zeit«. Dr. Carl Rogers, einer der geistigen Väter der Encounter-Bewegung meint dazu: »Ich glaube, die Menschen sind sich heute wahrscheinlich ihrer inneren Einsamkeit sehr viel stärker bewußt, als das bisher je der Fall gewesen ist.«

In dem Maß, in dem Freundschaft und Liebe unter dem Druck unserer Zeit zerstört werden, wenden sich viele der Gruppenpsychologie als einem Ersatz zu. Die Folge war ein massiertes System, das darauf angelegt ist, augenblicklich stundenweise und in Gruppen Zuneigung zu liefern. Carl Rogers schätzt, daß allein in den USA jährlich etwa 750000 Menschen an intensiven Gruppensitzungen teilnehmen.

Encounter deckt ein breites Spektrum der Strömungen ab, die die »persönliche Entfaltung« anstreben. Ein Team der Stanford University kam auf 17 Arten, darunter die bekannteren wie T-group, Gestalt, Psychodrama, Esalen-Eklektiker, Marathon nach Rogers, eklektisches Marathon, Synanon oder Angriffstherapie, persönliche Entfaltung und sogar eine Gruppe ohne Führer, die von einem Tonbandgerät »geführt« wurde. Rogers fügt noch ein paar andere Gruppen hinzu: sensorische Bewußtheits-Gruppen, Körperbewußtheits-Gruppen, Relativitäts-Kurse, Ehe-Gruppen, Familien-Gruppen und selbstverständlich die eigentliche Encounter-Gruppe.

Die räumliche Wirkungsstätte der humanistischen Psychologie sind spezielle Therapiezentren (growth center), eine einzigartige Errungenschaft der *psychologischen Gesellschaft.* Esalen in Big Sur mit seiner Berg- und Seenpracht bietet ein malerisches aber falsches Bild der Branche. Einige Zentren haben es sich auf dem Land gemütlich gemacht, aber der Schmuck der meisten ist die Armut der städtischen Billigmietgebiete, in denen sie untergekommen sind.

Der Zauber wird noch erhöht durch phantasievolle Namen, ein Stil, den Maslow 1962 einführte, als er sein *eupsychisches Netz* begründete. Die Association of Humanistic Psychology hat eine Liste mit 177 Aufbauzentren veröffentlicht, von denen elf außerhalb der Vereinigten Staaten liegen, davon wiederum sechs in London und eins in Israel.

Ihre Namen flößen Ehrfurcht ein und haben etwas Geheimnisvolles an sich: Aureaon Institute (New York), Anthos (New York), Kairos (San Diego), Adanta (Atlanta), Genesis (New York), Dynacom (Montreal), Quaesitor (London), Heliotrope (Fort Lauderdale), Integro (Nord-Wales, Pennsylvania), Interface (Washington, D. C.), G. R. O. W. (New York City), Outreach (Ann Arbor, Michigan).

Esalen war einst ein Forum für so unterschiedliche Ansichten wie die von Maslow, Perls, Rogers oder Schutz. Heute sind die Aufbauzentren zu Warenhäusern der Selbstverwirklichung geworden. Eines der Institute, das *Zentrum für die ganze Person* in Philadelphia und New Jersey, bietet an: Transpersonales Encounter, Gestalt-Marathon, Bio-Psychosynthese-Kurs, Primär-Encounter, Meditations-Encounter, Vertrauliche Beziehungen, Ehe-Marathon, Basis-Encounter, Glücks-Marathon, Hypodrama, Reisen in die Gestalt und Phantasie, und sogar ein *Auferstehungs-Wochenende*.

Neuerungen sind für die humanistische Bewegung von großer Bedeutung. Zwei der beliebtesten Techniken sind *Meditation* und *Psychosynthese*. Das Meditations-Encounter verbindet das Gruppen-Encounter mit östlicher Gelassenheit und verspricht »einen veränderten Bewußtseinszustand durch sieben Ebenen der Meditation«. Der Bio-Psychosynthesekurs bietet eine neue, auf der Phantasie aufbauende Technologie, die Roberto Assagioli in Italien entwickelt hat.

Zum Teil hat man in der humanistischen Bewegung die gleichen Strategien genutzt, wie sie verwendet werden, um ein Deodorant auf den Markt zu bringen.

Die meisten Aufbauzentren machen einen Bogen um das Wort Therapie, auch wenn ein therapeutisches Versprechen mit im Spiel ist. So förderte das G. R. O. W.-Zentrum in New York City einmal ein fragwürdiges Promotionsprogramm durch Anlehnung an die Indiana Northern University. Gemeinsam mit dem angesehenen Union Theological Seminary bot es vor kurzem ein Zertifikat in »Pädagogik menschlicher Beziehungen« an.

Die Grundlagen des Encounter sind Nähe, Vertrauen, Authentizität und Konfrontation. Laut humanistischem Sprachgebrauch ist es eine Gelegenheit, »alles raushängen zu lassen«. Der Teilnehmer kommt in eine fertige Familie, wo er alles ohne Furcht offenbaren kann und sowohl Annahme wie auch Ansprache findet und erfährt, wie er bei anderen »ankommt«. Über die Konfrontation, eine zentrale Idee des Encounters, erhält er auch ein negatives Echo, das ihm vielleicht die Illusionen nimmt, die er sich über sich selbst macht.

Theoretisch ist das Encounter eine Therapie sowohl für Gesunde wie für Kranke, ein Heilverfahren für jedermann. Die emotionalen Möglichkeiten des Encounters sind unendlich vielfältig. Ein Mann berichtet unter Tränen vom Verlust seiner Frau und wird daraufhin liebevoll von einigen Frauen aus der Gruppe in den Arm genommen. Ein etwa 15jähriges, angespannt wirkendes Mädchen schreit eine andere junge Frau an, die gerade einige der Männer kritisiert hat: »Ich hasse dich, du miese Ziege!« Eine Frau Mitte 30 zeigt ihre Brüste und wird dann freundlich beruhigt, daß sie nicht so klein seien, wie sie angenommen hatte. Eine 45jährige Mutter, die sich bitter über die Ansprüche ihrer jugendlichen Tochter beklagt, wird abwechselnd von der Gruppe angegriffen und verteidigt.

In den meisten Encounter-Gruppen gibt es keinerlei sprachliche Tabus. Selbst ältliche Jungfern gebrauchen sehr schnell Ausdrücke wie »ficken«, »scheißen«, »Eier« und auch »Ständer«, »Fotze« oder »Schwanz« mit der gleichen Selbstverständlichkeit, mit der man um den Zucker bittet. Zum Teil äußern Gruppenmitglieder offen den Wunsch, eine oder einen der Anwesenden zu »bumsen«.

Für eine Aktivität, die die heuchlerischen Lebensspiele einschränken soll, ist das Encounter paradoxerweise auf Spielen aufgebaut. Ein Gruppenmitglied starrt einem anderen zwei Minuten lang in die Augen; zwei Männer oder Frauen erforschen minutenlang die Hand des beziehungsweise der anderen; die Partner berühren das Gesicht eines anderen, den Körper, sogar das Gesäß, um die soziale Umgänglichkeit zu erhöhen; sie gestehen, wer von den im Raum Anwesenden ihnen am besten und am wenigsten gefällt und warum; sie machen Armdrükken, fassen sich an den Händen und schreien im gleichen Ton; sie spielen ein Spiel, bei dem sich einer nach hinten fallen läßt und der andere ihn auffängt; sie heben jemanden vom Boden hoch und wiegen ihn wie ein Kind, oder sie sitzen meditierend da und »häuten« sich Schicht um Schicht, wie eine Zwiebel. Diese Spiele gibt es zusätzlich zu den spontanen Konfrontationen, die hervorbrechen, wenn jemand auf dem »heißen Stuhl« sein Herz ausschüttet und dafür freundliche oder harte Erwiderungen einstecken muß.

Wenn einige Stunden Encounter von Nutzen sind, warum dann nicht eine durchgehende Sitzung von ein oder zwei Tagen abhalten? Das Ergebnis ist das beliebte *Marathon,* ein zeitlich ausgedehntes Encounter, das für 135 Dollar eine neue Seele und frische Sonnenbräune liefert, Essen inklusive. Die Begründer des Marathons waren George Bach und Frederick Stoller. Bach stellte die Theorie auf, daß die wichtigste verändernde Kraft beim Encounter der Druck der Gruppe sei und daß der »Druckkochtopf« zu allererst Zeit brauche, um die unechten Emotionen auszukochen, damit die Menschen anfangen können, »authentisch« miteinander zu verkehren.

Begeisterte Anhänger behaupten, daß ein einziges wildes Marathon-Wochenende doppelt soviel nütze wie Jahre psychosexueller Entwicklung nach Freud. Die Mitglieder kommen oft 24 Stunden ohne Unterbrechung und ohne zu schlafen zusammen. Diese Technik erzeugt angeblich eine Regression, bei der die normale Abwehr zusammenbricht.

Die Therapeutin Elizabeth Mintz glaubt, daß die Marathon-Teilnehmer das Wochenende auf der Ebene des Erwachsenen-Ichs beginnen, dann aber auf die analsadistische Stufe Freuds zurückfallen, auf der die Wutgefühle ungehindert zum Ausdruck kommen. Die Regression geht weiter bis zur Stufe der oralen Abhängigkeit (Geburt bis 18. Monat), nach der schließlich der Gipfel der Reife erreicht wird, die genitale Stufe Freuds mit ihrer »erhöhten Eigenakzeptanz und der Akzeptanz anderer«.

Wirkt das Encounter wirklich heilend, oder ist es nur eine weitere Legende der *psychologischen Gesellschaft?*

Es ist richtig, daß die kameradschaftliche Art der Marathons und Encounter in einer Gruppe vorübergehend ein Gefühl der Liebe und Geborgenheit aufkommen lassen kann, ähnlich wie auf einer Kreuzfahrt oder in einem Zeltlager. Aber die Kritiker bezweifeln, daß eine dauerhafte Veränderung erreicht wird. Dr. Michael Beldoch, ein freudianischer Analytiker, räumt zwar ein, daß sich die erstaunlichsten Marathonergebnisse während der Regression in den schlaflos zugebrachten Stunden vor dem Morgengrauen ereignen, aber er ist nicht der Meinung, daß der Vorgang uns der Wahrheit näherbringt. Daß man sich wie ein Kind fühlt, kann einem auch passieren, wenn man betrunken oder übermüdet ist, oder wenn man aus der Narkose erwacht, meint Dr. Beldoch.

Einige traditionelle Therapeuten sehen im Encounter nicht nur den Wettbewerber um Dollars oder D-Mark der Klienten, sie halten es auch für freud-, ja sogar für therapiefeindlich. Dr. Bruce L. Maliver aus New York, der dem Encounter ausgesprochen kritisch gegenübersteht, meint: »Ein typischer Fall ist die Ansicht der Encounter-Leute, der Ausdruck von Emotionen sei an sich schon heilend. Tatsache ist, daß man bereits vor langer Zeit nachgewiesen hat, daß das Ausdrükken von Gefühlen – Katharsis, wenn das anspruchsvoll genug ist – für sich genommen keine bleibenden Auswirkungen auf die Persönlichkeit hat.«

Selbst Befürworter des Encounter machen sich Gedanken über dessen nur kurz andauernde Wirkung. Carl. R. Rogers, mit seiner klientenzentrierten Therapie ein Vorläufer Maslows, nennt das Encounter »die sich am schnellsten ausbreitende soziale Entdeckung des Jahrhunderts, und wahrscheinlich auch die wirksamste«. Trotz dieser Begeisterung zeigt sich Rogers besorgt über die *Rückfälle,* die Neigung, in alte Verhaltensmuster zurückzufallen. Er zitiert einen Teilnehmer, der ihm sagte: »Ich habe bei dem Kurs viel Entgegenkommen, Geborgenheit und Liebe erlebt. Mir fällt es schwer, die Fähigkeit, das auf die gleiche Weise auch mit anderen Menschen zu erleben, mit nach draußen zu nehmen.« Rogers sieht auch Gefahren für diejenigen, die sich offenbaren, dann »mit Problemen allein gelassen werden, die nicht verarbeitet worden sind«, und schließlich einer konventionellen Therapie bedürfen.

Dr. Beldoch äußert sich skeptisch angesichts der überschäumenden Liebe, die in den Sitzungen demonstriert wird und die sich seiner Meinung nach zu leicht vortäuschen läßt. »Die Teilnehmer versichern sich unglaublich oft, daß sie sich lieben, und das mit der größten Leichtigkeit.« Beldoch widerspricht den Philosophen des Encounter auch, die »die Schuld an unserem betrüblichen Menschendasein gerade der Fähigkeit zu denken anlasten. Und auf eben diesem Schlagwort der Denkfeindlichkeit baut die umjubelte Halbwahrheit der Encounter-Gruppe auf, aber darüber wird sie auch zu Fall kommen,« prophezeit er.

Die umfassendste Studie darüber, ob das Encounter wirkt oder nicht, wurde an der Stanford University mit 170 Studenten durchgeführt, die an den Sitzungen jeweils einer von 18 Encounter-Gruppen bis zum Ende teilnahmen. 69 Studenten, die in keiner Gruppe waren, dienten als Kontrollgruppe. Erfahrene Fachleute benannten für jede Therapieart die jeweils zwei besten Führer, um die Sitzungen zu leiten, die auf Band genommen wurden. Die Teilnehmer gaben an, was sie von dem Erlebnis hielten, und außenstehende Beobachter taten das gleiche. Nach sechs Monaten wurden die gesamte Gruppe und die Kontrollgruppe erneut überprüft.

Erwies sich das Encounter als wirksam? Ja und nein, wobei die negative Seite überwog. Wie bei anderen Therapien auch *glaubten* die meisten Teilnehmer, das Erlebnis sei positiv gewesen, wenn diese Mehrheit auch nicht überwältigend ausfiel: 57 Prozent gaben ein gutes Urteil ab, 14 Prozent ein schlechtes, 29 Prozent wollten sich nicht festlegen. Nach Ablauf der sechs Monate begann sich allerdings der *Rückfall*faktor bemerkbar zu machen. Jetzt äußerten sich nur noch 46 Prozent positiv, 21 Prozent negativ, während sich 32 Prozent unentschieden zeigten.

Bei der Befragung sechs Monate nach der Therapie wurden die Mitglieder der Encounter- und Kontrollgruppen aufgefordert, Veränderungen in ihrem Verhalten zu beschreiben. Die Mehrheit der Teilnehmer am Encounter (56 Prozent) hielt sich für verändert. Doch das traf auch auf die meisten Mitglieder der Kontrollgruppe zu (52 Prozent)!

In einem Bericht von Eltern, Freunden und Verwandten schnitten die Encounter-Teilnehmer sogar schlechter ab. Dort glaubte man zwar, sogar bei 80 Prozent der Teilnehmer eine Veränderung zum Guten festgestellt zu haben, doch lag der entsprechende Wert für die Kontrollgruppe mit 83 Prozent noch höher. »Danach muß die einzigartige Wirkung des Encounter-Erlebnisses in Frage gestellt werden,« schloß der Verfasser dieses Untersuchungsberichts.

Das Encounter kann zuweilen ein feindliches, ja sogar gefährliches Erlebnis werden. Eine Studie der American Psychiatric Association über Encounter erhebt den Vorwurf, das Verfahren sei potentiell gefährlich. Es könne beträchtlichen Schaden anrichten, so warnt die APA, und bei einem »triebhaften Individuum« Emotionen und Spontaneität wecken, wo statt dessen Kontrolle angebracht wäre.

Die Untersuchung der Stanford University zeigte, daß das Encounter in einigen Fällen die Ursache psychischer Schädigungen war, selbst bei Anwesenheit gut ausgebildeter Leiter. Es gab einige Zwischenfälle, von Knochenbrüchen bis zum psychotischen Zusammenbruch. Knapp zehn Prozent der Studenten sollen sich bei den Sitzungen Verletzungen zugezogen haben – nach Meinung der Wissenschaftler ein alarmierend hohes Risiko.

Ein Student beging Selbstmord. Aufgrund seiner Vorbelastung durch zahlreiche psychiatrische Störungen hatte man ihn nicht zu den Opfern gezählt. Die Mehrzahl der Opfer war *angegriffen* worden. »Einer der Leiter sagte mir, ich sei ein dummes Arschloch«, erzählte einer der Verletzten. Ein anderer berichtete: »Der Leiter ließ kein einziges gutes Haar an mir und meinem Leben.« Ein dritter beklagte sich: »Der Leiter sagte mir, ich befände mich am Rand der Schizophrenie.« Drei

Studenten erlebten psychotische Zwischenfälle und waren bei der Nachuntersuchung noch immer »äußerst erregt«.

Kritiker sorgen sich auch um den zunehmenden Mißbrauch der humanistischen Psychologie. Für einige ist Encounter ein psychologisch bewährtes Tarnmäntelchen, in dessen Schutz Sex als Therapie erhältlich ist und als solche sogar sanktioniert wird. In einem Buch schildert Stuart Miller im einzelnen seine erfolgreiche Jagd nach Sex in Esalen. Bei einem anderen ländlichen Encounter-Wochenende waren zwei Psychologen schockiert über die unverhüllte Sexualität. Als einer von ihnen in eine Scheune ging, erblickte er im Heu »ein nacktes Pärchen, das offenbar gerade geschlechtlich miteinander verkehrt hatte«. Es waren einer der Gruppenleiter und ein weibliches Mitglied, die beide aufsahen, »aber weder entsetzt noch überrascht schienen«.

Der mögliche Mißbrauch des Encounters bereitet Dr. Rogers Sorge, der erklärt: »Ich muß zugeben, daß es nur zu schnell immer mehr in die Hände der falschen Leute fallen kann, jener Leute, die in erster Linie wegen persönlicher (finanzieller oder psychologischer) Vorteile auf der Gruppenszene aufgetaucht sind. Die Schwärmer, Kultanhänger, Nudisten und Täuscher, die auf Macht oder Anerkennung aus sind, sie könnten eines Tages das Bild des Encounters bestimmen. Das wäre dann allerdings der Untergang, wie ich glaube.«

Sowohl Fritz wie auch Laura Perls haben ihrem Glauben Ausdruck gegeben, daß dieser Untergang möglicherweise schon zahlreiche humanistische Therapien erfaßt hat. »Ich halte das Encounter in der Art, wie es von Carl Rogers und beim Sensitivity-Training gehandhabt wird, für gut,« erklärte Laura Perls. »Aber ich bin der Meinung, daß viele andere Encounter-Techniken aggressiv sind, einschüchtern und manipulieren, indem sie vorgeschriebene Konfrontationsmethoden anwenden. Konfrontation kann für einige gut sein, ist es aber nicht für alle.«

Vor seinem Tod war Fritz Perls bekümmert, daß ein Großteil der Bewegung bereits im Dunst der Schwärmerei untergegangen war. »Ich möchte über die gegenwärtige Entwicklung der humanistischen Psychologie sprechen,« erklärt er. »Wir haben lange gebraucht, den ganzen freudianischen Schwindel zu entlarven, und jetzt kommen wir in eine neue und noch gefährlichere Phase. Wir kommen in die Phase derjenigen, die auf direkte Heilung, direkte Freude, direkte sensorische Bewußtheit schalten. Wir nähern uns der Zeit der Kurpfuscher und Schwindler, die jemanden für geheilt halten, wenn sie irgendeinen Durchbruch erzielt haben ... Wenn das in Schwärmerei endet, ist es für die Psychologie ebenso gefährlich wie das jahre-, jahrzehnte-, jahrhundertelange Liegen auf der Couch.«

Perls und Maslow sind die anerkannten Propheten der humanistischen Psychologie, doch selbst sie hatten Vorläufer in der Bewegung: den alternden Psychiater J. L. Moreno und den verstorbenen Psychologen Kurt Lewin. Wie Perls waren auch sie aus dem Europa Hitlers geflohen. Moreno ist der Vater des *Psychodramas,* einer Technik, die aus dem Wien zur Zeit des Ersten Weltkriegs stammt. Lewin, von Hause aus ebenfalls Österreicher, begann seine ersten Sensitivity-Training-Kurse 1946.

Moreno, der heute in Beacon im Bundesstaat New York lebt, wo er sein Psychodrama Institute betreibt, wird der Begriff *Encounter* zugeschrieben. 1914 veröffentlichte Moreno *Einladung zu einer Begegnung,* was im Englischen zu *Invitation to an Encounter* wurde. Moreno schrieb über seinen existentiellen Gedanken: »Ein Treffen zu zweit: Auge in Auge, von Angesicht zu Angesicht. Und wenn du nahe bist, will ich deine Augen herausreißen und sie an die Stelle der meinen setzen, und du wirst meine Augen herausreißen und sie an die Stelle der deinen setzen. Dann werde ich dich mit deinen Augen sehen, und du wirst mich mit den meinen sehen.« Kein moderner Meister des Entfaltungsgedankens könnte dieses Gefühl besser wiedergeben.

Das Psychodrama griff um sich, aber die direkte Verbindung zum Encounter zog Lewin. 1946 hielt er in New Britain im US-Bundesstaat Connecticut ein Seminar über »Menschliche Beziehungen« ab; er lehrte dort an einem örtlichen College. Lewin startete die T-group (Trainingsgruppe) rein zufällig. Sie war ein Ableger einer beiläufigen Diskussion zwischen Mitgliedern und Leitern. Binnen kurzem wurden Ansichten über den Kurs und auch persönliche Anliegen geäußert. Was als Besprechung über einen Kursus begann, wurde zur Debatte einer Gruppe von Leuten, die einander im Hier und Jetzt gegenüberstanden. Einer der Chronisten der Bewegung schrieb von »einer ungegliederten Gruppe, die die Erforschung ihrer eigenen Dynamik im Auge hatte«.

In Bethel im US-Bundesstaat Maine, wo später die National Training Laboratories (NTL) entstanden, wurde ein offizielles T-group-Programm aufgestellt. Heute sind sie das NTL-Institut für angewandte Verhaltenswissenschaft, das mit der National Education Association verbunden ist. Das NTL fördert heute überall in den Vereinigten Staaten »Trainingslabors«, in die sich Geschäftsleute, leitende Angestellte, Lehrer, Schuldirektoren und Regierungsangestellte zurückziehen, um den Kollegen und den eigenen Gefühlen im Luxus eines First-class-Hotels zu begegnen – wobei im allgemeinen der Arbeitgeber für alle Unkosten aufkommt.

Die T-group und das Sensitivity-Training gehören zum *Gründerflügel* der Bewegung, die auf die Fähigkeiten des Menschen abzielt. Der typische T-group-Teilnehmer spielt kaum mit Liebesperlen; er ist mittleren Alters, entstammt häufig der oberen Mittelschicht und sucht eine bessere »Einsicht in die menschlichen Beziehungen« (oder wird gedrängt, sie zu suchen).

Das gemeinsame Ziel ist, den deklassierten Organisator der letzten Generation in einen Humanisten der Jetztzeit zu verwandeln. Zu den Förderern des Sensitivity-Trainings gehören Firmen wie ITT, General Electric, Monsanto, Pillsbury, Union Carbide, American Airlines, Westinghouse, der Bankers Trust und viele andere. Eine NTL-Sitzung war Spitzenleuten vorbehalten, die mehr als 25000 Dollar im Jahr verdienten. In der Anpreisung für sie hieß es, sie würden »Selbstbewußtheit« finden und gleichzeitig »in einer mit dezenter Eleganz eingerichteten Villa im Kolonialstil mit gewaltigen Kaminen« wohnen.

Die Wirtschaft unterstützt die T-groups in der Hoffnung, das Image des spießigen, grobschlächtigen Geschäftsmanns zu tilgen, das dem Ansehen der gesamten Geschäftswelt geschadet hat. Die T-group-Werbung preist sich auch oft als ein pragmatisches Mittel an, das sowohl die Eigeninitiative wie den Gesamtgewinn steigern könne.

Das Sensitivity-Training war auch immer ein Lieblingskind der Pädagogen; Tausende von Lehrern haben das NTL durchlaufen. Das Büro für Erziehungsberatung in New York hat Stabpsychologen und Sozialarbeiter durch den Sensitivity-Reifen springen lassen. Das Sensitivity-Training hat sich darüber hinaus zu einer Do-it-yourself-Bewegung ausgeweitet, innerhalb der Krankenhausärzte und Krankenschwestern, Gruppen der Eltern-Lehrer-Vereinigung und Personengruppen (1000 Angestellte der Standard Oil in New Jersey) ihre eigenen T-groups aufgebaut haben.

Die Regierung der Vereinigten Staaten hat Millionen in ein fast zum Pflichtfach erhobenes Sensitivity-Training-Programm für Bundesangestellte im Landwirtschaftsministerium, Außenministerium, in der Allgemeinen Versorgungsverwaltung, dem Friedenscorps und anderen Stellen investiert. Von 1968 bis 1970 hat das Arbeitsministerium 1443000 Dollar an das Human Development Institute gezahlt, eine Tochtergesellschaft von *Bell and Howell,* um leitenden Beamten etwas Sensitivität beibringen zu lassen.

Die Regierungsstellen leugnen, Sensitivity-Training vermittelt zu haben und ziehen es vor, von »Touch-and-tell«-Sitzungen (etwa: Berühren und Erzählen) zu sprechen. Einem Unterkomitee unter der Leitung von Senator Sam Ervin zufolge ordnete die Allgemeine Versorgungsverwaltung an, daß ihre Angestellten beim T-group-Training mitmachen. Man stellte Pärchen zusammen, forderte sie auf, sich an den Händen zu halten, sich anzusehen und Sätze zu vervollständigen wie »Ich schäme mich am meisten über ...«. Eine Arbeiterin des Landwirtschaftsministeriums, eine von 2000, die am Sensitivity Training teilgenommen haben, ging entrüstet nach Hause. »Es lief geradewegs auf das Sexualleben und unangebrachte Vulgärsprache hinaus,« gab sie zur Begründung an.

Das Sensitivity-Training ist insofern einmalig, als es praktisch führungslos *scheint.* Der Leiter hält sich im Hintergrund und bittet die Mitglieder, ihn als einen der ihren zu betrachten. Dadurch erzeugt er ein Führungsvakuum, das, wie er hofft, Mitglieder der Gruppe mit ihrer eigenen Persönlichkeit ausfüllen.

Ein alter Hase durchschaut diesen Trick natürlich sofort. Spencer Klaw, der für die Zeitschrift *Fortune* schreibt, nahm an einer zweiwöchigen NTL-Sitzung im Arden House teil, einer 96-Zimmer-Villa, die der Columbia University überlassen worden ist. Er berichtete von ständigen Regieanweisungen der beiden Leiter, eines NTL-Mitarbeiters und eines in Harvard ausgebildeten Psychologen. Wenn Gruppenmitglieder erklärten, sie seien nicht nervös, wurden sie von einem Leiter herausgefordert, der der Meinung war, »vielleicht haben die Leute mehr Sorgen, als sie bereit sind zuzugeben«.

Hat sich das Sensitivity-Training als das Wunder erwiesen, das es sein wollte? Es gibt kaum verläßliche Statistiken, doch Skeptiker und Anhänger halten sich inzwischen fast die Waage. Wie man hört, haben verschiedene amerikanische Firmen das NTL-Training eingestellt, unter anderem TRW, Inc., Champion Paper, Honeywell und Aerojet General.

Auf der Wirtschaftsseite sehen einige Kritiker das Sensitivity-Training als eine Gefahr sowohl für die Unternehmensleitung wie für das psychische Wohl der Angestellten an. Byron Calame vom *Wall Street Journal* schildert den Fall eines Abteilungsleiters in einem hart umkämpften Industriezweig, der zwar »wild« war, aber gute Ergebnisse vorweisen konnte. Nach dem Training »war er nicht mehr dieses wilde Tier«, wie zu erfahren war, und verlor seine Leistungsfähigkeit und die Stellung. In einem anderen Fall stoppte ein Unternehmen aus dem amerikanischen Mittelwesten das Sensitivity-Programm, nachdem ein Vizepräsident einen »totalen Zusammenbruch« während einer Sitzung erlitten hatte und ins Krankenhaus eingewiesen werden mußte.

Das NTL bestreitet die Gefährlichkeit des Sensitivity-Trainings. »Nach den Unterlagen des NTL-Instituts hat weniger als ein Prozent der Teilnehmer beim Training unter Aufsicht des NTL-Instituts ernsthafte Probleme gehabt«, heißt es dort. »In fast allen Fällen handelte es sich um Personen, die bereits früher mit schwerwiegenden Störungen zu tun gehabt hatten.«

Zum Teil wird dieser NTL-Behauptung widersprochen. Dr. Louis Gottschalk untersuchte 32 T-group-Teilnehmer in Bethel, der NTL-Zentrale im US-Bundesstaat Maine, und berichtete von einer 19prozentigen Zwischenfallsquote, darunter zwei Fälle psychotischer Reaktion.

Einer der Kritiker, George Odiorne von der wirtschaftswissenschaftlichen Fakultät der University of Massachusetts, hält das Sensitivity-Training für eine »Gefühlsorgie«, die weit über Bedürfnisse des Managements hinaus in das Gebiet der »Individualtherapie« reicht. Auch eine spezifisch amerikanische Kritik ist laut geworden, daß das Sensitivity-Training nämlich erfolglos sei. Marvin Dunnette und John P. Campbell, zwei Psychologen von der University of Minnesota, berichten, es gäbe kaum Beweise dafür, daß das Sensitivity-Training tatsächlich das Arbeitsverhalten der meisten Menschen verändere. »Es läßt sich überhaupt nicht sagen, ob T-groups zu größeren oder geringeren Veränderungen in der Selbstwahrnehmung führen als andere Gruppentherapien, der reine Zeitablauf oder das bloße Ausfüllen selbstbeschreibender Fragebogen«, schreiben sie im *Psychological Bulletin.*

Das Sensitivity-Training ist nur eine der neuen humanistischen Psychologien, die sich einem unerbittlichen, modernen Paradoxon gegenübersehen. Sie bemühen sich, Selbstverwirklichung und ein größeres Maß an persönlicher Freiheit zu schaffen, aber fast alle bedienen sie sich einer psychologischen Technologie, die auf der bedingungslosen Anpassung an Gruppenideale beruht.

Die Gruppen bestehen darauf, daß jeder dem kollektiven Willen und den Wertsystemen folgt. »Während des Kurses identifiziert sich der Teilnehmer nicht nur mit einzelnen Gruppenmitgliedern, sondern auch mit der Gruppe selbst«, behaupten die Encounter-Anhänger Gilbert A. Schloss und Robert Siroka. »Die in der Gruppe zum Ausdruck kommenden Werte werden ihre Stammwerte, Normen, auf die die Mitglieder ansprechen oder auf die sie ablehnend reagieren.«

Jeder, der schon einmal an einer Gruppensitzung teilgenommen hat, kann den Druck auf die Außenseiter bestätigen – auf die sexuell noch unerfahrene Frau in einer diesbezüglich sehr freien Gruppe etwa, oder auf einen schüchternen Teilnehmer in einer Gruppe, in der offene Aggressivität herrscht. Beide müssen die »Stammes«-Werte übernehmen oder ihre Ächtung in Kauf nehmen. »Die freie Wahl kann nur dann ausgeübt werden, wenn dem einzelnen nicht droht, gedemütigt zu werden, sich Repressalien auszusetzen, auf Ablehnung zu stoßen oder sich lächerlich zu machen«, erklärt Dr. Morris Parloff.

Auch die geistesfeindliche Art der sogenannten humanistischen Revolution steht unter Beschuß. In einem offenen Brief an die Association of Humanistic Psychology kritisierte der Analytiker Rollo May die Tendenz der Bewegung, »den denkenden, nachdenklichen, geschichtsbewußten Menschen« zugunsten des »fühlenden, betastenden Menschen im ›Jetzt‹ zu übergehen. Das ist nach seinen Worten »geistesfeindlich« und auch »antihumanistisch«. Es kann auch gefährlich sein, »wie wir an der großen romantischen, antiintellektuellen Woge in Deutschland gesehen haben, auf der Hitler an die Macht kam«, stellt er warnend fest.

Dr. May und andere haben auch die Suche nach sofortiger Liebe und Freundschaft in den Gruppen als kärglichen Ersatz für die lange währende Beziehung kritisiert. Vielleicht bewirkt die humanistische Psychologie das eine oder andere Gute, erklärt May, doch sie »vereinfacht zu stark und zerstört sowohl meinen wie auch Bubers Sinn für Vertrautheit«.

Sein Leben mit Gruppensitzungen auszufüllen, für die man stunden- oder tageweise bezahlt, bringt einen wehmütigen Ton in unsere zerrissene Gesellschaft. Und keiner stimmt trauriger als die Menschenmassen, die zu *est* strömen (*E*rhard *S*eminars *T*raining), der populärsten unter den neuen Gruppenaktivitäten. *Est* besteht seit nunmehr zehn Jahren, und beinahe 100000 Amerikaner haben in zwei insgesamt 60stündigen Wochenend-*Erlebnissen* für 300 Dollar daran teilgenommen. Zahlreiche Anhänger glauben, daß dieses *Erlebnis* ihr Leben erneuert hat. *Est* wurde 1971 in San Francisco von Werner Hans Erhard (früher Jack Rosenberg) begründet und besitzt heute Zweigstellen überall in den Vereinigten Staaten.

Das Training kommt scheinbar ohne Theorie aus, vereinigt aber dennoch viele traditionelle und humanistische Therapieelemente in sich. Sein Trick ist eine perverse Verdrehung, die die Teilnehmer zunächst schockiert, dann aber erfreut. Sie besteht darin, daß *est* eine herrische, beinahe kriegerische Umwelt in der im allgemeinen permissiven psychologischen Gesellschaft aufbaut. Der vor Hunderten von Menschen auftretende *est*-Trainer wird wohl eher als ein »Armleuchter« angesehen, als mit Beifall bedacht. Das Ziel von *est* ist, wie bei vielen anderen Gruppenpsychologien auch, die Bewußtheit des Menschen zu erhöhen. Bei *est* spricht man von »es schaffen«.

Um diesen Maslowschen Höhepunkt zu erleben, machen die Trainingsteilnehmer ein, wie es scheint, psychologisches Basistraining mit, bei dem es von Trainern wimmelt, die sich oft lächerlich machen. Das Training findet meistens in Hotelräumen statt; ein Trainer sitzt auf einer erhöhten Bühne, auf der auch eine Tafel steht. Die Teilnehmer werden ermutigt, sich das Wort erteilen zu lassen und laut und deutlich zu sprechen, aber wenn sie das tun, werden sie meistens eingeschüchtert. Die Regeln sind streng: Keine Uhr, kein Gespräch, es sei denn, der Leiter erteilt das Wort, kein Verlassen des Platzes, keine Zigaretten, kein Austreten außer in den Pausen. Wer die Regeln verletzt, wird aus dem Raum geleitet. Das Training beginnt morgens und dauert etwa 15 Stunden. Eine Pause gibt es nur alle vier Stunden. Essen ist nur in der zweiten Pause erlaubt.

Das offizielle Material, das der Trainer vorlegt, ist ein Aufguß aus vielen Vorstellungen, die von Freud bis zu östlichen Philosophien reichen. Das *Teilhaben* oder anderen von sich Erzählen ist die typische Katharsis, die man bei allen Therapien findet. Die *Prozesse* sind Übungen großer Gruppen, Techniken, die der Gestalt und dem Psychodrama entliehen sind.

Gerade der rüde Ton scheint einen Teil der Anziehungskraft von *est* auszumachen. Der Trainer Ted Long führte diese barsche Art in London ein, als er dort zum erstenmal mit Trainingsteilnehmern arbeitete. Zehn Minuten, nachdem die Sitzung begonnen hatte, sprach er einen untersetzten Teilnehmer mittleren Alters an, der in der letzten Reihe saß und sich Notizen machte. »Er spricht mit dir, du Arschloch! Nicht mit den Wänden! Wenn der Mann sagt, keine Notizen machen, dann meint er *keine Notizen machen!* Pack dein blödes Notizbuch weg, tu's weg, oder schaff das Scheißzeug hier raus! Das gilt für jeden hier!« Anstatt entrüstet wegzugehen, saßen die jetzt auf Vordermann gebrachten Zuhörer artig da und warteten auf mehr. »Toll, so die Schau zu schmeißen!« war der Kommentar eines der *est*-Teilnehmer.

Nach mehreren Tagen Beschimpfungen, Unbequemlichkeit, Hunger, drückender Blase und Langeweile, was »schafft« der *est*-Teilnehmer da? Eine lächelnde Lehrerin faßte es bei einem Gästeseminar wie folgt zusammen: »Der Teilnehmer erfährt, daß er ein zu allem fähiges und alle liebendes Individuum ist.« Die Menschen befinden sich bereits in diesem außergewöhnlichen Zustand, bevor sie zu *est* kommen, erläuterte sie, aber sie sind durch ihre Glaubenssysteme blockiert. Und ein Mitglied des *est*-Ausschusses sagt: »Was man schließlich ›bekommt‹, ist, daß es nichts zu holen gibt außer der Tatsache, daß man sich durch die eigenen falschen Wahrnehmungen und Identifikationen unglücklich macht.«

Bei *est* betont man, daß Selbstachtung nicht dadurch gewonnen wird, daß man etwas lernt. »Es schaffen« tut man nur, wenn man *es erlebt* in den 60 Stunden des Trainings. »Das Verstehen ist der Trostpreis«, erklären die *est*-Leute stolz.

»Es schaffen« heißt auch, »in Ordnung« zu sein, ein anderer Lieblingsausdruck. Die Trainingsteilnehmer lernen sich besser kennen und lieben sich mit all ihren Fehlern. Eine zufriedene Teilnehmerin gestand, daß sie einst »knauserig« mit Geld gewesen war und versucht hatte, das durch teure Geschenke auszugleichen, die sie sich gar nicht leisten konnte. Jetzt weiß sie, daß sie nicht viel wert ist, und es macht ihr nichts aus.

Und der Erfolg? Bei einigen erzeugt das *est*-Gipfelerlebnis eine Begeisterung, die an die Verkündigung des Evangeliums erinnert, und auch hier hören wir die Versicherung, daß ihr Leben sich gewandelt hat. Diese Antwort ist charakteristisch für alle neuen Bewegungen, von der Transaktionalen Analyse über das Encounter bis zur transzendentalen Meditation. Leider verflüchtigt sich die Wirkung dieser Wandlung mit der Zeit.

Mit zunehmendem Alter sinkt die Effizienz des Wandels, denn die Begeisterung über das Verfahren läßt in den Medien und bei der Mundpropaganda nach. Infolge dieses Unterstützungsrückgangs wird die Suggestionskraft der Bewegung schwächer. Das und der gesellschaftliche Druck führen den Menschen zurück zu seinem Selbst, das weniger *O. K.* oder weniger *in Ordnung* ist. Es gibt keinen Grund anzunehmen, daß das *est*, was dieses unausweichliche Scheitern betrifft, sich in irgendeiner Weise von anderen Bewegungen unterscheidet.

Die Macht der Suggestion in der Therapie und ihre Wirkungsweise kennen wir inzwischen. Noch nicht so vertraut sind wir mit ihrer potentiellen Gefährlichkeit. Das *est* macht da keine Ausnahme. Drei Psychiater vom neuropsychiatrischen Institut der University of California behaupten, daß das *est* für einige Teilnehmer zu einem gefährlichen, eine Psychose hervorrufenden Erlebnis werden kann. Im *American Journal of Psychiatry* schilderten sie die Fälle von fünf Patienten, die im Anschluß an das *est*-Training psychotische Symptome entwikkelten, unter anderem Größenwahn, Paranoia, unkontrollierbare Stimmungsumschwünge und Wahnvorstellungen. Nur ein Patient hatte schon früher unter psychiatrischen Störungen gelitten.

Bei einem Fall handelte es sich um Herrn A., einen 39jährigen, verheirateten Angestellten. Er war bisher noch nie wegen Geisteskrankheit behandelt worden. Sein einziges »traumatisches« Erlebnis war der Tod seiner Mutter, die starb, als er 23 Jahre alt war, aber er hatte die Angelegenheit längst als erledigt betrachtet.

Auf Drängen einiger guter Freunde machte Herr A. beim *est*-Training mit. Er erhoffte sich eheliche und berufliche Verbesserungen. Am zweiten Tag verspürte er eine Zunahme seiner Willenskraft und Selbsteinschätzung. Er hatte »es geschafft«, wie die Eingeweihten sagten. Ganz unvermittelt kamen starke Gewissensbisse wegen des Todes seiner Mutter auf. Zu Hause sprang er nackt in den Swimmingpool. Er fühlte sich gottähnlich, und es drängte ihn festzustellen, ob er unter Wasser ohne Luft überleben könne. Zwei Tage lang erging er sich in manischen Tätigkeiten und versuchte, »sein neues, überschwengliches Selbstwertgefühl unter Beweis zu stellen«, indem er einige abenteuerliche Kunststückchen vollbrachte. Seine Frau rief schließlich die Polizei und ließ ihn in ein Krankenhaus bringen.

Weder das *est* noch irgendeine andere der neuen Bewegungen ist die letzte Stufe der zwanghaften Suche nach dem Seelenfrieden. Vor zehn Jahren prophezeite Abraham Maslow, die humanistische Psychologie, die Dritte Kraft, sei nur der Übergang zu einer neuen, kommenden Form. Ihm schwebte eine »noch höhere Psychologie der vierten Dimension vor, die über die Person und den Menschen hinausging und mehr den Kosmos als die menschlichen Bedürfnisse und Interessen im Auge hatte«. Diese neue *transpersonale Psychologie* werde ein »religiöser Ersatz«, der nach seinen Voraussagen die Bedürfnisse des »enttäuschten Idealismus« der vielen erfüllen werde.

Maslow erwies sich als guter Prophet. Die Vierte Kraft ist in Form der *meditativen Revolution* erschienen, die Anwendung östlicher Vorstellungen über die Beherrschung des Geistes und des Körpers. Verschiedene von Gurus geleitete Systeme, unter ihnen auch die transzendentale Meditation, haben Millionen Amerikaner und Europäer in angeblich psychotherapeutische Trance versetzt.

Eine der populären neuen Meditationsbewegungen ist Arica, das Geistesprodukt des bolivianischen Laien Oscar Ichazo. Sein Gurudasein brachte ihm Millionen Spendendollars und Tausende von Anhängern ein. Obwohl Arica nicht offiziell als Therapie bezeichnet wird, lockt es die anscheinend zirkulierende Klientel an, die davor von Freudianern analysiert wurde, für Casriel geschrien, bei der Bioenergetik auf Betten geschlagen, bei der Transaktionalen Analyse mit ihren Kindern gespielt hat und beim Encounter einander gegenüber stand.

Kühn wird in einer Arica-Erklärung festgestellt: »Das Überleben des Planeten hängt davon ab, daß die Menschheit ein neues Bewußtseinsniveau entwickelt.« Arica hat den Köder »Ständig 24« ausgelegt, ein ekstatischer Zustand, der sich aus den Lehren George Gurdjieffs herleitet. Bisher hat noch kein Arica-Jünger diesen gesegneten Zustand erreicht.

Der Weg des Arica zum höheren Bewußtsein ist von einer Wand zur anderen mit Teppichen ausgelegt. Dazu gehört ein phantasievoller Aufzug, der wie von Zauberhand von der Straße zum nationalen Hauptsitz in der 57. Straße von Manhattan hinaufschwebt. In die Wände eingelassen sind abstrakte Motive der östlichen Vorfahren aus buntem Glas und solche von Tarock-Karten für die Anhänger herkömmlicherer Mystik. In seiner gediegenen Eleganz ähnelt es der Kulisse für eine Fernsehsendung zum Thema »Wie erhöhe ich mein Bewußtsein?«.

Arica selbst ist ein Gemisch aus Zen, dem Sufismus (einer mystisch-theosophischen Richtung im Islam), Astrologie, der körperorientierten Theorie Reichs, Yoga, Tanz, Buddhismus, transzendentaler Meditation, Gestalttheorie, Bioenergetik, einem Hauch Esalen-Encounter und einem kräftigen Schuß unverwechselbar amerikanischer Mätzchen.

Es gibt mehrere Hundert Übungen, drei *Instinkte* (Bewahrung, soziale Beziehungen, Resonanz) und zwölf *Geisteszustände,* von denen jeder einem bestimmten Körperteil entspricht. Das *Charisma* steckt in den Ellbogen und Knien und fragt: »Wie stelle ich mich dar?« Die *Orientierung* liegt in den Genitalien und fragt: »Gehe ich auf das Leben zu?« Die *Ausscheidung* befindet sich im Dickdarm und den Nieren und fragt: »Ist es wesentlich?«

Dargestellt wird das Arica durch eine Neunergruppe, Kreise deren Umfang in neun Abschnitte unterteilt ist – ein »Diagramm der Art und Weise, in der Energie angeordnet ist und strömt«. Die Neunerdarstellung wurde Ichazo in einer spanischen Einöde in einer Halluzination offenbart, bei der er in dem aufgegliederten Kreis tanzte. Die Darstellung, so die Arica-Philosophie, hilft die *Meditation des Tages* vollenden. Der einzelne durchläuft sieben Stufen auf dem Neunerkreis, die jeweils zwei Minuten in Anspruch nehmen. Sie sollen uns, wie es heißt, helfen, »uns auf unsere eigenen inneren Rhythmen und die Art einzustimmen, in der sie auf die Energien und Rhythmen im Kosmos ansprechen«.

Jeder Tag hat sein eigenes tierkreisartiges Zeichen. Die Farbe des Sonntags ist altgold, was die Erneuerung versinnbildlicht. Der Mittwoch ist gelb, was für den Merkur steht und gleichzeitig Intelligenz bedeutet. Beim fünften Schritt der Meditation am Dienstag beispielsweise arbeitet man mit Rot. Die Farbe »breitet sich schrittweise aus, bis sie den ganzen Kosmos ausfüllt«; zuerst umfaßt sie den Raum, dann die Straße hinaus ins Universum. (Am Freitag füllt man die Straße mit Grün.)

Lernen kann man die außergewöhnlichen Übungen des Arica, zu denen unter anderem WOOSOO gehört – das Waschen mit kaltem Wasser beim morgendlichen Erwachen unter der Bettdecke –, vom 16stündigen Intensivkurs, dem »offenen Pfad«, bis hin zum viertägigen Intensivkurs. Die Sprache des Arica ist ein humorvolles Kauderwelsch. Die Ausdrücke – Trialektik, Protoanalyse, Mudras, soziales Mandala, die Tore des Ausgleichs – haben einen Ursprung, den zu kennen nicht einmal die Mitarbeiter behaupten. Die Arica-Sprecher machen zwar einen ernsthaften Eindruck, aber ihr Versuch, mystisch zu erscheinen, ist in eine kosmische Sprache gekleidet, die bis in die Höhen der College-Schmähschriften vordringt.

Aus der Taufe gehoben wurde Arica in der gleichnamigen Stadt im Nordwesten Chiles, wohin 1970 eine Gruppe von 50 Amerikanern (15 davon aus Esalen) gekommen war und neun Monate blieb, um von Oscar Ichazo Arica zu lernen. Ichazo ist Bolivianer. Er hat die ganze Welt bereist und sich in asiatischen Künsten gebildet, unter anderem im japanischen Schwertkampf. Zurück in den Vereinigten Staaten, machten sich die Studenten stark für den Begriff, und viele wurden dort Lehrer in den ersten Arica-Zentren, die sich inzwischen über die gesamten USA und Kanada ausgebreitet haben, und von denen es jetzt auch eins im vornehmen Londoner Stadtteil Belgravia gibt.

Die Arica-Philosophie ist verworren und wurzelt teils in östlichen Lehren teils in westlichen Phantastereien. Sie zielt ab auf die *Zerstörung des Ichs,* um die Beschäftigung des Menschen mit sich selbst abzubauen und seine Sicht vom Kosmos zu vergrößern. Wenn sich das

Ich aufbaut, sagt Ichazo, sammelt sich *Karma* in Form der Übel des Geldes und der Macht. Arica hofft, durch die Zerstörung des Ichs, des Verstandes, des Individuums und seiner Wünsche die Reinheit wiederherzustellen, damit es das »Ständig 24« erreichen kann.

»In Amerika und den meisten anderen westlichen Ländern sind die Menschen sehr stark auf den Verstand ausgerichtet«, erklärt ein Arica-Sprecher. »Das Arica-Training soll diese Tyrannei des Verstandes brechen und uns körperorientierter machen, damit wir dem *Kath* mehr Beachtung schenken, dem Mittelpunkt des Körpers.«

John C. Lilly gebührt das Verdienst, Arica salonfähig gemacht zu haben. Der erklärte Mystiker Lilly ist gleichzeitig Wissenschaftler, der sich mit der Intelligenz der Delphine beschäftigt. Er fuhr nach Chile und berichtete danach in seinem Buch *The Center of the Cyclone,* sein Arica-»Trip« sei in manchen Augenblicken der Wirkung von LSD nahegekommen. Für kurze Zeit hatte er sogar geglaubt, sich in Satori 12 zu befinden, einem Bewußtseinszustand, der angeblich einigen wenigen Sterblichen gewährt wird.

Bei einem Interview in der amerikanischen Arica-Zentrale bekräftigte ein Psychiater aus New York City, der mit der Bewegung arbeitet, daß Arica eine logische Fortsetzung der Revolution Maslows sei, ein Versuch, durch eine Bewußtseinserhöhung das »Erleben des Höhepunktes« zu erreichen. Das Arica nennt sich selbst »ein Trip nach innen«, vor allem »für diejenigen, die schon mit Bewegungen in Berührung gekommen sind, die auf die menschlichen Möglichkeiten abstellen«.

Wird Arica das Encounter und die Reste der humanistischen Bewegung ersetzen? Es gibt kaum Zweifel, daß Maslow persönlichkeitsüberschreitende, anti-intellektuelle Erlebnisse im Auge hatte, um seine Anhänger auf die nächste Stufe zu heben, die Vierte Kraft des modernen psychologischen Kults.

Und Arica? Das Klima auf einer der Einführungsveranstaltungen schien eher dazu geeignet, das eigene Ich aufzubauen anstatt das des Teilnehmers abzubauen: Überall Schauspielern ähnliche, junge Zeremonienmeister mit ausdruckslosem Lächeln und ebensolchem Wesen, östliche Mantras in einem mit Teppichen ausgelegten Salon im Westen und durch den Saal schwebende Offizielle, ähnlich den mit einem Tablett herumlaufenden Getränkeobern bei einer Hochzeitsfeier.

Die Suche nach dem Seelenfrieden durch Meditation beruht auf dem Geschick einiger Yoga-, Zen- und anderer östlicher Meister, die sich offenkundig in einen ungewöhnlichen biologischen Zustand versetzen können, bei dem unter anderem der Sauerstoffverbrauch sinkt und das Schmerzempfinden ausgeschaltet wird. Auf der Suche nach dieser Weisheit hat sich Durand Kiefer, ein Abendländer, überall im Osten umgetan und auch neun Monate in einem japanischen Kloster verbracht, wo er die Zen-Technik *Zazen* praktizierte. Er stellte später fest, es sei harte Arbeit gewesen. Den ersehnten Glückszustand empfand er immer nur für wenige Augenblicke.

Die meisten Menschen im Westen würden es vorziehen, wenn der Weg zum meditativen Nirwana kürzer und weniger beschwerlich wäre. Für die, denen Arica, die transzendentale Meditation und andere Techniken zu mystisch sind, gibt es eine beliebte Alternative. Es ist das *Biofeedback,* das Verfahren, das die allgegenwärtigen Alpha-Wellen populär gemacht hat.

Biofeedback ist ein legitimes Mittel der medizinischen Forschung. Dr. Neal Miller von der Rockefeller University hat demonstriert, daß das vegetative Nervensystem quasi-willkürlich ist. Er zeigte, daß man einer Ratte beibringen konnte, an einem Ohr rot zu werden. Zur gleichen Zeit wies der Psychologe Joe Kayima an der University of California nach, daß Studenten mit Hilfe einer »Feedback«-Maschine das Ausmaß der Alpha- und Beta-Wellen steuern konnten, die von ihrem Gehirn ausgingen.

Die Beta-Welle, die mit 14 oder mehr Hertz oszilliert, ist das grundlegende Werkzeug des menschlichen Geistes. Sie vollbringt das, was man *Denken* nennt. Sie addiert, fällt Entscheidungen und löst Probleme, indem sie dem Gehirn elektrische Energie zuführt, damit es als Computer eingesetzt werden kann. Die Alpha-Welle mit einer niedrigeren Frequenz zwischen sieben und zwölf Hertz ist eine gedämpftere Gehirnwelle, die am stärksten ist, wenn der Mensch im Wachzustand die Augen schließt oder an nichts denkt. Die Theta-Wellen mit einer Frequenz von nur zwei bis sechs Hertz herrschen vor, wenn jemand Halluzinationen hat oder schlaftrunken ist. Die niederfrequenten Delta-Wellen treten vorwiegend auf, wenn wir schlafen.

Die Existenz dieser Gehirnwellen entdeckte Hans Berger in Jena in den 20er Jahren. Die Möglichkeit, sie für therapeutische Zwecke zu regulieren, hat eine ganze psychologische Industrie geschaffen – Biofeedback. Kernstück sind die Alpha-Wellen. Da die Alpha-Wellen oft am stärksten sind, wenn der Mensch am ruhigsten ist, lockt die Biofeedback-Branche die angstanfälligen Menschen vor allem in Amerika mit dem Versprechen des inneren Friedens durch Technologie. So wirbt zum Beispiel eine Firma: »Ruhe durch Selbststeuerung.«

Die Anhänger des Biofeedback behaupten, man könne den meditativen Zustand an einer Maschine lernen. Ein Institut erklärt, es könne jedem innerhalb von 18 Stunden beibringen, die Alpha-Wellen im Gehirn nach Belieben anzuregen.

Ich habe ein solches Institut an der eleganten New Yorker East Side aufgesucht. Es war eine Firma im Besitz von Nicht-Fachleuten, in deren Geschäftsführung einige promovierte Akademiker saßen. In einem abgedunkelten Raum wurde ich 20 Minuten lang an ein Gerät angeschlossen. Allein in einem großen, mattschwarzen Sessel ruhend konnte ich meinen Alpha- und Beta-Piepsern lauschen. Ich schloß die Augen, wie mein Helfer mir geraten hatte, und dachte an nichts oder fast nichts. Nach wenigen Minuten hatte ich angeblich meine Gehirnwellen reguliert. Belohnt wurde ich dadurch, daß ich zuhören konnte, wie die kognitiven Beta-Wellen schwächer wurden und die Alpha-Wellen mächtig aufkamen. Und mein Gefühl? Etwa so, als würde man langsam einschlafen.

Die Glorifizierung der Alpha-Wellen, gefahrlos »high« zu machen, ohne Drogen einen veränderten Bewußtseinszustand herbeizuführen, hat eine Gehirnwellen-Industrie mit Millionenumsätzen sowohl bei Feedback-Geräten wie bei Trainingszentren geschaffen. Am gleichen New Yorker Institut verteilte ein Vorführer einen pseudowissenschaftlichen Werbetext über die Segnungen der Alpha-Wellen. Das Fazit dieser Botschaft ist, daß wir uns irren, wenn wir glauben, das *Denken* sei die vornehmste Beschäftigung des Menschen. Das sind die Sirenengesänge gegen den Geist, die in der dritten Generation der humanistischen Psychologie wie in der vierten Generation der meditativen Psychologie ertönen.

Wenn sich der Geist einer Sache widmet, »werden die Gehirnzellen ruhiger«, meinte er. Die Beta-Wellen werden schwächer, und der Geist sinkt ab auf die Alpha-Ebene. Er besitzt dann zwar nicht mehr das gleiche Denkvermögen, aber er hat plötzlich seine Bewußtheit gesteigert, ein Bewußtsein, dessen Wahrnehmungsfähigkeit angeblich höher ist.

Darüber hinaus versicherte der Vorführer seinen Zuhörern, daß Angst und Furcht – die Energieverzehrer – abnehmen. »Die meisten Menschen befinden sich in einem Energie-Notstand, vor allem weil sie es nicht mehr in der Hand haben, sich ein Bild von sich zu machen«, erklärte der Gerätevorführer. Wenn wir durch eine erhöhte Produktion von Alpha-Wellen unsere Aufmerksamkeit steigern, können wir unsere Ängste abbauen und erleben eine gewaltige Zunahme an Energie.

Von Alpha-Wellen »high« zu werden, ist in den höchsten Tönen gepriesen worden. Fans vergleichen es mit der Wirkung von Drogen, ohne daß man Drogen genommen hat, mit einem Höchstmaß innerer Gelöstheit, einem grandiosen, friedlichen Trip. Der Wissenschaftler Eric Pieper von der New York University berichtet, daß sich die Freiwilligen darum reißen, kostenlos bei der Erforschung der Alpha-Wellen mitmachen zu können. Dr. W. Grey Walter hat vorgeschlagen, das Alpha-Muster der Diplomaten in deren Pässe aufzunehmen, damit man sie auf internationale Verhandlungen vorbereiten kann.

Doch schon gibt es die ersten Erfahrungen mit dem Biofeedback, die diese Hoffnungen trüben. Seine kommerzielle Nutzung als Freudenspender erfolgt fraglos vor dem Hintergrund übertriebener, unhaltbarer Behauptungen. Für viele sind Alpha-Wellen nicht die erhoffte Wonne. Einige sind sogar der Ansicht, ihre Angstgefühle nehmen zu.

In einem Bericht für die Massachusetts Psychological Association zeigte T. Mulholland, daß das Hochgefühl nach der Anwendung von Alpha-Wellen subjektiv, ja sogar eingebildet sein kann. So erzählte jemand im Zustand der Euphorie, es sei ein Kaninchen im Zimmer, so echt, daß er es beinahe berühren könne. Ohne dem Betreffenden etwas zu sagen, stellte der Wissenschaftler das Gerät ab. Der Behandelte verfolgte seine Halluzination weiter. Als er jedoch glaubte, die Sitzung sei zu Ende, fand seine eindrucksvolle Vision abrupt ein Ende, und das Kaninchen verschwand.

Einige Kritiker rühren sogar an das Undenkbare, daß nämlich der Alpha-Zustand unter Umständen eine verminderte Aufnahmefähigkeit signalisiert. Ein Wissenschaftler hält die Alpha-Wellen sogar für die *Dummheits-Wellen*. In einem Beitrag im *Annual Review of Psychology* vertritt er die Meinung, daß Alpha-Wellen möglicherweise mit dem Schulleistungsdefizit zusammenhängen. Er stellte nämlich fest, daß eine Gruppe Studenten mit schlechten Leistungen auch ungewöhnlich viele Alpha-Wellen erzeugte.

Vielleicht ist der medizinische Nutzen der Alpha-Wellen größer als der psychologische. Ärzte, die mit Biofeedback-Geräten arbeiten, haben Patienten beigebracht, ihren Herzschlag zu »regulieren« und sogar die Handtemperatur zu erhöhen, um Migräneschmerzen zu lindern. Die Untersuchungen befinden sich noch im Versuchsstadium, aber die Wissenschaftler an der Menninger Stiftung, die die Migräne erforschen, sind optimistisch.

Trotz anfänglicher Hoffnungen, denen regelmäßig die Enttäuschungen folgen, kommen ohne Ende immer neue Therapien auf. Ein Forscher des amerikanischen National Institute of Mental Health beispielsweise empfiehlt »kreatives Schreiben« als Therapie. Viele der neuen Therapien werden in der warmen Sonne Kaliforniens geboren und nehmen dann ihren Weg nach Osten. Ein kalifornischer Theoretiker hat eine Therapie entwickelt, die er »Thou Are That« (etwa: *Du* bist das) nennt. Der Therapeut fordert dazu auf, daß »sich jeder im Zimmer umsieht und den Gegenstand auswählt, der ihm besonders ins Auge fällt«. Er erinnert sich an eine Frau, die sich mit einem grellbunten Teil der Wand identifizierte. Sie wurde sehr traurig und weinte, als sie merkte, daß sie, ebenso wie die Wand, »am oberen Ende unfertig« war.

Die Austauschbarkeit der Therapien in der *psychologischen Gesellschaft* kennt praktisch keine Grenzen. Weniger variabel dagegen sind die Patienten. Sie sind moderne Wanderer, die in jeder neuen Technologie die alte Bedeutung suchen. Und so tauchen denn auch bei jedem neuen Gruppentreffen die gleichen suchenden Typen auf, wenn auch nicht die gleichen Gesichter. Sie sind aufmerksam wie Erstsemester in einer Einführungsvorlesung und voller Hoffnung, daß dies *das* große Erlebnis wird. Sie erzählen sich die Geschichten ihrer Behandlungen, Besserungen und Enttäuschungen. Dem Zuhörer erscheint ihr Gerede über *est*, transzendentale Meditation oder Encounter wie ein moderner Ersatz für den Alltagstratsch früherer Zeiten.

In der *psychologischen Gesellschaft* gilt die Gleichung, daß psychologische Aktivität *per se* bereits therapeutisch wirkt. Der Streit darüber ist unlogisch, doch ist er fest in dieser Gesellschaft verwurzelt. Immer sarkastischer dagegen reagieren erfahrene Praktiker, die den Aufstieg und Fall Dutzender von Therapien miterlebt haben.

Einer dieser Therapeuten ist Dr. Albert Ellis. »Die Grundlage der psychodynamischen und psychoanalytischen Therapie sowie des Großteils der sogenannten humanistischen Theorien ist schlicht Unsinn«, sagt der Psychologe, der das gesamte Spektrum von der Psychoanalyse über das Encounter bis hin zur neuesten eigenen Schöpfung durchlaufen hat, der sogenannten rational-emotiven Therapie, oder RET.

Formell konzipiert wurde die RET in den 50er Jahren, aber in den letzten Jahren hat Ellis sowohl an ihr wie an seiner Skepsis gegenüber anderen Bewegungen gefeilt. Er hat die RET in die Nähe dessen gebracht, was man vielleicht eine *Antitherapie-Therapie* nennen könnte. »Der psychoanalytische Gedanke, daß sich mein Zustand bessert, wenn ich die Ursache meiner Störung kenne, ist falsch. Wahrscheinlich werden wir mit der genetischen Veranlagung zu Störungen geboren. Auf jeden Fall ist es im allgemeinen unmöglich, deren Ursprung in unserer Vergangenheit ausfindig zu machen«, bemerkte Dr. Ellis bei einem Interview in seiner Wohnung mitten in Manhattan, wo er lebt und arbeitet.

»Bei den Encounter-Techniken habe ich festgestellt, daß sie einem zwar helfen, sich besser zu fühlen, aber nicht wirklich zur Besserung beitragen. Beim Encounter und in der Gestalt-Therapie besteht die Neigung, die Gefühle auf Kosten des rationalen Denkens überzubewerten und sie zu fördern, auch wenn sie vielleicht unangemessen sind. Es kann zum Beispiel schädlich sein, bei jemandem Aggressionen oder Zorn wecken zu wollen. Bei zu vielen der sogenannten humanistischen Psychologien ist die Empfindung unantastbar. In Wirklichkeit hat es nur sehr selten eine heilende Wirkung, den Gefühlen freien Lauf zu lassen.

Welche Alternative bietet nun Dr. Ellis? In der *psychologischen Gesellschaft* kommt dem Skeptizismus dieser Art neben der RET noch eine andere Technologie entgegen. Sie besitzt einen A-B-C-D-Rhythmus, der auf der Lücke aufbaut zwischen den emotionalen Reaktionen einer Person auf eine Situation (was er »C« nennt) und einer gültigen und vernünftigen Antwort auf die Aktion (»A«). Nach den Worten von Ellis hat sich der Patient in sein eigenes, zwischen den beiden liegendes *Glaubenssystem* (»B«) eingemischt, das häufig aus unlogischen, nicht durchführbaren oder zügellosen Vorstellungen besteht.

»Das, was der Patient über sein Handeln glaubt, bereitet ihm emotionale Schwierigkeiten, weniger das Handeln selbst«, macht Ellis klar. »Scheitert er, sagt ihm sein Glaubenssystem, es ist entsetzlich. Scheitern ist nicht gut, es ist sogar ein Scheißgefühl, aber es ist keinesfalls entsetzlich. Traurig oder verärgert zu sein, ist eine normale Reaktion auf einen Fehlschlag, nicht aber, deprimiert zu sein. Ich empfinde das, was wir in unserer Gesellschaft emotionale Störung nennen, immer öfter als *Gejammer.* Die Leute haben eine niedrige Enttäuschungsschwelle und meinen, daß in der permissiven Gesellschaft alles einschließlich der Fähigkeit zu Arbeit, Liebe und Sex leicht zu sein habe. Anstatt sich etwas nur zu wünschen, glauben die Menschen, es zu brauchen, es haben zu *müssen.* Und wenn sie es nicht bekommen, geraten sie außer sich. Sie suchen nach Garantien im Leben. Das ist tödlich – der sichere Weg zur Angst.«

»Die Glaubenssysteme der Menschen sind derart unter Kontrolle, daß sie meinen, edel, außergewöhnlich und perfekt sein zu müssen«, erklärt Ellis weiter. »In der Liebe wünschen sie sich einen Partner, der sie grenzenlos und für immer liebt und all ihre Wünsche erfüllt. Beim Sex streben sie nach nie ermüdender Potenz und dem perfekten Orgasmus, ob Mann oder Frau. Es ist ein zerstörerischer Komplex aus Glaubenssystemen, der dem Betroffenen das Gefühl vermittelt, ›Ich bin ein Dreck‹, weil ich in der Arbeit oder der Liebe oder in beidem versagt habe, anstatt ihm die nüchtere Wahrheit beizubringen, ›Es ist schlecht‹, nicht ›Ich bin schlecht‹. Wir versuchen, daß der Klient lernt, über seinen abträglichen Glauben zu sprechen (Ellis' »D«). Von 100 Leuten, die zur Therapie hierher kommen, stelle ich bei 95 fest, daß sie sich wegen ihres verzerrten Glaubenssystems unwohl fühlen. Und wenn sie nicht so leben können, wie ihnen vorschwebt, jammern sie.«

Auch wenn die Philosophie Ellis' unter der Fachsprache der *psychologischen Gesellschaft* verborgen ist, erinnert sie doch an Gedanken aus der vorpsychologischen Zeit, daß nämlich der Mensch selbst für seine Taten verantwortlich ist. Diese Vorstellung verblaßt immer mehr, während ständig neue Therapien aus dem Boden schießen, um psychische Probleme zu lösen, die im gleichen Tempo geschaffen werden. In dem Maß, in dem die Anfälligkeit des Menschen gegen die moderne Zivilisation wächst, werden psychologische Technolgien ersonnen, die dem Bürger helfen sollen, mit dem Streß fertigzuwerden – und die noch mehr Möglichkeiten für seine Anfälligkeit eröffnen. Dieser Zyklus sich selbst erzeugender Neurosen ist es, der der *psychologischen Gesellschaft* so zerstörerische Züge verleiht.

X

DIE INDIVIDUELLE UND PSYCHOLOGISCHE GESELLSCHAFT – DAS ENDE DER NEUROSEN?

Wir leben im Zeitalter der Neurosen. Es ist eine Zeit, in der der Mensch sich selbst anklagt, Träger einer psychologischen Massenseuche zu sein. Er betrachtet sich als ein *Problem,* als ein Bündel aus Emotionen und Trieben, die unvereinbar sind mit dem gesellschaftlichen Ziel dauernden inneren Friedens.

Praktisch jeder meint, *etwas* neurotisch zu sein. Es ist nicht so, als sähen wir uns allein so. Denn darüber hinaus, daß wir uns selbst als neurotisch einstufen, erleben wir, daß auch diejenigen, die uns umgeben, an diesem nagenden, undefinierten Leiden erkrankt sind. Unsere Ehepartner, Freunde, Arbeitskollegen und die Tausende, die unser Leben streifen, scheinen einen heldenhaften, wenn auch vergeblichen Kampf um Ausgeglichenheit zu kämpfen.

Man hat das Ausmaß dieses Zustandes festgehalten. Wie wir gesehen haben, befinden sich zum Beispiel schätzungsweise sieben Millionen Amerikaner gegenwärtig in einer Therapie, und ungefähr zehn Millionen sind bereits durch den psychologischen Reifen gesprungen. Die Verstrickung in Neurosen scheint parallel zum Wohlstand und der Schulbildung zuzunehmen. Dr. George E. Vaillant von der medizinischen Fakultät der Harvard University befragte 643 Studenten eines Privatcolleges 25 Jahre nach dem Examen – 31 Prozent hatten schon einmal einen Psychiater aufgesucht.

Die Neurose ist zwar psychiatrisch genau definiert, doch ist sie daneben zu einem Sammelbegriff in der *psychologischen Gesellschaft* geworden. Heute umfaßt sie Nervosität, die Unfähigkeit, sich einer Situation zu stellen, Furcht, Versagen in der Arbeit oder der Liebe, das Treffen ungeeigneter Entscheidungen und das einfache Unglücklichsein. Die Neurose ist zum Traum – oder Alptraum – des Semantikers geworden. Dank eines einmaligen sprachlichen Tricks bedeutet sie heute praktisch alles, was in diesem Bereich psychologischer Gleichförmigkeit negativ ist.

Der Trick bestand darin, eine Norm zu schaffen – die *Normalität* –, von der abzuweichen meßbar war. Freud nannte die Normalität eine

Idealfiktion, doch man könnte sie genausogut als eine Phantasie beschreiben, bei der die Psyche mühelos Angst und Streß auf den Schultern eines kräftigen Ichs ausbalanciert. Die gesamte Menschheit trachtet nach diesem Idealzustand, aber ähnlich dem Sisyphus, der unentwegt den Stein den Berg hinaufrollte, werden, wenn überhaupt, nur wenige dieses Ziel erreichen.

Die Vermarktung der Normalität hält die neue Gesellschaft aufrecht. Dem Erfolg zugrunde liegt der den Leuten geschickt verkaufte Grundsatz, demzufolge *Unglück ein Synonym für Krankheit* ist. Das ist eine zwar weitverbreitete, aber dennoch falsche Voraussetzung, die Millionen Menschen dazu gebracht hat, ihre Unsicherheit, ja sogar die Fehlschläge im Leben als Abnormität zu sehen und so das neurotische Profil der zweiten Hälfte des 20. Jahrhunderts geformt hat. Durch die Gleichsetzung von Unglück und Neurose haben die etablierten Kreise der *psychologischen Gesellschaft* eine trügerische Formel geschaffen, die den Fortbestand einer zahlenden und gläubigen Klientel sicherstellte.

Die Angewohnheit, emotionale Gesundheit mit Glück zu verwechseln, findet ihre Bestätigung in einer Übersicht der amerikanischen Arzneimittelbehörde Food and Drug Administration (FDA) über die nationale Gesundheit. »Viele Laien betrachten Gesundheit als einen Zustand, der über das bloße Nichtvorhandensein von Störungen hinausgeht und ein Gefühl grenzenloser Kraft, das Freisein von Angst und Depression sowie das Vorhandensein von Zufriedenheit und Glück umfaßt«, heißt es in der FDA-Studie.

Diese fachlich inspirierte Ansicht wird tagtäglich verbreitet, nicht nur in allgemeinen Zeitschriften und einer Unzahl persönlicher Gespräche, sondern auch in Fachzeitschriften. An einer typischen Anzeige für einen sedativ-hypnotischen »Tranquilizer« in einer medizinischen Fachzeitschrift wird deutlich, wie dramatisch sich der Mensch heute sieht: Sie zeigt ein sorgenvolles, stark verkleinertes Gesicht, das sich eingeblendet im überdimensionalen Profil eines Menschen verliert, und dazu nur die vielsagende Überschrift *Das unzureichende Selbst.*

Das ist auch die Diagnose, die sich Millionen Menschen selbst stellen, und sehr oft ist es auch das Urteil der Spezialisten. Da die Neurose angeblich eine Abweichung vom Normalzustand ist, der wahrscheinlich gar nicht existiert, sind wir alle Opfer eines statistischen Trugschlusses geworden. Würden wir die Verteilung der Neurosen graphisch darstellen, dann nähme die *Normalität* nicht den größten Teil der Graphik ein, sondern wäre eine kleine verlorene Erhebung in einem Meer aus Neurosen.

Was ist eigentlich eine Neurose? Eine offizielle psychiatrische Sprachregelung findet sich zum Beispiel in der letzten Ausgabe (1968) des *Diagnostic and Statistical Manual of Mental Disorders* der American Psychiatric Association. Sie ist stark durchsetzt mit analytischen Grundsätzen Freuds. Dort heißt es unter anderem: »Das Hauptmerkmal der Neurose ist die Angst. Sie kann direkt empfunden und ausgedrückt oder unbewußt und automatisch durch Konversion, Verschiebung und verschiedene andere psychologische Mechanismen gesteuert werden. Im allgemeinen rufen diese Mechanismen Symptome hervor, die als subjektive Qual erlebt werden, von der der Patient erlöst werden möchte.«

Mit dieser offiziellen Diagnose der American Psychiatric Association wurde ein riesiges psychiatrisches Netz über die gesamte Menschheit geworfen. Denn wer leidet nicht an subjektiven Qualen, von denen er erlöst werden möchte? Das Handbuch führt elf Neurosen auf, zu denen der Mensch angeblich neigt: Angstneurose, hysterische Neurose, hysterische Neurose des Konversionstyps, hysterische Neurose der dissoziativen Art, phobische Neurose, Verfolgungs- und Zwangsneurose, neurotische Depressionen, neurasthenische Neurose, neurotische Depersonalisationen, Hypochondrie und andere.

Das moderne Konzept der Neurose geht natürlich im wesentlichen auf Sigmund Freud zurück. Er definierte sie als das Ergebnis eines unsichtbaren psychischen Konflikts, des klassischen Kampfes zwischen dem Ich und dem kindlichen Es. Wie wir gesehen haben, wird diese lyrisch anmutende psychodynamische Theorie durch Widersprüche und wissenschaftliche Mängel beeinträchtigt, aber trotzdem hat diese psychologische Erzählung das Gesicht der Gesellschaft verwandelt.

Eine der Schwierigkeiten des Begriffs »Neurose« besteht darin, daß man ihn ebensogut auf Gesunde wie auf Kranke anwenden kann. *Einige* Psychoneurotiker zeigen tatsächlich einzelne Anzeichen von Geisteskrankheit. Zu Zeiten Freuds litten einige dieser Patienten an Konversionshysterie – Lähmung, Blindheit, Taubheit und anderen anscheinend somatischen Erkrankungen, die angeblich durch psychologische Ursachen ausgelöst wurden. »Aus irgendwelchen Gründen stößt man heute nur noch sehr selten auf diese Art von Neurose«, bemerkt dazu ein Psychiater vom Columbia Medical Center. Da die Konversionshysterie im allgemeinen das Leiden war, das durch die

Psychoanalyse »geheilt« wurde, scheint das Heilverfahren auf wunderbare Weise die Krankheit überlebt zu haben.

Eine andere ernsthafte Störung ist das Verfolgungs- und Zwangssyndrom. Diese Diagnose sollte nicht vorschnell bei Personen gestellt werden, die eine zwanghafte *Art* haben, das, was derjenige, der analytisch auf dem neuesten Stand ist, »anal« nennt. Die unter Zwangs- und Verfolgungssymptomen Leidenden werden von *Ritualen* gequält, die ihr Leben in vielen Bereichen lähmen. Das gleiche gilt für krankhaft ängstliche Personen, deren tägliches Leben durch Angst vor großen Höhen, Autos, geschlossenen Räumen und jeder potentiellen Gefahr eingeschränkt ist. Andere hochgradig neurotische Patienten werden vielleicht als *psychotische Grenzfälle* eingestuft. Wie Dr. Roy R. Grinker senior uns ins Gedächtnis zurückruft, sind die meisten Grenzfälle glücklicherweise »stabil instabil«, was normalerweise ein Abgleiten in die direkte Geisteskrankheit verhindert.

Doch die meisten Bürger der *psychologischen Gesellschaft* leiden nicht an diesen relativ schweren Erkrankungen. Die vielen Millionen, die als *neurotisch* bezeichnet werden oder sich selbst so nennen, sind im allgemeinen nicht krank im klinischen Sinn. Sie haben durch ihr Leben und die immer schwieriger werdende Suche nach Ansehen und Liebe bedingte *Sorgen.* Anstatt das Problem den beinahe unzählbaren Ursachen zuzuordnen – vom Gesellschaftsstil über die biologische Veranlagung bis hin zum simplen Zufall –, haben wir uns an das Wort *Neurose* geklammert, um unsere innere Unruhe benennen zu können.

Existiert überhaupt ein Leiden mit dem Namen Neurose, oder ist das eine weitere freudianische Phantasie? Nach 35 Nachkriegsjahren psychologischer Unterweisung in den schädigenden Wirkungen dieses Fluches des Unbewußten ist das eine überraschende Frage. Doch so unglaublich das klingen mag, der psychiatrische Berufsstand hat damit begonnen, seine eigene Existenz in Frage zu stellen. Die American Psychiatric Association plant gegenwärtig allen Ernstes, die Unterteilung der Neurosen in der nächsten Ausgabe ihres offiziellen diagnostischen Handbuchs völlig zu streichen!

»Wir glauben nicht, daß die Neurose noch eine sinnvolle Grundlage für die Einteilung psychiatrischer Störungen ist«, stellte Robert L. Spitzer, Vorsitzender eines APA-Sonderstabes für die Überarbeitung des Handbuchs, bei einem Interview im New Yorker Psychiatric Institute fest. »Vor mehr als 100 Jahren bezog sich ›Neurose‹ auf eine neurologische Störung. Später bekam sie überwiegend die Bedeutung einer psychologischen Störung, deren Symptome Erscheinungsformen der

Hysterie waren. In der psychoanalytischen Theorie ist sie eine Krankheit, deren Hauptsymptom ein Mittelding zwischen einer Abwehr und einem Trieb ist. Und seit neuestem bezieht die psychoanalytische Theorie auch einige Charakter- und Persönlichkeitsstörungen als neurotisch in ihrer Art mit ein.

»So wie die Branche den Begriff im allgemeinen verwendet, wird die Neurose mehr dahingehend definiert, was sie nicht ist, als dahin, was sie ist«, erklärte Dr. Spitzer weiter. »Wenn ein Psychiater den Ausdruck ›Neurose‹ gebraucht, meint er meistens, daß es sich nicht um eine Psychose, eine organisch bedingte psychische Störung oder eine akute Reaktion auf übermäßigen Streß handelt. Die Neurose hat keine exakte Bedeutung mehr als Grundlage für eine psychiatrische Klassifikation, und deshalb werden wir sie im neuen Handbuch nicht mehr verwenden.«

Der Sonderstab unter der Leitung von Dr. Spitzer wurde vor sechs Jahren von der APA ernannt. Seither hat es um ihn mörderische Debatten zwischen den beiden gegnerischen Gruppierungen der Branche gegeben, den wissenschaftlich ausgerichteten Psychiatern und dem sich auf Freud berufenden psychoanalytischen Flügel. Der Streit geht um die psychodynamische Neurosentheorie, das Fundament der Kontrolle der Freudianer über die Psychiatrie und ihres maßgeblichen Einflusses in der westlichen Zivilisation von heute. Ohne diese allgegenwärtige, unbewußte Verunsicherung der allumfassenden Psyche würde die mystische Kraft der Psychologie und Psychiatrie abnehmen, vielleicht sogar ausgeschaltet werden.

»Der Ausdruck *Neurose* ist für einige zu einem Symbol, zu einer Art Codewort dafür geworden, ob der Psychiater Freud positiv gegenübersteht oder nicht«, stellt Dr. Spitzer fest. »Wenn jedoch die Klassifikation im neuen Handbuch auf Tatsachen und nicht auf einer Ideologie aufbaut, meine ich, daß wir auf dem richtigen Weg sind. Es ist an der Zeit, daß die Psychiatrie sich mehr an Daten orientiert und nicht so stark an eine unhaltbare Theorie lehnt.«

Die Diskussion zwischen den datenorientierten Psychiatern und den Anhängern Freuds über das neue APA-Handbuch war in den letzten Jahren Gegenstand des Berufsklatsches. Die Freudianer haben inzwischen das Gefühl, verloren zu haben, und einige sind verärgert. »Zahlreiche Mitglieder der American Psychoanalytic Association sind erregt, daß der Sonderstab sich nicht bereit erklärt hat, psychodynamische Formulierungen in das neue Handbuch aufzunehmen«, erklärte Dr. Spitzer. »Man hat sich darüber beschwert, daß in der

Gruppe – zu der zwölf Mitglieder und über 100 Berater gehören – nicht genügend Analytiker vertreten gewesen wären. Als wir unsere Wahl getroffen haben, hatten wir nicht ein Gleichgewicht im Auge, sondern wollten die Psychiater heranziehen, die nach unserem Dafürhalten am besten für die Aufgabe geeignet schienen.«

Die Empfehlung, die Neurose als Klassifikationsgrundlage für die Diagnose fallenzulassen, hat die Zustimmung des Sonderstabes. Was aber soll in dem Lexikon der Psychotherapeuten an die Stelle der Neurose treten? In einem Entwurf des neuen Handbuchs steht für »Neurose« der Begriff »Angststörung« – der bisher gebrauchte, klassische Ausdruck wird im gesamten Werk nicht mehr erwähnt.

Wie soll das Individuum in der *psychologischen Gesellschaft*, nachdem es zwei Generationen dazu angehalten worden ist, in neurotischen Kategorien zu denken und zu empfinden, auf den Schluß der Fachleute reagieren, daß die Neurose keine endgültige psychiatrische Diagnose ist? Wie wird man das neurotische Gefühl jetzt los, und was tritt an seine Stelle?

Die beiden Begriffe, mit denen wir es zu tun haben, sind *Neurose* und *Angst.* Worin unterscheiden sie sich? Ist das lediglich eine Frage der Semantik oder besteht ein eindeutiger Unterschied zwischen den beiden? Ein Psychiater vom Mount Sinai Hospital in New York hält den Unterschied für so bedeutend, daß er den Schritt des Sonderstabes der American Psychiatric Association als die »wichtigste Maßnahme in der Psychiatrie der letzten 35 Jahre« betrachtet.

Der Unterschied zwischen Neurose und Angst ist gewaltig. Die Neurose ist ein Produkt des freudianischen Unbewußten und dient als Beweis dafür, daß innerhalb des psychischen Apparates eine *psychische Abnormität* entstanden ist. Sie ist negativ, was die Ausstattung und auch die Auswirkungen auf unser Leben angeht.

Angst ist ein einfacher und vernünftiger Ersatz für den Ausdruck *Neurose.* Sie sagt sowohl dem Laien wie dem Fachmann etwas. Im Gegensatz zur Neurose ist Angst ein Gefühl, das jeder verspürt und auch erkennt. Zuviel Angst kann lähmen. Aber *in gemäßigter Form ist sie die Seele der Normalität.* Tatsächlich ist die Angst wahrscheinlich die Empfindung, die den Menschen am eindeutigsten von seinen Vettern, den Tieren, unterscheidet. Alle Tiere besitzen einen »Angst«-Mechanismus, der jedoch eines Auslösers bedarf, des Gefühls einer aus nächster Nähe drohenden besonderen Gefahr. Die größte Annäherung, die Tieren an die Angst gelingt, ist die »Wachsamkeit«, jene Regung, die sie vor Gefahren auf der Hut sein läßt.

Die menschliche Angst dagegen ist eine komplexere, immer gegenwärtige Empfindung, die wir fast das ganze Leben hindurch haben. Das Kleinkind ist noch nicht ängstlich, doch es besitzt ein angeborenes, ursprüngliches Gefühl, das sich in Form einer »erschrockenen Reaktion« äußert. Der Körper nimmt zum Beispiel bei einer Bedrohung durch Lärm sofort eine Abwehrhaltung ein. Die Wissenschaftler C. Landis und W. A. Hunt haben nachgewiesen, daß auf das Schreckmuster um so weniger Sekundärverhalten folgt, je jünger das Kind ist.

Aber sobald wir in die Kindheit und dann die Reifezeit kommen, bindet sich dieses grundlegende Gefühl der Angst mehr an bestimmte Vorstellungen. Bei einem unter Zwangs- und Verfolgungsvorstellungen leidenden Menschen äußert sie sich vielleicht in einem gekünstelten Ritual, etwa in ständigem Händewaschen in dem Versuch, diese Angst abzubauen. Das ist dann *keine* normale Angst.

Aber es gibt zahlreiche, ganz alltägliche Bedrohungen, die unsere Angst beflügeln und die in jeder Beziehung *normal* sind. Dank unserer enormen Gehirnkapazität und unseres Wissens um die Unwägbarkeiten des Lebens können wir uns zukünftige Gefahren für unsere Arbeit, die Liebe, das Zusammenleben, die Kinder, den Verdienst oder die Gewohnheiten ausmalen. Solche Gedanken regen unsere Ängste an. Falls die Bedrohung direkt und spezifisch ist, bezeichnen wir diese Empfindungen vielleicht am besten als *Furcht.* Aber wenn ein weniger konkretes oder gar kollektives Gefühl der Unbehaglichkeit besteht, was man in dieser komplizierten Gesellschaft immer häufiger findet, kann sich das als *allgemeine Angst* äußern. In vieler Hinsicht ist der Mensch das einzige Tier, das fast ununterbrochen Angst hat.

Die Neurose ist eine verborgene freudianische Einrichtung, die wir ohne die Hilfe des Therapeuten nie sehen oder gar deuten können. Die Angst dagegen ist real und persönlich meßbar. Wir wissen, ob und wie wir ängstlich sind. Wenn, wie wir festgestellt haben, diese menschlichen Anzeichen der Wachsamkeit überhandnehmen, können sie schädigend wirken. Aber anders als die Neurose ist die Angst, wenn sie sich im Rahmen hält und kontrollierbar ist, nicht nur normal, sondern im allgemeinen auch gesund und förderlich!

»Angst ist ein wesentlicher Bestandteil der menschlichen Natur«, sagt Dr. Rollo May. »Die Auseinandersetzung mit der Angst kann (ich betone *kann*) uns vor der Langeweile retten, die Sinne schärfen und die Spannung sicherstellen, die zur Aufrechterhaltung der menschlichen Existenz notwendig ist. Das Vorhandensein von Angst zeigt Lebendigkeit an. Wie das Fieber macht sie deutlich, daß sich im

Innern des Betreffenden ein Kampf abspielt. Solange dieser Kampf andauert, ist eine konstruktive Lösung möglich. Wenn man einmal keine Angst mehr verspürt, ist der Kampf vorüber, und es können Depressionen folgen. Aus diesem Grund hielt Kierkegaard die Angst für unseren ›besten Lehrer‹.«

Da der Mensch der Angst nicht entrinnen kann, soll hier die Frage nach ihrem Ursprung gestellt werden. Wieviel von dem, was bisher Neurose hieß, ist anerzogen, und wieviel angeboren?

Das ist natürlich eine Frage des Alters. Bestimmte Ängste, wie die, die mit Geld zusammenhängen, scheinen anerzogen zu sein. Aber es gibt eine gleichermaßen überzeugende Beweisführung dafür, daß die *Grundveranlagung zur Angst* ein konstitutioneller, angeborener Umstand ist, der lediglich auf erlernte Arten ausgedrückt wird. Die Arbeit von Stella Chess, die den Lebensweg von über 100 Personen von der Geburt bis zum 21. Geburtstag verfolgt hat, führt uns die Bedeutung der *natürlichen Veranlagung* des Menschen für die Herausbildung der Persönlichkeit vor Augen.

Einige Untersuchungen lassen auf eine gewisse genetische Grundlage der Angst schließen. Der britische Wissenschaftler F. W. Brown untersuchte 63 Fälle von Angstneurose und entdeckte, daß die engen Verwandten dieser Patienten in weit größerem Umfang an Neurosen litten als die Personen einer Kontrollgruppe. In einer anderen Studie arbeitete der Forscher Eliot Slater die Unterlagen von 2000 Soldaten des Zweiten Weltkriegs durch, bei denen eine Psychoneurose diagnostiziert worden war. Er stellte fest, daß über 50 Prozent ihrer Verwandten ersten Grades – Eltern, Kinder oder Geschwister – ebenfalls an irgendeiner Form von Psychopathologie litten.

Da Zwillinge die idealen Voraussetzungen für Untersuchungen ererbter Merkmale bieten, haben Wissenschaftler sowohl ein- als auch zweieiige Zwillinge untersucht, um herauszufinden, ob Neurosen ererbt und möglicherweise genetisch bedingt sind. Im Rahmen von sechs Studien wurden zwischen 1953 und 1966 173 zweieiige Zwillingspaare untersucht, von denen wenigstens jeweils ein Geschwisterteil an einer sogenannten neurotischen Erkrankung litt. In fast jedem vierten Fall (23 Prozent) waren jeweils beide Zwillinge gleich konditioniert. Bei einer Untersuchung von 141 eineiigen Zwillingspaaren hatten in der Mehrheit der Fälle (52 Prozent) jeweils beide Zwillinge das Leiden, ein statistischer Hinweis für ein ererbtes Merkmal.

Die biologischen Grundlagen der Angst sind verwickelt. Doch es gibt noch andere Faktoren, die einen geplagten Patienten in das Behandlungszimmer des Therapeuten bringen können. Einer, der in der *psychologischen Gesellschaft* oft übersehen wird, sind die Launen des geschichtlich oder generationsmäßig bedingten Stils. Wäre es denkbar, daß ein Teil dessen, was wir Neurose genannt haben, die Erscheinungsform einer emotionalen Modetorheit gewesen ist?

Was geschieht, wenn die natürliche Veranlagung eines Menschen, und vor allem die Ebene und die Art der Angst, in Konflikt mit den Sitten der Kultur geraten? Diese kulturelle Sicht der Neurose erklärt vielleicht das übermäßige Diagnostizieren und Selbstdiagnostizieren von Neurosen, das sich überall in unserer Gesellschaft breitmacht.

Eine im viktorianischen England aufgewachsene Frau beispielsweise, die sexuell gehemmt war, würde als emotional normal angesehen werden. Der gleiche Frauentyp, der Ende der 70er Jahre unseres Jahrhunderts an sexuellen Ängsten litte, würde sich wegen der »Neurosen« bald in psychotherapeutischer Behandlung wiederfinden.

Man hat dem einzelnen in der *psychologischen Gesellschaft* fälschlicherweise beigebracht, er lebe in einem Kontinuum zwischen Normalität und Wahnsinn, und die dazwischenliegenden, üblichen Abweichungen seien die »Neurosen«. Dadurch, daß er einen Psychologen oder Psychiater aufsucht, hofft er, daß seine Instabilität gemessen und dann behandelt wird.

Ein solches freudianisches Kontinuum existiert nicht. Und langsam wird deutlich, daß das Neurosenkonzept vielleicht metaphysisch war und gerade die Normalität unserer Angst verdeckt hat. Die Menschheit muß somit in ihrer Mehrheit über zwei grundlegende Zustände nachdenken. Zum einen über die Geisteskrankheit, die einen kleinen Prozentsatz von uns treffen wird, und deren Ansturm die moderne Psychopharmakologie nur zum Teil wird abfangen können. Oder wir müssen, angesichts des Dilemmas geistiger Gesundheit, einen Weg zu einem besseren Dasein finden.

Das menschliche Tier ist in hohem Maß mit charakteristischen Eigenarten ausgestattet. Jeder von uns hat seine spezifische Veranlagung und Besonderheiten. Selbst innerhalb der Kernfamilie werden die enormen Unterschiede zwischen den einzelnen Persönlichkeiten offenbar. Jeder ist mit einer nur ihm eigenen Persönlichkeit ausgestattet, die ihn sein ganzes Leben hindurch kennzeichnet.

In der von der *psychologischen Gesellschaft* geforderten Gleichförmigkeit wird diese einst kostbare emotionale Individualität mehr mit Schuld als mit Stolz getragen. Wir sind gewaltigem Druck ausgesetzt, uns den psychologischen Erwartungen anzupassen, unsere ganze

Angst, ganze Furcht und ganze Unsicherheit als psychopathologisches Zeichen zu betrachten. Wir malen uns aus – und werden unterschwellig von den Spezialisten daran erinnert –, daß es ein ideales, praktisch angstfreies Muster gibt, von dem wir irgendwie abweichen.

Dadurch, daß die Gesellschaft ein solches Modell errichtet, das nur in der psychologischen Phantasie oder bei emotionaler Unverbindlichkeit besteht, fungiert sie als ihr eigener, Neurosen produzierender Anreiz. Sie zwingt Millionen Menschen, ihre Individualität, das eigentliche Wesen der menschlichen Normalität, als eine psychologische Störung anzusehen.

Der psychologische Umsturz hat das psychische Rückgrat des Einzelmenschen angeschlagen. Es ist Zeit für eine umfassende Wiederherstellung. Und die wird weder erreicht durch die schwankenden Kriterien der modernen, psychodynamischen Psychologie und ihrer künstlichen Normen hinsichtlich Normalität und Neurosen, noch durch die unsichere erste Hilfe der Psychotherapie. Wahrscheinlicher ist, daß die Lehren der Philosophie und die strenge Herrschaft wirklich wissenschaftlicher Untersuchungen, die beide in der *psychologischen Gesellschaft* zu oft vernachlässigt worden sind, den Prüfstein liefern, um uns einem sichereren und würdigeren Dasein zuzuführen.

ANMERKUNGEN ZUR LITERATUR

Die folgenden Literaturhinweise sind in der Reihenfolge ihres Erscheinens innerhalb der Kapitel angeordnet. Es werden dabei nur die für die Untersuchung wichtigsten Quellen aufgeführt. Zusätzlich erscheinen eine Reihe anderer Hinweise, die als Hintergrund und Resultat persönlicher Interviews dienen, von denen mehrere im Text angegeben sind.

KAPITEL I

Riesman, David, *The Lonely Crowd* (New Haven, Conn.: Yale University Press, 1950).

Robertson, Nan, »One Child in Ten Found to Need Mental Aid«, *The New York Times*, 19. Oktober, 1966, S. 37.

Parry, Hugh J., »National Patterns of Psychotherapeutic Drug Use«, *Archives of General Psychiatry*, Bd. 28, Juni 1973, S. 769–83. (Georgetown Studie).

Freud, Sigmund, Die endliche und die unendliche Analyse, *Gesammelte Werke*, S. Fischer, Frankfurt/M., (im folgenden G. W.), Bd. XVI, S. 80.

Srole, Leo; Langner, Thomas S. u. a., *Mental Health in the Metropolis: The Midtown Manhattan Study* (New York: McGraw-Hill, 1962).

Carey, Frank, »Portrait of U.S. Families: Disturbed«, *New York Post*, 24. April, 1972. (Bestätigt in einem Interview mit dem National Institute of Mental Health).

Lyons, Richard D., »20 Million People or More Need Mental Care, U.S. Panel Asserts«, *The New York Times*, 16. September, 1977.

The Present and Future Importance of Patterns of Private Psychiatric Practice in the Delivery of Mental Health Services, Task Force Report No. 6. American Psychiatric Association, Washington, D.C., Juni 1973. (Statistiken über Patienten).

Register Report No. 9, Council for the National Register of Health Service Providers in Psychology, American Psychological Association, Washington, D.C., Juli 1977.

Bahn, Anita K., u. a., »Survey of Private Psychiatric Practice«, *Archives of General Psychiatry*, Bd. 12, März 1965, S. 295–302.

Shabad, Theodore, »Soviet Ideologists Are Putting New Emphasis on Psychology«, *The New York Times*, 10. Februar 1972, S. 2.

De Tocqueville, Alexis, *Democracy in America*, Bd. 1 (New York: Vintage Books, 1945).

Freud, Sigmund, Vorlesungen zur Einführung in die Psychoanalyse, G. W., Bd. XI, S. 294 f.

Roddy, Joseph, »Joyce«, *Look*, 18. April, 1967, S. 42 (Zitat von Joyce).

Norman, Russel P., veröffentlicht in *Psychoanalysis, Psychiatry and the Law, William and Mary Law Review*, Bd. 9, Sommer 1968, Nr. 4, S. 1209.
Szasz, Thomas S., *Law, Liberty and Psychiatry*, (New York: Macmillan 1963).
Freud, Sigmund, *Die Zukunft einer Illusion*, G. W., Bd. XIV, S. 338; 330.
Freud, Sigmund, *Zur Psychopathologie des Alltagslebens*, G. W., Bd. IV, S. 180.
Hamburg, David A. u. a., »Report on Ad Hoc Committee on Central Fact-Gathering Data of the American Psychoanalytic Association«, *Journal of the American Psychoanalytic Association*, Oktober 1967, S. 841–61 (Kritische Anmerkungen zur Anzahl erfolgreich durchgeführter Analysen).
Frank, Jerome D., *Persuasion and Healing: A Comparative Study of Psychotherapy*, überarb. Ausg. (Baltimore, Md.: Johns Hopkins University Press, 1973), S. 8 (Kritische Anmerkungen zur Psychotherapie).

KAPITEL II

Barron, Frank, und Leary, Timothy F., »Changes in Psychoneurotic Patients with or without Psychotherapy«, *Journal of Consulting Psychology*, Bd. 19, Nr. 4, 1955, S. 239–45.
Schmideberg, Melitta, »Iatrogenic Disturbance«, *American Journal of Psychiatry*, Bd. 119, 1963, S. 899.
Henry, William E.; Sims, John H. und Spray, S. Lee, *The Fifth Profession* San Francisco: Jossey-Bass, 1971.
Rogow, Arnold A., *The Psychiatrists* (New York: Putnam, 1970).
Task Force Report No. 6, American Psychiatric Association, Washington, D. C., Juni 1973.
Eysenck, Hans J., »The Effects of Psychotherapy: An Evaluation«, Journal of Consulting Psychology, Bd. 16, 1952, S. 319–24.
Eysenck, Hans J., »The Effects of Psychotherapy«, *International Journal of Psychiatry*, Bd. 1, 1965, S. 97–168. Ebenso veröffentlicht mit kritischen Anmerkungen an anderen Stellen.
Gottschalk, Louis.; Fox, Ruth A. und Bates, Daniel E., »A Study of Prediction and Outcome in a Mental Health Crisis Clinic«, *American Journal of Psychiatry*, Bd. 130, Nr. 10, Oktober 1973, S. 1107–11.
Frank, Jerome D., »The Role of Hope in Psychotherapy«, *International Journal of Psychotherapy*, Bd. 5, Nr. 5, Mai 1968, S. 386 (Kritische Anmerkungen zu statistischen Zusammenhängen bei spontanen Besserungen).
Bergin, A. E. und Garfield, S. L., (Hrsg.), *Handbook of Psychotherapy and Behavior Change: Empirical Analysis* (New York: Wiley, 1971).
Frank, Jerome D., *Persuasion and Healing: A Comparative Study of Psychotherapy*, überarb. Ausg. (Baltimore, Md.: Johns Hopkins University Press, 1973). (Placebo Studie auf S. 141–43).
Shapiro, Arthur K., »Placebo Effects in Medicine, Psychotherapy and Psychoanalysis«, in Kapitel 12 in Bergin, A. E. und Garfield, S. L., (Hrsg.), *Hand-*

book of Psychotherapy and Behavior Change: Empirical Evidence (New York: Wiley, 1971), S. 439–73.
Shapiro, Arthur K., »The Placebo Effect in the History of Medical Treatment, Implications for Psychiatry«, *American Journal of Psychiatry*, Bd. 116, Nr. 4, Oktober 1959, S. 298–304.
Park, L. C. und Covi, L., »Nonblind Placebo Trial: An Exploration of Neurotic Patients' Responses to Placebo When Its Inert Content Is Disclosed«, *Archives of General Psychiatry*, Bd. 12, 1965, S. 336–45.
Brill, Norman Q. u. a., »Controlled Study of Psychiatric Outpatient Treatment«, *Archives of General Psychiatry*, Bd. 10, 1964, S. 581–95.
Brill, Norman Q., »Results of Psychotherapy«, *California Medicine*, Bd. 104, April 1966, S. 249–53.
King, Wayne, »Child Psychotherapy Is Increasing Rapidly«, *The New York Times*, 30. Juli, 1973, S. 1, 14.
Levitt, E. E., »Results of Psychotherapy with Children: An Evaluation«, *Journal of Consulting Psychology*, Bd. 21, S. 189–96.
Levitt, E. E., »Psychotherapy with Children: A Further Evaluation«, *Behav. Res. Ther.*, 1963, Bd. 1, S. 45–51.
Truax, C. B. und Carkhuff, R. R., *Toward Effective Counseling and Psychotherapy* (Chicago: Aldine, 1966). (Einzelheiten über psychotherapeutische Untersuchungen an Alkoholikern, S. 9).
Goodstein, L. D. und Crites, J. O., »Brief Counseling with Poor College Risks«, *Journal of Counseling Psychology*, Bd. 8, 1961, S. 318–21.
Barendregt, J. T., »A Psychological Investigation of the Effects of Psychoanalysis and Psychotherapy«, in *Research in Psychodiagnostics* (Paris: Mouton, 1961). (Zitiert von Eysenck, in Effects of Psychotherapy).
Frank, Jerome D., Persuasion and Healing: A Comparative Study of Psychotherapy, überarb. Ausg. (Baltimore, Md.: Johns Hopkins University Press, 1973). (Materialien über Einzel-, Gruppen- und Minimaltherapie, S. 152–56).
Lorr, M.; McNair, D. M. u. a., »Frequency of Treatment and Change in Psychotherapy«, *Journal of Abnormal and Social Psychology*, Bd. 64, 1962, S. 281–92.
Errera, Paul u. a., »Length of Psychotherapy«, *Archives of General Psychiatry*, Bd. 17, Oktober 1967, S. 454–58.
Bergin, Allen E., »Some Implications of Psychotherapy Research for Therapeutic Practice«, *International Journal of Psychiatry*, Bd. 3, Nr. 3, März 1967, S. 136–60, einschl. Critical Evaluations von Hans J. Eysenck, Jerome D. Frank, Joseph D. Matarazzo und Charles B. Truax.
Luborsky, Lester; Singer, Barton und Luborsky, Lise, »Comparative Studies of Psychotherapies«, in *Evaluation of Psychological Therapies*, hrsg. von Robert L. Spitzer und Donald F. Kline (Baltimore, Md.: Johns Hopkins University Press, 1976). (Sammlung verschiedener Untersuchungen).
Luborsky, Lester u. a., »Comparative Studies of Psychotherapies«, *Archives of*

General Psychiatry, Bd. 32, 1975, S. 995–1008. (Größere Auswahl besonders wichtiger Quellen).
Pande, Shashi, K., »The Mystique of ›Western‹ Psychotherapy: An Eastern Interpretation«, *The Journal of Nervous and Mental Disease*, Bd. 146, Nr. 6, Juni 1968, S. 425–32.
Frank, Jerome D., »The Influence of Patients' and Therapists' Expectations on the Outcome of Psychotherapy«, *British Journal of Medical Psychology*, Bd. 41, 1968, S. 349–56. (Studie über Placebo-Effekt vor Verabreichung der Pille).
Calestro, Kenneth M., »Psychotherapy, Faith Healing and Suggestion«, *International Journal of Psychiatry*, Bd. 10, 1972, S. 83–113.
Strupp, Hans H., »Needed: A Reformulation of the Psychotherapeutic Influence«, *International Journal of Psychiatry*, Bd. 10, 1972, S. 114–20. (Kritische Anmerkungen zur Suggestion).
Strupp, Hans H., »On The Technology of Psychotherapy«, *Archives of General Psychiatry*, Bd. 26, März 1972, S. 270–78.
Bernheim, H., *Hypnosis and Suggestion in Psychotherapy* (New Hyde Park, N. Y.: University Books, 1965).
Whitman, Roy M., »Which Dream Does the Patient Tell?« *Archives of General Psychiatry*; Bd. 8, März 1963, S. 277–82.
Rosenthal, Robert, *Experimenter Effects in Behavioral Research*, erw. Aufl. (New York: Irvington, 1976).
Torrey, E. Fuller, »What Western Psychotherapists Can Learn from Witchdoctors«, *American Journal of Orthopsychiatry*, Januar 1972, Bd. 42, S. 69–76.
Torrey, E. Fuller, *The Mind Game: Witchdoctors and Psychiatrists* (New York: Emerson, 1972).
Bergman, Robert L., »Navajao Medicine and Psychoanalysis«, *Human Behavior*, Juli 1973, S. 8–15.
»Witch Doctors' Effectivness Admitted; African Use for Mental Disease Is Urged«, *Medical Tribune*, 22. März, 1963.
Truax, C. B. und Carkhuff, R. R., *Toward Effective Counseling and Psychotherapy: Training and Practice* (Chicago: Aldine, 1966), S. 42 (Kritische Anmerkungen über durchschnittliche Therapieerfolge).
Bergin, Allen E. und Garfield, S. L., (Hrsg.), *Handbook of Psychotherapy and Behavior Change: Empirical Analysis* (New York: Wiley, 1971).
Chapman, A. H., »Iatrogenic Problems in Psychotherapy«, Psychiatry Digest, September 1964, S. 23–29. (Originalartikel).
Astrup, Christian, Diskussionsteilnehmer in *Effects of Psychotherapy* von Eysenck. (Zitat, S. 54).
Werner, Harold D., »Conscious and Unconscious in Clinic Practice«, *Psychiatry Digest*, April 1964, S. 23–32. (Originalartikel).
Guttman, Herta A., »A Contraindication for Family Therapy«, *Archives of General Psychiatry*, Bd. 29, September 1973, S. 352–55.

Hadley, Suzanne, W. und Strupp, Hans H., »Contemporary View of Negative Effects in Psychotherapy«, *Archives of General Psychiatry*, Bd, 33, November 1976, S. 1291–1302.
Graziano, Anthony M., »In the Mental Health Industry, Illness Is Our Most Important Product«, *Psychology Today*, Januar 1972, S. 12–18.
Meehl, Paul E., Diskussionsteilnehmer in *Effects of Psychotherapy* von Eysenck. (Material über die Wahrscheinlichkeit von Erfolgen in der Psychotherapie, S. 58–59).
Sharaf, Myron R. und Levinson, Daniel, »The Quest for Omnipotence in Professional Training«, *International Journal of Psychiatry*, Bd. 4, Nr. 5, November 1967, S. 426–42.
Freeman, Walter, »Psychiatrists Who Kill Themselves: A Study in Suicide«, *American Journal of Psychiatry*, Bd. 124, Nr. 6, Dezember 1967, S. 846–47.
Garfield, Sol L. und Bergin, Allen E., »Personal Therapy, Outcome and Some Therapist Variables«, *Psychotherapy: Theory, Research and Practice*, Bd. 8, Nr. 3, Herbst 1971, S. 251–53. (Studie über Einzeltherapie für Therapeuten).
Shapiro, Arthur K.,; Struening, Elmer; Shapiro, Elaine und Barten, Harvey, »Prognostic Correlates of Psychotherapy in Psychiatric Outpatients«, *American Journal of Psychiatry*, Bd. 133, Nr. 7, Juli 1976, S. 802–8.
Mahrer, Alvin R., »Some Effects of Psychotherapy and a Reinterpretation«, *Psychotherapy: Therapy, Research and Practice*, Bd. 7, Nr. 3, Herbst 1970, S. 186–91.
Lee, Stephen D. und Temerlin, Maurice K., »Social Class, Diagnosis, and Prognosis for Psychotherapy«, *Psychotherapy: Theory, Research and Practice*, Bd. 7, Nr. 3, Herbst 1970, S. 181–85, (Oklahoma Experiment mit variierender sozialer Herkunft der Versuchspersonen).
Rosenthal, David, »Changes in Some Moral Values Following Psychotherapy«, *Journal of Consulting Psychology*, Bd. 19, Nr. 6, 1955, S. 431–36.
Mendel, W. M., »The Phenomenon of Interpretation«, *American Journal of Psychoanalysis*, Bd. 24, Nr. 2, 1964, S. 184–90.
Orne, Martin T., »On the Nature of Effective Hope«, *International Journal of Psychiatry*, Bd. 5, Nr. 5, Mai 1968, S. 403–9.
Lynch, Mary; Gardner, Elmer A. und Flezer, Stanton B., »The Role of Indigenous Personnel as Clinical Therapists«, *Archives of General Psychiatry*, Bd. 19, Oktober 1968, S. 428–34. (Bericht vom Temple University Community Mental Health Center).
Torrey, E. Fuller, »The Case for the Indigenous Therapist«, *Archives of General Psychiatry*, Bd. 20, März 1969, S. 365–72. (Bericht über den erfolgreichen Einsatz von klinischen Hilfskräften als Therapeuten und Bericht von E. G. Posers Arbeit mit Studenten).
Uhlenhuth, E. H. und Duncan, David B., »Subjective Change with Medical Student Therapists«, *Archives of General Psychiatry*, Bd. 18, April 1968, S. 428–38.

Strupp, Hans H., unveröffentlichte Arbeit zur Vanderbilt-Studie, 1977. (Bericht über ausgebildete Therapeuten im Gegensatz zu College-Lehrern, die als Therapeuten arbeiten).
Luborsky, Lester u. a., »Factors Influencing the Outcome of Psychotherapy«, *Psychological Bulletin*, Bd. 75, 1971, S. 145–85.
Luborsky, Lester, »Research Cannot Yet Influence Clinical Practice«, *International Journal of Psychiatry*, Bd. 7, 1969, 135–40.

KAPITEL III

Gant, Herbert M., »Violence ›Remedies‹ Called Half-Answers«, *Psychiatric News*, Dezember 1968.
Farnsworth, Dana L., »The Psychiatrist as a Commentator on Acts of Violence«, *American Journal of Psychiatry*, Bd. 123, Nr. 8, Februar 1967, S. 1002–3.
»Psychologists Warned to Beware of Empiricism«, *The New York Times*, 7. September, 1965
»Racing Car Drivers ›Skillful‹, Said to Lack ›Death Wish‹«, *Medical Tribune*, 19. April, 1967.
»The Unconscious of a Conservative: A Special Issue on the Mind of Barry Goldwater«, *Fact*, Bd. 1, Nr. 5, September–Oktober, 1964.
Barton, Walter E., »Diagnosis by Mail«, *American Journal of Psychiatry*, Bd. 124, Nr. 10, April 1968, S. 1446–48.
Rome, Howard, P., »Psychiatry and Foreign Affairs: The Expanding Competence of Psychiatry«, *American Journal of Psychiatry*, Bd. 125, Nr. 6, Dezember 1968, S. 731–36.
Wedge, Bryant, »Training for a Psychiatry of International Relations«, *American Journal of Psychiatry*, Bd. 125, Nr. 6, Dezember 1968, S. 731–36.
Wedge, Bryant, »Psychiatry and International Affairs«, *Science*, Juli 1967, S. 281–84.
Clark, Kenneth, »An Immense Proposal«, *Intellectual Digest*, Februar 1972, S. 50–52. (Text seiner Rede vor der American Psychological Association zum Thema Psychotechnologie. Nachgedruckt vom American Psychologist).
Spitzer, Robert L. und Cohen, Jacob, »Common Errors in Quantitative Psychiatric Research«, »International Journal of Psychiatry, Bd. 6, Nr. 2, August 1968, S. 109–31.
Altus, William D., »Birth Order and Its Sequelae«, *Science*, 7. Januar, 1966, Bd. 151, Nr. 3706, S. 44–49.
Brody, Jane E., »It Can Be Tough to be First-Born«, *New York Times*, 18. Februar, 1968.
Hare, E. H., »Associations: Important or Trivial«, *International Journal of Psychiatry*, Juni 1967, Bd. 3, Nr. 6, S. 537–38.
Atkins, Harry, »Freud Eggs«, *The Sciences*, Februar 1970.

deMause, Lloyd und Ebel, Henry, Hrsg., *Jimmy Carter and American Fantasy: Psychohistorical Explorations* (New York: Two Continents/Psychohistory Press, 1977).
Alsop, Stewart, »Living with Two Nixons«, *Newsweek*, 19. August, 1968, S. 92.
Mazlish, Bruce, *In Search of Nixon*, A Psychohistorical Inquiry (New York: Basic Books, 1972).
Chesen, Eli S., *President Nixon's Psychiatric Profile* (New York: Wyden, 1973).
Barzun, Jacques, »History: The Muse and Her Doctors«, *American Historical Review*, Bd. 77, 1972, S. 36–64.
»Meeting Explores History from Psychologists' View«, *New York Times*, 26. April, 1971, S. 37, 46.
Himmelfarb, Gertrude, »The New History«, *Commentary*, Januar 1975, S. 72–78.
Freud, Sigmund, *Eine Kindheitserinnerung des Leonardo da Vinci*, in: Das Unbewußte, Schriften zur Psychoanalyse, S. Fischer, Frankfurt/M., 1960, S. 136, 139, 140, 158.
Stewart, Robert Sussman, »Posthumous Analysis«, *The New York Times*, 29. Januar, 1967, S. 3, 42, 44. (Eine Würdigung Thomas Woodrow Wilsons).
Coles, Robert, »Shrinking History«, *New York Review of Books*, 22. Februar, 1973, S. 15; 8. März, 1973, S. 25.
Goldstein, Tom, »Use of Psychiatrists in Court is Scored«, *The New York Times*, 17. November, 1974.
Radzinowicz, Leon, »Mental Illness and the Law«, *Commentary*, Mai 1969, S. 100. (Eine Besprechung über *The Insanity Defense*).
Bazelon, David L., »Psychiatrists and the Adversary Process«, *Scientific American*, Bd. 230, Nr. 6, Juni 1974, S. 18.
»Insane Then Doesn't Mean Insane Now«, *Time*, 22. März, 1968, S. 53.
»Judges Change Attitudes after Attending Psychiatry Seminars«, *Psychiatric News*, Oktober 1968. (Dr. Seymour Pollacks Stellungnahme zur Haltung von Richtern gegenüber psychiatrischen Aussagen).
Williams, Tennessee, *Memoiren*, S. Fischer, Frankfurt/M., 1977, S. 277f.
Freedman, Alfred M. und Kaplan, Harold I., *Comprehensive Textbook of Psychiatry* (Baltimore, Md.: Williams & Wilkins Company, 1967), S. 968 (Zitat von Bieber über Homosexualität).
Bieber, Irving, »Homosexual Dynamics in Psychiatric Crisis«, *American Journal of Psychiatry*, Bd. 128, Nr. 10, April 1972, S. 1268–72.
Krafft-Ebing, Richard von, *Psychopathia Sexualis* (New York: Putnam, 1969).
Ellis, Havelock, *Studies in the Psychology of Sex*, Bd. 1: Sexual Inversion (New York: Random House, 1936).
Kolodny, Robert C.; Masters, William H. u. a., »Plasma Testosterone and Semen Analysis in Male Homosexuals«, *New England Journal of Medicine*, Bd. 285, 18. November, 1971, S. 1170–74.

»Homosexual Chemistry«, *Newsweek*, 26. April, 1971, S. 54–55. (Bericht über die Arbeit von Margolese und Janiger).

Kallman, F. J., »Comparative Twin Study on the Genetic Aspects of Male Homosexuality«, *Journal of Nervous and Mental Disease*, Bd. 115, 1952, S. 283–98.

Heston, L. L. und Shields, James, »Homosexuality in Twins«, *Archives of General Psychiatry*, Bd. 18, Februar 1968, S. 149–60.

Moore, Francis D., »Surgery in Search of a Rationale«, *American Journal of Surgery*, März 1963, S. 304–12.

Hirschowitz, Basil I., »Management of Peptic Ulcer«, März 1965, S. 113–23.

Mordkoff, Arnold und Parsons, Oscar A., »The Coronary Personality: A Critique«, *International Journal of Psychiatry*, Bd. 5, Nr. 2, 1971, S. 159–71.

Blakeslee, Sandra, »Freud in the Dental Chair«, *The New York Times*, 8. Dezember, 1968, S. 10E. (Kritische Anmerkungen zu Streß und Gaumenerkrankungen).

Lewis, Howard R. und Martha E., *Psychosomatics* (New York; Viking, 1972). (Kritische Anmerkungen von Dr. Kubic zu psychogenetischen Erkrankungen).

Shapiro, Arthur K. und Shapiro, Elaine, »Clinical Dangers of Psychological Theorizing«, *Psychiatric Quarterly*, Bd. 45, Nr. 2, 1971, S. 159–71.

Shapiro, Arthur K. und Shapiro, Elaine, »Treatment of Gilles de la Tourette Syndrome with Haloperidol«, *British Journal of Psychiatry*, Bd. 114, Nr. 508, März 1968, S. 345–50.

Sheely, William F., Sonderdruck, *American Journal of Psychiatry*, Dezember 1963, S. 604.

Rossman, Philip L., »Organic Diseases Simulating Functional Disorders«, August 1963, S. 78–83.

KAPITEL IV

Kety, Seymour S., »Biochemical Theories of Schizophrenia«, *International Journal of Psychiatry*, Bd. 1, Nr. 3, Juli 1965, S. 409–46 (Zitiert von J. W. L. Thudichum).

Wechsler, James A., *In a Darkness* (New York: Norton, 1972).

Wilson, Louise, *This Stranger, My Son: A Mother's Story* (New York: Putnam, 1968).

Arieti, Silvano, »New Views on the Psychodynamics of Schizophrenia«, *American Journal of Psychiatry*, Bd. 124, Nr. 4, Oktober 1967, S. 453–57.

Alexander, Franz G. und Selesnick, Sheldon T., *The History of Psychiatry* (New York: Harper & Row, 1966).

Zilboorg, Gregory, *A History of Medical Psychology* (New York: Norton, 1941).

Redlich, Frederick C. und Freedman, Daniel X., *The Theory and Practice of Psychiatry*, (New York: Basic Books, 1966).
Stierlin, Helm, »Bleuler's Concept of Schizophrenia: A Confusing Heritage«, *American Journal of Psychiatry*, 8. Februar, 1967, S. 996–1001.
Kahn, Eugen und Pokorny, Alex D., »Concerning the Concept of Schizophrenia«, *American Journal of Psychiatry*, März 1964, S. 856–60.
May, Philip R. A., *Treatment of Schizophrenia* (New York: Science House, 1968).
Anthony, E. James, »A Clinical Evaluation of Children with Psychotic Parents«, *American Journal of Psychiatry*, Bd. 126, Nr. 2, August 1969, S. 177–84.
Pollack, Max; Woerner Margaret G.; Goldberg, Philip und Klein, Donald F., »Siblings of Schizophrenic and Nonschizophrenic Psychiatric Patients«, *Archives of General Psychiatry*, Bd. 20, Juni 1969, S. 652–58. (Studie des Hillside Hospitals über Geschwister).
Heston, L. L., »The Genetics of Schizophrenia and Schizoid Disease«, *Science*, Januar 1970, S. 249–55.
Heston, L. L., »Psychiatric Disorders in Foster Home Reared Children of Schizophrenic Mothers«, *British Journal of Psychiatry*, Bd. 112, 1966, S. 819–25.
Fish, Barbara, »Research Today or Tragedy Tomorrow«, *American Journal of Psychiatry*, Bd. 128, Nr. 11, Mai 1972, S. 1439–40.
Guze, Samuel B., »Hereditary Transmission of Psychiatric Illness«, *American Journal of Psychiatry*, Bd. 130, Nr. 12, Dezember 1973, S. 1377–78.
Rosenthal, David; Wender, Paul H.; Kety, Seymour S.; Welner, Joseph und Schulsinger, Fini, »The Adopted-Away Offspring of Schizophrenia«, *American Journal of Psychiatry*, Bd. 128, Nr. 3, September 1971, S. 307–16.
Kety, Seymour S.; Rosenthal, David; Wender, Paul H. und Schulsinger, Fini, »Mental Illness in the Biological and Adoptive Families of Adoptive Schizophrenics«, *American Journal of Psychiatry*, Bd. 128, Nr. 3, September 1971, S. 302–6. (Dänische Untersuchung).
Kety, Seymour S., »Studies Designed to Disentangle Genetic and Environmental Variables in Schizophrenia: Some Epistomological Questions and Answers«, *American Journal of Psychiatry*, Bd. 133, Nr. 10, Oktober 1976, S. 1134–36.
Glick, Ira u. a., »Schizophrenia in Siblings Reared Apart: A Case Report«, *American Journal of Psychiatry*, Bd. 124, Nr. 2, August 1967, S. 236–39.
Essen-Meller, Erik, »Twin Research and Psychiatry«, *International Journal of Psychiatry*, Bd. 1, Nr. 3, Juli 1965, S. 466–75.
Stabenau, James R., »Heredity and Environment in Schizophrenia«, *Archives of General Psychiatry*, Bd. 18, April 1968, S. 458–63.
Cadonet, Remi J. u. a., »Studies of Adoptees from Psychiatrically Disturbed Biological Parents, III«, *British Journal of Psychiatry*, Bd. 126, 1975, S. 534–49, und *Journal of Pediatrics*, Bd. 87, 1975, S. 301–6.

Gottesman, Irving I. und Shields, James, *Schizophrenia and Genetics: A Twin Study Vantage Point* (New York: Academic Press, 1972). (Maudsley-Studie und Material zu H. Mitsuda, getrennt aufwachsende Zwillinge).

Shields, James und Gottesman, Irving I., »Cross-National Diagnosis of Schizophrenia in Twins«, *Archives of General Psychiatry*, Bd. 27, Dezember 1972, S. 725–31.

Pollin, William, »The Pathogenesis of Schizophrenia«, *Archives of General Psychiatry*, Bd. 27, Juli 1972, S. 29–37.

Kallmann, F. J., »The Genetic Theory of Schizophrenia: An Analysis of 691 Schizophrenic Twin Index Families«, *American Journal of Psychiatry*, Bd. 103, 1946, S. 309–22.

Kallmann, J. und Goldfarb, Charles, »Heredity and Eugenics«, *American Journal of Psychiatry*, Januar 1964, S. 625–27.

Hoffer, Axel und Pollin, William, »Schizophrenia in the NAS-NRC Panel of 15 909 Veteran Twin Pairs«, *Archives of General Psychiatry*, Bd. 23, November 1970, S. 469–77. (Studie zur Übereinstimmung von Schizophrenie).

Allen, Martin G.; Cohen, Stephen und Pollin, William, »Schizophrenia in Veteran Twins: A Diagnostic Review«, *American Journal of Psychiatry*, Bd. 128, Nr. 8, Februar 1972. (Verbesserte Daten zur Übereinstimmung von Schizophrenie bei Zwillingen).

Pollin, William u. a., »Psychopathology in 15 909 Pairs of Veteran Twins«, *American Journal of Psychiatry*, Bd. 126, Nr. 5, November 1969, S. 597–610.

Mosher, Loren R.; Pollin, William und Stabenau, James R., »Identical Twins Discordant for Schizophrenia«, *Archives of General Psychiatry*, Bd. 24, Mai 1971, S. 422–30. (Bericht des Center for Studies of Schizophrenia).

Stabenau, James R. und Pollin, William, »Early Characteristics of Monozygotic Twins Discordant for Schizophrenia«, *Archives of General Psychiatry*, Bd. 17, Dezember 1967, S. 723–34.

Pollin, William; Stabenau, James R. u. a., »Life History Differences in Identical Twins Discordant for Schizophrenia«, *Archives of General Psychiatry*, Bd. 27, Juli 1972, S. 29–37.

Pollin, William, »Pathogenesis of Schizophrenia«, *Archives of General Psychiatry*, Bd. 27, Juli 1972, S. 29–37.

Allen, Martin G. u. a., »Parental, Birth, and Infancy Factors in Infant Twin Development«, *American Journal of Psychiatry*, Bd. 127, Nr. 12, Juni 1971, S. 1597–1604.

Gottesman und Shields, *Schizophrenia and Genetics*, S. 6–10. (Material über phylogenetische Vererbung von Schizophrenie und statistisches Material von E. Zerbin-Rudin).

Rosenbaum, C. Peter, »Metabolic, Physiological, Anatomic and Genetic Studies in the Schizophrenias: A Review and Analysis«, *Journal of Nervous and Mental Disease*, Bd. 146, Nr. 2, S. 103–26. (Material über Risiken bei Schizophrenie nebst verschiedenen biochemischen Theorien).

Freud, Sigmund, *Zur Einführung des Narzißmus*, G. W., Bd. X.

Freud, Sigmund, *Psychoanalytische Bemerkungen über einen autobiographisch beschriebenen Fall von Paranoia*, G. W., Bd. VIII, S. 280, 283.
Schatzman, Morton, »Paranoia or Persecution: The Case of Schreber«, *International Journal of Psychiatry*, Bd. 10, Nr. 3, September 1972, S. 53–78, Nachdruck aus *Family Process*.
Jones, Ernest, *The Life and Work of Sigmund Freud*, Bd. 2, (New York: Basic Books, 1955), S. 274. (Anmerkungen zum Wolfsmann, rektalem Geschlechtsverkehr und Defäkation).
The Wolf-Man, hrsg. von Muriel Gardiner (New York: Basic Books, 1971).
Will, Otto Allen, Jr., »Commentary«, *International Journal of Psychiatry*, Bd. 10, Nr. 3, September 1972, S. 85–88 (Stellungnahme zum ›Schreber-Fall‹).
Bergman, Paul; Malasky, Charlotte und Zahn, Theodore P., Oral Functions in Schizophrenia«, *Journal of Nervous and Mental Disease*, Bd. 146, Nr. 5, Mai 1968, S. 351–59 (Saugtest für Schizophrenie).
Mishler, Elliot G. und Waxler, Nancy E., »Family Interaction Processes and Schizophrenia: A Review of Current Theories«, *International Journal of Psychiatry*, Bd. 2, Nr. 4, Juli 1966, S. 375–413 (Double-Bind-Theorie der Schizophrenie).
Bender, Lauretta, »Childhood Schizophrenia: A Review«, *International Journal of Psychiatry*, Bd. 5, Nr. 3, März 1968, S. 311–19.
Bender, Lauretta, »The Life Course of Children with Schizophrenia«, *American Journal of Psychiatry*, Bd. 130, Nr. 7, Juli 1973, S. 783–85.
Treffert, Darold A., »Epidemiology of Infantile Autism«, *Archives of General Psychology*, Bd. 22, Mai 1970, S. 431–38 (Ausmaß der Erkrankung).
Ornitz, Edward M. und Ritvo, Edward R., »Perceptual Inconstancy in Early Infantile Autism«, *Archives of General Psychiatry*, Bd. 18, Januar 1968, S. 76–98 (Anmerkungen zum Autismus).
Wing, Lorna, »Treating Autistic Children«, *New Scientist and Science Journal*, 26. August, 1971, S. 473–75.
Hanson, D. R. und Gottesman, I. I., »The Genetics, If Any, of Infantile Autism and Childhood Schizophrenia«, *Journal of Autism and Childhood Schizophrenia*, Bd. 6, Nr. 3, 1976, S. 209–34.
Pollack, Max; Levenstein, Sidney und Klein, Donald F., »A Three Year Posthospital Follow-up of Adolescent and Adult Schizophrenics«, *American Journal of Orthopsychiatry*, Januar 1968, S. 94–109. (Hillside-Studie über Alter und Rekonvaleszenz).
Barthell, Charles N. und Holmes, David S., »High School Yearbooks: A Nonreactive Measure of Social Isolation in Graduates Who Later Became Schizophrenic«, *Journal of Abnormal Psychology*, 1968, Bd. 73.
Field, Harriet, »Early Symptoms and Behavior of Male Schizophrenics, Delinquent Character-Disordered Individuals and Socially Adequate Subjects«, *Journal of Nervous and Mental Disease*, Bd. 148, Nr. 2, S. 134–46.
Klein, Donald F. und Davis, John M., *Diagnosis and Drug Treatment of Psy-*

chiatric Disorders (Baltimore, Md.: Williams & Wilkins, 1969). (Anmerkung zur Behandlung von schizo-affektiven Störungen).

Bleuler, Manfred, »Conceptions of Schizophrenia within the Last Fifty Years and Today«, *International Journal of Psychiatry*, Bd. 1, Nr. 4, Oktober 1965, S. 501–13. Nachdruck aus Proceedings of the Royal Society of Medicine, Bd. 56, Oktober 1963, S. 945–52.

Straker, M., »Schizophrenia and Psychiatric Diagnosis«, *American Journal of Psychiatry*, Bd. 131, Nr. 6, Juni 1974, S. 693–94. (Stellungnahme zu Fehldiagnosen bei Schizophrenie).

Reid, Arnaud A., »Schizophrenia – Disease or Syndrome?«, *Archives of General Psychiatry*, Bd. 28, Juni 1973, S. 863–68. (Fehldiagnose bei Schizophrenie).

Schorer, C. E., »Mistakes in the Diagnosis of Schizophrenia«, *American Journal of Psychiatry*, Bd. 124, Nr. 8, Februar 1968, S. 1057–62.

Heath, Robert G. und Krupp, Iris M., »Schizophrenia as a Specific Biologic Disease«, *American Journal of Psychiatry*, Bd. 124, Nr. 8, Februar 1968, S. 1019–24. (Taraxein-Theorie der Schizophrenie).

Snyder, Soloman H., »The Dopamine Hypothesis of Schizophrenia: Focus on the Dopamine Receptor«, *American Journal of Psychiatry*, Bd. 133, Nr. 2, Februar 1976, S. 197–202.

Tourney, Garfield, »History of Biological Psychiatry in America«, *American Journal of Psychiatry*, Bd. 126, Nr. 1, Juli 1969, S. 29–42.

Grinker, Roy R. Sr., »An Essay on Schizophrenia and Science«, *Archives of General Psychiatry*, Bd. 20, Januar 1969, S. 1–24.

Shobe, Frank O. und Brion, Pacelli, »Long-term Prognosis in Manic-Depressive Illness«, *Archives of General Psychiatry*, Bd. 24, April 1971, S. 334–37.

Winokur, George u. a., »The Iowa 500: II. A Blind Family History Comparison of Mania, Depression and Schizophrenia«, *Archives of General Psychiatry*, Bd. 27, Oktober 1972, S. 462. (Statistik zur Anfälligkeit von Familienangehörigen depressiver Patienten, selbst depressiv zu werden und Selbstmord zu begehen).

Gershon, Elliot S.; Dunner, David L. und Goodwin, Frederick K., »Toward a Biology of Affective Disorders«, *Archives of General Psychiatry*, Bd. 25, Juli 1971, S. 1–15. (Statistiken über Untersuchungen an manisch-depressiven Zwillingen).

Robins, E. u. a., »Some Clinical Considerations in the Prevention of Suicide Based on a Study of 134 Successful Suicides«, *American Journal of Public Health*, Bd. 49, 1959, S. 888–99. (Auftreten von Selbstmord bei affektiven Störungen).

Winokur, G. und Pitts, F. N., »Affective Disorders: VI. A Family History Study of Prevalence, Sex, Differences, and Possible Genetic Factors«, *Journal of Psychiatric Research*, Bd. 3, 1965, S. 112–23. (Auftreten von affektiven Störungen bei 2% der Bevölkerung – schätzungsweise – zitiert bei Gershon, a. a. o.).

Dorzab, Joe; Baker, Max; Cadoret, Remi J. und Winokur, George, »Depressive Disease: Familial Psychiatric Illness«, *American Journal of Psychiatry*, Bd. 127, Nr. 9, März 1971, S. 1228–33. (Zehn Symptome von Depression: Daten aus Island, Übertragung affektiver Störungen innerhalb von Familien).

Fieve, Ronald R.; Mendlewicz, Julien und Fleiss, Joseph L., »Manic-Depressive Illness: Linkage with the Xg Blood Group«, *American Journal of Psychiatry*, Bd. 130, Nr. 12, S. 1355–1935.

Baker, Max; Dorzab, Joe; Winokur, George und Cadoret, Remi J., »Depressive Disease: Evidence Favoring Polygenic Inheritance Based on an Analysis of Ancestral Cases«, *Archives of General Psychiatry*, Bd. 27, September 1972, S. 320–26. (Polygenetische Vererbung von Depression).

Van Praag, Herman u. a., »Cerebral Monoamines and Depression«, *Archives of General Psychiatry*, Bd. 28, Juni 1973, S. 827–31.

Van der Velde, Christiaan D. und Gordon, Malcolm W., »Biochemical and Pharmacological Variations in Manic-Depressive Illness«, *American Journal of Psychiatry*, Bd. 129, Nr. 3, September 1972, S. 337–42. (Norwich-Hospital Studie).

Prange, Arthur J., Jr. u. a., »Enhancement of Imipramine Antidepressant Activity by Thyroid Hormone«, *American Journal of Psychiatry*, Bd. 126, Nr. 4, Oktober 1969, S. 457–67.

Malitz, Sidney und Kanzler, Maureen, »Are Antidepressants Better than Placebo?« *American Journal of Psychiatry*, Bd. 127, Nr. 12, Juni 1971, S. 1605–11. (Prozentsatz depressiver weiblicher Patienten).

Robinson, Donald S. u. a., »Relation of Sex and Aging to Monoamine Oxidase Activity of Human Brain, Plasma and Platelets«, *Archives of General Psychiatry*, Bd. 24, Juni 1971, S. 536–39. (MAO im Blut Erkrankter).

Schildkraut, Joseph J., »Neurochemical Studies of the Affective Disorders: The Pharmacological Bridge«, *American Journal of Psychiatry*, Bd. 127, Nr. 3, September 1970, S. 134–36.

Covi, Lino u. a., »Drugs and Group Psychotherapy in Neurotic Depression«, *American Journal of Psychiatry*, Bd. 131, Nr. 2, Februar 1974, S. 191–98. (Johns Hopkins Studie, basierend auf Gruppentherapie bei Depression).

Text von Klein, D. F. und Davis, J. M., a. a. o. (Material über die Wirksamkeit von Antidepressiva im Gegensatz zu Placebos).

Cole, Jonathan O., »Depression«, (Editorial), *American Journal of Psychiatry*, Bd. 131, Nr. 2, Februar 1974, S. 204–5.

Raskin, Allen, »A Guide for Drug Use in Depressive Disorders«, *American Journal of Psychiatry*, Bd. 131, Nr. 2, Februar 1974, S. 181–85.

Cade, J. F. J., »Lithium Salts in the Treatment of Psychotic Excitement«, *Medical Journal of Australia*, 1949, S. 349–52.

Bey, D. R.; Chapman, R. E. und Tornquist, K. L., »A Lithium Clinic«, *American Journal of Psychiatry*, Bd. 129, Nr. 4, Oktober 1972, S. 468–71.

Van der Velde, Christiaan D., »Effectiveness of Lithium Carbonate in Treatment of Manic-Depressive Illness«, *American Journal of Psychiatry*, Bd. 127, Nr. 3, September 1971, S. 345–51.

Stallone, Frank; Shelley, Edward; Mendlewicz, Julien und Fieve, Ronald R., »The Use of Lithium in Affective Disorders, III: A Double-Blind Study of Prophylaxis in Bipolar Illness«, *American Journal of Psychiatry«*, Bd. 130, Nr. 9, September 1973, S. 1006–10.

Prien, Robert F. u. a., »Prophylactic Efficacy of Lithium Carbonate in Manic-Depressive Illness«, *Archives of General Psychiatry*, Bd. 28, März 1973.

KAPITEL V

Dewald, Paul A., *The Psychoanalytic Process: A Case Illustration* (New York: Basic Books, 1972). (Geschichte über die Analyse einer Hausfrau, S. 226).

Shakow, David und Rapaport, David, »The Influence of Freud on American Psychology«, *Psychological Issues*, Bd. 4, Nr. 1, Monographie 13.

Sargant, William, »Psychiatric Treatment Here and in England«, *Atlantic*, Juli 1964, S. 88–95.

Biographical-Professional Survey, American Psychoanalytic Association, New York, 1972.

Aronson, H. und Weintraub, Walter, »Social Background of the Patient in Classical Psychoanalysis«, *Journal of Nervous and Mental Disease*, Bd. 146, Nr. 2, 1968, S. 98–102.

Hamburg, David A., »Report of Ad Hoc Committee on Central Fact-Gathering Data of the American Psychoanalytic Association«, *Journal of the American Psychoanalytic Association*, Oktober 1967, S. 841–61. (Statistisches Material über den religiösen Hintergrund von Analyse-Patienten).

Freud, Sigmund, *Die endliche und die unendliche Analyse*, G. W., Bd. XVI, S. 66.

Roster, American Psychoanalytic Association, New York.

Greenson, Ralph, *The Technique and Practice of Psychoanalysis*, Bd. 1 (New York: International Universities Press, 1967).

Waelder, Robert, *The Basic Theory of Psychoanalysis* (New York: International Universities Press, 1960).

Glover, Edward, *The Techniques of Psycho-Analysis* (New York: International Universities Press, 1958).

Glover, Edward, »Research Methods in Psycho-Analysis«, *International Journal of Psychoanalysis*, Bd. 33, 1952, S. 403–9.

Freud, Sigmund, *Wege der psychoanalytischen Therapie*, G. W., Bd. XII, S. 187f.

Moore, Burness E. und Fine, Bernard D., (Hrsg.), *A Glossary of Psychoanalytic Terms and Concepts*, The American Psychoanalytic Association, New York, 1967.

Blum, Harold P., »On the Conception and the Development of the Transfe-

rence Neurosis«, *Journal of the American Psychoanalytic Association*, Januar 1971, S. 41–53.
Freud, Sigmund, *Bemerkungen über die Übertragungsliebe*, G. W., Bd. X, S. 306–319.
Freud, Sigmund, *Ratschläge für den Arzt bei der psychoanalytischen Behandlung*, G. W., Bd. VIII, S. 384.
Freud, Sigmund, *Zur Einleitung der Behandlung*, G. W., Bd. VIII, S. 467; 459.
Freud, Sigmund, *Bruchstücke einer Hysterie-Analyse*, G. W., Bd. V, S. 279.
Halpert, Eugene, »The Effect of Insurance on Psychoanalytic Treatment«, *Journal of the American Psychoanalytic Association*, Januar 1972, S. 122–32.
Freud, Sigmund, *Bruchstücke einer Hysterie-Analyse*, G. W., Bd. V, S. 279.
Freud, Sigmund, *Zur Einleitung der Behandlung*, G. W., Bd. VIII, S. 458f., 464ff.
Freud, Sigmund, *Studien über Hysterie*, G. W., Bd. I, S. 89; 85.
Freud, Sigmund, *Studien über Hysterie, Krankengeschichte – Katharina*, G. W., Bd. I.
Jones, Ernest, *The Life and Work of Sigmund Freud*, Bd. 1 (New York: Basic Books, 1953).
Freud, Sigmund, *Die Sexualität in der Ätiologie der Neurosen*, G. W., Bd. I, S. 491.
Freud, Sigmund, *Aus den Anfängen der Psychoanalyse*, S. Fischer, Frankfurt/M., 1962, S. 67.
Freud, Sigmund, *Selbstdarstellung*, G. W., Bd. XIV, S. 59f.
Jones, Ernest, *Das Leben und Werk von Sigmund Freud*, Huber, Bern und Stuttgart, 1960, Bd. I, S. 314.
Loewald, Hans W., »The Transference Neurosis: Comments on the Concept and the Phenomenon«, *Journal of the American Psychoanalytic Association*, Januar 1971, S. 54–66.
Freud, Sigmund, *Bemerkungen über einen Fall von Zwangsneurose*, G. W., Bd. VII, S. 443.
Berman, Leon E. A., »The Role of Amphitamine in a Case of Hysteria«, *Journal of the American Psychoanalytic Association*, April 1972, S. 325–40.
Feldman, Sandor S., »To ›Lick‹ a Problem«, Bericht, vorgelegt im Herbst 1967 beim Kongreß der American Psychoanalytic Association.
Freud, Sigmund, *Zur Psychopathologie des Alltagslebens*, G. W., Bd. IV. S. 267; 6ff.; 270f.
Shopper, Moisy, »*Three* as a Symbol of the Female Genital and the Role of Differentiation«, *Psychoanalytic Quaterly*, Juli 1967, S. 410–17.
Wilson, C. Philip, »Stone as a Symbol of Teeth«, *Psychoanalytic Quaterly*, Juli 1967, S. 418–24.
Hinsie, L. E. und Campbell, R. J., *Psychiatric Dictionary*, 3. Aufl. (New York: Oxford University Press, 1960), S. 712.
Brenner, Charles, *An Elementary Textbook of Psychoanalysis* (Garden City, N. Y.: Anchor Books, 1957), S. 94.

Fenichel, Otto, *The Psychoanalytic Theory of Neurosis* (New York, Norton, 1945).
Freud, Sigmund, *Bemerkungen über einen Fall von Zwangsneurose*, G. W., Bd. VII, S. 408.
Freud, Sigmund, *Abriß der Psychoanalyse*, G. W., Bd. XVII, S. 116f.
Freud, Sigmund, *Das Ich und das Es*, G. W., Bd. XIII, S. 267.
Nunberg, Herman, *Principles of Psychoanalysis: Their Application to the Neuroses*, Vorwort von Sigmund Freud (New York: International Universities Press, 1955).
Deutsch, Helene, *Neuroses and Character Type: Clinical Psychoanalytic Studies* (New York: International Universities Press, 1965).
Freud, Sigmund, *Vorlesungen zur Einführung in die Psychoanalyse*, Die Symbolik im Traum, G. W., Bd. XI, S. 160.
Freud, Sigmund, *Das Ich und das Es*, G. W., Bd. XIII, S. 286.
Freud, Sigmund, *Charakter und Analerotik*, G. W., Bd. VII, S. 204.
Deutsch, Felix, »Analysis of Postural Behavior«, *Psychoanalytic Quaterly*, Bd. 16, 1947.
Freud, Anna, *The Ego and the Mechanisms of Defense*, überarb. Aufl., Wrings of Anna Freud, Bd. 2 (New York: International Universities Press, 1964).
Hartmann, Heinz, *Essays on Ego Psychology* (New York: International Universities Press, 1964).
Freud, Sigmund, *Die Traumdeutung*, G. W., Bd. II/III.
Lehmann, Herbert, »The Lion in Freud's Dream«, *The Psychoanalytic Forum*, Bd. 2, Nr. 3, Herbst 1967, S. 229–43 (Löwe als Traumsymbol für den Analytiker).

KAPITEL VI

Boring, Edwin G., »Was this Analysis a Success?« *Journal of Abnormal and Social Psychology*, Bd. 35, 1940, S. 4–10.
Landis, Carney, »Psychoanalytic Phenomena«, *Journal of Abnormal and Social Psychology*, Bd. 35, 1940, S. 17–28.
Wortis, Joseph, *Fragments of an Analysis with Freud* (New York: Simon & Schuster, 1954).
Bergin, Allen E., »The Evaluation of Therapeutic Outcomes«, in *Handbook of Psychotherapy and Behavior Change*, hrsg. von Allen E. Bergin und Sol L. Garfield (New York: Wiley, 1971). (Material der Klinik für Psychoanalyse in Berlin, zusätzlich die Auswertung von Daten durch Knight, S. 220–25).
Knight, R. P., «Evaluation of the Results of Psychoanalytic Therapy«, *American Journal of Psychiatry,* Bd. 98, 141, S. 434–46.
Glover, Edward, »Research Methods in Psycho-Analysis«, *International Journal of Psychoanalysis*, Bd. 33, 1952, S. 403–4.

Glover, Edward, *The Techniques of Psycho-Analysis* (New York: International Universtities Press, 1958). (Kommentar zu Eysenck und analytische Verbesserungen, S. 376).
Hamburg, David A. u. a., »Report of Ad Hoc Committee on Central Fact-Gahtering Data of the American Psychoanalytic Association«, *Journal of the American Psychoanalytic Association*, Oktober 1967, S. 841–61.
Appendices A, B, and C to the American Psychoanalytic Association Summary and Final Report of the Central Fact-Gathering Committee, American Psychoanalytic Association, New York, 5. Januar, 1958.
Sears, R. R., *Survey of Objective Studies of Psychoanalytic Concepts*, Social Science Research Council, New York, Bulletin 51, 1943.
Engel, George L., »Research in Psychoanalysis«, *Journal of the American Psychoanalytic Association*, Bd. 16, Nr. 2, April 1968, S. 203.
Gill, Merton M.; Simon, Justin u. a., »Studies in Audio-Recorded Psychoanalysis I: General Considerations«, *Journal of the American Psychoanalytic Association*, April 1968, S. 230–44.
Nunberg, Herman, *Principles of Psychoanalysis: Their, Application to Neuroses*, Vorwort von Sigmund Freud (New York: International Universities Press, 1955).
Grinker, Roy R., Sr., »Psychiatry Rides Madly in All Directions«, *Archives of General Psychiatry*, Bd. 10, Nr. 3, März 1964, S. 228–34.
Mowrer, O. Hobart, *Crisis in Psychiatry and Religion* (New York: Van Nostrand, 1961).
Eysenck, Hans J., *The Effects of Psychotherapy* (New York: International Science Press, 1966).
Schmideberg, Melitta, Diskussion über »Effects of Psychotherapy«, *International Journal of Psychiatry*, Bd. 1, Nr. 4, Oktober 1965, S. 646–47.
Schmideberg, Melitta, »A Contribution to the History of the Psycho-Analytic Movement in Britain«, *British Journal of Psychiatry*, Bd. 118, Januar 1971, S. 61–68.
Atkins, Norman B., »Comments on Severe and Psychotic Regression in Analysis«, *Journal of the American Psychoanalytic Association*, Juli 1967, S. 584–605.
Frosch, John, »Severe Regression States during Analysis«, *Journal of the American Psychoanalytic Association*, Juli 1967, S. 491–507, 606–25.
Kubie, Lawrence, S., »Psychoanalysis and Scientific Method«, Kap. 3 in *Psychoanalysis, Scientific Method and Philosophy*, hrsg. von Sidney Hook (New York: New York University Press, 1959), S. 57–77.
Kubie, Lawrence S., »Missing and Wanted. Heterodoxy in Psychiatry and Psychoanalysis«, *Journal of Nervous and Mental Disease*, Bd. 137, Nr. 4, Oktober 1963, S. 311.
Wheelis, Allen, *The Quest for Identity* (New York: Norton, 1958).
Wheelis, Allen, »The Vocational Hazards of Psychoanalysis«, *International Journal of Psychoanalysis*, Bd. 37, 1956, S. 171–84.

Wheelis, Allen, »To Be a God«, *Kommentar*, Bd. 36, Nr. 2, August 1963, S. 125–34.
Salter, Andrew, *The Case against Psychoanalysis*, überarb. Ausg., (New York: Citadel Press, 1963).
Nagel, Ernest, »Methodological Issues in Psychoanalytic Theory«, Kapitel 2 in *Psychoanalysis, Scientific Method and Philosophy*, hrsg. von Sidney Hook (New York: New York University Press, 1959), S. 38–56.
Meissner, W. W., »Freuds Methodology«, *Journal of the American Psychoanalytic Association*, April 1971, S. 265–308.
Strupp, Hans H., »Needed: A Reformulation of Psychotherapeutic Influence«, *International Journal of Psychiatry*, Bd. 10, 1972, S. 114–20.
Johnson, Hiram K., »Psychoanalysis: A Critique«, *Psychiatric Quaterly*, Bd. 22, 1948, S. 321.
Stekel, Wilhelm, *The Interpretation in Dreams (New York: Liveright, 1943).*
Freud, Sigmund, *Analyse der Phobie eines fünfjährigen Knaben*, G. W., Bd. VII, S. 339; 286; 302; 327 f.; 339.
Wolpe, Joseph und Rachman, Stanley, »Psychoanalytic ›Evidence‹: A Critique Based on Freud's Case of Little Hans«, *Journal of Nervous and Mental Disease*, Bd. 130, 1960, S. 135–48.
Chodoff, Paul, »A Critique of Freud's Theory of Infantile Sexuality«, *International Journal of Psychiatry*, Bd. 4, Nr. 1, Juli 1967, S. 35–48. Nachdrucke aus American Journal of Psychiatry, Bd. 123, November 1966, S. 507–18.
Schmideberg, Melitta, »The Role of Suggestion in Analytic Therapy«, *Psychoanalytic Review,* Bd. 26, S. 219–29.
Heilbrunn, Gert, »Results with Psychoanalytic Therapy«, American Journal of Psychotherapy, Bd. 17, 1963, S. 427–35.
Heilbrunn, Gert, »Results with Psychoanalytic Therapy and Professional Commitment«, *American Journal of Psychotherapy*, Bd. 20, Nr. 1, Januar 1966, S. 89–99.
Shaw, Charles, R., *The Psychiatric Disorders of Childhood* (New York: Appleton-Century-Crofts, 1966).
Freud, Sigmund, *Aus den Anfängen der Psychoanalyse*, 1.c., S. 249.
Money, John, »Progress of Knowledge and Revision of the Theory of Infantile Sexuality«, *International Journal of Psychiatry*, Bd. 4, Nr. 1, Juli 1967, S. 50–54.
Giora, Zvi, »The Function of the Dream: A Reappraisal«, *American Journal of Psychiatry*, Bd. 128, Nr. 1, März 1972, S. 1067–80.
Watson, R. I., *Psychology of the Child* (New York: Wiley, 1965). (Sewell Studien).
Wolff, Peter H., »Psychoanalytic Research and Infantile Sexuality«, *International Journal of Psychiatry*, Bd. 4, Nr. 1, Juli 1967, S. 61–64.
Harlow, Harry F. und Harlow, Margaret K; »The Effect of Rearing Conditions on Behavior«, *International Journal of Psychiatry,* Bd. 1, Nr. 1, Januar 1965,

S. 43–49. Nachdruck von Bulletin of the Menninger Clinic, 1962, Bd. 26, Nr. 5, S. 213–24.
Orlansky, H., »Infant Care and Personality«, *Psychological Bulletin,* Bd. 46, 1949, S. 1–48.
Linton, Ralph, *Culture and Mental Disorders* (Springfield, Ill.: Charles C. Thomas, 1956).
Halverson, H. M., »Genital and Sphincter Behavior of the Male Infant«, *Journal of Genetic Psychology*, Bd. 56, S. 95–136.
Freud, Sigmund, *Ein Abriß der Psychoanalyse*, G. W., Bd. V, S. 89.
Merry, F. K. und Merry, R. V., *The First Decades of Life* (New York: Harper & Row, 1958).
Lawick- Goodall, Jane, »The Behavior of Chimpanzees in Their Natural Habitat«, *American Journal of Psychiatry*, Bd. 130, 1, Januar 1973, S. 1–12.
Oberndorf, C. P., *A History of Psychoanalysis in America* (New York: Harper Torchbooks, 1964).
Alexander, Franz G. u. a., (Hrsg.), *Psychoanalytic Pioneers* (New York: Basic Books, 1966).
Alexander, Franz G. und Selesnick, Sheldon, *The History of Psychiatry* (New York: Harper & Row, 1966).
Bailey, Percival, *Sigmund the Unserene* (Springfield, Ill.: Charles C. Thomas, 1965). Vorwort von Roy R. Grinker, Sr. (Dr. Grinkers Stellungnahme; Bailey Report).
Cancro, Robert, »Orthodoxy and Psychoanalysis«, *International Journal of Psychiatry*, Dezember 1972, S. 62–65.

KAPITEL VII

Voth, Harold M., »Some Effects of Freud's Personality on Psychoanalytic Theory and Technique«, *International Journal of Psychiatry*, Bd. 10, Nr. 4, Dezember 1972, S. 48–60.
Cancro, Robert, »Orthodoxy and Psychoanalysis«, *International Journal of Psychiatry*, Dezember 1972, S. 62–65.
Freud, Sigmund, *Zur Ätiologie der Hysterie*, G. W., Bd. I, S. 439.
Freud, Sigmund, *Aus den Anfängen der Psychoanalyse*, S. 273; 233; 270; 189.
Jones, Ernest, *Das Leben und Werk von Sigmund Freud*, Bd. I, S. 105; 109; 106–119; 352.
Schur, Max, *Sigmund Freud, Leben und Werk*, Suhrkamp, Frankfurt/M., 1973, S. 137.
Schur, Max, *Sigmund Freud, Leben und Werk*, S. 240; 243.
Schur, Max, *Sigmund Freud, Leben und Werk*, S. 635; 279; 46f.
Jones, Ernest, *Das Leben und Werk von Sigmund Freud*, Bd. 1, S. 370.
Schur, Max, *Sigmund Freud, Leben und Werk*, S. 137, 83; 71; 69.

Jones, Ernest, *Das Leben und Werk von Sigmund Freud*, Bd. 1, S. 21.
Freud Sigmund, *Zur Psychopathologie des Alltagslebens*, G. W., Bd. IV, S. 279; 289.

KAPITEL VIII

»›Black Sheep‹ Respond to Mother«, *Medical Tribune«*, 27. März, 1967.
LeShan, Eda J., »The ›Perfect‹ Child«, *The New York Times Magazine*, 27. August, 1967, S. 63.
Spock, Benjamine M., *Baby and Child Care* (New York: Pocket Books, 1968).
Fishman, Katherine Davis, »The Less Permissive Dr. Spock«, *The New York Times Book Review*, 16. Februar, 1969, S. 4.
Thomas, Alexander; Chess, Stella und Birch, Herbert G., *Temperament and Behavior Disorders in Children* (New York: New York University Press, 1968).
Thomas, Alexander und Chess, Stella, *Temperament and Development* (New York: Brunner/Mazel, 1977).
Carey, William B., »Clinical Applications of Infant Temperament Measurements«, *Journal of Pediatrics*, Bd. 81, 1972, S. 823–28.
Coles, Robert, »Shrinking History, Part I«, *The New York Review of Books*, 22. Februar, 1973, S. 20–21 (Zitate über Eltern).
Shaver, Benjamin A., »Maternal Personality and Early Adaptation as Related to Infantile Colic«, Kapitel 10 in *Psychological Aspects of a First Pregnancy and Early Postnatal Adaptation*, hrsg. von P. Shereshefsky und J. Yarrow (New York: Raven Press, 1973), S. 209–16 (Bericht über Koliken).
Paradise, Jack L., »Maternal and Other Factors in the Etiology of Infantile Colic«, *Journal of the American Medical Association*, Bd. 197, 18. Juli, 1966, S. 191–99 (Bericht über Koliken).
Faber, Adele und Mazlish, Elaine, *Liberated Parents, Liberated Children* (New York: Grosset & Dunlap, 1974).
Shaw, Charles R., *The Psychiatric Disorders of Childhood* (New York: Appleton-Century-Crofts, 1966). (Bericht über H. A. Newman und eineiige Zwillinge).
Weinberger, Gerald, »Some Common Assumptions Underlying Traditional Child Psychotherapy: Fallacy and Reformulation«, *Psychotherapy: Theory, Research and Practice*, Bd. 9, Nr. 2, Sommer 1972, S. 149–52.
Orlansky, Harold, »Infant Care and Personality«, *Psychological Bulletin*, Bd. 46, 1949, S. 1.
Coughlan, Robert, »How to Survive Parenthood«, *Life*, 26. Juni, 1950, S. 112 (Veränderte Tendenzen bei der Erziehung von Kindern).
Spock, Benjamin M., »How Not to Bring Up a Bratty Child«, *Redbook*, Februar 1974.

Conant, James B., *The Education of American Teachers* (New York: McGraw-Hill, 1963).
Koerner, James D., *The Miseducation of American Teachers* (Boston: Houghton Mifflin, 1963).
Noshpitz, Joseph D., »The Quiet Ones, The Noisy Ones«, *Today's Education*, September 1971, S. 24–30.
Stickney, Stonewall B., »Schools Are Our Community Mental Health Centers«, *American Journal of Psychiatry*, Bd. 124, Nr. 10, April 1968, S. 1407–14.
Brammer, Lawrence M., »The Counselor is a Psychologist«, *Personnel and Guidance Journal*, September 1968, S. 4–8.
Winthrop, Henry, »Bad Faith in Counseling and Therapy«, *Mental Hygiene*, Bd. 53, Nr. 3, Juli 1969, S. 415–21.

KAPITEL IX

Janov, Arthur, *The Primal Scream* (New York: Putnam, 1970).
Janov, Arthur, *The Primal Revolution* (New York: Simon & Schuster, 1972).
Berkowitz, Leonard, »The Case for Bottling Up Rage«, *Psychology Today*, Juli 1973, S. 24.
Casriel, Daniel, *A Scream Away from Happiness* (New York: Crosset & Dunlap, 1972).
Berne, Eric, *Games People Play* (New York: Grove Press, 1964).
Harris, Thomas A., *I'm OK – You're OK: A Pracitical Guide to Transactional Analysis* (New York: Harper & Row, 1967).
Reich, Wilhelm, *The Discovery of the Orgone: The Function of Orgasm* (New York: Noonday Press, Farrar, Straus & Giroux, 1966).
Lowen, Alexander, *The Betrayal of the Body* (New York: Collier Books, 1967).
Maliver, Bruce L., *The Encounter Game* (New York: Stein & Day, 1973).
Fagan, Joan und Shepherd, Irma Lee, Hrsg., *Life Techniques in Gestalt Therapy* (New York: Perennial Library, Harper & Row, 1970).
Perls, Frederick; Hefferline, Ralph und Goodman, Paul, *Gestalt Therapy* (New York: Delta Books, 1951).
Maslow, Abraham H., *Toward a Psychology of Being*, 2. Aufl. (New York: Van Nostrand, 1968).
Schutz, William C., *Joy: Expanding Human Awareness* (New York: Grove Press, 1967).
Ruitenbeek, Hendrik M., The New Group Therapies (New York: Avon Books, 1970).
Beldoch, Michael, »The False Psychology of Encounter Groups«, Intellectual Digest, Oktober 1971, S. 85–88. Nachdruck aus *Modern Occasions*.

Rogers, Carl, *On Encounter Groups* (New York: Harper & Row, 1970). (Verschieden Zitate von Rogers über ›Encounter-Gruppen‹).
Lieberman, Morton A.; Yalom, Irvin D. und Miles, Matthew, B., *Encounter Groups: First Facts* (New York: Basic Books, 1973). (Stanford Studie).
Yalom, I. D. und Lieberman, M. A., »A Study of Encounter Group Casualties«, *Archives of General Psychiatry*, Bd. 25, Nr. 1, 1971, S. 16–30.
Peter, Joseph J., »Do Encounter Groups Hurt People?«, *Psychotherapy: Theory, Research and Practice*, Bd. 10, Nr. 1, Frühjahr 1973, S. 33–35.
Siroka, Robert W.; Siroka, Ellen K. und Schloss, Gilbert A., *Sensitivity Training and Group Encounter* (New York: Grosset & Dunlap, 1971).
Coffey, Hugh, »Encounter's Debt to Kurt Lewin«, eine Zusammenstellung aus *Psychiatry and Social Science Review*, 12. November, 1971, S. 25–28.
»Sensitivity Training«, Council on Mental Health, *Journal of the American Medical Association*, Bd. 217, Nr. 13, 27. September, 1971, S. 1853.
Klaw, Spencer, »Management Psychologists Have Landed«, *Fortune,* April 1970, S. 106.
Calame, Byron, »Sensitivity Training«, *Wall Street Journal*, 14. Juli, 1969.
Bry, Adelaide, *est: 60 Hours That Transform Your Life* (New York: Harper & Row, 1976).
Clarke, Gary, »*est* with an English Accent: A Look Inside the First London Training«, *The Graduate Review*, an *est* publication, August 1977, S. 1–7.
Glass, Leonard L.; Kirsch, Michael A. und Parris, Frederick N., »Psychiatric Disturbances Associated with Erhard Seminars Training: A Report of Cases«, *American Journal of Psychiatry*, Bd. 134, Nr. 3, März 1977, S. 245–47.
Lilly, John C., *The Center of the Cyclone* (New York: Julian Press, 1972).
Karlines, Marvin und Andrews, Lewis M., *Biofeedback: Turning on the Power of Your Mind* (Philadelphia: Lippincott, 1972).
Theodore X. Barber, Hrsg., *Advances in Altered States of Consciousness and Human Potentialities*, Bd. 1 (New York: Psychological Dimensions, Inc., 1976), S. 149–58. (Nachdruck von Mulhollands Bericht über alpha ›high‹).

KAPITEL X

Diagnostic and Statistical Manual, II, American Psychiatric Association, Washington, D. C., 1968.
Diagnostic and Statistical Manual, III, Draft, Psychiatric Association, Washington, D. C., 15. April, 1977.
May, Rollo, *The Meaning of Anxiety*, überarb. Ausg., (New York: Norton, 1977).
Miner, Gary D., »The Evidence of Genetic Components in the Neuroses«, Archives of General Psychiatry, Bd. 29, Juli 1973, S. 111–18. (Brown, Slater und Zwillingsforschung).

REGISTER

Bitte beachten Sie
die folgenden Seiten:

Erich Fromm

Die Seele des Menschen

Ihre Fähigkeit zum Guten und zum Bösen

Ullstein Buch 35076

Ullstein Materialien

Aus der Sorge, sagt Erich Fromm, daß das Phänomen der Gleichgültigkeit dem Leben gegenüber in einer immer stärker mechanisierten Industriewelt überhandnehme und dies dazu führen könne, daß wir dem Leben mit Angst, wenn nicht gar mit Haß gegenüberstehen, habe er dieses Buch geschrieben.

Erich Fromm

Die Kunst des Liebens

Ullstein Buch 35258

Ullstein Materialien

Wir Menschen sind meistens nicht imstande, unsere Fähigkeit zum Lieben zu entwickeln: zu einer Liebe, die Reife, Selbsterkenntnis und Mut umfaßt.
Erich Fromm diskutiert in diesem Buch die Liebe in all ihren Aspekten, nicht nur die romantische – von so vielen falschen Vorstellungen umgebene Liebe –, sondern auch die Elternliebe, Nächstenliebe, erotische Liebe, Selbstliebe und die Liebe zu Gott.

Dörte
von
Drigalski

Blumen auf Granit

Eine Irr- und Lehrfahrt
durch die deutsche
Psychoanalyse

Ullstein Buch 35036

Ullstein Materialien

Wird die Psychoanalyse zu einer Gefahr für die seelische Gesundheit werden?
Die Autorin – Ärztin und Psychotherapeutin – gibt hier einen Bericht über ihre Psychoanalyse, die von Lehranalytikern der Deutschen Psychoanalytischen Vereinigung durchgeführt wurde, und wirft die provokante Frage nach Therapieschäden auf.